Uni-Taschenbücher 936

Eine Arbeitsgemeinschaft der Verlage

Wilhelm Fink Verlag München
Gustav Fischer Verlag Stuttgart
Francke Verlag Tübingen
Paul Haupt Verlag Bern und Stuttgart
Dr. Alfred Hüthig Verlag Heidelberg
Leske Verlag + Budrich GmbH Opladen
J. C. B. Mohr (Paul Siebeck) Tübingen
R. v. Decker & C. F. Müller Verlagsgesellschaft m. b. H. Heidelberg
Quelle & Meyer Heidelberg · Wiesbaden
Ernst Reinhardt Verlag München und Basel
F. K. Schattauer Verlag Stuttgart · New York
Ferdinand Schöningh Verlag Paderborn · München · Wien · Zürich
Eugen Ulmer Verlag Stuttgart
Vandenhoeck & Ruprecht in Göttingen und Zürich

Ulrich Hensle

Einführung in die
Arbeit mit Behinderten

Psychologische, pädagogische
und medizinische Aspekte

4. Auflage

Unter Mitarbeit von Herbert Buchta,
Sabine Buchta und Peter Day

Quelle & Meyer Heidelberg · Wiesbaden

Zu den Autoren:

Ulrich Hensle, geb. 1953 in Lahr. 1970–81 Psychologie- und Medizinstudium in Tübingen, Erlangen und Würzburg. 1976 Diplom-Psychologe, 1981 Arzt, 1984 Dr. med., 1987 Kinder- und Jugendpsychiater. 1977–81 Wissenschaftlicher Mitarbeiter am Lehrstuhl Psychologie I, 1979–84 Lehrbeauftragter am Lehrstuhl Sonderpädagogik I der Universität Würzburg. 1982/83 Zivildienst leistender Arzt an der Universitäts-Kinderklinik Würzburg. 1985–87 Stationsarzt an der Heckscher-Klinik für Kinder- und Jugendpsychiatrie in München. 1983–85 und seit 1987 Abteilungsarzt an der Psychosomatischen Klinik Schloß Waldleiningen in Mudau.

Herbert Buchta, geb. 1949 in Bayreuth. 1977 Diplom-Psychologe, 1981 Dr. phil., Familientherapeut an der Psychologischen Beratungsstelle des SOS-Kinderdorf-Vereins in Schieder-Schwalenberg.

Sabine Buchta, geb. 1956 in Ratingen, 1981 Ärztin, 1984 Dr. med.

Peter Day, geb. 1943 in Euskirchen, 1968 Diplom-Psychologe, 1979 Dr. phil., Akademischer Rat am Psychologischen Institut der Universität Tübingen.

CIP-Titelaufnahme der Deutschen Bibliothek

Hensle, Ulrich:
Einführung in die Arbeit mit Behinderten : psycholog., pädag.
u. med. Aspekte / Ulrich Hensle. Unter Mitarb. von Herbert
Buchta ... – 4., unveränd. Aufl. – Heidelberg ; Wiesbaden :
Quelle u. Meyer, 1988.
  (UTB für Wissenschaft : Uni-Taschenbücher ; 936)
  ISBN 3-494-02104-X
NE: UTB für Wissenschaft / Uni-Taschenbücher

4., unveränderte Auflage 1988

© 1979, 1988, by Quelle & Meyer Verlag, Heidelberg · Wiesbaden
Druck und Verarbeitung: Laub GmbH + Co., 6957 Elztal
Printed in Germany/Imprimé en Allemagne
ISBN 3-494-02104-X

Inhaltsverzeichnis

Vorwort zur zweiten Auflage

Vor etwas mehr als zwei Jahren ist das vorliegende Buch an den Buchhandel ausgeliefert worden; inzwischen wird es bereits notwendig, eine zweite Auflage ins Auge zu fassen. Von der Beseitigung allfälliger Druckfehler abgesehen, bleibt der Textteil nahezu unverändert. Den zahlreichen Neuerscheinungen der letzten Jahre zum Thema Behinderte und Behinderung wird in einem ausführlichen Literaturnachtrag Rechnung getragen, kapitelweise gegliedert. Vollständigkeit kann dabei freilich nicht beansprucht werden, schon des beschränkten Raums wegen; der Schwerpunkt liegt bei den deutschsprachigen Buchveröffentlichungen der Jahre 1979 bis 1981, was auch den Interessen des überwiegenden Leserkreises entgegenkommen dürfte. Aktualisiert wurde ferner die Anschriftenliste.

In der Literatur über Behinderte ist zahlenmäßig in den vergangenen Jahren ein fast exponentieller Anstieg zu verzeichnen. Wenige Jahre haben ähnlich viele Publikationen hervorgebracht wie in früheren Zeiten ganze Jahrzehnte. Dabei sind es nicht mehr vorwiegend die Praktiker an Anstalten und Hilfsschulen, die ihre Erfahrungen zu Papier bringen. Die Ausbildungsstätten der Behindertenpädagogik liegen nunmehr zumeist auf Universitätsebene. Umfangreiche Forschungsprojekte und Modellversuche, oft von vorneherein auf Publikation und Publizität hin angelegt, begleiten die praktische Arbeit. Das ‚Internationale Jahr des Behinderten', das jetzt zu Ende geht, hat das öffentliche Bewußtsein von den Behinderten weiter vorangetrieben – wenngleich auch die Grenze einer Übersättigung mit Informationen, einer überforderten Aufnahmebereitschaft von Journalisten, Lesern und Hörern bisweilen erreicht schien; was als Langzeitwirkung davon bleiben wird, ist abzuwarten. Fürs erste werden die Kosten der Förderung behinderter Kinder nur noch zum Teil aus öffentlichen Geldern übernommen – Einsparungen als deutliches Signal, daß das ‚Jahr des Behinderten' nun eben vorbei ist.

Doch neben der eher quantitativen Erweiterung unseres Wissensstands, der immer präziseren Differenzierung einzelner Teilleistungsschwächen, der immer ausgefeilteren Präsentation und Erprobung von Förderprogrammen scheint sich auch eine qualitative Veränderung anzubahnen, eine verstärkte selbstkritische Reflexion darüber, wem ‚Behindertenarbeit' und ‚Behindertenforschung' wirklich nützen. Ob sie vielleicht dem Forscher und Förderer ebenso oder gar mehr nützen als dem Behinderten? Braucht die Gesellschaft vielleicht ihre Behinderten? Behindert etwa gar die Gesellschaft, indem sie Lebenschancen, Lern- und Entwicklungsmöglichkeiten vorenthält? Gäbe es Behinderte nicht, wenn die Gesellschaft anders beschaffen wäre?

Welche Tendenzen könnte man nun im einzelnen für die vergangenen Jahre nennen?

Weggehend von einer Zuordnung zu den klassischen Behinderungsarten, sich auch nicht mehr mit der Etikettierung als ‚mehrfachbehindert' zufriedengebend, bildet heute die subtile Diagnostik von Teilleistungsschwächen einen Schwerpunkt. Neue Teilleistungsstörungen werden identifiziert, bis hin zu emotionalen und sozialen Ausfällen. Parallel dazu gewinnt vielfach der Begriff der ‚minimalen cerebralen Dysfunktion' (MCD), also die organische Ursachenerklärung, vor allem im medizinischen Bereich an Boden, obgleich eine Teilleistungsstörung strenggenommen noch nicht ihre organische Verursachung impliziert. Fragwürdig wird das Konzept der Teilleistungsschwäche freilich dann, wenn bei einem einzigen Probanden eine solche Vielzahl von ‚Teil'-Ausfällen diagnostiziert wird, daß das postulierte allgemeine Fähigkeitsniveau kaum noch aufscheint; fragwürdig dann deshalb, weil hier vielleicht bloß der als diskriminierend empfundene Begriff der Lernbehinderung durch die ‚modernere' Diagnose von Teilleistungsstörungen ersetzt werden soll.

In der – stark intensivierten – Frühförderung bahnt sich eine Koordination der Angebote verschiedener Behinderteninstitutionen an. Einrichtungen für körper- und solche für geistigbehinderte Kinder finden dabei am ehesten zu einer Zusammenarbeit, zumal die Entwicklungsrückstände im Säuglingsalter ja oft noch sehr unspezifisch sind. Für sinnesbehinderte, vor allem schwerhörige Kleinkinder ist wohl weiterhin von Anfang an eine spezielle Frühförderung erforderlich. Nicht so leicht gelingt hingegen die Einbeziehung auch medizinischer Angebote; hier scheint sich vielmehr die flächendeckende Schaffung Sozialpädiatrischer Zentren und Abteilungen im Sinne eines medizinischen Dienstleistungsangebots (ähnlich wie die Vorsorgeuntersuchungen im Kindesalter) durchzusetzen.

Die Chance einer breiteren interdisziplinären Zusammenarbeit, die sich zum Ende der Siebziger Jahre zu bieten schien, dürfte dabei eher wieder in weitere Ferne rücken. Einerseits zeigt die medizinische Seite wenig Bereitschaft, sich auf soziologische Behinderungstheorien und die gesellschaftskritischen Paradigmen der Sonderpädagogik – die zudem vielfach vom Modell der Lernbehinderung ausgehen, kaum auf schwerste Behinderungen anwendbar sind – näher einzulassen. Auf sonderpädagogischer Seite wiederum werden häufig der medizinische Behinderungsbegriff und das an ärztlichem Handeln orientierte Vorgehen der Sozialpädiatrie – eher am Modell ‚schwerer' Behinderungen entwickelt – in einer verabsolutierenden Weise ignoriert oder abgelehnt, als gesellschaftstheoretisch unreflektiert oder naiv diskreditiert. Die Psychologie ist zu einer Synthese hier kaum in der Lage; sie verbleibt in ihrer in der Einleitung zu diesem Buch bereits skizzierten Doppelrolle – zum einen diagnostisch-therapeutische Dienstleistungen zu übernehmen, zum andern in empirischen Forschungsprojekten ihren fachspezifischen oder methodischen Part beizusteuern. So wird man in der näheren Zukunft noch mit unterschiedlichen Behinderungsparadigmen arbeiten müssen, die Koexistenz unterschiedlicher professioneller Sichtweisen zu akzeptieren haben.

Jugendliche und erwachsene Behinderte lassen sich heute nicht einfach mehr ‚fördern', ‚helfen' oder gar ‚bemitleiden'; solche Begriffe werden dort nachgerade suspekt. Was den Abbau gesellschaftlicher Vorurteile und Kontaktschranken betrifft, so scheint man hier auch von Institutionen und (teils nichtbehinderten) Funktionären nicht mehr allzuviel zu erwarten. Stattdessen beginnen sich Behinderte mehr und mehr in Selbsthilfe- und Initiativgruppen zu organisieren, ihre Interessenvertretung auch in der Öffentlichkeitsarbeit selbst in die Hand zu nehmen, und sei es in bisweilen ein wenig militanter Form. Schwieriger ist eine solche eigenständige Interessenvertretung freilich für Geistig- und Schwerstbehinderte.

In diesem Zusammenhang muß auf eine Gefahr verwiesen werden, die ein Behinderungsbegriff in sich birgt, der ganz auf die ‚Vorenthaltung prinzipiell verfügbarer Möglichkeiten der Förderung Behinderter' Bezug nimmt. Es entsteht so leicht der Eindruck, eine Gesellschaft brauche nur immer mehr Förderung anzubieten, um Behinderungen zu reduzieren, die sozialen Handicaps aus der Welt zu schaffen. Entwicklungsfähigkeit und Lernfähigkeit werden zu zentralen Begriffen, was dazu führt, dem Behinderten – sinnvollerweise – immer mehr Förderung angedeihen zu lassen, aber auch immer weiteres Lernen von ihm zu verlangen, selbst wenn er längst erwachsen ist. Für uns ist die Erwachsenenbildung dagegen ein freies Angebot. Soll man einen Behinderten aber nicht auch dann akzeptieren, wenn von ihm einmal kein nächster Schritt mehr zu erwarten ist?

Mehr an Grundtendenzen aufzuzeigen ist der Raum hier nicht ausreichend. Einem externen Beobachter würde wohl das weit auseinandergezogene Feld der Positionen auffallen: immer noch existierende Vorurteile, wie sie sich immer noch in der Unerwünschtheit von Behinderten in manchen Weinstuben und Gaststätten manifestieren (die ja nicht so sehr öffentlicher Kontrolle unterliegen, also die Manifestation individueller Einstellungen leichter zulassen); die inzwischen sicherlich verständnisvolle Distanz einer Bevölkerungsmajorität; eine nach wie vor an Fürsorge, Mitleid, Versorgung, karitativem Einsatz orientierte Hilfe von Engagierteren; wissenschaftlich-nüchternes Fachinteresse; schließlich das Aufbegehren einzelner Gruppen, die Ablehnung traditioneller Konzepte; Positionen, die die Gesellschaft in toto für die Misere Behinderter verantwortlich machen. Ob es in diesem weiten Feld (wieder) zu einem Konsens kommen wird?

Selbst der Begriff der ‚Integration', in den letzten Jahren so beliebter, zungengängiger Nenner für zeitgemäße und fortschrittliche Behindertenarbeit, ist bereits wieder fragwürdig, angreifbar geworden. Nicht nur, daß man bei Schwerstbehinderten an eine Grenze der Integration stößt, die selten und ungern offen eingestanden, öfter und lieber jedoch verbal ummäntelt wird. Nicht nur, daß Integrationsabsicht und Normalisierungsprinzip bisweilen seltsame Projekte zeitigen, etwa wenn mehrfach- und schwerstbehinderte Kleinkinder aufwendigen Wintersportarten unterzogen werden, zu denen selbst viele Nichtbehinderte keinen Zugang haben. Nicht nur, daß der Ruhm ausländischer Modelle bisweilen mit abnehmender Entfernung dahinzuschmelzen scheint, die in einigen Ländern üblichen Diskrepanzen zwischen Gesetzestext und Realität übersehen werden.

Nein, auch grundsätzlich wird der Integrationsgedanke bereits kritisiert: setze er doch als quasi selbstverständlich voraus, daß zuvor eine Separierung stattgefunden habe; gebe es doch dabei immer noch integrierende Förderer und zu integrierende Behinderte, also keine wirkliche gleichberechtigte Partnerschaft. Das Konzept wird bereits wieder in Frage gestellt, während anderswo noch über Art und Umfang von Integration diskutiert wird.

Verzichtet man andererseits auf Behinderungs- und Integrationsbegriff: bedeutet das nicht eine Infragestellung, ja Aufhebung der gesamten Behindertenarbeit und -pädagogik vergangener Jahrzehnte? Wie sich auch die kontroverse Theorien- und Paradigmendebatte weiterentwickeln mag in den kommenden Jahren: Aufhebung kann nicht nur bedeuten, fehlerhafte oder irreführende Paradigmen über Bord zu werfen, eine neue Phase der Behindertenarbeit einzuleiten; es muß auch bedeuten, alte Ergebnisse und Befunde für diese neue Phase der Arbeit nutzbar zu machen, sie zu erhalten, aufzubewahren. Ähnlich wie auch in anderen Fachdisziplinen Neuinterpretationen auf dem Boden der Tradition mehr Gehör finden, als wenn sie sich ganz von dieser ablösen, nach außen drängen lassen.

Natürlich läßt sich ein solches Ziel schwer erreichen. Doch sollte in diesem Buch nicht eine momentan gerade aktuelle Tendenz zum prägenden, alles durchdringenden Leitgedanken gemacht werden (was dem Buch teilweise den Vorwurf des Theorienmangels eingetragen hat); vielmehr ging es bloß darum, einige Fakten und Tendenzen zusammenzustellen, die zu weiterer Befassung, weiterem Nachdenken, tieferer theoretischer Durchdringung anregen mögen. Aktuelle wissenschaftliche Diskussion kann so nicht ersetzt werden, allenfalls können ein paar Grundinformationen vermittelt werden, die auch den mit Behinderten befaßten Nicht-Experten möglichst verständlich sind.

Abschließend sei hier noch nachgeholt, was mangels eines Vorworts in der ersten Auflage versäumt wurde: der Dank an alle, die zum Gelingen dieses Buches beigetragen haben. Zunächst Herrn Dr. Walter Kißling vom Quelle und Meyer Verlag, auf dessen Initiative das Projekt zurückgeht und der auch jetzt die mit der Neuauflage verbundene Umfangserweiterung ermöglicht hat; den Studenten mehrerer Seminare, in denen Grundlagen für einen Zugang von Psychologen zur Behindertenproblematik gemeinsam erarbeitet wurden; den Koautoren, die durch Übernahme wichtiger Kapitel ihre Kompetenz miteingebracht haben; meinen seinerzeitigen Kollegen am Würzburger Psychologie-Lehrstuhl I, den Doctores Jakob Goesslbauer, Josef Keller und Joachim Wittkowski, die durch ihren Rat viel Unterstützung in der Phase der Textarbeit geleistet haben; Frau Renate Foitzik, die damals unter großem Zeitdruck die Reinschrift des Manuskripts bewältigt hat; denen, die das Entstehen des Buches noch mit Interesse mitverfolgt haben.

Würzburg, im Frühjahr 1982   Ulrich Hensle

1. Zur Einführung

Stärker als zuvor sind in den letzten Jahren Probleme der Behinderten in den Blickpunkt des öffentlichen und wissenschaftlichen Interesses gerückt (vgl. z. B. BÄRSCH et al. 1973, KLEE 1974, KLEE 1976). Nicht unwesentlich für diesen Bewußtseinswandel war wohl die Diskussion um die sogenannten Contergankinder, die zu Anfang der Sechziger Jahre mit Gliedmaßenfehlbildungen zur Welt kamen, wobei sich die medizinische Diskussion um Ursache und angemessene Behandlung und der juristische Rechtsstreit um eine finanzielle Entschädigung noch über Jahre hinzogen.

Wichtiger noch dürfte jedoch die allgemeine Öffnung für Randgruppenprobleme zum Anfang der Siebziger Jahre gewesen sein, die nach Gastarbeitern, Strafentlassenen, psychisch Kranken, Obdachlosen und Nichtseßhaften schließlich auch die Behinderten miteinbezog und für sie Interesse weckte (vgl. ESSINGER 1977); an den Aktivitäten Sozialer Arbeitskreise in den Hochschulstädten, am sprunghaften Anstieg der Studentenzahlen in den Fächern Sozial- und Sonderpädagogik, an der zunehmenden Häufigkeit einschlägiger Presse- und Rundfunkbeiträge ließ sich diese Entwicklung ablesen.

Manche der maßgeblichen Institutionen bemühten sich zunächst vorrangig um das Sammeln von Spendengeldern und den Bau kostspieliger Beschulungs- und Versorgungseinrichtungen für Behinderte. Andere erkannten, daß die sozialpsychologische Seite der Problematik damit nicht gelöst, ja bisweilen sogar noch verschärft worden war. Insbesondere für Integrationsbemühungen erwiesen sich die großen Behindertenzentren am Stadtrand eher als hinderlich denn förderlich; Sachzwänge waren durch hohe Investitionskosten geschaffen worden, an denen die Pädagogik mit ihren sich wandelnden Konzeptionen nun kaum noch vorbei konnte.

Es wurde deutlich, daß Selbstorganisation und Eigeninitiative von Behinderten und Eltern Behinderter die behördlichen und institutionellen Maßnahmen ergänzen mußten. 1958 bereits war die ‚Lebenshilfe für geistig Behinderte‘ als Elternvereinigung gegründet worden; inzwischen ist sie mit 17 weiteren Organisationen in der ‚Bundesarbeitsgemeinschaft Hilfe für Behinderte‘ (vgl. DÖRR 1973) zusammengeschlossen. In zahlreichen Städten der Bundesrepublik haben sich einstweilen Behindertenklubs und Initiativgruppen gebildet (vgl. KLEE 1976, S. 182 ff).

Im wissenschaftlichen Bereich machte die Sonderpädagogik eine rapide Entwicklung durch von der Hilfsschulpädagogik zu einem differenziert-komplexen, inzwischen zumeist grundständigen Studienfach, das die Erziehung und Rehabilitation aller Behinderten zum Gegenstand hat (vgl. STADLER 1976 a).

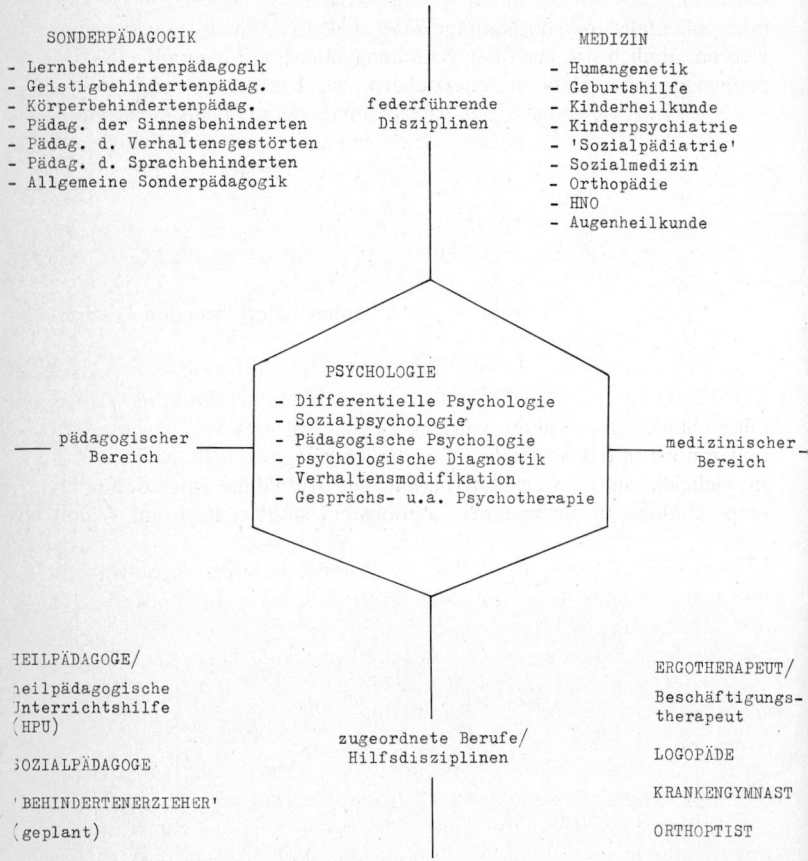

SONDERPÄDAGOGIK

- Lernbehindertenpädagogik
- Geistigbehindertenpädag.
- Körperbehindertenpädag.
- Pädag. der Sinnesbehinderten
- Pädag. d. Verhaltensgestörten
- Pädag. d. Sprachbehinderten
- Allgemeine Sonderpädagogik

federführende Disziplinen

MEDIZIN

- Humangenetik
- Geburtshilfe
- Kinderheilkunde
- Kinderpsychiatrie
- 'Sozialpädiatrie'
- Sozialmedizin
- Orthopädie
- HNO
- Augenheilkunde

PSYCHOLOGIE

- Differentielle Psychologie
- Sozialpsychologie
- Pädagogische Psychologie
- psychologische Diagnostik
- Verhaltensmodifikation
- Gesprächs- u.a. Psychotherapie

pädagogischer Bereich

medizinischer Bereich

HEILPÄDAGOGE/

heilpädagogische Unterrichtshilfe (HPU)

SOZIALPÄDAGOGE

'BEHINDERTENERZIEHER' (geplant)

zugeordnete Berufe/ Hilfsdisziplinen

ERGOTHERAPEUT/

Beschäftigungs- therapeut

LOGOPÄDE

KRANKENGYMNAST

ORTHOPTIST

Schema. Zum Standort einer Behindertenpsychologie

12

In der Medizin nehmen sich eine Vielzahl von Teildisziplinen, wie etwa die Pädiatrie und die Orthopädie, der Abklärung und Versorgung von Behinderungen an. Als einschlägiges Spezialfach entstand die Sozialpädiatrie, die kindliche Entwicklungsstörungen im größeren Kontext der Lebenssituation sieht; ausgehend von Mainz und München, ist sie inzwischen an zahlreichen Universitäten mit eigenen Abteilungen vertreten.

Die Psychologie dagegen steht eher hintan, was die Beschäftigung mit Behinderten betrifft. Zwar fehlen die Psychologen in keiner Aufzählung der Berufsgruppen, deren Mitarbeit im Team der Helfer notwendig ist – wobei ihnen aber gewöhnlich lediglich diagnostische oder allenfalls psychotherapeutische Hilfsfunktionen zugesprochen werden, ähnlich wie auch den Krankengymnasten, Logopäden, Sozialpädagogen oder Behindertenerziehern, die KERKHOFF (1976) unter Vorlage eines viersemestrigen Ausbildungsprogramms als eigenständiges Berufsbild gefordert hat. Andererseits ist die Psychologie oft aufgerufen, in größeren Forschungsprojekten die differentiell-psychologischen Fragestellungen wie etwa nach Persönlichkeits- oder Intelligenzmerkmalen Behinderter zu beantworten oder diagnostische Instrumente speziell für Behinderte zu entwickeln. Damit gerät sie in eine eigentümliche Zwischenposition, ist in manchen Aspekten eher den Hilfsdisziplinen, in anderen eher den beiden federführenden Disziplinen zur Seite zu stellen.

Auf keine der beiden Aufgaben wird der Psychologe im Verlauf seines Studiums angemessen vorbereitet. Inhalte, die ihn in die Arbeit mit Behinderten einführen würden, erscheinen weder in der Differentiellen noch in der Sozial- noch in der Pädagogischen Psychologie, wo sie vielleicht am ehesten Platz hätten. Die Aufnahme einer Behindertenpsychologie in ein knappes Lehrangebot stößt vielfach auf Widerstände.

Und dennoch wird ein großer Teil der Psychologiestudenten künftighin mit Behinderten konfrontiert werden, sei es – eher beiläufig – in der Erziehungs-, Schul- oder Berufsberatung, sei es in einer Spezialeinrichtung für Behinderte (Sonderschulen mit dazugehörigen Tagesstätten und Heimen, Anstalten, Einrichtungen der Frühförderung und beruflichen Rehabilitation, Werkstätten). Viele Psychologen machen dabei die Erfahrung, daß sie zunächst einmal die weißen Flecken, die ihre Ausbildung hier hinterlassen hat, mit eigenständiger, bisweilen mühsamer Nacharbeit und Fortbildung ausfüllen müssen.

Von daher gesehen täte es not, Psychologen schon vor Abschluß ihres Studiums einige Vorinformationen zur Behinderungsproblematik zu vermitteln. In dieser Lücke soll das vorliegende Büchlein angesiedelt sein. Es will nicht mit der umfangreichen – und immer umfangreicher werdenden – sonderpädagogischen Literatur über Behinderte konkurrieren, es kann unmöglich die Fülle eines in rascher Entwicklung begriffenen Fachgebiets auf dem verfügbaren knappen Raum darstellen; wer sich näher und gezielt für einzelne Themen und Bereiche interessiert, wird sich ohnehin in der Spezialliteratur umsehen müssen.

Auch war nicht beabsichtigt, medizinisch exakte Darstellungen einzelner Zustandsbilder zu liefern; ein medizinisches Lehrbuch kann nicht ersetzt werden. Die Aufgabenstellung war vielmehr eine doppelte: zum einen für Psychologen und andere Interessierte eine leicht verständliche, überblickshafte Einführung in Bereiche und Probleme der Behinderung zu geben, einige ausgewählte Inhalte der Sonderpädagogik und der Medizin für Nicht-Sonderpädagogen und Nicht-Mediziner zusammenzufassen; zum anderen diejenigen Themen und Aufgaben besonders herauszustellen und zu charakterisieren, die den Psychologen im Team der Behindertenarbeit besonders betreffen, in denen am ehesten seine Kompetenz erwartet wird, wie etwa die spezielle Diagnostik, die Elternarbeit, die Verhaltensmodifikation, die sozialpsychologische und die ökopsychologische Forschung.

Zunächst werden der Begriff der Behinderung in seinen unterschiedlichen Aspekten, die Häufigkeit von Behinderungen unter Kindern und Erwachsenen sowie die Geschichte des Umgangs mit Behinderten diskutiert. Sodann folgt ein Überblick über einzelne Behinderungsarten, wobei jeweils versucht wird, medizinische Fakten, psychologische Merkmale sowie praktisch-pädagogische Aufgaben zu berücksichtigen. Mit dem Konzept der Mehrfachbehinderung, erläutert am Musterbeispiel der Zerebralparese, wird dieser erste eindimensionale Zugang sodann relativiert.

Im sozialpsychologischen Teil werden die Vorurteile gegenüber Behinderten mit den resultierenden Interaktionsspannungen untersucht, der allgemeinere Stigmatisierungsansatz auf die Situation der Behinderten angewandt; Überlegungen zu den Möglichkeiten des Vorurteilsabbaus schließen dieses Kapitel ab. In einem praktischen, auf einzelne Arbeitsfelder bezogenen Teil werden zunächst anhand der Ätiologie von Behinderungen die Möglichkeiten der Prävention erörtert, sodann die Frühförderung mit ihrem entwicklungsdiagnostischen Instrumentarium vorgestellt. Elternarbeit, Verhaltensmodifikation und Musiktherapie, Integrierte Erziehungsmodelle sowie berufliche Rehabilitation schließen sich an. Im letzten Kapitel schließlich wird in Form einer Projektstudie dem noch relativ neuen Gedanken Rechnung getragen, daß bereits bei der baulichen Planung von Behinderteneinrichtungen umweltpsychologische Gesichtspunkte Berücksichtigung finden sollten.

2. Begriff, Geschichte und Daten

2.1. Begriff der Behinderung

2.1.1. Entwicklung des Begriffs

Gewöhnlich lohnt es die Mühe, einen Begriff an seine historische Wurzel zurückzuverfolgen. Für den Begriff der Behinderung hat dies SCHWORM (1975) getan, dem wir uns in der folgenden Darstellung anschließen wollen.

Sowohl das Substantiv ‚Behinderung‘ wie auch das Verb ‚behindern‘ sind relativ junge Termini: von zwei niederdeutschen Autoren des frühen 18. Jahrhunderts verwendet, wurde der Ausdruck ‚behindert‘ in einer Tübinger Ausgabe des gleichen Werks noch durch ‚gehindert‘ ersetzt. Dann fand er zunächst als juristischer Begriff Eingang in die Prozeßordnung und spielt noch heute im Paragraph eins der Straßenverkehrsordnung eine wichtige Rolle. Das Wort, von dem er abgeleitet ist (‚hindern‘), hatte dabei ursprünglich die räumliche Bedeutung von ‚eine Sache nach hinten stellen‘, so etwa im Mittelhochdeutschen und noch bei LUTHER.

Erst zum Beginn des 20. Jahrhunderts wurde der Terminus schließlich auf seinen jetzigen Gegenstandsbereich und die Sonderpädagogik angewandt. Noch 1906 hatte BIELSALSKI nicht etwa eine Körperbehinderten-, sondern eine ‚Krüppelzählung‘ durchgeführt, um alle von Geburt an mit körperlichen Mängeln Behafteten zu erfassen.

Ein wesentlicher Anstoß für die begriffliche Neubestimmung waren dann wohl nach 1918 die Kriegsbeschädigten, die die Bezeichnung ‚Krüppel‘ nach ihrem Dienst am Vaterland als diskriminierend empfanden. Außerdem deckte der ‚Krüppel‘-Begriff nicht die ebenfalls auf dem Felde erlittenen Seh- und Hörschädigungen ab, wie BIELSALSKI 1915 schrieb:

> „Denn auch ein Mann, der ein Auge oder sein Gehör verlor oder sich ein dauerndes inneres Leiden zugezogen hat, ist beschädigt und doch nicht verkrüppelt. Hierunter versteht man eine schwere Beeinträchtigung der Bewegungsmöglichkeiten und der Körperhaltung." (zit. nach SCHWORM 1975)

Von da ab beginnt der Behinderungs-Begriff sich einzubürgern. 1938 spricht das Reichsschulpflichtgesetz in Paragraph sechs von der „Schulpflicht geistig und körperlich behinderter Kinder" und verwies sie auf die Hilfsschulen sowie die Schulen für Krüppel, Blinde, Taubstumme und ähnliche Gruppen. 1950 ersetzte die Kasseler Fassung eines dann 1957 verabschiedeten Körperbehindertengesetzes das Wort ‚Krüppel‘ konsequent durch ‚Körperbehinderte‘. Allmählich setzte sich der Begriff auch für die anderen Behindertengruppen durch. Zuletzt geschah dies über eine bewußte Angleichung des Sprachgebrauchs: so bei den Sprachbehinderten, die zuvor meist als Sprachgestörte bezeichnet worden waren, oder bei den Verhaltensbehinderten, die viel häufiger noch als Verhaltensgestörte oder Erziehungsschwierige bezeichnet werden.

Nachdem sich der Behinderungsbegriff schließlich für die Hauptgruppen der Sonderpädagogik durchgesetzt hatte, sind in den letzten Jahren Tendenzen zu beobachten, ihn noch weiter auszudehnen. Teilweise werden – neben den Lernbehinderten – auch Kinder mit speziellen Schulleistungsschwächen einbezogen, wie etwa die Lese-Rechtschreib-Schwachen; teilweise werden – insbesondere von ärztlichsozialpädiatrischer Seite – Kinder mit minimalen zerebralen Dysfunktionen (MCD) oder mit leichten orthopädischen Haltungsschäden unter den Behindertenbegriff subsumiert; teilweise werden die psychisch Kranken miteinbezogen, um so eine Nebeneinanderstellung von körperlich, sinnesmäßig, geistig und seelisch Behinderten zu erzielen, wie etwa in den von der Bundeszentrale für gesundheitliche Aufklärung herausgegebenen Broschüren (z. B. „Menschen wie wir").

Ob eine solche Erweiterung des Begriffs sinnvoll ist, mag bezweifelt werden; bekanntlich nimmt mit steigender Extension, dem Geltungsbereich eines Begriffs, seine Intension, sein spezifischer Sinngehalt, ab (vgl. z. B. STEGMÜLLER 1975, S. 419). Eine angemessene Vertretung der Interessen von Schwerbehinderten könnte damit eher verwässert als gefördert werden. Von den verwirrenden statistischen Zahlenspielen, die so zustandekommen, wird weiter unten (vgl. S. 34) noch die Rede sein. Ob die Situation der psychisch Kranken nachhaltig verbessert werden kann, indem man sie unter den heterogenen, Dauerhaftigkeit der Störung vortäuschenden Behinderungsbegriff subsumiert, mag bezweifelt werden; sie bleiben hier außerhalb der Betrachtung.

2.1.2. Definition und vorläufige Kennzeichnung

In seiner Empfehlung „Zur pädagogischen Förderung behinderter und von Behinderung bedrohter Kinder und Jugendlicher", verabschiedet am 12./13. Oktober 1973, definiert der DEUTSCHE BILDUNGSRAT (1973, S. 32) Behinderung folgendermaßen:

„Als behindert im erziehungswissenschaftlichen Sinne gelten alle Kinder, Jugendlichen und Erwachsenen, die in ihrem Lernen, im sozialen Verhalten, in der sprachlichen Kommunikation oder in den psychomotorischen Fähigkeiten so weit beeinträchtigt sind, daß ihre Teilhabe am Leben der Gesellschaft wesentlich erschwert ist. Deshalb bedürfen sie besonderer pädagogischer Förderung.

Behinderungen können ihren Ausgang nehmen von Beeinträchtigungen des Sehens, des Hörens, der Sprache, der Stütz- und Bewegungsfunktionen, der Intelligenz, der Emotionalität, des äußeren Erscheinungsbilds sowie von bestimmten chronischen Krankheiten. Häufig treten auch Mehrfachbehinderungen auf . . ."

Versuchen wir, die einzelnen Bestimmungsstücke dieser Definition näher zu analysieren. Im Grunde haben wir eine doppelte Definition vor uns. Einerseits wird Behinderung deduktiv bestimmt (nach dem genus proximum-differentia specifica-Schema) als Beeinträchtigung, die die „Teilhabe am Leben der Gesellschaft wesentlich erschwert". Die Kennzeichnung von ‚Behinderung' als ‚Beeinträchtigung' mag dabei wie eine leere Tautologie anmuten, jedoch gibt der Nachsatz immerhin das Kriterium an, mit dem das Ausmaß dieser Beeinträchtigung final bestimmt wird.

Andererseits finden wir aber auch mehr induktive Bestimmungsstücke, die genauso legitim sind wie die deduktive Form der Definition: wir können ja auch ‚Europa' statt als ‚Erdteil zwischen Atlantik und Ural' ebenso durch die Aufzählung der zugehörigen Länder definieren. In diesem Sinne geht auch der BILDUNGSRAT vor, wenn er vier Bereiche nennt, in denen eine solche schwerwiegende Beeinträchtigung vorliegen kann (unter den ‚psychomotorischen Fähigkeiten' wären dabei wohl außer der Motorik auch die Sinnesfunktionen zu verstehen), und anschließend acht Funktionen aufzählt, von deren Beeinträchtigung die Behinderung ihren Ausgang nehmen kann.

Soviel zur quasi-offiziellen Definition des BILDUNGSRATs. Halten wir dabei fest, daß zwar die Aufzählung einzelner Behinderungsbereiche darin beibehalten ist, jedoch einem finalen Kriterium untergeordnet wird: Behinderung ist nicht durch die bloße Funktionsbeeinträchtigung bereits eine Behinderung, sondern erst durch die Erschwerung der gesellschaftlichen Partizipation, die diese mit sich bringt. Merkmale des Behinderten und Merkmale seiner Gesellschaft bewirken also erst gemeinsam das Phänomen der Behinderung (vgl. BÄRSCH 1973, S. 7).

2.1.3. Behinderung, Schädigung und Benachteiligung

Behinderung ist nicht mit der Schädigung identisch, die sie zustandegebracht hat. Sie ist hingegen auch nicht bloß mit den gesellschaftlichen Wertungen identisch, die sich als Folge davon ergeben. Sie steht, begrifflich, in der Mitte. In ähnlicher Weise hat RIVIÈRE (zit. nach BÄRSCH 1973, S. 7) die Unterscheidung vorgenommen:

„Schädigung (impairment) ist jede Abweichung von der Norm, die sich in einer fehlerhaften Funktion, Struktur, Organisation oder Entwicklung des Ganzen oder eines seiner Anlagen, Systeme, Organe, Glieder oder von Teilen hiervon auswirkt.

Behinderung (disability) ist jede Beeinträchtigung, die das geschädigte Individuum erfährt, wenn man es mit einem nicht geschädigten Individuum des gleichen Alters, Geschlechts und gleichem kulturellen Hintergrund vergleicht.

Benachteiligung (handicap) ist die ungünstige Situation, die ein bestimmter Mensch infolge der Schädigung oder Behinderung in den ihm adäquaten psychosozialen, körperlichen, beruflichen und gesellschaftlichen Aktivitäten erfährt."

Freilich wird eine solche Unterscheidung selten so klar durchgehalten; sie besitzt eher heuristischen Wert. In der angloamerikanischen Literatur etwa wird im allgemeinen ,handicap' im Sinne von ,Behinderung' verwendet.

2.1.4. Behinderung und Krankheit

Abzugrenzen ist Behinderung auch vom medizinischen Krankheitsbegriff. Idealtypisch könnte man sagen: Behinderung fängt dort an, wo Krankheit aufhört. Ein Defektzustand liegt vor, ein Endzustand nach voraufgegangenem Krankheitsgeschehen, der weiterer Behandlung trotzt, irreversibel ist. Behinderung ist damit ein weiterer möglicher Ausgang von Krankheit neben Gesundung, Sterben und Krankbleiben, den ENKE und seine Mitarbeiter (1977, S. 353 ff) von chronischer Krankheit abzugrenzen versäumt haben. Ärztliche Maßnahmen haben allenfalls noch stützenden Wert, das Schwergewicht muß in der Bewältigung des gegebenen Zustands liegen; auch ärztlicherseits wird in solchem Zusammenhang gewöhnlich zugegeben, daß heilpädagogische oder sonderpädagogische Maßnahmen nunmehr im Vordergrund stehen müßten. Der Behinderte ist als solcher nicht krank; ein Rollstuhlfahrer mag gesund sein, während sein Begleiter etwa an einem Schnupfen oder einer Grippe leidet.

Diese Abgrenzung bleibt allerdings idealtypisch. Sie paßt nicht auf die Gruppe der chronisch Kranken, die einerseits stetiger ärztlicher Behandlung bedürfen, andererseits jedoch für lange Zeit, wenn nicht für den Rest ihres Lebens, nur noch unter erheblich erschwerten Bedingungen am Leben der Gesellschaft teilnehmen können (vgl. S. 60). Bei einem Diabetiker oder Epileptiker zum Beispiel mag die ärztliche Behandlung mit einer guten medikamentösen ,Einstellung' weitgehend abgeschlossen sein; die Diätvorschriften, die Reglementierung des Tagesablaufs, die Medikamenteneinnahme und deren unumgängliche Nebenwirkungen bedeuten dann eine behinderungsähnliche Beeinträchtigung. Bei anderen chronisch Kranken, wie etwa Tuberkulösen, steht auch langfristig der pathologische Prozeß im Vordergrund; dann wäre eher von einer Krankheit zu sprechen. Die idealtypische Aussage, daß Behinderung dort anfängt, wo Krankheit aufhört, bedeutet also nicht, daß in der Realität kein Raum mehr für Übergänge und Grenzfälle bliebe.

2.1.5. Behinderten-, Heil- und Sonderpädagogik

Wie bereits erwähnt (vgl. S. 12), ist diejenige wissenschaftliche Disziplin, die sich derzeit in erster Linie mit Behinderten befaßt, die Sonderpädagogik. Die Termini ‚Heilpädagogik' und ‚Sonderpädagogik' werden heute synonym verwendet; ersterer erscheint beispielsweise noch im Namen einiger einschlägiger Abteilungen an Pädagogischen Hochschulen.

Diese begriffliche Konvergenz stellt freilich ein relativ junges Phänomen dar, nachdem – historisch gesehen – die drei Begriffe ursprünglich unterschiedliche Schwerpunkte bezeichnet hatten.

So hat sich der Begriff ‚Behindertenpädagogik' vom Körperbehinderten – dem früheren Krüppel – ausgehend auf die übrigen Behindertengruppen ausgedehnt. Tatsächlich wird heute noch der Begriff des ‚Behinderten' am ehesten mit dem Körperbehinderten assoziiert, was sich vielleicht teilweise auch durch eine dahin gehende Berichterstattung in den Medien erklären läßt: im Hintergrund steht dort vielfach das Bild des Rollstuhlfahrers, auch wenn dieser nur einen Typus des Körperbehinderten und die Körperbehinderten wiederum nur eine zahlenmäßig geringe Gruppe innerhalb der Gesamtheit aller Behinderten darstellen (vgl. S. 40).

Die ‚Sonderpädagogik' hingegen stellte vielfach, und zwar quantitativ mit vollem Recht, die Lernbehinderten ins Zentrum ihrer Bemühungen. Entwickelt hat sie sich aus der früheren Hilfsschulpädagogik, und auch heute noch machen die Lernbehinderten allein die Hälfte aller Behinderten aus; Lernbehindertenpädagogik wird an jeder sonderpädagogischen Ausbildungsstätte vertreten, während die Pädagogik der Sinnesbehinderten beispielsweise nur ganz vereinzelt angeboten wird. Der Begriff ‚Sonderschule' ist einstweilen bereits so sehr mit der früheren Hilfsschule assoziiert, daß Sonderschulen mit den gleichen Lehrzielen wie Volksschulen sich inzwischen abhebend als ‚Sonder-Volksschulen' bezeichnen.

Die ‚Heilpädagogik' schließlich hat ursprünglich die Verhaltensgestörten ins Zentrum ihrer Bemühungen gestellt, wenn sie auch nunmehr die übrigen Behindertengruppen mitberücksichtigt. Noch in HANSEL-MANNs (1930) Lehrbuch der Heilpädagogik hatte der Abschnitt über die damals als ‚Schwererziehbare' Bezeichneten allein 280 von 530 Seiten angenommen. Die Heilpädagogik weist also eine besondere Nähe auch zur Psychagogik, zur Fürsorge- und Heimerziehung auf.

2.1.6. Vier Paradigmata der Behinderung

Vier unterschiedliche Behinderungsbegriffe, gleichzeitig konkurrierende Erklärungsmodelle und Paradigmata des Phänomens der Behinderung, hat BLEIDICK (1977; vgl. BLEIDICK und HAGEMEISTER 1977, S. 65 ff) vorgestellt. Er geht dabei von den – zahlenmäßig ja dominierenden – Lernbehinderten aus; „inwieweit sie (die Paradigmata) für weitere Behinderungsarten gelten, mag zunächst dahinstehen" (BLEIDICK 1977, S. 208).

Behinderung ist …	Behinderung als …	Bezeichnung des Paradigmas
1 ein medizinisch faßbarer Sachverhalt	medizinische Kategorie	individual-theoretisches (personenorientiertes)
2 eine Zuschreibung von sozialen Erwartungshaltungen	Etikett	interaktions-theoretisches (interaktionistisches)
3 ein Systemerzeugnis schulischer Leistungsdifferenzierung	Systemfolge	system-theoretisches
4 durch die Gesellschaft gemacht	Gesellschaftsprodukt	gesellschafts-theoretisches (politökonomisches)

Schema. Vier konkurrierende Paradigmata der Behinderung (nach BLEIDICK 1977, S. 208; BLEIDICK & HAGEMEISTER 1977, S. 66)

1. Im ersten, individual-theoretischen Paradigma wird Behinderung als medizinische Kategorie, als medizinisch faßbarer Sachverhalt gefaßt. Hierbei handele es sich um die sonderpädagogische ‚Alltagstheorie‘; suspekt werde sie dann, wenn sie Störungen, die eng im Zusammenhang mit schulischen Leistungsanforderungen entstehen, ungemein rasch auch als neue medizinische Krankheitsbilder definiere, wie etwa die Lesestörungen als ‚kongenitale Wortblindheit’ (WEINSCHENK) oder Schwierigkeiten im Erlernen der Mengenlehre als ‚Mengenschwäche’ (NISSEN).

2. Das zweite, interaktions-theoretische Paradigma wird im sozialpsychologischen Teil dieses Buches näher dargestellt (vgl. S. 206); ihm zufolge ist Behinderung ein Etikett, die Folge einer Zuschreibung sozialer Erwartungshaltungen. Der Lernbehinderte beispielsweise sei vielfach bereits durch familiäre Etikettierung belastet und habe nichts

anderes als eine deviante Karriere zu erwarten; daran, daß bei den ‚schlechten Schülern' „aus ständig zugeschriebenen und damit erwarteten Eigenschaften . . . schließlich tatsächliche im Sinne der self-fulfilling prophecy" (BLEIDICK 1977, S. 212) würden, seien wesentlich die jeweiligen Lehrer beteiligt.

3. Das dritte, systemtheoretische Paradigma betrachtet Behinderung als ein Systemerzeugnis schulischer Leistungsdifferenzierung. Nicht mehr der Lehrer hat es ihm zufolge in der Hand, ob ein Schüler in einen Etikettierungsprozeß hineingerät, vielmehr wird hier der Spielraum des Lehrers selbst als eingeengt durch seine Weisungsgebundenheit gegenüber dem Schulsystem gesehen.

Merkmale und Interessenlage des Schulsystems werden dabei in kausalen Zusammenhang mit der Behinderung gebracht: Krankheiten des Schülers und Wechsel von Lehrern können sich derart häufen, daß daraus resultierende Leistungsrückstände nicht mehr im Normalschulsystem aufgefangen werden können; erst die Selektion und Überweisung der stärkst-betroffenen Schüler auf Sonderschulen stabilisiere und erhalte das System wieder.

In diese systemtheoretische Sicht paßt nun auch der Gesichtspunkt, daß die Auslese von Sonderschülern durch die bestehenden Sonderschulen selbst vorgenommen wird. Vielfach sei dabei die Aufnahmequote vom Platzangebot abhängig (vgl. TOPSCH 1975, S. 121); schulorganisatorische Interessen wie das am Fortbestand einer kleinen Sonderschule könnten die getroffenen Entscheidungen beeinflussen. Dies entspricht einem allgemeineren Grundsatz, daß die Anzahl der für abweichend erklärten Personen mit der Anzahl der für sie zuständigen Spezialisten zunehme, was bedeuten würde: nicht ‚je mehr Sonderschüler, desto mehr Sonderpädagogen', sondern ‚je mehr Sonderpädagogen, desto mehr Sonderschulbedürftige'.

BLEIDICK (1977, S. 215) spricht in diesem Zusammenhang von einer „Komplexitätsreduktion", mit der sich die Normalschule ihre Aufgabe zu erleichtern suche. Während dies früher deutlich ausgesprochen worden sei (‚„Die Volksschule hat andere Aufgaben zu lösen, als sich mit geistig Schwachen und Stumpfsinnigen herumzumühen", so STÖTZNER 1864), klingt es neuerdings nur mehr beiläufig an, wie 1972 in den Empfehlungen der Kultusministerkonferenz („die allgemeine Schule von Schülern zu entlasten, denen sie nicht gerecht werden kann").

4. Das vierte Paradigma wird von BLEIDICK als gesellschaftstheoretisches bezeichnet. Behinderung sei danach ein Gesellschaftsprodukt, durch die Gesellschaft gemacht. Als Vertreter dieser Position kann

JANTZEN (1973, S. 156) gelten: „Das Existentwerden von Behinderung ist . . . abhängig von den sozioökonomischen Bedingungen der Gesellschaft".

BLEIDICK (1977, S. 218) selbst nimmt gegenüber dieser Position, die sozialbedingte Behinderungen direkt mit der politökonomischen Struktur der Gesellschaft in Verbindung bringt (vgl. JANTZEN 1974), eine durchaus kritische Stellung ein: „Auch ihr ausschnitthaftes Realitätsbild ist von geringer Komplexität."

Diesen Nachteil hat sie seiner Ansicht nach mit der individualtheoretischen Position gemeinsam, die Behinderung immer und überall zum Ausdruck einer medizinisch-organisch faßbaren Krankheit erkläre. Beide machten die Entstehungsbedingungen der Behinderung zum Grundproblem und ließen nur wenig Raum für Auswege aus ihr, indem in einer Art Sozial-Determinismus das Individuum die jeweils zugewiesene Rolle übernehmen müsse.

Das interaktions-theoretische und das systemtheoretische Paradigma hingegen ließen mehr Raum für Änderung: hier bestimme der einzelne Mensch sein Rollenverhalten mit, es werde nach den Bedingungen der Zuschreibung abweichenden Verhaltens, nach den sozialen Folgen vorgenommener Sanktionen gefragt (BLEIDICK 1977, S. 226). Wichtiger noch als solches Abwägen zwischen den einzelnen vier Paradigmata ist es BLEIDICK (1977, S. 220) jedoch, „die komplexe pädagogische Aufgabe der Förderung Behinderter auch durch einen mehrperspektivischen Begriff von Behinderung abzudecken". Er relativiert die einzelnen, in sich oftmals absolut gesehenen Ansätze zu bloßen Zugangsweisen der Betrachtung, „deren systemimmanente Teilrichtigkeiten zusammen so etwas wie eine multifaktorielle Betrachtungsweise des Phänomens Behindertsein abgeben mögen". Oder, wie er es an anderer Stelle recht knapp formuliert:

„Jeder Satz ist fortan nur teilrichtig: organische Defekte führen zu Behinderung; die Lehrerpersönlichkeit macht Behinderte; das Schulsystem bringt Behinderte hervor; die Gesellschaft produziert Behinderte." (BLEIDICK 1977, S. 223)

Wir haben diesen perspektivischen Ansatz deshalb hier so ausführlich referiert, weil zwei der darin berücksichtigten Paradigmata – das systemtheoretische und das gesellschaftstheoretische – in diesem Buch nicht mehr an anderer Stelle zur Sprache kommen. BLEIDICK selbst hat angemerkt, daß seine Analyse vorwiegend von der Situation der Lernbehinderten ausgeht. Bei anderen Behinderungen mag die relative Berechtigung der vier aufgeführten Perspektiven eine andere sein. Bei zahlreichen Behinderungen (die wir weiter unten als die eher organisch bedingten zusammenfassen werden) hat das medizinisch-individualtheoretische Paradigma wohl immer noch eine vorrangige Berechtigung.

Eine interaktionistische Betrachtungsweise ist dort allenfalls angezeigt, wenn es um die Sekundärfolgen von Behinderungen aufgrund von Zuschreibungen bestimmter Persönlichkeits- und Verhaltensmerkmale geht. Der systemtheoretische Ansatz mag angeführt werden, wenn die berufliche Benachteiligung Behinderter betrachtet wird: wie die Schule, so funktioniert auch das Beschäftigungssystem reibungsloser, wenn Benachteiligte rigoros ausgesondert werden. Eine gesellschaftstheoretische Perspektive schließlich wird manchmal nahegelegt, wenn hinter den primären organischen Ursachen von Behinderungen noch zusätzlich – in einer Art zweiter Ursachenebene – soziale Faktoren aufscheinen, wie beispielweise das gehäufte Vorkommen von Frühgeburten oder Sehbehinderungen in den unteren Sozialschichten (vgl. S. 96 und 251).

2.2. Behindertenstatistik

2.2.1. Probleme der Datenerhebung

Wollen wir uns näher mit Behinderten beschäftigen, brauchen wir eine Vorstellung davon, wer sich hinter diesem Etikett, diesem Sammelbegriff verbirgt, wir brauchen auch genauere Angaben, wieviele Behinderte es in unserer Bevölkerung gibt.

Dies ist gar keine so leichte Aufgabe, wie es zunächst scheinen mag. Die Bundesrepublik kennt ja keine Meldepflicht für Behinderungen, und es ist auch fraglich, ob eine solche sinnvoll wäre. Eine amtliche Meldepflicht würde eine Behinderung vermutlich auf Lebenszeit in behördlichen Akten festschreiben, wofür bisweilen der Vergleich mit einer Vorstrafe benutzt wird – wobei diese jedoch nach Ablauf einiger Jahre wieder aus dem Strafregister gelöscht wird, bei Behinderungen daran nicht unbedingt gedacht sein muß.

Die Meldepflicht könnte den Behinderten, vor allem das behinderte Kind, nicht nur institutionellen Hilfen zuführen, sondern auch administrativem Druck aussetzen, wenn es um Plazierungsentscheidungen in der Schullaufbahn oder Berufsausbildung geht. Solche einschneidenden Konsequenzen wiederum könnten dazu führen, daß die Meldepflicht ärztlicher- oder pädagogischerseits nur unvollständig oder zumindest mit erheblicher zeitlicher Verzögerung gehandhabt wird, um ein Kind nur ja nicht fälschlich den Konsequenzen einer amtlichen Meldung auszusetzen – und damit wären sowohl das Ziel genauerer statistischer Erfassung wie auch das einer möglichst raschen Frühförderung zunichte gemacht. Doch handelt es sich bei dieser Frage letztlich um eine politische, die im größeren Zusammenhang auch des Datenschutzes zu sehen ist und einer demokratischen Meinungsbildung erst noch bedarf.

Auch ohne offizielle Meldepflicht liegen uns jedoch einige, wenn auch divergierende Angaben zur Behinderungsfrequenz vor, und zwar einmal aus dem Bereich der Sonderpädagogik zur Frequenz sonderschulbedürftiger Behinderter im Schulalter, sodann aus sozialpädiatrischen Reihenuntersuchungen im Vorschulalter und schließlich aus Mikrozensus-Erhebungen zum Vorkommen von Behinderungen in der Gesamtbevölkerung. Auf diese drei Datenquellen soll weiter unter noch eingegangen werden.

Außerdem gibt es wissenschaftliche Einzelerhebungen, die zwar auf einen kleinen regionalen Umkreis beschränkt blieben, dafür jedoch mit umso größerer Akribie und Genauigkeit die Gesamtheit Behinderter in diesem Raum zu erfassen suchten: man befragte etwa alle Lehrer, Ärzte und Bürgermeister eines ländlichen Bereichs nach Kindern, auf die bestimmte Behinderungsmerkmale zutrafen, und setzte die so gewonnene Anzahl mit der Gesamtheit der Gleichaltrigen in Beziehung.

Solche Totalerhebungen lassen aufgrund einer regional weitgehend homogenen Bevölkerungsstruktur gute Rückschlüsse auf die Verhältnisse in der gesamten Bundesrepublik zu, jedoch können sich, wie SANDER (1973, S. 95) bemerkt, auch hier systematische Fehler einschleichen: zum Beispiel wurde häufig übersehen, daß Kinder mit schwersten oder seltenen Behinderungen oftmals in auswärtigen Institutionen untergebracht waren und deshalb in der amtlichen Schulstatistik oder in den Nennungen durch Lehrer und Ärzte nicht mehr erschienen; es ergaben sich so falsch niedrige Werte.

Als Beispiel einer Gesamterhebung sei die von TÖRÖK (1977) durchgeführte Erfassung aller körperbehinderten Kinder und Jugendlichen im Land Niedersachsen genannt. Zunächst wurden dabei die 34 Kreisgruppen des Deutschen Paritätischen Wohlfahrts-Verbands (DPWV) nach allen Sonderkindergärten und Sonderschulen, Behinderten-Internaten und -Wohnheimen, Einrichtungen zur Freizeitbetreuung, Behinderten-Beratungsstellen und -Diagnostikzentren sowie nach Krankengymnastinnen befragt. Zusätzlich wurden 66 Einrichtungen der ‚Lebenshilfe‘, 15 Kreisverbände des ‚Vereins zur Förderung körperbehinderter Kinder‘, 178 freiberuflich tätige Krankengymnastinnen, 589 Gemeindeschwestern und Sozialarbeiter im kirchlichen Dienst, 228 Heilpraktiker, 4490 niedergelassene Ärzte sowie 7 Wohlfahrts- und Behindertenverbände angeschrieben und um Mitarbeit bei der Erfassung gebeten (vgl. TÖRÖK, S. 38 ff). Schließlich erfolgte noch eine enge Zusammenarbeit mit den Amtsärzten der Gesundheitsämter, denen der größte Teil der behinderten Kinder bekannt war.

Das Ergebnis, auf das hier nicht weiter eingegangen werden kann, erbrachte einen Anteil von 0,46 Prozent Körperbehinderten an den im Untersuchungszeitraum Lebendgeborenen (TÖRÖK 1977, S. 233). Diese Quote liegt höher als die von SANDER (1973, S. 90) für Körperbehinderte genannte (0,3 %), wobei die Größenordnung allerdings gut übereinstimmt. Der Unterschied könnte zum Teil darauf beruhen, daß TÖRÖK auch mehrfachbehinderte Körperbehinderte – beispielsweise Zerebralparetiker und Hydrozephalus-Kinder mit geistiger Behinderung – miteinbezog, während SANDER diese der jeweils vorherrschenden Behinderung zurechnete.

2.2.2. Sozialpädiatrische Angaben zur Behinderungsfrequenz im Vorschulalter

Die Ergebnisse vier großangelegter sozialpädiatrischer Untersuchungen haben HELLBRÜGGE und seine Mitarbeiter (1976) vergleichend gegenübergestellt; sie seien hier zunächst wiedergegeben.

WISHEK (1956, zit. nach HELLBRÜGGE et al. 1976, S. 97) führte Befragungen über 16 000 Kinder und Jugendliche in Georgia durch und fand dabei eine Behindertenquote von 11 Prozent mit folgenden Einzelhäufigkeiten:

kosmetische Behinderung	4,3 %
psychische Retardierung	4,0 %
Persönlichkeitsstörung	2,9 %
Sprachstörung	2,9 %
Augen- und Sehstörung	2,4 %
Hörstörung	1,9 %
orthopädische Behinderung	1,7 %
Gebiß-Schaden	1,6 %
Herzstörung	1,0 %
Zerebralparese	0,5 %
Epilepsie	0,4 %
Wolfsrachen und Kieferspalte	0,1 %

JANTZEN (1964, nach HELLBRÜGGE et al. 1976, S. 98) untersuchte 1964 in Kiel 12 000 Vierjährige mit folgendem Ergebnis:

orthopädische Leiden	27,1 %
Hals-Nasen-Ohren-Krankheiten	11,0 %
Lungenkrankheiten	5,6 %
chirurgische Befunde	5,3 %
Anämie	3,1 %
Verhaltensstörungen	2,6 %
Hautkrankheiten	2,6 %
Augenkrankheiten	2,3 %
Sprachstörungen	0,6 %
Herzkrankheiten	0,4 %
zerebrale Krampfleiden	0,3 %
seelische Krankheiten	0,3 %
Erziehungsschwierigkeit	0,2 %
sonstige Krankheiten	5,1 %

SCHOLZ (nach HELLBRÜGGE et al. 1976, S. 98) ermittelte in einer ähnlichen Studie 1972 in Berlin bei 12000 Vierjährigen folgende Frequenzen:

```
Behandlungsbedürftigkeit des Bewegungs- und
  Stützsystems                                 26,1 %
Sprachstörungen                                 9,4 %
verzögerte geistige Entwicklung                 8,0 %
Sehstörungen mit Strabismus (Schielen)          7,4 %
verzögerte körperliche Entwicklung              6,6 %
Bettnässen                                      5,6 %
auffällige Erziehungsschwierigkeit              3,6 %
Hörstörungen                                    1,6 %
```

HELLBRÜGGE und seine Mitarbeiter (1976, S. 101) selbst haben 1971 in München bei 390 Drei- bis Siebenjährigen einen Anteil von 22 Prozent Geschädigten – 8 Prozent davon Mehrfachgeschädigte – gefunden, die sich wie folgt verteilten:

```
Störungen in der Bewegungsgeschicklichkeit   11,0 %
Störungen im Bewegungs- und Skelettsystem     10,8 %
Sehstörungen (Strabismus, Visusfehler)         9,0 %
Störungen in der körperlichen Entwicklung      6,0 %
Hörstörungen                                    3,0 %
abnormes oder pathologisches EEG                3,0 %
Sprachstörungen                                 2,8 %
Störungen im Abdominal- und Genitalbereich      1,9 %
Zahn- und Kieferschäden                         1,7 %
Krankheiten der inneren Organe                  1,0 %
```

Infolge der Mehrfachschädigungen stimmt die Summe der Schäden nicht mit dem Anteil der Geschädigten überein. Nach Schätzungen der ‚Stiftung für das behinderte Kind' (HELLBRÜGGE et al. 1976, S. 100) sei damit zu rechnen, daß „mindestens 15 % der Kinder eines Geburtsjahrgangs mehr oder minder gestört sind."

Die Ergebnisse der vier aufgeführten Studien sind wegen ihrer unterschiedlichen Kategoriensysteme leider nicht vollständig vergleichbar. Auffällig ist etwa, daß sowohl G. JANTZEN als auch SCHOLZ bei etwa 27 Prozent ihrer Stichproben orthopädische Leiden beziehungsweise eine Behandlungsbedürftigkeit des Bewegungs- und Stützsystems fanden, WISHEK jedoch nur in 1,7 Prozent seiner Fälle von orthopädischer Behinderung spricht.

So steht zu vermuten, daß die Resultate solcher Reihenuntersuchungen nicht nur von der tatsächlichen Häufigkeit von Schädigungen abhängig sind, sondern ebenso von der Genauigkeit der Untersuchung, der Subtilität der angewandten Methoden und der Einstellung des untersuchenden Arztes, welcher abweichende Befund noch als normal anzusehen sei oder bereits Krankheits- oder gar Behinderungswert aufweise.

Zudem lassen ärztliche Untersuchunen der Prävalenz, des Vorkommens von Schädigungen, vielfach die wichtige Unterscheidung zwischen Krankheit und Behinderung vermissen. Abweichende Befunde werden hier dokumentiert und gehen in die Statistik ein – unabhängig davon, ob sie durch eine kurzzeitige Behandlung zu beheben sind, eine langdauernde chronische Krankheit oder gar lebenslange Behinderung bedeuten. Auch der Gesichtspunkt, ob der erhobene abweichende Befund tatsächlich die Teilhabe am Leben der Gemeinschaft wesentlich erschwert – was erst eine Behinderung definiert – oder lediglich diskret und bloß dem Fachmann erkennbar ist, wird kaum berücksichtigt. So geben die genannten pädiatrischen Daten wohl ein Bild des Gesundheitszustands der Vorschulkinder, sie lassen sich aber nicht – wie es vielfach geschieht – einfach in Angaben der Häufigkeit von Behinderungen ummünzen.

2.2.3. *Sonderpädagogische Angaben zur Sonderschulbedürftigkeit im Schulalter*

Wie wichtig dem Deutschen Bildungsrat das Anliegen war, endlich einmal gesicherte Zahlenangaben zu den einzelnen Behinderungen zu erhalten, unterstreicht die Tatsache, daß der erste Band der sonderpädagogischen Gutachtenreihe der Behindertenstatistik gewidmet wurde (SANDER 1973). SANDER analysiert, für jede Behindertengruppe einzeln, die vorliegenden empirischen Untersuchungen und insgesamt 17 Expertenschätzungen und gelangt hierauf zu einem Fazit, das im folgenden wiedergegeben sei (vgl. SANDER 1973, S. 90):

Lernbehinderte	2,5	%
geistig Behinderte	0,6	%
Verhaltensgestörte	0,9	%
Blinde	0,012	%
Sehbehinderte	0,3	%
Gehörlose	0,05	%
Schwerhörige	0,3	%
Sprachgestörte	0,7	%
Körperbehinderte	0,3	%
langfristig Kranke	0,2	%
Gesamtanteil	6	%

Während SANDER sich mit seinen eigenen Schätzwerten ansonsten im Rahmen der von den 17 Autoren genannten Werte bewegt, unterschreitet er in einem Fall – bei den Lernbehinderten – diese erheblich. Obgleich 14 der hierzu aufgeführten Expertenschätzungen zwischen vier und sechs Prozent liegen, gibt er selbst einen Wert von 2,5 Prozent an, „sofern die sozio-kulturell bedingten Schulversager in Institutionen der Vorschulerziehung sowie in Fördereinrichtungen der Normalschule optimal betreut werden" (SANDER 1973, S. 98).

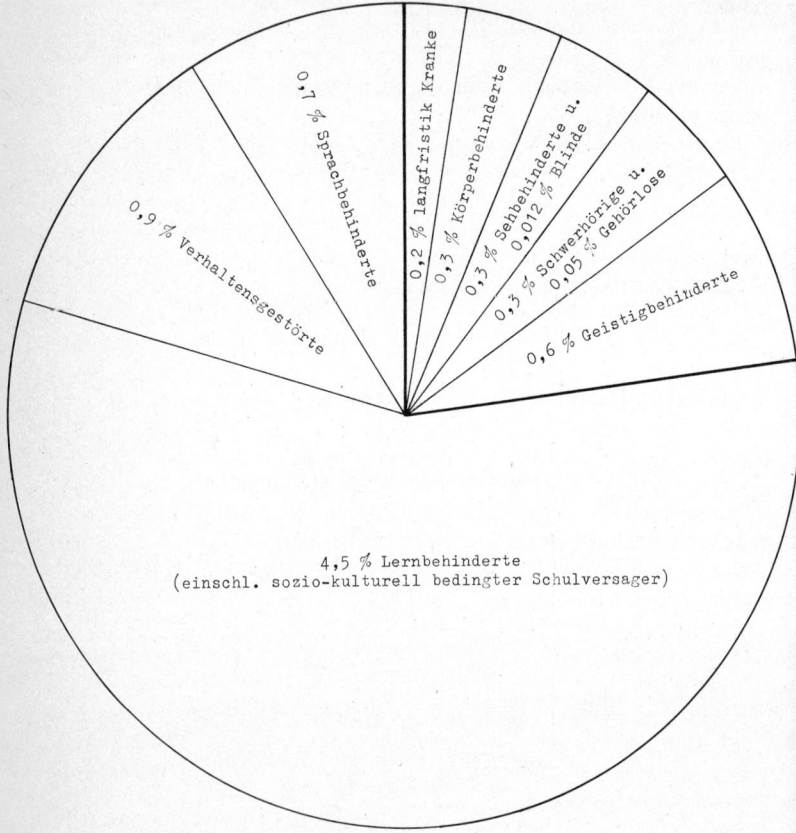

Schema. Behindertenquoten im Schulalter (vgl. den Text). Die fette Linie trennt die eher organisch bedingten, früh erkennbaren, ›schweren‹ Behinderungen von den eher nicht-organisch bedingten, spät erkennbaren, ›leichten‹.

Eine solche Annahme, wohl durch den Bildungsoptimismus der frühen Siebziger Jahre bedingt, kann jedoch heute immer noch nicht als gültig angenommen werden. Wir müssen daher, wollen wir nicht eine Statistik an der Realität vorbei aufstellen, die soziokulturell bedingten Lernbehinderungen miteinbeziehen und erhalten so eine Lernbehindertenquote von vier bis sechs Prozent. Auch SANDER (1973, S. 28) erscheinen „höhere Richtsätze berechtigt und notwendig", solange die geforderten „spezifischen Förderungseinrichtungen für sozio-kulturell deprivierte und außer-intellektuell bedingte Schulversager" nicht ausreichend zur Verfügung stehen.

Setzen wir also in obige Tabelle eine Lernbehindertenquote von 4,5 Prozent statt 2,5 Prozent ein, erhöht sich die Gesamtzahl behinderter Kinder auf 8 Prozent, eine Zahl, die auch in der öffentlichen Diskussion oft genannt wird.

‚Behindert' ist im Zusammenhang dieser sonderpädagogischen Angaben im Sinne von ‚sonderschulbedürftig' zu verstehen; gemeint war eine Behinderung eines solchen Schweregrads, daß eine besondere schulische Förderung der Unterrichtung in Normalschulen vorzuziehen war. Wenn inzwischen das Konzept einer Integrierten Erziehung Behinderter an Boden gewonnen hat (vgl. S. 303), bedeutet das nicht, daß mit diesem neuen Erziehungsmodell auch die Anzahl Behinderter bereits reduziert wäre; vielmehr wäre nun zu unterscheiden zwischen Behinderten, die zwar zusätzlicher Förderung bedürfen, diese Förderung aber zweckmäßiger im Rahmen einer Normalschule erhalten, und solchen Behinderten, deren extremer Behinderungsgrad nach wie vor eine Sonderschulbedürftigkeit bedingt. Auch unter dem Vorzeichen einer Integrierten Erziehung könnte man also obige Quotenangaben weiterverwenden – nicht mehr als Quoten der Sonderschulbedürftigkeit, aber als Quoten der einzelnen Behinderungen.

Zur obigen Tabelle läßt sich – nach Berichtigung des Lernbehinderten- und des Gesamtanteils – folgende Faustregel aufstellen: die Hälfte aller Behinderten stellen die Lernbehinderten dar. Vom verbleibenden Rest wiederum etwa die Hälfte, also ein Viertel, bilden die Verhaltens- und die Sprachgestörten. Diese drei Gruppen haben gemeinsam, daß bei ihnen organische Behinderungsursachen gegenüber psycho-sozialen und sozio-kulturellen eher im Hintergrund stehen, und daß sich diese Behinderungen erst relativ spät, etwa zum Zeitpunkt des Schulbeginns hin, sicher manifestieren.

Die übrigen Behindertengruppen, bei denen eher organische Ursachen im Vordergrund stehen und Frühmanifestation gewöhnlich vorliegt, damit auch Früherkennung möglich ist, stellen gemeinsam nur ein Viertel der Behinderten-Gesamtzahl, nämlich 1,8 von 8 Prozent. Ein Drittel davon bilden die geistig Behinderten (0,6 %), das zweite

Drittel die verschiedenen Sinnesbehinderten (0,66 %), das letzte Drittel die Körperbehinderten und langfristig Kranken zusammengenommen (0,5 %). Von daher ist es wohl als inadäquat zu bezeichnen, wenn gegenüber der Öffentlichkeit vielfach Behindertenquoten von 8 und mehr Prozent genannt werden, dann aber das Stereotyp des Rollstuhlfahrers aktiviert wird. Das Problem der Behinderten dürfte nicht in ihrer großen, sondern viel mehr in ihrer geringen Anzahl liegen. Gäbe es tatsächlich 8 Prozent Körperbehinderte, wäre es für diese um ein Vielfaches leichter, ihre Interessen wirksam zu vertreten.

2.2.4. Mikrozensus-Ergebnisse zur Behinderungsfrequenz in der erwachsenen Bevölkerung

Anders als im Kindesalter manifestieren sich im Erwachsenenalter die Lernbehinderungen, Verhaltensstörungen und Sprachbehinderungen zum größten Teil nicht mehr als Behinderungen, zumindest im allgemeinen Verständnis der Öffentlichkeit.

Teilweise verringert sich ihre Frequenz tatsächlich erheblich, wie die der Sprachstörungen – weswegen auch bereits die Sprachheilschulen gewöhnlich nur über 6 statt 9 Jahrgangsstufen verfügen. Verhaltensstörungen mögen zu einem geringen Anteil in Straffälligkeit und Delinquenz einmünden, ansonsten aber sich zu einem von der Gesellschaft durchaus tolerierten Ausmaß mildern (vgl. S. 147).

Bei den Lernbehinderungen bringt es das Behinderungs-Kriterium der erschwerten Teilhabe am Leben der Gemeinschaft (vgl. S. 17) mit sich, daß die verminderte intellektuelle Leistungsfähigkeit zwar im Kindesalter die Teilhabe an der gewöhnlichen Schule erschwert bis verunmöglicht, das spätere Leben als Berufstätiger oder Ehegatte aber längst nicht mehr so massiv beeinträchtigt wird, daß man von einer Behinderung sprechen müßte.

Zudem sind Nachreifungsprozesse der Intelligenz zu berücksichtigen, wie etwa bei einer echten Retardierung, bei der das normale Endniveau der Entwicklung durchaus erreicht wird, nur eben verspätet. RÖSLER, GÜNTHER und THAUT (1978) interessierten sich für das weitere Lebensschicksal derjenigen 622 Kinder, die als Elfjährige mit der Diagnose einer leichten Hirnschädigung in der Rostocker Kinderneuropsychiatrie vorgestellt worden waren. Daß sie – 10 Jahre später – nur 166 davon wieder ausfindig machen konnten, schränkt zwar die Gültigkeit ihrer Ergebnisse ziemlich ein; diese gingen jedoch eindeutig dahin, daß die als Kinder Normalintelligenten später als junge Erwachsene eine unveränderte Durchschnittsintelligenz aufwiesen (IQ 96 gegenüber 94), während die vormals Debilen eine deutliche Verbesserung zeigten (83 gegenüber 74). Die Autoren folgern,

„daß sich die im Verlauf des Schulalters zu beobachtende Verlangsamung der geistigen Entwicklung nicht mehr bis ins Erwachsenenalter fortsetzt, sondern zum Stillstand gekommen und bei einem Teil der Retardierten bis zu einem gewissen Grade auch wieder aufgeholt worden ist" (RÖSLER et al. 1978, S. 4).

Dennoch wird auch für die Gesamtbevölkerung eine Behindertenquote in ähnlicher Höhe angegeben wie für das Kindesalter, nämlich von etwa 7 Prozent.

Diese Zahl geht auf die Mikrozensus-Erhebung von 1966 zurück, bei der eine repräsentative Stichprobe von 125 000 Haushalten – jeder 175. Einwohner der Bundesrepublik war darin enthalten – gefragt wurde: „Ist ein Haushaltsmitglied körperlich oder geistig behindert oder vor dem Pensionsalter invalidisiert worden?" Das Ergebnis, auf die Gesamtbevölkerung hochgerechnet, erbrachte eine Anzahl von 4,05 Millionen Behinderten, deren nähere Aufschlüsselung nachfolgender Tabelle entnommen werden kann.

	in Mill.	Quote	davon Kriegsbesch.	Quote ohne Kriegsbesch.
Behinderte insg.	4,05	6,9 %	28,2 %	5,0 %
behinderte Männer	2,79	10,0 %	39,3 %	6,1 %
behinderte Frauen	1,26	4,0 %	3,4 %	3,9 %

Tab. Behinderte in der BRD nach dem Mikrozensus 1966

Im einzelnen verteilten sich die erfaßten Behinderungen auf folgende Erscheinungsbilder (nach THIMM 1972a, S. 44 f):

	in 1000	in % Anteil an Behinderten	in % Anteil an Bevölkerung
Behinderung der Gliedmaßen (außer Lähmung)	986	24,3	1,68
Verlust von Gliedmaßen	357	8,8	0,61
Erkrankung/Verletzung der Wirbelsäule einschl. Querschnittslähmung	154	3,8	0,26
sonstige Erkrankung/Verletzung des Rückens/der Wirbelsäule	90	2,2	0,15
Nervenkrankheiten (einschließl. Lähmungen)	339	8,4	0,58
sonstige Nerven-/Geisteskrankheit	22	0,5	0,04
geistige Behinderung	172	4,2	0,29
schwere Sprachstörungen	14	0,3	0,02
Blindheit (doppelseitig)	65	1,6	0,11
Augenerkrankung/-verletzung, einseitiger Sehverlust	189	4,7	0,32
Gehörlosigkeit (doppelseitig)	32	0,8	0,05
Ohrenerkrankung/-verletzung, Schwerhörigkeit, einseitige Gehörlosigkeit	81	2,0	0,14
Erkrankung des Herzens/Kreislaufs	506	12,5	0,86
Erkrankung der Atmungsorgane	254	6,3	0,43
Erkrankung der Verdauungsorgane	158	3,9	0,27
sonstige Erkrankungen	452	11,1	0,77
ohne Angabe der Behinderungsart	184	4,5	0,31
	4 054	100,0	6,9

Leider kann die Wahl der für die Auswertung benutzten Kategorien nicht als vollkommen geglückt angesehen werden, beispielsweise dürften in die große Gruppe der ‚Nervenkrankheiten (einschließlich Lähmungen)‘ sowohl Körperbehinderte als auch seelisch Kranke eingegangen sein, was die Interpretation deutlich erschwert.

Trotzdem ist offensichtlich, daß hier unter ‚Behinderung‘ etwas anderes verstanden wird als in der sonderpädagogischen Behindertenstatistik des Kindesalters. Nahezu die Hälfte (48 %) der Behinderten machen hier die Körperbehinderten aus, faßt man Gliedmaßen- und Wirbelsäulenschäden sowie Nervenkrankheiten als solche zusammen. Ein Drittel (34 %) stellen die schweren inneren Erkrankungen, wobei unklar bleibt, inwieweit hier tatsächlich langfristig-chronische Erkrankungen mit Behinderungscharakter erfaßt wurden, die Abgrenzung zwischen Behinderung und Krankheit (vgl. S. 18) also einigermaßen gewahrt blieb.

Erst hierauf folgen die Sinnesbehinderten mit 9 Prozent und die geistig Behinderten mit 4 Prozent. Lernbehinderte und Verhaltensgestörte tauchen nicht, Sprachbehinderte praktisch nicht in dieser Statistik auf. Da die Ergebnisse auf den Angaben der betroffenen Familien selbst beruhen, könnte man also den Schluß ziehen, daß zum Erhebungszeitpunkt – 1966 – ‚Behinderung‘ vorwiegend mit körperlicher Behinderung und Krankheitsfolgen assoziiert wurde.

Die im Mikrozensus ermittelte Behindertenquote weist einen starken Anstieg mit zunehmendem Alter auf, wie aus nachfolgender Tabelle hervorgeht (vgl. THIMM 1972a, S. 49):

Behinderten-quote in %	unter 15 J.	15– 30 J.	30– 50 J.	50– 60 J.	60– 65 J.	über 65 J.	ins-gesamt
insgesamt	0,8	1,8	6,5	14,1	18,3	13,2	6,9
männl. Bev.	0,9	2,3	10,6	24,1	28,5	19,3	10,0
weibl. Bev.	0,7	1,3	2,8	7,0	10,0	9,3	4,0

Auffällig ist dabei, daß die höchste Quote nicht bei der ältesten Gruppe zu finden ist, sondern bei den 60- bis 65jährigen. Dies dürfte, wie THIMM (1972a, S. 49) schreibt,

„nicht auf eine tatsächlich überproportionale Zunahme von Behinderungen zurückzuführen sein, sondern (seinen) Grund in der von vielen nicht amtlich anerkannten (männlichen) Behinderten in Anspruch genommenen Möglichkeit der vorzeitigen Invalidisierung haben ... Das bedeutet, daß offensichtlich viele vor dem 60. Lebensjahr bestehenden Behinderungen an dieser im Versicherungssystem gezogenen Grenze ihre amtliche Anerkennung finden und damit überhaupt erst sichtbar werden."

Auffällig ist weiter, daß der Mikrozensus für das Kindesalter eine deutliche Unterschätzung des Behindertenanteils erbringt. Selbst wenn man zum Vergleich lediglich die 1,8-Prozent-Quote der Geistig-, Sinnes- und Körperbehinderten sowie der langfristig Kranken heranzieht (vgl. S. 30), bleibt „der in den unteren Altersklassen (0 – 15) ermittelte Anteil von 0,8 % Behinderten erheblich unter dem wahrscheinlichen Anteil."

THIMM (1972a, S. 59) folgert auch hieraus, daß „der Mikrozensus mit seiner globalen Orientierung an der Erwerbsfähigkeit des Individuums bzw. ihrer Einschränkung . . . Behinderungen in der Teilhabe an außerberuflichen Sozialbeziehungen (hier: Schule) nur unzureichend oder gar nicht in den Blick" bringt. Behinderung so erfaßt,

„ist ein durch versicherungsrechtlich vorgegebene Kategorien vorbestimmter und in der Orientierung an der Erwerbsfähigkeit des Individuums quantifizierbarer Tatbestand" (THIMM 1972 a, S. 60). „So sagen die Daten der amtlichen Behindertenstatistik mehr aus über das dahinterstehende sozialpolitische System als über die Probleme der Behinderten in unserer Gesellschaft" (THIMM 1972a, S. 63).

Letztlich, so THIMM, bringt eine amtliche Behindertenstatistik Behinderungen nur dort ins Blickfeld, wo sich die Bezugssysteme ‚Medizin' und ‚Beruf' überschneiden; bereits mit dem Bezugssystem ‚Schule' ändert sich die Perspektive.

Trotz dieser massiven Kritik bleibt den Mikrozensus-Ergebnissen wohl doch ein orientierender Wert, solange keine exakteren Angaben zur Behinderungsfrequenz in der Gesamtbevölkerung vorliegen, und solange man sich ihrer einseitigen Betonung der körperlichen Behinderungen und des Kriteriums der Erwerbsfähigkeit bewußt bleibt.

Wie man mit derlei statistischen Daten allerdings nicht umgehen sollte, zeigt KLEE (1974, S. 27): ausgehend von den 4 Millionen Behinderten des Mikrozensus, den jährlich vorzeitig aus dem Erwerbsleben ausscheidenden 200 000 Menschen sowie den jährlich 60 000 mit Schäden Neugeborenen schreibt er:

„1966 ging man von 4,1 Millionen Behinderten aus, bei einem jährlichen offiziellen Zuwachs von 260 000 (200 000 Erwachsene plus der 60 000 Neugeborenen). 1970 im Aktionsprogramm der Bundesregierung sind es jedoch immer noch 4 Millionen . . . Und, um das groteske Zahlenspiel komplett zu machen, gibt der zuständige Arbeitsminister Walter Arendt 1973 immer noch 4,1 Millionen an. Da von 1966 bis Anfang 1973 jährlich 260 000 Behinderte (auf der Rechnungsgrundlage des Ministeriums) hinzugekommen sein müssen, hätte Arendt die Zahl mit mindestens 5,6 Millionen angeben müssen."

Grotesk ist nun allerdings dieses Zahlenspiel KLEEs; er vergißt einfach, daß jährlich nicht nur neue Behinderte hinzukommen, sondern auch ebensoviele – wegen der Kriegsgeschädigten in den älteren Jahrgängen sogar noch mehr – Behinderte mit ihrem Tod aus der

Bevölkerung ausscheiden. Die Bevölkerung als ganze befindet sich in einem ungefähren Gleichgewicht – was überhaupt erst langfristige Planungen ermöglicht; von einer – wie KLEE suggeriert – jährlich um 260 000 ad infinitum ansteigenden Behindertenanzahl kann natürlich keine Rede sein.

2.2.5. Nachtrag zur zweiten Auflage

15 Jahre nach dem Mikrozensus, im ‚Internationalen Jahr des Behinderten‘, liegen immer noch keine exakten Angaben zur Häufigkeit von Behinderungen vor – was bei der ungenauen Abgrenzung des Begriffs vielleicht auch gar nicht möglich ist. Das STATISTISCHE BUNDESAMT (1981 b) hat zwar unlängst Daten über Behinderte zusammengestellt. Diese betreffen jedoch in erster Linie den Beschäftigungs- und Rehabilitationssektor, die Bereiche also, wo Behinderungen nach wie vor am ehesten aktenkundig werden. Außerdem räumt das BUNDESAMT (1981 b, S. 9), das sich auf Unterlagen der Versorgungsverwaltung stützt, selbst methodische Fehlerquellen ein: „Erfaßt sind nur Personen, die einen Antrag auf Anerkennung als Behinderte gestellt haben und bei denen eine Erwerbsminderung im angegebenen Umfang (d.i. 30% oder mehr) anerkannt worden ist"; auch fehlten Personen, die aus der Zeit des Schwerbeschädigtengesetzes noch einen Ausweis mit langer Geltungsdauer besaßen und deshalb noch nicht nach dem neuen Schwerbehindertengesetz vorstellig geworden waren. Was für Diskrepanzen dadurch möglich sind, zeigt sich etwa darin, daß in den Tabellen (S. 14) 221 255 Behinderte mit anerkannter Kriegsbeschädigung aufgeführt sind, in den Erläuterungen (S. 10) jedoch von 940 451 Kriegsbeschädigten die Rede ist.

Trotzdem sei auf diese Datenquelle hier verwiesen. Ihr zufolge gab es am Jahresende 1979 in der Bundesrepublik 3,4 Millionen Behinderte, was einer Behindertenquote von 5,6 Prozent entsprach (bei Männern 6,6%, bei Frauen 4,7%). Während Berlin mit 12,0% die Spitze hielt, variierten die Behindertenquoten in den übrigen Bundesländern zwischen 3,6% (Hessen) und 6,8% (Nordrhein-Westfalen). Der Behinderungsursache nach standen Krankheiten mit 71,7% ganz im Vordergrund. Immer noch war ein starker Anstieg der Behindertenquote mit dem Lebensalter zu verzeichnen: von 0,4% im Vorschul- und 0,7% im Schulalter bis zu einem Gipfel von 14,5% bei den 55–65jährigen, um dann im Rentenalter wieder auf 9,5% abzusinken; dies bestätigt die oben zitierten Überlegungen THIMMs zur Orientierung des amtlichen Behinderungsbegriffs am Arbeitssektor.

Daten aus der Sonderschulstatistik hat KERKHOFF (1980) analysiert. Danach gab es 1977 in Schulen für Behinderte 397 000 Schüler, was 4,6 Prozent der Gleichaltrigen entsprach. 40% davon waren Mädchen, 4,6%

Ausländer. Berlin wies mit 6,0% den höchsten Anteil an Sonderschülern auf, Bayern mit 3,6% den niedrigsten. Nachfolgender Tabelle kann entnommen werden, wie sich die Sonderschulquote auf die einzelnen Behindertengruppen verteilt; diese Zahlen zum tatsächlichen Sonderschulbesuch wären mit SANDERS (1973, S. 90; vgl. oben S. 27) Angaben zur Sonderschulbedürftigkeit zu vergleichen.

Lernbehinderte	3,43 %
geistig Behinderte	0,53 %
Erziehungsschwierige	0,16 %
Blinde und Sehbehinderte	0,05 %
Gehörlose	0,07 %
Schwerhörige	0,06 %
Sprachbehinderte	0,14 %
Körperbehinderte	0,14 %
langfristig Kranke	0,05 %

2.3. Geschichte des Umgangs mit Behinderten

Während der Begriff der Behinderung relativ jung ist (vgl. S. 15), haben die Behinderungen selbst eine weit zurückreichende Geschichte aufzuweisen. Krüppel, Blinde, Taube, Aussätzige tauchen in den literarischen Zeugnissen antiker und orientalischer Kulturen immer wieder auf. Eine gründliche Aufarbeitung dieses reichhaltigen Quellenmaterials steht allerdings noch aus; sie wäre wohl eine lohnende Aufgabe für einen Altphilologen oder sonstigen Literaturwissenschaftler.

Geschichtliche Abrisse, wie sie sich in pädagogischen Werken finden, erwecken bisweilen den Eindruck, aus mehr oder minder akzidentellen Beobachtungen zusammengefügt zu sein; ob sie das Bild des Behinderten in der Geschichte adäquat wiedergeben oder eher Belege für eine bestimmte These sammeln, bleibt unklar. Dennoch seien hier ein paar solcher historischer Streiflichter eingeflochten, und zwar im Anschluß an die Darstellung von KUHN (1977).

Altorientalischen Kulturen wird eine eher respektierende Haltung gegenüber Behinderten zugesprochen, wenn auch bei verkrüppelten Neugeborenen die Tötung erlaubt war. Bei den Ägyptern seien Krüppel und Zwerge rücksichtsvoll behandelt, Blinde unter den besonderen Schutz des Himmelsgottes gestellt worden; in der altindischen Heilpädagogik habe man versucht, durch eine Veränderung seiner Seele den Behinderten auf eine höhere Stufe zu bringen.

Im griechischen und römischen Kulturkreis hingegen überwogen dann die negativen Haltungen; das Ideal der ‚καλοκἀγαθία‘, der körperlichen und geistigen Tüchtigkeit, hatte eine Geringschätzung solcher Menschen zur Folge, die diesem normativen Ideal nicht gerecht wurden. Bekannt ist etwa, daß in Sparta durch Kindesaussetzung im Taygetos eine starke Selektion betrieben wurde; bei den Römern erfüllte der Velabrensische See, die Kloake der Stadt, eine ähnliche Funktion. Mißgebildete wurden teilweise als Sklaven aufgezogen und dann zum Betteln eingesetzt, später am kaiserlichen Hof auch als Hofnarren gehalten.

Die großen Philosophen der Antike übten an solchen Bräuchen nicht etwa Kritik, sondern rechtfertigten sie geradezu; nach SOKRATES sei es „das größte Übel, minderwertige Kinder zu haben" (KUHN 1977, S. 74); PLATON empfahl in seinem utopischen ‚Staat' den Kindesmord und eine strikte Eugenik durch staatliche Auswahl der Zeugungspaare. ARISTOTELES forderte in der ‚Politik', kein verkrüppeltes Kind aufzuziehen.

Bei der Bewertung der Kindestötung, die sich quer durch alle Zeugnisse der Antike und auch außereuropäischer Kulturen (zum Beispiel in Afrika: Aussetzung im Watt bei Ebbe) durchzieht, ist vielleicht auch zu berücksichtigen, daß ein Neugeborenes lange, und auch heute noch in vielen Naturvölkern, noch nicht als vollwertiges Individuum angesehen wurde: bei Zählungen der Familienmitglieder wurde es nicht mitgerechnet, bei seinem Tod blieb es ohne übliches Begräbnis und nachfolgende Trauerriten (vgl. HAHN 1968, S. 120).

Auch gab es im griechisch-römischen Kulturkreis einige Behinderungen, die eher zu einem positiven Stigma der Heiligkeit führten; man denke etwa an den blinden Seher Teiresias, den blinden Homer oder den anfallskranken Caesar. Im großen und ganzen jedoch waren das Ausgesetzt-werden, das Betteln-müssen und das als-Hofnarr-gehalten-werden die Perspektiven, die sich einem behinderten Neugeborenen eröffneten.

„Eine erste entscheidende Wandlung" (KUHN 1977, S. 76) erfuhr das Verhältnis zu den Behinderten mit dem Aufkommen des Christentums. Die Nächstenliebe als zentrale ethische Forderung und die Gleichheit aller Menschen gegenüber dem göttlichen Erlösungsangebot machten die Bemühung um Geschädigte nun zu einer sinnvollen Aufgabe, der sich im Mittelalter besonders die Klöster annahmen, die zudem von manchen Familien „als ein Refugium für ihre mißgebildeten Kinder" (KUHN 1977, S. 77) angesehen wurden. Krankheit war als von Gott gesandt hinzunehmen – eine Auffassung, die heute nur mehr als ärgerlich empfunden wird, bietet sie ein Religionsdiener betroffenen Eltern an (vgl. STRASSER 1968, S. 82).

Während einige Gebrechliche, wie Hermann der Lahme und Notker der Stammler, bekannt und sogar zu Heiligen erhoben wurden, gab es natürlich nach wie vor auch die Schattenseiten des Behindertenschicksals: die bettelnden Krüppel, die Verkennung geistig Gestörter als Hexen, LUTHERs Einstufung mißgebildeter Kinder als vom Teufel unterschobene ‚Wechselbälge' (vgl. THOMPSON 1976, S. 11).

Der wirtschaftliche Aufschwung und die zunehmende Wettbewerbsorientierung der spätmittelalterlichen Städte verschlechterten die Situation der Behinderten eher wieder; so wird aus Augsburg berichtet, daß dort alle Armen und Bettler unter Sturmgeläut aus der Stadt vertrieben und für 3 Jahre verbannt wurden (KUHN 1977, S. 78). Für die Renaissance vermerkt KUHN ein „besonderes Interesse an den Verwachsenen".

In der Epoche der Aufklärung beginnt dann die allmähliche Gründung von Anstalten, in denen Behinderte ein lebenslanges Unterkommen finden: 1778 wird die erste orthopädische Heilanstalt in Orp (Kanton Waadt) von VENEL, 1816 das erste deutsche orthopädische Institut von HEINE in Würzburg gegründet. In etwa die gleiche Zeit fallen die Gründung der ersten deutschen Taubstummenanstalt (1778 in Leipzig durch HEINECKE) und der Aufbau eines Blindenschulwesens in ganz Europa durch HAUY (vgl. S. 90). Etwas später folgen die ersten Anstalten für schwachsinnige Kinder: 1816 in Hallein (bei Salzburg) durch GUGGENMOOS, 1841 auf dem Abendberg (bei Interlaken) durch GUGGENBÜHL.

Nun ist diese Welle von Anstaltsgründungen durchaus zwiespältig zu bewerten, stand doch nicht unbedingt für die Gründer, wohl aber für die fördernde Öffentlichkeit dabei vielfach der Gedanke im Vordergrund, die Behinderten aus dem Straßenbild zu entfernen, um den Nichtbehinderten ihren Anblick zu ersparen. Die Vorstellung, Schwangere könnten sich am Anblick Mißgestalteter ‚versehen' und dann selbst mißgebildete Kinder zur Welt bringen, war weit verbreitet. Noch G. W. JANSEN (1972, S. 91) ermittelte bei 16 Prozent der Respondenten seiner Repräsentativbefragung die Meinung, ein schreckliches Erlebnis während der Schwangerschaft könne zur Geburt körperbehinderter Kinder führen. KUHN (1977, S. 80) gibt eine Stellungnahme eines Göttinger Professors namens MARX aus dem Jahre 1876 wieder: „Der widrige Anblick solcher Unglücklichen muß dem öffentlichen Verkehr entzogen bleiben, denn der Eindruck auf Empfindsame und Schwangere ist höchst bedenklich."

Der Begriff der ‚Heilpädagogik' taucht etwa ab dem Jahr 1860 auf und gibt dem zunehmenden pädagogischen Optimismus in der Förderung Behinderter Ausdruck; ihr Schwerpunkt wurden in der Folgezeit besonders die sogenannten schwererziehbaren Kinder, denen HANSELMANN (1930) in seiner ‚Heilpädagogik' die Hälfte des Umfangs widmet.

Gegen Ende des 19. Jahrhunderts begann man, langsam und schwer lernende Kinder aus den normalen Schulklassen auszusondern und in besonderen Übungs- oder Hilfsklassen zusammenzufassen. Dieser Vorgang wird oft in Verbindung gesehen mit der zunehmenden Industrialisierung und dem Bedarf an besser ausgebildeten Arbeitskräften, deren Schulunterricht nicht unter der Rücksichtnahme auf langsam lernende Kinder leiden sollte. Insofern ist es vielleicht kein Zufall, daß die ersten Hilfsschulklassen in stark industrialisierten Großstädten, wie etwa in Wuppertal-Elberfeld, dem durch ENGELS bekanntgewordenen Industriezentrum des Bergischen Landes, gegründet wurden (vgl. hierzu MÖCKEL 1971; 1976).

Erst im Beginn des 20. Jahrhunderts wurden auch die ersten Klassen für Sehbehinderte, Schwerhörige und Sprachgestörte gebildet; es entstand die Krankenhausschule zur Beschulung von Kindern in medizinischer Langzeitbehandlung. Heil-, Blinden-, Taubstummen- und Hilfsschulpädagogik vereinigten sich schließlich unter der Bezeichnung ‚Sonderpädagogik'.

Außer dem pädagogischen Hilfsangebot in Form von Institutionen und der staatlichen Sozialgesetzgebung gehen seit etwa 1960 auch zunehmend mehr Initiativen von den Behinderten selbst beziehungsweise ihren Familien aus. 1959 wurde die ‚Lebenshilfe für das geistig behinderte Kind' als Elternvereinigung gegründet. Zusammen mit 17 weiteren vereinsrechtlichen Organisationen ist sie heute in der ‚Bundesarbeitsgemeinschaft Hilfe für Behinderte' zusammengeschlossen. KLEE (1974, S. 151 ff) berichtet von der Gründung von Selbsthilfeorganisationen und Klubs Behinderter.

Während in Westeuropa von dem bedrohten Bettlerdasein der Behinderten früherer Jahrhunderte zu modernen Selbsthilfeorganisationen sich doch erstaunliche Veränderungen vollzogen haben (ohne daß freilich die soziale Einstellung der Nicht-Betroffenen dem schon vollends gefolgt wäre), erinnert die Situation Behinderter in Entwicklungsländern an diejenige im früheren Europa. Zwar ist dort gewöhnlich die Großfamilie noch intakt und dient als Auffangbecken für einen Großteil der körperlich und geistig Behinderten, andererseits jedoch stellt das Betteln in zahlreichen Ländern eine noch kaum in Frage gestellte Institution dar: die Minimalbeträge des Gebers ermöglichen, über den Tag aufsummiert, dem Empfänger das Überleben.

Noch schwieriger ist dort die Lage bei solchen Behinderungen, die mit einem Ausschluß aus dem gewöhnlichen sozialen System verbunden sind. Als Musterbeispiel hierfür kann die Lepra dienen, eine chronische Haut- und Nervenkrankheit, deren Infektiosität – nur in den Anfangsstadien der Krankheit und auch dann nur bei jahrelangem engen Kontakt unter unhygienischen Verhältnissen – immer schon bis ins Groteske überzeichnet wurde, was zur Isolierung gerade der ‚ausgebrannten', nicht mehr infektiösen, aber äußerlich stark entstellten Kranken führte.

Selbst bei einer Repräsentativerhebung in der Bundesrepublik, deren Teilnehmer sicherlich noch nie einen Aussätzigen zu Gesicht bekommen hatten, fand G.W. JANSEN (1972, S. 86) ein deutliches ‚Aussätzigensyndrom':

> „Im Bild des Aussätzigen scheint alles vereint zu sein, was den Behinderten von Nichtbehinderten unterscheidet: verändertes, für die anderen ‚unangenehmes' äußeres Erscheinungsbild, gesellschaftliche Isolation, Leiden, Ansteckungsgefahr, unerfülltes Dasein, existentielle Abhängigkeit von anderen, Heilung nur durch göttliches Eingreifen."

In einer den Befragten nicht aus Eigenerfahrung bekannten Behinderung konnte am besten nachgewiesen werden, was das herrschende Stereotyp einer Behinderung auszumachen scheint.

Davon wäre bei einer einstellungsändernden Zielsetzung als Ausgangszustand auszugehen. Um aber auf das Beispiel der Lepra als einer für die Dritte Welt typischen Behinderung zurückzukommen: hier deuten sich mit einer intensivierten Früherkennung und -behandlung (noch vor den ersten entstellenden Folgen) und Bemühungen um die soziale Integration der Leprakranken (keine fern der Ortschaften liegenden Leprosarien mehr) (vgl. GILL 1973, BUCHMANN 1977) ähnliche Tendenzen an wie bei der Behindertenarbeit in Europa (Frühförderung, Integrierte Erziehung). Möglicherweise kann damit auch diesem fast archaischen Prototyp einer Behinderung der ihm immer noch anhaftende Schrecken genommen werden.

3. Die einzelnen Behindertengruppen

Die Betrachtung der verschiedenen Behinderungsarten stellt den klassischen Zugang zum Problem der Behinderung dar; ältere Werke beschränken sich teilweise ganz auf diese Form der Darbietung, und auch in neueren Kompendien wie etwa bei BACH (1977a) nimmt die ‚Differentielle Sonderpädagogik' noch den größeren Teil des Umfangs ein.

Wenn die heutige Sichtweise von Behinderung auch eher die wie immer geartete Mehrfachbehinderung als Regelfall sieht und gruppenübergreifende Fragestellungen wie die Frühförderung oder die sozialpsychologische Situation der Behinderten in den Vordergrund rückt, so kann doch auf den klassischen Zugang als Grundlage nicht verzichtet werden; eine Mehrfachbehinderung adäquat zu erfassen gelingt eben nur, wenn die einzelnen sich überlagernden Behinderungen bereits bekannt sind.

Im folgenden sollen daher die einzelnen Behindertengruppen auf knappem Umfang vorgestellt werden, wobei jeweils Formen, Häufigkeit, Ursachen, soziale Einschätzung, psychologische Merkmale sowie praktische Aufgabenstellungen zu diskutieren sind, ohne daß dieser Aufbau starr-schematisch eingehalten würde. Auf eine Einbeziehung psychisch Behinderter wird dabei verzichtet (vgl. S. 16), die Verhaltensgestörten und langfristig Kranken finden als Randgruppen der Behinderten eine knappe Darstellung.

3.1. Körperbehinderte

3.1.1. Häufigkeit

Beim Hören des Begriffs ‚Behinderte' dürfte ein Großteil der Bevölkerung zunächst und in erster Linie an Körperbehinderte denken, hierin unterstützt durch das geläufige Bild des Rollstuhlfahrers als Symbol für den Behinderten schlechthin. Vielfach wird von ‚Behinderten' oder ‚behindertengerechtem Bauen' gesprochen, wenn im Grunde lediglich die Körperbehinderten gemeint sind; sie stehen sozusagen im Mittelpunkt des öffentlichen Interesses an Behinderten.

Im Kindesalter jedoch bilden die Körperbehinderten unter den Behinderten insgesamt nur eine ‚kleine' Gruppe. Ihr Anteil wird von SANDER (1973, S. 85) mit 0,3 Prozent eines Jahrgangs angegeben. Bei einer Totalerhebung im Bundesland Niedersachsen ermittelte TÖRÖK (1977) einen Anteil von 0,46 Prozent.

Was die Art ihrer Körperbehinderung betrifft, so gibt BLÄSIG (1967, S. 24 f), der das Annastift Hannover in sonderpädagogischer Hinsicht betreute, sowohl die Verteilung der dort zur Beratung vorgestellten Kinder als auch diejenige der dort beschulten Sonderschüler an; wenn der Stand dabei auch der von 1965 beziehungsweise 1966 ist, so seien seine Zahlen hier doch gegenübergestellt:

Schädigung	Vorgestellte	Beschulte
Frühkindlicher Hirnschaden	31,4 %	48 %
Dysmelien	5,8 %	13 %
Spinale Kinderlähmung	17,0 %	13 %
Progressive Muskeldystrophie	4,5 %	7 %
Spina bifida	2,0 %	6 %
Unfallfolgen	5,2 %	3 %
Knochen- und Gelenktuberkulose	9,3 %	2 %
Haltungsschäden	6,3 &	2 %
Gelenkrheuma	6,2 %	1 %

STEINHAUSEN und WEFERS (1977, S. 60) fanden in ihrer Hamburger Stichprobe von 104 mindestens durchschnittlich intelligenten körperbehinderten Kindern und Jugendlichen folgende Diagnosen:

Zerebralparesen	29 %
Dysmelien	16 %
Hüftgelenksfehlbildungen	10 %
regionäre Lähmungen	9 %
progressive Muskeldystrophie	9 %
Poliomyelitis	9 %
Systemerkrankungen	6 %
kombinierte Mißbildungen	5 %
Skoliose	4 %
Beinamputation	2 %
Klumpfuß und and. Mißbildungen	3 %

Im Erwachsenenalter – verwendet man hier die Ergebnisse des Mikrozensus (vgl. S. 31) trotz aller Bedenken als Näherungswert – machen die Körperbehinderungen hingegen knapp die Hälfte der erfaßten Behinderungen aus; ihr Anteil an der Gesamtbevölkerung, rechnet man die als Kategorie reichlich unklaren ,Nervenkrankheiten einschließlich Lähmungen' hinzu, beträgt 3,3 Prozent.

Dabei stehen die Behinderungen und Schädigungen der Gliedmaßen im Vordergrund; sie tragen zwei Drittel zu dieser Quote bei. Bei ihnen ist im Vergleich zu anderen Behinderungen der Anteil der Kriegsbeschädigungen mit etwa 45 Prozent extrem hoch, gefolgt von den Arbeitsunfällen, die in 19 Prozent die Ursache waren.

3.1.2. Formen der Körperbehinderung

Im folgenden sollen die wichtigsten Formen der Körperbehinderung, wie sie aus obigen Tabellen hervorgehen, etwas näher charakterisiert werden.

– *Zerebralparesen:* Zerebralparetiker sind vor, während oder kurz nach der Geburt von einer Schädigung des Gehirns betroffen worden, die sich später in gestörten, funktionsinadäquaten, unwillkürlichen Bewegungsabläufen manifestiert. Der Volksmund spricht von ‚Spastikern‘ – obgleich außer der eigentlichen Spastik auch die Athetose und die Ataxie hierhergehören – oder von (zerebraler) ‚Kinderlähmung‘. Sehr häufig, ja nahezu regelmäßig sind Zerebralparetiker mehrfachbehindert: Sprachbehinderung und Lernbehinderung können mit der Körperbehinderung ein multiples Schädigungssyndrom bilden, zusätzliche Folgebehinderungen können hinzutreten. Von der Zerebralparese soll daher als Beispiel einer Mehrfachbehinderung in einem eigenen Kapitel (vgl. S.171) die Rede sein.

– *Dysmelien (Gliedmaßenfehlbildung)* hat es in äußerster Seltenheit immer schon gegeben. Als Folge von Conterganschäden wurden jedoch in den Geburtsjahrgängen 1960 bis 1962 etwa 3 000 Kinder mit Gliedmaßenfehlbildungen geboren. Sie lösten eine große Zahl begleitender wissenschaftlicher Untersuchungen im gesamten Bundesgebiet aus; die relativ homogene Gruppe gleichartig oder ähnlich Geschädigter bot sich hier – bei starkem Interesse der Öffentlichkeit und Bereitstellung besonderer Forschungsgelder – für eine Längsschnittstudie geradezu an. Einige Befunde dieser Studien sollen auch hier, in einem besonderen Teil dieses Kapitels wiedergegeben werden (vgl. S. 51).

– *Poliomyelitis (Spinale Kinderlähmung):* Hier handelt es sich um eine Virusinfektion des Rückenmarks oder Stammhirns. Die Poliomyelitis war als Zivilisationskrankheit insofern anzusehen, als bei schlechten hygienischen Verhältnissen – wie sie in Entwicklungsländern herrschen – der Erstkontakt mit den Krankheitserregern bereits im ersten Lebensjahr stattfand, so daß der Säugling – noch unter dem Schutz mütterlicher Antikörper stehend – eine eigene Immunität aufbauen konnte, ohne die Krankheit selbst durchzumachen.

Erst die verbesserte Hygiene schob den Erstkontakt auf spätere Lebensjahre hinaus, doch auch dann erkrankte nicht jeder Infizierte, sondern – je nach genauem Virustyp- nur jeder 400., 10000. beziehungsweise 5000. Infizierte (vgl. WIESMANN 1974, S. 266). Nach einer zehntägigen Latenzzeit gelangten die Viren aus dem Darm ins Blut und nach weiteren fünf Tagen ins Nervensystem, wo sie – besonders durch die Zerstörung der motorischen Vorderhornzellen – ausgedehnte Lähmungen hervorriefen; durch Befall der Atemmuskulatur oder des Atemzentrums konnte sogar der Tod eintreten.

Mit Hilfe der seit 1954 möglichen aktiven Schutzimpfung – meist mit trivalentem Impfstoff gegen alle drei Virustypen zugleich – konnte die Poliomyelitis nahezu ausgerottet werden, die Erkrankungshäufigkeit sank von etwa 3000 pro Jahr auf nur 29 Fälle 1973 ab (vgl. HANSEN 1977, S. 155). 1949/50 war die spinale Kinderlähmung noch für 38 Prozent der sonderbeschulten Körperbehinderungen verantwortlich gewesen, 1965 nur noch für 13 Prozent (vgl. BLÄSIG 1967, S. 24); inzwischen dürfte der Anteil weiter verringert sein.

Dieser Erfolg macht die Impfung allerdings nicht überflüssig; überall dort, wo sie – etwa aus religiösen Gründen – abgelehnt oder ungenügend betrieben wird, treten neue Polio-Erkrankungen auf. Die Impfung wird dreimal im ersten Lebensjahr und nochmals um das zehnte Lebensjahr durchgeführt; spätere Auffrischungen werden empfohlen.

– *Progressive Muskeldystrophie:* Hier handelt es sich um eine Muskelerkrankung, die zum Schwund der quergestreiften Muskulatur führt. Die Krankheit ist erblich, beginnt allerdings erst im Kleinkindesalter, gewöhnlich von den Beinen zum Schultergürtel hin aufsteigend. Beim Typ DUCHENNE sterben die Kranken im allgemeinen vor dem 20. Lebensjahr (DOOSE 1977, S. 353), bei den anderen Typen ist der Verlauf langsamer.

SCHMEICHEL (1978, S. 88) hat die besondere Situation dieser Jugendlichen mit absehbarer Lebensperspektive analysiert und als „Zielkrise" interpretiert, die „sich unter der progressiven Ausgrenzung von körperlichen Leistungen zur Identitätskrise" verschärft. Herkömmliche Pädagogik müsse bei ihnen, da zukunftsorientiert, versagen; stattdessen wolle der Pädagoge sich hier „freigestellt verstehen dürfen auch zu gesellschaftlich funktionslosem Handeln, das darauf gerichtet ist, mit seiner Gegenwart die isolierende Macht einer Grenzsituation zu überwinden – zu überwinden, indem er das Schweigen über sie aufhebt" (SCHMEICHEL 1978, S. 95).

Die häufigsten Typen der progressiven Muskeldystrophie sind X-chromosomal-rezessiv (wie die bekanntere Bluterkrankheit). Damit sind also in aller Regel nur Jungen betroffen: ihr krankes X-Chromosom wird durch kein gesundes dominiert. Hat ein Ehepaar bereits einen muskeldystrophischen Sohn, so wird ein zweiter Sohn mit 50%iger Wahrscheinlichkeit ebenfalls betroffen sein. Allerdings ist die Krankheit pränatal nicht diagnostizierbar, lediglich das Geschlecht des Feten läßt sich feststellen (vgl. S. 254).

Im Sinne der Prävention künftiger Behinderungen wäre es hier, nicht nur Jungen-, sondern auch Mädchengeburten zu vermeiden, da jede zweite Tochter als Konduktorin, obgleich selbst gesund, das kranke X-Chromosom an die Hälfte ihrer Kinder weitergibt, wobei wiederum die Jungen erkranken werden, die Mädchen gesunde Konduktorinnen bleiben.

– *Spina bifida (Myelomeningozele):* Meist im Bereich der Lendenwirbel oder des Kreuzbeins liegt hier eine Hemmungsmißbildung der Wirbelsäule vor. Die Wirbelbögen haben sich nicht vollständig um den Rückenmarkskanal geschlossen, die Rückenmarkshäute und teilweise auch das Rückenmark selbst stülpen sich bruchsackartig aus, entweder überhäutet oder offen.

Bei der offenen Form liegt das Rückenmark flächenförmig frei, nur eine Frühoperation in den ersten 24 Stunden kann diese Kinder am Leben erhalten. Die neurologischen Ausfälle bleiben jedoch gewöhnlich irreversibel, sie entsprechen im großen und ganzen einem Querschnittssyndrom: schlaffe Lähmungen und Sensibilitätsausfall unterhalb des betroffenen Rückenmarksabschnittes, Ausfall der Schließmuskelbeherrschung bei Harnblase und Darm (vgl. DOOSE 1977, S. 330).

– *Hüftgelenksdysplasie:* Die Hüftgelenksdysplasie, aus der bei Belastung die Hüftgelenksluxation (-verrenkung) resultieren kann, ist eine der häufigsten angeborenen Fehlbildungen. Sie soll unter 400 Geburten einmal auftreten, wobei Mädchen häufiger betroffen sind als Jungen. Sie kann allerdings bereits bei der Neugeborenen-Basisuntersuchung erkannt und anschließend mit einer Spreizhose behandelt werden.

– *Klumpfuß:* Der Klumpfuß (pes equinovarus) soll unter etwa 700 Geburten einmal auftreten und Jungen häufiger als Mädchen betreffen. Bei Schädigungen wie den beiden zuletzt genannten, die eventuell eine längere klinische Behandlung in den ersten Lebensjahren erfordern, ist es wichtig, nicht nur auf die Folgen der Schädigung selbst, sondern auch auf mögliche Hospitalismusschäden zu achten. Neben eine krankengymnastische Förderung sollte eine allgemeine Entwicklungsförderung treten.

– *Skoliose und Kyphose:* Bei der Skoliose handelt es sich um eine S-förmige, bei der Kyphose um eine buckelförmige Verformung der Wirbelsäule. Die Behandlung erfordert jeweils langfristige orthopädische Maßnahmen, teilweise unter Verwendung spezieller, äußerlich entstellender Apparaturen, was insbesondere bei Jugendlichen – die Behandlung wird häufig um das Pubertätsalter durchgeführt – sehr belastend wirken kann.

– *Knochen- und Gelenktuberkulose:* Wenn die Tuberkelbakterien auf dem Blutweg in das Skelett eindringen, sind besonders oft die unteren Brust- und die oberen Lendenwirbel betroffen. Durch Zusammenbrechen ganzer Wirbel kann es hier zu einer spitzwinkligen Kyphose kommen. Bei einer Tuberkulose des Hüft- oder Kniegelenks bilden sich die dem betroffenen Gelenk benachbarten Muskeln zurück; Gelenkversteifung und Gliedmaßenverkürzung können Folgezustände darstellen. Unabhängig von der entstandenen Körperbehinderung muß die Tuberkulose medikamentös ausgeheilt werden. Die Schutzimpfung gegen Tuberkulose, die BCG-Impfung im ersten Lebensmonat, ist besonders bei Kindern in gefährdetem Milieu sinnvoll (vgl. SEELEMANN u. STICKL 1977a, S. 131).

– *Amputationen und Unfallschäden:* Während sich Kopfverletzungen langfristig eher in intellektuellen Beeinträchtigungen äußern, führen auf dem Gebiet der Körperbehinderungen Unfälle am ehesten zum Verlust von Gliedmaßen oder zu Querschnittslähmungen (vgl. PAMPUS 1978). Allerdings wird der Anteil der Unfallgeschädigten an den Körperbehinderten von der Bevölkerung eher überschätzt. Amputationen sind teilweise auch die Folge rasch wachsender bösartiger Tumoren des Binde- und Stützgewebes (Sarkome), denen nur durch radikale Entfernung der betroffenen Extremität Einhalt geboten werden kann.

3.1.3. Die These einer spezifischen Behindertenpersönlichkeit

Zwischen Alltagstheorie und Wissenschaft angesiedelt sind die zahlreichen Versuche, eine spezifische Behindertenpersönlichkeit zu postulieren (womit auch hier wiederum meist zuallererst die Körperbehinderten gemeint sind). Ohne ihre Aussagen empirisch zu untermauern, kommen sie im allgemeinen auf eher spekulativ-deduktivem Weg zu ihren Ergebnissen. SEYWALD (1977) würde die Mehrzahl von ihnen wohl unter dem Stichwort ‚Ressentimentverdacht' subsumieren.

Gewöhnlich ergibt sich die ‚Behindertenpersönlichkeit' aus der Annahme, die körperlich Behinderten müßten doch wohl mit Neid auf die körperliche Integrität der Nichtbehinderten herübersehen und diese Minderwertigkeitsgefühle dann in andere Verhaltenszüge wie Aggressivität oder Isolationstendenzen transformieren. Es wird eine erhebliche Wechselwirkung zwischen körperlicher Beeinträchtigung und psychischen Verhaltensweisen, teilweise sogar eine Disposition zur Neurose oder zu neurotischer Persönlichkeitsentwicklung beim Körperbehinderten angenommen.

Die wichtigsten in diesem Zusammenhang meist genannten Autoren seien nun kurz aufgeführt (vgl. ESSER 1975, S. 4 ff; D. JANSEN 1975, S. 11 ff; G. W. JANSEN 1972, S. 19 ff)

– TÖNNIES wird von ESSER (1975, S. 4) als Vertreter eines „sozialbiologischen" Standpunktes genannt. Diesem zufolge führe eine körperliche Hemmung zwangsläufig zur seelischen Abweichung von der Norm, wobei proportional mit dem Ausmaß der Behinderung seelische Schädigung und charakterliche Minderwertigkeit wüchsen, bis hin zum vollständig Bewegungsgehemmten, der als seelisch ‚unheilbar' gelte und wegen der Spannungen zur Umwelt, für die er keine wirtschaftliche Funktion wahrnehme, zum ‚Soziopathen' werde.

– ADLERS (1977) Theorie von der Organminderwertigkeit dürfte vor allem durch die Verbreitung der Tiefenpsychologie zu erheblichem Einfluß gelangt sein. Danach kann ein voll ausgeprägtes Gemeinschaftsgefühl nur entwickeln, wer sich der ihn umgebenden Gemeinschaft gleichwertig fühlt. Dies aber ist bei Funktionsmängeln irgendwelcher Organe oder Körperteile nicht der Fall; ein Minderwertigkeitsgefühl entwickelt sich, das Gemeinschaftsgefühl wird beeinträchtigt.

Die Folge mag Resignation sein, oder – und dies findet ADLERS (1972) besonderes Interesse – es setzen Kompensationsmechanismen ein, die zu überhöhtem Geltungsstreben und Ehrgeiz führen. Gerne wird hierbei von ADLER der Stotterer Demosthenes zitiert, dem als späterem Redner sogar eine Überkompensation seiner Behinderung gelang. Entmutigter Ehrgeiz kann sich in einer Neurose niederschlagen.

Auf ADLER geht also die verbreitete Auffassung zurück, daß Behinderte zu extremen Reaktionsweisen neigten: Resignation oder Überkompensation, Leistungsversagen oder übersteigertes Leistungsstreben. Aus der Gemeinschaft – bei ADLER sozusagen das Kriterium psychischer Gesundheit – schlössen sie sich damit jedoch aus und seien in dieser oder jener Richtung zur Neurose besonders disponiert.

– Auch die ‚Krüppelpsychologie‘ von WÜRTZ (1921) nimmt seelische Fehlhaltungen der Körperbehinderten an, am ehesten in Richtung auf Aggression oder Regression. Mehr als andere reflektiere der Behinderte über sich selbst, was zu Spannungen innerhalb der Persönlichkeit und zu einem eingeengten Erlebnisfeld führe; der eigene Defekt und das vermeintliche Mehr-Können der anderen stünden im Vordergrund.

– BRIEFS (1954) konstatiert wohl noch abnorme seelische Reaktionen der Körperbehinderten, führt sie jedoch auf das Spannungsverhältnis zwischen Behindertem und Umwelt zurück, weniger auf den Defekt selbst. Ablehnende Umwelthaltung bewirke ein personales Minderwertempfinden des Behinderten, dieses seinerseits eine Ablehnung der Gemeinschaft, die „ethische Fehlhaltung“ einer Vernachlässigung sozialer Verpflichtungen.

– Stärker sozialpsychologisch ist die Perspektive von BARKER (1953). Danach stellen die Körperbehinderten eine ähnliche Minorität dar wie unterprivilegierte ethnische oder religiöse Minderheiten auch. Nun fühlt sich der Behinderte allerdings nicht nur als Behinderter, sondern wie die anderen Mitglieder der Gesellschaft hat auch er weitere zusätzliche Bezugsgruppen, die sich aus seiner Alters-, Geschlechts- und Berufsposition ergeben und ebenfalls einen Anspruch auf Anerkennung und Integration ausdrücken.

Zwischen den Normen dieser unterschiedlichen Bezugsgruppen, den unterschiedlichen Rollenerwartungen, wird es mit großer Wahrscheinlichkeit zu Diskrepanzen und Konflikten kommen. Als ‚marginal man‘ bleibt der Behinderte zwischen der Identität des Behinderten – über die sein Anerkennungsbedürfnis hinausreicht – und der des Gesunden – die er aufgrund seiner Hilfsbedürftigkeit nicht erreichen kann. Gesteigerte Leistungen oder Frustrationserscheinungen wie Aggression, Resignation und innere Spannung werden als Folge genannt.

– Der Gleichsetzung von Behinderten mit ethno-religiösen Minoritäten stellt JORDAN (1963) das Konzept der ‚disadvantaged group‘ (benachteiligte Gruppe) gegenüber. Während Minoritäten sich als feste Gruppe darstellen, bei der die Zugehörigkeit gewöhnlich mit der Geburt feststeht und ein enger innerer Zusammenhalt gepflegt wird, haben Behinderte lediglich das akzidentelle Merkmal der Behinderung gemeinsam; keine gemeinsamen Traditionen, wie in einer schwarzen oder jüdischen Subkultur, verbinden sie. Da die Binnenkommunikation die äußere Isolierung nicht aufwiegt, ist die Interaktionsmöglichkeit des Behinderten also weitaus mehr eingeschränkt. Auch werden ihm nahezu ausschließlich negative, einschränkende Verhaltenserwartungen entgegengebracht, während ein Minoritätsangehöriger immerhin im Rahmen bekannter Klischees einen vollwertigen Sozialpartner abgibt.

– Auf DOLLARD und seine Mitarbeiter (1971) geht die bekannte Frustrations-Aggressions-Theorie zurück, nach der Aggression und Gewalt das Ergebnis von Frustrationen sind, bei denen ein Individuum an der Erreichung eines Ziels gehindert wird.

In diesem Sinn könnte nun auch die Situation des Körperbehinderten aufgefaßt werden. Er sieht sich situationalen Barrieren gegenüber (etwa wenn ein Gebäude seinem Rollstuhl keine Zufahrtsmöglichkeit bietet), intrapersonalen Barrieren (etwa wenn sein Handikap ihn daran hindert, mit seinen Altersgenossen Sport zu treiben) sowie schließlich auch interpersonalen Barrieren (wenn er bei seinen Mitmenschen auf Ablehnung stößt). Die Befriedigung wesentlicher Grundbedürfnisse wird durch die Behinderung ganz oder teilweise verhindert und der Aktionsradius eingeengt.

Als primäre Reaktion auf Frustration soll nun die offen geäußerte Aggression anzusehen sein. Hemmungsmechanismen können diese primäre Aggression modifizieren, in Ersatzreaktionen umwandeln, zum Beispiel die Aggression vom eigentlichen Objekt auf das Selbst verschieben oder aus der Aggressionshandlung eine Verbal- oder Phantasieaggression werden lassen.

Später freilich mußte die Frustrations-Aggressions-Hypothese dahingehend erweitert werden, daß außer Aggression noch weitere Reaktionen auf eine Frustration möglich sind; Depression und Regression sind dabei die wichtigsten.

– Während die bisher genannten Autoren aus der Behinderung persistierende Persönlichkeitszüge abgeleitet hatten, postuliert MIERKE (1968) in seiner Überforderungstheorie einen phasischen Ablauf, der immer dann eintreten soll, wenn die Letztgrenze der individuellen Leistungsbeanspruchung oder Belastungsfähigkeit eines Individuums überschritten ist. Drei Phasen werden beschrieben:

– die Aggressionsphase: affektive Entladungen, ungesteuertes Sozialverhalten, überhastete Fehlhandlungen, auffallende Leistungsschwankungen sind kennzeichnend;

– die Regressionsphase: Einschränkung von Sozialbezügen und Interessen, starke Resignation, Aufgabe von Wert- und Gewissensbindungen, steiles Absinken der Leistungskurve;

– die Restitutionsphase: das Persönlichkeitsgefüge verfestigt sich wieder, die Leistungsfähigkeit steigt wieder an.

Dieses Phasenschema beschreibt hauptsächlich die Anpassung an plötzlich eingetretene Behinderungen, wie sie besonders durch Unfälle, aber auch durch Krankheiten zustandekommen. Auf von Geburt an vorhandene Behinderungen dürfte es kaum anwendbar sein. Bei der Bewältigung einer spät sich ergebenden Behinderung spielen sich wohl ähnliche, teils phasenhafte, teils sich überlagernde Reaktionsweisen ab, wie sie KÜBLER-ROSS (1969; 1974) für Sterbende beschrieben hat: Nicht-wahr-haben-wollen, Auflehnung, Mit-dem-Schicksal-verhandeln-wollen, Depression, Akzeptierung. Und wie man ja den Tod als Verlust des Selbst und der Identität deuten kann, so bedeutet eine Behinderung den Verlust wesentlicher Teile der eigenen Identität, der mit ähnlichen Trauer- und Anpassungsreaktionen beantwortet wird.

3.1.4. Empirische Untersuchungen der Merkmale Körperbehinderter

Gegenüber solchen teilweise spekulativen Versuchen, die Persönlichkeit Körperbehinderter zu erfassen, wird nunmehr auch auf diesem Gebiet ein empirisches Vorgehen bevorzugt. Dabei legt ein Untersucher gewöhnlich psychodiagnostische Verfahren, die sich als brauchbar zur Erfassung von Persönlichkeitsmerkmalen erwiesen haben, sowohl Behinderten wie auch einer Kontrollgruppe von Nichtbehinderten vor, um statistisch signifikante Abweichungen der Behinderten zu ermitteln. Nur zwei aus der Zahl der nach diesem Design durchgeführten Studien können hier Erwähnung finden.

D. JANSEN (1975) untersuchte 98 in der Rehabilitation befindliche, meist jugendliche und zu 81 Prozent männliche Körperbehinderte mithilfe einer größeren Testbatterie, wobei zur Erfassung der Persönlichkeit das Freiburger Persönlichkeits-Inventar (FPI) diente.

Die Körperbehinderten beschrieben sich gegenüber der Norm als signifikant stärker aggressiv und weniger maskulin der Interessenlage nach. In den 21 weiteren überprüften Dimensionen ergaben sich jedoch, wie JANSEN betont, keine Unterschiede, so daß für sie damit eher die Übereinstimmung als die Divergenz der Persönlichkeit Behinderter nachgewiesen ist; folglich sei es „zulässig, psychologische Theorien (zum Beispiel aus der Persönlichkeits- oder Sozialpsychologie), die für Nichtbehinderte konzipiert wurden, auch auf Körperbehinderte zu übertragen" (D. JANSEN 1975, S. 121). Die „sprichwörtliche Passivität, Antriebs- oder Interesselosigkeit" von Körperbehinderten erscheine dann viel eher als „eine Rolle, in die sie von der sie umgebenden nichtbehinderten Umwelt gedrängt werden" (S. 122).

Eine neuere Studie an körperbehinderten Kindern und Jugendlichen haben STEINHAUSEN und WEFERS (1977) vorgelegt. Bei 104 körperbehinderten und 104 ‚gesunden' Hamburger Kindern von 9 bis 16 Jahren erhoben sie Intelligenz, Persönlichkeitsmaße, Eltern-Kind-Beziehung sowie Idealbild-Realbild-Diskrepanzen. Nur solche Kinder wurden in die Körperbehinderten-Stichprobe aufgenommen, denen vom Lehrer ausreichendes sprachliches Verständnis für die Beantwortung der Fragebögen attestiert worden war und die außerdem Intelligenzwerte von mindestens 85 aufwiesen. Damit ist die „Repräsentativität der ermittelten Befunde auf den Bereich normal intelligenter, körperbehinderter Kinder in einem großstädtischen Siedlungsraum eingegrenzt" (STEINHAUSEN & WEFERS 1977, S. 94).

Trotz dieser Vorselektion ergaben sich jedoch in allen Untertests des Leistungs-Prüf-Systems (LPS) signifikante Unterschiede zuungunsten der Körperbehinderten; ihr Intelligenzprofil verläuft um einen halben bis zwei Zentilwerte (entsprechend 4 bis 15 IQ-Punkten) unter dem der Nichtbehinderten:

> „Verballeistungen wie Wort- und Sprachverständnis, Wortflüssigkeit und verbales Ausdrucksvermögen sind bei körperbehinderten Kindern und Jugendlichen in gleicher Weise beeinträchtigt wie Denkfähigkeit und eine Reihe verschiedener Wahrnehmungsleistungen, nämlich Raumvorstellung, Veranschaulichung, Flexibilität und Geschwindigkeit der Gestalterfassung sowie Wahrnehmungstempo." (STEINHAUSEN & WEFERS 1977, S. 94).

Wohl stellen die Autoren in Rechnung, daß das LPS als ausgesprochen geschwindigkeitsabhängiger Test von den Körperbehinderten mit mehr Unlust, Mißmut und Verärgerung beantwortet wurde als von den Nichtbehinderten; manches spreche für die Annahme, „daß körperbehinderte Kinder sowohl eher ausweichend auf Leistungsanforderungen reagieren wie auch wenig stark intrinsisch leistungsmotiviert sind" (S. 95). Hinzu komme durch die gleichzeitige Unterrichtung mit auch geistig behinderten Kindern der „Faktor eines pädagogisch generell niedrigen Anspruchsniveaus" (S. 96).

Vergleicht man die einzelnen Gruppen Körperbehinderter, so

> „fällt insbesondere die defizitäre Wahrnehmungsstruktur cerebralparetischer Kinder auf, die sich in Schwierigkeiten beim gedanklichen Bewegen von Symbolen, Mangel an räumlichen Vorstellungsvermögen, ungenügendem Erkennen wesentlicher Beziehungen und niedriger Wahrnehmungsgeschwindigkeit beim Erkennen von Unvollständigkeiten bzw. Fehlern im Testmaterial manifestiert" (S. 96 f).

Es sei zu vermuten, „daß die Auswirkungen einer sog. funktionellen Defizienz, also einer Cerebralparese, auf die kognitive Entwicklung wesentlich stärker zu veranschlagen sind als die einer nicht cerebral bedingten motorischen Defizienz" (S. 97).

Der Vergleich der Persönlichkeitsprofile – sie waren mit CATTELLS Childrens Personality Questionnaire (CPQ) ermittelt worden – zeigte

> „eine geringe Ausprägung von Extraversion und emotionaler Stabilität und höhere Ausprägung von Sanftmut, Feinfühligkeit sowie zweifelnden, reflektierenden und zögernden Verhaltensbereitschaften bei körperbehinderten Kindern" (S. 112).

Interessanterweise kamen die stärkere Ausprägung von Feinfühligkeit sowie die niedrigere Gespanntheit „insbesondere mit steigendem Alter in der Pubertät zur Ausprägung" (S. 113), so daß hier wohl eher an eine indirekte, Selbstreflexion voraussetzende Folge der Körperbehinderung zu denken ist. In der Häufigkeit bestimmter für Neurosen charakteristischer Persönlichkeitskonstellationen, in der Beurteilung des elterlichen Erziehungsverhaltens, im Selbstbild und Idealbild unterschieden sich die körperbehinderten Kinder nicht nachweisbar von den nichtbehinderten. Die Mütter der Körperbehinderten erwiesen sich als „stärker nondirektiv, weniger dominant, weniger offen und weniger extravertiert" (S. 113) gegenüber den Müttern der Nichtbehinderten.

3.1.5. Soziale Einschätzung

Ein weiterer Befund von STEINHAUSEN und WEFERS (1977, S. 109) leitet über zum sozialen Stereotyp des Körperbehinderten: das Fremdbild, das gesunde Kinder vom körperbehinderten hatten, war nämlich dem Selbstbild der Behinderten genau gegenläufig.

„Das gesunde Kind betrachtet das körperbehinderte Kind nicht nur als leistungsunfähig, sondern auch als einsam, introvertiert und ohne positive Emotionalität. Damit wird dem körperbehinderten Kind jegliche soziale und persönliche Attraktivität durch das gesunde Kind abgesprochen."

G. W. JANSEN (1972) hat in einer umfangreichen Studie, auf die noch in anderem Zusammenhang eingegangen werden wird (vgl. S. 196), die Einstellungen der Bevölkerung gegenüber Körperbehinderten untersucht. Bein- und Armamputation, Verkrüppelung, Lähmung und Conterganschäden wurden am häufigsten als Körperbehinderung bezeichnet (G. W. JANSEN 1972, S. 84); das Bild des Körperbehinderten war

„gekennzeichnet durch folgende Momente:
- verändertes, u. U. abstoßendes äußeres Erscheinungsbild
- gesellschaftliche Isolation
- eingeschränkte Berufs- und Lebensmöglichkeiten
- Leiden, auch auf seelischem Gebiet
- starke Kompensationsmechanismen bei der Verarbeitung der Behinderung
- charakterliche Veränderungen und besondere Begabungsausstattungen" (G. W. JANSEN 1972, S. 91).

Auch v. BRACKEN (1976, S. 286) weist auf die Körperbehinderten vielfach zugeschriebenen besonderen Begabungen hin und bringt sie mit dem alten Aberglauben von ihren außergewöhnlichen Kräften in Zusammenhang. Die Vorstellung, der Betroffene leide stark an seiner Behinderung, sei hier stärker ausgeprägt als bezüglich anderer Behinderungen; Körperbehinderung wird – neben der Blindheit – als schwerste Behinderung für ein betroffenes Kind eingestuft, nicht aber für die Umwelt.

Schließlich hat v. BRACKEN (1976, S. 289) auf die Diskrepanz zwischen der ‚Nahbeurteilung' und der ‚Fernbeurteilung' Körperbehinderter hingewiesen.

„Aus der Ferne gesehen gilt es (ein körperbehindertes Kind) zwar als sympathisch und ruhig. Nähern sich die Menschen aber, werden sie oft durch ein unangenehmes Äußeres abgestoßen und finden auch ungünstige Charaktereigenschaften, die dann leicht in übertriebener Weise verallgemeinert und mit überkommenen abergläubischen Vorstellungen verbunden werden. Die Mitmenschen halten dann nach Möglichkeit soziale Distanz . . ."

Bevor nun exemplarisch auf die Gruppe der Dysmeliekinder eingegangen wird, sei hier auf vier Veröffentlichungen zur Betreuung Körperbehinderter hingewiesen. SCHMEICHEL und SCHMEICHEL (1978) schildern, vor allem wohl für die Hand der Eltern bestimmt, die Entwicklung körperbehinderter Kinder in den einzelnen Altersstufen bis hin zur Eingliederung in Beruf und Gesellschaft. WOLFGART und LUIG (1976) gehen schwerpunktmäßig auf schulische Erziehung, Freizeitgestaltung und berufliche Bildung Körperbehinderter ein. Gutachterliche Stellungnahme zu den Besonderheiten der Pubertätsentwicklung Behinderter hat KLUGE (1971) im Auftrag des Bundesjugendministeriums zusammengetragen; eine Konzeption zur Sexualerziehung speziell der Körperbehinderten hat WOLFGART (1977) vorgelegt.

3.1.6. Dysmelien: Erscheinungsbild

Dysmelien, angeborene Gliedmaßenfehlbildungen, wurden als seltenes Ereignis immer schon beobachtet; ihre aufsehenerregende Häufung in den Jahren 1960 bis 1962 ließ jedoch nach einer spezifischen Ursache forschen, die auch bald in dem Beruhigungs- und Grippemedikament Thalidomid (Handelsnamen: Contergan, Distaval, Tensival, Valgraine, Asmaval) gefunden wurde, genauer: in der Einnahme thalidomidhaltiger Medikamente zwischen dem 34. und 50. Tag nach der letzten Monatsregel, also in der vierten oder fünften Entwicklungswoche des Embryos (vgl. v. PAWEL 1977, S. 45).

Die Herstellerfirma bestritt lange Zeit diesen Zusammenhang; nach langwierigen Prozessen war sie erst 1971 zu einem Vergleich bereit, der zur Zahlung von 100 Millionen Mark in eine zu errichtende ‚Stiftung Hilfswerk für behinderte Kinder' führte; ein ebenso hoher Betrag wurde vonseiten der Bundesregierung beigesteuert.

Die verdächtigen Mittel waren allerdings bereits am 25.11.1961 aus dem Handel gezogen worden; der schlagartige Rückgang dysmeler Geburten von 1962 auf 1963 konnte so als weiterer Beweis für den Zusammenhang dienen. Von der teratogenen Wirkung in der Frühschwangerschaft abgesehen, ist das Thalidomid – ähnlich wie das Rötelnvirus – gänzlich ungefährlich; es wird heute wieder im Ausland zum Beispiel bei der Therapie der Lepra eingesetzt.

Da in der Bundesrepublik keine Meldepflicht für behinderte Kinder besteht, lagen lange keine anerkannten Zahlen über die Anzahl der betroffenen Kinder vor. Nach BLÄSIG und SCHOMBURG (1966, S. 38) sprachen die Kultusministerien von etwa 2000, der Elternverband von etwa 4000 Kindern; richtig dürfe man von etwa 3000 Dysmeliekindern ausgehen. In den Jahren 1960 bis 1962 mit jeweils einer Million Geburten war also jedes tausendste Kind betroffen; auf 20000 Einwohner kam ein ‚Contergankind', wobei großstädtische Gebiete stärker, ländliche weniger stark berührt wurden.

Ein gewisser Teil der Dysmeliekinder verstarb in der frühen Kindheit. Bei STRASSER et al. (1968, S. 3) fielen von 121 zur Untersuchung vorgesehenen Kindern 23 durch Tod aus (19 %). Seit Herbst 1973 wird wiederholt die Zahl von 2415 überlebenden thalidomidgeschädigten Kindern genannt (v. PAWEL 1977, S. 45). Typischerweise wurden durch die Thalidomid-Embryopathie die oberen Extremitäten geschädigt, außerdem kamen vor:

– Schädigungen der unteren Extremitäten (meist zusätzlich)
– Schädigungen des Gehörorgans (zusätzlich oder isoliert)
– Schädigungen innerer Organe (zusätzlich).

SCHÖNBERGER (1971, S. 26) gibt folgende Verteilung an:

Schädigungstyp	abs.	in %
keine Gliedmaßenschädigung (isolierte Schädigung des Gehörorgans)	30	7,2
nur Schädigung der oberen Extremität	288	68,9
Schädigung der oberen und der unteren Extremitäten	94	22,5
nur Schädigung der unteren Extremitäten	6	1,4
insgesamt	418	100,0
keine Angaben	12	(2,8)

Damit wird deutlich, daß die Begriffe ‚Dysmelie' und ‚Thalidomidschädigung' strenggenommen nicht synonym gebraucht werden dürften. Gliedmaßenschädigungen brauchen nicht durch Thalidomid verursacht zu sein, und Conterganschäden können auch in einer isolierten Hörschädigung bestehen, vom Fehlen der Ohrmuschel bis zur Gehörlosigkeit durch Fehlen des Innenohrs. HAUPT (1974, S. 23) stellte 1969 fest, daß von 219 eingeschulten Dysmeliekindern 22 (= 10 %) Gehörlosen-, fünf (= 2,3 %) Schwerhörigenschulen besuchten. So ergibt sich auch hier, wie bei der Zerebralparese, in vielen Fällen das Problem der Mehrfachbehinderung.

Bei den eigentlichen Dysmelien waren mannigfaltige Fehlbildungen vorgekommen. Da die medizinischen Termini hierfür häufig in der Literatur benutzt werden, seien sie auch hier kurz erläutert (vgl. SIEVERT 1968, S. 93):

- Amelie: vollständiges Fehlen von Gliedmaßen
- Peromelie: amputationsähnliche Fehlbildung, d. h. ein Stumpf ist vorhanden
- Phokomelie: die Hand sitzt unmittelbar an der Schulter
- Schaltstückphokomelie: zwischen Schulter und Hand ist nur ein kurzer Röhrenknochen zwischengeschaltet
- axiale Fehlbildung: die Gliedmaßen sind in ihrer ganzen Länge fehlgebildet, zum Beispiel verkürzt
- Radiusaplasie, Radiushypoplasie: der Radius, der wichtigere der beiden Unterarmknochen, ist unterentwickelt bzw. fehlt
- Tetraphokomelie: Hände und Füße sitzen unmittelbar an den Schultern und Hüften

Wichtiger als die formalen Diagnosen sind jedoch die funktionellen Gesichtspunkte (Beugefähigkeit der Arme, Berührungsmöglichkeit der Hände, Notwendigkeit einer Prothesenversorgung), nach denen etwa SIEVERT (1968, S. 92 u. 103) die vorgefundenen Armfehlbildungen zu schweren, mittelschweren und leichten zusammengefaßt hat.

3.1.7. Dysmelien: Entwicklung im Vorschulalter

Von den zahlreichen Publikationen, die sich mit der Entwicklung der Dysmeliekinder befaßten (z. B. BLÄSIG u. SCHOMBURG 1966, STRASSER et al. 1968, SCHÖNBERGER 1971, HAUPT 1974, v. PAWEL 1977), seien nur wenige herausgegriffen und in einigen ihrer Befunde hier wiedergegeben; die detaillierten Berichte der Kölner Forschungsgemeinschaft ‚Das körperbehinderte Kind‘ mußten dabei außer Betracht bleiben.

BLÄSIG und SCHOMBURG (1966) haben innerhalb kurzer Zeit 285 Interviews mit den Eltern nordwestdeutscher Dysmeliekinder ausgewertet, indem sie die Examensarbeiten von 17 Sonderpädagogen zusammenfaßten. Das Fehlen einer Kontrollgruppe, die bei 17 verschiedenen Interviewern entstehenden Reliabilitätsprobleme sowie die ausschließliche Verwendung von den Eltern erhobener Daten – die Kinder selbst wurden nicht untersucht – dürften den anfänglichen Wert dieser Studie später deutlich gemindert haben.

Ihr hauptsächlicher Zweck bestand wohl darin, Schulbehörden und Lehrern Richtlinien zur Einschulung der Dysmeliekinder an die Hand zu geben. So werden ein ‚Leitfaden für Lehrer an öffentlichen Schulen, die Dysmelie-Kinder unterrichten‘ (S. 46–48) sowie ein genauer Beschulungsplan für die Region Hannover (S. 54–59) vorgestellt. Während 69 Prozent der Eltern Normalschulen für ihre Kinder bevorzugten, hielten die beurteilenden Heilpädagogen eine solche nur bei 41 Prozent der Kinder – „nach entsprechender technischer Versorgung" – für möglich (S. 40–43).

STRASSER und seine Mitarbeiter (1968) bezogen zwar ebenfalls keine Kontrollgruppe in ihre Untersuchung mit ein, jedoch wurden von ihnen die 86 Kinder der Stichprobe auch selbst sehr gründlich untersucht. Mithilfe der GRIFFITHS-Mental-Development-Scale bei unter, der GESELL-Schedules bei über Zweijährigen wurde der Entwicklungsstand erfaßt; zusätzlich fand die Minnesota-Preschool-Scale als Intelligenztest Verwendung.

Die psychische Gesundheit der Kinder („abhängig', „explorierend', „ablenkbar'), das Erziehungsverhalten der Mutter („beschützend', „verstehend') sowie die Umweltgegebenheiten („Größe der erfahrbaren Welt', „Alleinspiel', „Integration') wurden von Beurteilern eingestuft.

Zwei Fragebögen ergänzten das ausführliche Interview mit der Mutter; das Spiel des Kindes wurde beobachtet; eine Lehrerbefragung und eine repräsentative Bevölkerungsbefragung zu den Einstellungen gegenüber Dysmeliekindern rundeten die Studie schließlich ab.

Während wir die Reaktionen der Mütter auf die Geburt ihres fehlgebildeten Kindes in einem späteren Kapitel erörtern wollen (vgl. S. 238), soll hier nun die Entwicklung der dysmelen Kinder selbst zur Sprache kommen. SIEVERT (1968, S. 99), der sie im mittleren Alter von 2;2 Jahren untersuchte (allerdings ohne Kontrollgruppe), fand bei den 81 im Elternhaus aufwachsenden Kindern Entwicklungs-Gesamtquotienten zwischen 60 und 129 mit einem Mittelwert von 92, also deutlich unter der Testnorm von 100. Der Intelligenzquotient, soweit er mit der Minnesota-Preschool-Scale bestimmt wurde, lag mit 97 über dem generellen Entwicklungsniveau.

Drei Hypothesen könnten diesen Entwicklungsrückstand erklären:

1. Auch das Gehirn der Dysmeliekinder könnte, wie teilweise innere Organe, mitgeschädigt sein (SIEVERT 1968, S. 100). Dagegen sprach allerdings, daß isolierte systematische Ausfälle fehlten, sowie daß kein Unterschied zu den durch andere Noxen als Thalidomid geschädigten Kindern bestand.

2. Die Fehlbildung könnte eine so starke motorische Behinderung darstellen, daß die Entwicklung durch sie wesentlich verlangsamt verlief, das Kind weniger Erfahrungen sammeln konnte (schädigungsspezifische Wirkung).

3. Besondere Erziehungsbedingungen könnten das behinderte Kind von notwendigen eigenen Erfahrungen abgehalten haben (sekundäre Faktoren).

Schädigungsspezifische Wirkungen müßten nun, argumentiert SIEVERT (1968, S. 101), mit dem Ausmaß der Schädigung korrelieren; Rückstände, die von der Schwere der Schädigung unabhängig sind, dürften jedoch eher auf einer durch den Behindertenstatus als solchen bedingten Erziehungshaltung beruhen. Hierzu sind die einzelnen erfaßten Entwicklungsbereiche gesondert zu betrachten.

Bereich	Entwicklungsquotient	Kontingenzkoeffizient zw. Schäd'grad u. EQ
QA Körpermotorik	81,5	C=0,32 p<1%
QD Feinmotorik	91	C=0,28 p<5%
GQ Gesamtquotient	91,5	C=0,18 n.s.
QB pers.-soz. Selbständigkeit	91	C=0,14 n.s.
QE praktische Intelligenz	91,5	C=0,04 n.s.
QC Sprache	98,5	C=0,02 n.s.

Entwicklungsquotienten der Dysmeliekinder in 5 Bereichen sowie Kontingenzkoeffizient zwischen Schädigungsgrad und Entwicklungsquotient (modifiziert aus SIEVERT 1968, S. 102, 104)

Das Ergebnis zeigt für die Sprachentwicklung keinen Rückstand, sie ist altersgemäß. Der Rückstand in der Körper- und Feinmotorik ist mit dem Schweregrad der Schädigung assoziiert, dürfte also zumindest teilweise dessen unmittelbare Folge darstellen. Der Rückstand in praktischer Intelligenz und persönlich-sozialer Selbständigkeit jedoch weist keine solche Korrelation auf; er muß folglich als Ausdruck von erziehungsbedingter Erfahrungseinschränkung angesehen werden.

Ein weiterer Beweis für die Wirksamkeit sekundärer Einflüsse kann in der Entwicklung der fünf Heimkinder gesehen werden, die in SIEVERTs Stichprobe enthalten waren. Sie wiesen Entwicklungsquotienten von 19 bis 70 auf mit einem Durchschnitt von 42 – gegenüber einem Mittelwert von 92 bei den Familienkindern (SIEVERT 1968, S. 158). Die Retardierung bestand allgemein, in allen fünf Bereichen.

Wie sich herausstellte, unterlagen die Dysmeliekinder im Heim einer weitgehenden Restriktion, einer „Einschränkung jeglicher spontaner Entwicklungsmöglichkeiten" (S. 159). Unangepaßte Kleidung (d. h. die unverändert belassene Babykleidung) verdeckte die verkürzten Arme ebenso, wie auch die Zehen nicht zum Spielen freigelassen wurden. Die Kinder, als Pflegefall betrachtet, lagen im Bett, wo ihnen jeder Kontakt mit den übrigen Kindern wie auch sonstige Entwicklungsanreize fehlten. Entsprechende Vorschläge vonseiten der Untersucher, die einige dieser Heimkinder gezielt betreuten, stießen lange auf Widerstand (S. 160).

Es ist erstaunlich, wie inadäquat die Dysmeliekinder in den Heimen von pädagogisch ausgebildeten Erziehern oder zumindest pädagogisch vorgebildeten Verantwortlichen behandelt wurden, während die Eltern, Laien in Erziehungsfragen, sich weitaus günstiger verhielten.

Andererseits passen diese Erfahrungen ins Bild der Hospitalismusforschung von PFAUNDLER (1899) über SPITZ (1945) bis hin zu MEIERHOFER und KELLER (1966), die alle die retardierende Wirkung frühkindlicher Krankenhaus- und Heimaufenthalte nachgewiesen haben.

Hierfür ein kasuistisches Beispiel: Das Mädchen L., das mit 11 Monaten einen Entwicklungsquotienten von 41 aufgewiesen hatte, war durch zwei Monate dauernde gezielte Betreuung bis zu einem EQ von 83 gefördert worden. Hierauf wurde sie zu Krankengymnastik, Beschäftigungstherapie und Prothesenversorgung für sechs Monate in eine Klinik aufgenommen. Dort holte sie – trotz dieser Maßnahmen – nicht etwa weiter auf, sondern fiel auf einen EQ von 66 zurück (SIEVERT 1968, S. 162 f); dieser Rückschlag konnte nur langsam wieder ausgeglichen werden.

Daß solche Wirkungen auch längerfristig fortdauern, zeigte SCHÖNBERGER (1971, S. 80 ff) bei der kontrollierten Testung siebenjähriger Dysmeliekinder auf: sowohl ihre sprachliche wie auch ihre nicht-sprachliche Intelligenz als auch ihr gestalterisches Leistungsniveau waren bei Krankenhaus-Aufenthalt im ersten Lebensjahr signifikant erniedrigt.

SCHÖNBERGER (1971, S. 100) verweist hierzu auf den Heidelberger Dysmelieforscher MARQUARDT, der ebenfalls mehrfach bezweifelt habe,

„ob diese (operativen und konservativen) Maßnahmen – gemessen an der Gefahr psychischer Schädigung – wirklich in allen Fällen indiziert waren und ob in den Kliniken wirklich das Mögliche getan wurde, um einem psychischen Hospitalismus entgegenzuwirken".

Man habe bisweilen „nur das Bein, nicht aber das Kind" gesehen.

3.1.8. Dysmelien: Kompensationstechniken

Ohne eine derart massive Restriktion, wie sie die in Kinderheimen untergebrachten Dysmeliekinder erfuhren, bilden sich bald Kompensationstechniken heraus.

„Auch wenn sie keine Arme haben, können sie greifen, sich hinsetzen, aufstehen usw. Sie verwenden dazu andere Techniken als normalgliedrige Kinder. Sie müssen ihnen nicht gezeigt werden. Sie finden sie selbständig." (SIEVERT 1968, S. 116)

Ersatzorgane (z.B. Füße statt Hände), modifizierte Bewegungen (z.B. Aufstehen ohne Zuhilfenahme der Arme) und Ersatzbewegungen (z.B. Rutschen statt Kriechen, Hüpfen statt Laufen) lassen sich dabei unterscheiden.

Der vom Zeige- und Mittelfinger gebildete Pinzettengriff statt des vom Daumen gebildeten Zangengriffs ist für die leichtesten Fehlbil-

dungen – das Fehlen des Daumens – kennzeichnend. Bei den Armver-
kürzungen stehen die Hände wohl noch für die Feinmotorik zur
Verfügung, jedoch muß die Grobmotorik (Fortbewegung, Aufstehen)
bereits ohne Zuhilfenahme der Arme geleistet werden.

Bei den schweren Armfehlbildungen schließlich übernehmen die
Füße auch feinmotorische Funktionen; interessanterweise wird dort das
Laufen – als eine zusätzliche Funktion – erst zum Ende des zweiten
Lebensjahrs gelernt. Da die Hände, sofern vorhanden, von den Augen
nicht mehr kontrollierbar sind, werden sie erst sehr allmählich für
Halteaufgaben herangezogen. Das vorausgehende Schwingen der
Hände um die Schultern durch Bewegungen des Brustkorbs bietet ein
ungewohntes Bewegungsbild.

Sind außer den Armen auch die Beine geschädigt, so ist zum Teil mit
Hilfe des Kopfes noch ein Aufstehen oder Aufsetzen möglich. Zum
Laufen müssen jedoch Prothesen oder Schienen verwendet werden
(vgl. hierzu SIEVERT 1968, S. 107–117).

Im Schulalter werden dann Kompensationstechniken insbesondere
für das Schreiben wichtig. In SCHÖNBERGERs (1971, S. 92) Stichprobe
von Dysmeliekindern bearbeiteten 10,3 Prozent den Schreibtest – die
Technik war freigestellt – nicht mit der Hand: „Die meisten (7,4 %)
haben den Stift mit einem Fuß, die restlichen mit dem Mund oder im
Kinn-Schulter-Griff geführt." Das Ergebnis war hierbei nicht signifikant schlechter als bei den Handschreibern.

Allerdings schnitt die Hälfte der Dysmeliekinder im Schreibtest
unterdurchschnittlich ab – gegenüber nur etwa 22 Prozent der Kontrollgruppe (SCHÖNBERGER 1971, S. 91). Teilweise waren technische
Hilfen wie Stiftverlängerungen oder Hilfe beim Umblättern erforderlich, Selbstverständlichkeiten des Schreibvorgangs wie das Festhalten
des Blattes wurden zum Problem.

Die Herausbildung körpereigener Kompensationstechniken erwies
sich als entschieden wichtiger gegenüber der Versorgung mit körper-
fremden Prothesen, auf die zunächst vonseiten vieler Orthopäden das
Hauptaugenmerk bei der Hilfe für die Dysmeliekinder gerichtet worden war (wie oben erwähnt, war die Prothesenversorgung z. B. vielfach
der Grund für längere Klinikaufenthalte im Kleinkindesalter).

Nach SCHÖNBERGER (1971, S. 126) besaßen 58 Kinder seiner
Stichprobe (13,5 %) Armprothesen. Nur drei (0,7 %) benutzten sie
jedoch, vorwiegend zum Malen und Schreiben. „Insbesondere die
kostspieligen pneumatischen Armprothesen werden . . . entweder gar
nicht oder nur gelegentlich getragen."

3.1.9. Dysmelien: weitere Entwicklung

Die Frage, welche Umweltfaktoren neben Restriktion und Kompensation das Entwicklungs- und Leistungsniveau der dysmelen Kinder bestimmten, untersuchte SIEVERT (1968, S. 123 ff) ebenfalls, wobei folgende signifikante Zusammenhänge zutage tragen:

– Der Entwicklungsstand im ganzen korrelierte mit der ‚Größe der erfahrbaren Welt‘ ($p < 1\%$); gemeint war damit der „Umfang der dem Kind zugänglichen altersgemäßen Entwicklungsanreize". Ganz besonders die Körpermotorik wurde von diesem Stimulationsangebot beeinflußt ($p < 0,01\%$); sie war also längst nicht ausschließlich vom Ausmaß der Schädigung abhängig (vgl. S. 55).

– Die Möglichkeit zum Alleinspiel – mindestens zwei Stunden täglich – beeinflußte vor allem die Feinmotorik und die praktische Intelligenz ($p = 3\%$).

– Die Integration, das gemeinsame Spiel mit einer gleichbleibenden Kindergruppe derselben Altersstufe, wirkte sich auf den allgemeinen Entwicklungsstand ($p = 3\%$) und die praktische Intelligenz ($p = 4\%$) aus.

– Die praktische Intelligenz des Dysmeliekindes wurde ferner durch eine ‚verstehende Erziehung‘ anstelle einer ‚Schutzhaltung‘ ($p < 5\%$) sowie durch die Anpassungsform der bewußten Auseinandersetzung anstelle derjenigen der Bindung ($p < 1\%$) gefördert (vgl. hierzu S. 241).

Nachdem das dysmele Kind im zweiten Lebensjahr wie für andere Objekte so auch für seine fehlgebildeten Gliedmaßen Bezeichnungen gelernt hat (wobei Namen wie ‚wehweh‘ oder ‚putt‘ auf eine entsprechende Induktion seitens der Umwelt zurückgehen), beginnt es „um die Wende des dritten Lebensjahres . . . sich mit dem körperlichen Unterschied selbst auseinanderzusetzen" (SIEVERT 1968, S. 145); das Körperschema seiner Umgebung dient ihm dabei als Maßstab.

Der Wunsch, die Mutter möge ihm andere Arme kaufen, Bemerkungen wie „Das kann ich nicht mit meinen kurzen Armen" oder – zur Puppe – „Jetzt kriegst du auch Prothesen" deuten den Beginn dieses Prozesses an. Die Verarbeitung ist dabei vielfach noch illusionär; das Kind hat etwa die Vorstellung, seine Finger würden später noch nachwachsen. SIEVERT (1968, S. 146) kommt zu dem Schluß, „daß die Reaktionen . . . zunächst hohe Plastizität besitzen und in ihrer Form von den allgemeinen Phantasieinhalten und von der Einstellung, welche die eigene Familie der Behinderung gegenüber hat, bestimmt werden"; zu keiner Zeit könne deshalb auch die Einstellung zur eigenen Behinderung wirkungsvoller gelenkt werden als in der frühen Kindheit.

Die bislang umfangreichste Studie an Dysmeliekindern – 430 Probanden und eine ebenso große Kontrollgruppe – führte SCHÖNBERGER (1971) durch, als diese im Mittel 7;3 Jahre alt waren. Leider läßt die Darstellung der in sieben Testverfahren gewonnenen Ergebnisse – hinzu kamen noch ein Eltern- und ein Lehrer-Fragebogen, Exploration und Verhaltensbeobachtung – an Übersichtlichkeit zu wünschen übrig.

Bei einer Zusammenfassung der Leistungen im Wortschatztest und im sprachfreien Matrizentest nach RAVEN zeigte sich, daß

„25,6 % der nicht behinderten, aber nur 17,6 % der dysmelen Kinder einen überdurchschnittlichen Gesamt-Intelligenz-Score aufweisen. Dies läuft der vielfach kolportierten Meinung zuwider, daß mehr dysmele als nicht behinderte Kinder den geistigen Anforderungen des Gymnasiums gewachsen seien. Das Gegenteil ist zu befürchten." (SCHÖNBERGER 1971, S. 99 f).

17,5 % der Dysmeliekinder (gegenüber nur 3,3 % in der Kontrollgruppe) näßten nachts noch ein, 12,5 % (gegenüber 5,0 %) litten unter Nachtangst, was beides von SCHÖNBERGER (1971, S. 68) als Symptom unabgelöster infantiler Bindungen diskutiert wird. Auf den Zusammenhang zwischen Leistungsmängeln und frühkindlichen Klinikaufenthalten wurde bereits hingewiesen (vgl. S. 56); 57 % der Dysmeliekinder (gegenüber 1,2 % in der Kontrollgruppe) hatten mehr als ein Vierteljahr ihres Lebens im Krankenhaus verbracht, 42 % (gegenüber 4,4 %) waren im ersten Lebensjahr länger als einen Monat von ihrer Mutter getrennt (SCHÖNBERGER 1971, S. 100).

91 Dysmeliekinder, die in Nordrhein-Westfalen Normalschulen besuchten, untersuchte HAUPT (1974) im Alter von durchschnittlich 8;2 Jahren. Ihr durchschnittlicher Intelligenzquotient unterschied sich nicht signifikant von dem der Kontrollgruppe (112,4 gegenüber 115) (HAUPT 1974, S. 53, 65); freilich mag dies auch darauf beruhen, daß die in Sondereinrichtungen beschulten Dysmeliekinder (45 % der Grundgesamtheit) und die überhaupt noch nicht eingeschulten (10 %) in die Untersuchung nicht einbezogen waren.

Trotz intelligenzmäßig gleicher Voraussetzungen jedoch wiesen die Dysmeliekinder „häufigere unterdurchschnittliche Leistungen und schlechte Durchschnittszensuren trotz Anwendung von Sondermaßstäben bei der Benotung durch den Klassenlehrer" (HAUPT 1974, S. 65) auf; 19 % von ihnen (gegenüber 7 % in der Kontrollgruppe) hatten als Durchschnittsnote ‚ausreichend' oder ‚mangelhaft'.

Die soziale Integration der Dysmeliekinder konnte hingegen – soweit dies aus dem Soziogramm hervorging – als gut angesehen werden; sie erhielten „fast ebensoviele Stimmen wie ihre nichtbehinderten Mitschüler" (HAUPT 1974, S. 66) und verteilten sich auch in ungefähr gleicher Weise auf das Einfluß-, Integrations- und Orientierungsfeld der Klasse. Allerdings sprachen sie „häufiger mehr Wahlen aus als der

Durchschnitt der Klasse", was wohl auf ein besonders starkes Kontaktbedürfnis von ihrer Seite aus hindeutet.

Eine soziometrische Längsschnittstudie an einer kleinen Stichprobe Hamburger Dysmeliekinder – die Erhebungen wurden im Alter von 6, 8 und 11 Jahren durchgeführt – hat v. PAWEL (1977) vorgelegt.

3.2. Langfristig Kranke

3.2.1. Zur Problematik

Bereits bei der Erörterung des Behinderungsbegriffs haben wir langfristig-chronische Krankheit als Grenzsituation charakterisiert, in der sich Krankheit – ein eher zeitlich absehbares, dynamisches Geschehen – und Behinderung – ein eher irreversibler, statischer Endzustand – treffen (vgl. S. 18). Denn wo Krankheit chronisch wird, kann sie in sich bereits die Merkmale einer Behinderung annehmen: es sind dies Krankheiten, die eine erhebliche Beeinträchtigung der Lebensführung und der Partizipation mit sich bringen, wobei eine Heilung entweder überhaupt nicht möglich ist oder zeitlich in weiter Ferne liegt.

Dabei überlagern sich mehrere Faktoren, die Krankheit hier zur Behinderung machen:
– die Beeinträchtigungen durch den organischen Krankheitsprozeß selbst;
– da diese Beeinträchtigungen – im Unterschied zu einer Körperbehinderung – nicht unmittelbar ersichtlich sind, die eventuelle Überforderung durch eine ‚nicht-wissende' Umwelt;
– die eventuellen Nebenwirkungen einer therapeutisch notwendigen Dauermedikation;
– das meist ebenfalls therapeutisch notwendige Reglement der Lebensführung: Diät, regelmäßige Medikamenteneinnahme, Schonung, Einhaltung eines bestimmten Tagesrhythmus, Vermeidung jeglicher Anstrengungen oder Verletzungen schränken die Bewegungsfreiheit teilweise erheblich ein;
– häufige Krankenhausaufenthalte, die die normalen Sozialkontakte unterbrechen und gefährden, wobei besonders bei Kleinkindern die Gefahr des psychischen Hospitalismus besteht;
– das Schonklima, das die ‚wissende' Umgebung herstellt und das Einengung und Isolation bedeuten, bei Kindern zu einer Einschränkung ihrer Entwicklungsmöglichkeiten führen kann;
– die Unsicherheit über den weiteren Verlauf und die verbleibende Lebenserwartung: chronische Krankheit ist eben – wiederum im Unterschied zur Körperbehinderung – keine vollkommen statische Gegebenheit und bedeutet teilweise auch eine erhebliche Verkürzung der Lebensperspektive.

3.2.2. Einzelne Formen

Zur Veranschaulichung seien nun wiederum einige wichtige Formen chronischer Krankheit aufgeführt unter Betonung derjenigen, die für das Kindesalter besonders relevant sind.

– *Diabetes mellitus.* Die Zuckerkrankheit, besonders ihre bereits im Jugendalter einsetzende (juvenile) Form, kann als Musterbeispiel einer chronischen Erkrankung dienen. Lebenslange kohlehydratarme Diät und Insulinverabreichung beziehungsweise Tabletteneinnahme sind notwendig, um den Blutzuckerspiegel niedrig zu halten. Vielfach stellen sich bereits im frühen Erwachsenenalter die ersten Folgeschädigungen, vor allem an den Blutgefäßen, ein (vgl. v. OLDERSHAUSEN 1977).

– *Epilepsie.* Die verschiedenen Anfallsleiden, die etwa 0,5 Prozent der Bevölkerung betreffen, werden heute zum größeren Teil auf frühkindliche Hirnschädigungen zurückgeführt (vgl. S. 172). Ein bevorzugtes Manifestationsalter ist die Zeit der Pubertät. Die medikamentöse ‚Einstellung' muß oftmals verbessert werden, um vollständige Anfallsfreiheit zu erzielen; dabei hat der Arzt zwischen der Gefahr erneuter Krampfanfälle auf der einen und übermäßig ruhigstellenden Nebenwirkungen auf der anderen Seite einen Mittelweg zu finden. Zusätzlich ist zur Anfallsprophylaxe ein striktes Reglement der Lebensführung notwendig (vgl. MATTHES 1976; REUTER 1978).

– *Hämophilie.* Die Bluterkrankheit folgt einem X-chromosomal-rezessiven Erbgang (wie auch die progressive Muskeldystrophie, vgl. S. 43), in etwa 30 Prozent der Fälle beruht ihr Auftreten allerdings auf einer Neumutation. Dabei liegt im Blutgerinnungssystem des Körpers ein Defekt vor. Im Säuglingsalter bereits fällt die Neigung zu Blutungen in die Haut auf. Später im Kindesalter sind es besonders Gelenk- und Muskelblutungen, die, unzureichend therapiert, schwere Körperbehinderungen resultieren lassen. Die Blutungen treten nach banalen Stößen ohne sichtbare Verletzung auf (vgl. STEINHAUSEN 1975, S. 10).

Erst seit dem Ende der Sechziger Jahre steht ein anti-hämophiles Globulin zur Verfügung, das bei schwerster Hämophilieform zur Verhinderung körperbehindernder Blutungsfolgen jede Woche verabreicht wird. Da eine einjährige Prophylaxe Kosten von 60000 Mark verursacht, kann diese Form der Vorbeugung vorläufig nur besonders gefährdeten Zwei- bis Fünfjährigen gewährt werden (vgl. STEINHAUSEN 1975, S. 14 f).

Auf 8400 Geburten etwa kommt ein Bluter; die Lebenserwartung liegt „seit den 60er Jahren im Bereich blutgesunder Personen"; in der Bundesrepublik soll es etwa 6000 lebende Hämophile geben (STEINHAUSEN 1975, S. 9 und 15).

Die psycho-soziale Situation der Betroffenen ist von STEINHAUSEN (1975) an einer Stichprobe von 52 hämophilen Jungen, 50 erwachsenen Blutern sowie zwei ebenso großen Kontrollgruppen untersucht worden. Zwischen Gesunden und Hämophilen ergaben sich weder bei den Jungen noch den Erwachsenen bedeutsame Unterschiede im Persönlichkeitsprofil (S. 183).

Jedoch fiel auf, daß mit zunehmendem Grad der aus der Hämophilie resultierenden Körperbehinderung „die Wahrscheinlichkeit von Persönlichkeitsstörungen bei Hämophilen sowohl des Kindes- und Jugendalters wie auch des Erwachsenenalters" zunahm (S. 184): bei den Jungen stiegen die Introversions- und Neurotizismuswerte, bei den Männern die Nervositäts-, Gehemmtheits- und Neurotizismuswerte bei abnehmender maskuliner Einstellung; kein Zusammenhang wurde jedoch mit der Aggressivität festgestellt.

– *Herzfehler:* Angeborene Herzfehler kommen bei etwa 0,5 Prozent aller Neugeborenen vor. Beim größeren Teil der mannigfaltigen Formen besteht dabei eine fehlerhafte Verbindung zwischen linkem und rechtem Teil des Herzens, die größere Blutmengen zwischen Herz und Lunge pendeln läßt, dem Körperkreislauf entzieht und das Herz dabei unnötig belastet. Da eine Operation – sofern sie möglich ist – gewöhnlich erst im Alter von einigen Jahren vorgenommen werden kann, ist einerseits die geringe körperliche Leistungsfähigkeit dieser Kinder zu respektieren, andererseits aber auch eine übertriebene, von notwendigen Umwelterfahrungen ausschließende Schonhaltung zu vermeiden.

– *Leukosen:* Als Leukosen werden heute die verschiedenen Leukämieformen bezeichnet, von denen die akute Form bevorzugt im Kindesalter auftritt. Früher nahezu immer tödlich – die ungehemmte Vermehrung der weißen Blutzellen entspricht einem bösartigen Tumor – kann sie heute durch langdauernde medikamentöse Behandlung teilweise unter Kontrolle gebracht werden. LANDBECK (1977, S. 204) gibt an, daß 40–50 % der Kinder um mindestens fünf Jahre überleben, 25–30 % endgültig geheilt werden. – Da Leukämiekinder viel mehr, als ihre Umgebung wahrhaben will, auf die mutmaßliche Hoffnungslosigkeit ihres Zustands schließen können, sollte ihnen psycho-therapeutische Hilfestellung zur Aufarbeitung ihrer Situation gewährt werden (vgl. KUEBLER-ROSS 1976).

– *Mucoviscidose (cystische Fibrose):* Für diese in Europa häufigste erbliche Stoffwechselkrankheit ist jeder 22. Einwohner Genträger. Da der Erbgang autosomal-rezessiv ist, besteht jedoch nur bei der Verbindung zweier Genträger, also bei einer von etwa 500 Heiraten, ein Risiko von 25 Prozent für die Nachkommen, so daß jeweils eins von 2000 Kindern von einer Mucoviscidose betroffen ist (PASSARGE 1979, S. 264).

Infolge eines Enzymdefekts wird dabei in den Drüsen des Körpers ein zu zähflüssiges Sekret produziert, das über längere Zeit hin die Ausführungsgänge verlegt und zu einer Umwandlung des Drüsengewebes führt, wobei sich besonders in der Bauchspeicheldrüse und der Lunge lebensbedrohliche Schädigungen ergeben, so daß ein Teil der betroffenen Kinder auch heute noch vor der Pubertät stirbt.

Die Therapie ist vielseitig und aufwendig: Medikamente zur Schleimauflösung, Krankengymnastik, Antibiotika und Schutzimpfungen zur Vermeidung von Infektionen gehören dazu. Die früher übliche Nebelzelttherapie – die Kinder schliefen unter einem Nebelzelt, in dem pro Nacht zwei Liter Wasser versprüht wurden – wird heute nicht mehr für wirkungsvoll gehalten, teilweise sei sie mehr im Interesse der Eltern gelegen, die auf diese Weise das Gefühl bekamen, etwas wirkungsvoll-drastisches für ihre gefährdeten Kinder zu tun. (vgl. KOSENOW 1977).

Weitere Beispiele chronischer Erkrankungen, die sowohl Kindes- wie Erwachsenenalter betreffen, sind das *Asthma bronchiale* mit den kennzeichnenden Anfällen von Atemnot sowie die *Tuberkulose,* die sich hauptsächlich in der Zerstörung von Lungengewebe äußert und in ihrer ‚offenen‘ Form die längere Isolierung der Kranken erforderlich macht.

Im Erwachsenen- und besonders im höheren Lebensalter nehmen chronisch-langfristige Erkrankungen stark an Häufigkeit zu; andererseits wird das höhere Lebensalter ohnehin landläufig mit einem Abnehmen physischer Kräfte und einer Neigung zu Krankheiten assoziiert, so daß auch eine langwierige Erkrankung dann längst nicht mehr so sehr stigmatisiert, als Abweichung aufgefaßt wird, wie dies etwa im Kindesalter der Fall ist.

Der Mikrozensus von 1966 (vgl. S. 33) hatte zum Ergebnis, daß 2,3 Prozent der Bevölkerung – ein Drittel der gesamten Behinderten – chronische Erkrankungen als Art ihrer Behinderung angaben, wobei Erkrankungen des Herzens und des Kreislaufs mit 0,86 Prozent an erster Stelle standen. Dabei dürfte es sich vielfach um Durchblutungsstörungen des Herzens oder Gehirns, um Folgezustände eines Herzinfarkts oder eines Schlaganfalls handeln.

Herzinfarkte hatten – zur Entlastung des Kreislaufsystems – lange Zeit nahezu automatisch eine vorzeitige Invalidisierung zur Folge, wobei die Betroffenen mit den sozialen und psychischen Konsequenzen dieser Maßnahme oft allein gelassen wurden. 67 Prozent der durch Herz-Kreislauf-Erkrankungen Behinderten waren über 60 Jahre alt; bei keiner anderen Behinderungskategorie lag dieser Anteil höher.

Als besonders gravierend erweisen sich im Erwachsenenalter die Folgezustände von *Totaloperationen,* wie sie beim Vorliegen bösartiger Tumore vorgenommen werden.

– Ein *Anus-praeter* entsteht, wenn infolge eines tiefsitzenden Dickdarmkarzinoms der gesamte Mastdarm mit der hinteren Körperöffnung entfernt wird. Zur Darmentleerung wird dabei eine künstliche Öffnung im Unterbauchbereich geformt; der zum Verschluß dienende Beutel – alternativ kommen eine ‚Pelotte‘ oder ein ‚Stoma-cap‘ in Frage – muß regelmäßig entleert werden. Abgesehen von der Notwendigkeit, das Stoma vor der Öffentlichkeit verborgen zu halten, was beispielsweise den Verzicht auf Schwimmbadbesuche mit sich bringt, hatten die Betroffenen oftmals unter gelegentlicher unkontrollierbarer Geruchsbelästigung zu leiden, wenn auch neuere Techniken diese zu vermeiden trachten. Der von Ärzten bisweilen aufgezeigte Vorteil, den Anus nun unter Sicht reinigen zu können, wiegt wohl kaum die psychischen Folgen auf, die eine solche Veränderung der körperlichen Integrität mit sich bringt. GOFFMAN (1967, z. B. S. 115) zeigt in zahlreichen Beispielen auf, welche Rückwirkungen ein Anus-praeter auf Selbstbild und Lebensgestaltung der Betroffenen hat.

– Fortgeschrittene Kehlkopfkarzinome machen vielfach die Entfernung des Kehlkopfs als letzten Heilungsversuch notwendig. Es entsteht dabei ein *Tracheostoma*, eine direkte Öffnung der Luftröhre im Halsbereich; die oberen Luftwege entfallen. Der Kehlkopflose muß ständig unmittelbar mit dieser Halsöffnung atmen. Die normale Sprache ist bei Fehlen des Kehlkopfs nicht mehr möglich. Erst durch intensives logopädisches Training gelingt es, eine sogenannte ‚Speiseröhrensprache‘ zu erlernen; analog zum Vorgang des Rülpsens wird dabei Luft zunächst in den Magen geschluckt und dann portionsweise abgegeben, wobei der obere Teil der Speiseröhre als tonerzeugendes Organ benutzt wird.

Die Andersartigkeit dieser Speiseröhrensprache bleibt jedoch unverkennbar. Alternativ oder ergänzend kann auch ein ‚elektrischer Larynx‘ eingesetzt werden, ein batteriebetriebenes Gerät, das außen am Hals aufgesetzt wird und einen Summton so auf die im Rachen befindliche Luft überträgt, daß mit dem Mund Laute geformt werden können. Diese elektrische Ersatzsprache ist allerdings nicht so tragfähig wie die Speiseröhren-Ersatzsprache (vgl. ZÖLLNER 1974, S. 299 f; MATZKER 1975).

Von den weiteren behinderungsähnlichen chronischen Erkrankungen sollen nur noch die Multiple Sklerose und die chronische Niereninsuffizienz genannt werden.

– Die *Multiple Sklerose* (M.S., Encephalomyelitis disseminata) ist eine neurologische Erkrankung mit herdförmigem Befall einzelner Rückenmarks- und Gehirnteile, wodurch sehr unterschiedliche Krankheitsbilder aus Lähmungen, Gefühlsstörungen oder beispielsweise Augensymptomen zustandekommen, die schubweise auftreten mit Rückbildung zwischen den einzelnen Schüben; der Verlauf erstreckt sich so über Jahre bis Jahrzehnte (vgl. BRONISCH 1975).

– Die *chronische Niereninsuffizienz* kommt bei einem weitgehenden Funktionsausfall beider Nieren zustande. Mit salzfreier Diät und Medikamenten ist eine gewisse Überbrückung möglich. Meist muß jedoch zu einem späteren Zeitpunkt zu einer regelmäßigen Dialysebehandlung übergegangen werden, die der Kranke dreimal wöchentlich entweder in einem Dialysezentrum oder zu Hause mit einem Heimdialysegerät vorzunehmen hat. Auch dann wird die Überlebenszeit mit nicht mehr als 16 Jahren angegeben. Mit der psychischen Situation dieser Patienten haben sich RITZ (1971), REINER (1974) sowie GURLAND (1968) befaßt.

Die als Alternative mögliche Nierentransplantation wirft andersartige Probleme auf: sie ist nicht bei jedem Patienten möglich; der potentielle Empfänger muß abrufbereit auf das Aufkommen einer geeigneten Leichenniere warten, oder die Hilfe eines freiwilligen Nierenspenders in Anspruch nehmen; zudem verläuft nicht jede Transplantation erfolgreich, teilweise wird die körperfremde Niere wieder abgestoßen.

3.2.3. Kinder im Krankenhaus

Bei der Einbeziehung der langfristig Kranken in den Kreis der Behinderten war nicht zuletzt an die sonderpädagogische Aufgabe gedacht worden, auch Kindern, die sich zu einer längeren stationären Behandlung in Kliniken befinden, einen ihrer Situation angemessenen Unterricht zukommen zu lassen. Diesem Zweck dient die ‚Krankenhausschule‘. Bei wechselnden Schülern aus unterschiedlichen Klassenstufen muß sie den Unterricht in hohem Maß individualisieren.

Im Jahre 1976 standen in deutschen Kliniken 29 678 planmäßige Betten für Säuglings- und Kinderkrankheiten zur Verfügung (STATISTISCHES BUNDESAMT 1978, S. 381 f). Bei einer Bettenausnutzung von etwa 80 Prozent befanden sich also zu jedem Zeitpunkt etwa 24000 Kinder im Krankenhaus, das sind 0,2 Prozent der 12,7 Millionen Kinder unter 15 Jahren. Aus der durchschnittlichen Verweildauer von 16 Tagen (in Akutkrankenhäusern) ergibt sich weiter, daß etwa 550000 Kinder (4,3 % der Gleichaltrigen) irgendwann im Lauf des Jahres in einer Klinik behandelt wurden. RACHMAN und PHILIPS (1976, S. 100) geben ein britisches Untersuchungsergebnis wieder, demzufolge 45 Prozent der dortigen Siebenjährigen bereits im Krankenhaus waren, jeder Dritte davon wegen einer Mandeloperation. Das Ausmaß des Problems dürfte mit diesen wenigen Zahlen deutlich geworden sein; behinderte und chronisch kranke Kinder sind davon ganz besonders betroffen (vgl. S. 59).

Nun ist die Situation in modernen Kinderkliniken natürlich nicht mehr mit derjenigen in den Säuglings- und Findelhäusern der Jahrhundertwende vergleichbar, in denen die hohe Sterblichkeit teilweise als göttliche Vorsehung galt, „weil, wenn sie alle leben blieben, das Haus zu voll werden würde". Der Münchner Kinderarzt PFAUNDLER (um 1900) und der Psychoanalytiker René SPITZ (1945) haben das Zustandsbild von Säuglingen in der Massenpflege als ‚Hospitalismus‘ und ‚anaklitische Depression‘ beschrieben und bekannt gemacht: trotz einwandfreier körperlicher Pflege gedeihen die Säuglinge kaum, sie werden weinerlich und schlafen schlecht, ihre Intelligenz bleibt weit hinter der von Familienkindern zurück, sie sind sehr anfällig für Krankheiten. Weltweite Untersuchungen im Auftrag der Weltgesundheitsorganisation (WHO) durch BOWLBY (1951) haben diese Befunde bestätigt, emotionale Deprivation – Fehlen einer festen Personenbeziehung – und sensorisch-motorische Deprivation scheinen sich in der Verursachung zu überlagern. Neuere Darstellungen des Hospitalismus liegen vor von MEIERHOFER und KELLER (1966), LANGMEIER und MATEJCEK (1977) sowie LUKAS und SCHMITZ (1977).

Erst später begann man sich auch für die Reaktionen von Kindern auf kürzere Klinikaufenthalte zu interessieren. ROBERTSON (1974) fand dabei einen dreiphasigen Ablauf. Im ‚Protest' versuche das Kind noch mit Schreien und Weinen die Mutter herbeizurufen. Im Stadium der ‚Verzweiflung' ziehe es sich in sich selbst zurück und wirke apathisch. In der Phase der ‚Verleugnung' schließlich zeige der kleine Patient wieder Anteilnahme an seiner Umwelt, aber eigentümlich distanziert, gleichmütig, mehr an Sachen als Personen interessiert; die zu Besuch kommende Mutter werde kaum noch zur Kenntnis genommen – ein Zustand, der vom Pflegepersonal gern als Anpassung und Eingewöhnung verkannt wird. Auf Langzeitschäden durch frühkindliche Klinikaufenthalte hat v. TROSCHKE (1974) aufmerksam gemacht.

Als Konsequenz solcher Beobachtungen ergab sich die Forderung nach stabilen Personenbeziehungen auch für Kleinstkinder; wie von PFAUNDLER der Ausspruch überliefert ist: „Noch das siebte Kind am schmutzigen Schürzenzipfel seiner Mutter ist dort besser aufgehoben als im saubersten Säuglingsheim", so formulierte nun ROBERTSON: „Freundlichkeit von vielen Menschen ist nicht dasselbe wie Liebe und Sicherheit von einem Menschen". In England erschien 1959 der PLATT-Report als offizielle Meinung des Gesundheitsministeriums (‚Über das Wohlergehen von Kindern im Krankenhaus') mit drei Hauptforderungen:

1. Für alle Kinder sollte eine uneingeschränkte Besuchszeit (tagsüber) möglich sein. 1964 wurde es den englischen Kliniken regelrecht untersagt, Eltern den freien Zugang zu ihren Kindern zu verwehren.

2. Für Mütter von Kindern unter fünf Jahren – ältere Kinder können eine Trennung bereits leichter verkraften – sollte die Möglichkeit geschaffen werden, mit ihrem Kind im Hospital zu bleiben und bei der Pflege behilflich zu sein (Mutter-Kind-Stationen).

3. Kinder sollten nur, wenn es gar nicht zu umgehen ist, ins Krankenhaus eingeliefert werden; in England haben sich hierzu klinische Ambulanzdienste, Bagatelloperationen in einer kinderchirurgischen Praxis sowie ‚Tageskliniken' (die Patienten sind nachts zu Hause) bewährt.

Nun sind freilich – insbesondere auch bei bestehenden oder sich abzeichnenden Behinderungen – Klinikaufenthalte auch bei unter fünf Jahre alten Kindern oft nicht zu umgehen. Um in einer solchen Situation zusätzliche Hospitalisierungsschäden weitestmöglich vermeiden zu können, hat PLANK (1973) eine Reihe von Vorschlägen erarbeitet, die freilich nur unterstützend zur freien Besuchszeit und der Möglichkeit der Mutter-Kind-Aufnahme sinnvoll sind; letztere kann erst dann als realisiert betrachtet werden, wenn auch ihre Kosten, ein

Tagegeld von 90 Mark und mehr, von den Krankenkassen übernommen werden.

So sollte einem Kind nie mit Ärzten oder Operationen gedroht werden; Spielsachen aus dem medizinischen Bereich, Rollenspiele im Kindergarten können ein Kind spielerisch mit der Kranken- und Arztrolle vertraut machen. Vor einem unvermeidlichen Klinikaufenthalt sollte man mit dem Kind die Station besuchen und die Schwestern kennenlernen; Lieblingsspielzeug muß bei der Aufnahme dem Kind belassen, besondere Eigenarten dem Pflegepersonal mitgeteilt werden. Die Stationsarbeit kann so eingerichtet werden, daß sich jeweils eine Schwester um bestimmte Kinder besonders kümmert („Fallzuweisung'). Die Kinderklinik sollte sozusagen einen Kindergarten mitenthalten, die Kinder zu Aktivität und Spiel anregen, nicht unnötig im Bett halten; hierzu ist die Anstellung von Kindergärtnerinnen oder Heilpädagogen oder die Spezialisierung geeigneter Schwestern für die psychische Betreuung der jungen Patienten erforderlich. Eine Zusammenstellung von Spiel- und Übungsmaterial zur psychischen Betreuung kranker Kinder findet sich bei DORFMÜLLER (1977).

3.3. Gehörlose und Schwerhörige

3.3.1. Definition

Wenngleich Gehörlose und Schwerhörige in der ‚offiziellen' sonderpädagogischen Terminologie als zwei getrennte Behindertengruppen behandelt werden, sollen sie hier doch eine gemeinsame Darstellung erfahren: ihre Behinderung betrifft die gleiche Dimension des Hörens, wobei nur die Quantität der Schädigung verschieden ist; auch sind in der Praxis die Institutionen zur Förderung Gehörloser und Schwerhöriger vielfach unter einem gemeinsamen Dach vereinigt.

Als schwerhörig werden

„diejenigen Personen bezeichnet, die infolge eines vorübergehenden oder andauernden Defektes des Gehörs eine verminderte Hörfähigkeit besitzen, aber noch imstande sind, akustische Eindrücke und Sprache – eventuell mit Hilfe von Hörgeräten – über das Ohr wahrzunehmen" (JUSSEN 1973, S. 187).

Unter den Gehörlosen werden nochmals zwei Gruppen unterschieden:

„Ein Kind, das ohne oder nur mit einem rudimentären Hörvermögen geboren wurde oder das sein Hörvermögen vor oder bereits im Frühstadium der Spracherlernung verloren hat, ist prälingual gehörlos zu nennen. Dagegen ist ein Kind, das sein Hörvermögen erst nach der Spracherlernung eingebüßt hat, als postlingual ertaubt zu bezeichnen" (LÖWE 1973, S. 18).

Diese Unterscheidung erhält ihre Bedeutung durch die Auswirkungen der unbehandelten Gehörlosigkeit auf den Spracherwerb. Noch heute dürfte die Bezeichnung ‚taubstumm' in der Bevölkerung gebräuchlicher sein als der Ausdruck ‚gehörlos'; damit wird eine Koppelung von Taubheit und Sprachlosigkeit impliziert, die zwar ohne Förderung zwangsläufig ist, die die heutige Gehörlosenpädagogik aber um jeden Preis zu verhindern sucht.

Übrigens ist die Erkenntnis, daß die Stummheit der Taubstummen eine Sekundärfolge ihrer Taubheit darstellte, noch gar nicht so alt; nach FARRELL (1956, S. 86) wurde sie erstmals von einem Arzt namens BULWER im Jahre 1648 formuliert. BOSSHARD (1972, S. 42) hingegen, der einen Überblick über die Geschichte der Gehörlosenpädagogik gibt, führt sie auf eine 1664 in Zürich erstellte Dissertation von Johann Heinrich OTT zurück; diese „kommt zu dem Schluß, daß die Taubstummheit lediglich auf dem Gehörmangel beruhe und nicht auf einem Fehlen der Sprechwerkzeuge".

Um 1700 finden dann die Anatomen getrennte Ursprünge für den Nervus facialis (den motorischen Gesichtsnerven) und den Nervus acusticus (den Gehörnerven), erst damit war auch für sie die Theorie vom gemeinsamen Ohr-Zungen-Nerv erledigt und „die Taubheit als Ursache der Stummheit erkannt" (BOSSHARD 1972, S. 45).

In der Bevölkerung freilich ist dieses Wissen noch heute keineswegs selbstverständlich. Im HAWIE-Intelligenztest (WECHSLER 1964, S. 176) wird es als schwierigstes Item des Subtests ‚Allgemeines Verständnis' abgefragt („Warum können Menschen, die von Geburt an taub sind, gewöhnlich nicht sprechen?") – in einer Formulierung, die alle sonderpädagogischen Bemühungen und Erfolge, die Gehörlosen aus der Sprachlosigkeit herauszuführen, ignoriert.

3.3.2. Audiogramm

Zur Charakterisierung einer Hörschädigung dient das Audiogramm. Dabei wird der Hörverlust (in Dezibel) in Abhängigkeit von der Tonhöhe der Prüftöne (in Hertz) aufgetragen. Selbstverständlich wird jedes Ohr einzeln geprüft unter schalldichter Abdeckung des jeweiligen Gegenohrs, auch muß die Audiometrie in einem Raum erfolgen, in den keine störenden Nebengeräusche eindringen können. Heute verwendet man zur Darbietung der Prüftöne im allgemeinen Kopfhörer.

Außer der üblichen Wahrnehmung über Luftleitung wird auch noch das Hören über Knochenleitung geprüft; eine Stimmgabel wird dabei am Schädel oder den Zähnen aufgesetzt, so daß die Schallwellen den Schalleitungsapparat des Außen- und Mittelohrs umgehen können; „die Hörschwelle für Knochenleitung gibt daher ein relativ zuverlässiges Bild der Leistung des Innenohrs" (ZÖLLNER 1974, S. 31).

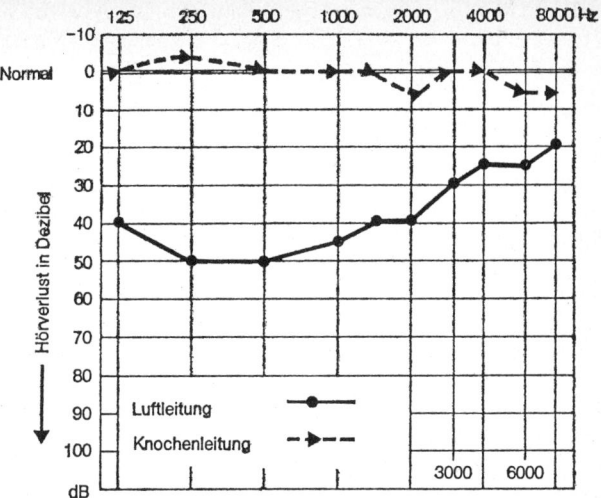

Abb. 1 Typische Schalleitungs- oder Mittelohrschwerhörigkeit im Audiogramm
(aus: JUSSEN 1973, S. 204)

Mit Hilfe der Audiometrie kann zwischen Schalleitungs- und Schallwahrnehmungsschwerhörigkeit unterschieden werden. Bei der Schalleitungsschwerhörigkeit ist die Weiterleitung der Schallreize durch das Mittelohr mit seinen Gehörknöchelchen gestört; man spricht deshalb auch von Mittelohrschwerhörigkeit. Hierbei fallen eher die unteren Frequenzbereiche (die tieferen Töne) aus, die Wahrnehmung selbst ist jedoch nicht verzerrt oder entstellt. Gewöhnlich kann ein Hörgerät daher Abhilfe schaffen. Im Audiogramm zeigt sich die Mittelohrschwerhörigkeit durch eine große Differenz zwischen Luft- und Knochenleitung; bei letzterer wird das Mittelohr umgangen.

Bei der Schallwahrnehmungsschwerhörigkeit ist die Umwandlung der akustischen Reize in nervöse Impulse im Innenohr, dem CORTISchen Organ, beeinträchtigt; deshalb spricht man auch von Innenohrschwerhörigkeit. In einzelnen Fällen jedoch kann auch die Weiterleitung zum Gehirn über den Nervus acusticus oder die Verarbeitung im Hörzentrum der Gehirnrinde gestört sein; dann spricht man von zentraler Schwerhörigkeit.

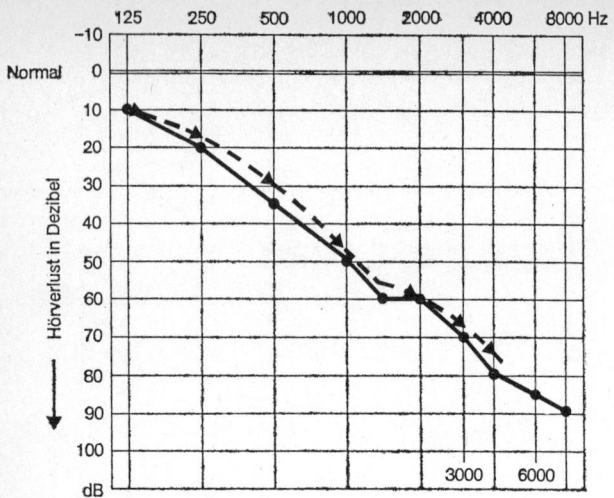

Abb. 2 Typische Schallwahrnehmungs- oder Innenohrschwerhörigkeit (aus JUSSEN 1973, S. 205)

Bei der Innenohrschwerhörigkeit fehlen der Wahrnehmung eher die hohen Töne. Die Wahrnehmung ist entstellt oder verzerrt, die akustische Unterscheidungsfähigkeit beeinträchtigt (Diskriminationsverlust), Sprache wird schlecht verstanden. Nicht selten werden auch nur schwächere akustische Reize vermindert wahrgenommen, während stärkere sogar intensiver als von Normalhörenden empfunden werden können (recruitment); dies behindert die Verwendung von Hörgeräten erheblich. Wegen der verzerrenden Wahrnehmung des Innenohrs bringen Geräte auch nur eine begrenzte Verbesserung und dies prinzipiell nur dann, wenn überhaupt noch eine rudimentäre Innenohrleistung (ein Restgehör) vorhanden und die Hörbahn intakt ist.

Im Audiogramm zeigt sich die Innenohrschwerhörigkeit im übereinstimmenden Verlauf von Luft- und Knochenleitung unterhalb der Norm: die Umgehung des Mittelohrs bringt keine Verbesserung. Beispiel einer Innenohrschwerhörigkeit ist die Lärmschwerhörigkeit, Folge einer längeren Lärmbelastung etwa in der Metallindustrie oder einmaliger extremer Schalldrücke wie während einer Explosion; ihr Merkmal ist die sogenannte C5-Senke, der Ausfall der Tönhöhen um etwa 4000 Hertz bei normaler Hörkurve für die unteren Frequenzbereiche.

70

Wichtig für die Auswirkungen einer Schwerhörigkeit auf das Sprachverständnis und den Spracherwerb ist es, den Hauptsprachbereich im Audiogramm zu kennen: „Das Hauptsprachverständnis ermöglichen Formatengruppen der Vokale und Geräuschbilder der Konsonanten im mittleren Tonbereich von 500 bis 2000 Hertz" (ZÖLLNER 1974, S. 37). Die Obergrenze des Hauptsprachbereichs wird bisweilen auch mit 3000 Hertz angegeben. Auch die Verschreibung eines Hörgeräts orientiert sich vorrangig am Hörverlust in diesem Bereich; eine bildliche Faustregel hierzu bietet ZÖLLNER (1974, S. 124) an.

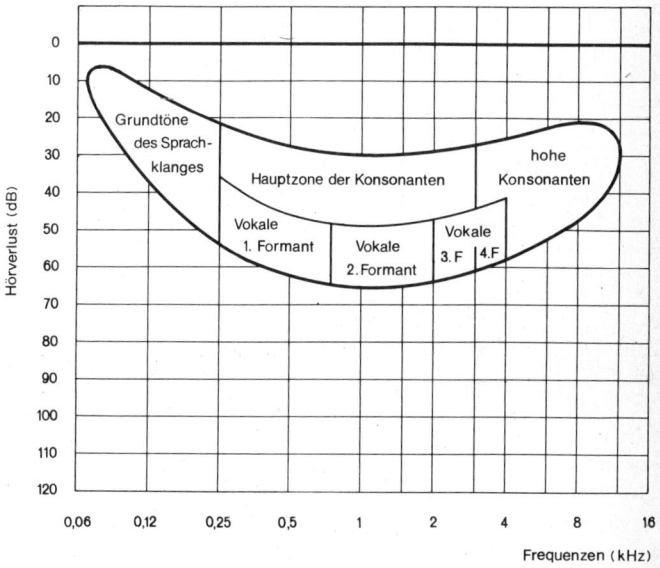

Abb. 3 Frequenz- und Intensitätsbereich der menschlichen Umgangssprache bei mittlerer Lautstärke, eingetragen in das Formblatt eines Tonaudiogramms nach G. FANT. Die Grundtöne der Sprache liegen tief, sie sind für das Verstehen der Sprache weniger bedeutend. Das Hauptsprachverständnis ermöglichen Formantengruppen der Vokale und Geräuschbilder der Konsonanten im mittleren Tonbereich von 500 bis 2000 Hz. Flüstersprache vermittelt der Hochtonbereich zwischen 2000 und 8000 Hz. (aus: ZÖLLNER 1974, S. 37)

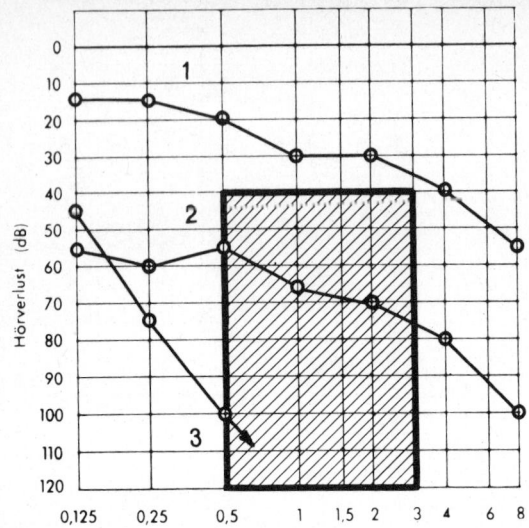

Tonaudiogramm

Abb. 4 Hörgeräteindikation: Das schraffierte Feld bezeichnet im Hauptsprachbereich das zum Gebrauch eines Hörgeräts nötige Restgehör. Verläuft die Hörschwelle oberhalb dieses (1), wird noch kein Gerät benötigt, durchkreuzt sie das
ganze Feld (2), ist ein Hörgerät notwendig und bringt wahrscheinlich Besserung.
Erreicht sie das Feld nicht mehr (3), ist mit Hörgerät allein kein Sprachverständnis möglich. (aus: ZÖLLNER 1974, S. 124)

3.3.3. Abgrenzung

Im Alter kommt es normalerweise zu einem leichten Hörverlust,
besonders im Hochtonbereich von 1500 Hertz an aufwärts. Diese
Altersschwerhörigkeit tritt übrigens bei Naturvölkern, die weniger
Lärm und Toxinen ausgesetzt sind, nicht in gleichem Umfang auf
(ZÖLLNER 1974, S. 116). Sollen nun alle älteren Menschen als schwer-
hörig und damit behindert bezeichnet werden?

Tonaudiogramm

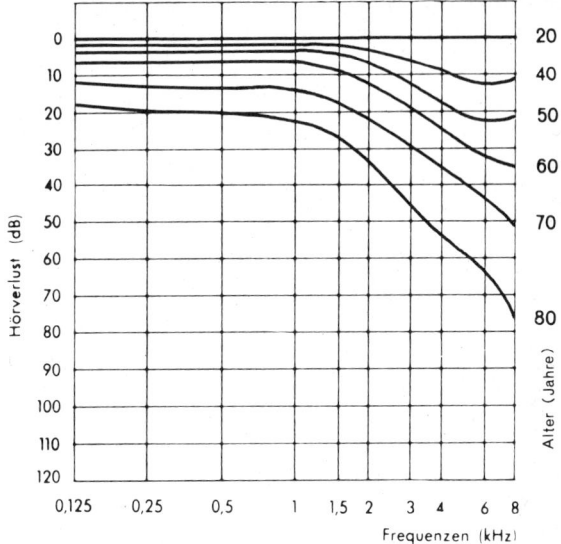

Abb. 5 Durchschnittliche Verminderung der Hörschwelle im Alter (aus: ZÖLL-
NER 1974, S. 117)

Sinnvoller wäre es, eine Grenze festzulegen, von der ab ein Hörverlust als Behinderung anzusehen ist. Ferner stellt sich die Frage, wann
eine Schwerhörigkeit so schwerwiegend wird, daß sie in ihren Auswirkungen einer Gehörlosigkeit gleichkommt.

Diese letztere Frage hat wichtige Konsequenzen für die behinde-
rungsgerechte Förderung, denn während die Schwerhörigenschule noch
als Hörschule vorgeht, arbeitet die Gehörlosenschule als Sehschule
(LÖWE 1973, S. 51) mit den Mitteln des Absehens vom Munde und
häufigerem Anschreiben, was ein verlangsamtes Unterrichtstempo und
einen geringeren Sprachumsatz mit sich bringt. Außerdem, so wird
weiter für eine Trennung der beiden Schultypen argumentiert, wirke
diese der ‚Vergebärdung‘ der gehörlosen Schüler entgegen, denn
paradoxerweise seien es eher die Schwerhörigen, die sich aus ihrem
stärkeren Mitteilungsbedürfnis heraus den Gehörlosen durch Gebärden
verständlich zu machen suchten (vgl. LÖWE 1973, S. 51).

73

Zum Problem der Abgrenzung zwischen Nichtbehinderten und Schwerhörigen einerseits, Schwerhörigen und Gehörlosen andererseits hat LÖWE (1973, S. 44 f) fünf deutsche und vier ausländische Klassifikationen einander gegenübergestellt. Er selbst schließt sich derjenigen des Niederländer van UDEN an:

1. „Von einer leichtgradigen Schwerhörigkeit spricht man, wenn der mittlere Hörverlust im besseren Ohr innerhalb des Frequenzbereichs von 500 bis 2000 Hertz nicht mehr als 30 dB beträgt.

2. Von einer mittelgradigen Schwerhörigkeit spricht man, wenn der mittlere Hörverlust im besseren Ohr innerhalb des angegebenen Frequenzbereichs mehr als 30 dB, aber weniger als 60 dB beträgt.

3. Um eine hochgradige Schwerhörigkeit handelt es sich schließlich bei einem mittleren Hörverlust zwischen 60 und 90 dB im angegebenen Frequenzbereich. Beträgt der mittlere Hörverlust mehr als 75 dB, spricht man auch von einer an Taubheit grenzenden Schwerhörigkeit . . .

4. Beträgt der Hörverlust eines Kindes im Frequenzbereich von 125 bis 500 Hz mehr als 60 dB und ist der mittlere Hörverlust innerhalb des Frequenzbereichs von 500 bis 2000 Hz im besseren Ohr größer als 90 dB, spricht man von Gehörlosigkeit oder Taubstummheit, und zwar auch dann, wenn man weiß, daß noch Hörreste vorhanden sind und für die Sprachwahrnehmung nutzbar gemacht werden müssen."

Der leichtgradige Hörverlust von bis zu 30 Dezibel, in den USA als „not significant" bezeichnet, erfordert im allgemeinen noch keine behinderungsspezifische Förderung. Das Ausmaß der besonderen Förderung wie auch die Prognose für die Qualität des Spracherwerbs sind jedoch nicht allein vom Hörverlust abhängig; auch der Intelligenz des Betroffenen wird hier ein ähnlich großer Einfluß zugesprochen.

Veranschaulicht wird diese hier additive Wirkung von Hörverlust und Intelligenzminderung durch ein Schema von KLINGHAMMER (vgl. LÖWE 1973, S. 48, sowie JUSSEN 1973, S. 209). Das von ihm empfohlene Vorgehen bei der Einschulung hat LÖWE (1973, S. 49) ebenfalls in einem Schema veranschaulicht.

3.3.4. Häufigkeit

Die Gehörlosigkeit ist eine der seltensten Behinderungen, wenngleich sie immer noch erheblich häufiger ist als die Blindheit (zumindest im Kindes- und Jugendalter). Genaue Häufigkeitsangaben sind – wie meist in der Behindertenstatistik – strittig, unter anderem wohl wegen unterschiedlicher Hörgrenzwerte.

Das Gutachten SANDERs (1973, S. 60, 66) gibt 0,05 Prozent eines Schülerjahrgangs (das bedeutet eine Frequenz von 1 : 2000) als gehörlos und 0,3 Prozent als schwerhörig (1 : 300) an.

Für die Gesamtbevölkerung erbrachte der Mikrozensus von 1966 (THIMM 1972, S. 44) einen Anteil der Taubheit an den gesamten

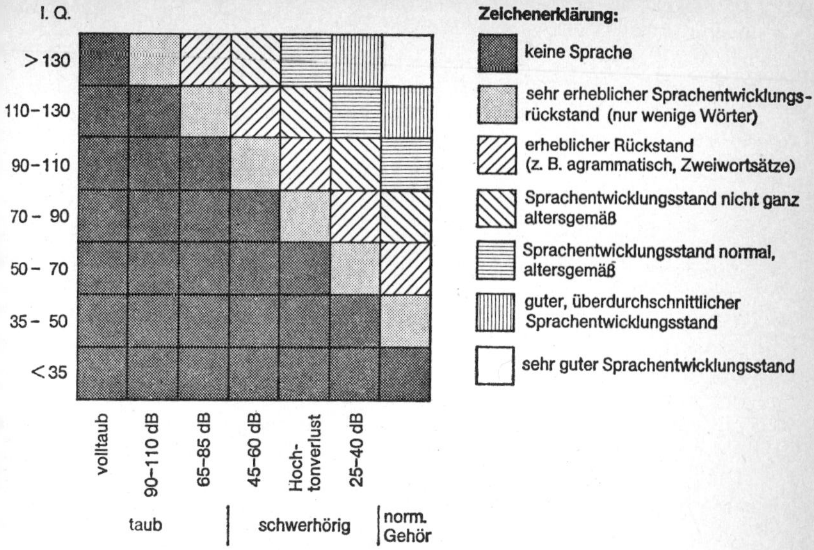

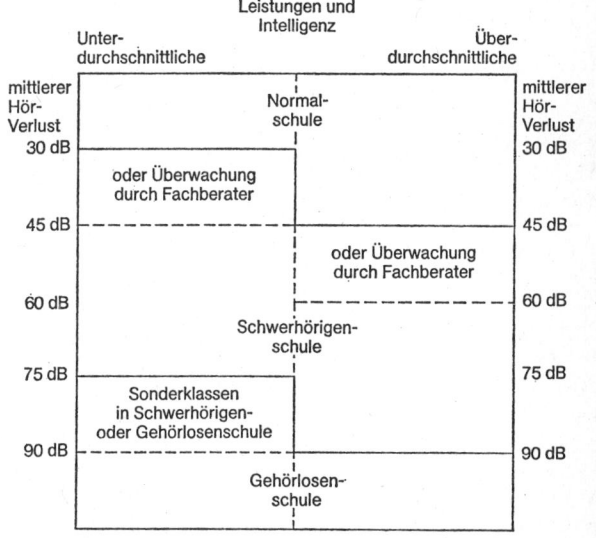

I. Q.

Zeichenerklärung:

keine Sprache

sehr erheblicher Sprachentwicklungs-rückstand (nur wenige Wörter)

erheblicher Rückstand (z. B. agrammatisch, Zweiwortsätze)

Sprachentwicklungstand nicht ganz altersgemäß

Sprachentwicklungstand normal, altersgemäß

guter, überdurchschnittlicher Sprachentwicklungsstand

sehr guter Sprachentwicklungsstand

> 130

110–130

90–110

70–90

50–70

35–50

< 35

volltaub | 90–110 dB | 65–85 dB | 45–60 dB | Hoch-tonverlust | 25–40 dB

taub | schwerhörig | norm. Gehör

Abb. 6 Schema nach KLINGHAMMER zur Interdependanz von Hörfähigkeit, Intelligenz und Sprachentwicklung bei 600 Vierjährigen (aus: JUSSEN 1973, S. 209, sowie LÖWE 1973, S. 48)

Leistungen und Intelligenz

Unter-durchschnittliche | Über-durchschnittliche

mittlerer Hör-Verlust 30 dB | Normal-schule | mittlerer Hör-Verlust 30 dB

oder Überwachung durch Fachberater

45 dB | 45 dB

oder Überwachung durch Fachberater

60 dB | 60 dB

Schwerhörigen-schule

75 dB | 75 dB

Sonderklassen in Schwerhörigen-oder Gehörlosenschule

90 dB | 90 dB

Gehörlosen-schule

Abb. 7 Vorschlag von LÖWE (1973, S. 49) zur Beschulung Hörgeschädigter in Abhängigkeit von Intelligenz und Hörvermögen

Behinderungen von 0,8 Prozent; das bedeutet 0,05 Prozent bezogen auf die Gesamtbevölkerung. Die „Erkrankungen und Verletzungen der Ohren sowie Schwerhörigkeit und einseitige Gehörlosigkeit" machten 2,0 Prozent der Behinderten und damit 0,14 Prozent der Gesamtbevölkerung aus. Während die Gehörlosenquote also unter Schülern und in der Gesamtbevölkerung übereinzustimmen scheint, werden für die Schwerhörigkeit bei Schülern doppelt so hohe Werte genannt, was sicherlich auf die engere Behinderungs-Definition des Mikrozensus zurückgeht, denn durch Altersschwerhörigkeit und Otosklerose (vgl. S. 77) etwa wäre eher mit einem Anstieg der Schwerhörigenzahl zum höheren Lebensalter hin zu rechnen.

3.3.5. Ursachen

Der Ursache nach werden Hörschädigungen unterteilt in ererbte und erworbene. Dem Sonderpädagogen JUSSEN (1973, S. 191) zufolge ist Heredität „nur etwa bei einem Fünftel der Fälle anzunehmen", wohingegen der Humangenetiker PASSARGE (1979, S. 240) angibt, von der schweren angeborenen Schwerhörigkeit sei „rund die Hälfte genetisch bedingt, verteilt auf etwa 20–30 % autosomal dominante Typen, etwa 60–70 % autosomal recessive Typen und etwa 2–3 % X-chromosomale Typen". Der Widerspruch wäre nur dann zu lösen, wenn bei den massiven Hörschädigungen – PASSARGE geht nur von einer 0,1-Prozent-Häufigkeit aus – die hereditären Ursachen einen breiteren Raum einnähmen als bei den sonderpädagogisch zugrundegelegten 0,35 Prozent; außerdem mag in JUSSENs Bezugspopulation auch eine Anzahl postnatal-exogener Hörschädigungen mitenthalten sein.

Es ist hier nicht der Raum, die verschiedenen erblichen Syndrome aufzuzählen, die Schwerhörigkeit mit sich bringen (vgl. hierzu LÖWE 1973, S.28 ff, sowie PASSARGE 1979, S. 241 ff). Allerdings sollte man die Bedeutung der genetischen Fragen auch nicht unterschätzen, zumindest solange gilt, was LÖWE (1973, S. 28) von einer Untersuchung an 1514 verheirateten gehörlosen Frauen berichtet: es hatten 95 % ebenfalls gehörlose Männer, dagegen nur 5 % einen hörenden Gatten.

Damit wird genetische Beratung notwendig (während bei nachgewiesenermaßen erworbener Gehörlosigkeit selbstverständlich keine Weitergabe an die Nachkommen zu erwarten ist). PASSARGE (1979, S. 240) gibt hierzu an, „daß rund 70 % . . . Elternpaare mit klinisch nicht unterscheidbarer angeborener Taubheit keine Kinder mit Taubheit haben, weil sie homozygot für recessive Gene an verschiedenen Genloci sind" (und ihre Kinder dann symptomlos heterozygot an beiden Genloci sein werden); „bei rund 10–25 % sind alle Kinder gleichfalls taub, ein Zeichen für Homozygotie am gleichen Genlocus ... Bei rund 7–19 % sind Kinder mit und Kinder ohne Taubheit zu erwarten".

Unter den erworbenen Hörstörungen stehen an erster Stelle die prä-, peri- und postnatal erworbenen, wobei die Liste der Ursachen (vgl. LÖWE 1973, S. 224 f) mit der allgemein für Behinderungen geltenden (vgl. S. 245) nahezu übereinstimmt. Hervorzuheben ist vielleicht, daß besonders die Röteln-Embryopathie „Defekte insbesondere der Augen, Ohren und des Herzens" (PASSARGE 1979, S. 294) umfaßt; die Rötelnkinder machen einen Großteil der etwa 250 taubblinden Kinder in der Bundesrepublik (KADEN 1978, S. 61) aus. Auch die Thalidomid-Embryopathiie ging gehäuft mit Hörschädigungen einher (vgl. S. 52), wenn das teratogene Medikament (meist ‚Contergan') zwischen der vierten und zwölften Schwangerschaftswoche, also in der Entwicklungsphase des Ohrs, eingenommen wurde (vgl. LÖWE 1973, S. 27).

Nach der Geburt können es außer einer Meningitis insbesondere Komplikationen 'normaler' Kinderkrankheiten wie Scharlach oder Masern sein, die vom Mittelohr aufsteigend ins Innenohr eindringen und dort durch eine Labyrinthitis (Entzündung des Innenohrs) das Gehör schädigen oder zerstören. Auch bestimmte Medikamente können das Gehör schädigen; besonders gilt dies für die Antibiotika der Aminoglykosidgruppe, von denen zum Beispiel das Streptomycin lange in der Tuberkulosebehandlung eingesetzt wurde.

Die Otosklerose ist eine Erkrankung, bei der es meist im Alter zwischen 30 und 50 Jahren zu Ohrensausen und Gehörverschlechterung, auch schubweise auftretend, kommt. Zugrunde liegt dem eine Einklemmung des Steigbügel-Köpfchens im Mittelohr, so daß die Schalleitung gestört ist; bei Fortschreiten kann auch die Schallwahrnehmung beeinträchtigt werden. Die Otosklerose scheint ein erblicher Faktor mitzubedingen, wenn auch die gleichen anatomischen Veränderungen nicht bei allen Betroffenen zu Schwerhörigkeit führen; Weiße erkranken sieben mal häufiger als Afrikaner. Durch eine Operation ist die Mittelohrschwerhörigkeit bei 90 Prozent der Otosklerotiker zu beseitigen; ein Fortschreiten auf das Innenohr kann damit jedoch nicht immer verhindert werden (vgl. ZÖLLNER 1974, S. 97 f).

Die beim Mikrozensus von 1966 häufigst genannten Ursachen einer Hörschädigung – Gehörlosigkeit, Schwerhörigkeit und Ohrenschädigungen zusammengenommen – waren (THIMM 1972, S. 47): Krankheiten zu 39 Prozent (davon Berufskrankheiten 4,5 %), Kriegsbeschädigung zu 21 Prozent sowie Angeborenheit zu 9 Prozent.

3.3.6. Soziale Einschätzung

Zur sozialen Einschätzung der Gehörlosen und Schwerhörigen können wir zunächst v. BRACKENs (1976) Ergebnisse heranziehen, der größere Stichproben von Probanden befragte, welche Behinderung sie als die schwerste für die Betroffenen, welche als die schwerste für die Mitmenschen ansähen. In keiner der Stichproben kam dabei die Taubstummheit auf einen der beiden ersten Plätze; es „erklärten nur ein Siebtel die Taubstummheit ... als schwerste Behinderung für das betroffene Kind, als schwerste Behinderung für die Mitmenschen nannten die Taubstummheit ... nur ein Vierzehntel" (v. BRACKEN 1976, S. 262 f, 291 f). Nur bei der Einschätzung durch Allgemein- und Sonderpädagogen wurde die Gehörlosigkeit von 25 bzw. 17 Prozent als schwerste Behinderung für das betroffene Kind genannt und kam damit auf den dritten Platz nach Blindheit und Körperbehinderung. Dies alles „spricht nicht gerade dafür, daß die Gehörlosigkeit von der Bevölkerung richtig gewürdigt wird" (v. BRACKEN 1976, S. 292). Man könnte in ihr unter den ‚schweren' Behinderungen eine verkannte Behinderung sehen, ähnlich wie die Sprachbehinderten oft als verkannte Behinderte bezeichnet werden.

Dabei fällt vor allem die grundverschiedene Bewertung von Blindheit und Gehörlosigkeit auf, obgleich bei beiden ein Hauptsinn des Menschen ausgefallen ist, bei der Gehörlosigkeit aber zusätzlich auch noch die Sprache beeinträchtigt wird. Blindheit – könnte man sagen – wird in ihren Auswirkungen eher über-, Gehörlosigkeit eher unterschätzt.

Die Verkennung scheint teilweise zumindest auf Unkenntnis zu beruhen. V. BRACKEN gibt die Ergebnisse einer Befragung von FABRIZ wieder, nach der man über die berufliche Tüchtigkeit der Gehörlosen kaum Bescheid wußte und den Spracherwerb nicht der Gehörlosenschule als ihre Hauptaufgabe zuordnen konnte.

Zur Unkenntnis kommt eine emotionale Ablehnung der Gehörlosen. Sie zeigt sich in v. BRACKENs (1976, S. 265) Befragungen zur sozialen Distanz gegenüber verschiedenen Behindertengruppen („welches behinderte Kind würden Sie vorübergehend aufnehmen?"). Das taubstumme Kind findet sich dabei – gemeinsam mit dem schwachsinnigen – durchgängig am Ende der Skala, von nur wenigen Prozent der Befragten akzeptiert.

KLINGHAMMER (1961) fand in einer vielzitierten Studie, daß die Sprechstimmen von Gehörlosen – im Gegensatz zu denen von Blinden – unsympathisch und abstoßend wirkten. In der Literatur wird Gehörlosen vielfach eine negative Rolle zugeschrieben (vgl. BLAU 1967); zudem werden sie meist fälschlich als stumm dargestellt. Insgesamt schließt sich v. BRACKEN (1976, S. 293) dem Urteil SEIFERTs an, „daß der Gehörlose auf eine neutral-verständnislose oder negativ-abwertende Einstellung der Hörenden trifft".

Die soziale Rolle der Schwerhörigen ist noch weniger zum Gegenstand wissenschaftlicher Forschung geworden als die der Gehörlosen. V. BRACKEN (1976, S. 239 f) berichtet, daß sie in der Schulklasse vermehrt isoliert seien, weniger Freunde hätten, also die Rolle des ‚Mauerblümchens‘ einnähmen. Stärker und länger als andere Kinder seien sie an die Mutter gebunden und bevorzugten helfende häusliche Tätigkeiten vor dem Spiel im Freien. Etwa die Hälfte ihrer Mütter klagte über fehlende Anteilnahme der Umwelt.

3.3.7. Leistungsmerkmale

Zur Psychologie der Gehörlosen liegt eine Gesamtdarstellung von GARTEN (1973) vor. Fragt man – wie es gewöhnlich das erste Anliegen des Psychologen ist – nach ihrer intellektuellen Leistungsfähigkeit, so ergeben sich methodische Probleme, die in der Sprachgebundenheit zahlreicher Intelligenztests begründet sind, wenn auch gerade die neueren Gruppen-Intelligenztests wie das LPS, das PSB, der RAVEN-Test oder CFT sprachfrei zu bearbeiten sind.

Der Ausdruck ‚sprachfrei‘ wird bei Intelligenztests allerdings in einem doppelten Sinn verwendet. Er kann sich auf die Durchführung eines Tests beziehen: dann sind keine sprachlichen Reaktionen vonseiten des Probanden erforderlich, sondern nur Ankreuzungen oder manuelles Hantieren. Er kann sich aber auch auf seinen Inhalt beziehen: dann werden keine sprachlichen Intelligenzfaktoren (wie Wortschatz, Wortflüssigkeit, verbale Abstraktion) geprüft. Für das Testen von Gehörlosen muß ein Verfahren nur sprachfrei im ersten Sinn sein.

In der Vergangenheit wurden mehrere spezielle Gehörlosen-Intelligenztests entwickelt, über die GARTEN berichtet, anfangend mit HERDERs ‚Tests für taube Kinder‘ (1920). Eine auch in neuester Zeit benutzte Entwicklung stellt die ‚Nicht-verbale Intelligenzuntersuchung für Hörende und Taube‘ von SNIJDERS und SNIJDERS-OOMEN (1954, in vierter Auflage 1970) dar. Sie kann bei Drei- bis Sechzehnjährigen verwendet werden und enthält zwei parallele Testserien aus jeweils vier Untertests, die im Einzelversuch und – außer dem Mosaiktest – ohne Zeitbegrenzung zu bearbeiten sind. Im Test wird auf Sprachanwendung verzichtet, auch für die Instruktion steht eine nichtverbale Form zu Verfügung. Die Eichung erfolgte in den Niederlanden an 1355 hörenden und 1100 tauben Kindern, woraus auch getrennte Normen berechnet wurden. In fünf der insgesamt acht Untertests erzielen die Hörenden bessere Ergebnisse, nur im Mosaiktest die Tauben (BRICKENKAMP 1975, S. 180 ff).

BÄUMLER, SEITZ und KNOP (1968) fanden bei einer Faktorenanalyse des Verfahrens drei Faktoren, nämlich erstens ‚Erfassen von geometrischen, figuralen (optisch dargebotenen) Regelhaftigkeiten', zweitens ‚Erkennen von Sinnzusammenhängen auf vorwiegend begrifflich-abstraktem Niveau' sowie drittens ‚Aufmerksames Beobachten und daraus resultierend besseres unmittelbares Behalten von optischem Reizmaterial'. Aufgrund dessen schlagen sie eine Kurzform aus Mosaiktest, Karten-Sortieren und Gedächtnis-für-Karten vor, „so daß sich zeitlich eher die Möglichkeit bietet, den taubstummen Probanden eine möglichst heterogene Testbatterie vorzulegen".

In der sprachfreien Durchführung der BÜHLER-HETZER- sowie der SCHENK-DANZINGER-Entwicklungstests nach BAAR ergab sich für vollsinnige Kleinkinder ein mittlerer Entwicklungsquotient von 100, für Gehörlose von 94, für Schwerhörige von 91, was GARTEN (1973, S. 37) mit der unausgeglicheneren Persönlichkeitsstruktur und der geringen Leistungsmotivation der Schwerhörigen zu erklären sucht.

Insgesamt, so resümiert sie, hätten die Intelligenzuntersuchungen sowohl mit den speziellen Gehörlosen- wie auch mit den üblichen Vollsinnigentests „erwiesen, daß der mittlere IQ der Gehörlosen kaum die Norm von 100 erreicht, aber in den Bereich des normalen, noch durchschnittlichen Niveaus fällt, wenn sprachfreie Tests angewendet werden" (GARTEN 1973, S. 47); allerdings bestehe „eine sehr viel niedrigere Korrelation zwischen den Intelligenztestscores der Gehörlosen und ihrer schulischen Leistung als dies bei den Vollsinnigen der Fall ist" (ebd., S. 23).

Freilich steht diese Aussage im krassen Widerspruch zu einem von WITTE (1968) mitgeteilten Befund, der bei einer tachistoskopischen Aufgabe (zeichnerische Wiedergabe geometrischer Figuren nach zunehmender Expositionsdauer) eine deutlich schnellere und richtigere Objekterfassung bei den Gehörlosen feststellt:
„Beim Taubstummen ist die Gestalt nicht nur früher fertig, sondern die Abfolge seiner zeichnerischen Wiedergabe des Gesehenen ist auch fast frei von dem für Hörende so charakteristischen Zug der Entfaltung" (WITTE 1968, S. 417).

Ähnlich sahen Gehörlose bei der Gesichtsfeldprüfung „bereits in größerer Peripherie objektadäquater als die Hörenden" (ebd.). WITTE interpretiert diese Mehrleistung aber nicht ausschließlich positiv; sie sei auch ein Anzeichen für
„einen geringeren Besitz an Bildungsgut, auch optischem, ... an das die Eindrücke sonst angeglichen werden könnten" (WITTE 1968, S. 418).

Bei anderen Versuchen fand WITTE (1968, S. 419) eine Minderleistung der Gehörlosen dann, „wenn zum Verständnis der Aufgabe größerer sprachlicher Aufwand nötig" war; diese Minderleistung verschwand aber, wenn der Vergleich zwischen gleich lang beschulten Vollsinnigen und Tauben durchgeführt wurde – was die Überlagerung behinderungsbedingter Ausfälle durch sekundäre, aus der Schullaufbahn resultierende Benachteiligung zeigt. Im Kindesalter vorhandene Leistungsrückstände können hier also echte – das heißt später aufholbare – Retardierungen darstellen.

Die Frage nach den kognitiven Fähigkeiten Gehörloser wirft Überlegungen zum Verhältnis von Sprache und Denken auf (vgl. GARTEN 1973, S. 62): wenn Denken nur vermittels der Sprache ablaufen kann, müßte der Gehörlose auch im Denken erheblich benachteiligt sein; ist Sprache jedoch sekundärer Ausdruck des Denkens, dürfte ihr Denken nicht wesentlich beeinträchtigt sein. Hierzu ergab sich bei entsprechenden Experimenten, daß

„die Fähigkeit, abstraktes Denken auszuüben, . . . sich bei den Gehörlosen sehr viel langsamer als bei den Vollsinnigen" entwickelt; „mit 17 Jahren erreichen sie erst das Niveau der 11jährigen vollsinnigen Kinder. Dieser Retardierungsgrad stimmt genau mit den Ergebnissen für die Beherrschung der geschriebenen Sprache überein" (GARTEN 1973, S. 89).

Ein Zusammenhang zwischen Sprachentwicklung und Entwicklung des abstrakten Denkens deutet sich damit an, wobei die Gehörlosen auch in einem Alter noch Fortschritte machen, in dem bei Vollsinnigen die Entwicklung kognitiv-sprachlicher Fähigkeiten bereits abgeschlossen ist. Rückstände zwölfjähriger Gehörloser gegenüber hörenden Gleichaltrigen dürfen also nicht unbedingt auf das Erwachsenenalter generalisiert werden.

Die praktischen Fertigkeiten Gehörloser wurden bei Eignungsuntersuchungen überprüft: „In keiner der vorgelegten Arbeitsproben für Manualität und Visualität waren . . . die Taubstummen der hörenden Vergleichsgruppe unterlegen" (WITTE 1968, S. 419 f); in der Drahtbiegeprobe und im räumlichen Vorstellen zeigten sie sogar signifikant bessere Ereignisse. Dem entspricht der Rorschachtestbefund: hier neigten die Gehörlosen bei guter Formschärfe stärker als Hörende zur Detailbeachtung.

3.3.8. Persönlichkeit und Sozialverhalten

GARTENs (1973) Sammelreferat zu Persönlichkeit und Sozialverhalten der Gehörlosen – gegenwärtig das einzig umfassende dieser Art – ist leider nicht frei von Mängeln, so wenn sie, kritiklos GROETENHERDTs Sprachgebrauch übernehmend, Gehörlose mit „vorwiegend positiven Persönlichkeitseigenschaften" von solchen mit „ausgesprochen negativen Merkmalen" unterscheidet, wobei „die größte Gruppe . . . die primitiven derbgearteten Menschen" umfasse (GARTEN 1973, S. 100).

An anderer Stelle berichtet sie,

„daß sich unter 3631 an Schizophrenie erkrankten Menschen 16 Gehörlose ermitteln ließen, was einem Satz von 4,4 % entspricht . . . Unter einer bestimmten Anzahl von Schizophrenen findet man also 10mal soviel Gehörlose wie in einer vergleichbaren Population der Gesamtbevölkerung"

Gemeint sind jedoch ganz offensichtlich 0,44 Prozent.

Dabei zeigen Gehörlose – dies ein Ergebnis von MYKLEBUST (vgl. GARTEN 1973) – in fast allen Skalen des MMPI zum Pathologischen hin erhöhte Werte, insbesondere auf der Schizophrenie-Skala. Diese freilich könne hier auch gesehen werden

„als Maß für das Gefühl der Loslösung, des Verlustes von Einfühlungsvermögen und die Unfähigkeit zum Verständnis der Realität, (sie) scheint ein effektives Maß zur Messung der Isolation zu sein, welche sich aus der Gehörlosigkeit ergibt" (ebd.).

Als typische Verhaltensmerkmale von Gehörlosen werden vor allem Konkretheit und Rigidität genannt; „das Wechseln von Kategorien, Deutungen usw. wurde nur ‚intellektuell widerstrebend‘ vollzogen" (GARTEN 1973, S. 110); „Affekte und Aggressionen werden ungehemmter geäußert" (ebd., S. 115).

Letzteres scheint eine Untersuchung von KLINGHAMMER nach einer Versuchsanordnung von DEMBO zu bestätigen, über die WITTE (1968, S. 421) berichtet. Hörende und taube Kinder von 13 Jahren bekamen die Aufgabe, zehn Ringe hintereinander auf eine zweieinhalb Meter entfernt stehende Flasche zu werfen, eine ziemlich schwierige, zu zahlreichen Frustrationen führende Aufgabe. Während die hörenden Kinder mit ziemlicher Gelassenheit Erfolg und Mißerfolg hinnahmen, zeigten die Gehörlosen einerseits eine weitaus deutlichere Freude über ihre ersten Treffer, andererseits aber auch heftigere Äußerungen negativer Affekte (wie Beschimpfungen des Versuchsleiters, Fußaufstampfen, wütendes Schreien) nach sich wiederholenden Mißerfolgen.

Bei gehörlosen Männern sollen emotionale Störungen stärker ausgeprägt sein als bei gehörlosen Frauen (GARTEN 1973, S. 115). In den Maskulinitäts-Feminitäts-Skalen erscheinen bei den Gehörlosen die psychischen Geschlechtsunterschiede etwas verwischt, so daß „man schließen kann, daß die Gehörlosigkeit die Männer feminisiert und die Frauen maskulinisiert", wie GARTEN (1973, S. 113) folgert. Ähnliches zeigte sich bei den Interessenprofilen (ebd., S. 120).

GARTEN (ebd., S. 123) gelangt insgesamt zu der Auffassung, eine befriedigende soziale Eingliederung der Gehörlosen in die Gesellschaft der Vollsinnigen werde „nur teilweise den jüngeren gehörlosen Männern an ihrem Arbeitsplatz möglich". Die älteren gehörlosen Arbeiter schildert sie aber bereits wieder als kontaktisoliert und oft von ihren Kollegen verspottet; die Meister hingegen schätzten sie als ‚Arbeitstiere‘: „Er fürchtet keine Arbeit, auch wo andere weglaufen" (GARTEN 1973, S. 122) – was ihre Beliebtheit vielleicht auch nicht gerade erhöht.

Vielfach heiraten Gehörlose untereinander, wobei ihre Kinder aber zumeist Hörende sind, so daß es doch wohl zu denken geben muß, wenn – wie GARTEN (1973, S. 123) in Anlehnung an SEIFERT schreibt – „84 % der gehörlosen Familien . . . keine positiven Beziehungen zu den vollsinnigen Familien" unterhalten, „als Grund dafür werden Verständnisschwierigkeiten angegeben".

Aus den Untersuchungen zur Persönlichkeit und zum Sozialverhalten der Gehörlosen ergibt sich für GARTEN (1973, S. 115) folgendes Fazit:

„Die Anpassung an ein für Gehörlose typisches Verhalten gelingt besser. Bei einer versuchten Anpassung an die Norm treten stärkere Persönlichkeitsstörungen auf". „Die gehörlosen Kinder und Erwachsenen sind jedoch gut dazu in der Lage, unter sich hochintegrierte Gruppen zu bilden und ein harmonisches Gemeinschaftsleben zu führen" (ebd., S. 123).

Dieses Resümée, das nicht zwangsläufig aus allen Einzelbefunden folgt, könnte zur Konsequenz einer bewußten Segregation der Gehörlosen führen, vom Bildungs- über den Arbeits- bis hin zum privaten Bereich. So existiert in den USA eine eigene Gehörlosen-Hochschule, das Gallaudet-College in Washington, an dem in den Sechziger Jahren rund 340 gehörlosen Studenten der Bachelor-Grad verliehen wurde (vgl. GARTEN 1973, S. 121).

Es bleibt allerdings zu fragen, inwieweit diese zur Segregation verleitenden Verhältnisse – emotionale Störungen gegenüber Vollsinnigen, harmonisches Gemeinschaftsleben unter Seinesgleichen – tatsächlich essentieller Bestandteil der Gehörlosigkeit sind und nicht vielmehr eine Folge der bestehenden gesellschaftlichen Isolationstendenzen und der von früher Kindheit an segregativen Internatserziehung: die eigentlichen Behinderungsfolgen überlagern sich mit Auswirkungen der Heimaufenthalte und gesellschaftlicher Vorurteile; durch Früherziehung innerhalb der Familie, integrierte Erziehungsversuche während der Schulzeit und größere gesellschaftliche Aufgeschlossenheit kann die Situation der Gehörlosen wohl verbessert werden.

3.3.9. Sprachgebung

Die Sprachgebung als „Zentralproblem der Gehörlosenschule" (LÖWE) kann nur vom Sonderpädagogen und hier wiederum nur vom speziell ausgebildeten Gehörlosenlehrer geleistet werden. Dennoch seien im beschränkten Rahmen dieser Einführung auch hierzu einige Grundbegriffe genannt.

Die Sprachgebung bei Gehörlosen beginnt heute in der frühesten Kindheit, unmittelbar nach der Erkennung des Hörschadens, möglichst zu dem Zeitpunkt, an dem auch hörende Kinder mit dem Spracherwerb beginnen, also gegen Ende des ersten Lebensjahres. Ihre Form ist die Haus-Spracherziehung, die von der Mutter durchgeführt wird; als Laie muß sie hierzu vom Sonderpädagogen angeleitet werden.

LÖWE (1976), der die Haus-Spracherziehung in der Bundesrepublik von 1958 an aufgebaut hat, beschreibt die wichtigsten Methoden nach dem Schweden WEDENBERG, dem britischen Ehepaar EWING, dem Niederländer van UDEN, der Amerikanerin GRIFFITHS, sowie seine eigene.

Nach van UDEN (vgl. LÖWE 1976, S. 57 ff) gilt es in der frühesten Kindheit vor allem einer Verstummung, einer Vertaubung sowie einer Gebärdensprache vorzubeugen. Die auch beim gehörlosen Kleinkind auftretende Lallperiode muß mit Hilfe der Antlitzgerichtetheit des Säuglings in ein erstes Absehen, ein erstes imitatives Sprechen überführt werden. Letzte Hörreste müssen durch früheste Anpassung von Hörgeräten (beidseits) verstärkt werden, damit nicht „ein Verhalten, bei dem die Lautwahrnehmung keine Rolle spielt" (eine Vertaubung) entsteht. Schließlich soll eine Gebärdensprache verhindert werden, zu der das Kind nur dann komme, „wenn es einen Partner findet, der seine gebärdlichen Äußerungen versteht und mit Gebärden beantwortet". Eine ‚innere Sprache' soll entstehen, auch wenn die Lautsprache selbst erst in ersten Ansätzen zustandekommt.

Auch wenn die Sprachanbildung bereits in der Familie begonnen wurde, steht sie im Sonderkindergarten noch im Mittelpunkt und nimmt auch in der Grundschule noch einen breiten Raum ein – umso mehr, wenn wegen mangelnder Früherkennung „noch immer viele gehörlose Kinder eine längere Phase der Stummheit" durchmachen, was LÖWE (1973, S. 95) als „pädagogischen Anachronismus" bezeichnet.

Zur schulischen Sprachanbildung liegen nach LÖWE (1973, S. 96 ff) sowohl ein aufbauendes wie auch ein ganzheitliches Verfahren vor, die nach längerem Methodenstreit heute doch mehr in Form einer Synthese angewendet würden. Das aufbauende Verfahren vermittelt Sprachinhalte erst dann, wenn die artikulatorischen Voraussetzungen erfüllt sind. Das ganzheitliche Verfahren hingegen räumt „der Sprachvermittlung vor der Artikulationsarbeit Vorrang" ein. Anstelle der nicht wahrgenommenen Hörgestalt eines Wortes verwendet es die Schriftgestalt (das geschriebene Wort), die Mundbewegungsgestalt (beim Absehen vom Munde), die Tastfühlgestalt (die „vibrativ-taktile Aufnahme des in die Hand gesprochene Wortes") sowie – bei Kindern mit Restgehör – die Tastfühlhörgestalt (hierzu bedient man sich des intensiven Sprechens ad concham, an die Ohrmuschel, wobei allerdings ein gleichzeitiges Absehen vom Mund nicht mehr möglich ist).

Bei Gehörlosen sind Sprache und Sprechen scharf zu trennen. Während ihr Sprechen wohl meist auffällig ist, jedoch mehr oder weniger gut artikuliert sein kann, ist ihr eigentlich fundamentales Problem die Sprache, denn auch Wortschatz und Syntax bleiben bei ihnen im allgemeinen stark reduziert (vgl. LÖWE 1973, S. 123).

Das Absehen vom Mund ist für den Gehörlosen die wichtigste Technik, zum Sprachverständnis zu gelangen. Jedoch stellt es keinen vollwertigen Ersatz des Hörens dar. Während in der Lautsprache 40 Phoneme unterschieden werden, stehen dem nur etwa vier vokalische und acht konsonantische Kineme (Mundbewegungsgestalten) gegenüber (vgl. LÖWE 1973, S. 103). Zum Beispiel bilden die Laute b, m und p ein gemeinsames, nicht unterscheidbares Kinem (bereits die bloße Vermengung von b und p in manchen deutschen Dialekten kann verständniserschwerend wirken); „verglichen mit den Phonemen sind die Kineme recht unsichere Informationsvermittler" (ebd.). LÖWE plädiert in diesem Zusammenhang (ebd., S. 102) sogar dafür, um der besseren Beobachtbarkeit des Mundumfelds willen möge ein Gehörlosenlehrer auf einen Vollbart verzichten. Den Erfolg des Mundablesens skizziert er so:

„Ihren Lehrern und Eltern können gehörlose Kinder i. a. recht gut absehen ... Dagegen haben viele Gehörlose beim Absehen Schwierigkeiten, wenn sie in komplizierten Sätzen, mit unbekannten Wörtern, mit undeutlicher Aussprache oder im Dialekt angesprochen werden." (LÖWE 1973, S. 103)

Unter den technischen Hilfen, die in der Gehörlosenpädagogik ihren Platz haben, unterscheidet LÖWE optische, vibratorisch-taktile sowie akustische. Letztere brauchen keinen Widerspruch zur Gehörlosigkeit darzustellen, da minimale Hörempfindungen – vor allem im tiefen Frequenzbereich – bei 90 Prozent der gehörlosen Kinder noch nachweisbar sind (vgl. LÖWE 1973, S. 112 f). Einen großen Gewinn bedeutet es, wenn durch technische Hilfen auch nur eine rudimentäre Rückmeldung der eigenen Stimme möglich wird (‚auditory feedback‘, ‚voice-to-ear-link‘).

Optische Hilfen stellen das Mund-Hand-System und das Fingeralphabet dar. Sie differenzieren einzelne Laute beziehungsweise Buchstaben, die durch das Ablesen allein nicht unterschieden werden können, mit Hilfe zusätzlicher, während des Sprechablaufs geformter Handzeichen. LÖWE (1973, S. 107 ff) bemängelt hieran, daß die Handzeichen von den Gehörlosen in ihrem eigenen Sprechen mitübernommen würden; damit werde einer Gebärdensprache der Weg bereitet.

Vom ‚Speech Visualizier‘ schließlich werden Sprechabläufe sichtbar, fühlbar und hörbar gemacht; LÖWE (1973, S. 112) spricht ihm Bedeutung vor allem für gehörlose Kinder ohne Restgehör zu, bei denen auch Vibrations- und Tastsinn für den Aufbau von Sprechen und Sprache weitestgehend ausgenützt werden müssen.

Die Meinungsverschiedenheit, die über die Verwendung der einen oder anderen Methode besteht, rührt vielfach an die übergreifende Zieldiskussion in der Gehörlosenpädagogik: soll Integration in die Gesamtgesellschaft das oberste Ziel sein, oder soll man Methoden – wie Gebärdensprache oder Fingeralphabet – tolerieren, die nur von den Gehörlosen untereinander, allenfalls noch ihren Lehrern, verstanden werden? Diese Diskussion wird hart geführt; so äußerte etwa van UDEN: „an education in fingerspelling is an education directly to the deaf ‚ghetto‘" (nach LÖWE 1973, S. 110). Gegenwärtig scheint diejenige Gruppierung, der Integration unabdingbares Erziehungsziel bedeutet, über den größeren Einfluß zu verfügen, zumindest in der Bundesrepublik Deutschland.

3.4. Blinde und Sehbehinderte

3.4.1. Definition und Abgrenzung

Jedermann glaubt zu wissen, was der Ausdruck ‚blind‘ bedeutet: die Unfähigkeit zu sehen. Fragen wir aber genauer, wann diese beginnt, so finden wir mindestens acht qualitative Kriterien, die bereits zur Definition der Blindheit herangezogen wurden (vgl. HUDELMAYER 1975, S. 17 f); sie seien hier aufgezählt, da sie gleichzeitig die mit der Blindheit verbundenen Einschränkungen vorläufig zu charakterisieren vermögen. Als blind wird bisweilen bezeichnet, wer

1. seine Sehfähigkeit nicht mehr wirtschaftlich verwerten kann;
2. sein Weltbild nicht mehr optisch aufbauen kann;
3. sich in unbekannter Umgebung nicht ohne fremde Hilfe zurechtfinden kann;
4. seine Vorstellungen überwiegend mittels Gehör und Tastsinn bildet;
5. auf blindentechnische Hilfen, besonders auf die BRAILLE-Schrift angewiesen ist;
6. bestenfalls noch hell und dunkel unterscheiden kann;
7. auf einen Meter Entfernung nicht mehr die Finger des Untersuchers visuell zählen kann;
8. höchstens noch Lichtschein wahrnimmt.

Derlei qualitative Kriterien haben sich als unzureichend erwiesen. Als quantitatives Maß der Sehfähigkeit hat sich insbesondere die Sehschärfe – genauer: der Fernzentralvisus – eingebürgert. Die Sehschärfe ist definiert als der Quotient aus dem Abstand, in dem ein Prüfobjekt gerade eben korrekt identifiziert wird, und demjenigen Abstand, aus dem es eigentlich von einem voll sehtüchtigen Menschen identifiziert werden sollte. Ein Kind mit einer Sehschärfe von $^1/_{20}$ erkennt also die Ziffern einer Prüftafel, die es aus 20 Meter Entfernung erkennen sollte, erst bei Annäherung auf einen Meter. Bisweilen wird die Sehschärfe auch in dezimaler oder sogar prozentualer Schreibweise angegeben; statt $1/20$ also 0,05 oder 5 Prozent. Andere Ophthalmologen lehnen diese Schreibung ab, da dabei die Information verloren geht, in welchem Entfernungsbereich die Prüfung vorgenommen wurde; eine Sehschärfe von 0,05 kann eben $1/20$ oder $5/100$ bedeuten.

Hinzugefügt werden muß noch, daß sich bei der Prüfung des Sehvermögens alle Visusangaben auf das bessere Auge beziehen, und zwar nach optimaler Korrektur mit Brillengläsern oder Haftschalen. Auf die Gefahren einer zu einseitigen Verwendung des Fernzentralvisus als Maß der Sehfähigkeit ist wiederholt hingewiesen worden (vgl. SCOTT 1969, S. 41, HUDELMAYER 1975, S. 25). Zum Beispiel kann durch Pigmentdegeneration ein zwar vollständig scharfes, aber winziges ‚Röhrengesichtsfeld‘ entstehen, das keinerlei Raumorientierung mehr zuläßt. Notwendig ist also neben der Visusprüfung eine Bestimmung des Gesichtsfelds mit Hilfe der Perimetrie. Die ‚Bewertungsrichtlinien der Deutschen Ophtalmologischen Gesellschaft‘ (vgl. KADEN 1978, S. 11 f) und einschlägige Gesetze anderer Staaten tragen dem Rechnung, indem sie bei stark eingeengtem Gesichtsfeld auch eine ‚bessere‘ Sehschärfe als $1/50$ noch als Blindheit anerkennen. Auf Einzelheiten soll hier nicht eingegangen werden; sie lassen sich ebenso wie die Rententabelle, die für die Minderung der Erwerbsfähigkeit maßgeblich ist, der Literatur (z. B. KADEN 1978, S. 13) entnehmen.

Außerdem, so wird von HUDELMAYER (1975, S. 25 f) gegen den Fernzentralvisus eingewandt, stelle er keine repräsentative Sehleistung dar; mindestens ebenso wichtig sei die Sehleistung in der Nähe, in etwa 30 Zentimeter Distanz, „die gerade für schulische Sehleistungen von außerordentlicher Relevanz ist", und die Korrelation zwischen Fern- und Nahvisus betrage nur .34. Dieser Nahvisus nun finde keine Berücksichtigung, auch die Tiefenwahrnehmung – mit dem Stereopsis-Test zu ermitteln – und die Farbentüchtigkeit würden vernachlässigt. Allenfalls die zum Beispiel im BSHG (§24, vgl. KADEN 1978, S. 10) enthaltene Formulierung, daß auch der Blindheit „gleichzuachtende" Störungen des Sehvermögens als Blindheit gelten sollen, bietet eine Möglichkeit, den Nahvisus, die Tiefen- oder Farbwahrnehmung in eine Gesamtwürdigung des Sehvermögens miteinzubeziehen.

Aus seiner Position als primäres Maß der Sehfähigkeit haben diese Einwände den Fernzentralvisus allerdings nicht verdrängen können. Auch die in Westdeutschland gängige Einteilung der Sehschädigungen nimmt auf ihn Bezug. Man unterscheidet:
– Normalsichtigkeit: Sehschärfe zwischen $1/1$ und $1/3$;
– (Geringgradige) Sehbehinderung: Sehschärfe $1/3$ bis $1/20$;
– Hochgradige Sehbehinderung: Sehschärfe $1/20$ bis $1/50$;
– Blindheit (Lichtscheinwahrnehmung und Amaurose = vollständige

Blindheit): Sehschärfe weniger als $^1/_{50}$.

Hochgradig Sehbehinderte sind in der Regel in Bildung und Ausbildung auf Medien und Methoden des Blindenunterrichts, in Beruf und Alltag auf die sogenannten Blindentechniken angewiesen. Insofern besteht eine Diskrepanz zwischen ‚Blindheit' und ‚Blindenschulbedürftigkeit' (vgl. HUDELMAYER 1975, S. 21); wenn von Blinden die Rede ist, sind also vielfach die hochgradig Sehbehinderten mitgemeint.

Andere Autoren und andere Staaten verwenden andere Sehschärfegrenzen und Blindheitskriterien als die oben genannten (vgl. die Übersichten bei BOLSINGER 1973, S. 110 ff, und HUDELMAYER 1975, S. 25). So gibt BOLSINGER (1973, S. 112) für Indien, ein Land mit einer der höchsten Blindenquoten, an: „Nur totale Blindheit ist anerkannt", während in den USA Blindheit im Sinne des Social Security Act von 1935 bereits bei einer Sehschärfe von noch $^1/_{10}$ gegeben ist (vgl. FARRELL 1956, S. 205).

Daß eine solch weite Definition einer Behinderung nicht als Vorteil zu werten ist, hat SCOTT (1969, S. 43 et passim) deutlich herausgearbeitet; vom Amaurotiker ohne jeden Lichteindruck bis hin zum Sehbehinderten mit einer $^1/_{10}$-Sehschärfe werden alle gesetzlich Blinden den gleichen Rehabilitationsbemühungen unterzogen:

„Also sind die meisten derjenigen, die sich den von mir beschriebenen Sozialisationserfahrungen unterziehen, nicht ohne Sehvermögen . . . Die Stärke dieses Sozialisationsprozesses deutet sich in der Tatsache an, daß Menschen, die sehen können, sich zu verhalten beginnen, als ob sie es nicht könnten . . ."

3.4.2. Geschichte

Die Sonderstellung der Blinden gegenüber anderen Behinderten – die sich in ihrer sozialen Einschätzung ausdrückt (vgl. S. 96) – läßt sich weit in die Geschichte zurückverfolgen. Während Körperbehinderte (‚Krüppel', ‚Bucklige') gewöhnlich abgelehnt, ihnen negative Eigenschaften zugeschrieben wurden, war das Verhältnis zu den Blinden zumindest ambivalent.

FARRELL (1956, S. 4) – er hat die Geschichte der Blindheit ausführlich dargestellt – berichtet, daß die Stadttore und Kirchentreppen als besonders einträgliche Plätze für blinde Bettler reserviert waren, daß blinde Sänger in Antike und Mittelalter eine bekannte und geachtete Erscheinung darstellten. Bereits HOMER könnte zu ihnen gezählt werden, und mit ihm beginnt die Reihe der ‚berühmten' Blinden, die es trotz und mit ihrer Behinderung zu Beruf und Ansehen gebracht haben: der japanische Prinz HITOYASU (geb. 843), der englische Dichter John MILTON (geb. 1608) und der englische Mathematiker Nicholas SAUNDERSON (geb. 1682) seien beispielhaft genannt (vgl. FARRELL 1956, S. 7 ff).

Mit größerer Wahrscheinlichkeit jedoch sahen sich auch die Blinden als Objekt karitativer Bemühungen. Das berühmteste Blindenhospiz dürfte lange das „Quinze-Vingts" in Paris gewesen sein, das 1254 nach dem mißglückten Ägyptenkreuzzug Ludwigs IX. für diejenigen seiner Soldaten gegründet worden sein soll, die als Geiseln beim Ausbleiben des Lösegeldes geblendet worden waren (15 Tage lang je 20, vgl. FARRELL 1956, S. 147).

Zur Zeit der Aufklärung weckte die Blindheit dann philosophisch-erkenntnistheoretisches Interesse. 1690 warf John LOCKE im ,Essay concerning Human Understanding' die Frage auf, ob Sehendgewordene das vormals Gefühlte wiedererkennen könnten (vgl. FARRELL 1956, S. 13). Ein Dreizehnjähriger wurde damals beschrieben, der nach einer gelungenen Augenoperation kaum visuelle Urteile fällen konnte, zum Beispiel Hund und Katze nach wie vor nur mit Hilfe der Hände sicher zu unterscheiden wußte.

Die Fragestellung konnte seinerzeit offenbar nicht endgültig beantwortet werden. Erst 1932 gab v. SENDEN einen vielbeachteten zusammenfassenden Überblick über alle ihm bekanntgewordenen 65 Fälle, in denen Blindgeborene durch eine Operation (meist eine Staroperation, eine Entfernung der Augenlinse) wieder sehend geworden waren. Aus sämtlichen Einzelberichten ging hervor,

„daß das Sehenlernen für den operierten Blindgeborenen eine mit zahllosen Schwierigkeiten verbundene Angelegenheit ist, und daß die landläufige Meinung, der Operierte müsse entzückt sein über das ihm durch die Operation zuteil gewordene Geschenk des Lichtes und der Farben, durchaus nicht den Tatsachen entspricht" (v. SENDEN 1932, S. 4).

Der starke Lichteinfall nach der Operation wirkte zunächst als unangenehme Blendung. Aus den dann wahrgenommenen bloßen Farbflächen mußten zunächst einmal Sehdinge werden, diese dann durch Lokalisation im Raum, Tiefenwahrnehmung und Figur-Grund-Unterscheidung zur Gestalterfassung führen. Diese notwendigen umfänglichen Lernprozesse ließen Rückschlüsse zu auf den gänzlich verschiedenartigen ,Tastraum' des Blindgeborenen, in dem eine Gegenstandserfassung zum Beispiel immer nur sukzessiv und nicht simultan, immer nur in der Nähe und nie aus der Ferne erfolgen konnte (vgl. v. SENDEN 1932, S. 274). A priori verfüge der Blindgeborene über kein Raumbewußtsein (S. 278); die Blindenpsychologie schien damit eine negative Stellungnahme zu KANTs Auffassung des Raums als einer reinen, das heißt apriorischen Anschauungsform abgeben zu können.

Doch kehren wir nochmals zur Aufklärungszeit zurück, in der bald nach dem philosophischen auch pädagogisches Interesse an den Blinden aufkam. DIDEROT schrieb in seinem Brief über die Blinden, „daß (ihre) Erziehung auf dem aufbauen sollte, was der Blinde hat, statt auf dem, was er verloren hat; und vor allem sollte er alle nur möglichen Kontakte mit der gegenständlichen Welt aufrechterhalten" (FARRELL 1956, S. 16 f) – die Prinzipien der Kompensation und der Integration waren damit bereits formuliert.

Während Napoleons Ägyptenexpedition (1798/99) das Trachom (vgl. S. 96) als neue Erblindungsursache nach Europa brachte – es sollte noch für Jahrzehnte in den europäischen Armeen grassieren – bemühte sich der 1745 geborene Valentin HAUY als erster Blindenpädagoge um erste Zöglinge; durch materielle Anreize mußte er sie dazu bewegen, ihre einträglichen Bettelplätze aufzugeben. Der Erfolg seines Unterrichts führte zur Gründung der ersten Blindenschule in Paris, die bald, teilweise durch HAUY selbst, Nachahmungen fand: 1804 in Wien, 1806 in Berlin-Steglitz, 1807 in Mailand, 1808 in Amsterdam, Prag und Stockholm, 1809 in Petersburg und Zürich, 1811 in Kopenhagen, 1812 in Aberdeen, 1815 in Dublin, 1816 in Brüssel, 1818 in Neapel, 1820 in Barcelona (vgl. FARRELL 1956, S. 32). Innerhalb zweier Jahrzehnte waren für eine vormals zum Betteln verurteilte Bevölkerungsgruppe Bildungsmöglichkeiten in nahezu allen europäischen Zentren geschaffen worden.

Dort spielte sich nun die weitere Entwicklung der Blindenpädagogik ab. Mit ziemlichen Schwierigkeiten war die Einführung der Punktschrift verbunden, die Louis BRAILLE (1809–1852), selbst blind und Lehrer an der Pariser Blindenschule, 1829 erstmals der Öffentlichkeit vorstellte. Sogar in seiner eigenen Schule konnte sie erst 1854 von den blinden gegen den Widerstand der sehenden Lehrer eingeführt werden, da letztere an dem Analogie-Prinzip festhielten, daß ein für den Finger günstiger Buchstabentyp auch dem Auge gefällig sein müsse (vgl. FARRELL 1956, S. 96). 1879 wurde die Punktschrift auch in Deutschland übernommen. 1837 war mit der Herstellung von BRAILLE-Drucken begonnen worden; es überrascht kaum, daß als erstes die Heilige Schrift transkribiert wurde.

Die Braille- oder Punktschrift (vgl. KADEN 1978, S. 90 f) bietet anstelle eines Buchstabens Raum für sechs Punkte, von denen jeder vorhanden oder nicht vorhanden sein kann. Von den dabei theoretisch möglichen 64 Kombinationen sind 36 realisiert für Buchstaben, Zahl- und Satzzeichen. Durch erhabenen Druck werden die Punkte dem Finger lesbar gemacht; BRAILLE-Papier ist deshalb nur einseitig beschreibbar. Da die Punktschrift viel Raum in Anspruch nimmt, entstehen recht umfangreiche Bücher. Im privaten Gebrauch wird diesem Nachteil durch die Verwendung von Kurzschriften begegnet.

Allerdings fällt es bisweilen besonders älteren Blinden schwer, dieses spezielle Schriftsystem noch so gut zu erlernen, daß sie davon profitieren können. 1932 wurde aus Daten der Punktschrift-Büchereien in den

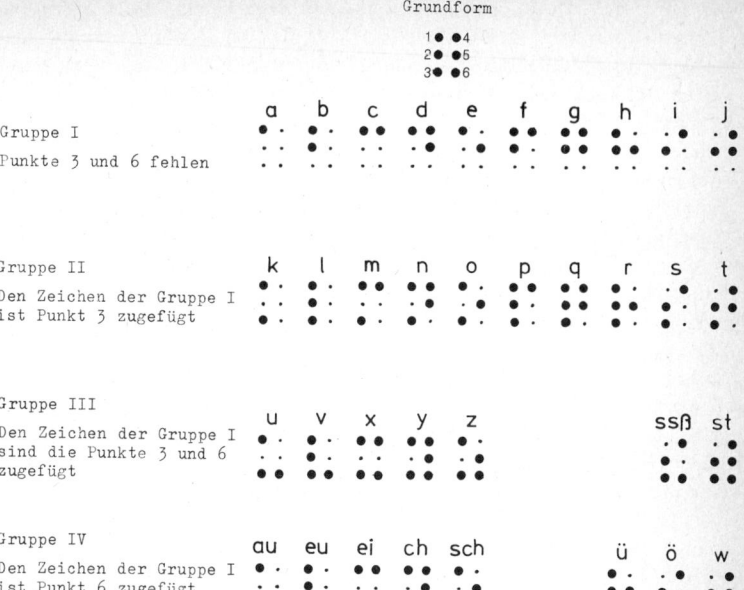

Die Gruppen I bis IV der Punktschrift; sie enthalten alle Buchstabenzeichen außer dem ›ä‹ und dem ›äu‹, die wie die Satz- und die Zahlzeichen abweichend gebildet werden (aus: KADEN 1978, S. 90).

USA ermittelt, daß „nicht mehr als zehn Prozent der Blinden das Fingerlesen gut genug beherrschen, um Bücher in Punktschrift genießen zu können" (FARRELL 1956, S. 130); dabei wäre freilich zu berücksichtigen, daß auch unter der sehenden Bevölkerung nicht alle eifrige Bücherleser sind.

So bedeutete trotz des Vorhandenseins der Punktschrift das Aufkommen von Tonbändern (1934 die ersten ‚talking books' in den USA) und später Tonkassetten eine zusätzliche, nicht zu unterschätzende Kommunikationshilfe für die Blinden.

3.4.3. Häufigkeit

Die Zahl der Blinden in der Bundesrepublik Deutschland wird allgemein mit 70 000 angegeben; das sind etwa 0,12 Prozent der Bevölkerung. Diese Zahl dürfte relativ exakt sein, da alle Blinden – unabhängig von Erblindungsursache und Einkommenshöhe – Anspruch auf Blindengeld haben und somit sozialrechtlich erfaßt sind (vgl. KADEN 1978, S. 20). Der Mikrozensus von 1966, aus dem auf eine Blindenanzahl von 65000 hochgerechnet worden war (vgl. THIMM 1972, S. 44), zeigt in diesem Punkt also doch eine gewisse Zuverlässigkeit.

Unter Kindern und Jugendlichen beträgt die Blindenquote nur 0,012 Prozent eines Jahrgangs (SANDER 1973, S. 52). Blindheit ist die seltenste unter den kindlichen Behinderungen. In der Gesamtbevölkerung ist die Blindenquote also zehnmal so hoch wie unter Kindern. Daraus läßt sich bereits vermuten, daß Blindheit mehr als andere Behinderungen vorwiegend ältere Menschen betrifft. Aus THIMMs (1972, S. 51 f) Analyse der Mikrozensusdaten von 1966 geht dies auch eindeutig hervor. Während von der Bevölkerung insgesamt nur 13 Prozent, von den Behinderten insgesamt nur 24 Prozent im Rentenalter standen (65 Jahre und älter), waren es von den Blinden 46 Prozent; bei keiner anderen Behinderung lag dieser Wert höher. Hingegen waren nur 5 Prozent der Blinden unter 30 Jahre alt.

Nach KADEN (1978, S. 20 f) befinden sich 2700 Blinde – also etwa 4 Prozent aller Blinden – im Vorschulalter oder in der Ausbildung, 14700 – also 21 Prozent – sind berufstätig. Daraus und aus dem oben genannten Anteil der Altersblindheit von 46 Prozent läßt sich schlußfolgern, daß 29 Prozent der Blinden zwar im Erwerbsalter stehen, jedoch nicht berufstätig sind.

Unter der gesamten Weltbevölkerung soll es (vgl. HUDELMAYER 1975, S. 37; KADEN 1978, S. 20) 15 bis 17 Millionen Blinde geben, was eine Blindenquote von etwa 0,4 Prozent bedeutet. Allerdings sind dabei die nationalen Unterschiede beträchtlich; in weniger entwickelten Ländern wie Indien und Ägypten dürfte die Blindenquote nahezu das Zehnfache derjenigen der entwickelten westeuropäischen Staaten betragen. FARRELL (1956, S. 219) zeigt anhand älterer UNO-Schätzungen von 1950 dieses Verhältnis von 1:10 auf, absolut gesehen sind seine Angaben jedoch zu niedrig.

Die Häufigkeit der Sehbehinderung unter Schulkindern schwankt auch in den Expertenschätzungen „zwischen 0,04 und mehr als 2 %" (SANDER 1973, S. 58), was vor allem durch die unterschiedlichen Visusgrenzen bedingt ist. SANDER wählt in seinem Fazit einen Visus von 1/4 als Grenze der sonderschulbedürftigen Sehbehinderung und nennt hierfür eine Frequenz von 0,3 Prozent.

Im Mikrozensus von 1966 wurden außer der Blindheit auch „Augenerkrankung und -verletzung sowie einseitiger Sehverlust" erfaßt. Es ergab sich dabei ebenfalls eine Quote von 0,3 Prozent – wenn diese im einzelnen wohl auch durch andere Beeinträchtigungen zustandegekommen sein dürfte als die Sehbehindertenquote der Schulpflichtigen.

3.4.4. Ursachen

Bei der Frage nach den Ursachen der Blindheit und anderer Sehbehinderungen sind zwei Ebenen zu unterscheiden:
– die ophthalmologische Diagnose (Sitz und Typ der Schädigung),
– der eigentliche ätiologische Faktor (z. B. Vererbung, Infektion).
Ergebnisse zu den Ursachen der Kinderblindheit hat HUDELMAYER (1975, S. 30 ff), solche zu den Ursachen der Erwachsenenblindheit KADEN (1978, S. 22 f) zusammengetragen. Volle Übereinstimmung bezüglich des Rangplatzes und Häufigkeitsanteils einzelner Ursachen läßt sich dabei nicht erzielen, jedoch sind es immer wieder die gleichen Diagnosen, die in den acht von KADEN aufgeführten Untersuchungen die ersten fünf Plätze einnehmen: Glaukom (6mal), Diabetische Retinopathie (6mal), Katarakt (4mal), Optikusatrophie (4mal), Tapetoretinale Degeneration (3mal), Makuladegeneration (3mal), Unfälle (3mal), Uveitis (3mal), Myopie (3mal).

Um dem Leser das Nachschlagen in einem medizinischen Lexikon zu ersparen, seien diese sowie einige weitere wichtige Diagnosen hier nun kurz erläutert (für ausführlichere Angaben vgl. z. B. LEYDHECKER 1976; HOLLWICH 1976). Wenn dabei von Behandlungsmöglichkeiten die Rede ist, bedeutet das noch nicht, daß eine Behandlung auch in jedem Fall von Erfolg sein wird; ansonsten würde die betreffende Schädigung nicht so häufig zur Erblindung oder hochgradigen Sehbehinderung führen.

– *Glaukom = grüner Star:* ‚Glaukom‘ ist die zusammenfassende Bezeichnung für verschiedene Erkrankungen, die alle den Innendruck im Auge erhöhen; die normale Schwankungsbreite des Augeninnendrucks von 10 bis 20 mm Hg wird dabei überschritten. Meist kommt dies durch eine Abflußbehinderung des Kammerwassers zustande. Sowohl medikamentöse als auch operative Behandlung sind möglich. Einen Ratgeber für Glaukomkranke hat LEYDHECKER (1978) publiziert. Er gibt auch die Empfehlung, generell zur Glaukomprophylaxe gleichzeitig mit der Verschreibung der ersten Lesebrille den Augeninnendruck überprüfen zu lassen (vgl. KADEN 1978, S. 25).

– *Buphthalmus* = Hydrophthalmie = kindliches Glaukom: Dieser Sonderform des Glaukoms liegt meist eine Fehlentwicklung des Auges, jedoch mitunter auch eine pränatale Entzündung zugrunde. Kennzeichnend für die betroffenen Kinder sind Lichtscheu und ‚schöne große Augen‘. Medikamentöse Behandlung ist nicht möglich, jedoch eine Operation.

– *Katarakt = grauer Star:* Hiermit ist eine Trübung der Augenlinse gemeint, die besonders häufig als Altersstar (‚Cataracta senilis‘) auftritt, aber auch bereits angeboren sein kann, etwa nach Virusinfektionen im ersten Schwangerschaftsdrittel. Medikamentöse Behandlung ist nicht möglich, jedoch kann durch operative Entfernung der getrübten Linse und anschließendes Tragen einer Starbrille mit 11-Dioptrien-Gläsern (beziehungsweise einer gleichwertigen Haftschale) im allgemeinen wieder ein Sehvermögen hergestellt werden.

– *Diabetische Retinopathie:* Bei über der Hälfte der Diabetiker erkrankt innerhalb von 15 Jahren auch die Netzhaut; es kommt zu Blutungen und Netzhautablösung (vgl. v. OLDERSHAUSEN 1977, S. 784). Diese Folgeerscheinung der Zuckerkrankheit kann durch gute Regulierung des Blutzuckerspiegels mittels Diät und Medikamente hintangehalten werden.

– *Optikusatrophie:* Ein Zerfall von Sehnervenfasern kann durch direkte Verletzung, direkten Druck (z. B. vonseiten eines Tumors), bei einem Hydrozephalus (vgl. S. 111), bei Arteriosklerose, durch Vergiftungen oder als Nebenwirkung einiger Medikamente auftreten.

– *Retinoblastom:* Dieser bösartige Tumor des Kindesalters tritt meist bei Zwei- und Dreijährigen auf und wächst entlang des Sehnerven ins Gehirn fort; das erblindete Auge scheint dabei zu schielen. Etwa ein Viertel der Retinoblastome wächst beidseits; diese Form ist immer erblich mit einem 50-%-Risiko für die Nachkommen (PASSARGE 1979, S. 201).

– *Tapetoretinale Degeneration* (v. a. Pigmentdegeneration, früher ‚Retinitis pigmentosa‘): Der Untergang von Sinneszellen in der Netzhaut beginnt hier oft schon in der Kindheit mit schlechtem Dämmerungssehen (Nachtblindheit). Später entsteht ein Ringskotom (ein ringförmiger Gesichtsfeldausfall), wobei innerhalb und außerhalb des Rings noch scharf gesehen wird; durch nach außen fortschreitende Zellzerstörung wird hieraus ein Röhrengesichtsfeld, das keinerlei Raumorientierung mehr zuläßt. Die Krankheit ist meist rezessiv vererbt.

– *(Senile) Makuladegeneration:* Hier ist besonders der gelbe Fleck, die Stelle schärfsten Sehens in der Mitte der Netzhaut betroffen. Erstes Anzeichen ist ein Verzerrtsehen genau im Zentrum des Gesichtsfelds; später entstehen zentrale Skotome (Gesichtsfeldausfälle). Oft ist die Krankheit vererbt und betrifft beide Augen; am häufigsten ist die senile, im Alter beginnende Form.

– *Uveitis:* Die Uvea besteht aus der Regenbogenhaut (Iris), dem Ziliarkörper und der Aderhaut (Chorioidea); jeder dieser Teile kann entzündet sein (Iritis, Iridozyklitis, Chorioiditis). Medikamentöse Behandlung ist möglich. Besonders heimtückisch ist die ‚sympathische Ophthalmie‘, bei der nach einer Verletzung des einen Auges sich die Uvea des anderen mitentzündet, schlimmstenfalls also beide Augen verlorengehen.

– *Myopie:* Darunter ist schlicht Kurzsichtigkeit zu verstehen, wie sie bei einem zu langen Augapfel auftritt. Allerdings kann eine Myopie so stark sein (mehr als 15 Dioptrien), daß sie durch Brillengläser nicht mehr zufriedenstellend korrigiert werden kann. Ferner gibt es eine fortschreitende Form, bei der sich das Sehvermögen stetig verschlechtert (‚Myopia maligna progressiva‘). Insgesamt jedoch ist Myopie in viel größerem Ausmaß für Sehbehinderungen als für Blindheit verantwortlich. MERSI (1975, S. 164) zitiert eine Studie, der zufolge von den Schülern verschiedener Sehbehindertenschulen 40 Prozent Myopie und 18 Prozent andere Brechungsanomalien wie zum Beispiel Weitsichtigkeit (Hyperopie) als Diagnosen aufwiesen.

- *Mißbildungen:* Das Auge kann in seltenen Fällen bereits verkleinert angelegt sein (‚Mikrophthalmus‘) oder gar ganz fehlen (‚Anophthalmus‘). Mit einem Kolobom ist das Fehlen eines Teils der Regenbogenhaut gemeint, was äußerlich wie eine spaltförmige Ausbuchtung der Pupille wirkt.

- *Retrolentale Fibroplasie:* Diese 1941 erstmals beschriebene Augenerkrankung frühgeborener Säuglinge (vgl. FARRELL 1956, S. 239 ff) war in der Nachkriegszeit in den USA dermaßen häufig, daß von den blinden Kindern und Jugendlichen Kaliforniens zeitweise 41 Prozent durch sie erblindet waren (HUDELMEYER 1975, S. 32). Erst später erkannte man, daß nicht die Unreife der Kinder selbst, sondern der hohe Sauerstoffgehalt in den Inkubatoren die Ursache war: wenn der Sauerstoffdruck im Blut mehrere Stunden lang 100 mm Hg überschreitet, wachsen die kleinen Blutgefäße der Netzhaut aus und zerstören damit deren Sinneszellen (vgl. hierzu LEYDHECKER 1976, S. 139).

  Da die Inkubatortechnik in Deutschland seinerzeit noch nicht so weit entwickelt und verbreitet war, kam es hier nicht im gleichen Ausmaß zu solchen ärztlich bedingten Erblindungen. Immerhin wurde 1971 für sieben Prozent der Blindenschüler Baden-Württembergs die Retrolentale Fibroplasie als Erblindungsursache angegeben (vgl. HUDELMAYER 1975, S. 32).

Betrachtet man die zweite Ursachenebene, die eigentliche Ätiologie der Sehschädigung, so ist zu beobachten, daß Infektionen und Entzündungen heute kaum noch eine Rolle spielen – zumindest in Europa. JÄGER (vgl. HUDELMAYER 1975, S. 32) hat die Diagnosen aller Ilvesheimer Blindenschüler seit 1885 statistisch aufgearbeitet und dabei festgestellt, daß Hornhautentzündungen um die Jahrhundertwende noch für 30 Prozent der Kinderblindheit verantwortlich waren, um 1965 jedoch überhaupt nicht mehr vorkamen; hingegen stieg der Anteil der Mißbildungen des Auges von 7 auf 29 Prozent.

Dafür hat der relative Anteil der ererbten Blindheit erheblich zugenommen. HUDELMAYER (1975, S. 33) nennt Werte von 83 Prozent für Deutschland, 80 Prozent für Dänemark und 75 Prozent für die Schweiz als Anteil der erblichen Blindheitsursachen bei Kindern; lasse man bei den USA die Retrolentale Fibroplasie außer acht, so seien von den verbleibenden Fällen ebenfalls 75 Prozent erblich bedingt.

Der hohe Anteil der erblichen Ursachen läßt – neben eventuellen Behandlungsfortschritten – die eugenische Beratung zur wichtigsten Maßnahme zur weiteren Zurückdrängung von Blindheit und Sehschädigungen werden. Denn auch Sehschäden, die erst im späteren Leben auftreten, sind vielfach bereits genetisch determiniert, sieht man einmal von den sicher exogenen Ätiologien ab, die im Mikrozensus von 1966 (vgl. THIMM 1972, S. 47) für insgesamt 48 Prozent der Sehschäden einschließlich Blindheit galten (24 % Kriegsbeschädigung, 14 % Arbeitsunfälle, 6 % sonstige Unfälle, 4 % Berufskrankheit).

Bei der Vielzahl der möglichen erblichen Syndrome (vgl. PASSARGE 1979, S. 234 ff) muß eine eugenische Beratung jeden Einzelfall gesondert betrachten. Am vordringlichsten ist sie für den Blinden und Sehbehinderten selbst und wird in den Abschlußklassen der entsprechenden Sonderschulen auch bereits praktiziert.

Andererseits müßte aber auch die Bevölkerung allgemein erreicht werden (zum Beispiel wegen der rezessiven Erbgänge), und hier besonders die unteren sozialen Schichten. Denn nicht erst die Schichtzugehörigkeit der Blinden selbst ist „um ein bis zwei Niveaustufen" nach unten verschoben, wie THIMM (1971, S. 73 ff) feststellte – dies könnte ja auch eine Folge der Sehschädigung sein –, sondern auch blinde Kinder kommen überproportional oft aus der oberen Unterschicht (36 % statt 30 %) und der unteren Unterschicht (27 % statt 13 %) (vgl. HUDELMAYER 1975, S. 47). In der Schichtzugehörigkeit könnte man also sozusagen eine dritte, soziale Ursachenebene der Sehbehinderung sehen.

Für die Blindheit in den Ländern der Dritten Welt gelten diese Ausführungen nur teilweise. Hier sind es, wie BOLSINGER (1973) in seinem internationalen Vergleich ausführlich dargestellt hat, nach wie vor großenteils Entzündungen der Hornhaut und Infektionskrankheiten, die zu Sehschädigung führen. Für Indien etwa wird die Keratomalazie (auch Xerophthalmie) – Einschmelzungsvorgänge in der Hornhaut infolge von Vitamin-A-Mangel in der Nahrung – als häufigste Erblindungsursache genannt (BOLSINGER 1973, S. 52 f). Hinzu kommen tropische Erblindungsursachen wie das Trachom, eine vor allem für Ägypten typische Bindehautinfektion, die Onchozerkose, eine von Insekten übertragene, nur in der Nähe warmer fließender Gewässer vorkommende Wurmkrankheit (‚river blindness‘, ‚Sudan-Blindheit‘), und die Lepra, die in etwa 10 Prozent der Fälle auch die Augen zerstört.

3.4.5. Soziale Einschätzung

Wie auch in dem Abschnitt über die Hörschädigungen ausgeführt wird, gilt die Blindheit allgemein als schwerste Behinderung für die Betroffenen (vgl. v. BRACKEN 1976, S. 262). Fragt man nach der schwersten Behinderung für die Mitmenschen, so wird die Blindheit immer noch an zweiter Stelle genannt (nach der geistigen Behinderung). Bei einer Einschätzung unterschiedlich Behinderter mit Hilfe des Semantischen Differentials durch angehende Volksschullehrer erhielten die Blinden den ersten Rang hinsichtlich der ‚Valenz‘ (womit vorwiegend Sympathie und Akzeptierung gemeint waren), den letzten nach ‚Erregung‘ und ‚Potenz‘ (was sich auf Aktivität, Einfluß und Mächtigkeit bezog) (v. BRACKEN 1976, S. 269 f).

Es existiert also ein recht deutlich ausgeprägtes soziales Stereotyp des Blinden, das THIMM (1972b, S. 253 f) folgendermaßen charakterisiert:

„Blindheit ist unter allen körperlichen Gebrechen das schlimmste Übel. Blinde neigen in ihrer stillen, ernsten, gehemmten und zurückhaltenden Art zur Verinnerlichung. Sie sind extrem schutz- und hilfsbedürftig und ihnen gebührt vollstes Mitleid. Sowohl im emotionalen Bereich als auch im Leistungsbereich sind die normalen Normen nicht auf sie anwendbar. Die Bewertung eines Blinden liegt außerhalb der Dimension, in der sich die für das auf gesellschaftlichen Erfolg ausgerichtete Handeln maßgeblichen Beurteilungsprozesse abspielen."

Hilflosigkeit, Abhängigkeit, Unterwürfigkeit, Melancholie, Ernst sind also Eigenschaften, die zum sozialen Bild des Blinden unabdingbar dazuzugehören scheinen (vgl. SCOTT 1969, S. 4). Manche dieser Zuschreibungen lassen deutlich ihre Simplizität erkennen, so etwa wenn von der ständigen Dunkelheit, die den Blinden umgibt, auf eine dunkle Stimmungslage, einen melancholischen Charakter geschlossen wird.

Daß außerdem noch ein geringes Leistungsvermögen zum Blindenstereotyp hinzugehört, hat WEINLÄDER (1976) mit einem Versuch zur Kausalattribution aufgezeigt: während Erfolge eines Blinden in vorgegebenen Leistungssituationen eher auf die Leichtigkeit der Aufgabe zurückgeführt wurden, nahm man bei ihren Mißerfolgen nicht etwa konsequenterweise eine besondere Aufgabenschwierigkeit an, sondern legte sie der vorgeblich geringeren Leistungsfähigkeit des Blinden zur Last.

SCOTT (1969) hat sich ausführlich mit der Herkunft des Blindenstereotyps und seiner Übernahme durch die Blinden befaßt. Er trennt dabei scharf zwischen dem Nicht-sehen-können einerseits und der Blindheit andererseits und vertritt die Grundthese, daß „Blindheit eine soziale Rolle darstellt, die Menschen mit ernsthaften Sehschwierigkeiten oder ganz ohne Sehvermögen erlernen müssen"; viele der lange als unabdingbar betrachteten Merkmale des Blinden seien tatsächlich „das Ergebnis gewöhnlicher Sozialisationsprozesse" (SCOTT 1969, S. 3).

Allerdings sei es nun nicht damit getan, ein solches soziales Bild als Stereotyp zu entlarven, denn

„wie irrig auch die bestehenden Stereotypien über Blindheit sein mögen, sie sind nichtsdestoweniger wirklich. Kein Blinder kann sie ignorieren, und für die meisten Blinden sind sie zentrale Bedingungen ihres Lebens" (SCOTT 1969, S. 8).

Auf dreierlei Weise erlernt nach SCOTT (1969, S. 16 ff) der Blinde die Blindenrolle, eignet sich das Blindenstereotyp an:
1. Bereits in der frühen Kindheit hat er Einstellungen und Überzeugungen über Blinde und andere Stigmatisierte erworben; im späteren Leben selbst erblindet, braucht er nur noch dieses ‚Wissen' auf sich selbst zu beziehen.

2. In der direkten Interaktion mit den Sehenden erfährt der Blinde, welche Eigenschaften man von ihm erwartet. Nur diese werden in aller Regel auch mit sozialer Verstärkung bedacht, wirken sich förderlich auf den sozialen Verkehr aus. Ob der Blinde das Stereotyp als ,wahrer Gläubiger' willig und voll übernimmt, oder ob er es ablehnt und dagegen ankämpft: In jedem Fall ist es eine soziale Realität für ihn, die er in Rechnung stellen muß.

Hinzu kommt der Interaktionsablauf selbst, der sowohl Blinden wie Sehenden augenfällig die Erschwerung des Kontakts und damit die Inferiorität des Blinden demonstriert: die initialen optischen Eindrücke vom jeweiligen Gesprächspartner entfallen, Gestik und Mimik können nicht als Kommunikationsmittel eingesetzt werden, der Blinde benötigt einige technische Hilfen, was SCOTT (1969, S. 27) am Beispiel eines Bürobesuchs eindrücklich illustriert. Ist der Blinde nicht in der Lage, durch besondere Qualitäten seinen Makel zu kompensieren, soziale Gegenleistungen – im Sinne von HOMANS' Austauschtheorie – zu erbringen, so gerät er vollends in die Position des Abhängigen, der Zuwendung erfährt, aber selbst keine soziale Verstärkung gibt.

3. Den dritten Kontext, in dem die Blindenrolle erlernt wird, sieht SCOTT (1969, S. 71 ff) in den speziellen Rehabilitations- und Hilfseinrichtungen für Blinde, die er insgesamt als ,blindness system' bezeichnet; es veranlasse seine Klienten dazu, die Blindheit zu akzeptieren, womit auch dort neben dem Nicht-sehen-können als solchem ein ganzes Bündel von Persönlichkeitseigenschaften mitgemeint sei.

Sicherlich trifft diese Sichtweise SCOTTs teilweise nur auf die USA mit ihrer weiten Blindheitsdefinition (vgl. S. 88) zu, wo offenbar tatsächlich manche Sehbehinderte behandelt und rehabilitiert werden, als seien sie blind (zum Beispiel Punktschrift erlernen statt eine Schwarzschriftvergrößerung zu benutzen, oder in typische Blindenberufe umgeschult werden). Einige seiner Aussagen werfen jedoch auch auf europäische Verhältnisse ein kritisches Streiflicht: auch hier existiert eine typische Blindenrolle; auch hier wird auf Blinde, die von ihr abweichen, aus ihr auszubrechen versuchen, vielfach mit Erstaunen, wenn nicht sogar mit Ablehnung reagiert.

3.4.6. *Psychosomatische, motorische und perzeptive Auswirkungen*

Ein großer Teil der ,typischen' Eigenschaften des Blinden ist damit auf die Wirkung sozialer Stereotype und Erwartungshaltungen zurückzuführen, sei es, daß diese Eigenschaften dem Blinden einfach nur zugeschrieben werden, ohne daß er sie wirklich aufweist, sei es, daß er sie im Verlauf der Blindensozialisation tatsächlich übernommen, sich mit der ihm zugeschriebenen Rolle identifiziert hat.

Nun gibt es freilich einige Besonderheiten, die wohl unabhängig von sozialen Stereotypen den Blinden, vor allem den Geburtsblinden und den Früherblindeten, kennzeichnen. Zum einen sind dies die psychosomatischen Wirkungen der Blindheit. Alle wahrgenommenen Lichtreize werden nämlich nicht nur spezifisch zur Sehrinde fortgeleitet, vielmehr zweigt von der Sehbahn ein energetischer Anteil zum Hypothalamus des Zwischenhirns ab und wirkt dort im Sinne einer allgemeinen Aktivierung (‚heliotropes Bewirkungssystem', vgl. HUDELMAYER 1975, S. 34); ferner beeinflußt er über die Hypophyse auch die anderen Hormondrüsen des Körpers:

„Wenn völlige Blindheit ... besteht, dann kommt es zu einer Unterfunktion der Zwischenhirn-Hypophysen-Tätigkeit und damit auch zu einer Unterfunktion von Nebennierenrinde, Schilddrüse und Keimdrüsen" (KADEN 1978, S. 5).

Rasche Ermüdbarkeit, vorzeitiges Nachlassen der Konzentration, Schlafstörungen, Potenzstörungen beziehungsweise Störungen im Menstruationszyklus sind die möglichen Folgen.

Weiterhin wird beschrieben, daß Blinde im Lauf der Zeit eine typische Körperhaltung, eine ‚psychomotorische Schablone' annehmen (vgl. HUDELMAYER 1975, S. 63; KADEN 1978, S. 5): ihre Bewegungen wirken gleichförmig und steif, beim Gehen bleibt ihr Oberkörper fast unbewegt, insbesondere die Kopfbewegungen sind reduziert, auch in der Ruhe erscheinen sie angespannt. Teilweise läßt sich diese Haltung als ständige Reaktionsbereitschaft gegenüber unerwartet auftauchenden Hindernissen, teilweise als Folge des Fehlens optischer Anreize interpretieren.

Beim blind aufwachsenden Kleinkind ist die Entwicklung der Motorik ohnehin ziemlich erschwert: es bieten sich ihm keine optischen Reize, auf die zuzugehen es sich verlohnte. Ohne eine gezielte Förderung der Motorik kommt es bei ihm zu relativer Bewegungsarmut, daneben jedoch zu motorischen Besonderheiten und Bewegungsstereotypien wie „Augenbohren, Hin- und Herschaukeln des Oberkörpers, Hängenlassen des Kopfes, Grimassenschneiden, Drehen auf einer Stelle, Reiben des Kopfes auf der Unterlage" (KADEN 1978, S. 40). Diese Bewegungsstereotypien sind so charakteristisch, daß sie geradezu als ‚Blindismen' bezeichnet werden. Teilweise dem Hospitalismussyndrom ähnlich, werden sie als Folgeerscheinung von Isolation einerseits, Bewegungsdrang andererseits gedeutet. Im Augendrücken und Augenbohren wird eine Stimulation der Augenmuskulatur oder auch eine Erzeugung sogenannter entoptischer Lichterscheinungen gesehen. „Die Bewegungsbesonderheiten können selten ganz vermieden werden; sie sind jedoch zu mildern und teilweise abzubauen durch geeignete Anregungen sozialer und gegenständlicher Art" (HUDELMAYER 1975, S. 62); vom vierten Lebensjahr an – in Relation zur verstärkten Kontaktaufnahme mit der Umwelt – verschwinden sie allmählich.

Blindgeborene Kleinkinder müssen ihr gesamtes Weltbild nicht-optisch, also akustisch und taktil, aufbauen. Die Frage, ob sie dabei zu einer adäquaten Raumvorstellung gelangen, ist lange diskutiert worden; v. SENDEN hat sie mit einer Analyse des Sehenlernens operierter Blindgeborener zu beantworten versucht (vgl. S. 89).

Besonders eindrücklich schienen manchen Untersuchern die Träume der Blinden ihre abweichende Wahrnehmungsweise widerzuspiegeln. V. SCHUMANN (1959), der außer eigenen Analysen der Träume Blinder auch historisch überlieferte Blindenträume heranzog, konnte in den Träumen Blindgeborener keine visuellen Vorstellungen, keine Form-vorstellungen und nur diffuse Lichteindrücke feststellen; stattdessen nahmen akustische, taktile, kinästhetische und olfaktorische Elemente einen breiten Raum ein.

In den Träumen Früherblindeter kamen noch schemenhaft vermummte Gestalten und nebelhafte Erscheinungen vor, während Spät-erblindete noch lange nach der Erblindung ihre Träume mit den üblichen visuellen Vorstellungen bestritten, die erst allmählich von den anderen Sinnesmodalitäten zurückgedrängt wurden; von Gegenständen, die vor der Erblindung unbekannt waren, traten stark abstrahierte und schematisierte Bilder auf.

3.4.7. Ausbildung in Blindentechniken

Bei blinden Kindern entfällt das sonst so ungemein wichtige unmittelbare Imitationslernen. Einfachste Verrichtungen, die ein sehendes Kind durch Abschauen und Nachmachen sozusagen en passant sich aneignet, erfordern beim blinden eine gezielte Instruktion.

So ist es nicht verwunderlich, daß eine der wichtigsten Aufgaben der Blindenschule das Selbständigkeitstraining darstellt. Blinde Kinder sollen die gleichen Alltagstechniken beherrschen lernen wie sehende Kinder, wenn es ihnen vielleicht auch erst zu einem etwas späteren Zeitpunkt gelingt. Einen Kontrollbogen hierzu hat HESLINGA (1972) entwickelt; er umfaßt 87 Einzelfertigkeiten aus sieben Bereichen – von denen zehn, Make-up und Kleidung, allerdings nur Mädchen betreffen – jeweils mit der Angabe des Alters, in dem ein blindes Kind sie beherrschen sollte. Zur Illustration seien die Items der Bereiche ‚Häusliche Fertigkeiten‘ und ‚Sonstige Tätigkeiten‘ hier aufgeführt; die übrigen Bereiche sind ‚Essen‘, ‚Kleidung‘, ‚Hygiene‘, ‚Kommunikatioh‘ und ‚Orientierung‘.

‚Häusliche Fertigkeiten':

mit 9 Jahren:	Betten abdecken,
mit 10 Jahren:	abtrocknen,
mit 12 Jahren:	Tee zubereiten, spülen, Tisch decken, Betten bauen, Streichholz anzünden, Gas bedienen,
mit 13 Jahren:	Kaffee zubereiten,
mit 14 Jahren:	eingießen/einschenken.

‚Sonstige Tätigkeiten':

mit 7 Jahren:	Lichtschalter,
mit 9 Jahren:	Radio, Fenster öffnen/schließen, Gebrauch einer Schere, Stecker in Steckkontakt stecken,
mit 11 Jahren:	Plattenspieler bedienen, Schlüsselgebrauch,
mit 12 Jahren:	Tonbandgerät bedienen, Uhr aufziehen/Zeit ablesen,
mit 14 Jahren:	Päckchen packen, Tasche/Koffer packen,
mit 16 Jahren:	rauchen.

Bei der Erlernung solcher Fertigkeiten kommt es nicht ausschließlich auf den Funktionswert an. Vielmehr soll auch der Ablauf der Handlung so sein, daß er von sehenden Beobachtern als üblich und angenehm empfunden wird. Beim Umgehen mit Messer und Gabel etwa soll ein Blinder gleichzeitig lernen, dabei sein Gesicht dem Teller zuzuwenden; der Anblick eines Menschen, der mit starr in die Ferne gerichtetem Blick in seinem Teller herumhantiert, wirkt auf Sehende ungewohnt.

Ergänzend tritt zum Selbständigkeitstraining das sogenannte Mobilitätstraining hinzu, das den Blinden zur Orientierung und Beweglichkeit auch außerhalb seiner vertrauten Umgebung befähigen soll. Unterrichtsmäßig absolviert, erfordert es pro Schüler einen Lehrer und insgesamt etwa 80 Unterrichtsstunden (vgl. KADEN 1978, S. 105). Einerseits wird dabei das Gehör des Blinden geschult, damit er mit Hilfe der Echolokalisation – er lernt das Echo seiner eigenen Bewegungen wahrzunehmen – im Raum befindliche Gegenstände ausmachen kann. Andererseits hat sich – vor allem für die Fortbewegung in Gebäuden und im Freien – der weiße Langstock bewährt, der beim Gehen schräg vor dem Körper zum Boden geführt oder dort hin- und herbewegt wird. KOOYMAN (1972) hat ein regelrechtes Lehrbuch zum Gehen mit Stock, nach Gehör, zum Überqueren der Straße und mit weiteren Übungen publiziert.

Manche Blinde bevorzugen nach wie vor den Blindenhund zur Orientierung außerhalb der Wohnung, der freilich – vom hohen Anschaffungspreis von mehreren tausend Mark einmal abgesehen – täglicher Pflege, regelmäßigen Ausgangs und einer gewissen Tierliebe bedarf, was beim Langstock nicht erforderlich ist.

Als weitere Alternativen zum Langstock werden der Laserblindenstock und die Ultraschallbrille (‚KAY Sonic Aid') angeboten. Ersterer sendet bei entsprechender Nähe eines Gegenstands Warntöne, letztere

– je nach Entfernung des Gegenstands – Signale von unterschiedlicher Tonhöhe aus. Versuche einer Marburger Untersuchergruppe ergaben jedoch, daß „die Gehleistung derselben Testpersonen mit der Ultraschallhilfe schlechter ausfiel als mit dem normalen kurzen Blindenstock" (KADEN 1978, S. 103). Die Gehleistung mit dem Laserstock entsprach zwar der mit dem normalen Stock, jedoch zeigten nähere Beobachtungen, daß der Laserstock dabei wie ein Langstock benutzt wurde; es machte keinen Unterschied, ob die Laserelektronik ein- oder ausgeschaltet war.

Diese Ergebnisse beim Vergleich verschiedener Hindernisentdecker gelten teilweise auch für die übrigen Blindenhilfsmittel: ohne Hilfsmittel kommt der Blinde nicht aus, aber nicht jede technische Neuerung bedeutet auch tatsächlich einen Gewinn für ihn.

KADEN (1978, S. 82 f) führt in seiner Zusammenstellung nicht weniger als 60 Hilfsmittel auf, die Blinden und hochgradig Sehbehinderten zur Verfügung stehen. Um diese Vielfalt etwas übersichtlicher zu gestalten, haben wir* die Blindenhilfsmittel in vier Gruppen unterteilt. In diese Einteilung sind zwangsläufig auch subjektive Momente miteingegangen. Ihr Maßstab war die alltägliche Lebensbewältigung; berufliche Notwendigkeiten mögen bestimmte Hilfsmittel für manche Blinden ungleich wichtiger werden lassen. Auch trivial anmutende Hilfsmittel wurden in der Liste belassen, um die Vielfalt des Angebotenen und teilweise auch Notwendigen aufzuzeigen.

1. Gruppe: für Blinde unerläßliche Hilfsmittel
– die Punkt- oder BRAILLE-Schrift (vgl. S. 90) mit dem nötigen Zubehör: spezielles Papier, Folien, die große Bogenmaschine und die kleine Stenomaschine, die leiser und schneller bedient werden kann und einen Text in Streifenform ausgibt;
– der Blindenstock;
– der Cassettenrecorder;
– die (Schwarzschrift-)Schreibmaschine mit Blindeneinrichtung;
– Stadtpläne in Reliefdarstellung;
– das Tonbandgerät;
– verschiedene Blinden-Uhren und Blinden-Waagen;
– ein spezielles Thermometer;
– Spiele für Blinde (z. B. Spielkarten).

2. Gruppe: für Blinde wichtige Hilfsmittel
– Atlanten;
– Blindenschrift-Schreibtafeln und -Rechentafeln (für den Hausgebrauch, deshalb kaum noch benutzt);

---

* Für das vorgenommene Expertenrating danke ich Frau Soz.-Päd. (grad.) Margit Kreiner.

- Braillex (eine Art elektronisches Lexikon zur Speicherung und Abrufung von Informationen);
- Braillomat (prägt Punktschriftstreifen, kann auch an elektrische Schreibmaschinen, EDV-Geräte, Fernschreiber und – für Taubblinde – ans Telefon angeschlossen werden);
- Globen;
- Kalender;
- Kunststoffboxen zum Versand von Tonbandcassetten;
- Klingelbälle (für Ballspiele);
- Landkarten;
- Metermaße mit tastbarer Markierung;
- Meßlöffel;
- Notizblocks;
- Nadeleinfädler;
- Optacon-Gerät (eine Neuentwicklung, die normalen Text in Vibrationen umwandelt, wobei allerdings maximal ein Viertel der Punktschrift-Lesegeschwindigkeit erreicht und das Tastgefühl der Fingerkuppe beeinträchtigt werden kann);
- Rechenmaschinen mit Brailleschrift- oder Tonausgabe;
- Schreibtafeln für Schwarzschrift (Zeilen- und Randhilfe);
- Verkehrsschutzzeichen (Armbinde);
- Zeichengeräte mit tastbaren Markierungen

3. Gruppe: für Blinde kaum notwendige, weil ersetzbare Hilfsmittel
- Audiluxgerät (es zeigt akustisch die Helligkeit eines Raumes oder von Gegenständen, z. B. von Kleidungsstücken, oder den Füllstand eines Glases an);
- Briefumschläge mit Aufdruck ‚Blindensendung‘;
- Briefwaage mit tastbarer Markierung;
- Barometer mit tastbarer Markierung;
- Bügeleisen mit Wählscheibe in Punktschrift;
- Eiertrenner zur Trennung von Dotter und Eiweiß;
- Fernsehton-Umwandler (ermöglicht den Empfang des Fernsehtons über Rundfunkgeräte);
- Flaschenausgießer für Spirituosen (ermöglicht das Ausgießen einer begrenzten Flüssigkeitsmenge);
- Glückwunschkarten mit Reliefdarstellung;
- Groschenbox für verschiedene Münzen;
- Geldscheintabelle zur Wertbestimmung deutscher Banknoten;
- Handwebrahmen;
- gesichertes Küchenmesser;
- Lesemaschinen (sie wandeln normalen Schwarzschrift-Text in Töne und Klangbilder um; in eventuelle Weiterentwicklungen zum Vorlese-Automaten werden noch große Hoffnungen gesetzt);
- LORM-Handschuh (zum Üben des LORM-Alphabets, mit dem man sich mit Taubblinden verständigen kann);
- Münz- und Geldscheinprüfer;
- Schieblehren;

– Scheibenmikrometer;
– Ultraschallbrille

4. Gruppe: für Blinde nutzlose, für hochgradig Sehbehinderte aber unerläßliche Hilfsmittel
– Fernsehlesegerät;
– Fernrohrbrillen;
– Großdruckbücher;
– Lupen und Lupenbrillen

Den letztgenannten Hilfsmitteln für hochgradig Sehbehinderte ist das Prinzip gemeinsam, daß sie einen kleinen Bildausschnitt sehr stark vergrößern; der Nachteil liegt dann allerdings darin, daß nur noch ein sehr kleiner Bildausschnitt überblickt wird, zum Beispiel nicht einmal mehr die ganze Spalte einer Zeitung.

3.4.8. Psychologische Aufgaben in Erziehung und Rehabilitation

Das Blindenschulwesen ist in der Bundesrepublik heute wohlorganisiert. Es existieren derzeit 17 Blindenschulen, und zwar in Berlin, Hamburg, Hannover, Paderborn, Soest, Düren, Neuwied, Marburg, Friedberg/Hessen, Lebach/Saarland, Mannheim-Ilvesheim, Schramberg-Heiligenbronn, Stuttgart, Würzburg, Nürnberg und München.

80 Prozent der Schüler leben aufgrund der weiten Entfernung zum elterlichen Wohnort in den angeschlossenen Internaten. Versuche, einzelne Schüler oder ganze Blindenklassen in Regelschulen zu integrieren, sind in Deutschland bislang nur vereinzelt unternommen worden, während in Dänemark, Israel und Kalifornien damit gute Erfahrungen gemacht wurden (vgl. S. 313).

Auch Blindheit und Sehbehinderung sind häufig mit zusätzlichen Behinderungen wie Lernbehinderung oder Verhaltensstörung verknüpft. Zum Verhaltensaufbau und zur Verhaltensmodifikation werden in den Blindeninternaten heute teilweise schwerpunktmäßig Techniken der Verhaltenstherapie eingesetzt.

Daneben sind vom Psychologen bisweilen auch diagnostische Fragestellungen zu bearbeiten. Die herkömmlichen Tests kann er dabei nur insoweit verwenden, als sie ohne optische Leistung bearbeitbar sind. Unter den Persönlichkeitsverfahren etwa kommen zwar alle Fragebogen in Frage, wenn auch nur im Einzelversuch (die Items müssen vorgelesen werden, da keine Punktschriftfassungen existieren), projektive Tests wie der Rorschachtest oder der Thematische Apperzeptionstest scheiden jedoch aus.

Von den Intelligenztests sind nur ganz wenige Verfahren möglich, da nahezu alle gängigen – wie das LPS, der RAVEN-Test, der CFT, der Handlungsteil des HAWIE – optisch dargeboten werden. Lediglich der

Verbalteil des HAWIE kann ohne Modifikation auch bei Blinden angewendet werden. Jedoch prüft er fast ausschließlich sprachliche Intelligenzfaktoren, so daß – genau umgekehrt zur Situation bei den Gehörlosen (vgl. S. 79) – meist die relativ bildungsnahe Verbale Intelligenz gemeint ist, wenn von der Intelligenz Blinder die Rede ist. Bei im späteren Leben Erblindeten und Erblindenden – in vielen Fällen nimmt die Sehschärfe über Jahre hin langsam ab – stellen sich dem Psychologen in erster Linie Beratungsaufgaben. Der Verlust des Augenlichts oder die Gewißheit, es in absehbarer Zeit zu verlieren, bedeutet für fast alle Menschen einen ungeheuren Schock, der Zeit zu seiner Verarbeitung braucht und mit ähnlichen Trauerreaktionen beantwortet wird wie der Verlust eines geliebten Menschen oder die Gewißheit des eigenen Todes: Nicht-wahr-haben-wollen, Auflehnung, Depression kommen vor (vgl. KÜBLER-ROSS 1974, S. 23).

Doch findet, wie SCHOLTYSSEK (1948) feststellte, nach einiger Zeit eine Umorientierung statt von der Vergangenheit, der Zeit des Noch-sehen-könnens weg auf die Zukunft hin, von den verlorengegangenen auf die noch verbliebenen Möglichkeiten hin. Die Grundrehabilitation mit ihrer Vermittlung von Blindentechniken, die das ausgefallene Sinnesorgan wenigstens teilweise kompensieren, trägt zu dieser Umorientierung bei.

Die spätere berufliche Rehabilitation (vgl. KADEN 1978, S. 67 ff) dagegen stellt in der Hauptsache eine mit erheblichem Leistungsdruck verbundene Umschulung beziehungsweise Ausbildung in einem neuen Beruf dar. Obgleich für Blinde eine Vielzahl von Berufen möglich ist, zum Teil mit geringfügigen Zusatzeinrichtungen am Arbeitsplatz, stehen auch heute noch eher ,typische' Blindenberufe im Vordergrund.

Nach THIMM (1971, S. 71) arbeiteten von den berufstätigen Blinden 27% als Blindenhandwerker, 20% als Industriearbeiter, 18% als Steno- oder Phonotypisten, 13% als Telefonisten. KADEN gibt einen Überblick über die derzeit für Blinde in der Rehabilitationszentren möglichen Berufsausbildungen; einer der neu hinzugekommenen Berufe ist der des Datenverarbeitungskaufmanns oder Programmierers (KADEN 1978, S. 72).

Neben Diagnostik und individueller Beratung besteht eine weitere psychologische Aufgabe in der Rehabilitation im Angebot von Psychotherapie, Autogenem Training und Entspannungstechniken, womit den oben (vgl. S. 99) erwähnten psychosomatischen Auswirkungen der Blindheit und der ,psychomotorischen Schablone' entgegengewirkt werden soll.

3.4.9. Zur Situation der Sehbehinderten

Die Sehbehinderten sind in diesem Abschnitt immer nur am Rande miterwähnt worden. Es drückt sich darin gewissermaßen bereits ihre Situation aus: entweder man übersieht ihre Sehbehinderung, erwartet von ihnen Gleiches wie von Nichtbehinderten und überfordert sie damit, bereitet ihnen gehäufte Mißerfolgserfahrungen – oder man überschätzt ihre Sehbehinderung, rechnet sie als vermeintlich hochgradig Sehbehinderte schlicht den Blinden zu, unterfordert sie damit oder erwartet von ihnen gar den Gebrauch von Blindentechniken, die sie ja tatsächlich noch nicht nötig haben.

Ähnlich ist die Lage der nur ‚leichter‘ Behinderten meist; für Schwerhörige im Unterschied zu Gehörlosen, Lernbehinderten im Unterschied zu geistig Behinderten gilt dies ähnlich. Daraus ist die Hypothese entstanden, Sehbehinderte seien emotional gestörter als Blinde, mit dem Grad der Sehbehinderung verbessere sich die sozial-emotionale Anpassung. Nach MERSI (1975, S. 180) ist diese These allerdings nicht aufrechtzuerhalten.

Hingegen fand MERSI Belege für zwei andere Hypothesen zu Persönlichkeit und Anpassungsniveau der Sehbehinderten. Zum einen schien

„zwischen Sehbehinderung und sozial-emotionaler Anpassung eine gewisse Beziehung zu bestehen . . ., und zwar – zumindest unter bestimmten Bedingungen (z. B. Regelbeschulung ohne Unterstützung) – in bedenklichem Maße zuungunsten der sehbehinderten Schüler" (MERSI 1975, S. 179).

Die beliebte Hypothese, daß Kurzsichtige eher zur Introversion, Weitsichtige eher zur Extraversion neigen, muß freilich etwas modifiziert werden: sowohl Kurz- wie Weitsichtige scheinen eher zur Introversion zu neigen, beide Gruppen weisen eine ungünstige sozial-emotionale Anpassung auf, wobei die Weitsichtigen eher noch ungünstiger abschneiden (MERSI 1975, S. 181). Über die Hälfte der sehbehinderten Schüler weisen solche Brechungsanomalien auf (vgl. S. 94).

3.5. Geistig Behinderte

3.5.1. Begriff

Als Geistigbehinderte bezeichnet BACH (1977b, S. 92)

„Personen, deren Lernverhalten wesentlich hinter der auf das Lebensalter bezogenen Erwartung zurückbleibt und durch ein dauerndes Vorherrschen des anschauend-vollziehenden Aufnehmens, Verarbeitens und Speicherns von Lerninhalten und eine Konzentration des Lernfeldes auf direkte Bedürfnisbefriedigung gekennzeichnet ist, was sich in der Regel bei einem Intelligenzquotienten von unter 55/60 findet."

Entscheidendes Kriterium ist dabei das wesentliche Zurückbleiben hinter dem altersgemäßen Lernverhalten. An anderer Stelle spricht BACH (1968, S. 130) von einer „Erreichung der seelisch-geistigen Vier- bis Achtjährigkeit" und grenzt damit die geistige Behinderung ideal-typisch von der Lernbehinderung ab (vgl. S.131).Vielfach werden auch, besonders im Kleinkindalter, die Ausdrücke ‚Entwicklungsverzöge-rung' oder ‚geistige Entwicklungsstörung' zur Kennzeichnung des glei-chen Sachverhalts verwandt.

Im anglo-amerikanischen Sprachraum bezeichnet man Lernbehin-derung und geistige Behinderung gemeinsam als ‚mental deficiency' oder ‚mental retardation' – was gelegentlich zu Übersetzungsfehlern aufgrund von Verwechslung mit ‚mental illness' (psychische Krankheit) Anlaß gibt.

Innerhalb der geistigen Retardierung werden dabei, so auch von der ‚American Association on Mental Deficiency' (AAMD), fünf Stufen unterschieden (vgl. WEGENER 1969, S. 517; SPREEN 1978, S. 4), die jeweils eine Standardabweichung (d. h. 15 Punkte) der Intelligenzver-teilung umfassen:

– sehr schwer (‚profound'): IQ unter 25
– schwer (‚severe'): IQ 26 bis 39
– mäßig (‚moderate'): IQ 40 bis 54
– leicht (‚mild'): IQ 55 bis 69
– Grenzfälle (‚borderline'): IQ 70 bis 84.

Zuvor hatte in den USA ein von der Weltgesundheitsorganisation (WHO) aufgestelltes Drei-Stufen-Schema Verwendung gefunden, das sich an die alte medizinisch-psychiatrische Klassifikation des ‚Schwachsinns' anlehnte (vgl. WEGENER 1963, S. 13):

– schwere Unterentwicklung (idiotisch, ideot, idiot): IQ 0 bis 19, erreichtes Intelligenzalter 0 bis 2 Jahre;
– mäßige Unterentwicklung (imbezill, imbécile, imbecile): IQ 20 bis 49, Intelligenzalter 3 bis 7 Jahre;
– leichte Unterentwicklung (debil, débile, moron): IQ 50 bis 69, Intelligenzalter 8 bis 12 Jahre.

Damit sind wir bei der historisch älteren medizinischen Klassifikation angelangt, die Idiotie, Imbezillität und Debilität unter dem Oberbegriff der Oligophrenie, des ‚Schwachsinns' zusammenfaßte:

„Schwachsinn (Oligophrenie) ist ein angeborener – anlagebedingter oder perinatal erworbener – Intelligenzmangel, verbunden mit einer mangelhaften Differenzierung der Persönlichkeit." (SCHULTE & TÖLLE 1973, S. 287).

In der Medizin (vgl. HARBAUER 1976, S. 227) wird damit eine Abgrenzung gegenüber der Demenz vorgenommen, die einen sekun-dären Abbau intellektueller Funktionen aufgrund hirnorganischer Prozesse im fortgeschrittenen Lebensalter bezeichnet.

Abgesehen davon, daß der Ausdruck ‚Schwachsinn' sachlich nicht korrekt ist – es handelt sich ja nicht um einen Defekt der Sinne –, sind die Termini der psychiatrischen Klassifikation zum Teil mit so starken negativen Konnotationen behaftet, daß sie nur mehr als Diskriminierung aufgefaßt werden können. Zudem läßt die Angabe des IQ-Bereichs der ‚Idiotie' von 0 bis 19 auf ein fehlerhaftes Verständnis des Intelligenzquotienten schließen; in Wirklichkeit ist auf dem ihm zugrundeliegenden Intervallskalenniveau überhaupt kein sinnvoller Nullpunkt definiert.

Die Markierung einzelner Grade geistiger Behinderung mit IQ-Grenzwerten hat zwei weitere Schwächen. Zum einen sind von ihrer Konstruktion her kaum irgendwelche Intelligenztests in der Lage, im unteren Intelligenzbereich noch zuverlässig zu diskriminieren; es läßt sich mit ihnen nur das Vorliegen einer geistigen Behinderung einigermaßen zuverlässig feststellen, nicht aber deren genaues Ausmaß, wozu spezielle Verfahren oder eine gründliche Verhaltensbeobachtung herangezogen werden müssen.

Zum anderen suggerieren die IQ-Werte vor allem dem Laien, daß es sich um ein zeitlich invariables und zahlenmäßig bis auf die letzte Stelle abgesichertes Merkmal handelt, das dem Betroffenen dann gern wie eine Art Etikett auf Lebenszeit angeheftet wird.

Der Psychologe hingegen ist sich der zeitlichen Variabilität des IQ (vgl. RÖSLER et al. 1978) und der Meßungenauigkeit der verwendeten Verfahren durchaus bewußt. So liegt der ‚wahre Intelligenzquotient' eines Probanden bei den besten Tests bis zu acht Punkte über oder unter dem gemessenen Wert, was noch nicht einmal eine Kritik an dem betreffenden Verfahren beinhaltet, sondern ganz im Sinne einer korrekten Interpretation des Testergebnisses mit Hilfe des Vertrauensintervalls ist (vgl. LIENERT 1968, S. 453).

Die angegebenen Grenzwerte können also lediglich zur Global-kennzeichnung dienen, sie dürfen nicht schematisch auf einen Einzelfall angewendet werden. Im übrigen soll hier – unter Hintansetzung der amerikanischen und psychiatrischen Klassifikation – der Terminologie der deutschen Sonderpädagogik der Vorzug gegeben werden, die an den praktisch-pädagogischen Konsequenzen einer solchen Einteilung orientiert ist und nur von ‚Lernbehinderten', ‚Geistigbehinderten' sowie allenfalls noch von ‚geistig Schwerstbehinderten' spricht. In einigen Bundesländern, wie etwa in Baden-Württemberg, sind anstelle von ‚Geistigbehinderte' auch Bezeichnungen wie ‚Bildungsschwache' oder ‚praktisch Bildbare' in Gebrauch.

3.5.2. Häufigkeit

Es ist klar, daß eine unterschiedliche Klassifikation sich auch in unterschiedlichen Häufigkeitsangaben niederschlagen muß. Wenn SPREEN (1978, S. 6) in seiner Gesamtdarstellung – auf die wir uns im folgenden vielfach beziehen werden – von 3,0 Prozent geistig Behinderten in der Bevölkerung spricht, SANDER (1973, S. 90) aber zu einem Fazit von nur 0,6 Prozent unter Kindern und Jugendlichen gelangt, so liegt dies sicherlich nicht an einer unterschiedlichen Frequenz, sondern an dem weiteren (amerikanischen) Begriff der geistigen Behinderung, den SPREEN anlegt; die 2,6 Prozent mit leichter geistiger Behinderung (IQ 50–69), die er angibt, würden in Deutschland eben zum größeren Teil noch zu den Lernbehinderten gerechnet werden.

Die IQ-Verteilung in der Bevölkerung entspricht nicht dem vom Normalverteilungsmodell her zu erwartenden Verlauf; vielmehr findet sich eine Häufung an ihrem unteren Ende. Während einige Autoren hier von Test-Artefakten sprechen, da die angewandten Verfahren im unteren Bereich nur unzureichend standardisiert sind, erklären DINGMAN und TARJAN (1960) dies mit der hypothetischen Überlagerung zweier getrennter IQ-Verteilungen, deren zweite einen Mittelwert von 32 aufweist und vor allem die Fälle massiver organischer Beeinträchtigung umfassen soll.

Verfolgt man die Häufigkeit geistiger Behinderung über die verschiedenen Altersstufen hin, so zeigt sich nach von SPREEN (1978, S. 8) aus den USA referierten Angaben ein Gipfel bei den 10- bis 14jährigen mit 2,5 Prozent der Altersgruppe, der dann allmählich auf ein Endniveau von 0,2 Prozent bei den über 60jährigen abfällt.

Der starke Anstieg im Schulalter dürfte einmal darauf zurückgehen, daß sich viele Eltern die geistige Behinderung ihres Kindes erst dann vollends eingestehen, wenn sie durch schulische Maßnahmen sozusagen offiziell wird; zudem werden leichtere Formen der Intelligenzschwäche – hierzulande eher als Lernbehinderung eingestuft – nur im Schulalter als manifeste Behinderung angesehen (vgl. S. 137).

„Für das Abfallen der Häufigkeitskurve im höheren Lebensalter ist neben der gelungenen Eingliederung in die Gesellschaft allerdings auch die relativ niedrige Lebenserwartung der schwer Behinderten verantwortlich." (SPREEN 1978, S. 8). Die durchschnittliche Lebenserwartung von in Anstalten lebenden geistig Behinderten wird vielfach nur mit 20 bis 30 Jahren angegeben.

3.5.3. Ursachen

Im Unterschied zur Lernbehinderung, bei der in hohem Ausmaß sozio-kulturelle Ursachen als Bedingungsfaktoren diskutiert werden, stehen bei der geistigen Behinderung eher die organischen Ursachen im Vordergrund.

SPREEN (1978, S. 32–43) referiert das von der AAMD vorgeschlagene Einteilungssystem der Ursachen geistiger Behinderung. Es umfaßt zehn Gruppen:

0 Infektionen und Vergiftungen (z. B. vorgeburtliche Zytomegalie, Röteln, Syphilis, Toxoplasmose; Schwangerschaftstoxikose, Hyperbilirubinämie; Virus-Enzephalitis);

1 Traumen und physische Schädigungen (z. B. mechanische Verletzung oder Sauerstoffmangel bei der Geburt);

2 Stoffwechsel- und Ernährungsstörungen (z. B. Galaktosämie, Phenylketonurie, Kretinismus);

3 Grobe Hirnerkrankungen nach der Geburt (z. B. Tumoren);

4 Unbekannte vorgeburtliche Einflüsse (z. B. Mikrozephalie, Hydrozephalus);

5 Chromosomenabnormalitäten (z. B. DOWN-, KLINEFELTER-, TURNER-Syndrom);

6 Störungen während der Schwangerschaft (z. B. Frühgeburt, Untergewicht bei der Geburt, Übertragung);

7 Geistige Behinderung nach psychiatrischen Störungen (z. B. Autismus, frühkindliche Schizophrenie, ‚Pseudodebilität‘);

8 Geistige Behinderung durch Umwelteinflüsse (psychosoziale Benachteilung, Sinnesdeprivation, ‚Kaspar-Hauser-Syndrom‘);

9 Andere Ursachen (z. B. Defekte von Sinnesorganen).

Diese Ursachen entsprechen großenteils denen, die auch für andere Behinderungen verantwortlich sind und deshalb in einer allgemeinen Behinderungs-Ätiologie abgehandelt werden können (vgl. S. 243) Nur einige wenige seien hier näher erläutert.

– Bei der *Phenylketonurie,* auch als FÖLLINGsche Krankheit beschrieben, handelt es sich um eine autosomal-rezessiv vererbte Stoffwechselstörung, die sich unbehandelt etwa vom fünften Lebensmonat an in fortschreitendem geistigem Entwicklungsrückstand auswirkt. Der einmal eingetretene Hirnschaden ist nicht mehr reversibel. Obgleich jeder 50. Einwohner Träger eines entsprechenden Gens ist, kommt es nur bei einem von 10000 Neugeborenen zur manifesten Erkrankung. Mit einem einfachen Suchtest kann bereits im Alter von etwa acht Tagen aus dem Blut des Neugeborenen ein Verdacht auf Phenylketonurie erhoben werden (GUTHRIE-Test).

Bestätigt er sich, läßt sich die sonst unvermeidliche Hirnschädigung durch eine phenylalanin-arme Diät mit speziellen Eiweißquellen verhindern. Die Diät soll bis zum 8. bis 10. Lebensjahr fortgesetzt werden (vgl. BICKEL 1977, S. 90). Im Falle einer Schwangerschaft ist später nochmals der Phenylalanin-Blutspiegel zu kontrollieren, um eine vorgeburtliche Schädigung des Feten zu verhindern. Die Phenylketonurie gilt als Musterbeispiel dafür, daß auch ein genetischer Defekt durch Umwelteinflüsse korrigiert werden kann.

– Als *Kretinismus* werden die Folgen einer ungenügenden Versorgung mit Schilddrüsenhormonen bezeichnet. Sie zeigen sich in körperlicher und geistiger Retardierung meist in Verbindung mit starker Kropfbildung. Der endemische (regional gehäufte) Kretinismus geht meist auf Jodmangel, gelegentlich auch auf andere Nahrungsbesonderheiten zurück und war früher vor allem in Gebirgsgegenden häufig. Seit Einführung der Jodprophylaxe (Jodtabletten, Jodbeifügung zum Kochsalz) gibt es praktisch keine Kretinen mehr. Leichtere Formen des Mangels an Schilddrüsenhormonen (Hypothyreose) finden sich jedoch nach wie vor; sie können inzwischen aber ebenfalls durch einen Neugeborenen-Suchtest festgestellt werden.

– *Hydrozephalus* bezeichnet eine Erweiterung der Liquorräume (Flüssigkeitsräume) innerhalb des Gehirns (Hydrozephalus internus) oder um das Gehirn herum (Hydrozephalus externus). Dabei wird entweder zuviel Liquor gebildet, zuwenig resorbiert, oder es liegt eine Passagestörung vor. Gemeinsame Folge ist ein abnormes Schädelwachstum ('Ballon-Schädel'), solange beim Kleinkind die Schädelnähte noch nicht verknöchert sind, und eine Hirnschädigung. Beim älteren Kind, bei dem der Schädel sich nicht mehr ausdehnen kann, entsteht ein Hirndruck mit neurologischen Ausfällen und eventuell auch Krampfanfällen. Wird die Störung jedoch rechtzeitig erkannt – durch regelmäßige Messungen des Schädelumfangs beim Säugling – kann operativ ein Ventil angelegt und die überschüssige Hirnflüssigkeit in den Blutkreislauf abgeleitet werden (vgl. DOOSE 1977, S. 340 f).

– Mit *Mikrozephalie* ist nichts anderes als eine abnorme Kleinheit des Hirnschädels gemeint; sie kann anlagebedingt-familiär auftreten, auf einer Schädigung in der Anlagephase des Gehirns beruhen oder durch Hirnschwund infolge perinataler Hirnerkrankungen zustandekommen; diese Formen sind gewöhnlich von Minderbegabung begleitet (vgl. DOOSE 1977, S. 330).

– Als *frühkindlicher Autismus* wird eine sehr seltene psychische Störung bei Kleinkindern bezeichnet, bei der die Kinder keine Personenbeziehung aufbauen und auf einer starren Ordnung in ihrer Umwelt bestehen. Obgleich sie vornehmlich in Intellektuellenfamilien auftritt, hat dabei das KANNER-Syndrom geistige Retardierung zur Folge (vgl. NISSEN 1976, KEHRER 1978). Nach RIMLAND (1971) wird der frühkindliche Autismus – er komme unter 25 000 Kindern einmal vor – jedoch viel zu häufig diagnostiziert.

Während die möglichen Ursachen geistiger Behinderung damit recht klar bekannt sind, liegen über ihre relative Bedeutung keine eindeutigen Angaben vor. EGGERT (1972b, S. 81) sichtete die Krankenblätter von 1209 geistig behinderten Kindern und fand nur in einem Drittel der Fälle genaue Diagnosen, wobei hierunter folgende die häufigsten waren:

– 25,1 %: Mongolismus
– 19,0 %: vorgeburtliche Hirnschäden
– 11,0 %: nachgeburtliche Hirnschäden
– 6,8 %: Geburtsschäden
– 6,0 %: Encephalitis
– 5,0 %: Meningitis.

Es ist anzunehmen, daß bei den übrigen zwei Dritteln der Kinder eine genaue Diagnose – Angaben wie 'Imbezillität' oder 'Schwachsinn' wurden nicht als solche gewertet – deswegen fehlte, weil keine klare Ursache auszumachen war. Solche Fälle geistiger Behinderung werden bisweilen als 'kryptogen' bezeichnet (vgl. EGGERT 1972c, S. 133).

Vielfach stellt sich jedoch heraus, daß in der Familie des betroffenen Kindes geistige Behinderung bereits vorkam, etwa bei einem Elternteil oder einem Geschwister, so daß dabei von ‚familiärer geistiger Behinderung' gesprochen wird – eine salomonisch anmutende Bezeichnung, die endogene und exogene, Anlage- wie Umweltfaktoren umschließt: minderbegabte Eltern geben ihren Kindern ein verringertes genetisches Intelligenzpotential mit, ebenso wie sie ihnen auch nur ein vermindertes Maß an Anregung und Förderung angedeihen lassen können.

Hinzu kommt noch, daß unter den sozialen Bedingungen, wie sie für einen Großteil geistig behinderter Kinder zutreffen, auch perinatale – später nicht mehr nachweisbare – Schädigungen gehäuft auftreten dürften. EGGERT (1972b, S. 79, 84) fand unter den 1209 Kindern seiner Stichprobe 38 Prozent unehelich geborene (gegenüber 8 Prozent im betreffenden Geburtszeitraum); von 17 Prozent war der Vater unbekannt; 22 Prozent kamen aus der Sozialschicht der ‚sozial Verachteten' (gegenüber 2 Prozent in der Gesamtbevölkerung). Vererbung, organische Schädigung und frühe Vernachlässigung dürften also gemeinsam für die ‚familiäre geistige Behinderung' verantwortlich sein.

Damit ist die Frage der Erblichkeit von Intelligenz angesprochen, die sich in diesem Zusammenhang nicht umgehen läßt. Fälschlicherweise wird das Anlage-Umwelt-Problem heute immer noch vielfach als ein Entweder-Oder aufgefaßt, obgleich in Wirklichkeit hier ein Sowohl-Als-auch, eine multiplikative Interaktion zweier Einflußquellen vorliegt (vgl. hierzu z.B. ANASTASI 1973; CATTELL 1976).

ERLENMEYER-KIMLING und JARVIK (1976) haben über einen Korrelationsvergleich nachgewiesen, daß sowohl gemeinsames Aufwachsen nicht-verwandter Kinder als auch Verwandtschaft getrennt aufwachsender Kinder zu einer überzufälligen Ähnlichkeit ihrer jeweiligen Intelligenzausprägung führen. Während die Korrelation getrennt aufgewachsener nicht-verwandter Kinder erwartungsgemäß bei Null liegt, erreicht sie bei getrennt aufgewachsenen eineiigen Zwillingen einen Koeffizienten von .75.

Zu welchem Anteil dabei die Unterschiede in der Intelligenz durch genetische beziehungsweise Umweltunterschiede bedingt sind, mag hier dahingestellt bleiben. Ignoriert werden kann der Erbeinfluß jedoch nicht. Er führt nun freilich nicht etwa dazu, daß Kinder exakt die gleiche Begabungsdisposition aufweisen wie ihre Eltern. Vielmehr streuen genetisch-polygen (multifaktoriell) determinierte Merkmale durch Neukombination der Gene in erheblichem Maß um den von den Eltern her gesehen wahrscheinlichsten Wert, wobei eine leichte Regression zur Mitte hin auftritt (vgl. EYSENCK 1975, S. 88). Kinder minderbegabter Eltern werden also – aus genetischer Perspektive – im Mittel ein wenig intelligenter sein als ihre Eltern, wobei ein Teil von ihnen aber auch nach unten hin abweicht; das Auftreten geistiger Behinderung läßt sich so als Streueffekt bei leichten Intelligenzmängeln in den voraufgegangenen Generationen verstehen. Umwelteinflüsse hingegen wirken gleichmäßiger, da gewöhnlich ja alle Kinder einer Familie ähnliche Anregungs- und Förderungsbedingungen vorfinden.

3.5.4. Adaptives Verhalten

Als Alternative zur Klassifizierung geistig Behinderter nach formalen Intelligenzmerkmalen wird in neuester Zeit die Beurteilung ihres adaptiven Verhaltens in den Vordergrund gestellt (vgl. SPREEN 1978, S. 25 ff). Gemeint ist damit die Fähigkeit, sich an eine mehr oder weniger komplexe Umgebung anzupassen, ihr gerecht zu werden.

Besonders wichtig ist dabei die ‚unabhängige Lebensführung‘, worunter subsumiert werden (vgl. SPREEN 1978, S. 25 f):
– die Fähigkeit zur Selbsthilfe (von Urin- und Stuhlkontrolle bis zum Essen und Anziehen),
– die Kommunikationsfähigkeit (Sprechen, Lesen, Schreiben),
– die Fähigkeit zur Fortbewegung (vom Kriechen und Laufenlernen bis hin zur Benutzung öffentlicher Verkehrsmittel),
– die neuromotorischen Leistungen (grobe motorische Kontrolle bis hin zu feinen Hand- und Fingerbewegungen),
– die Selbstgerichtetheit (Initiative, Aufmerksamkeit).

Hinzu kommen noch folgende Bereiche:
– persönliche Verantwortung: Vertrauenswürdigkeit, Umgang mit Eigentum,
– soziale Verantwortung: Orientierung und Verständnis des Lebens in der Gruppe, Sozialisationsgrad (Interaktion, Höflichkeit),
– ökonomische Verantwortung und Verantwortung als Bürger: Umgang mit Zahlen, Geld, Haushalts- und Einkommenseinteilung, berufliche Fähigkeiten.

Ähnlich wie die Intelligenz kann auch das adaptive Verhalten diagnostisch erfaßt und in einem ‚Sozialquotienten‘ (SQ) ausgedrückt werden. Hierzu hat die AAMD eine ‚Adaptive Behavior Scale‘ vorgestellt; einem ähnlichen Zweck dient die ältere ‚Vineland Social Maturity Scale‘, die – in einer deutschen Version – in der TBGB enthalten ist (vgl. S. 117).

Je nach Lebensalter werden auch vom Behinderten unterschiedliche Anpassungsleistungen erwartet. Nach der allgemeinen Reifung und Entwicklung im Vorschulalter stehen im Schulalter Erziehungs- und Bildungsmöglichkeiten im Mittelpunkt. Für das Erwachsenenalter – hier geht es vornehmlich um soziale und berufliche Zulänglichkeit – werden beispielsweise folgende vier Stufen adaptiven Verhaltens unterschieden (SLOAN & BIRCH 1955):
„Stufe 1: einige motorische und sprachliche Entwicklung; völlig unfähig zur Selbsterhaltung; braucht komplette Pflege und Aufsicht.

Stufe 2: kann teilweise zum Selbstunterhalt beitragen unter ständiger Aufsicht; kann bis zu minimal nützlichem Grade Selbstverteidigungsfähigkeiten in kontrollierter Umgebung erwerben.

Stufe 3: fähig zum Selbstunterhalt in ungelernten oder angelernten Berufen; braucht Aufsicht und Hilfe, wenn er unter leichtem sozialem oder ökonomischen Streß steht.

Stufe 4: mit ausreichender Bildung und Lehre fähig zu sozial und beruflich adäquater Leistung; braucht häufig Aufsicht und Hilfe bei schwerem sozialem oder ökonomischem Streß."

Aus der Ähnlichkeit der Definition heraus – Intelligenz wird ja auch vielfach als die Fähigkeit zu Anpassungsleistungen definiert – wird verständlich, daß zwischen Intelligenz und adaptivem Verhalten ein Zusammenhang besteht. Da die Korrelationen aber nur zwischen .58 und .95 liegen (SPREEN 1978, S. 27), zeigt sich hier doch eine gewisse Verschiedenheit an. Adaptives Verhalten und Intelligenz als jeweils eigenständige Merkmale zu definieren wäre ja sinnlos, würde es sich nicht „um zwei wenigstens zum Teil unabhängige Dimensionen" handeln, „wobei der Unterschied zwischen IQ und SQ einen klinisch sinnvollen Unterschied für den Untersuchten anzeigt" (SPREEN 1978, S. 28).

Diese klinische Relevanz nun ist hier sicherlich gegeben, faßt man die Eingliederung des geistig Behinderten in die Gesellschaft als Ziel ins Auge:

„Der Jugendliche mit relativ hoher Intelligenz und schlechter Sozialanpassung ist wesentlich schwieriger wiedereinzugliedern und stößt oft auf größere Ablehnung der Mitmenschen als der sozial gut angepaßte geistig Behinderte mit relativ niedriger Intelligenz." (SPREEN 1978, S. 28).

Dennoch wird ein gemessener Intelligenzquotient bei geistig Behinderten immer noch in seiner Bedeutung überschätzt. SPREEN (S. 29) berichtet von einem Experiment, bei dem 100 geistig Behinderte von Ärzten zu beurteilen waren. Hatten die Ärzte Zugang zum psychologischen Befund, so betrug die Korrelation ihrer Einschätzung mit dem IQ .94; war ihnen der IQ jedoch unbekannt, so fiel die Korrelation auf .65 zurück: die Anpassungsleistung wurde nun eher in sich eingeschätzt ohne einen von der Intelligenz her ausstrahlenden ‚halo-Effekt'. Die Überbetonung des IQ war, vermerkt SPREEN,

„besonders deutlich im Bereich der schweren Behinderung, wo die IQ-Messung im allgemeinen die geringste Zuverlässigkeit besitzt und die Einstufung nach dem SQ sinnvoller wäre".

3.5.5. Soziale Einschätzung

In einer umfangreichen Studie hat v. BRACKEN (1976) die Einstellungen gegenüber geistig behinderten Kindern erforscht. 1000 für die

Gesamtbevölkerung repräsentative Respondenten, 100 Lehrer allgemeiner Schulen und 100 Eltern geistig behinderter Kinder wurden befragt.

In den Ergebnissen sieht v. BRACKEN (1976, S. 278) deutliche Anzeichen von Vorurteilen. Die geistige Behinderung gilt durchgängig als die – für die Mitmenschen – schwerste Behinderung. Für den Betroffenen selbst wird der Schweregrad nicht so hoch eingeschätzt; das hängt wohl mit der Auffassung zusammen, geistig Behinderte seien gutmütig, stumpfsinnig, indolent und empfänden das ihnen gezeigte abweisende Verhalten gar nicht. Andererseits traut man ihnen aber auch Wildheit und Jähzorn, Bösartigkeit und Gefährlichkeit zu.

Der allgemeinen Auffassung nach unterschieden sich geistig behinderte Kinder in Körperhaltung, Gang, Gesichtsausdruck, Umgangsformen und Sprache, ja selbst in der Kleidung erheblich von anderen Kindern; sie werden eher als schmutzig und häßlich bezeichnet.

Die soziale Distanz ihnen gegenüber ist groß:

„Zwar würde nur ein Drittel der Respondenten nicht gerne sehen bzw. zu verhindern versuchen, daß ein eigenes Kind mit einem geistig behinderten Kind spielt; aber zwei Drittel wären dagegen, ein geistig behindertes Kind für kürzere Zeit aufzunehmen; und fast alle Respondenten lehnten die Adoption eines geistig behinderten Kindes ab." (S. 279)

Zwei Drittel der Befragten sprachen sich für die Unterbringung geistig behinderter Kinder in Heimen aus, nur ein Drittel plädierte für die Familie. 80 Prozent meinten, Anstalten sollten in entlegenen, abgeschiedenen Orten errichtet werden. Jedoch wäre nur knapp ein Viertel dagegen, wenn ein Heim in unmittelbarer Nachbarschaft gebaut würde. Der größte Teil der Befragten hielt es „mehr oder weniger für besser, daß geistig behinderte Kinder früh sterben würden" (S. 280), konnte also ihrem Leben wenig Positives abgewinnen.

Der geringe Informationsstand der Bevölkerung rundet nach v. BRACKEN das unerfreuliche Bild ab. Meist wurde die Häufigkeit geistiger Behinderung überschätzt (im Mittel 2,5 % statt 0,6 %) – was aber auch mit einer allgemein geringen Fähigkeit zum Schätzen seltener Ereignisse zusammenhängen könnte. Bei der Frage nach den Ursachen wurden besonders Vererbung, Inzucht, Trunksucht der Eltern und Schwangerschaftsschäden genannt, während Geburtsschäden und Krankheiten (peri- und postnatale Ursachen) erst viel später folgten (S. 362).

Eine ähnliche Untersuchung bei Schülern legten STÜRMER und seine Mitarbeiter (1977; vgl. JURGELEIT & STÜRMER 1975) vor. Jeweils 100 Gymnasiasten, Haupt- und Sonderschüler im Durchschnittsalter von 14 Jahren waren befragt worden, die Hälfte davon in einer hessischen Stadt mit einem großen Behindertenheim.

uch hier zeigten sich deutlich vorurteilsbehaftete Einstellungen. en geistig Behinderte oft im Stadtbild präsent, wurden die Einstellungen etwas ungünstiger. Kannte der Schüler andererseits geistig Behinderte persönlich, wurde sein Urteil wohlwollender. Differenzierte man nach dem Schultyp, so zeigten Gymnasiasten die günstigsten Einstellungen. Mädchen gaben bei direkten Fragen günstigere Gefühle und geringere soziale Distanz an. Im Vergleich mit der Erwachsenen-Untersuchung

„schätzen die Schüler geistig behinderte Kinder erheblich günstiger ein, geben allerdings bei direkten Fragen eher negative Gefühle zu, was wir durch eine geringere Tendenz zur sozial erwünschten Antwort bei den Schülern interpretiert haben" (STÜRMER et al. 1977, S. 48).

3.5.6. Psychodiagnostik bei geistig Behinderten

Grundsätzliche Schwierigkeiten der Psychodiagnostik bei geistig Behinderten ergeben sich daraus, daß die Mehrzahl der Testverfahren für die Anwendung in der gesamten Bevölkerung konstruiert ist und ihre Instruktion ein bestimmtes Verständnisniveau voraussetzt:

„Persönlichkeitstests verlangen ein Minimum an Sprachverständnis, das bei geistig Behinderten nicht immer vorausgesetzt werden kann; das Verständnis der Testanweisungen, das bei Probanden im normalen Intelligenzbereich kein Problem ist, kann beim geistig Behinderten sehr erschwert sein; die Einstellung zu Aufgaben und die Bereitschaft zur Mitarbeit sind nicht immer so optimal, wie es bei der Testdurchführung verlangt wird." (SPREEN 1978, S. 74).

SPREEN weist auf das resultierende Dilemma hin: hält sich der Untersucher streng an die standardisierten Testanweisungen, ergeben sich für den Behinderten – sofern der Test bei ihm überhaupt durchführbar ist – teilweise unsinnig niedrige Werte; lockert er aber die Situation durch zusätzliche Hilfen oder eingeschobene Spielzeiten auf, so handelt es sich nicht mehr um die standardisierte, für alle Probanden gleiche Testsituation, die einen Test erst zum brauchbaren Meßinstrument macht.

Die Empfehlung SPREENs (1978, S. 74) geht dahin, die Situation wohl so zu variieren, daß der behinderte Proband seine Bestleistung erbringen kann, dann jedoch konsequenterweise auch

„die Testergebnisse ,frei', d. h. ohne strenge Anwendung von Normwerten und unter Berücksichtigung der von ihm vorgenommenen Modifikationen zu interpretieren".

Aus den genannten Gründen dürften Persönlichkeitsfragebögen bei geistig Behinderten kaum einsetzbar sein. SPREEN (1978, S. 80) berichtet allerdings von zwei derartigen Untersuchungen, wobei BRENGELMANN (1967) keine Abweichung im Neurotizismus- und Extraversionsgrad bei geistig Behinderten fand und BERK (1968) mit Hilfe von CATTELLs ,Children Personality Questionnaire' (CPQ) drei

116

Typen geistig behinderter Kinder unterscheiden konnte; ansonsten herrschen jedoch bei der Persönlichkeitsbeschreibung geistig Behinderter stereotype Vorstellungen noch gegenüber gesicherten Befunden vor (SPREEN 1978, S. 78). Zur Intelligenzdiagnostik bei geistig Behinderten ist hingegen ein umfangreiches Verfahren von BONDY, COHEN, EGGERT und LÜER (1971) in den Jahren 1963 bis 1968 in Hamburg entwickelt worden. Es vereinigt in einem Testkoffer sieben Einzeltests; ihre Durchführung nimmt mehr als zwei Stunden in Anspruch, so daß sie wegen der besonderen Motivations- und Konzentrationsbedingungen geistig Behinderter auf zwei bis drei Sitzungen aufzuteilen ist. Die Einzeltests sind:

1. CMM: die ‚Columbia Mental Maturity Scale' (ca. 30 Minuten) prüft über das sprachfreie Erkennen von Reihengesetzen schlußfolgerndes Denken und Abstraktionsvermögen;

2. BM + CM: die ‚Bunten und Progressiven Matrizen' (ca. 20 Minuten) nach RAVEN werden zur Erfassung der allgemeinen nonverbalen Intelligenz eingesetzt;

3. PPVT: mit dem ‚Peabody Picture Vocabulary Test' (ca. 15 Minuten) wird der passive Wortschatz geprüft, ohne daß eine aktive Sprechleistung erforderlich ist;

4. BA: in das ‚Befolgen von Anweisungen' (ca. 20 Minuten) gehen Merkfähigkeit, Motivation und Kooperationsbereitschaft mit ein;

5. KP: mit dem ‚Kreise punktieren' (ca. 3 Minuten) soll die feinmotorische Leistung erfaßt werden;

6. LOS: die ‚Lincoln-Oseretzky Motor Development Scale' (ca. 45 Minuten) erhebt den allgemeinen motorischen Entwicklungsstand;

7. VSMS: die ‚Vineland Social Maturity Scale' dient der Erfassung der sozialen Reife; sie wird nicht unmittelbar beim Probanden geprüft, sondern vom Betreuer in Form eines Fragebogens erhoben.

Über die Entwicklung der Testbatterie durch Auswahl aus ursprünglich in Frage stehenden 51 Einzeltests berichtet EGGERT (1972 a). Auch aus den verbliebenen sieben Verfahren können noch Kurzformen gebildet werden, da bei der Auswertung lediglich ein Leistungsprofil erstellt, nicht aber ein Gesamtwert gebildet wird. Die Interkorrelationen der Subtests sind allerdings recht hoch; faktorenanalytisch zeigte sich neben einem starken Generalfaktor zusätzlich noch ein motorischer Faktor.

Die Eichung der Testbatterie erfolgte an 1209 geistig behinderten Kindern von 7 bis 12 Jahren im gesamten Bundesgebiet – 68 % davon aus Heimen oder Anstalten – sowie 554 lernbehinderten Sonderschülern von 9 bis 12 Jahren. Aus den Ergebnissen kann also zunächst nur gefolgert werden, welche relative Position der Proband in diesen Bezugsgruppen einnimmt; eine IQ-Bestimmung im Bezug zur Gesamtbevölkerung ist unmittelbar nicht möglich.

Die TBGB ist nicht ohne kritische Einwände geblieben. MEYER (1976) meint, die Eichstichprobe sei wahrscheinlich ein wenig ‚zu gut‘ für geistig Behinderte gewesen. Mit dem ‚Kreise punktieren‘ werde wohl nicht nur die Feinmotorik, sondern zum erheblichen Teil auch die Aufmerksamkeitshaltung erfaßt. Die von EGGERT (1972c, S. 135) vorgestellten ‚typischen‘ Testprofile einiger Untergruppen geistig Behinderter – das höchste Niveau wiesen dabei die Kryptogenen auf, gefolgt von Hirnorganikern und Mongoloiden – seien kaum haltbar, da beispielsweise das ‚typische‘ Profil der nachgeburtlich Geschädigten sich als Artefakt aus der Überlagerung der genau entgegengesetzten Meningitis- und Enzephalitisfälle erweise.

Zuvor bereits hatte MEYER (1974, S. 83) nachgewiesen, daß die beiden Subtests zur Erfassung des schlußfolgernden Denkens (CMM und BM + CM) aus zwei ganz unterschiedlichen Itemtypen sich zusammensetzen, deren einer auf einem assoziativen Niveau gelöst werden kann, während der andere schlußfolgerndes induktives Denken erfordert; „Typus I- und Typus II-Leistungen zeigen nur einen geringen Zusammenhang."

Hingegen standen die auf eher assoziativem Wege erbrachten Typus I-Leistungen in enger Beziehung zu Aufmerksamkeitsindikatoren, wie beispielsweise zur Anzahl der Blickkontakte, die das behinderte Kind mit dem Untersucher wechselte (je mehr Blickkontakte, um so geringer die Konzentration). Im ‚Kindergartenstil‘ unterrichtete Probanden ließen sich „weit häufiger durch die Person des Versuchsleiters ablenken als Kinder, die ‚Frontalunterricht‘ erhielten." MEYER (1974, S. 101) folgert daraus,

„daß durch den frontal durchgeführten Unterricht eine Arbeitshaltung aufgebaut und trainiert wird, die LERSCH (1964) als konzentrative Aufmerksamkeit bezeichnet . . . Der frontal durchgeführte Unterricht trainiert die Kinder, ihre Aufmerksamkeit auf bestimmte Inhalte zu richten . . . Frontalunterricht bedeutet somit Aufmerksamkeitstraining!"

Diese Befunde stehen im Zusammenhang einer Überprüfung verschiedener Theorieansätze, mit denen das kognitive Verhalten geistig Behinderter – über die bloße Feststellung einer Defizienz hinaus – spezifischer charakterisiert werden soll. Einen Überlick über sie geben WENDELER (1976) und MEYER (1977). So sind nach LEWIN und KOUNIN die kognitiven Strukturen des geistig Behinderten strenger voneinander getrennt, weniger permeabel als beim Normalintelligenten (Rigiditäts-Hypothese).

ZIGLER hat demgegenüber die Motivation als Faktor bei kognitiven Leistungen hervorgehoben; sie resultiert vor allem aus den Erfahrungen mit Erwachsenen, die entweder zur Suche nach Kontakt und Bestätigung oder – aufgrund von enttäuschenden Erfahrungen – zu einer negativen Reaktionstendenz führen. ZEAMAN sah die kognitiven Besonderheiten als Folge eines Unvermögens zur Aufmerksamkeitslenkung, der russische Psychologe LURIA betonte die Folgen der sprachlichen Defizienz, da die Sprache als vermittelnde Lernhilfe eine oft übersehene Bedeutung besitze. Auf nähere Einzelheiten dieser und weiterer Theorien kann jedoch in diesem Rahmen nicht eingegangen werden.

Psychologische Forschung über geistig Behinderte erfordert einige Variationen der gewöhnlich angewandten Strategie. Der Vergleich mit einer Kontrollgruppe nichtbehinderter Gleichaltriger ist hier meist wenig aussagekräftig; welche Fähigkeit auch immer man prüft, die geistig Behinderten werden dabei schlechter abschneiden. Deshalb wird vielfach eine zusätzliche Kontrollgruppe gebildet, die nicht das gleiche Lebensalter, wohl aber das gleiche Intelligenzalter aufweist, beispielsweise fünfjährige Normalintelligente im Vergleich mit zehnjährigen Geistigbehinderten (MEYER 1977, S. 24).

Seit die menschliche Intelligenz weniger als globales Merkmal und stattdessen als Insgesamt einzelner Faktoren gesehen wird, interessierte auch die Fragestellung, ob sich die vorgefundene Intelligenzstruktur mit steigendem Lebensalter ausdifferenziert (Differenzierungshypothese von GARRETT und BURT) oder mit zunehmendem Intelligenzniveau aus mehr Faktoren zusammensetzt (Divergenzhypothese von WEWETZER und WEGENER). LIENERT vereinigte beide Modelle zur genetischen Divergenzhypothese: die Ausdifferenzierung der Intelligenzstruktur erfolge in Abhängigkeit vom Leistungsniveau und vom Lebensalter.

REINERT, BALTES und SCHMIDT machten daraus die Leistungsdifferenzierungshypothese, nach der nur das Intelligenzalter (das sich im Testrohwert ausdrückt), nicht aber Lebensalter oder Intelligenzniveau für den Differenzierungsgrad maßgeblich sei (vgl. hierzu MEYER 1977). Je niedriger das Intelligenzalter, mit umso weniger Faktoren kommt man bei der Beschreibung des Leistungsprofils aus, was sich beispielsweise darin ausdrückt, daß die TBGB-Ergebnisse in hohem Maße durch einen Generalfaktor erklärbar sind.

Von daher mag es zunächst überraschen, daß vereinzelt geistig Behinderte über Sonderfähigkeiten verfügen, die weit über das Niveau ihrer sonstigen Fähigkeiten hinausreichen. Ungewöhnliche Gedächtnisleistungen, Rechenleistungen und musikalische Fähigkeiten werden in diesem Zusammenhang genannt. Ein geistig Behinderter „konnte die Einwohnerzahlen sämtlicher Ortschaften mit über 5000 Einwohnern in den USA angeben" (SPREEN 1978, S. 101), ein anderer zu allen möglichen Kalenderdaten des Jahrhunderts den Wochentag angeben, ein weiterer schließlich bei Proben führender Kammerorchester den Klavierpart übernehmen. Doch sind diese ‚idiots savants' durchaus auch unter geistig Behinderten die Ausnahme. SPREEN (ebd.) bietet folgenden Erklärungsversuch an:

„Extreme Isolierung und Konzentration auf die wenigen, in der Umgebung vorhandenen Stimuli wären somit die Grundfaktoren für die Entwicklung solcher Fähigkeiten. Unter solchen Umständen wäre ein für bestimmte Leistungen begabter Behinderter fähig, ungewöhnlich gute Leistungen zu entwickeln, vor allem wenn er durch solche Leistungen Anerkennung und Förderung (z. B. vom Anstaltspersonal) erwirbt. Zwanghafte Persönlichkeitszüge und besondere Erbfaktoren mögen ebenfalls beteiligt sein."

3.5.7. Förderung und Therapie

Als erster Versuch, mit dem die Geschichte der Förderung geistig Behinderter beginnt, wird vielfach das Bemühen von Jean ITARD genannt, einem wild aufgewachsenen und geistig zurückgebliebenen Jungen (‚Der Wilde von Aveyron‘ 1801) doch noch die menschliche Zivilisation nahezubringen. Es folgte die Phase der ersten Anstaltsgründungen: 1816 durch GUGGENMOOS in Hallein, 1841 durch GUGGENBÜHL bei Interlaken, 1847 durch ITARDs Schüler SEGUIN in Massachusetts. Die medizinische Vorstellung von einer ‚Heilung‘ der geistigen Behinderung wurde dabei konsequent durch ein Primat der Pädagogik ersetzt.

Für mehr als ein Jahrhundert waren die Bemühungen um geistig Behinderte auf die Anstaltspädagogik beschränkt, wobei sich zu der ursprünglichen pädagogischen Zielsetzung bald auch die Intention einer Fernhaltung und Isolierung der Behinderten von der Umwelt hinzugesellte. In den USA entstanden Großanstalten für 1000 bis 2000 geistig Behinderte abseits der Städte, deren Strukturen heute nur schwer wieder aufzulockern sind.

Erst seit etwa zwanzig Jahren – insbesondere seit der Gründung der Elternvereinigung ‚Lebenshilfe‘ – werden demgegenüber auch ambulante und Tageseinrichtungen für geistig Behinderte geschaffen. Sonderkindergärten und Sonderschulen nehmen sich nun im jeweiligen Wohnbereich derjenigen an, die zuvor noch als bildungsunfähig gegolten hatten. ‚Beschützende Werkstätten‘ bieten eine spezielle Form der Eingliederung in das Beschäftigungssystem, bisweilen in Verbindung mit einem Behinderten-Wohnheim.

Vermieden werden soll so, was inzwischen als zusätzliches Entwicklungshindernis erkannt ist: die Anstaltsunterbringung bereits von Kleinkindern. Stattdessen wird die Familienerziehung auch geistig behinderter Kinder so weit als möglich gefördert, wobei die ambulante Frühförderung, später dann Tageskindergärten und Tagessonderschulen unterstützen und entlasten sollen. Heime für geistig behinderte Kinder sehen teilweise die Möglichkeit vor, daß behinderte Familienkinder vorübergehend aufgenommen werden, um Eltern und Geschwistern einen Urlaub ohne Pflege- und Aufsichtsbelastung zu ermöglichen (vgl. KAMINSKI et al. 1978, S. 52).

Ganz umgehen läßt sich die Heimunterbringung geistig behinderter Kinder allerdings wohl kaum, insbesondere wenn eine alleinstehende Mutter erwerbstätig ist oder die Eltern selbst erziehungsunfähig oder alt geworden sind. Auch bei geistig Behinderten sollte deshalb eine ‚Abnabelung' stattfinden, die eine spätere Trennung von den Eltern ertragen läßt.

„Diese Tatsache wird alle Heime in Zukunft zu Neukonzeptionen zwingen: nicht mehr vorrangig für die Förderung geistigbehinderter Kinder und Jugendlicher müssen Heimplätze ausgebaut werden, sondern als Dauerheimat für erwachsene und alte Behinderte" (KAMINSKI et al. 1978, S. 56).

Sich auf die Situation erwachsener Behinderter einstellend, werden deshalb von manchen Heimen bereits Neukonzeptionen erprobt: Wohngruppen mehrerer Behinderter, in einer normalen Wohnumgebung eingebettet, unter ständiger Betreuung oder nur noch gelegentlicher Supervision durch einen Behindertenerzieher oder Sozialpädagogen. Vor dem Umzug in eine solche Wohngruppe werden die Behinderten in einem speziellen Sozial- und Selbständigkeitstraining auf die veränderte Situation vorbereitet.

Im amerikanischen Bundesstaat Nebraska wurde gar eine ganze Anstalt mit 3200 geistig Behinderten aufgelöst, nachdem, unterstützt durch ein intensives Meinungsbildungsprogramm, die Verantwortung für sie schrittweise auf die Gemeinden übertragen worden war. Zahlreiche Behinderte kehrten in ihre Herkunftsfamilien zurück, der größere Teil jedoch lebte nun in Gruppen von sechs bis zwölf Personen zusammen, einem fünfzehnstufigen Fürsorgeplan entsprechend, wobei auf den Stufen der leichter Behinderten der Sozialfürsorger nur noch gelegentlich um Beistand in finanziellen Fragen oder um Krisenhilfe angegangen werden mußte (vgl. SPREEN 1978, S. 112 ff).

Verändert hat sich dabei auch die Einstellung zur Sexualität geistig Behinderter gegenüber den früher vorherrschenden polaren Auffassungen, entweder seien geistig Behinderte extrem triebhaft und müßten in ihrer Sexualität eingeschränkt werden, oder sie seien auf einer kindlichen sexuellen Entwicklungsstufe stehengeblieben und zu einem normalen Sexualverhalten gar nicht in der Lage. Nun ist die sexuelle Reifung von der körperlichen, nicht von der geistigen Entwicklung abhängig; auch geistig behinderte Mädchen erreichen die Menarche mit durchschnittlich 13;3 Jahren. Die Wissenslücken auf psycho-sexuellem Gebiet bei Heim- und Anstaltskindern mögen eher einer mangelnden Aufklärung zuzuschreiben sein. GEBHARD (1974) stellte fest,

„daß bei leicht oder mäßig geistig Behinderten nur vereinzelt Unterschiede im

Vergleich zu einer Kontrollgruppe nachgewiesen werden konnten: es wurde weniger heterosexueller Koitus vor der Ehe festgestellt, kein Unterschied im Koitus mit Prostituierten, ähnliche Häufigkeit von Geschlechtsbeziehungen in der Ehe, etwas erhöhte homosexuelle Aktivität (vor allem bei Behinderten, die in Anstalten gewesen waren), geringere sexuelle Ansprechbarkeit durch sexuelle Bilder und Vorstellungen, und ein ungefähr ähnlicher Grad von Kenntnissen über Koitus und Schwangerschaft".

Eine eingehende Diskussion zur Sexualität bei geistig Behinderten haben de la CRUZ und la VECK (1975) sowie SPORKEN (1974) vorgelegt. Die neuere Auffassung geht dahin, daß auch bei geistig Behinderten die Sexualität nicht mit Tabus belegt werden dürfe, wie es etwa die alte Anstaltsroutine mit Geschlechtertrennung in den Wohngruppen und einem jährlichen gemeinsamen Tanzabend vorgesehen habe. Geschlechtsverkehr könne allerdings nur erlaubt werden,

„wenn Kenntnisse der Empfängnisverhütung vorhanden sind, und auch schwer geistig Behinderte können und müssen einfache Methoden der Empfängnisverhütung lernen. Heirat oder ähnliches Zusammenleben sei ein Recht der erwachsenen geistig Behinderten, das nicht ohne guten Grund entzogen werden dürfe. Berichte über Nachfolgeuntersuchungen bei verheirateten geistig Behinderten belegen im allgemeinen deutlich, daß solche Ehen keineswegs zu unkontrollierter Kinderzeugung führen." (SPREEN 1978, S. 86).

Unter diesen Voraussetzungen wird eine in einzelnen Ländern vorgesehene freiwillige oder zwangsweise Sterilisierung geistig Behinderter nicht mehr für notwendig erachtet:

„Nach und nach setzt sich jedoch die Überzeugung durch, daß bei guter Sexualerziehung in normalem Milieu ohne strenge Geschlechtertrennung und bei Förderung von normalen Einstellungen des Behinderten gegenüber der eigenen Sexualität keine Zwangsmaßnahmen dieser Art nötig sind." (SPREEN 1978, S. 86).

Auch in anderem Zusammenhang geht die Tendenz heute eher dahin, juristische Zwangsmaßnahmen bei geistig Behinderten nicht unnötig anzuwenden; solche wären etwa im Zivilrecht die Einrichtung einer Pflegschaft (§ 1910 BGB), wenn der Behinderte „nicht in der Lage ist, bestimmte Kreise seiner Angelegenheiten selbständig zu besorgen", oder die Entmündigung (§ 6 BGB), wenn der zu Entmündigende infolge von Geisteskrankheit, Geistesschwäche, Verschwendung oder Trunksucht seine Angelegenheiten nicht zu besorgen vermag.

Solche Maßnahmen sollten überhaupt nur dann in Betracht gezogen werden, wenn ein geistig Behinderter wirkliche Angelegenheiten zu besorgen hat, was bei zahlreichen in Anstalten lebenden nicht der Fall ist. Im übrigen kann auch noch im nachhinein, nach vollzogenem Rechtsgeschäft, die Geschäftsunfähigkeit eines geistig Behinderten festgestellt werden (§ 104 BGB).

Im Strafrecht räumt der § 20 StGB einem geistig Behinderten

Schuldunfähigkeit ein. Entgegen einer verbreiteten Auffassung weisen jedoch sogenannte Schwachsinnige eine geringere Delinquenzquote auf als Intelligente, sie sind seltener an Verbrechen und Vergehen beteiligt.

Die juristischen Möglichkeiten der Vormundschaft für geistig Behinderte sind besonders in den USA auf starke Kritik gestoßen, da in der Praxis gewöhnlich eine anonyme Institution – eine staatliche Behörde oder eine Anstalt – diese Amtsvormundschaft übernimmt; aus mangelnder persönlicher Kenntnis und auch aus Interessenkonflikten heraus ist dabei eine wirksame Vertretung der Rechte des Behinderten nicht gewährleistet. Als Alternative und Ergänzung wird eine ‚Bürger-anwaltschaft' (citizen advocacy) vorgeschlagen, bei der

„geeignete Bürger gesucht werden, die bereit sind, eine persönlich-betreuen-de Rolle bei einem oder mehreren geistig Behinderten zu übernehmen, nach ihrem persönlichen und finanziellen Wohl zu sehen und sie auch rechtlich zu vertreten" (SPREEN 1978, S. 116).

Um Interessenkonflikte zu vermeiden, soll niemand, der direkte Dienstleistungen für geistig Behinderte erbringt, zugleich auch als Vormund dienen.

Eine Zusammenstellung von Therapieformen, die bei geistig Behinderten angewandt werden, findet sich bei KAMINSKI, KAST und SPELLENBERG (1978, S. 61):
– Arzneitherapie
– Verhaltenstherapie
– Spieltherapie
– Beschäftigungstherapie (u. a. bei Schwerstbehinderten)
– Bewegungstherapie (einschl. Krankengymnastik)
– Wassertherapie
– Reittherapie
– Musiktherapie
– Maltherapie (kreative Werkstatt)
– Sprachtherapie.

Auf die mit der Maltherapie gegebenen Möglichkeiten gehen dabei die Autoren selbst ausführlich ein (KAMINSKI et al. 1978, S. 79 ff). Musiktherapie (vgl. S. 298 ff) und Verhaltenstherapie (vgl. S. 292) kommen in diesem Buch an anderer Stelle zur Sprache.

Der Arzneitherapie geht es darum, „das Antriebs- und Affektverhalten und weitere Störfaktoren günstig zu beeinflussen" und damit „Voraussetzungen für eine bessere Entfaltung und Daseinsbewältigung zu schaffen" (KAMINSKI et al. 1978, S. 36). Der Rückstand intellektueller Fähigkeiten selbst kann nicht medikamentös beeinflußt werden. Ist die geistige Behinderung mit einem Anfallsleiden verknüpft, muß mit Hilfe von Antiepileptika Anfallsfreiheit erzielt, mindestens aber die Anfallsfrequenz gesenkt werden (häufige Anfälle führen zu einer weiteren Schädigung des Gehirns).

Bei dranghaften Unruhe- und Erregungszuständen werden Neuroleptika eingesetzt mit dem Ziel, „so gut als möglich zu beruhigen, zu harmonisieren und so wenig als möglich zu dämpfen und müde und mißmutig zu machen" (KAMINSKI et al. 1978, S. 36).

Bei Kindern mit ausgesprochener Bewegungsunruhe (Hyperkinesen) wurde festgestellt, daß bei ihnen ansonsten stimulierende Medikamente (wie Amphetamin) im Sinne einer paradoxen Wirkung beruhigend und ausgleichend wirken, SPREEN (1978, S. 139) meint jedoch, daß diese Mittel viel zu oft und am falschen Ort angewendet werden; ähnlich äußern sich KUSCHINSKY und LÜLLMANN (1976, S. 226).

In der Spieltherapie lernt das Kind über Sinneswahrnehmung und Feinmotorik, mit vielseitigen Materialien umzugehen und mit der Umwelt vertraut zu werden. Folgende Prinzipien sollte der Spieltherapeut dabei beachten:

- volle innere Zuwendung zum Kind
- individuelles Angebot und Aufgabenstellung
- Förderung der Eigeninitiative und Spielbereitschaft
- dem Kind zu Erfolgserlebnissen verhelfen
- häufiges Wiederholen und Üben
- praktische Anwendung des im Spiel Gelernten.

Bewegungstherapie und Krankengymnastik werden beim geistig Behinderten vielfach auch als ‚Psychomotorische Übungsbehandlung' bezeichnet. Sie ist der Versuch, aus den Übungsbereichen der Gymnastik, der Rhythmik, des Turnens und der Sinnesschulung (nach MONTESSORI) ein förderndes Übungsprogramm zusammenzustellen. Sie setzt nicht dort an, wo Ausfälle der Motorik vorliegen, sondern bemüht sich, latent vorhandene, noch nicht entwickelte Funktionen zu wecken und aufzubauen. Methodische Leitgedanken hierbei sind:

- kleine Gruppengröße
- die Übungen so wählen, daß das Kind Erfolg hat
- Prinzip der kleinen Schritte
- häufiges und intensives Üben und Wiederholen
- Wiederholungen variieren
- Bewegungsanreize geben, um das Kind zur Nachahmung zu motivieren
- Musik einsetzen zur Harmonisierung der Bewegungen
- regelmäßige Durchführung.

3.5.8. Das DOWN-Syndrom: Merkmale

Neben denjenigen Kindern, die aufgrund einer prä-, peri- oder postnatalen Hirnschädigung geistig behindert sind, wird die zahlenmäßig zweitstärkste Gruppe von den Kindern mit DOWN-Syndrom – auch als ‚Mongoloismus' bezeichnet – gebildet. Vier historische Daten markieren das fortschreitende medizinische Wissen um dieses Störungsbild.

1866 hat der Engländer John LANGDON-DOWN die später nach ihm benannte Merkmalskombination in klassischer Weise beschrieben: rundlicher Minderwuchs, kurzer kleiner Schädel, schräge Augenstellung, Hautfalte über dem inneren Lidwinkel (Epikanthus), breite Nasenwurzel, tiefsitzende Ohren, grob gefurchte auffallend große Zunge, kurze Finger bei breiter Hand mit tiefer Vierfingerfurche quer durch die Hohlhand (vgl. GIESEKING & GRUNDMANN 1976, S. 29).

Außer diesen äußerlichen Stigmata, die dem Erfahrenen die Sofortdiagnose gleich beim Neugeborenen gestatten, kommen bei den DOWN-Kindern auch innere Mißbildungen gehäuft vor. An erster Stelle sind angeborene Herzfehler zu nennen, die nach ZELLWEGER und SIMPSON (1977, S. 61) bei 28,5 Prozent aller DOWN-Kinder vorkommen – gegenüber nur 0,8 Prozent bei Neugeborenen insgesamt; sie sind für die hohe Sterblichkeit von Kindern mit DOWN-Syndrom in erster Linie verantwortlich.

Außer Herzfehlern kommen Verwachsungen des Zwölffingerdarms bei 2,6 Prozent und sonstige Mißbildungen vor. Das Leukämierisiko ist 20- bis 35mal höher als sonst unter Kindern. Entscheidend sind jedoch die Fehlbildungen des Gehirns, die die geistige Entwicklungsmöglichkeit stark einschränken.

1909 entdeckte SHUTTLEWORTH – dies der zweite Meilenstein in der Geschichte des DOWN-Syndroms – daß das Syndrom bei Kindern älterer Mütter gehäuft auftritt. Während es insgesamt unter 600 bis 700 Neugeborenen einmal vorkommt, nimmt die Häufigkeit von 1:1600 bei 20- bis 24jährigen Müttern über 1:880 bei 30- bis 35jährigen auf 1:100 bei 40- bis 44jährigen und sogar 1:46 bei über 45jährigen zu (CARR 1975, S. 3).

Hierin ist wohl auch der erste Grund dafür zu suchen, daß DOWN-Kinder im vergangenen Jahrhundert häufiger geworden sind (1962 0,114 % der Schulkinder, 1925 erst 0,034 %): der allgemeine Anstieg der Lebenserwartung machte es erst möglich, daß in nennenswertem Ausmaß Frauen fortgeschrittenen Alters noch Kinder gebaren. Der zweite Grund liegt in der verbesserten medizinischen Versorgung der DOWN-Kinder selbst: bei einer Untersuchung in den Vierziger Jahren starben noch 66 Prozent im ersten Lebensjahr, von CARRs (1975) Stichprobe in den Sechziger Jahren waren es nur mehr 16 Prozent. Die mittlere Lebenserwartung (im Zeitpunkt der Geburt) stieg von neun Jahren (1929) über 12 Jahre (1947) auf heute 18 Jahre (1963) – gegenüber etwa 70 Jahren in der Normalbevölkerung.

Dabei geht ein Großteil der Frühsterblichkeit von DOWN-Kindern auf angeborene Herzfehler zurück; ohne Herzdefekt erleben sie zu etwa 85 Prozent, mit Herzdefekt nur zu etwa 55 Prozent ihren ersten Geburtstag (SPREEN 1978, S. 51). Zwischen 10 und 40 Jahren ist die Sterblichkeit von Mongoloiden kaum gegenüber der Durchschnittsbevölkerung erhöht, während sie oberhalb von 40 Jahren wieder deutlich zunimmt, was mit einem beschleunigten Alternsprozeß in Verbindung gebracht wird (ZELLWEGER & SIMPSON 1977, S. 68). Die Lebensspanne eines Mongoloiden ist damit auch heute noch ziemlich begrenzt; das maximale verbürgte Alter beträgt 63 Jahre (CARR 1975, S. 2).

Das Jahr 1959 brachte die dritte wichtige Erkenntnis in der Geschichte des DOWN-Syndroms: LEJEUNE, GAUTIER und TURPIN fanden als Ursache eine Chromosomenanomalie, und zwar eine Trisomie 21; das Chromosom Nummer 21 ist statt paarweise dreifach vorhanden. In 90 Prozent der Fälle ist es dabei bei den Reifeteilungen der mütterlichen Eizelle zur ‚non-disjunction' gekommen, und dies augenscheinlich umso häufiger, je älter die mütterlichen Oozyten waren – nur so läßt sich die Abhängigkeit vom mütterlichen Gebäralter erklären.

Als Gegenstück zu den Trisomien wären eigentlich in etwa gleicher Häufigkeit Monosomien zu erwarten. Keime mit dieser Chromosomenkonstellation sind jedoch nicht lebensfähig. Auch die mit dem DOWN-Syndrom verbundenen Mißbildungen lassen sich als Einschränkungen der Lebensfähigkeit verstehen, und Chromosomenanalysen nach spontanen Fehlgeburten zeigen, daß dabei 60 Prozent der Feten chromosomale Abnormitäten zeigen, davon etwa die Hälfte Trisomien (ZELLWEGER & SIMPSON 1977, S. 17). REHDER (1978, S. 36) berichtet von einer „besonderen Häufung von Herzfehlbildungen beim fetalen DOWN-Syndrom", die noch über das gewöhnliche Maß hinausgeht. Nach PASSARGE (1979, S. 65) durchläuft „nur eine ... von 4 Zygoten mit Trisomie 21 ... die gesamte Schwangerschaft. Es findet also eine erhebliche Selektion in utero statt."

Etwa fünf Prozent der Kinder mit DOWN-Syndrom zeigen nicht die typische Trisomie 21 im Chromosomensatz, sondern abweichende Verhältnisse (ZELLWEGER & SIMPSON 1977, S. 43; PASSARGE 1979, S. 282); dort fehlt dann auch die Abhängigkeit vom Alter der Mutter.

– Beim *Mosaizismus* (etwa 2 % der Fälle) hat der Fehler in der Zellteilung erst nach der Befruchtung stattgefunden, und nicht mehr alle Zellen des Kindes weisen deshalb das Zusatzchromosom auf; entsprechend geringer sind dann auch die Folgen ausgeprägt.

– Bei der *Chromosomen-Translokation* zeigt bereits einer der Eltern eine verdeckte Chromosomenanomalie: zwei Chromosomen sind verschmolzen, wobei der Genbestand jedoch gewahrt bleibt (balancierte Translokation). Erst infolge der Reifeteilung kommt es dann bei den Kindern – in etwa zehn Prozent – zu einem überzähligen und pathogenen Extrachromosom.

Ein viertes Datum der Medizingeschichte weist einen Weg auf, wie zumindest die Häufigkeit des DOWN-Syndroms reduziert werden kann. 1973 haben STEIN und Mitarbeiter die Amniozentese als Screening-Verfahren zur schrittweisen Prävention des DOWN-Syndroms vorgeschlagen. Die Entnahme von Fruchtwasser in der zwölften bis sechzehnten Schwangerschaftswoche ermöglicht bereits die Feststellung des embryonalen Chromosomensatzes; im Fall einer Anomalie ist dann ein Abbruch der Schwangerschaft noch möglich. Da das Verfahren jedoch relativ aufwendig ist, ist sein Einsatz bislang nur bei älteren Müttern mit erhöhtem Risiko einer Trisomie 21 möglich und sinnvoll (vgl. S. 254 und MURKEN & STENGEL-RUTKOWSKI 1978).

3.5.9. Das DOWN-Syndrom: Entwicklung der Kinder

Zur Entwicklung von Kindern mit DOWN-Syndrom liegen einstweilen zahlreiche Veröffentlichungen vor (z. B. RETT 1977, WUNDERLICH 1970). Eine Längsschnittstudie, in der sowohl die Entwicklung der Kinder wie auch die Reaktionen der Familie erfaßt wurden, hat CARR (1975) vorgelegt.

Es zeigt sich dabei ein gegenüber dem normalen deutlich zurück-bleibender Entwicklungsverlauf, was sich in einem langsam abfallenden Entwicklungsquotienten ausdrückt. Mit vier Jahren wiesen die in der Familie aufwachsenden DOWN-Kinder ein Intelligenzalter von 1;10 Jahren, die im Heim lebenden ein solches von 1;5 Jahren auf. Das motorische Entwicklungsalter betrug 2;0 beziehungsweise 1;5 Jahre (CARR 1975, S. 20 f, S. 26).

Nun mag der hier aufscheinende Abfall der Werte bei einem relativ hohen Ausgangsniveau zum Teil auch damit zusammenhängen, daß Kleinkindertests auf den untersten Altersstufen andere Fähigkeiten prüfen als in fortschreitendem Lebensalter. Es bleibt jedoch die Tat-sache, daß bei gleichem Ausgangsniveau die in Heimen lebenden DOWN-Kinder einen weit stärkeren Abfall ihres Entwicklungsniveaus zeigten als die zu Hause lebenden. Besonders im Alter zwischen sechs und zehn Monaten – das für den Aufbau sozialer Beziehungen manchmal als besonders kritisch angesehen wird, was sich auch in der Reaktion des Fremdelns ausdrückt – fällt das Zurückbleiben der Heimkinder auf. Bei diesen überlagern sich also offensichtlich syn-drombedingte mit hospitalismusbedingten Effekten, und bei Angaben zur Leistungsfähigkeit von DOWN-Kindern wäre zunächst einmal nachzufragen, ob diese an Heim- oder an Familienkindern gewonnen wurden.

ZELLWEGER und SIMPSON (1977, S. 47) geben Werte von 36 bis 55 als den gewöhnlichen IQ-Bereich der Mongoloiden an. Doch wie unter Personen mit normalem (euploidem) Chromosomensatz findet sich auch hier eine große Streubreite. Geringe Intelligenz wird vor allem bei zusätzlicher exogener Hirnschädigung, höhere Intelligenz besonders beim Mosaizismus angetroffen, wenn nur ein Teil der Körperzellen fehlerhaft (aneuploid) ist. Dabei wird vielfach der Bereich normaler Intelligenz erreicht.

127

Außer von der chromosomalen Konstellation ist dies wohl ganz erheblich auch von der dem Kind zukommenden Förderung abhängig. Leider resultierte die beim DOWN-Syndrom mögliche frühe Diagnosenstellung bislang weniger in einer intensiven Frühförderung (vgl. S. 275) als vielmehr in Resignation und Ablehnungstendenzen bei den Eltern.

Wohl eine Ausnahme, aber eine durchaus mögliche Ausnahme stellt der Mongoloide Nigel HUNT dar, der, von seinen Eltern intellektuell stark gefördert, seine Erlebnisse in einer Art Tagebuch selbst niedergeschrieben hat (HUNT 1974). Der englische DOWN-Experte PENROSE hat die Darstellungsweise in einem Vorwort charakterisiert:

„... da Nigel über einen erstaunlichen Wortschatz verfügt. Seine Beobachtungsgabe ist scharf und sein Gedächtnis für einzelne Ereignisse ist ausgesprochen gut. Sein Denkstil ist jedoch völlig konkret. Er ist an Tatsachen, nicht an abstrakten Vorstellungen interessiert. Er zieht nie Schlußfolgerungen. Jedes Ereignis wird getrennt erfaßt und die Zeitabfolge ist gewöhnlich korrekt festgehalten; aber Erfahrungen derselben Art werden nicht miteinander verglichen ..." (PENROSE 1974, S. 9 f).

So zeigt sich hier ein Merkmal, das auch EGGERT (1972c, S. 135) auf psychodiagnostischem Wege angedeutet fand – die von ihm untersuchten DOWN-Syndrom-Kinder zeigten das niedrigste Leistungsniveau in Tests zur Erfassung des logisch-schlußfolgernden Denkens (CMM), während sie in der Merkfähigkeit (BA) und in der Aufmerksamkeit erfordernden Feinmotorik (KP) besser abschnitten.

Behinderten mit einem DOWN-Syndrom wird gewöhnlich eine spezifische zufriedene, freundliche, anhängliche, leicht zu lenkende Persönlichkeit zugesprochen; sie sollen besonders gut auf Musik und Rhythmus ansprechen. Während SPREEN (1978, S. 52) Befunde erwähnt, die solche Aussagen nicht bestätigen konnten, spricht auch PENROSE im Zusammenhang mit Nigel HUNTs (1974, S. 9) Selbstbericht von seinem freundlichen Wesen, seinem Sinn für Humor und seiner Vorliebe für musikalische Betätigung als den „klassischen Temperamentsmerkmalen des Syndroms".

Die Behandlung des DOWN-Syndroms besteht in einer allgemeinen Entwicklungsförderung, ob man diese nun als Entwicklungstherapie oder als Frühförderung bezeichnen mag. Den betroffenen Eltern fällt es jedoch – vor allem in einer Phase des Schocks und der Leugnung – schwer, die Tatsache fehlender medizinischer Beeinflußbarkeit zu akzeptieren. Vielfach werden Außenseitermethoden mit dem Anspruch einer direkten Beeinflussung des Syndroms versucht, wozu PASSARGE (1979, S. 65) feststellt:

„Insbesondere die sog. zelluläre Therapie von Chromosomenanomalien mit Trocken- oder Frischzellen entbehrt jeder wissenschaftlichen Grundlage. ... Spätestens nach 3 Wochen sind sie durch Immunabwehr zerstört und eliminiert.

Alle augenscheinlichen Erfolge sind nicht pharmakologisch, sondern psychologisch durch größere Aufmerksamkeit und Bemühungen der Eltern erklärbar."

Wenn eine Frischzellenimplantation dabei in Kombination mit einer Entwicklungsförderung angeboten wird, lassen sich die Effekte ohnehin nicht mehr getrennt beurteilen; die Wirkung der ersteren mag dann derjenigen eines Placebos gleichen.

Berufliche Integration ist DOWN-Patienten im allgemeinen nur durch Verrichtung einfacher Tätigkeiten im Rahmen einer schützenden Behindertenwerkstatt möglich. Ihre Fortpflanzungsfähigkeit ist stark eingeschränkt: von Männern sind keine Zeugungen bekannt, während aus England 17 Schwangerschaften mongoloider Frauen verbürgt sind. Von den 16 überprüften Kindern wiesen sechs wiederum das DOWN-Syndrom auf, sechs zeigten normale Intelligenz (CARR 1975, S. 5).

3.6. Lernbehinderte

3.6.1. Begriff und Geschichte

Erst Ende der Fünfziger Jahre ist der Begriff ‚Lernbehinderung' an die Stelle der alten Bezeichnung ‚Hilfsschulbedürftigkeit' getreten; aus den ‚Hilfsschülern' wurden ‚Lernbehinderte', aus der ‚Hilfsschule' die ‚Sonderschule für Lernbehinderte', die erstmals im Hessischen Schulpflichtgesetz von 1961 als offizieller Terminus erscheint (vgl. BLEIDICK 1968, S. 449).

Die im 19. Jahrhundert beginnende Geschichte der Hilfsschule in voller Ausführlichkeit nachzuzeichnen, ist hier nicht der Ort (vgl. hierzu z.B. MÖCKEL 1971; 1976). Aufbauend auf dem Nachhilfegedanken, wurden zunächst Hilfsklassen, später Hilfsschulen eingerichtet: 1867 in Dresden, 1879 in (Wuppertal-)Elberfeld, 1881 in Braunschweig (vgl. SPECK 1977 b, S. 153); die Lokalisation der ersten Hilfsschulen in aufstrebenden Industriezentren legt die Vermutung nahe, daß dabei auch der industrielle Bedarf an besser ausgebildeten Fachkräften die „Schwachbefähigten" in der Normalschule als Hemmschuh erscheinen ließ.

Auf die ‚Schule für Schwachbefähigte' folgte nach einem ‚Strukturwandel' der Hilfsschule zwischen den Weltkriegen die ‚Schule für Schulleistungsschwache', bis BEGEMANN (1968; 1970) die Hilfsschule zur ‚Schule für sozio-kulturell benachteiligte Schüler' deklarierte (vgl. hierzu KANTER 1974, S. 138 ff; TOPSCH 1975, S. 210).

Die Umbenennung in ‚Sonderschule für Lernbehinderte' sollte unter anderem „die Institution von einer in Verruf geratenen Benennung entlasten und die betroffenen Schüler und Eltern vor sozialer Deklassierung schützen" (KANTER 1974, S. 137). Dieses Ziel dürfte freilich nicht in vollem Umfang erreicht worden sein; noch immer besteht eine „soziale Diskriminierung von Hilfsschülern bzw. Lernbehinderten in der Öffentlichkeit" (KAUTTER & MUNZ 1974, S. 237). Ähnlich wie auch bei der sukzessiven Ersetzung des Ausdrucks ‚Fremdarbeiter‘ durch ‚Gastarbeiter‘ und dann durch ‚Ausländischer Arbeitnehmer‘ zu beobachten war, pflegen sich die mit einem alten Begriff verknüpften Konnotationen recht schnell auch an den neugewählten anzuheften.

Im weiteren Sinn werden Lernbehinderungen dann angenommen, „wenn erhebliche Beeinträchtigungen zu umfänglichen, schwerwiegenden und andauernden Verhaltens- und Leistungsauffälligkeiten führen" (KANTER 1974, S. 134); Lernbehinderung wird dabei „diffus als Gruppe hemmender Momente im Lernvorgang und -aufbau verstanden" (S. 117).

Im engeren und eigentlich praxisrelevanten Sinn ist Lernbehinderung jedoch ein schulamtlicher Begriff; er bezeichnet eine „spezifische, Sonderschulbedürftigkeit bedingende Behinderungsart bei Kindern und Jugendlichen" (KANTER 1974, S. 117). Hierfür stehen hauptsächlich zwei Kriterien zur Verfügung.

3.6.2. Kriterien und Merkmale

Das eine ist ein dauerhaftes Schulversagen, das nicht durch andere Behinderungen wie Sinnes-, Körper- oder Sprachbehinderungen bedingt ist:

„Je schwerer und dauerhafter die Schulleistungsschwäche ist, um so sicherer glaubt man auf Normalschulunfähigkeit schließen zu können. Eine solche wird im allgemeinen angenommen, wenn das Kind in der Grundschule zum zweiten Mal das Ziel einer Klasse nicht erreicht bzw. gegenüber Gleichaltrigen einen zweijährigen Schulleistungsrückstand aufweist" (KAUTTER & MUNZ 1974, S. 246).

KANTER (1974, S. 145) nennt dies die ‚Auffangbeckenfunktion‘ der Lernbehindertenschule:

„In seinem gewordenen Verständnis meint ‚lernbehindert‘ heute erhebliches und andauerndes Schulleistungsversagen teilweise sehr unterschiedlicher Ätiologie und Genese" (S. 154).

Das Kriterium des zweijährigen Leistungsrückstands hat allerdings seine Nachteile. Es bezieht auch solche Kinder mit ein, die durch äußere Faktoren wie Umzüge oder Krankheiten das Klassenziel nicht erreichten, es jedoch ohne größere Schwierigkeiten verspätet erreichen werden. Zweitens ist es ein relationales Kriterium, also sehr stark von den jeweiligen Leistungsanforderungen abhängig, die von Lehrer zu Lehrer, von Stadt zu Land differieren mögen. Schließlich erlaubt es keinerlei Früherfassung oder Frühförderung, denn ein zweijähriger Schulleistungsrückstand setzt nun einmal voraus, daß ein Kind mindestens zwei Jahre lang mit schulischen Leistungsanforderungen konfrontiert wurde.

Will man auch bereits ein drohendes oder zu erwartendes Schulleistungsversagen als Lernbehinderung erfassen, bedarf es diagnostischer Instrumente, die eine solche Prognose ermöglichen. So verwundert es nicht, daß als zusätzliche Bestimmungsgröße einer Lernbehinderung lange schon die ‚geringere intellektuelle Begabung‘, die ‚verminderte Intelligenzleistung‘ der Lernbehinderten herangezogen wird (vgl. KANTER 1974, S. 151 f). Dabei wird in aller Regel auf die allgemeine intellektuelle Leistungsfähigkeit im Sinne des Intelligenzquotienten rekurriert, der für Lernbehinderte in einem Bereich zwischen etwa 60 und 85 angegeben wird.

Lernbehinderung steht damit zwischen geistiger Behinderung und durchschnittlicher Intelligenz, wobei zu beiden hin Abgrenzungen vorzunehmen wären.

Die Abgrenzung nach unten hin wird im allgemeinen nicht problematisiert. BACH (1968, S. 130) hat hierzu ein Schema vorgelegt, das Lern- und geistige Behinderung idealtypisch gegeneinander abgrenzt; es sei hier wiedergegeben:

Lernbehinderung	Geistige Behinderung
seelisch-geistiger Rückstand etwa ein bis zwei Sechstel gegenüber dem Nichtbehinderten (IQ etwa 60-85)	seelisch-geistiger Rückstand etwa ein bis zwei Drittel gegenüber dem Nichtbehinderten (IQ etwa 30-65)
Sonderschule für Lernbehinderte	Sonderschule für Geistigbehinderte
Bildungsgang der Grund- und Hauptschule nicht ausreichend zu schaffen: 4. Schuljahr nicht in 6 Jahren zu erreichen	Bildungsgang der Sonderschule für Lernbehinderte nicht ausreichend zu schaffen: Mittelstufe nicht zu erreichen
Eingeengtheit des Lernfeldes auf Naheliegendes	Eingeengtheit des Lernfeldes auf Lebenspraktisches
Sinnentnehmendes Lesen	Sinnentnehmendes Lesen nur in Grenzfällen und beschränkt
Einfache schriftliche Äußerungen	Abmalen der Schrift
einfache Rechenoperationen	Zählen, anschauliches Zu- und Weglegen bis 10, keine eigentlichen Rechenoperationen
anschaulich-vollziehendes Lernen, zunehmend auch begrifflich	anschaulich-vollziehendes Lernen; überwiegend ›praktisch bildbar‹
Gliederung von Lernaufgaben durch praktisches Probieren	Erfassung eingliedriger Lernaufgaben

Verlangsamung und zeitliche Begrenztheit der Lernvorgänge	extreme Verlangsamung und zeitliche Begrenztheit der Lernprozesse
diffuse Spontaneität	kaum Spontaneität
klassenweise unterrichtbar	in Kleinstklasse unterrichtbar
Erreichung der seelisch-geistigen Acht- bis Zwölfjährigkeit	Erreichung der seelisch-geistigen Vier- bis Achtjährigkeit
manuelle Arbeit	mechanische Arbeit
Anlernberufe, gelegentlich auch Lehrberufe, Tätigkeit in freier Wirtschaft	Tätigkeit in Beschützender Werkstatt, allenfalls an geschütztem Arbeitsplatz
wirtschaftliche Selbstversorgung	unterstützungsbedürftig
selbständige Lebensführung	hilfs- und schutzbedürftig
Eheführung möglich	Eheführung nicht möglich

Damit sind, außer der Abgrenzung zu den Geistigbehinderten hin, auch bereits die wichtigsten Merkmale im Erscheinungsbild der Lernbehinderten umrissen. Als schwieriger erweist sich die Abgrenzung nach oben hin, zumal zahlreiche Untersuchungen hier einen weiten Überschneidungsbereich der Intelligenzwerte nachgewiesen haben.

KAUTTER und MUNZ (1974, S. 255 ff) geben die IQ-Verteilung baden-württembergischer und Hamburger Lernbehinderter wieder, deren Gipfel jeweils bei einem IQ von etwa 80 liegt, wobei aber etwa ein Drittel Werte über 85, einzelne sogar Werte über 100 erzielten. KANTER (1974, S. 149) verweist hierzu auf eine Stellungnahme BEGEMANNs, nach der

„absolut gesehen, etwa ebenso viele Kinder mit einem IQ unter 80 (bis 65) in der Volksschule verbleiben wie in die Lernbehindertenschule überwiesen werden. Ein Drittel bis die Hälfte der in Hilfsschulen erfaßten Kinder zeigt nach B. durchschnittliche bis knapp durchschnittliche Intelligenztest-Leistungen."

3.6.3. Ursachen

Diese offenkundige Diskrepanz zwischen Intelligenzwerten und Schulerfolg hat BEGEMANN zu der These veranlaßt, die Hilfs- bzw. Lernbehindertenschule sei im Grunde eine Schule für sozio-kulturell benachteiligte Schüler:

„Für mindestens 80 % der Hilfs- bzw. Lernbehindertenschüler gilt nach BEGEMANN, daß sie vor allem auf Grund sozio-kultureller Benachteiligung versagen. Nur weniger als 20 % werden dagegen durch organische Schädigungen in ihrer Erziehungsfähigkeit und Bildsamkeit begrenzt" (KANTER 1974, S. 147).

Während eine ererbte Disposition (zu unterdurchschnittlicher Intelligenzleistung) sowie exogen-organische Schädigungen vor, während und nach der Geburt in ähnlicher Weise auch eine Lernbehinderung bedingen können, wie dies allgemein in der Behinderungs-Ätiologie gilt (vgl. S. 243), scheinen psycho-soziale und sozio-kulturelle Ursachen bei der Lernbehinderung von größerer Bedeutung zu sein. THIMM (1975, S. 129) hat auf die Häufung von Lernbehinderung in den sogenannten ‚sozialen Brennpunkten‘ der Städte hingewiesen:

Sie (die Lernbehinderten) stammen aus Arbeiterfamilien (Ungelernte, Angelernte) mit überdurchschnittlich hoher Kinderzahl. Die Familien wohnen beengt, häufig in ‚anrüchigen‘ Wohngebieten ... oder gar in sogenannten Asozialen-Vierteln. Die Herkunftsfamilien sind häufiger als bei anderen Schülern zerrüttet und/oder unvollständig. Bis zum Schuleintritt haben diese Kinder in der Regel keinen Kindergarten besucht. Sie stellen das Hauptkontigent der Schulunreifen ...“

Die sozialen Verhältnisse sind teilweise so charakteristisch, daß KOBI (1975, S. 85) sie zu einem idealtypischen Schema zusammenfassen konnte, das hier übernommen sei:

Schichtzugehörigkeit	überwiegend Grundschicht (70-90 %)
Beruf des Vaters	mehrheitlich unqualifizierte Arbeiter, Angelernte, Hilfsarbeiter
Schulbildung der Eltern	mehrheitlich Volks-/Hilfsschule
kulturelle und Bildungsinteressen	mehrheitlich gering
Kommunikation der Familie; Außenkontakte	vergleichsweise gering
Wohngebiet	Verklumpungen, ›Ghettobildungen‹ in sog. schlechten Quartieren
Kinderzahl	erhöht
finanzielle Verhältnisse	unterste Einkommensstufen; z. T. ausgesprochene Armutsmilieus
Familie	gehäuft unvollständig; Familienleben oft unharmonisch
Lebensrhythmus	unregelmäßiger; oft wenig verwurzelt durch häufigen Ortswechsel
sprachliche Kommunikation	vergleichsweise gering; Spracharmut; ›restringierter Code‹
Erziehungsstil	unausgeprägt, labil, perspektivearm; verwöhnend/vernachlässigend/autoritär; geringere Beaufsichtigung
Freizeitgestaltung	vorwiegend passiv/rezeptiv (Kino, Fernsehen); weniger spielerisch-kreative Kontakte

uneheliche Kinder/Scheidungswaisen	häufiger
Interesse der Eltern am Schulbesuch der Kinder; Kontrollen; Aufgabenhilfen; Beaufsichtigung	geringer
häusliche Arbeiten der Kinder	häufiger über- oder unterbelastet
Gesundheitszustand/Hygiene	schlechter

Wenn auch einzelne Punkte dieses Schemas wenig aussagekräftig erscheinen mögen – so etwa wenn sowohl verwöhnende als auch vernachlässigende Erziehung, sowohl häusliche Über- wie Unterbelastung als typisch für Lernbehinderte angegeben werden – so ergibt sich doch insgesamt das Bild einer soziokulturellen Deprivation, die hier vom Elternhaus und seinem Milieu an das Kind weitergegeben wird. Mit Umweltmerkmalen dieser Art lassen sich Lernbehinderte ebenso treffsicher von Normalschülern unterscheiden wie mit Hilfe aufwendiger Testuntersuchungen oder von Grundschulzeugnissen (PROBST 1973, S. 146).

Zusätzlich zu diesen Milieufaktoren hat THIMM (1975) Lernbehinderung als ‚Stigma' beschrieben, das über institutionelle Zuschreibungsprozesse und individuelle Reaktionen erst zur vollen Ausprägung des als ‚Lernbehinderung' bezeichneten Syndroms führe, während ähnliche Phänomene des Leistungsversagens in einem anderen sozialen Kontext institutionell eher toleriert würden (vgl. S. 216).

3.6.4. Untergruppen

KANTER (1974, S. 162) sieht die umweltbedingten Beeinträchtigungen nur als einen Faktor im Bedingungsgefüge der Lernbehinderungen; organische, reifungsbiologische und konstitutionelle Gegebenheiten sowie Mehrfachbehinderungen träten als weiteres Kausalmoment hinzu. Die Diskrepanz zwischen dem Schulleistungs- und dem Intelligenzkriterium der Lernbehinderung löst er, indem er drei Teilgruppen innerhalb der Lernbehinderten unterscheidet (S. 163–168).
1. Lernbehinderte mit deutlichen Intelligenzausfällen: bei ihnen drückt sich eine erheblich reduzierte Intelligenztestleistung (IQ zwischen 55 und 75) in einem schwerwiegenden, andauernden und umfänglichen Schulversagen einerseits sowie in einer deutlich verminderten sozialen Reife andererseits aus, ohne daß freilich ausgesprochene Verhaltensstörungen vorlägen.

„Korrelativ zur verminderten Lernleistung werden überkommene oder erworbene organische Beeinträchtigungen angenommen, die sich retardierend auf die zentralen (zerebralen) Verarbeitungsprozesse auswirken" (S. 165); dabei „können umweltbedingte Beeinträchtigungen sowohl angezeigt sein als auch fehlen" (S. 163).

2. Kinder und Jugendliche mit Lernstörungen, -schwächen und -irregularitäten: das Schulleistungsversagen bezieht sich bei ihnen nur auf einen oder auch mehrere Bereiche, die Leistungsausfälle und Irregularitäten sind umschrieben und relativ isoliert. Bei einem nur gering verminderten Intelligenzniveau mit IQ über 75 bis 80 besteht eine Tendenz zum ‚underachieving‘, zur Erzielung unterhalb des Erwartungsniveaus liegender Leistungen. Ätiologisch wird bei dieser Gruppe vielfach von ‚psychoneurologischen Lernschwächen‘, ‚Dysfunktionen‘ oder ‚Teilleistungsschwächen‘ gesprochen.

3. Kinder und Jugendliche mit Verhaltensauffälligkeiten und mit Milieuschädigungen: Hier liegen, obgleich die Intelligenztestwerte „vielfach nicht oder nicht erheblich von der Standardnorm" abweichen, Lern- und Leistungsausfälle vor, die sowohl einen nicht altersentsprechenden ‚sachstrukturellen Entwicklungsstand‘ wie auch ungenügend ausgeformte kognitive Stile und Motivationen widerspiegeln; hinzu treten Verhaltensstörungen im Sinne des ‚Asozialen‘ und des ‚Dissozialen‘. Sozio-kulturelle Deprivationen, wie sie in sozialen Randgruppen gehäuft auftreten, können – wie oben dargelegt – für einen Großteil dieser Störungen verantwortlich gemacht werden; auf sie würde am ehesten BEGEMANNs Beschreibung der Lernbehindertenschule als einer Schule für soziokulturell benachteiligte Schüler zutreffen.

Die zweite der Gruppen in KANTERs Einteilung macht eine weitere Abgrenzung der Lernbehinderung notwendig, und zwar gegenüber den Teilleistungsschwächen, auf die hier in einem eigenen Kapitel eingegangen wird (vgl. S. 182). Als Musterbeispiel einer Teilleistungsschwäche kann die Legasthenie dienen (vgl. z.B. DEUTSCHE FORSCHUNGSGEMEINSCHAFT 1976). Zu ihrer Definition gehört es, daß bei mindestens durchschnittlichem Intelligenzniveau in der Lese-Rechtschreib-Leistung eklatante Ausfälle auftreten. Zu berücksichtigen wäre dabei allerdings außerdem noch das allgemeine Schulleistungsniveau, so daß sich folgendes Schema ergibt:

Intelligenz	allg. Leistungsniveau	Teilleistung	
+	+	+	allg. Schulerfolg
+	+	−	klassische Teilleistungsschwäche (z.B. Legasthenie)
+	−	+	unvollständiges Leistungsversagen
+	−	−	generelles under-achievement (Lernbeh. v. Typ 3)
±	±	−	Lernbeh. vom Typ 2
−	+	+	over-achievement
−	+	−	begrenztes over-achievement
−	−	+	isoliertes over-achievement
−	−	−	Begabungsschwäche (Lernbeh. vom Typ 1)

Schema. Acht mögliche Kombinationen von Intelligenz, allgemeinem Leistungsniveau und Teilleistung (z.B. Rechtschreiben). KANTERs Typ 1 und Typ 3 der Lernbehinderung lassen sich zuordnen, Typ 2 macht eine zusätzliche Zwischenkategorie notwendig.

Als ‚over-achievement' beziehungsweise ‚under-achievement' wird dabei herkömmlicherweise ein Leistungsniveau bezeichnet, das von dem als Erwartungswert angenommenen Intelligenzniveau deutlich nach oben oder unten abweicht. Kritik an diesem Konzept des ‚under-achievement' hat in jüngster Zeit SCHWARZER (1979, S. 64) geübt.

Lernbehinderung und Teilleistungsschwächen werden oftmals nicht klar genug gegeneinander abgegrenzt. So wird ein generelles Schulleistungsversagen bei guter Intelligenz einerseits als Lernbehinderung aus soziokulturellen Ursachen (Typ 3) eingestuft, andererseits trifft auf diese Situation aber auch die (operationale) Definition der Legasthenie zu: die Intelligenz ist durchschnittlich, die Lese-Rechtschreib-Leistung liegt im untersten Zentil der Vergleichsgruppe. Sinngemäß kann man hier jedoch eigentlich nicht mehr von einer Lese-Rechtschreib-Schwäche im klassischen Sinn sprechen, da ja das Leistungsversagen sich generell über alle Bereiche erstreckt.

Mit seinem Typ 2 der Lernbehinderung hat KANTER eine Gruppe umrissen, die im obigen Schema eine Zwischenposition einnimmt: die Intelligenz liegt bereits leicht unterhalb der Norm, das Leistungsprofil läßt jedoch isolierte Ausfälle erkennen, so daß damit also zwischen der klassischen Teilleistungsschwäche und der generellen Begabungsminderung ein Übergang vorliegt.

3.6.5. Erfassung

Daß die Lernbehinderung wie keine andere Behinderung vom Schulsystem her determiniert wird, macht es gut möglich, auch einen system-theoretischen Ansatz auf sie anzuwenden (vgl. S. 21). Während Blinde, Gehörlose, Körper- und auch Geistigbehinderte bereits im Vorschulalter auffällig werden, ihre Behinderung auch nach der Schulzeit manifest und lebensbestimmend bleibt, werden Lernbehinderungen in der Regel erst im beginnenden Schulalter aufgedeckt; das Kriterium eines zweijährigen Schulleistungsrückstands setzt eben – wie schon oben erwähnt – eine zwei Jahre lange vergebliche Konfrontation mit schulischen Leistungsanforderungen voraus. Nach der Schulzeit verschwindet eine Lernbehinderung zwar nicht, jedoch ist, bei einigermaßen entspannter Arbeitsmarktlage, dem Lernbehinderten in der Regel eine soziale Integration in die unteren Sozialschichten und eine selbständige Lebensbewältigung möglich.

In erster Linie ist es also die Schule mit ihren Anforderungen, die eine Insuffizienz relativ zu den von ihr gesetzten Maßstäben hier als Behinderung kennzeichnet. Um so schwerer ist dies vielfach für die Erziehungsberechtigten zu akzeptieren:

„In keinem anderen Sonderschultyp gab es so viele Widersprüche und Anfechtungsklagen gegen Ein- und Umschulungsentscheidungen wie in der Hilfsschule und später in der Sonderschule für Lernbehinderte" (KAUTTER & MUNZ 1974, S. 237).

Die wichtigsten Gründe werden einerseits in der „geringen Prägnanz und Augenfälligkeit der Behinderung", andererseits in der „sozialen Diskriminierung von Hilfsschülern bzw. Lernbehinderten in der Öffentlichkeit" gesehen (vgl. S. 216).

Aufgrund der zahlreichen Widersprüche gegen Umschulungsentscheidungen sahen sich höchste Gerichte genötigt, die Rechtsgrundlagen solcher schulamtlicher Maßnahmen zu präzisieren. Sie werden in dem in Artikel sieben des Grundgesetzes verankerten Recht des Staates auf schulische Erziehung der Kinder gesehen, das dem in Artikel sechs gesicherten Elternrecht auf Erziehung der Kinder gleichgestellt sei. KAUTTER und MUNZ (1974, S. 238) zitieren in diesem Zusammenhang aus der Begründung des Bundesverfassungsgerichts (BVG): „Der Staat (bestimmt) ausschließlich und kraft Gesetzes, auf welcher Schule die Schulpflicht zu erfüllen ist." Zusätzlich wurde das Ein- und Umschulungsverfahren „einer zunehmenden Formalisierung" unterzogen „mit dem Ziel, notwendige Ein- und Umschulungen ohne Verzögerung zu sichern" (KAUTTER & MUNZ 1974, S. 238). Die Grundzüge dieses Verfahrens sind im Schema dargestellt, wobei über Einzelheiten, die teilweise von Bundesland zu Bundesland differieren, dieselben Autoren (S. 273 ff) informieren.

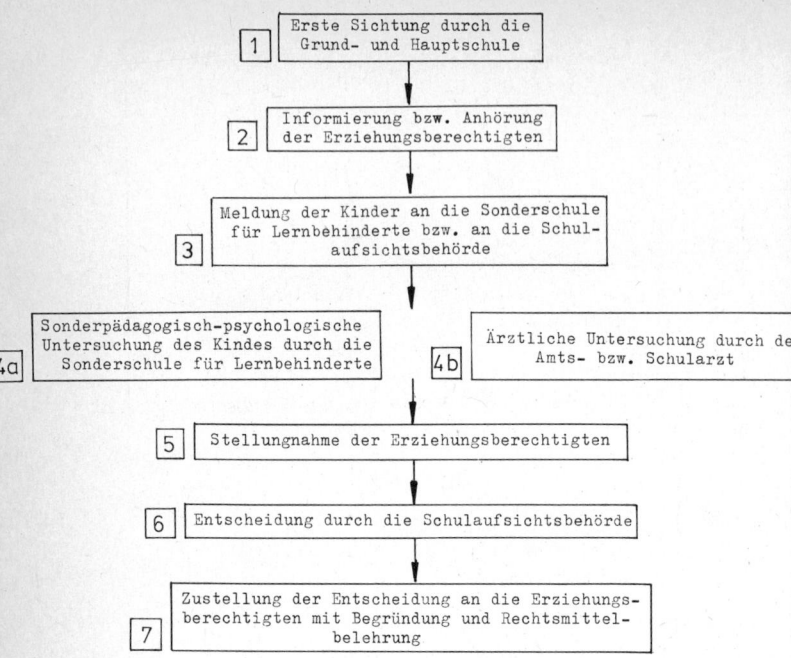

Verfahrensschritte bei der Umschulung in die Sonderschule für Lernbehinderte (aus: KAUTTER & MUNZ 1974, S. 242)

Die Unterrichtung beziehungsweise Anhörung der Erziehungsberechtigten umfaßt nur die Tatsache, daß eine Untersuchung der Sonderschulbedürftigkeit ihres Kindes geplant ist, nicht den vorgesehenen Termin. Es soll so verhindert werden, daß die Eltern ihr Kind von der Untersuchung fernhalten; die Untersuchung selbst ist nämlich kein Verwaltungsakt und kann nicht durch Verwaltungszwang durchgesetzt werden. Ein gerichtliches Vorgehen der Schulbehörde hätte wohl Erfolg, jedoch träte damit – alle möglichen Instanzen eingeschlossen – eine solche Verzögerung ein, daß die Schulzeit des zu prüfenden Kindes bereits ihrem Ende entgegeninge. Durchgeführt wird die sonderpädagogisch-psychologische Untersuchung vom Rektor der Sonderschule oder einem von der Schulbehörde beauftragten Sonderschullehrer. Ihm fällt diese Aufgabe in seiner Funktion als Experte für Lernbehinderungen zu – zu seiner Ausbildung gehörte ja auch die Testdiagnostik – jedoch ist zu beachten, daß er in

Zweifelsfällen dabei in einen Rollenkonflikt geraten könnte: als
oder gar Leiter der Sonderschule mag er die in der Grun
Hauptschule noch gegebenen Fördermöglichkeiten unterschätze
er mag an einer großen Schülerzahl wegen des Fortbestandes seiner
Schule interessiert sein.

Wenn eine Prüfung auf Sonderschulbedürftigkeit zum größten Teil
auch eine solche als Ergebnis erbringt, so kann der Grund allerdings
auch darin liegen, daß die Vorauswahl durch die abgebende Grund-
und Hauptschule relativ zuverlässig und eng ist, das heißt, daß keine
Schüler vorgeschlagen werden, denen noch irgendwelche Minimal-
chancen für ihr Fortkommen in der Normalschule eingeräumt werden.

3.6.6. Diagnose

Die Prüfung der Sonderschulbedürftigkeit umfaßt nach KAUTTER und
MUNZ (1974, S. 286 ff) folgende Bereiche:
– die Schulleistungsprüfung
– die Diagnose des kognitiven Verhaltens
– die Diagnose des Arbeitsverhaltens
– die Diagnose des emotionalen und sozialen Verhaltens
– die Diagnose der Motorik
– Sinnesprüfungen, Verhaltensbeobachtung, Langzeitbeobachtung.

Die Schulleistungsprüfung kann vom Lehrerurteil der abgebenden
Schule ihren Ausgang nehmen, wobei freilich einige Fehlerquellen
miteingehen könnten: die Subjektivität des Lehrerurteils, der halo-
Effekt (die Verallgemeinerung eines hervorstechenden Einzelmerk-
mals, zum Beispiel des Sprachniveaus oder der Deutschleistungen, auf
die Gesamtbeurteilung), die Orientierung am Klassendurchschnitt, die
unvollständige Repräsentanz der in Prüfungssituationen gewonnenen
Noten für den tatsächlichen Schulleistungsstand (vgl. KORNMANN 1977,
S. 31 f).

Ergänzend zum Lehrerurteil kann und sollte daher ein standardisierter Schulleistungstest herangezogen werden, wie etwa die ‚Schulleistungstestbatterie für Lernbehinderte und für schulleistungsschwache
Grundschüler‘ (SBL-1 und SBL-2 von KAUTTER und STORZ 1972) in
den ersten beiden Klassen oder der ‚Schulleistungstest lernbehinderter
Schüler‘ (SLS von REINARTZ 1971) in der dritten bis sechsten Klasse.

Kernstück der Untersuchung ist die Diagnose des kognitiven Verhaltens. Einen Überblick über dabei eingesetzte Verfahren gibt
ZIMMERMANN (1974); KORNMANN (1975) zeichnet als Herausge-
ber einer Diskussion der grundsätzlichen Probleme dieses Vorgehens;
KAUTTER und MUNZ (1974, S. 290 ff) unterziehen besonders die
Revisionen des BINET-Tests, PAULSEN (1977, S. 38 ff) den HAWIK
einer kritischen Stellungnahme.

Nach wie vor finden als Intelligenztests ältere Verfahren Verwendung, die zwar vom Stand der Testkonstruktion her nicht mehr neuesten Anforderungen entsprechen, jedoch als bewährt gelten und zusätzlich zum numerischen Testergebnis auch noch eine eingehende Verhaltensbeobachtung ermöglichen, da sie im Einzelversuch – in der direkten Interaktion zwischen Testleiter und Proband – durchgeführt werden.

Es handelt sich hier um den ‚Hamburg-Wechsler-Intelligenztest für Kinder‘ (HAWIK von HARDESTY und PRIESTER 1956) sowie um die drei deutschen Revisionen des alten BINET-SIMON-Stufentests:

– das ‚Binetarium‘ nach BINET-BOBERTAG-NORDEN (BBN von NORDEN 1953)
– den ‚KRAMER-Test‘, nach BINET-KRAMER (KRAMER 1972)
– den ‚Stanford-Intelligenz-Test‘ nach BINET-TERMAN-MERRILL (SIT von LÜCKERT 1965).

Diese Verfahren erbringen allerdings trotz ihres zeitlichen Aufwandes kein differenziertes Intelligenzprofil, sondern im wesentlichen nur eine globale Kennzeichnung der allgemeinen intellektuellen Leistungsfähigkeit. Ein Intelligenzprofil kann mit Hilfe des ‚Begabungs-Test-Systems‘ (BTS von HORN 1972) oder des ‚Leistungs-Prüf-Systems‘ (LPS von HORN 1962) oder des ‚Prüfsystems für Schul- und Bildungsberatung‘ (PSB von HORN 1969) ermittelt werden.

Daneben finden sprachfreie Verfahren der Intelligenzdiagnostik immer stärkere Verbreitung, deren Testaufgaben ohne verbale Inhalte allein mit Symbolen und figürlichen Darstellungen auskommen; geprüft wird dabei das Erfassen von Beziehungen im Sinne eines induktiven Denkens. Solche sprachfreien Verfahren sind:

– die Matrizen-Tests von RAVEN (z.B. die ‚Coloured Progressive Matrices‘ von RAVEN 1973);
– die ‚Bilder-Tests‘ (BT 1–2 von HORN et al. 1967, BT 2–3 von INGENKAMP 1966);
– die ‚Culture-Fair-Tests‘ nach CATTELL (z.B. der CFT-1 von CATTELL, WEISS und OSTERLAND 1976)
– die ‚Nicht-verbale Intelligenztestreihe‘ (SON von SNIJDERS und SNIJDERS-OOMEN 1954);
– die ‚Columbia Mental Maturity Scale‘ in ihrer Adaptation für Lernbehinderte (CMM-LB von EGGERT et al. 1973).

Das hier angezielte Konzept einer Grundintelligenz war von großen Hoffnungen begleitet; die intellektuelle Kapazität eines Probanden soll weitestmöglich unabhängig von schulischen, Bildungs- und Milieueinflüssen erfaßt werden.

Übersehen wird dabei bisweilen allerdings, daß mit der stärkeren Ausschaltung von Bildungseinflüssen auch der Vorhersagewert dieser

Verfahren für das künftige Leistungsverhalten und den künftigen Bildungsweg abnimmt:

„So zeigte sich, daß ‚gerechtere‘ nicht-verbale Tests sehr viel schlechter zwischen Hilfs- und Normalschülern (vgl. KLAUER 1966) bzw. zwischen Schulversagern und erfolgreichen Schülern (vgl. KEMMLER 1967) unterscheiden" (PAULSEN 1977, S. 40).

Die Grundintelligenz ließe sich dabei vorstellen als diejenige intellektuelle Kapazität, die unter günstigsten äußeren Bedingungen in intellektuelle Leistung umgesetzt werden könnte – nur sind diese günstigsten Bedingungen bei Lernbehinderten eben gewöhnlich nicht gegeben.

So sind es nach KORNMANN (1977, S. 44), der auch eine detaillierte diagnostisch-entscheidungstheoretische Strategie zur Überprüfung der Sonderschulbedürftigkeit vorgestellt hat, letztlich zwei Faktoren, die für die Aufnahme in die Lernbehindertenschule sprechen:

„Eine seit Jahren bestehende und andauernde soziokulturelle Benachteiligung sowie Schädigung des Zentralnervensystems setzen . . . der Leistungsfähigkeit in unserem Schulsystem Grenzen, die unter den gegebenen Bedingungen nur schwer oder gar nicht zu überwinden sind."

Aufgabe der Psychodiagnostik ist es in diesem Zusammenhang, nicht nur zur Selektion sonderschulbedürftiger Lernbehinderter beizutragen, sondern zugleich im Sinne einer ‚Förderdiagnostik‘ Schwerpunkte für die künftige Unterrichtung des lernbehinderten Kindes vorzuschlagen.

3.6.7. Die These einer spezifischen assoziativen Lernfähigkeit

Während die Lernbehinderungsexperten im deutschen Sprachraum gewöhnlich von Intelligenz gleichsam als einem einheitlichen Konzept sprechen, das bei Lernbehinderten bloß quantitativ verringert, kaum aber qualitativ verändert aufzufinden sei (zumindest wird dieses Problem kaum thematisiert), hat JENSEN (1973, S. 136 ff) in den USA eine abweichende Auffassung vertreten.

Er ging dabei von der Beobachtung aus, daß Unterschichtkinder mit einem niedrigen IQ vielfach „klüger erscheinen, als ihr Intelligenzquotient erwarten läßt" (S. 139), insbesondere wenn es um Merk- und Gedächtnisleistungen sowie um soziale Situationen geht. Dieses Phänomen lasse sich nicht mehr durch die Unterscheidung zwischen kulturfreien und kulturgeladenen Intelligenzleistungen verstehen, denn gerade auch in kulturfreien Verfahren schnitten Unterschichtkinder schlechter ab als Mittelschichtkinder.

Vielmehr müsse man hier – unabhängig von der Kulturnähe eines Tests – eine zweite Dimension postulieren, auf der sich „Niveau I (assoziative Fähigkeit) und Niveau II (begriffliche Fähigkeit)" (S. 138) gegenüberstünden. Die Hauptmerkmale der beiden Niveaus (nach

Kurzbezeichnung	Niveau I assoziative Fähigkeit	Niveau II begriffliche Fähigkeit
kognitiver Prozeß	Registrierung und Konsolidierung von Reiz-Input, Bildung von Assoziationen	aktive Manipulation des Inputs, Transformation
Verhältnis Input-Output	entsprechen sich	sind verschieden
Prüfung mit Hilfe von	Lerntests: Zahlenerinnern, Abfolgelernen, Assoziationslernen	Intelligenztests i.e.S., bes. sprach- und kulturfreie (Reasoning-Faktor)
Ausprägung	Unterschicht = Mittelschicht (bei IQ 60-80 sogar: US > MS)	Unterschicht < Mittelschicht
Ontogenese	rasche Entwicklung in beiden Schichten	langsame Entwicklung, dabei in Unterschicht niedrigeres Endniveau
Interkorrelation zwischen den Niveaus	in Unterschicht: sehr gering in Mittelschicht: hoch	

Die beiden Niveaus der intellektuellen Leistungsfähigkeit nach Arthur JENSEN
(1973, S. 136 ff)

JENSEN) sind in folgender Übersicht wiedergegeben.

JENSEN leitet aus diesem Modell die Forderung ab, die assoziative
Lernfähigkeit benachteiligter Kinder müsse besser genutzt werden;
anstelle einer Anwendung reiner Intelligenztests müsse man

„jenen Aspekt intellektueller Fähigkeiten aufdecken, der möglicherweise die
starke Seite des benachteiligten Kindes darstellt – die Fähigkeit für assoziatives
Lernen" (JENSEN 1973, S. 144).

In diesem Zusammenhang polemisiert JENSEN (1973, S. 145) beispielsweise gegen die Mengenlehre in den Grundschulen:

„Wenn ein Kind nicht zeigen kann, daß es die Bedeutung von 1 + 1 = 2 in
einer abstrakten, verbalen, kognitiven Weise ‚versteht', dann gestattet man ihm
praktisch nicht zu lernen, daß 2 + 2 = 4 ist."

JENSENs Modell ist bei seiner Rezeption weitgehend als provokativ
empfunden worden und auf Ablehnung gestoßen. Die fragwürdige, von
ihm vorgenommene Parallelisierung der beiden ‚Lernniveaus' mit den
beiden sozialen Schichten gab zu dem Vorwurf Anlaß, er wolle ein
Zwei-Klassen-Schulsystem, in dem Kindern unterer Sozialschichten die
Möglichkeit zum abstrakt-kognitiven Lernen im vorhinein vorenthal-
ten bleibe: „Wir werden mit JENSENs ‚Alternative' vom assoziativen
Lernen' für Unterschichtenkinder bei nichts Besserem enden als einer
Zwei-Klassen-Meritokratie!" (v. HENTIG 1973, S. 167).

Umfangreichere Befunde, die es rechtfertigen würden, von einem eigenständigen Niveau assoziativen Lernens zu sprechen – oder die eine solche Konzeption widerlegen würden – stehen noch aus. Immerhin konnte MEYER (1974, S. 83) bei geistig Behinderten zeigen, daß auf einem assoziativen Niveau erbrachte Leistungen einen nur sehr geringen Zusammenhang (r=.21–.25) aufwiesen mit Leistungen, für die schlußfolgend-kognitives Denken erforderlich war (vgl. S. 118).

Äußerst fragwürdig bleibt allerdings JENSENs Gleichsetzung einer Schichtzugehörigkeit mit einer bestimmten Begabungsstruktur. Sein Modell steht hier als Beispiel dafür, wie eine Fragestellung der Sonderpädagogischen Psychologie (hier nach der Leistungsstruktur der Lernbehinderten) Anregungen erfahren kann aus allgemein-psychologischen Diskussionen (hier aus dem Bereich des Anlage-Umwelt-Problems).

Die vorherrschende Betonung kognitiv-schlußfolgernden Denkens wird dabei in Frage gestellt. Weitläufige Ähnlichkeit läßt sich etwa erkennen zu der Forderung, die Lehrinhalte der Geistigbehindertenschule von bloßem ‚Bildungsabglanz' zu befreien, oder zu einer Bemerkung PAULSENs (1977, S. 43), in der sie GUTHKEs Lernzuwachstests – nicht ein bestimmtes Leistungsniveau, sondern der Leistungszuwachs im Verlauf einer Pädagogisierungsphase wird dabei ermittelt – zu den interessantesten Ansätzen der Erfassung kindlicher Lernstörungen zählt. Das Gemeinsame ist der Versuch, Lernbehinderung nicht mehr nur als Defizienz zu begreifen, sondern die dabei vorhandenen Fähigkeiten – und seien es solche assoziativer Art – hervorzuheben und zum Ansatzpunkt von Förderung zu wählen.

3.7. Verhaltensgestörte

3.7.1. Geschichte und Häufigkeit

Ähnlich wie die Lernbehinderungen sich vorrangig im Schulalter manifestieren, nimmt auch die Einbeziehung Verhaltensgestörter in den Kreis der Behinderten an schulischen Erfordernissen ihren Ausgangspunkt.

Leichtere Verhaltensstörungen sind wohl ein Phänomen, mit dem jeder Lehrer in seinem Unterricht fertigzuwerden hat. Demgegenüber zeigen sich Verhaltensprobleme bei manchen Kindern so massiv, daß sie dafür bis vor kurzem als ‚erziehungsschwierig' oder ‚schwererziehbar' eingestuft wurden, in der allgemeinen Schule als nicht mehr tragbar galten. In größeren Städten bestehen für sie heute eigene Sonderschulzweige, in denen in Klein- und Kleinstklassen das normale Unterrichtspensum der Volksschule vermittelt und gleichzeitig versucht wird,

143

die störenden Verhaltensmuster abzubauen oder zumindest zu reduzieren.

Diese Entwicklung ist jedoch relativ neu. Ähnlich wie die Geistig-
behinderten-Pädagogik waren auch die Bemühungen um die Erziehung
‚Schwererziehbarer‘ lange auf spezielle Anstalten und Heime beschränkt und die Domäne der Heilpädagogik im engeren Sinn, bevor
diese sich mit der Hilfsschul-, Körper- und Sinnesbehindertenpäda-
gogik zur Sonderpädagogik vereinigte (vgl. S. 19). Die Feststellung
einer Schwererziehbarkeit war nahezu gleichbedeutend mit der Heim-
einweisung, und auch heute noch sollen die Verhaltensgestörtenschulen
in der Mehrzahl Heim-Sonderschulen sein (SPECK 1977 b, S. 156).

Die Geschichte der Verhaltensgestörtenpädagogik ist daher weitgehend eine Geschichte der Heimerziehung, beginnend mit den ‚Besse-
rungsanstalten‘ für verwahrloste und straffällige Kinder und Jugendliche und verknüpft mit Namen bedeutender kirchlicher Initiatoren wie
Johann Hinrich WICHERN (1808–1881) und Don Giovanni BOSCO
(1815–1888) sowie bedeutender einzelner Pädagogen wie August
AICHHORN (1878–1949; vgl. AICHHORN 1974), Anton Semjonowitsch
MAKARENKO (1888–1939), Hans ZULLIGER (1881–1965; vgl. ZULLI-
GER 1963) oder Fritz REDL (1974).

Erst mit der Einrichtung der ‚Child Guidance Clinics‘ in den USA,
den Vorläufern der Erziehungsberatungsstellen, im Jahr 1922, und den
ersten Sonderklassen für psychopathische beziehungsweise schwererziehbare Kinder (Zürich 1926, Berlin 1928, Wien 1931, Kopenhagen
1937) begannen ambulante Bemühungen um verhaltensauffällige
Kinder. Seit 1949 wurden ‚G-Klassen‘ für gemeinschaftsschwierige
Kinder in Berlin und in Hamburg sogenannte ‚Kleinklassen‘ eingerichtet.

Außerhalb der Großstädte, wo keine speziellen E-Schulen (für
Erziehungsschwierige) vorhanden sind, soll auch heute noch vielfach
die Lernbehindertenschule ungewollt als Ersatz dienen (z.B. v.
BRACKEN 1976, S. 282); in die Lernbehindertenschule würden dort
vielfach auch solche Kinder ‚abgeschoben‘, die weniger wegen ihrer
Leistungsrückstände als vielmehr wegen ihrer Verhaltensprobleme für
untragbar gehalten werden.

Es ist klar, daß sich für die Häufigkeit von Verhaltensstörungen
kaum einhellig anerkannte Zahlen angeben lassen; je nach der individuellen Toleranz des einzelnen Lehrers, je nachdem ob nur solche
Verhaltensstörungen berücksichtigt werden, die zu Heim- oder Son-
derschulüberweisung geführt haben, oder ob nur Verhaltensstörungen
auf klar organischer Grundlage erfaßt wurden, werden die Zahlenangaben höchst unterschiedlich ausfallen.

SANDER (1973, S. 48) fand als Ergebnisse empirischer Untersuchungen und als Expertenschätzungen Werte zwischen 0,02 und 3,7 Prozent; die meisten Angaben gruppierten sich um ein bis zwei Prozent. SANDER (1973, S. 49) nimmt als Fazit einen Anteil von etwa zwei Prozent sonderschulbedürftigen Verhaltensgestörten an; da diese jedoch nur „durchschnittlich 4 von 9 Schuljahren in Sonderklassen verbringen, ergibt sich als Dauerbedarf an Sonderschulplätzen für Verhaltensgestörte eine Quote von rund 0,9 %".

In diesem Zusammenhang bemerkt SANDER, daß bei einer Beschränkung auf organogen Verhaltensgestörte deren Anzahl sehr klein wäre. Der größere Teil der Verhaltensstörungen wird auf psychische und Milieueinflüsse zurückgeführt: Mutter-Kind-Trennungen und pathologische Bindungsformen in der frühen Kindheit, eheliche Disharmonie und Unvollständigkeit der Familie, eigene Verhaltensstörungen der Eltern (die auf dem Wege des Imitationslernens übernommen werden), bestimmte Erziehungsstile (insbesondere der zurückweisende und der inkonsistente), soziale Schichtzugehörigkeit und schulische Erfahrungen (zum Beispiel ein bestimmtes, Störungen ungewollt verstärkendes Lehrerverhalten) werden als verursachende Faktorengruppen diskutiert (vgl. HAVERS 1978, S. 135 ff).

Außerdem ist hierzu die These LEMPPs (1978) zu nennen, der in neurotischen und Verhaltensproblemen die dritte Manifestationsmöglichkeit einer frühkindlichen Hirnschädigung – neben Zerebralparese und geistiger Behinderung – sieht; und zwar wirke dabei ein minimaler zerebraler Defekt (MCD) disponierend für eine sekundäre Neurotisierung (‚frühkindliches exogenes Psychosyndrom‘; vgl. dazu auch GWERDER 1976, MÜLLER-KÜPPERS 1976, ARM & FAY 1977).

Welcher Anteil von Verhaltensstörungen auf eine solche leichte organische Schädigung zurückgeht, kann jedoch kaum eindeutig ermittelt werden, da diese sich Jahre später erfolgenden diagnostischen Bemühungen eher entzieht als erschließt. Die Häufigkeit von MCD-Diagnosen schwankt zwischen einzelnen kinderpsychiatrischen Kliniken beträchtlich. HAVERS (1978, S. 133) warnt davor, aus der Verhaltensstörung auf eine Hirnschädigung rückzuschließen:

„Das ergäbe dann die paradoxe Situation, daß der Arzt die organische Schädigung auf das Verhalten zurückführt und der Leser des Schülerbogens dann wahrscheinlich das Verhalten auf die organische Schädigung."

3.7.2. Erscheinungsbild und Klassifikation

Was aber ist mit Verhaltensstörungen nun eigentlich konkret gemeint? HAVERS (1978, S. 15 ff) unterscheidet in seiner hier einschlägigen Monographie folgende Kategorien:
– Verstöße der Schüler gegen die Arbeitsanforderungen der Schule (Konzentrationsstörungen, Faulheit)

- Verstöße gegen Interaktionsregeln für den Umgang mit Schulkameraden (Stoßen, Schlagen, Wegnehmen, Anlügen, Beschimpfen, Verprügeln)
- Verstöße gegen Interaktionsregeln für den Umgang mit Lehrern und anderem Schulpersonal (Ungehorsam, Provokation)
- Verstöße gegen die Normen von Schulklasse und Schule (Schwätzen, Scharren, Beschädigung von Schulinventar, Mogeln bei Prüfungen, Verspätung und Schwänzen des Unterrichts).
- residuale Verhaltensabweichungen (frühere Bezeichnung: ‚neurotische oder nervöse Verhaltensstörungen‘, z.B. Nägelkauen, Haarausreißen, Daumenlutschen, Spiel mit den Genitalien, motorische Unruhe, häufiges Weinen, Ausdrucksweisen von Angst).

Von diesen Erscheinungsbildern ausgehend, gelangt HAVERS (1978, S. 24) zu folgender deskriptiver Definition von Verhaltensstörung, die er als Oberbegriff über ‚Erziehungsschwierigkeit‘ versteht:

„Unter einer Verhaltensstörung versteht man eine Regelübertretung, die vom Handelnden selbst oder von jemandem, der sich ihm gegenüber in einer Machtposition befindet, als störend und unangemessen beurteilt wird."

Der relationale Charakter von Verhaltensstörungen – es muß jemanden geben, der das in Frage stehende Verhalten als gestört einstuft – kommt dabei klar zum Ausdruck. Ausdrücklich ausgeschlossen werden jedoch solche Regelübertretungen, die Symptome einer Krankheit sind (z.B. epileptische Absencen) oder die unmittelbar auf niedrige Intelligenz zurückzuführen sind.

Bei der Verschiedenartigkeit der aufgeführten Verhaltensstörungen hat das Problem einer sinnvollen Klassifikation die Heilpädagogik lange beschäftigt. Nach anfänglichen phänomenologischen Ordnungsversuchen – so wurde etwa zwischen ‚gemeinschafts-bedrängenden‘ und ‚gemeinschafts-bedrängten‘ Verhaltensgestörten unterschieden – bevorzugt man heute ein empirisches Vorgehen: häufig gemeinsam auftretende Verhaltensschwierigkeiten werden in einer Gruppe zusammengefaßt: „Selbst bei unterschiedlichen Ausgangsdaten und verschiedenen statistischen Verfahren kam man immer wieder zu den gleichen Ergebnissen" (HAVERS 1978, S. 36). Vier Gruppen von Verhaltensstörungen können demnach unterschieden werden:
1. ‚Verhaltensstörungen aggressiver Art‘ oder ‚Aggressivität‘. Dazu gehört eine überdurchschnittliche Häufigkeit von körperlichen und verbalen Aggressionen, außerdem Streiten, Frechheiten, Stören des Unterrichts, Ungehorsam, Zerstören von Gegenständen, Lärmen, Wutanfälle und Herumkommandieren anderer Kinder.
2. Ebenso häufig findet man die ‚Verhaltensstörungen gehemmter Art‘ (‚gehemmtes Verhalten‘): Sich-Zurückziehen, überempfindliche Reaktionen, Äußerungen von Angst und Minderwertigkeitsgefühlen, häufiges Weinen. Aggressivität und gehemmtes Verhalten, die als Störungsgruppen am besten nachgewiesen sind, stehen in einem

Gegensatzverhältnis, wenn auch bisweilen ein Kind – situationsabhängig – Verhaltensstörungen aus beiden Gruppen zeigen kann.

3. Die folgende Gruppe bilden ‚Verhaltensweisen, die für das Alter des Kindes als unangemessen gelten' (‚unreifes Verhalten'); auf einer tieferen Altersstufe würden sie zum normalen Verhaltensinventar des Kindes gezählt werden. Beispiele sind Unaufmerksamkeit, Träumen, Passivität (bei Auseinandersetzungen), Masturbation, Kichern und Spielen während des Unterrichts.

4. Als ‚Verhaltensstörung deliquenter Art' (‚sozialisierte Delinquenz') werden die Teilnahme an gemeinsamen Diebstählen, Kontakt zu anderen Delinquenten, Mitgliedschaft in Banden und häufiges Schulschwänzen zusammengefaßt. Diese Kategorie ließ sich vor allem unter straffällig gewordenen Jugendlichen und in Großstädten nachweisen. Die genannten Verhaltensmuster werden einerseits gewöhnlich in Gruppen ausgeübt, andererseits gewöhnlich durch Nachahmung und direkte Verstärkung erworben. Individuell-gewalttätige Formen der Delinquenz kündigen sich dagegen eher durch hohe Aggressivität (Gruppe 1) an.

Während die Verhaltensstörungen aggressiver Art bei Jungen mehr als doppelt so häufig auftreten wie bei Mädchen, sind bei den Störungen gehemmter Art die beiden Geschlechter etwa gleich stark vertreten. Über unreifes Verhalten liegen keine Befunde zur Geschlechtsproportion vor. Delinquentes Verhalten ist – wie auch aus der Jugendkriminalitäts-Statistik hervorgeht – bei Jungen wieder deutlich stärker ausgeprägt (HAVERS 1978, S. 61 ff; zum Delinquenzproblem vgl. KAISER 1977 und KERSCHER 1977).

3.7.3. Verhaltensgestörte im Erwachsenenalter

Nur ganz wenige Untersuchungen haben das Schicksal der im Kindesalter Verhaltensauffälligen ins Erwachsenenalter hinein weiterverfolgt, obgleich es sich dabei um eine eminent wichtige Fragestellung handelt; an ihr entscheidet sich, ob die schulischen Verhaltensstörungen bloß mittelfristiger Natur und damit in erster Linie als Problem der Schule aufzufassen sind, oder ob sich hier die Wurzel fortdauernder Schwierigkeiten abzeichnet, die über die weitere Lebensspanne hinweg sowohl den einzelnen wie auch die Gesellschaft behindern werden.

Eine der wenigen hier einschlägigen Studien ist die von ROBINS (1966); sie wird von HAVERS (1978, S. 79 ff) referiert. ROBINS befragte 524 Versuchspersonen, die 30 Jahre zuvor als Kinder wegen Verhaltensstörungen Klienten einer Erziehungsberatungsstelle gewesen waren; 100 nach soziographischen Kriterien parallelisierte Kontrollpersonen hatten weder Erziehungsberatung noch Fürsorgeerziehung in Anspruch genommen.

Die Verhaltensstörungen in der Kindheit dienten als Prädiktoren der Längsschnittstudie; Kriterien im Erwachsenenalter waren Soziopathie, Alkoholismus, Schizophrenie, Angstneurose, chronisches organisches Psychosyndrom und Hysterie. Ein Erwachsener wurde dann als ,Soziopath' eingestuft, wenn er mindestens fünf soziopathische Verhaltensweisen zeigte, beispielsweise häufigen Wechsel des Arbeitsplatzes, häufige Scheidungen oder Partnertrennungen, übermäßigen Drogengebrauch, starke Trunksucht, wiederholte Verhaftungen, körperliche Aggressionen, Promiskuität oder sexuelle Perversionen, Selbstmordversuche.

Wichtigstes Ergebnis war die enge Beziehung zwischen ,antisozialen Verhaltensstörungen in der Kindheit' und späterer Soziopathie:

„Antisoziales Verhalten in der Kindheit sagt nicht nur das vollentwickelte Krankheitsbild voraus, das als Soziopathie diagnostiziert wird, es sagt sogar die Häufigkeit antisozialen Verhaltens voraus bei Erwachsenen, die nicht genug antisoziales Verhalten zeigen, um als Soziopathen diagnostiziert zu werden." (ROBINS 1966, S. 158)

Auf pathologisches Lügen in der Kindheit folgte in 39 Prozent der Fälle eine spätere ,Soziopathie'; nächstbeste Prädiktoren waren fehlendes Schuldbewußtsein (38 %), sexuelle Perversion (37 %), impulsives Verhalten (35 %), Schuleschwänzen und Schmutzigkeit (je 34 %), Von-zu-Hause-fortlaufen (33 %).

Weitaus geringer waren jedoch die Zusammenhänge zwischen kindlichen Verhaltensstörungen und anderen Diagnosen der Erwachsenen. ,Grübeln, Sich-Sorgen-Machen' führte in 29 %, ,übermäßige Abhängigkeit' in 21 % der Fälle in eine spätere Schizophrenie, ,Betteln' in 23 % in ein chronisches Psychosyndrom. Alle übrigen Zusammenhänge waren niedriger.

Sicherlich weist diese Untersuchung einige Schwächen auf. Wenn unter kindlichen Verhaltensstörungen ,häufiger Wechsel des Arbeitsplatzes' auftaucht, als Indikator für Erwachsenen-Soziopathie ,Schulprobleme und Schuleschwänzen', dann ist zu befürchten, daß bisweilen ein identisches Faktum sowohl als Prädiktor wie als Kriterium gedient hat.

Dennoch sind die Zusammenhänge so eindeutig, daß sie durch methodische Kritik nur schwer von der Hand gewiesen werden können. HAVERS (1978, S. 86) weist besonders auf das Ergebnis hin, „daß Verhaltensstörungen gehemmter Art eine größere Aussicht auf spontane Besserung haben als Verhaltensstörungen aggressiver und delinquenter Art"; dies stehe im Widerspruch zu vor allem von tiefenpsychologischer Seite oft geäußerten, aber nie belegten Behauptungen, Zurückgezogenheit und Ängstlichkeit seien als Gefahrensignal viel stärker zu gewichten als Aggressivität. Das Gegenteil scheint zuzutreffen.

148

Unklar bleibt auch, welchen Anteil Stigmatisierungs- und Etikettie-rungsprozesse an dem engen Zusammenhang zwischen antisozialen Verhaltensstörungen und späterer Soziopathie haben. Die statistische Güte einer verbüßten Jugendstrafe als Prädiktor für spätere Soziopa-thie ist ein verdächtiges Anzeichen dafür, daß die institutionelle Identifizierung und ‚Besserung' antisozialen Verhaltens bisweilen eher im Sinne einer sich-selbst-erfüllenden Prophezeiung zur Festschreibung einer abweichenden soziopathischen Identität führt.

3.7.4. Pädagogisch-therapeutische Maßnahmen

Die aufgezeigten Zusammenhänge können als Argument für eine spezielle, nicht jedoch stigmatisierende Beachtung kindlicher Verhal-tensstörungen dienen. Auf die unterschiedlichen, hierzu vorliegenden Konzepte unterschiedlicher Provenienz einzugehen, ist hier nicht der Raum; es sei hierfür auf die umfangreiche Literatur über Kindertherapie, Heimerziehung und Verhaltensmodifikation verwiesen.

HAVERS (1978, S. 173 ff) unterscheidet in Bezug auf schulische Erziehungsschwierigkeit zwischen

– präventiven Maßnahmen des Lehrers (Vermittlung von Verhaltens-regeln, Strukturierung des Unterrichtsablaufs, Beachtung positiven Schülerverhaltens),
– unmittelbaren Maßnahmen des Lehrers beim Auftreten von Erzie-hungsschwierigkeiten (individuelle Hilfestellung, Einbeziehen unbe-teiligter Schüler, bewußtes Ignorieren, verbale Zurechtweisungen, rasches Eingreifen, Punkteabzug und kurze Isolation),
– längerfristigen systematischen Maßnahmen des Lehrers im Unter-richt (Verhaltensmodifikation durch Verstärkung adäquaten Ver-haltens)
– längerfristigen Maßnahmen unter Einbezug von Eltern, Psycholo-gen, Sozialarbeitern oder Ärzten (Erziehungsberatungsstellen, Ju-gend- oder Sozialamt),
– schulorganisatorischen Maßnahmen (Ordnungsmaßnahmen, Schul-wechsel, innovative Ansätze).

Während tiefenpsychologisch begründete Vorgehensweisen eher in der Vergangenheit in einer Kind-Therapeut-Zweierbeziehung (ZULLI-GER) oder im Heimmilieu (REDL) eingesetzt wurden, steht heute die Verhaltensmodifikation als für den in der Klasse unterrichtenden Lehrer günstigstes Instrumentarium im Vordergrund des Interesses (vgl. z.B. AMMER et al. 1976, SEISS 1976, EISERT & BARKEY 1977, 1979, CZERWENKA 1979, ROST et al. 1975, ADAMETT et al. 1978, GRÄFF et al. 1976).

Nach den Prinzipien der Lerntheorien und analog zum Vorgehen in der Verhaltenstherapie wird dabei der Lehrer eher bemüht sein, vorhandenes positives Verhalten zu verstärken als unerwünschtes Verhalten direkt anzugehen, etwa mit Strafe zu belegen. Als Verstärker finden Anwendung:

- primäre Verstärker (z. B. Süßigkeiten oder Obst),
- Tokens (Wertmarken, die gesammelt und später eingelöst werden können),
- Tätigkeitsverstärker (eine beliebte Tätigkeit dient als Belohnung für eine weniger beliebte),
- soziale Verstärker (Lob, aber auch freundlicher Gesichtsausdruck, Beachtung, Körperkontakt) sowie
- informatives Feedback (Rückmeldung über richtige Ansätze und Fehler im Verlauf einer Aufgabe).

3.8. Sprachbehinderte

Von Herbert BUCHTA

3.8.1. Das Definitions- und Klassifikationsproblem

Der Begriff der Sprachbehinderung ist ein Sammelbegriff für Beeinträchtigungen oder Ausfälle des Sprachverhaltens. Sprachbehinderte weichen von dem durchschnittlichen Ausprägungsgrad bestimmter sprachlicher Teilleistungen negativ ab und werden dadurch auffällig. Sie gelten als Kranke im Sinn der Reichsversicherungsordnung (RVO), d. h. die Krankenkassen übernehmen die Kosten einer Sprachheilbehandlung, und sie gelten als Behinderte im Sinn des §39 Bundessozialhilfegesetz (BSHG), wonach die Personen als sprachbehindert angesehen werden, „die durch eine Beeinträchtigung der Sprachfähigkeit nicht nur vorübergehend wesentlich behindert oder von einer solchen Behinderung bedroht sind."

KNURA (1974, S. 105) definiert in ihrem Gutachten der deutschen Bildungskommission Sprachbehinderte als „solche Personen, die vorübergehend oder dauernd in unterschiedlichem Ausmaß unfähig sind, die allgemeine Umgangssprache in Laut und Schrift altersüblich aufzunehmen, zu verarbeiten und zu äußern und die deshalb in ihrer Persönlichkeits- und Sozialentwicklung sowie ihrer seelisch-geistigen und körperlichen Leistungsfähigkeit gefährdet oder beeinträchtigt sind. Die Unfähigkeit kann sich auf eine, mehrere oder alle sprachlichen Teilfunktionen erstrecken." Der Begriff Sprachbehinderung wird außerdem nur auf solche Personen angewandt, deren sprachliche Auffälligkeit nicht als Folge einer Intelligenzminderung anzusehen ist (z. B. infolge Oligophrenie).

In der Literatur stehen Begriffe wie Sprachbehinderung, Sprachstörung oder -beeinträchtigung häufig ohne klare Abgrenzungen neben-

einander oder werden teilweise völlig synonym gebraucht, so daß
ORTHMANN (1971, S. 35) eine „nomenklatorische Flurbereinigung"
forderte. Dies führte zwar in der Folgezeit zu verstärkter kritischer
Reflexion dieser Begriffe, doch ist bis heute das Symptom der Sprachbehinderung in ätiologischer, phänomenologischer, empirischer oder
prognostischer Hinsicht noch immer nicht eindeutig geklärt (vgl.
SCHOLZ 1974, S. 45 f). In neueren Beiträgen taucht verschiedentlich
der in der Literatur bisher kaum vorbelastete Begriff „Sprachauffälligkeit" auf (z.B. bei BAUMGARTNER 1978b, S. 35 ff), den PUPPE (1976,
S. 141) im weitesten Sinn des Wortes „als Symptom einer gestörten
Sprachentwicklung" versteht. In ihrem Gutachten grenzt KNURA
(1974, S. 105 ff) die häufig synonym gebrauchten Begriffe gegeneinander ab und gebraucht den Begriff der Sprachbehinderung als Oberbegriff für verschiedene Formen von Sprachstörungen.

Immer ist die Verflechtung des sprachlichen Symptoms mit den
Nebenwirkungen einer Sprachbehinderung – den sog. Korrelaten
(HOMBURG 1978, S. 130 ff) – zu beachten: Kognitive Prozesse, Wahrnehmung, Motorik, Kommunikation, Emotionen usw. hängen eng mit
Sprache zusammen und werden bei sprachlichen Auffälligkeiten deshalb häufig ebenfalls betroffen. Man kann sich diese engen Verflech-
tungsverhältnisse in Form sich überschneidender Kreise vorstellen; im
Fall einer Sprachbehinderung rückt das sprachliche Symptom, sowohl
beim Sprachbehinderten als auch bei dessen Interaktionspartner, in den
Mittelpunkt der Wahrnehmung, erscheint somit auffällig und zieht
gleichzeitig auch Störungen in den beschriebenen Korrelaten nach sich
(vgl. HOMBURG 1978, S. 132; BRAUN, HOMBURG & TEUMER 1979, S.
11). „Kindliche Sprachstörungen dürfen nie isoliert betrachtet werden,
da sie in den meisten Fällen in ein Bündel von Begleit- und Folgeerscheinungen eingebettet sind, die sich nicht nur auf den Sprachbereich
erstrecken" (KNURA 1973, S. 129). Vielmehr muß der gesamte Kontext einer Sprachbehinderung zur Beschreibung und Erklärung dieses
Phänomens herangezogen werden.

Bis vor wenigen Jahren zog sich das sprachliche Symptom wie ein
roter Faden durch die Diskussion der Sprachbehindertenpädagogik,
ohne daß gefragt worden wäre, wie sich eine Sprachbehinderung auf
der Leistungs- und Verhaltensebene äußert. Interesse an Fragestellungen dieser Art zeigt sich erst in den letzten Jahren (KNURA 1974;
ALAHUTA 1976; STEFFEN u.a. 1978; SEIDEL u.a. 1978; FRIES 1979a).
Dadurch wird der sehr komplexe Phänomenbereich der Sprachbehinderung durch neue Dimensionen ergänzt und erweitert. GRAICHEN
(1973, 1976, 1978) spricht in diesem Zusammenhang von sog. Teilleistungsschwächen bei sprachbehinderten Kindern (vgl. S. 182).

3.8.2. Zur Häufigkeit von Sprachbehinderung

Der Schwerpunkt der Entstehung und Verfestigung der meisten kindlichen Sprachstörungen liegt im Kindergarten- und Einschulungsalter. Ihr Vorkommen in dieser Altersklasse wird mit etwa 10–15 % angegeben (KNURA 1977, S. 132), wobei zwischen 8 und 10 % durch gezielte Sprachförderung in einer entsprechenden Einrichtung oder durch ambulante Maßnahmen vollständig zu rehabilitieren sind. Ungefähr 1–2 % dieser Altersklasse benötigen über mehrere Jahre hinweg oder dauernd Sonderförderung in Sonderschulen für Sprachbehinderte, evtl. mit Tagesstätte und/oder schulvorbereitender Einrichtung. Aus den Empfehlungen zur Ordnung des Sonderschulwesens vom 16.3.1972 geht hervor, daß etwa 0,5 % der Schulpflichtigen sonderschulbedürftige Sprachbehinderte sind; diese besuchen im Durchschnitt 3 Jahre die Sonderschule, bevor sie in die normale Grundschule entlassen werden (vgl. SANDER 1971).

Wie die Deutsche Gesellschaft für Sprachheilpädagogik mitteilt, sind in der BRD rund 1,2 Millionen Menschen sprachbehindert, das entspricht 2 % der Gesamtbevölkerung. SCHULZE & TEUMER (1973, S. 172) sprechen von einer „erheblichen Dunkelziffer" bei den Behandlungsbedürftigen. Den Sprachbehinderten stehen in unserem Land ungefähr 4000 Sprachtherapeuten zur Verfügung (Logopäden, Sprachtherapeuten, Sonderschullehrer für Sprachbehinderte).

Sprachbehinderungen sind bei Jungen häufiger als bei Mädchen; das Verhältnis wird in der Literatur – besonders für Stottern – mit 4 : 1 bis 3 : 1 angegeben.

3.8.3. Formen von Sprachbehinderung

Zwar kann in diesem Rahmen nicht auf die kindliche Sprachentwicklung eingegangen werden (s. hierzu die einschlägigen Lehrbücher), doch muß erwähnt werden, daß die meisten Formen von Sprachbehinderung bereits während der Sprachentwicklung des Kindes auftreten, normalerweise aber bis zum Ende des 4. Lebensjahres wieder verschwinden. Zu diesem Zeitpunkt sollte die sprachliche Entwicklung in den wesentlichen Zügen abgeschlossen sein. Bis dahin muß ein Kind Wortschatz, Aussprache und Grammatik der Umgangssprache erworben haben. Die weitere Entwicklung ist dann gekennzeichnet durch den differenzierten Gebrauch und die bewußtere Gestaltung der Sprache.

Es ist schwer, die einzelnen Sprachstörungen in ein allgemein gültiges Ordnungsschema einzufügen, da es verschiedene Möglichkeiten der Darstellung gibt (vgl. SEEMANN 1969; LUCHSINGER & ARNOLD 1970; BAUER 1973; WURST 1973; BÖHME 1974; KNURA 1974; BECKER & SOVAK 1975; FÜHRING u.a. 1976; WENDLER & SEIDNER 1977;

WESTRICH 1978). Eine Klassifikation der Sprachbehinderungen ist unter sehr verschiedenen Aspekten möglich, und kein Schema kann bisher allen Ansprüchen genügen. KNURA (1974) und BECKER & SOVAK (1975) teilen Sprachbehinderungen folgendermaßen ein:

1. Störungen der Sprachentwicklung: Verzögerte Sprachentwicklung; Stammeln; Dysgrammatismus; Lese-Rechtschreib-Störungen.
2. Früh- und späterworbene Störungen der Sprache: Zentrale Sprachstörungen wie Aphasien, Agnosien oder Apraxien; expressive Sprachstörungen wie Dysarthrien, die verschiedenen Formen von Näseln und von Stimmstörungen; reaktive Störungen der Sprache wie Stottern, Poltern oder Mutismus.

Einen anderen Ansatz zur Klassifikation von Sprachbehinderungen nennt HOMBURG (1978, S. 58); er teilt Sprachstörungen ein nach

1. Störungen des Sprachsystems (Sprachkompetenz), bei der bereits die Antizipation der sprachlichen Äußerung von der Normerwartung abweicht: Aphasien, Dysgrammatismus, Artikulations- und Stimmstörungen;
2. Störungen der Sprachverwendung (Sprachperformanz), bei der der Zugriff auf das Sprachsystem durch für Sprache unspezifische Faktoren gestört ist: Stottern, Poltern, Mutismus.

Im Folgenden sollen die Sprachstörungen – der Häufigkeit nach geordnet – kurz vorgestellt werden, mit denen der Autor tagtäglich in der Tagesstätte für Sprachbehinderte zu tun hat.

Verzögerte Sprachentwicklung (Sprachentwicklungsverzögerung): Sie zeigt sich in verspätetem Beginn und/oder verlangsamtem Verlauf der Sprachentwicklung, d. h. ein solches Kind beginnt bis zum 3. oder 4. Lebensjahr entweder überhaupt nicht zu sprechen oder spricht nur sehr wenig oder schwer verständlich, auf keinen Fall altersgemäß. Die Prognose ist bei der einfachen Form recht gut; solche Kinder können bei rechtzeitiger Förderung oft normal eingeschult werden. Bei der schwersten Form, der sog. Hörstummheit (Audimutitas), ist die Behandlung in der Regel sehr langwierig und prognostisch nicht so günstig, da diese Form häufig auf frühkindliche Hirnschädigungen zurückzuführen ist.

Die verzögerte Sprachentwicklung kann verursacht werden
– im sozialen Bereich durch fehlende oder unzureichende Stimulanz bzw. durch mangelnde Sprachmuster (s. im Extremfall die Entwicklungsgeschichte von „Kaspar Hauser"), durch ein negatives Erzieher-Kind-Verhältnis (Vernachlässigung, Überbehütung) oder durch Fehleinstellungen zum Sprachverhalten;
– im impressiven Bereich durch Störungen der visuellen oder auditiven Wahrnehmung; vor allem letztere ist für die Entwicklung der Sprache von ausschlaggebender Bedeutung, was man leicht daran beobachten

kann, daß gehörlose, aber auch blinde Kinder nur sehr schwer sprechen lernen, falls überhaupt;
- im zentralen Bereich durch Störungen der gnostischen Tätigkeit, d. h. des Erkennens, Behaltens und Wiedergebens wahrgenommener Wortstrukturen, durch Störungen im Dekodieren von sprachlichen Zeichen (phonematische Differenzierungsschwäche) oder durch mangelnde visuomotorische Koordinationsfähigkeit (Auge-Hand-Koordination);
- im expressiven Bereich durch Koordinationsstörungen der Sprechbewegungen infolge motorischer Ungeschicklichkeit (z. B. bei Reifungsverzögerung der Sprechwerkzeuge).

Kinder mit verzögerter Sprachentwicklung erwecken oft den Anschein von Schwachsinn oder Minderbegabung, besonders dann, wenn die sprachlichen Äußerungen des Kindes nicht verstanden werden. Es kommt vor, daß solche Kinder ihre eigene Sprache entwickeln, die nur von den engsten Bezugspersonen verstanden werden kann. Um Sprachentwicklungsverzögerung infolge Minderbegabung abgrenzen zu können – minderbegabte Kinder können in einer Sprachheilschule nicht optimal gefördert werden; sie werden rasch überfordert – ist eine differentialdiagnostische fachärztliche (Phoniater, Neurologe, Augenarzt) und psychologische Untersuchung besonders wichtig (Intelligenz, Leistungs- und Sozialverhalten, Anamnese). Bei Sprachentwicklungsverzögerung infolge einer Hörstörung ist zu entscheiden, ob das Kind besser in einer Sonderschule für Hörbehinderte als für Sprachbehinderte untergebracht wird.

Stammeln (Dyslalie): Stammeln ist eine Entwicklungsstörung der Artikulation. Es können einzelne Laute (partielle Dyslalie), mehrere Laute (multiple Dyslalie, die häufigste Form) oder alle Laute bzw. Lautverbindungen oder -gruppen betroffen sein (universelle Dyslalie). Man unterscheidet Lautstammeln, wenn einzelne Phoneme gestammelt werden (z. B. Dudi statt Susi, Dopf statt Kopf), und Wort- bzw. Silbenstammeln bei Laut- und Silbenauslassungen (z. B. Loketive statt Lokomotive) und -umstellungen (z. B. Lappwaschen statt Waschlappen). Am häufigsten sind R- und S-Laute gestört, Vokalstörungen sind dagegen sehr selten, da Vokale leichter gelernt werden. Zur Bezeichnung bestimmter fehlerhafter Laute wird die entsprechende Störung durch die Endung -ismus gekennzeichnet, indem man diese an den griechischen Namen des betreffenden Lautes anhängt, z. B. Rhotazismus (R-Störung) oder Sigmatismus (S-Störung). Je nach Art gibt es verschiedene Unterscheidungen, z. B. Sigmatismus interdentalis (Zungenspitze wird zwischen den Schneidezähnen durchgeschoben; Lispeln; weitere Unterscheidungen s. BECKER & SOVAK 1975, S. 124).

Stammeln ist die häufigste Sprachstörung bei Kindern, doch gehen die Angaben über die Häufigkeit infolge methodischer Schwächen vieler Untersuchungen weit auseinander. Die Angaben schwanken zwischen 0,7 und 18,5 % (BECKER & SOVAK 1975, S. 118 f; LUCHSINGER & ARNOLD 1970, S. 450 ff). Bei Kindern im Vorschulalter tritt Stammeln – entwicklungsbedingt – weitaus häufiger auf als bei Schulkindern; Kindergartenkinder haben eine bessere Artikulation als Kinder ohne Kindergartenbesuch.

Als Ursachen der Dyslalie kommen funktionelle und organische Störungen in Betracht (funktionell: weder Intelligenzmangel noch Hörstörung oder pathologischer Befund der Sprechwerkzeuge); doch ist diese Einteilung nicht völlig korrekt, weil die wechselseitige Beziehung zwischen beiden Ursachen sehr komplexer Natur ist. Der Begriff des funktionellen Stammelns ist aufgrund neuerer Forschungsergebnisse zunehmender Kritik ausgesetzt (LUCHSINGER & ARNOLD 1970, S. 395), die zur Vorsicht mahnt „gegenüber einer allzu leichtfertigen Einstufung des Stammelns als ‚bloßer Störung des mechanischen Sprechvorgangs‘, die durch reine Artikulationsübung schnell zu beseitigen ist" (KNURA 1974, S. 111). Behandlungsfehler, die hier gemacht werden, führen oft zu zunehmendem Störungsbewußtsein und zu schweren Folgeschäden, etwa in Form des Stotterns. Daher muß die beeinträchtigte Erlebnisverarbeitung des Stammlers mit in die Behandlung einbezogen werden (WESTRICH 1974).

Bei der Diagnostik des Stammelns wird zunächst die Lautbestandsaufnahme durchgeführt anhand von Wörtern, die das Kind nachsprechen muß. Grundsätzlich müssen die phonematische Differenzierungsfähigkeit und die motorische Geschicklichkeit festgestellt werden; eine eingehende Untersuchung des Gehörs und der Sprechwerkzeuge ist unerläßlich, um eventuelle organische Ursachen des Stammelns zu beseitigen (WULFF 1964). Auch die Teilleistungsschwächen, die mit Stammeln im Zusammenhang stehen, sollten diagnostiziert und mitbehandelt werden. Im einzelnen wird die Beseitigung von Artikulationsfehlern von WEINERT (1978) beschrieben. Daß die Behandlung spielerisch erfolgen und in den Alltag des Kindes eingebaut werden muß, bedarf eigentlich keiner besonderen Erwähnung.

Dysgrammatismus: Darunter versteht man die Unfähigkeit, dem Gedankenfluß die gebräuchliche grammatische und syntaktische Ausdrucksform zu geben. Der von BECKER & SOVAK (1975, S. 132) gebrauchte Begriff des Agrammatismus ist abzulehnen, weil meistens kein absolutes Unvermögen zur Wort- und Satzbildung vorliegt, sondern nur partielle Ausfälle auftreten. Eine leichtere Form von Dysgrammatismus liegt vor, wenn sich die Fehler in der spontanen Sprache zeigen, die schwerere Form, wenn auch beim Nachsprechen von Sätzen Fehler gemacht werden. Oft ist Dysgrammatismus verbunden mit

Stammeln und geringem Wortschatz. Je nach Schweregrad schränkt diese Sprachstörung die Kommunikationsfähigkeit eines Kindes erheblich ein, so daß auch hier eine komplexe Behandlung notwendig ist.

„Dem Dysgrammatismus liegt eine herabgesetzte Fähigkeit des Kindes zu bestimmten Wahrnehmungs- und Verallgemeinerungsprozessen zugrunde" (KNURA 1974, S. 112). Häufige Ursachen sind außer angeborenen und erworbenen Intelligenzdefekten und einer frühkindlichen Hirnschädigung, Hospitalismus, Aufmerksamkeitsstörungen, Mehrsprachigkeit in der Umgebung, abrupter Milieuwechsel und mangelndes Sprachgefühl. Eine sehr umfassende Darstellung der Ursachen des Dysgrammatismus findet sich bei ZUCKRIGL (1964, S. 16 ff).

Die Behandlung des Dysgrammatismus ist oft mühevoll und erfordert viel Geduld, vor allem, wenn zusätzlich die Redefreudigkeit gefördert werden muß, was häufig der Fall ist.

Entwicklungsstörungen des Lesens und Schreibens (Lese-Rechtschreib-Schwäche; Legasthenie): Schrift und Lautsprache „stellen lediglich verschiedene Aspekte ein und derselben spezifisch menschlichen Leistung dar: der Kommunikation durch den Gebrauch von Symbolen" (KLASEN 1970, S. 52). Lesen und Schreiben sind ein Schritt zur vollendeten Sprachentwicklung, daher subsumieren manche Autoren die Lese-Rechtschreib-Schwäche unter Sprachstörungen (KNURA 1974; BECKER & SOVAK 1975). Beim Erlernen des Lesens und Schreibens spielen sich beim Kind laufend Umwandlungsprozesse zwischen gehörtem, gesprochenem und geschriebenem Wort ab; so weist MÖCKEL (1978, S. 34) darauf hin, daß Schreiben aus gesprochener Sprache erwächst und ein Umwandlungsprozeß der gesprochenen Sprache ist. Insofern treten, besonders bei Stammlern und Dysgrammatikern, häufig auch Lese- und Rechtschreibstörungen auf. KLASEN (1970) fand bei 22,4 % der von ihr untersuchten Legastheniker eine Sprachbehinderung in Form von Stammeln, Dysgrammatismus und Stottern, bei fast 40 % Sprachentwicklungsverzögerungen. Nach FRIES & HANNA (1979) ist bei sprachbehinderten Kindern die quantitative Rechtschreibleistung hochsignifikant schwächer als bei nichtsprachbehinderten Kindern, hauptsächlich bedingt durch Speicherschwächen und Wahrnehmungsfehler im akustischen Bereich. R. BECKER (1967) rechnet die Behandlung der Lese-Rechtschreib-Störungen zum Aufgabengebiet der Logopädie und geht ausführlich auf die Entwicklung der Schriftsprache bei behandelten Sprachbehinderten ein (1969). Man könnte die Legasthenie jedoch auch als eine typische Teilleistungsschwäche von Sprachbehinderten bezeichnen (vgl. BRUSCHEK 1977), da sie, definitionsgemäß, wie auch Sprachbehinderung, als spezifisches Phänomen bei durchschnittlicher Intelligenz auftritt (BUSEMANN 1954). Als Ursachen werden außer soziokulturellen Faktoren Störungen im zentralnervösen Bereich (auditive und visuelle Wahrnehmungsschwäche, herabgesetzte Gedächtnisleistungen oder Schwierigkeiten bei der Laut-Buchstaben-Assoziation) und im expressiven Bereich angenommen (Schwierigkeiten bei der Umsetzung von verbaler in motorische Tätigkeit; s. KNURA 1974, S. 113; vgl. JOHNSON & MYKLEBUST 1971, S. 181 ff und FISCHER 1977). „Internationale Erfahrungen besagen, daß es nicht immer gelingt, die Störung in ihrer gesamten Breite abzubauen" (BECKER & SOVAK 1975, S. 146).

Stottern (Balbuties, Dysphemie): Beim Stottern wird der Redefluß unterbrochen, entweder durch krampfartige Wiederholungen einzelner Laute oder Silben (klonisches Stottern, z.B. D-D-D-Du) und/oder durch pressendes Verharren in einer Artikulationsstellung (tonisches Stottern, z.B. - - - -Du). Häufig sind beide Momente enthalten, so daß man von tonisch-klonischem Stottern spricht. Atmung und Lautbildung sind in der Regel mitbetroffen; die motorischen Hemmungen im Bereich der Sprechwerkzeuge werden häufig von ausfahrenden, bizarren Mitbewegungen der Extremitäten begleitet (KNURA 1977, S. 131).

Für das Stottern gibt es bisher weder eine allgemeingültige Definiton noch stimmen die Auffassungen über die Ätiologie des Stotterns überein. Es gibt folgende Richtungen (KNURA 1974, S. 119):

– Die Entwicklungstheorien vertreten die Auffassung, daß Stottern durch den Einfluß besonderer Umweltsituationen eintritt.

– Die Dysphemietheorien sehen im Stottern das Teilsymptom einer Organstörung auf erblicher Grundlage.

– Die Neurosetheorien halten das Stottern für den Ausdruck eines psychoneurotischen Zustandes aufgrund von psychischen Konflikten, die je nach der jeweiligen Neurosenlehre unterschiedlich betont werden.

– Die Lerntheorien interpretieren Stottern als gelerntes Verhalten, das permanent verstärkt wird und durch entsprechende verhaltensmodifikatorische Techniken wieder verlernt werden kann. WENDLANDT (1977) hat ein ausführliches Programm zur Resozialisierung erwachsener Stotterer auf der Grundlage der Verhaltenstherapie erarbeitet.

Es werden in der Literatur Häufigkeiten für Stottern zwischen 0,7 und 1,4 % im Vorschul- und Grundschulalter genannt. Es handelt sich bei Stottern um die hartnäckigste Sprachstörung überhaupt: etwa ein Drittel der Stotterer kann geheilt werden, ein Drittel bessert sich und ein Drittel ist unheilbar. Vor allem die Eltern haben große Probleme mit ihren stotternden Kindern; meist schenken sie dem Symptom zu große Beachtung, sind ungehalten und versuchen, die Sprache des Kindes zu verbessern. In dem Maße, in dem ein Stotterer auf seine sprachlichen Mißerfolge aufmerksam gemacht wird, fixiert oder verschlechtert sich jedoch die Störung. Die Prognose ist daher, wie bei allen Sprachstörungen, umso günstiger, je frühzeitiger die Behandlung einsetzt und je größer das Verständnis und die Bemühungen der Eltern sind.

Poltern: Poltern ist gekennzeichnet durch eine verwirrte, gehetzte und verschliffene Redeweise, die die Folge eines übermäßig beschleunigten Sprechtempos zu sein scheint; es kommt zu Silbenverschlucken und -wiederholen. Als Ursachen können somatische, psychische und habituelle Faktoren in Betracht gezogen werden. Poltern wird manchmal als „funktionelle Variante des Stotterns" angesehen (KNURA 1974, S. 120). Die Abgrenzung zum Stottern ist nicht immer ganz einfach. BECKER & SOVAK (1975, S. 228) geben eine Zusammenstellung der wichtigsten Unterscheidungskriterien zwischen Stottern und Poltern.

Näseln (Rhinolalie): Das Näseln ist die auffälligste der Artikulationsstörungen infolge pathologischer Veränderungen der Sprechorgane (Dysglossie). Es handelt sich hierbei sowohl um eine Störung des Klanges als auch um eine Störung der Aussprache. Die Resonanz, die an der Gestaltung des Sprechklanges bis zu einem gewissen Grad beteiligt ist (Nasalität), tritt bei einigen Lauten stärker hervor, bei anderen besteht sie überhaupt nicht. Sie ist abhängig von der Stärke des Gaumen-Rachen-Verschlusses, der am stärksten bei den Vokalen und den Zischlaut- und Explosivlautkonsonanten ausgeprägt ist. Kein Nasen-Rachen-Verschluß findet bei den Nasallauten m, n und ng statt; deshalb tritt bei ihnen die größte Nasalität auf. Eine abnorm veränderte Nasalität bezeichnet man als Rhinolalie oder Näseln (BECKER & SOVAK 1975, S. 182); diese kann herabgesetzt (Rhinolalia clausa oder geschlossenes Näseln) oder erhöht sein (Rh. aperta oder offenes Näseln). Beim geschlossenen Näseln kommt als organische Ursache eine eingeschränkte Nasendurchgängigkeit in Betracht. Das offene Näseln ist häufig die Folge von Gaumenspalten oder von Gaumensegelunterfunktion, beides zieht auch zahlreiche Artikulationsstörungen nach sich. Wenn bei unzureichender Durchgängigkeit der Nase der Gaumenrachenverschluß unvollständig ist, kommt es zum Erscheinungsbild des sog. gemischten Näselns (Rhinolalia mixta).

Stimmstörungen: Sie können in allen Lebensaltern auftreten und sind durch eine Heiserkeit unterschiedlicher Ausprägungsform charakterisiert. Außer Kehlkopf-Asymmetrien spielen vor allem die psychogenen Dysphonien – belegte, heisere Stimme – oder Aphonien – der Sprecher vermag nur noch zu flüstern – eine große Rolle, die durch Streßsituationen oder psychische Belastungen, vorzugsweise bei Frauen, ausgelöst werden. Die häufigste Stimmstörung ist die hyperkinetische Dysphonie, die vor allem bei Kindern oder in Sprecherberufen vorkommt (Lehrer; 30–40 % aller kindlichen und 72 % aller Stimmstörungen in Sprecherberufen; KNURA 1974, S. 117). Die häufigsten und für die

Sprachheilpädagogik relevanten Stimmstörungen werden von BÖHME (1974) beschrieben.

Die folgenden Sprachstörungen, die bei Kindern in Sprachheilschulen weniger vorkommen, sollen nur der Vollständigkeit halber erwähnt werden: Die *Agnosie* zählt nach KNURA (1974, S. 114) zu den früherworbenen zentralen Störungen der Sprache und wird vor allem durch Hirnschädigungen verursacht. Die verbale auditive Agnosie verhindert das Verstehen der Sprache, obwohl sie gehört wird (LUCHSINGER & ARNOLD 1970, S. 432), während die verbale visuelle Agnosie die Fähigkeit beeinträchtigt, Buchstaben und Wörter zu erkennen und zu behalten. Die verbale Apraxie erschwert das Behalten und Wiedergeben von Sprachmustern bei intaktem Sinnverständnis. Zu den späterworbenen zentralen Störungen zählt vor allem die *Aphasie*, die den Verlust der Sprache bedeutet und die in die Broca-Aphasie (motorische Störung), die Wernicke-Aphasie (sensorische Beeinträchtigung), die globale Aphasie (starke, umfassende Störung) und die amnestische Aphasie (Begriffsfindungsstörung), unterteilt werden kann (POECK 1977, S. 108 ff). Weiterhin soll noch der *Mutismus* genannt sein, eine psychogene Stummheit (elektiver Mutismus: zeitweilige Stummheit).

3.8.4. *Zur gesellschaftlichen Situation Sprachbehinderter*

Die Situation der Sprachbehinderten sieht in den einzelnen Bundesländern und im Ausland hinsichtlich ihrer Institutionalisierung und des strukturellen Aufbaus des Sprachheilwesens recht unterschiedlich aus, und es ist schwierig, einen Überblick zu gewinnen. In der Bundesrepublik Deutschland hat nach dem 2. Weltkrieg die Sozial- und Schulgesetzgebung, insbesondere das Jugendwohlfahrtsgesetz (1961), das Bundessozialhilfegesetz (1961) und das Gutachten der ständigen Konferenz der Kultusminister zur Ordnung des Sonderschulwesens (1960), die Situation der Sprachbehinderten entscheidend verbessert, vor allem durch die Einrichtung von spezifischen Beratungs- und Behandlungsstellen. Hier sind vor allem zu nennen (KNURA 1977, S. 137):

- Beratungsstellen für ambulante Sprachheilarbeit in Schulen, Gesundheitsämtern und Kliniken;
- Kindergärten und Vorschulen an Sonderschulen für Sprachbehinderte, evtl. mit angeschlossener Tagesstätte;
- Sonderschulen für Sprachbehinderte (Sprachheilschulen), vor allem für den Grundschulbereich, die zusätzlich zur Sprachtherapie den Lehrstoff der Grundschule vermitteln;
- Sprachheilheime und Heimschulen für Sprachbehinderte mit resistenten Störungen;

– Klinische Einrichtungen an Universitäten oder Krankenhäusern, die sowohl Diagnostik als auch Rehabilitationsmaßnahmen für Sprachbehinderte anbieten;
– Private Sprachheilbehandlung durch Sprachheillehrer und Logopäden. Psychologen werden von einigen Kassen als Sprachtherapeuten anerkannt.

Die verschiedenen Einrichtungen des Sprachheilwesens, über die WIECHMANN (1978) ausführlich berichtet, befinden sich in öffentlicher oder privater Trägerschaft und stehen meist unter der Leitung von Fachärzten, Diplom-Psychologen oder Fachpädagogen. Anzustreben ist außer den Rehabilitationseinrichtungen ein Zentrum zur Früherfassung und Frühförderung sprachbehinderter Kinder. Auch sollten Sprache und Sprachbehinderung ein Schwerpunktprogramm für interdisziplinäre Zusammenarbeit und Forschung werden. Einen ersten Ansatz dazu machte die Deutsche Forschungsgemeinschaft (1978).

3.8.5. *Lern-, Leistungs- und Sozialverhalten Sprachbehinderter*

Es gibt im deutschen Sprachraum kaum Untersuchungen zum Lern-, Leistungs- und Sozialverhalten Sprachbehinderter; aus diesem Grund muß häufig auf die Ergebnisse der zahlreichen angloamerikanischen Untersuchungen zurückgegriffen werden (s. BLOCH & GOODSTEIN 1971), die jedoch nur bedingt auf deutsche Verhältnisse übertragbar sind. Die Gründe für die wenigen deutschen Forschungsergebnisse auf diesem Sektor liegen wahrscheinlich in der noch jungen Geschichte der Sprachheilpädagogik, in dem noch immer spärlichen Gebrauch empirischer Forschungstechniken in der Pädagogik (KNURA 1974, S. 132), in „der relativen Abstinenz bei der praktischen Pädagogenschaft gegenüber theoretischen Abhandlungen" (HOMBURG 1978, S. 21) und in der Vormachtstellung der Medizin auf diesem Gebiet, „die auf die Verwendung adäquater empirischer Methodik verzichtet und spekulative sowie intuitive Erfahrungsurteile ... unzulässig generalisiert" (BAUMGARTNER 1978 b, S. 35).

Im Folgenden sollen einige wichtige Besonderheiten und Auffälligkeiten bei Sprachbehinderten beschrieben werden, die mit der Sprachstörung einhergehen, durch sie ausgelöst werden oder sie bedingen, wobei in erster Linie auf die jüngsten deutschsprachigen Untersuchungsergebnisse zurückgegriffen wird. Die wichtigsten amerikanischen Untersuchungen sind bei KNURA (1974, S. 134 ff) übersichtlich dargestellt.

Das Sozialverhalten Sprachbehinderter

Die Soziolinguistik (BERNSTEIN 1972; OEVERMANN 1968, 1972) beschäftigte sich bisher wenig mit der Frage, inwieweit Sprachstörungen durch soziokulturelle Faktoren mitverursacht werden (KRÖHNERT 1971, S. 220). Die wenigen Untersuchungen hierzu ergeben noch dazu kein einheitliches Bild: So stehen nach JANTZEN, KAMMEL & ZEISER (1976) Sprachbehinderung und Herkunft aus unteren sozialen Schichten in einem nachweisbaren Zusammenhang, während KOZIELSKI, KIESE & CHILLA (1976) keinen Einfluß der Schichtzugehörigkeit auf die Artikulationsfähigkeit von Kindern feststellen konnten. Nach KNURA (1974, S. 134) zeigt die Erfahrung, daß Artikulations- und Sprachentwicklungsverzögerte häufig in einem belasteten Familienklima aufwachsen, das durch abweichendes Erziehungsverhalten wie Rigidität oder Überbehütung, verborgene Ablehnung oder wenig Ermutigung zum Sprechen charakterisiert werden kann. Artikulationsgestörte sind umso weniger sozial anerkannt, je stärker die Störung ist. Auf diese soziale Ablehnung reagieren sie häufiger als Sprachunauffällige mit Symptomen seelischer Störungen wie Wutanfällen, Bettnässen oder Ängstlichkeit. Im Klassenverband sind sie meistens isoliert und schwerer zu integrieren. GROHNFELDT (1977) versucht, durch ein behinderungsspezifisches Rollentraining diese soziale Isolation abzubauen.

Auch Stotterer sind sozial weniger gut angepaßt als normalsprechende Kinder. „Ihre familiäre Situation ist häufig gespannt" (KNURA 1974, S. 134), die Eltern verlangen mehr von ihren Kindern als in anderen Familien, so daß Stotterer häufig überfordert werden. Dadurch verringert sich ihr Selbstvertrauen, und ihre Furcht vor Mißerfolg verstärkt sich (BLOODSTEIN 1969, zit. nach KNURA 1974, S. 135). Die gesellschaftliche Situation der Stotterer wird in der Literatur übereinstimmend als besonders erschwert angesehen (GROHNFELDT 1975, S. 73).

Für alle Sprachbehinderten läßt sich sagen, daß sie sich in ihrem sozialen Wertbewußtsein, in ihrem Selbstverständnis und in ihrer Einstellung zur Umwelt anders verhalten als Sprachunauffällige (KNURA 1971, 1972). Während DEUSE (1975, S. 46) fand, daß sprachbehinderte Kinder gegenüber ihren Klassenkameraden aggressiver eingestellt sind als andere Kinder, konnte BAUMGARTNER (1978b, S. 198) diese Aussage dahingehend differenzieren, daß sich deren Sozialverhalten durch die beiden Dimensionen Aggression und Gehemmtheit gleichermaßen charakterisieren läßt. Auch fand er für die sprachauffälligen Kinder erhöhte Aktivitäten in mehr isolierenden als zur Interaktion anregenden Tätigkeiten wie Malen, allein spielen, Bücher anschauen u.ä.; bei normalsprechenden Kindern dagegen dominierten Rollenspiele und Spiele, die die Mitarbeit der anderen voraussetzen (1978a, S. 49 f). FRIES (1979b) fand bei Sprachbehinderten außerdem höhere Neurotizismus-Werte (emotionale Instabilität) und höhere Schulunlust (negative Einstellung zur Schule) als bei normalsprechenden Kindern, so daß Sprachbehinderte „in bedeutend größerem Umfang als bisher eine schulbegleitende psychagogische und psychologische Behandlung" (S. 76) brauchen, z.B. in der teilstationären Einrichtung der Tagesstätte (SCHAAR & WAPPES 1979). Diese zusätzliche Betreuung muß jedoch sehr frühzeitig einsetzen, da Persönlichkeitsstörungen bei älteren sprachbehinderten Kindern stärker deutlich werden als bei jüngeren.

Das Lern- und Leistungsverhalten Sprachbehinderter

Ganz allgemein kann man sagen, daß die Lernleistungen Sprachbehinderter gegenüber denen Normalsprechender abfallen, auch dann noch, wenn die intelligenzschwachen Sprachgestörten in dem Vergleich nicht mit berücksichtigt werden. Daraus schließt man, daß Sprachhinderung oft gemeinsam mit einer allgemeinen Hirnleistungsschwäche und damit Lernschwäche auftritt, die die volle Ausschöpfung des individuellen kindlichen Begabungspotentials verhindert, wenn die Betroffenen nicht speziell gefördert werden (LEMPP 1978; JOHNSON & MYKLEBUST 1971).

Für die Gruppe der Stammler und Sprachentwicklungsverzögerten lassen sich besonders Störungen im Bereich der Sensorik (z.B. Lautdiskriminationsfähigkeit), des Lesens und Schreibens, der Motorik, der Musikalität (einschl. Rhythmus), der Lateralität, der Konzentrationsfähigkeit und der visuellen Wahrnehmung feststellen (vgl. KNURA 1974, S. 137 ff). Bei den Stotterern zeigen sich ebenfalls geringere Leistungen in Konzentration und Ausdauer, außerdem schlechtere Wortfindung, Merkfähigkeit und Umstellungsfähigkeit. Unter Zeitdruck fallen Stotterer erheblich in ihrer Leistung ab und schneiden hinsichtlich des Schulerfolgs schlechter ab als Normalsprechende.

Die neuesten deutschen Untersuchungen (STEFFEN u.a. 1978; SEIDEL u.a. 1978; FRIES 1979 a) können die amerikanischen Untersuchungen bestätigen und differenzieren. So kann man davon ausgehen, daß innerhalb der einzelnen Sprachbehinderungsformen die Dysgrammatiker in den Bereichen der visuellen Wahrnehmung und der Motorik (FRIES & LEBSCHI 1979; SÖHL 1979) stärkere Ausfälle zeigen als die Stammler und Sprachentwicklungsverzögerten, diese wiederum stärkere als die Stotterer. Daher bedürfen vor allem die Dysgrammatiker zusätzlich zur schulischen Gruppenbetreuung einer intensiven Einzeltherapie, möglichst in der Tagesstätte, um diese Behinderungsgruppe so gut wie möglich nicht nur logopädisch und sprachlich, sondern vor allem auch heilpädagogisch und psychologisch in allen Bereichen zu fördern, in denen Teilleistungsschwächen auftreten. Im

Bereich der Tagesstätte ergibt sich daher auch das Hauptaufgabengebiet für den Psychologen.

3.8.6. Aufgaben eines Psychologen an einer Sprachheilschule

Es ergeben sich für einen Psychologen 3 Tätigkeitsbereiche:

1. Differentielle psychologische Diagnostik in den Bereichen Intelligenz und ihrer Teilleistungen, Persönlichkeitsentwicklung und Sozialverhalten.
2. Planung, Durchführung und Überwachung von spezifischen, auf der Grundlage der Diagnostik aufbauenden therapeutischen Interventionen im Leistungs- und Persönlichkeitsbereich.
3. Fortbildung und Supervision des heilpädagogischen Personals.

Zur Diagnostik: Da für den richtigen und sinnvollen Einsatz von psychologischen Testverfahren genaue Kenntnisse der klassischen und modernen Testtheorie, der psychologischen Diagnostik und der statistischen Aufbereitung von Datenmaterial notwendig sind (s. DIETERICH 1973; MEILI & STEINGRÜBER 1978; LEICHNER 1979), sollte der Testeinsatz nur von geschultem Personal erfolgen.

Leider ist bei der Einschulungsdiagnostik für die Sprachheilschule der Gebrauch standardisierter Testmethoden noch relativ selten, ebenso die Mitwirkung einer psychologischen Fachkraft (GROHNFELDT 1978). Es sollte in diesem Zusammenhang überdacht werden, ob nicht die stärkere Einbeziehung des Psychologen und der vermehrte Einsatz differentialdiagnostischer Verfahren für sprachbehinderte Kinder eine Verbesserung der therapeutisch-rehabilitativen (oder überhaupt habilitativen?) Praxis nach sich ziehen könnte!

In einem so komplexen Bereich wie der Sprachbehinderung benötigt man ganz spezifische Verfahren zur Beantwortung der differentiellen Fragestellungen. Als geeignetes Instrument zur Beurteilung der sprachlichen Entwicklung bietet sich der „Psycholinguistische Entwicklungstest" (PET) von ANGERMAIER (1974) an, der spezifische Fertigkeiten und Störungen sprachbehinderter und lernschwacher Kinder im Vorschul- und Schulalter zu ermitteln gestattet, so daß diesen Kindern in geeigneter Form geholfen werden kann. Insofern ist dieser – allerdings zeitlich sehr aufwendige – Test der differentialdiagnostische Ausgangspunkt für die Gestaltung eines Trainings- und Unterrichtsprogrammes, das auf jedes Kind individuell abgestimmt werden kann (BUSH & GILES 1976; KIRK & KIRK 1976). Zwei weitere Verfahren zur allgemeinen Sprachentwicklung sind der „Landauer Sprachentwicklungstest für Vorschulkinder" (LSV) von GÖTTE (1976) und der jüngst erschienene „Heidelberger Sprachentwicklungstest" (HSET) von GRIMM & SCHÖLER (1978). Letzterer ist auf dem „gegenwärtigen Entwicklungsstand der Theorienbildung in der Linguistik und der Entwicklungspsychologie der Sprache" konstruiert (GRIMM 1978, S. 363). Das wichtige Feld der visuellen Perzeption kann mit dem „Frostigs Entwicklungstest der visuellen Wahrnehmung" (FEW) von LOCKOWANDT (1974) untersucht werden, der auch zur Frühdiagnose von Lernschwierigkeiten eingesetzt werden kann. Auch hierfür gibt es ein gezieltes Förderungsprogramm (REINARTZ & REINARTZ 1977). Ausfälle in dem wichtigen Bereich der Motorik können entweder mit der LOS von EGGERT (1974) diagnostiziert werden – es ist das bekannteste Verfahren zur quantitativen Ermittlung des motorischen Entwicklungsstandes bei Kindern – oder mit dem „Körperkoordinationstest für Kinder" (KTK) von SCHILLING (1974), der aufgrund der Kritik und Unzufriedenheit mit der LOS entstanden ist. „Bewegungserziehung" wurde seither als wichtige Aufgabe bei sprachbehinderten Kindern erkannt (FROSTIG 1973; 1974; FRANK 1977). Auch die wichtigen Bereiche der Aufmerksamkeit und Konzentration, der Lateralität, der Legasthenie und der Intelligenzstruktur müssen diagnostiziert werden, sollen hier aber nur am Rande erwähnt werden.

Eine differentialdiagnostische Vorgehensweise zur Untersuchung von Sprachbehinderten und ihrer Teilleistungsschwächen in den verschiedensten Bereichen ist insofern unbedingt notwendig, als dem Kind außer einer „vordergründigen Behandlung des sprachlichen Symptoms" (KNURA 1973, S. 129) eine effektive Behandlung gerade dieser Teilleistungsstörungen zu gute kommen soll. Die Erfassung der Persönlichkeitsauffälligkeiten wie Ängstlichkeit, Kontaktarmut, emotionale Instabilität usw. gehört ebenfalls zum Aufgabengebiet der psychologischen Diagnostik. Auf die entsprechenden Verfahren hinzuweisen, würde jedoch zu weit führen, weil für jede Fragestellung ein vielfältiges Angebot an Verfahren zur Verfügung steht. Psychologische Exploration und Verhaltensbeobachtung sollten aber bei keiner Untersuchung fehlen, um einen persönlichen Eindruck von dem Kind zu bekommen.

Zur Therapie: Die eigentliche Sprachtherapie wird vom Sprachheillehrer oder Logopäden durchgeführt; die therapeutische Arbeit der Heilpädagogischen Unterrichtshilfen (HpU) besteht vor allem in rhythmisch-musikalischer Erziehung, in der Bewegungserziehung und im Training sensomotorischer Fertigkeiten (FRANK 1977; DIRNBERGER 1977). Die wichtigsten therapeutischen Bereiche des Psychologen, auf die hier nur exemplarisch hingewiesen werden kann, sind folgende:

– Training psycholinguistischer Prozesse auf der Diagnostikgrundlage des PET. Hierzu gibt es das Trainingsprogramm von BUSH & GILES (1976), das zu jeder der im PET untersuchten Fertigkeiten Aufgaben und Übungen verschiedener Schwierigkeitsstufen enthält, und das Programm von ARNOLDY (1977), das sowohl auf Cassette als auch

auf Tonband erhältlich ist und vor allem die Schulung der phonematischen Differenzierungsfähigkeit zum Inhalt hat.

- Visuelles Wahrnehmungstraining nach FROSTIG von REINARTZ &
REINARTZ (1977), da Wahrnehmungsstörungen sehr häufig die
Ursachen für Lernschwierigkeiten sind und als mögliche Erklärung
für verzögerte Sprachentwicklung in Frage kommen (vgl. LOTZ
1977).
- Psychologische Maßnahmen zur Stabilisierung der Persönlichkeit.
Verhaltensauffälligkeiten erschweren zunächst eine sprachheilpäda-
gogische Arbeit. Deshalb müssen stabilisierende Maßnahmen im
Vordergrund stehen wie Rollenspiel, Entspannungstraining, spiel-
therapeutisches Vorgehen und Selbstsicherheitstraining.

Stotterer-Behandlung besteht im Wesentlichen aus systematischer
Desensibilisierung der Ängste, aus Entspannungstraining, stufen-
weisem Aufbau des Sprechens und positiver Verstärkung (vgl.
WENDLANDT 1977; JÖNS-HETSCHOLD, THIESS & NOLL 1977). Gerade
bei Stotterern ist jedoch die aktive und konstruktive Mitarbeit der
Eltern notwendig, ohne die jede Therapie auf die Dauer nutzlos ist.
Daher rückt auch die Zusammenarbeit mit den Eltern – Elternberatung und Elterntraining – immer mehr in den Vordergrund (ELSTNER
1977; SCHAAR 1979).

Zur Supervision: Fortbildung, Supervision und Zusammenarbeit mit
dem heilpädagogischen Personal und den Erzieherinnen als psychologische Aufgaben sind vor allem deshalb wichtig, weil diese eng mit dem
Psychologen zusammenarbeiten müssen – und umgekehrt. Sie verbringen die meiste Zeit unmittelbar am Kind, während der Psychologe
in der Regel die Kinder weniger oft sieht, da er meistens für mehr
Kinder als eine Erzieherin zuständig ist. Teamarbeit und gegenseitiger
Informationsaustausch sind für effektive therapeutische Arbeit notwendig.

4. Mehrfachbehinderung

4.1. Allgemeine Aspekte

4.1.1. Zur Problematik

In der älteren sonderpädagogischen Literatur war es – wenn überhaupt – allenfalls üblich, den Mehrfachbehinderten nach der Darstellung der Körper-, Geistig- und anderen Behinderten ein zusätzliches Kapitel, einen Anhang sozusagen zu widmen – als einer letzten, anderweitig nicht unterzubringenden Sondergruppe. Nur für die Taubblinden wurde nochmals eine eigene, spezielle Pädagogik entwickelt (vgl. SOLAROVA 1975, S. 233).

Ansonsten galt der Grundsatz, daß bei mehrfacher Behinderung eine der Behinderungen die dominierende sei; diese bestimme den Ort für die pädagogische Förderung, die Sonderschulform, die das mehrfachbehinderte Kind zu besuchen habe. So trifft man in einer Blindenschule oder einer Körperbehindertenschule zahlreiche Kinder, die zusätzlich noch geistig behindert oder zumindest lernbehindert sind. Mit diesem Prinzip waren dann auch die Kinder, deren mehrfache Behinderung offensichtlich war, irgendwie in das eindimensionale sonderpädagogische Schulsystem integriert.

Erst vom Beginn der Siebziger Jahre an wurde stärker reflektiert, daß das Phänomen der Mehrfachbehinderung damit nicht ausreichend gewürdigt war. Die Häufigkeit mehrfacher Behinderung wurde herausgestellt, insbesondere auch von ärztlich-sozialpädiatrischer Seite. Möglicherweise machte sich hier eine unterschiedliche Interessenlage geltend: während die sonderpädagogischen Praktiker sich lange mit der Bagatellisierung von Zweitbehinderungen Komplikationen in der Betreuung ersparten, dürften die mit den Kindern befaßten Ärzte eher an einer gründlichen, sich in der Diagnosenanzahl manifestierenden Diagnostik interessiert gewesen sein.

So stützt sich PECHSTEIN (1975, S. 33) auf einen Befund von KUNTZE und ECKART (1973), nach dem sich unter etwa 600 behinderten Kindern nach eingehender Diagnostik nur zu 30 Prozent isolierte motorische, sprachliche oder mentale Störungen fanden, zu 70 Prozent jedoch kombinierte Funktionseinschränkungen.

Zwei Reaktionen waren auf diese Erkenntnisse hin möglich. Zum einen konnte man das Sonderschulsystem noch weiter differenzieren und spezialisieren, außer der Taubblindenschule in Hannover zum Beispiel für jede mögliche Kombination von Behinderungen einen eigenen Sonderschultyp schaffen. Geht man von zehn Behinderungsarten aus (vgl. S. 28), so ergeben sich bereits 45 Möglichkeiten, jeweils zwei davon kombiniert vorzufinden; nur bei drei dieser 45 Möglichkeiten (Blindheit und Sehbehinderung, Gehörlosigkeit und Schwerhörigkeit, geistige und Lernbehinderung) ist von ihrer Definition her eine Kombination nicht möglich.

Dieser Weg ist – wohl zu Recht – nicht beschritten worden. Einmal hätten sich große organisatorische Probleme ergeben: das seltene Vorkommen einer einzelnen dieser Kombinationen hätte ein riesiges Einzugsgebiet einer solchen Spezialschule erforderlich gemacht, im Extremfall das gesamte Bundesgebiet. Weitaus mehr behinderte Kinder als ohnehin hätten von ihren Familien getrennt in Internaten aufwachsen müssen, mit den bekannten, zum Hospitalismussyndrom im weiteren Sinn gehörigen Deprivationssymptomen.

Die Integration in die Gesellschaft wäre wesentlich erschwert worden, wenn nicht einmal die Integration in eine Kindergruppe mit unterschiedlichen Behinderungskonstellationen gelungen wäre; so schildert ja auch HELLBRÜGGE wiederholt (z.B. 1975b, S. 72) die Besichtigung eines Kindergartens nur für schielende Kinder in Wien als eine Art Schlüsselerlebnis, das ihn veranlaßte, sich hinfort für integrierte Erziehungsmodelle einzusetzen. Schließlich hätte eine derartige Differenzierung des Sonderschulsystems nur dann Sinn gehabt, wenn sie mit einer entsprechend differenzierten Lehrerausbildung einhergegangen wäre; dies aber hätte sich bei den jeweils nur geringen Schülerzahlen wohl kaum realisieren lassen.

Die alternative Reaktion dazu war, das Behinderungskonzept insgesamt zu modifizieren, von Mehrfachbehinderungen als dem Regelfall auszugehen, die Einfachbehinderung im Sinne einer vernachlässigbaren Zweitbehinderung zum Sonderfall zu erklären, jedwede Behandlung, Förderung und Pädagogik an diesem neuen Konzept auszurichten und grundsätzlich mehrdimensional vorzugehen. Mehrfachbehinderung ist dann auch nicht mehr eine schlichte Addition einzelner Behinderungen, sondern eine spezifische Ganzheit, mehr als die Summe ihrer Teile.

Im deutschen Sprachraum sind es besonders die Veröffentlichungen von SOLAROVA (z.B. 1975), die die Diskussion um das Konzept der Mehrfachbehinderung vorangetrieben haben.

Wir wollen nun zum einen theoretische Modelle zur Entstehung von Mehrfachbehinderung vorstellen, zum andern die perinatal Zerebralgeschädigten als eine Gruppe Behinderter, die besonders häufig von Mehrfachbehinderungen getroffen ist. Überlegungen zur Problematik der Teilleistungsschwächen schließen sich an.

4.1.2. Theoretische Modelle der Mehrfachbehinderung

Die im folgenden aufgeführten Modelle überschneiden sich inhaltlich ziemlich stark, lediglich in der Terminologie sind zwischen den verschiedenen Autoren Unterschiede festzustellen; die Darstellung lehnt sich teilweise an diejenige bei SOLAROVA (1975) an. Von BRACKEN (1972) unterschied bei der Mehrfachbehinderung zwischen ‚primärem Defekt' und ‚konsekutiven Verbildungen', zum Beispiel den Bewegungsstereotypien bei Blindheit. Primäre Defekte müsse der Heilpädagoge hinnehmen, konsekutive Verbildungen hingegen seien seiner Einwirkung zugänglich, er könne dabei verhütend oder rückgängig machend eingreifen.

SCHÖNBERGER (1972) trennte – von den Körperbehinderten ausgehend – die mono-organische von der poly-organischen Mehrfachbehinderung; letztere ist durch die Schädigung mehrerer Organbereiche bedingt, bei ersterer führt die Schädigung eines Organbereichs zu einer primären Behinderung, die ihrerseits konsekutive Behinderungen nach sich ziehen kann.

BACH (1974, S. 32 ff) ging eher von der geistigen Behinderung aus und gebrauchte ‚Beeinträchtigung' als Oberbegriff für langfristige Behinderungen und eher kurzfristige Störungen. Er unterschied:
– essentielle Beeinträchtigungen: sie sind lediglich Ausdruck der geistigen Behinderung;
– konsekutive Beeinträchtigungen: sie sind mehr oder weniger regelmäßige Folgeerscheinungen;
– parallele Beeinträchtigungen: sie treten nur mehr in einer gewissen Häufigkeit gemeinsam mit geistiger Behinderung auf.

HARTMANN (1972) betrachtete vor allem das Zustandekommen von Folgebehinderungen und grenzte dabei drei Modelle voneinander ab:
– das additive Modell: zwei Ausgangsbehinderungen verstärken sich additiv bei der Auslösung einer dritten; so wird etwa vielfach (z.B. bei LÖWE 1973, S. 48) ein Schema von KLINGHAMMER angeführt, nach dem der Sprachentwicklungsstand eines Hörgeschädigten einerseits von seiner Intelligenz, andererseits vom Restgehör abhängig ist; Hör- und Intelligenzbehinderung wirken also additiv bei der Auslösung einer Sprachbehinderung zusammen (vgl. S. 75).
– das multiplikative Modell: dabei gilt die Folgebehinderung „als wesentlich verstärkte Folgewirkung aus einzelnen voneinander unabhängigen Primärschädigungen"; sie ist mehr als die Summe der Einzelwirkungen. In diesem Sinn könnte man etwa die Taubblindheit verstehen, bei der Hören und Sehen nicht nur als physiologische Funktionen entfallen, sondern außerdem als Kompensationstechniken für die jeweils andere Behinderung.
– das Hierarchiemodell: hier werden nicht gleichwertige auseinander hervorgehende Behinderungen angenommen, sondern Dominanzverhältnisse zwischen den an der Mehrfachbehinderung beteiligten einzelnen Beeinträchtigungen; dies ist das Denkmodell, das lange in der sonderpädagogischen Praxis das vorherrschende war. Es galt, die dominierende Behinderung eines Kindes herauszufinden; die dieser

entsprechende Institution werde dann den bestmöglichen pädagogischen Zugang darstellen. PAUL (1969) legte eine Klassifikation des Zusammenhangs zwischen Schädigung und Behinderung vor, bei der unterschieden wurden:

- multiple primäre Defekte: eine einmalige Schädigung, zum Beispiel eine perinatale Hirnschädigung, hat mehrere Behinderungen zur Folge, im Beispiel etwa eine spastische Lähmung, eine Sprachstörung sowie eine Lernbehinderung. Ähnlich kann eine Thalidomid-Embryopathie sowohl eine Dysmelie wie auch eine Gehörlosigkeit zur Folge haben.
- konsekutive Verbildung: es handelt sich um die bereits wiederholt genannten Folgebehinderungen; klassisches Beispiel ist die sogenannte Taubstummheit, bei der die sprachliche Defizienz aus der Gehörlosigkeit resultiert.
- Sekundärschädigung: hier sind zwei Schädigungen voneinander unabhängig; zum Beispiel kann auch ein Schwerhöriger durch einen Unfall ein Bein verlieren und damit zusätzlich körperbehindert werden.

```
Drei Möglichkeiten der Mehrfachbehinderung
 (nach SOLAROVA 1975, S. 242)


1. Schicksalhafte Kumulierung ('Sekundärschädigung')
        G
  ●                  Beispiel: Gehörloser wird durch Unfall
     K                         körperbehindert

2. Schädigungssyndrom ('multipler primärer Defekt')
         K
  Z ●    L            Beispiel: Zerebralschädigung führt gleich-
         S                      zeitig zu Körper-, Lern- und
                                Sprachbehinderung

3. Folgebehinderungen ('konsekutive Verbildungen')
   a) obligate
  ●    G    S         Beispiel: Sprachbehinderung durch Gehör-
                                losigkeit

   b) nicht obligate
  ●    S    V         Beispiel: Verhaltensstörung durch Sprach-
                                behinderung
```

SOLAROVAs (1975, S. 242) eigener erster Einteilungsversuch unterscheidet sich von dem PAULs nur noch terminologisch. Sie spricht von:
– schicksalhafter Kumulierung,
– Schädigungssyndrom, sowie
– Folgebehinderungen.

Folgebehinderungen manifestieren sich nach SOLAROVA „in der Regel als Lernbehinderungen, Sprachbehinderungen, Verhaltensstörungen oder Bewegungsstörungen", also vornehmlich in Form von ‚leichteren' Behinderungen.

SOLAROVA diskutiert sodann weitere Einteilungskriterien für Mehrfachbehinderungen, wie die Zahl der Diagnosen, die Ätiologie der primären Schädigungen, den Zeitpunkt des Eintritts der Schädigung, die pädagogische Beeinflußbarkeit, denen sie freilich keine übermäßige Eignung „zur Erhellung der Situation bei mehrfacher Behinderung" (S. 245) zuspricht.

Lediglich den Kriterien Konsekution und Stringenz spricht sie diesen Wert zu. Konsekution bezieht sich auf die Abhängigkeit der zusätzlichen Beeinträchtigung von der primären Behinderung. Während nämlich durch schicksalhafte Kumulierung und Schädigungssyndrome irreversible Verhältnisse geschaffen werden (die freilich ein individuell angepaßtes Betreuungs- und Förderungssystem erfordern), bleiben dem Sonderpädagogen bei den Folgebehinderungen weitaus mehr Einflußmöglichkeiten, je nach der ‚Stringenz' dieser Konsekution; der Stringenz nach unterscheidet SOLAROVA
– obligat auftretende Folgebehinderungen, deren Auftreten nicht verhindert werden kann; hierher könnte man die bei jedem Gehörlosen mehr oder minder feststellbare Sprachstörung rechnen.
– nicht obligat auftretende Folgebehinderungen, deren Auftreten durch frühzeitige Förderung und Stimulation hintangehalten werden könnte, man denke etwa an ein extremitätengeschädigtes Contergankind, das zusätzlich eine Lernbehinderung oder Verhaltensstörung entwickelt.

In dem zuletzt genannten Bereich der nicht obligat auftretenden Folgebehinderungen sind die wesentlichsten Konsequenzen aus dieser doch insgesamt recht theoretisch anmutenden Terminologie-Debatte zu sehen. Hier wird aufgewiesen, mit welchen Folgebehinderungen bei einer bestimmten Schädigung gewöhnlich zu rechnen ist; das sonderpädagogische Handeln kann sich präventiv und korrektiv darauf ausrichten. Dieser Ansatz – ein Grundgedanke in der Frühförderung – beginnt sich auch in der schulischen Sonderpädagogik durchzusetzen. Jede Behindertenschule muß sich als Mehrfachbehindertenschule im weiteren Sinne verstehen.

Eine weitere Konsequenz aus dem Konzept der Mehrfachbehinderung ist bereits eingangs genannt worden: dem Prinzip der individuellen

Förderung muß der Vorzug gegeben werden vor einer bloß institutionellen Differenzierung, da eine solche der Vielfalt möglicher Mehrfachbehinderungen doch nicht gerecht werden kann. Zudem läßt sich eine individuell abgestimmte Förderung mit dem Prinzip der weitestmöglichen Integration besser vereinbaren als eine ausgebaute institutionelle Differenzierung.

Nach dieser mehr theoretischen Darstellung des Konzepts der Mehrfachbehinderung soll nun die Gruppe der perinatal Hirngeschädigten vorgestellt werden, da sich an ihr exemplarisch das Ineinandergreifen verschiedener Behinderungen aufzeigen läßt.

4.2. Die Zerebralparese

4.2.1. Begriff

Unter der (infantilen) Zerebralparese versteht man Zustände,

„die durch krankhafte Veränderungen oder Fehlentwicklungen des Gehirns bedingt sind; die Alteration des Gehirns ist dabei nicht fortschreitend und besteht seit frühester Kindheit. Die sensumotorischen Ausfälle finden ihren Ausdruck in abnormen Haltungs- und Bewegungsmustern bei gleichzeitig abnormem Muskeltonus" (SCHMIDT 1976, S. 1).

Im Volksmund spricht man vielfach von ‚Spastikern‘, obgleich diese Bezeichnung unkorrekt ist, weil sie nur auf einen (freilich den größeren) Teil der Zerebralparetiker zutrifft; zudem ist sie inzwischen mit negativen Konnotationen behaftet, wie das bei den Begriffen ‚Idiot‘ und ‚Krüppel‘ bereits früher der Fall war, sie wird unter Kindern teilweise schon als Schimpfwort gebraucht und sollte vielleicht deshalb eher vermieden werden.

Allerdings sind auch wissenschaftlich, wie SCHMIDT weiter schreibt, Synonyme zum Terminus ‚Zerebralparese‘ in Gebrauch:
– ‚zerebrale Bewegungsstörungen (im Kindesalter)‘,
– ‚zerebrale Lähmungen (im Kindesalter)‘,
– ‚zerebrale Kinderlähmung‘ (im Unterschied zur ‚spinalen Kinderlähmung‘, der Poliomyelitis, vgl. S. 42).
– ‚(infantile) cerebral palsy‘ im englischen, die Abkürzung ‚C.P.‘ auch im deutschen Sprachraum,
– ‚Morbus LITTLE‘ nach dem Erstbeschreiber.

Der selbst körperbehinderte englische Chirurg William John LITTLE (1810–1894) hat das Schädigungssyndrom der Zerebralparese im Jahre 1853 erstmals beschrieben (vgl. ASPERGER 1963, S. 37). Übrigens leistete den nächsten wesentlichen Beitrag zu seiner Erforschung kein Geringerer als Sigmund FREUD (1897); es dürften dies seine letzten, noch nach den Hysterie-Studien geschriebenen Arbeiten sein, ehe er sich endgültig der Psychoanalyse zuwandte.

Die infantile Zerebralparese geht auf eine frühkindliche Hirnschädigung zurück, aber nicht jede frühkindliche Hirnschädigung führt zu einer Zerebralparese. Bei der Zerebralparese steht eine Körperbehinderung im Vordergrund, wenn auch Lern- oder Sprach- oder andere Behinderungen hinzutreten mögen – was uns berechtigt, sie hier als Beispiel einer Mehrfachbehinderung zu betrachten. Als Folge einer prä-, peri- oder postnatalen Hirnschädigung kann allerdings auch eine geistige Behinderung oder eine Epilepsie auftreten. Will man diese Fälle miteinbeziehen, so werden gewöhnlich die Ausdrücke ‚(frühkindlicher) Hirnschaden‘, ‚Zerebralschädigung‘, ‚Enzephalopathie‘, im englischen Sprachraum ‚brain damage‘ oder ‚brain injury‘ verwendet.

Schließlich hat LEMPP (1978) darauf aufmerksam gemacht, daß eine leichte frühkindliche Hirnschädigung auch – ohne daß eine nennenswerte geistige oder motorische Behinderung vorläge – zu neurotischen Verhaltensstörungen führen kann, wobei sich vermutlich direkte Symptome – zum Beispiel eine gewisse Distanzlosigkeit – mit indirekten, durch eine Überforderungshaltung seitens der Umgebung zustandekommenden überlagern. Das resultierende Störungsbild bezeichnet LEMPP als ‚frühkindlich-exogenes Psychosyndrom‘.

Im Anschluß daran wurden dann im vergangenen Jahrzehnt auch minimale Bewegungsstörungen und isolierte Leistungsausfälle näher untersucht und auf eine leichte frühkindliche Hirnschädigung zurückgeführt. Es werden dafür folgende Begriffe verwendet: ‚minimal cerebral palsy‘ (MCP), ‚minimal brain dysfunction‘ (MBD), ‚minimale zerebrale Dysfunktion‘ (MCD), ‚Teilleistungsschwäche‘, ‚Teilleistungsstörung‘; eine eingehendere Diskussion dieser Störungen findet sich an anderer Stelle dieses Buches (vgl. S. 182).

In einem ähnlichen Sinn wird bisweilen noch vom ‚STRAUSS-Syndrom‘ gesprochen, das Hypermotilität, Impulsivität, schnellen Affektwechsel, kurze Aufmerksamkeitsspanne und geringes Konzentrationsvermögen umfaßt (vgl. SCHMIDT 1976, S. 1).

Im Schema wird versucht, die wichtigsten Folgen einer frühkindlichen Hirnschädigung gemeinsam dazustellen.

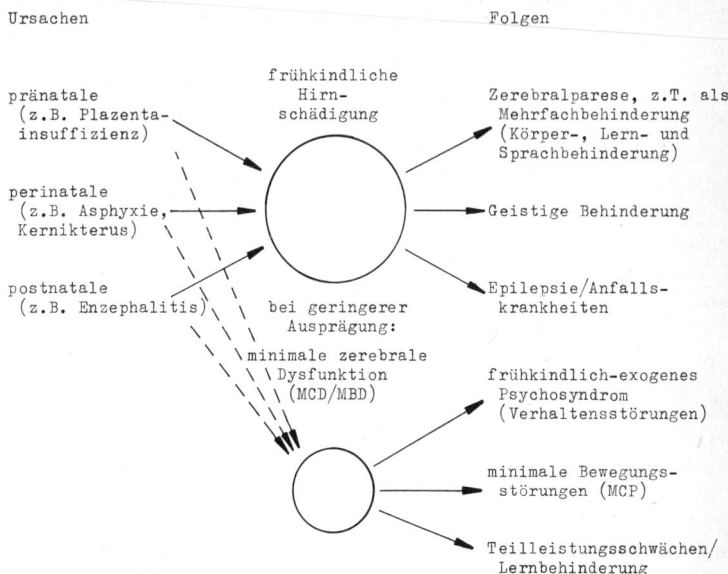

Ursachen   Folgen

pränatale
(z.B. Plazenta-
insuffizienz)

frühkindliche
Hirn-
schädigung

Zerebralparese, z.T. als
Mehrfachbehinderung
(Körper-, Lern- und
Sprachbehinderung)

perinatale
(z.B. Asphyxie,
Kernikterus)

Geistige Behinderung

postnatale
(z.B. Enzephalitis)

bei geringerer
Ausprägung:

Epilepsie/Anfalls-
krankheiten

minimale zerebrale
Dysfunktion
(MCD/MBD)

frühkindlich-exogenes
Psychosyndrom
(Verhaltensstörungen)

minimale Bewegungs-
störungen (MCP)

Teilleistungsschwächen/
Lernbehinderung

4.2.2. Einteilung

Nach TÖNNIS und KRENKEL (1963, S. 71) ergeben sich fünf Dimensionen, entlang derer eine Einteilung der Zerebralparesen erfolgen kann:

1. Der anatomische Sitz der Hirnläsion: Bei einer Schädigung der Pyramidenbahn wird die von dieser vermittelte Willkürmotorik betroffen sein, bei einer Schädigung des extrapyramidalen Systems (EPS) die Ausführung automatisierter, sozusagen ‚unbewußt' ablaufender Bewegungen. Bei einer Schädigung des Kleinhirns werden die dort geleistete Koordination komplexer Bewegungsabfolgen und die Fähigkeit zum Gleichgewichthalten beeinträchtigt. Je mehr graue Substanz im Gehirn zerstört ist, umso mehr wird auch die Intelligenz reduziert sein (vgl. SCHMIDT 1976, S. 50).

2. Zeitpunkt der Schädigung: die frühkindliche Schädigung des Gehirns kann vor, während oder nach der Geburt erfolgt sein; man spricht von prä-, peri- oder postnatalen Noxen. Der Zeitraum, innerhalb dessen man eine Hirnschädigung als frühkindlich bezeichnet, wird unterschiedlich begrenzt; LEMPP (1978, S. 134) nimmt den sechsten Schwangerschaftsmonat als untere, die Vollendung des ersten Lebens-

jahres als obere Grenze. Beide Grenzpunkte sind im Zusammenhang mit der Gehirnentwicklung zu sehen: der Ausreifungsprozeß (vgl. S. 267) muß bereits begonnen haben, darf aber noch nicht abgeschlossen sein. Frühere Schädigungen würden eher zum Absterben des Embryo bzw. Fetus oder zu schweren Mißbildungen, spätere eher zu umschriebenen spezifischen Erkrankungen führen (z.B. Hirnquetschung = Contusio cerebri, Narbenepilepsie, Schlaganfall, Zerebralsklerose).

3. Ätiologie der Schädigung: die Ursache der Schädigung ist im Zusammenhang mit dem Zeitpunkt zu sehen. Im Grunde kommen alle diejenigen Faktoren in Betracht, die auch andere Behinderungen bedingen können (vgl. S. 243). Unter der Geburt sind es vor allem Sauerstoffmangel (Asphyxie), aber auch traumatische Blutungen ins Gehirn; unmittelbar nach der Geburt der Kernikterus (bei Rhesus-Unverträglichkeit, schwerer Gelbsucht und manchmal spontan bei Frühgeborenen); nach der Geburt Enzephalitis und Meningitis, die zu einer Zerebralparese führen können.

4. Klinische Symptome: diese Einteilung folgt der vorherrschenden motorischen, nicht etwaigen zusätzlichen Behinderungen. Die häufigste Form, die Spastik, kommt in etwa 75 bis 80 Prozent der Fälle vor (vgl. Tönnis & Krenkel 1963, S. 71), die Athetose in etwa 10 Prozent, Ataxie, Tremor und Rigor zusammengenommen in etwa 5 Prozent; weitere 5 Prozent dürften auf Mischformen entfallen. Zum besseren Verständnis seien diese hauptsächlichen klinischen Symptome nun zunächst erläutert:

– Spastik: „Das Wesen der Spastik ist die überschießende Kontraktion eines Muskels auf einen Reiz hin. Bei der reflektorischen Reizung (Eigenreflex) folgt eine über das Normalmaß hinausgehende Kontraktion des Muskels; bei passiver rascher Dehnung des spastischen Muskels macht sich ein starker Widerstand bemerkbar." (Tönnis & Krenkel 1963, S. 71).

Wenn sowohl eine agonistische Muskelgruppe als auch der Antagonist, zum Beispiel Beuge- und Streckmuskel, von der Spastik betroffen sind, ist eine geordnete Bewegung kaum möglich; bisweilen gibt auch die Schwerkraft den Ausschlag, welches Bewegungsbild tatsächlich entsteht. Langfristig kommt es zu Kontrakturen (Gelenksteifigkeit), auch bleiben die spastisch gelähmten Gliedmaßen vielfach im Wachstum zurück. Die Mimik der Spastiker wird als ausdrucksarm beschrieben, ihre Intelligenz als reduziert und unterhalb des Durchschnitts liegend; „er scheint allem Neuen zunächst recht uninteressiert gegenüber zu stehen" (Bläsig 1967, S. 94).

– Athetose: „Wie der Name besagt (von griechisch τιδημι = stellen, U. H.), vermögen die Kranken eine bestimmte Stellung nicht längere Zeit beizubehalten. Gleichzeitig finden sich Haltungsstörungen, übersteigerte Ausdrucksbewegungen und vermehrte Mitbewegungen bei der Willkürmotorik. Die Bewegungsabläufe bestehen in langsamen, wurmförmigen Muskelkontraktionen … Diese Bewegungsabläufe sind nicht unterdrückbar, sie sistieren nur im Schlaf." (Tönnis & Krenkel 1963, S. 74 f).

Folgen der unbehandelten Athetose sind ebenfalls wieder Kontrakturen. Während die Intelligenz der Athetotiker als kaum beeinträchtigt beschrieben wird, ist bei ihnen die sprachliche Äußerung sehr erschwert; „die mimischen Ausdrucksbewegungen sind bis zum Grotesken gesteigert" (S. 75).

BLÄSIG (1967, S. 94) hat folgende – von SCHMIDT (1976, S. 50) allerdings kritisierte – Faustregel zum Typus des Spastikers und des Athetotikers wiedergegeben: „Bei Kindern mit ‚Gliederstarre' ist die Sprache fast normal und die Intelligenz herabgesetzt. Bei den Erkrankten mit einer ‚Bewegungsunruhe' besteht eine Sprachstörung bei häufig normaler Intelligenz. Die erste Gruppe kann mit ihrer Sprache nichts anfangen, da ein Intelligenzdefekt vorliegt, während die zweite Gruppe ihre Intelligenz nicht voll zum Ausdruck bringen kann, da oftmals die Sprache gestört ist."

– Ataxie, Tremor, Rigor: Im Gegensatz zur generalisierten Bewegungsunruhe der Athetose liegt beim *Tremor* nur ein feinschlägiges Muskelzittern meist der Hände vor, das bei Erregung und feinen Willkürbewegungen verstärkt ist.

Mit *Rigor* ist eine Bewegungsverarmung und eine Erhöhung der Ruhespannung der Muskulatur gemeint, die sich bei passiver Muskeldehnung als Widerstand zeigt. Tremor und Rigor bilden auch zwei der drei Hauptsymptome der Parkinsonschen Erkrankung.

Ataxie ist die Folge einer Schädigung des Kleinhirns; sie ist „durch einen Verlust der Kontrolle des Bewegungsausmaßes (Dysmetrie), der Bewegungsrichtung und der automatischen Mitbewegungen (Asynergie) gekennzeichnet." (TÖNNIS & KRENKEL 1963, S. 76). Auch statische Störungen beim Stehen (Astasie) und Gehen (Abasie) können vorkommen.

5. Nach topographischer Beteiligung: beschrieben wird eine Zerebralparese vor allem nach den betroffenen Extremitäten. Dabei unterscheidet man folgende Formen:

– Hemiplegie: Halbseitenlähmung, bei der der Arm gewöhnlich stärker beeinträchtigt ist als das Bein; sie soll als häufigste Form der spastischen Lähmung bei 40–50 Prozent der überlebenden Kinder vorliegen. Bei der Hälfte der Hemiplegiker sollen zusätzlich Sensibilitätsstörungen, bei einem Viertel Gesichtsfeldausfälle, bei zwei Dritteln Verkürzung und Atrophie der betroffenen Extremitäten, bei etwa einem Drittel Anfallsleiden vorkommen.

– Bilaterale Hemiplegie (oder Tetraplegie): hier sind alle vier Gliedmaßen betroffen, jedoch wiederum unter Betonung der Arme.

– Diplegie: hier sind ebenfalls sowohl Arme als auch Beine betroffen, jedoch diesmal unter Betonung der Beine. Dies sind die von LITTLE ursprünglich beschriebenen Fälle. Viele dieser Kinder sollen das erste Lebensjahr nicht überleben. Spätestens beim Gehenlernen zeigen sich die Streckspasmen.

– Paraplegie: hier sind nur die Beine betroffen. Reine Paraplegien sollen bei 10 bis 15 Prozent der Spastiker vorkommen.

– Monoplegie: nur eine Extremität ist betroffen. Dies ist die kleinste Gruppe unter den Spastikern. Sie bildet den Übergang zu den nicht sofort augenfälligen ‚minimalen zerebralen Bewegungsstörungen'.

Auf jeder dieser fünf Dimensionen kann eine Zerebralparese beschrieben werden; zum Beispiel mag eine linksseitige spastische Hemiplegie infolge einer Schädigung der Pyramidenbahn durch Asphyxie unter der Geburt vorliegen.

4.2.3. Entwicklung und Intelligenz

Betrachten wir nun die weitere Entwicklung der zerebralparetischen Kinder (vgl. dazu auch AEBI 1974). Die perinatale Schädigung, wiewohl als ätiologischer Faktor unumstritten, ist nicht sofort nach der Geburt beziehungsweise der postnatalen Noxe ersichtlich; Klagen von Eltern, die Ärzte hätten sie zu spät über die Behinderung ihres Kindes informiert, sind daher vielfach unberechtigt. Wohl erfordern die perinatalen Risikofaktoren eine besonders gezielte Überwachung des Säuglings (vgl. S. 271), eine sichere Diagnose der zerebralen Behinderung ist jedoch gewöhnlich erst im Lauf der Entwicklung möglich.

KNUPFER und RATHKE (1979, S. 20 ff) haben die Entwicklung hirngeschädigter Kinder beschrieben und der Entwicklung des gesunden Kindes gegenübergestellt. So vermag ein vier Monate altes zerebral geschädigtes Kind den Kopf noch nicht selbständig zu heben. Mit einem halben Jahr noch fehlen die Spontanbewegungen, ist der Daumen – ein besonders sensibler Indikator motorischer Entwicklungsstörungen – noch eingeschlagen, besteht eine Trinkschwäche.

Mit sieben Monaten, wenn andere Kinder zu sitzen beginnen, bahnt sich dann ein Wandel an: aus der bisherigen Muskelschlaffheit und Bewegungsarmut werden „eine Erhöhung der Muskelspannung und übermäßige motorische Reaktion so sehr, daß sogar spontane Kloni auftreten" (KNUPFER & RATHKE 1979, S. 23). ZÜLCH (1963, S. 20 ff) hat beschrieben, wie nach der Zerstörung der Pyramidenbahnen (die für unsere fein abstufbaren isolierten Willkürbewegungen verantwortlich sind) und einer gewissen Phase der schlaffen Lähmung der extrapyramidal-motorische Apparat als Ersatz einspringt.

Jedoch erreichen diese Ersatzbewegungen nicht die Qualität der normalen: sie laufen als synergische Massenbewegungen nach dem Alles-oder-nichts-Gesetz ab; zum Beispiel enthält die Beugesynergie des Armes außer der gewünschten Ellbogenbeugung zwangsläufig und ununterdrückbar auch eine Wegführung des Arms vom Körper, eine Beugung der Hand zum Handrücken hin sowie eine Beugung aller Finger zur Faust. Einzelne isolierte Bewegungen des Daumens oder Zeigefingers etwa sind ganz und gar unmöglich geworden.

Gleichzeitig mit der Massenbewegung kommt es oft zur – ebenfalls ununterdrückbaren – Mitbewegung fernab gelegener motorischer Bezirke; außerdem treten, beim Niesen, Gähnen, Lachen oder Husten zum Beispiel, unwillkürliche reflektorische Mitbewegungen auf. Die

Massenbewegungen und die reflektorischen Mitbewegungen sind es, die den abnormen Bewegungsablauf des spastischen Zerebralparetikers ausmachen.

Gut beobachtet wurde die Ausbildung synergischer Massenbewegungen nach Kriegsverletzungen Erwachsener, bei denen die Ursprungsareale der Pyramidenbahn im Großhirn oder andere Anteile der Bahn zerstört worden waren. Nach einer Phase der schlaffen Lähmung kehrten die Bewegungen, nunmehr als Massenbewegungen, in folgender Reihenfolge zurück: Hüfte, Knie, Fuß, Schulter, Ellbogen und Hand. Beim Erwachsenen ist dabei die Synergie starr ausgebildet, beim perinatal geschädigten Kind zeigt sich dagegen „eine relative Vielfalt im Aufbau der Synergien" (ZÜLCH 1963, S. 23) – die Möglichkeiten der Rehabilitation in der Form einer krankengymnastischen Frühförderung sind damit besser.

Vom zweiten Lebenshalbjahr an kündigen sich die sekundären Folgen des Zerebralschadens an:

„Mit dem fehlenden Drang zum Hantieren werden auch keine Kenntnisse von Gegenständen und deren Bezeichnungen erworben. Die Beziehung zur Umwelt wird verhindert oder sogar unmöglich gemacht. Weil die Nachahmung von Lauten, die Bildung von Vokalen und Konsonanten vornehmlich über die optischen und akustischen Eindrücke erfolgen, findet auch häufig keine ausreichende Sprachentwicklung statt. Eine spastisch gestörte Motorik läßt Schwierigkeiten beim Essen und Sprechen deutlich werden" (KNUPFER & RATHKE 1979, S. 23).

Nachdem weder Gehen noch Sprechen altersgemäß erlernt wurden, wirkt sich insbesondere die mangelnde bis fehlende Sprachentwicklung in der Folgezeit ungemein nachteilig aus, da sie das Kind isoliert, die Verständigung mit ihm erschwert und seine Begriffsbildung einschränkt, wenn nicht verunmöglicht.

Der Rückstand in der frühkindlichen Entwicklung – der im allgemeinen, das heißt ohne spezielle Frühförderung, nicht wieder aufgeholt wird – geht über in ein bei Zerebralparetikern im Mittel reduziertes intellektuelles Leistungsniveau. SCHMIDT (1976, S. 12) hat aus der Literatur der Fünfziger und Sechziger Jahre 24 voneinander unabhängige Angaben zum Intelligenzniveau von Kindern mit zerebralen Bewegungsstörungen zusammengestellt; eine ähnliche Übersicht findet sich auch bei STEINHAUSEN und WEFERS (1977, S. 18).

Obgleich dabei Stichproben und Testverfahren nicht voll vergleichbar waren, die Ergebnisse auch sehr stark variierten, lag doch insgesamt „das Dichtemittel für die Angaben normalbegabter Kinder mit zerebralen Bewegungsstörungen zwischen 25 und 30 %" (SCHMIDT 1976, S. 14); demnach weisen also nahezu drei Viertel der zerebralparetischen Kinder eine unterdurchschnittliche Intelligenz auf. Für den Anteil geistig Behinderter mit einem IQ unter 50 lag das Dichtemittel der verfügbaren Angaben bei etwa 25 Prozent.

Zu dieser Linksverschiebung der Intelligenzverteilung kam eine breitere Streuung hinzu, was vermuten läßt, daß sich innerhalb der Zerebralparetiker nochmals unterschiedliche Kollektive überlagern. SCHMIDT suchte diese ihm vorliegenden Befunde zu überprüfen; zu diesem Zweck verglich er die Intelligenzhöhe und Intelligenzstruktur von 52 Zerebralparetikern mit derjenigen von 53 anderweitig (aber ebenfalls seit dem zweiten Lebensjahr) Körperbehinderten und derjenigen von 118 nicht behinderten Normalschülern. Alle Probanden waren 11 bis 13 Jahre alt; 17 zum Teil weniger gebräuchliche Intelligenzverfahren wurden gewählt.

In ausnahmslos allen Subtests lagen die Leistungen der Zerebralparetiker signifikant unter denen der Nichtbehinderten. Allerdings waren dabei – und dies ist für die Erklärung des Leistungsabfalls wichtig – drei Testgruppen zu unterscheiden, wenn man die Ergebnisse der nur motorisch, nicht aber zerebral Geschädigten mitheranzog:

1. Tests, in denen die nur motorisch Geschädigten das Leistungsniveau der Nichtbehinderten erreichten. Unter den sieben hierher gehörigen Verfahren waren beide Mosaiktests, der Formlegetest und der die Merkfähigkeit prüfende Gegenstandsgedächtnistest; ansonsten wurden von dieser Testgruppe vorwiegend Gestaltauffassung und Gestaltgliederung geprüft. Aus der Position der nur motorisch Geschädigten kann hier also angenommen werden, daß das Versagen der Zerebralparetiker eher direkt auf die zerebrale Schädigung, weniger indirekt auf die motorische Beeinträchtigung zurückgeht.

2. Tests, in denen die nur motorisch Geschädigten auch nur das Leistungsniveau der Zerebralparetiker erreichten. Dies traf für die ‚Progressiven Matrizen' nach RAVEN, den Wortschatztest, den BENTON-Test sowie für die ‚Absurden Bilder' (zur Prüfung der Einsicht in die Absurdität einer Situation oder eines Vorgangs) zu. Hier dürften es folglich eher die sekundären Beeinträchtigungen der Umwelterfahrung und -erfassung sein, die sowohl bei den hirngeschädigten wie auch bei den nicht-hirngeschädigten Körperbehinderten zu Minderleistungen führten.

Allerdings erscheint es schwierig, diese Ausfälle auf einen gemeinsamen Nenner zu bringen; denn während sich Wortschatz und Situationseinsicht relativ leicht auf die erfahrene und erfahrbare Umwelt zurückführen lassen, geht es im BENTON- und im RAVEN-Test ja um rein figürliches Material, mit dem schlußfolgernd beziehungsweise reproduzierend umgegangen werden soll. Es verwundert ein wenig, daß dabei auch die nicht-hirngeschädigten Körperbehinderten ungünstig abschneiden, zumal der BENTON-Test (SPREEN 1972) ja ursprünglich als Differentialdiagnostikum einer Hirnschädigung propagiert wurde.

3. Schließlich gab es eine Zwischengruppe von sechs Testverfahren, in denen sich die nur motorisch Geschädigten weder von den Zerebralparetikern noch von der Kontrollgruppe signifikant unterschieden, also genau in der Mitte lagen.

Diese Befunde stützten das von SCHMIDT (1976, S. 64) postulierte Zwei-Faktoren-Modell der Zerebralparetiker-Intelligenz, nach dem

„die beobachteten Phänomene teils auf die durch Behinderung und Umweltverhalten modifizierten Entwicklungsbedingungen, teils auf die Schädigung des Zentralnervensystems und ihrer direkten Folge zurückgeführt werden."

Nur ein Teil der Minderleistungen ist also direkt hirnorganisch bedingt, der andere Teil kommt sekundär zustande, weil die in ihrer Sensumotorik eingeschränkten Kinder weitaus weniger Umwelterfahrungen machen und machen können als nichtbehinderte Kinder; die Funktionskreise der statischen Entwicklung, der Entwicklung manueller Fähigkeiten und der Sprachentwicklung sind dabei besonders betroffen.

Hinzu kommen die normabweichenden Reaktionen der Eltern auf die normabweichende Entwicklung ihres Kindes. Eine überbehütende Erziehungshaltung mit Unterschätzung der kindlichen Möglichkeiten kann geeignet sein, das Erfahrungsumfeld weiter einzuengen, während eine überfordernde Erziehungshaltung möglicherweise eine Abwehr aller späteren Leistungsanforderungen bewirkt.

LEYENDECKER (1977, S. 33 ff) hat dieses Zwei-Faktoren-Modell später als eine Anlage-Umwelt-Interdependenz interpretiert; der Begriff ,Anlage' ist dabei nicht im genetischen Sinn zu verstehen, sondern als organisches, durch die Schädigung beeinträchtigtes Potential. Dabei hält LEYENDECKER (S. 35) auch eine Wechselwirkung zwischen so verstandener Anlage und der Umwelt für wahrscheinlich: „Die hirnorganische Schädigung verändert die Funktion, die Funktion modifiziert die hirnorganischen Voraussetzungen" (vgl. S. 269 in diesem Buch).

Ferner sieht er eine Parallele zur Zwei-Faktoren-Theorie der Intelligenz von Raymond CATTELL (1973): der neurophysiologisch-organische Faktor entspreche der ,fluid ability', der mehr potentiellen ungegenständlichen Lernkapazität; der entwicklungspsychologisch-funktionelle Faktor hingegen entspreche der ,crystallized ability', der bereits aktualisierten durch Umwelterfahrung ausgebildeten Fähigkeit. Weitere psychologische Fragestellungen im Zusammenhang mit der Leistungsfähigkeit von Zerebralparetikern galten der Struktur ihrer Intelligenz, den bei ihnen auffindbaren Leistungstypen (SCHMIDT 1976) sowie dem Ablauf ihrer Lernvorgänge (LEYENDECKER 1977).

SCHMIDT (1976) suchte durch den Nachweis einer abweichenden Faktorenstruktur der Intelligenz von Zerebralparetikern den Nachweis zu erbringen, daß sie ihre Intelligenzleistungen nicht nur auf gemindertem Niveau, sondern auch anders – das heißt unter Verwendung anderer zugrundeliegender Dimensionen – erbringen. Während SCHMIDT diesen Aufweis gelungen glaubte, traten ihm später BERNSTEIN und KÜNZEL (1976) mit einer Nachuntersuchung entgegen, die eine weitgehende Übereinstimmung der Faktorenstrukturen zwischen Zerebralparetikern und anderen Körperbehinderten erbrachte.

Nicht bestätigt hat sich bislang in diesem Zusammenhang auch die Ausdehnung der Differenzierungshypothese (WEWETZER 1959) auf Zerebralparetiker: auf einem insgesamt niedrigeren Intelligenzniveau sei die Anzahl der zugrundeliegenden Faktoren geringer, ein Generalfaktor stärker, erst mit zunehmendem Intelligenzniveau (zum Beispiel im Erwachsenenalter Nichtbehinderter) differenziere sich die Intelligenz aus. SCHMIDT (1976, S. 151) hingegen fand, daß die vier Intelligenzfaktoren der Zerebralparetiker nicht mehr Varianz (79 %) aufklären als die vier Faktoren der nicht oder nur motorisch Behinderten.

Sicherlich ist die Bedeutung dieser Fragestellung auch vielfach überschätzt worden, wohl im Zuge einer intensiven methodischen Rezeption faktorenanalytischer Verfahren. Das Nichtaufscheinen eines bestimmten Intelligenzfaktors in einem bestimmten Kollektiv bedeutet ja keineswegs, daß diese Fähigkeit dort nicht vorhanden oder minder ausgeprägt wäre, sondern lediglich, daß sie in einem solchen Maß mit anderen Fähigkeiten korreliert, daß sie mit diesen einen gemeinsamen Faktor bildet; nichtsdestotrotz kann sie aber ebensosehr aktualisiert sein wie in einem anderen Kollektiv, in dem sie einen unabhängig variierenden Faktor darstellt.

Allerdings ermöglicht es die Faktorenanalyse SCHMIDT (1976, S. 216 ff), unter Zuhilfenahme einer Typenanalyse zu vier typischen Leistungskonstellationen innerhalb der Zerebralparetiker zu gelangen: die Variante C-III mit dem höchsten Leistungsniveau zeichnet sich besonders durch ihr gutes schlußfolgerndes Denken aus; die Variante C-I mit dem schwächsten Leistungsniveau fällt besonders im Strukturieren optischer Ganzheiten ab. Bestätigt wurden die „Schwierigkeiten der visu-motorischen Koordination" der Zerebralparetiker sowie ihre „Besonderheiten im Sinne eines ‚konkreten' Verhaltens" (SCHMIDT 1976, S. 228 f); als neue, durch die Befunde nahegelegte Hypothesen zeigten sich bei ihnen „Schwierigkeiten des simultanen Ablaufs intellektueller Prozesse" (S. 229 f) – ein Phänomen, das auch von Klinikern berichtet wird als Unfähigkeit zerebral Bewegungsgestörter zur geteilten oder schnell wechselnden Aufmerksamkeit zwischen unterschiedlichen Tätigkeiten.

LEYENDECKER (1977) konnte bei Zerebralparetikern auch spezifische Besonderheiten im Ablauf der Lernprozesse nachweisen. Zum Beispiel bleiben einmal erworbene bedingte Reflexe bei ihnen länger erhalten; ihr Begriffslernen verläuft wesentlich verlangsamt. Diese Besonderheiten im Lernverhalten waren von der Intelligenzhöhe wie auch vom Grad der motorischen Beeinträchtigung relativ unabhängig (S. 252).

4.2.4. Mehrdimensionale Förderung

Wir haben die Zerebralparese als Beispiel für die Mehrfachbehinderung gewählt, sie dann allerdings zunächst als eigenständige Behinderung mit relativ einheitlicher Ätiologie und ähnlichem äußerem Erscheinungsbild dargestellt.

Was die Zerebralparese zum Exempel einer Mehrfachbehinderung macht, ist in erster Linie die Interdependenz von motorischer und intellektueller Beeinträchtigung. Drei Viertel der Zerebralparetiker weisen eine unterdurchschnittliche Intelligenz auf. Diese gehört teilweise mit zum Schädigungssyndrom der Hirnschädigung, teilweise jedoch ist sie als Folgebehinderung durch reduzierte Umwelterfahrung zu verstehen. Die verzögerte Sprachentwicklung und spätere Sprachbehinderung tragen daran einen wesentlichen Anteil.

Intermittierende Krampfanfälle können eine weitere Komplikation bedeuten; in ähnlicher Weise können Seh- und Hörstörungen vorkommen. Viel eher als ein nichtbehindertes Kind reagiert das zerebralparetische zudem mit Verhaltensstörungen auf Unausgeglichenheit seines Milieus, auf Unter- oder Überforderung. ULBRICHT (1977, S. 78) gibt an, daß „nur etwa 10 % der kindlichen Cerebralparetiker . . . ‚nur' motorisch behindert" sind.

Ähnlich wie die Behinderung muß hier auch die Förderung unbedingt eine mehrdimensionale sein, was heute allgemein akzeptiert wird. Die Krankengymnastik soll die pathologischen Reflexmuster hemmen und eine maximale Vielfalt an Bewegungsmöglichkeiten herausarbeiten (vgl. KUNERT 1972). Die Beschäftigungstherapie soll die eingeschränkten Möglichkeiten der Umwelterfahrung kompensieren. Die logopädische Sprachtherapie soll die Kommunikation mit der Umwelt verbessern und damit die spätere Integration erleichtern.

Hinzu kommen Behandlungsmöglichkeiten aus dem Bereich der Medizin. Orthopädische Hilfsmittel wie Stützapparate, Schienen, Korsetts, Spezialschuhe und Einlagen – sie werden im Unterschied zu Prothesen als ‚Orthesen' bezeichnet – haben

„die Aufgabe, statische und dynamische Funktionen zu erleichtern, zu unterstützen oder überhaupt erst zu ermöglichen, das Kräftegleichgewicht wiederherzustellen, Gelenke zu stabilisieren und unzweckmäßige Bewegungen auszuschalten, leichte Fehlstellungen zu korrigieren oder zu verhüten . . , Form- und Längenabweichungen auszugleichen und gelegentlich auch präoperativ im Sinne eines Tests Aussagen über operative Erfolgschancen zu ermöglichen (z.B. bei Arthrodesen = operativen Gelenkversteifungen)." (ULBRICHT 1977, S. 88).

Mit Medikamenten wie Diazepam (,Valium') wird versucht, eine muskelentspannende Wirkung zu erzielen. Als Letzt-Maßnahme zur Verhütung oder Besserung von Spätschäden (z.B. Spitzfüßen) kommt bisweilen auch eine Operation in Betracht, sofern sie einen wirklichen funktionellen Gewinn verspricht (ULBRICHT 1977, S. 89). In der Frühbehandlung jedoch haben Krankengymnastik und Beschäftigungstherapie Vorrang.

4.3. Teilleistungsschwächen

Von Herbert BUCHTA

4.3.1. Definition

Der Begriff der Teilleistungsschwäche oder Teilleistungsstörung (früher auch Werkzeugstörung) „ist in den letzten Jahren zu einem zentralen Diskussionsthema im Zusammenhang mit schulischer Leistungsbeurteilung und psychologischer Diagnostik geworden" (BERGER 1977 a, S. 12). Im angloamerikanischen Raum werden hierfür häufig die Begriffe „psychoneurologische Lernschwäche" (JOHNSON & MYKLEBUST 1971) oder „spezifische Lernstörung" (KIRK & KIRK 1976) gebraucht. Unter all diesen Bezeichnungen versteht man partielle Leistungsminderungen oder -ausfälle, die bei Kindern mit normaler oder guter Intelligenz auftreten. Im Gegensatz zur allgemeinen Minderbegabung finden sich bei Kindern mit Teilleistungsschwächen andere Teilfunktionen, die voll leistungsfähig sind. Die Teilleistungsschwächen zeigen sich nicht nur im Schulleistungssektor oder im verbalen bzw. nicht-verbalen Bereich (vgl. KIRK & KIRK 1976, S. 24 ff; NISSEN 1975, S. 114), sondern haben sich „auch als Ursache von sekundär sich daraus entwickelnden Verhaltensstörungen und sozialen Anpassungsschwierigkeiten erwiesen" (LEMPP 1976, S. 282). GRAICHEN (1973, 1976, 1977), der den Begriff Teilleistungsschwäche definierte und neuropsychologisch begründete, versteht darunter eine Leistungsminderung einzelner Faktoren oder Glieder innerhalb eines funktionellen Systems, das zur Bewältigung einer bestimmten Anpassungsaufgabe erforderlich ist. Der Vorgang des Lernens ist sehr komplexer Natur und setzt sich aus zahlreichen Einzelfunktionen und miteinander verbundenen Regelkreisen zusammen. LEMPP (1976, S. 283) versucht, die einzelnen, oft nur teilweise bekannten Schalt- und Regelsysteme, die beim Lernvorgang beteiligt sind, schematisch darzustellen. Dieser – äußerst komplizierte – Lernvorgang kann an jeder einzelnen Stelle in verschiedenem Ausmaß gestört sein. Solche Störungen können z. B. beim Vorgang der Reizaufnahme, der Verarbeitung, der Speicherung oder der Wiedergabe auftreten. Teilleistungsschwächen lassen sich daher zwar als Einzelausfälle in motorischen, visuellen, auditiven oder sprachlichen Bereichen beschreiben, jedoch muß betont werden, daß menschliche Leistungen immer auf integrierten und kooperierenden Hirnfunktionen basieren.

4.3.2. Genese

Den Teilleistungsschwächen liegen in der Regel hirnorganische Funktionsstörungen unterschiedlicher Ursachen zugrunde. Eine wesentliche, nach LEMPP (1976, 1978, 1979) wahrscheinlich die wichtigste Ursache, ist die leichtgradige frühkindliche Hirnschädigung (minimale cerebrale Dysfunktion – MCD – bzw. minimal brain dysfunction – MBD –). Diese kann primär auf einem organischen Defekt beruhen, aber auch auf sensorische Deprivation in der frühkindlichen Entwicklung zurückgeführt werden (BERGER 1977a, S. 14; vgl. auch BERGER 1977b). Die Beziehungen zwischen organischer Hirnentwicklung und den Umweltbedingungen sind jedoch sehr eng, so daß Reifungs- und Differenzierungsprozesse im Gehirn nur im Zusammenhang mit Umweltreizen verstanden werden können. Das bedeutet aber, daß es keine saubere Trennung zwischen minimalem organischem Defekt und umweltbedingtem Entwicklungsrückstand geben kann. Da bestimmte kognitive Vorgänge wie Wahrnehmungsleistungen oder motorische Aktivitäten gelernt werden und damit trainierbar sind (vgl. LORF 1964; NICKEL 1969; LURIA 1970; HEWETT 1973), verliert der Begriff der Reifung immer mehr an Bedeutung. In der kritischen Zeit der Reifungsphase des Gehirns während der ersten Lebensjahre des Kindes sind die kortikalen Areale in hohem Maße von Umweltreizen abhängig. Bei teilweiser sensorischer Deprivation kann es in dieser Zeit daher sehr leicht zu den Erscheinungsformen von – anfänglich minimalen – Funktionsdefiziten in spezifischen Bereichen kommen, da bestimmte Nervenbahnen in ihrer Entwicklung zurück bleiben.

4.3.3. Soziale Bedeutung

Im Alltag werden Teilleistungsschwächen oft überhaupt nicht erkannt, da sie sich in der Regel erst dann manifestieren, wenn die entsprechende Teilleistung verlangt wird, ähnlich, „wie eine fehlende Musikalität in unmusikalischer Umgebung nicht auffällt und es eine Legasthenie dort nicht gibt, wo nicht geschrieben wird" (LEMPP 1976, S. 285). Mit der verstärkten Aktivierung von Bildungsreserven aus breiten Bevölkerungsschichten (vgl. ARNOLD 1968a + b; ROTH 1968) werden auch höhere Anforderungen an die Hirnleistung einer viel größeren Zahl von Kindern gestellt als früher. Dadurch wurde vermutlich das Phänomen der Teilleistungsschwäche erst offenbar; und es gerät deshalb zur Zeit in den Verdacht, eine Art Modeerscheinung zu sein: Teilleistungsschwächen und minimale cerebrale Dysfunktion werden häufig voreilig als Diagnose gestellt, ohne sich genauere Kenntnis von dem betreffenden Kind zu verschaffen.

Die soziale Bedeutung von Teilleistungsschwächen liegt vor allem in der Tatsache begründet, daß Teilleistungsschwächen von der Umgebung oft nicht als solche erkannt werden und es dadurch zu Mißverständnissen zwischen dem – leicht benachteiligten – Kind und seiner Umwelt kommen kann. So wird z.B. ein Kind mit visuomotorischer Beeinträchtigung bereits im Kindergarten oft als tolpatschig – und damit als dumm –, ein auditiv beeinträchtigtes Kind allgemein als lernbehindert abgestempelt. Oder ein solches Kind wird als faul bezeichnet, da es ja in den meisten anderen Bereichen ganz gute Leistungen erbringen kann. Solche Fehlurteile verbauen diesen Kindern oft den Weg zu einer normalen Schullaufbahn.

Will man da Abhilfe schaffen, ist zunächst eine verstärkte Aufklärungsarbeit nötig, um bei Eltern und Erziehern ein wachsendes Problembewußtsein hinsichtlich Teilleistungsschwächen zu wecken. Weiterhin ist eine genaue, differentielle Diagnostik der möglichen Teilleistungsschwächen die Grundlage für eine effektive Behandlung. Ohne frühzeitig einsetzende Therapie verfestigen sich die minimalen Funktionsstörungen häufig zu einem echten, manifesten Defekt, so daß man „Kinder mit einer derartigen Teilleistungsschwäche zweifellos als von Behinderung bedroht" bezeichnen kann (BERGER 1977a, S. 19/20). Wenn aber die rechtzeitige Diagnose und entsprechende Förderung den Kindern langfristig helfen soll, so müssen auch die Schulen auf Kinder mit Teilleistungsschwächen Rücksicht nehmen. Die Lehrer sind aufgrund ihrer derzeitigen Ausbildung ebenfalls oft nicht in der Lage, Teilleistungsschwächen zu erkennen (BEER 1977, S. 126; vgl. auch SCHWARZMANN 1977).

4.3.4. Diagnostik

Teilleistungsschwächen entziehen sich in aller Regel der üblichen neurologischen Diagnostik und sind meist nur mit differentialdiagnostischen psychologischen, speziell neuropsychologischen Verfahren zu erkennen. Standardisierte Tests dafür gibt es bisher noch nicht; doch hat der erfahrene Diagnostiker genügend Verfahren zur Verfügung, aus denen er bestimmte Untertests zur gezielten Abklärung einzelner Teilleistungsschwächen auswählen kann. Das wesentliche Kriterium für Teilleistungsschwächen sind die isolierten Ausfälle oder Schwächen bestimmter Teilleistungen, die deutlich unter dem Niveau der übrigen Leistungsfähigkeit liegen. Je niedriger der Intelligenzquotient (IQ), desto unsicherer wird die Diagnose einer Teilleistungsschwäche und desto sicherer die Diagnose einer allgemeinen Minderbegabung. Deshalb ist zum einen die Feststellung der allgemeinen intellektuellen Leistungsfähigkeit in Form des IQ von Bedeutung – möglichst durch zwei Verfahren abgesichert – zum anderen die Feststellung des Intelligenz-Profils (z. B. mit Hilfe des HAWIVA oder HAWIK). Angenommen, es zeigen sich im HAWIK bei einem IQ von 105 intraindividuell schlechtere Ergebnisse im Mosaiktest und/oder im Figurenlegen, so kann man von noch genauer zu bestimmenden Teilleistungsschwächen im optischen bzw. visuellen Wahrnehmungsbereich sprechen.

Bei der Diagnose von Teilleistungsschwächen sollen beispielhaft für andere drei typische Teilleistungsbereiche herausgegriffen werden: der linguistische, der perzeptive und der motorische Bereich. Auf die Lese-Rechtschreib-Schwäche und die Rechenschwäche, die schon seit längerer Zeit als Teilleistungsschwächen bekannt sind, soll in diesem Zusammenhang nicht näher eingegangen werden.

4.3.4.1. Diagnostik von linguistischen Teilleistungsschwächen

Bei der Sprache und ihren möglichen Störungen muß grundsätzlich zwischen der Minderung des Sprachverständnisses (Kompetenz) und der Einschränkung der aktiven Sprachverwendung (Performanz) unterschieden werden. Um Sprache verwenden zu können, bedarf es einiger notwendiger Voraussetzungen. Neben den Funktionen des Gehörs, der Leitungsbahnen vom Gehör zum ZNS und der Sprechwerkzeuge spielen auch Prozesse wie „Codierung" – die auditive und visuelle Entschlüsselung, Assoziation und Verschlüsselung – die Kurzzeitspeicherung, die Wechselwirkung zwischen motorischen und sensorischen Funktionen, der präzise zeitliche und automatische Ablauf articulomotorischer Leistungen, aber auch Wortschatz, Wortverständnis und Grammatik eine entscheidende Rolle für den Sprechvorgang. Die Funktionstüchtigkeit dieser verschiedenen Voraussetzungen für Sprache und Sprechen konnte man mangels geeigneter diagnostischer Verfahren noch vor 10 Jahren kaum überprüfen; der Sprachtest galt bisher immer als „Stiefkind" der Diagnostik (vgl. GRIMM 1978). Heute stehen neben Testverfahren, die lediglich einen einzigen Aspekt von Sprache erfassen wie z. B. den Wortschatz (Frankfurter Tests für Fünfjährige – Wortschatz – FTF-W; Wortschatztest für Schulanfänger – WSS 1) oder die Grammatik (Testbatterie Grammatische Kompetenz für 10- und 11jährige Kinder – TGK) die drei folgenden Testverfahren zur Überprüfung der allgemeinen Sprachentwicklung zur Verfügung. Sie sollen jeweils in aller Kürze vorgestellt werden; Einzelheiten zur theoretischen Basis der Tests, zu Durchführung, Auswertung, Interpretation und zu den Gütekriterien entnehme man dem jeweiligen Testhandbuch.

– Der *Psycholinguistische Entwicklungstest – PET* von ANGERMAIER (1974) zur Feststellung des sprachlichen Entwicklungsstandes von Kindern im Alter zwischen 3 und 10 Jahren ist die deutsche Version des in den USA schon seit längerer Zeit bewährten „Illinois Test of Psycholinguistic Abilities" von KIRK & McCARTHY (1961) und erlaubt, die Ausfälle im Hinblick auf drei Kommunikationsprozesse (rezeptive, Vermittlungs- und expressive Prozesse), zwei Ebenen der Sprachorganisation (Repräsentationsstufe für die komplexeren Vermittlungsprozesse und Integrationsstufe, die Stufe der Automatik und Sequenzen) und zwei Kanäle sprachlichen Inputs und Outputs zu messen (akustisch-stimmlicher und optisch-motorischer Kommunikationskanal). Die 12 Subtests und ihre Zuordnung zu den einzelnen zu messenden Bereichen sind der Abb. 1 zu entnehmen, in der das PET-Profil eines sprachbehinderten Kindes dargestellt ist mit auffälligen Teilleistungsschwächen im akustisch-sprachlichen Kommunikationsbereich der Repräsentationsstufe (WV, GB), in der akustisch-sprachlichen (GT, LV) und optisch-motorischen Automatik (OF) und im auditiven Kurzzeitgedächtnis (ZFG).

Wenngleich der PET in der Praxis nicht das zu halten vermag, was er theoretisch verspricht (vgl. ROHWER 1970; WAUGH 1975; IHSSEN 1978; GRIMM 1978), so dient er trotzdem als geeignetes Diagnostikum zur Feststellung psycholinguistischer Teilleistungsschwächen und als diagnostischer Ausgangspunkt für entsprechende Fördermaßnahmen, wie sie zum Beispiel von BUSH & GILES (1976) oder von ARNOLDY (1977) vorgelegt wurden.

– Der *Landauer Sprachentwicklungstest für Vorschulkinder – LSV* von GÖTTE (1976), auf 4 bis 6 Jahre beschränkt und in der Testanwendung zeitlich sehr kurz (20 Min gegenüber mindestens 50 Min beim PET), mißt die Bereiche Wortschatz, Artikulation, Formen- und Satzbildungsfähigkeit und Kommunikationsfähigkeit. Er differenziert zwar „zwischen der Sprache als einem formallinguistischen System und als einem situativ bestimmten Handlungsvollzug" (GRIMM 1978, S. 362), überprüft jedoch lediglich die Sprachproduktion, nicht aber die -rezeption wie der PET. Da auch andere mögliche Teilleistungen der Sprache mit dem LSV nicht erfaßt werden können, eignet er sich nur bedingt für die Diagnostik von Teilleistungsschwächen, sondern ist eher als Screening-Verfahren einzusetzen, das zur Grobauslese von sprachentwicklungsverzögerten Kindern im Vorschulalter dient (vgl. GROHNFELDT 1978; HÖTSCH 1979).

Psycholinguistische Profilanalyse PET

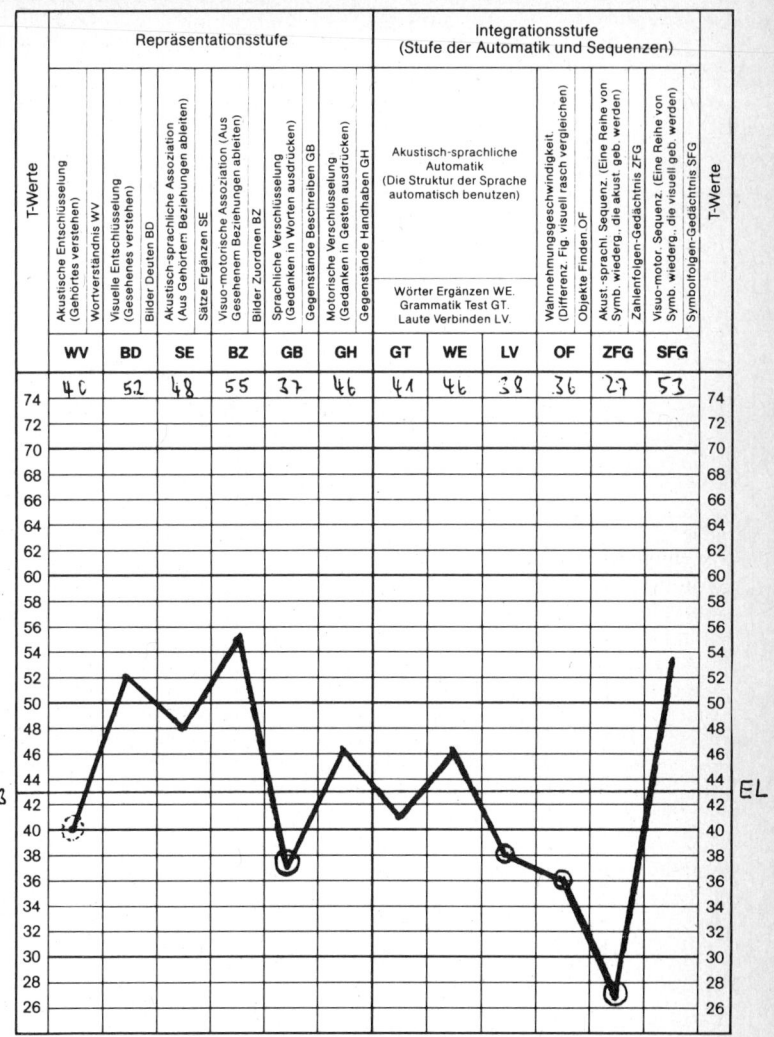

EL = Erwartungslinie
Abb. 1: PET-Profilanalyse eines 6;2 Jahre alten Jungen mit multipler Dyslalie und mittlerem Dysgrammatismus aus der Sprachheilschule Gerolzhofen)

– Der aufgrund der Kritik an den bisherigen Sprachtests konstruierte *Heidelberger Sprachentwicklungstest – HSET* von GRIMM & SCHÖLER (1978), ein zeitlich sehr aufwendiges Verfahren, „ist auf der Grundlage von Ergebnissen konstruiert, die gesichert den gegenwärtigen Entwicklungsstand der Theorienbildung in der Linguistik und der Entwicklungspsychologie der Sprache reflektieren" (GRIMM 1978, S. 363). Er mißt die Bereiche Satzstruktur, morphologische Struktur, Satzbedeutung, Wortbedeutung und interaktive Bedeutung.

4.3.4.2. Diagnostik von perzeptiven Teilleistungsschwächen

Beim Wahrnehmungsvorgang handelt es sich „keineswegs nur um eine bloße Annahme von Sinneseindrücken, sondern er stellt einen sehr komplexen psychischen Prozeß dar, der erst durch das Zusammenwirken verschiedener Faktoren ein sinnvolles geordnetes Erfassen eines Gegenstandes in seiner Eigenart und Bedeutung ermöglicht" (NICKEL 1977, S. 23). Neben Faktoren, die der Organisation und Gliederung der Wahrnehmungsinhalte dienen (z.B. Figur-Grund-Unterscheidung), spielen für den Prozeß der Wahrnehmung auch Vorstellungen und Erfahrungen, Prozesse der intellektuellen Verarbeitung und Interessen, motivationale und emotionale Faktoren eine Rolle. JOHNSON & MYKLEBUST (1971) haben die Zusammenhänge zwischen neurologen Hirnleistungsschwächen und spezifischen Wahrnehmungsdefekten untersucht und dargestellt. Sie haben gezeigt, daß sich viele Lernstörungen auf spezifische perzeptive Dysfunktionen bei intaktem Sehvorgang zurückführen lassen. Nach FROSTIG (1963) sind die bei Lernstörungen regelmäßig gestörten Wahrnehmungsfunktionen die visuomotorische Koordinationsfähigkeit (Koordination zwischen Auge und Hand), das Figur-Grund-Unterscheidungs-Vermögen (Erkennen von Figuren auch auf komplexem Hintergrund), das Konstanthalten der Form (relative Unabhängigkeit des Wahrnehmungserlebnisses von den retinalen Veränderungen, die bedeutendste Leistung der Wahrnehmung), das Erkennen der Lage im Raum (Erkennen von spiegelbildlich oder gedrehten gegenüber normal dargestellten Objekten) und das Erfassen von räumlichen Beziehungen (Fähigkeit zur anschaulichen Beziehungswahrnehmung). Ein in den USA bereits bewährtes Verfahren zur Überprüfung dieser 5 Teilbereiche der visuellen Wahrnehmung ist der *„Frostig's Entwicklungstest der visuellen Wahrnehmung – FEW"*, der von LOCKOWANDT (1976) für den deutschen Sprachraum bearbeitet wurde. Dieses Verfahren eignet sich daher besonders gut, um bei Kindern im Alter von 4 bis 8 Jahren Teilleistungsschwächen im visuellen Wahrnehmungssektor diagnostizieren zu können. (s. Abb. 2).

Nicht nur in der visuellen Wahrnehmung können Teilleistungsschwächen auftreten, auch im auditiven Bereich zeigen sich manchmal

Störungen, ohne daß man organische Defekte am Gehör nachweisen kann. Kinder mit auditiven Wahrnehmungsschwächen reagieren auf akustische Reize nicht adäquat. In der Literatur werden diese Kinder mit verschiedenen Begriffen bezeichnet: akustische Agnosie, Laut-Agnosie, sensorische Hörstummheit, Audimutitas, zentrale Hörschädigung, Worttaubheit, akustische Differenzierungsschwäche, Störung der akustischen Merkfähigkeit (AFFOLTER 1977, S. 63). Eine Überprüfung der Wahrnehmungsprozesse im auditiven Bereich wird in der Regel vom Phoniater durchgeführt, der zunächst ein Audiogramm erstellt. Ein mögliches Verfahren zur Feststellung der akustischen Agnosie ist der *„Lautagnosie-Test"* von SCHÄFER (1973; vgl. auch v. DEUSTER 1978).

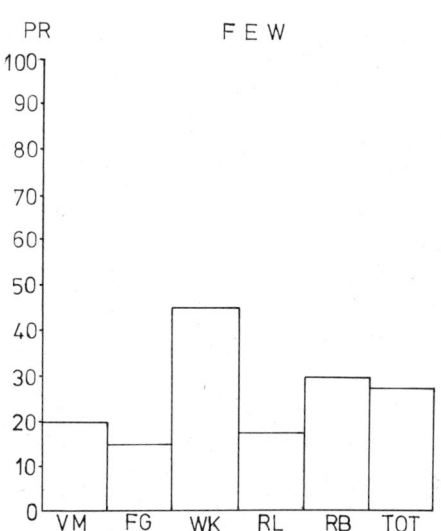

Abb. 2: FEW-Profil eines 6;2 Jahre alten sprachbehinderten Jungen
VM = Visuomotorik; FG = Figur-Grund-Unterscheidung
WK = Wahrnehmungskonstanz; RL = Raumlage; RB = Räumliche Beziehung
TOT = Gesamtergebnis
PR = Prozentrang

4.3.4.3. Diagnostik von motorischen Teilleistungsschwächen

„Bewegung ist die erste und wichtigste Kommunikationsform des werdenden Menschen" (SCHILLING 1978, S. 515). Die gesunde Entwicklung motorischer Funktionen ist bedeutend für die gesamte Persönlichkeitsentwicklung im Kindesalter. Das Erlernen von „Bewegungsmustern" (KEPHART 1960) bezeichnet SCHILLING (1973, 1977) als fortschreitenden adaptiven Prozeß, in dem die miteinander verflochtenen Steuerkomplexe der Informationsaufnahme, -verarbeitung und motorischer Ausgabe zunehmend leistungsfähiger werden. Somit sind Wahrnehmung und Bewegung als Einheit zu verstehen (sensomotorische Entwicklung), die sich ständig in Abhängigkeit von den jeweiligen Umweltbedingungen ändern. Dieses Gleichgewicht wird jedoch nur sehr schwer erreicht, wenn die Umwelt zu wenig Wahrnehmungs- und Bewegungsstimuli bietet; es wird aber auch leicht gestört durch Fehlentwicklung im psychisch-emotionalen Bereich (z.B. Ängstlichkeit), im sensorischen Funktionsbereich (Wahrnehmungsstörungen), im motorischen Funktionssystem (Hirnschädigungen) und im Bereich des peripheren Bewegungsapparates (Körperbehinderung).

Da der Aufbau der motorischen Muster im Kleinkindalter sehr stark intraindividuellen Schwankungen unterworfen ist – z.B.wird der Zeitpunkt für den Beginn freien Laufens in der Zeitspanne zwischen 9 und 18 Monaten als normal angesehen (LEZINE 1963) – sind auch Normwerte für die frühe motorische Entwicklung nur mit großen Fehlerbereichen aufzustellen; dies trifft z.B. für die Entwicklungsskalen von HELLBRÜGGE (1971) oder von KIPHARD (1975) zu. Motorische Testverfahren sind erst ab etwa 4 Jahren praktisch anwendbar, da sich ab diesem Zeitpunkt die erlernten Bewegungsmuster allmählich festigen. Grundsätzlich gibt es drei Erfassungsmöglichkeiten von motorischen Handlungen mit jeweils spezifischen diagnostischen Verfahren:
– Bei der *Motoskopie,* die sich nach LESIGANG (1973, 1977) gut für die Diagnostik von minimalen cerebralen Bewegungsstörungen eignet (minimale cerebrale Parese – MCP; vgl. WIGGLESWORTH 1961), werden Bewegungen beobachtet und in Beschreibungen festgehalten; in erster Linie kommt es hierbei auf die qualitative Beurteilung des Bewegungsvollzugs an. Als sehr ökonomisches motoskopisches Verfahren hat sich der *Trampolin-Test* von KIPHARD (1977) bewährt. In zwei Durchgängen, die für ein Kind etwa zwei Minuten in Anspruch nehmen, wird die Bewegungsanpassung des Kindes an die Fremdkinetik des Sprungtuchs in vorgegebene Kategorien eingestuft. Der Trampolin-Test eignet sich vor allem als Screening-Verfahren für Schuluntersuchungen.

Ein weiteres motoskopisches Verfahren ist die *Checklist motorischer Verhaltensweisen – CMV* von SCHILLING (1975). Sie besteht aus 78 Eigenschaftswörtern, die global motorisches Verhalten in insgesamt 8 Dimensionen beschreibt und kategorisiert. Damit werden qualitative Antriebs- und Bewegungsverhaltensweisen aufgedeckt, motorische Störungen sind allerdings mit diesem Verfahren nicht zu erfasssen.

Protokollbogen der LOS KF 18

Auf-gabe	Kurzbeschreibung	Durch-gänge	Zeit-grenze (sek.)	Kriterien $T = 37$	Be-wertung
1	Nase berühren	1	–	Jeder Finger mindestens 2 von 3 mal die Nase berührt; Kopf nicht bewegt; Augen geschlossen.	1
2	Rhythmisches Klopfen mit Fingern und Füßen	1	20	Fuß und Finger synchron	1
3	Rückwärts gehen	1	–	Fußspitzen und Fersen aneinander; kein Balancieren mit Armen; seitl. Abweichung weniger als 30 cm.	0
4	Seilspringen	1	–	Seil übersprungen, nicht berührt	0
5	Auf 1 Bein stehen mit geöffneten Augen	1	10	Gleichgewicht; gebeugtes Bein berührt nicht den Boden	0
6	Seitliche Kreise mit Zeigefingern	1	10	Kreisbewegungen; Unterarm und Hände nicht mitbewegt.	1
7	Ballfangen	5	–	3 mal gefangen	0
8	Streichhölzer sortieren	1	70 männl. 85 weibl.	Streichhölzer werfen und mehr als ein Streichholz aufnehmen = 5 sek. Zuschlag	0
9	Hochspringen und Fersen berühren	1	–	beide Fersen berührt	0
10	Fingerbewegung	3	2 x 10	Ein Durchgang gelungen, Finger nicht ver-wechselt; Bewegung nicht unterbrochen	0
11	Beidhändig Pfennige und Streichhölzer einsammeln (je 20)	1	50	Werfen und nicht simultanes Einsammeln sprachlich korrigieren	0
12	Labyrinth durchfahren	1	50	Linien schneiden (nicht berühren): 5 sek. Zuschlag	0
13	Balancieren auf Zehenspitzen mit geschlossenen Augen	1	15	Balance; Fersen berühren nicht den Boden; Füße nicht auf Boden Verschoben; Augen geschlossen	0
14	Kreis ausschneiden	1	60	Linien schneiden (nicht berühren): 5 sek. Zuschlag	/
15	Öffnen und Schließen der Hände mit Drehen	1	10	Wechsel synchron; ungleiche Lage der Hände; mehr als 3 Wechsel in 10 Sekunden	0
16	Füße Klopfen und Finger Kreisen	1	15	Kreisbewegung; Hände und Unterarme nicht mitbewegt; Finger und Füße im Takt	0
17	Auf 1 Bein stehen mit geschlossenen Augen	1	10	Gleichgewicht; gebeugtes Bein berührt nicht den Boden; Augen geschlossen	0
18	Hochsprung mit dreimaligem Händeklatschen	3	–	3 x Händeklatschen in der Luft; Fersen be-rühren bei der Landung nicht den Boden	0

Abb. 3: Protokoll eines 6;2 Jahre alten sprachbehinderten Jungen (LOS KF 18)

– Die *Motometrie* gestattet die Messung motorischer Merkmale anhand genauer Kriterien wie Zeit, Fehler, Bewegungsausmaß oder Genauigkeit. Diese Verfahren lassen sich zwar gut standardisieren, haben aber den Nachteil, daß man sich damit auf eng umgrenzte Teilgebiete der Motorik beschränken muß, da sich nur wenige motorische Merkmale wirklich messen lassen. Ein solches Verfahren stellt der *Körperkoordinationstest - KTK* von SCHILLING & KIPHARD (1974) dar, ein Verfahren mit hoher Testgüte. Mit Hilfe der vier Aufgaben „Balancieren rückwärts" (BR), „Monopedales Überhüpfen" von Schaumstoffplatten (MÜ), „Seitliches Hin- und Herspringen" (SH) und „Seitliches Umsetzen" (SU; Umsetzen von Brettern mit jeweiligem Umsteigen) wird die Entwicklung der Körperbeherrschung und -kontrolle bei 5- bis 14jährigen überprüft. Bei frühkindlich hirngeschädigten Kindern konnten bei 91 % der Fälle motorische Störungen in einem Ausmaß festgestellt werden, wie sie bei normalen Kindern nicht beobachtet werden konnten.

Eine Kombination aus motoskopischem und motometrischem Vorgehen findet man bei den *OSERETZKY-Skalen* (1931), die von EGGERT (1971) neu standardisiert wurden (LOS KF 18). Bei dieser Kurzform der Skala handelt es sich um 18 motorische Aufgaben verschiedenster Art, die allerdings teilweise hoch mit der Intelligenz korrelieren und in unterschiedlichem Ausmaß übungsabhängig sind. Trotzdem eignet sie sich in der Praxis gut für die Diagnostik von Störungen in umschriebenen Teilbereichen (Abb. 3).

– Die *Motographie* erlaubt genaue Bewegungsaufzeichnungen z.B. anhand von Film- oder Videoaufnahmen zum Zweck einer genauen qualitativen Analyse, die in der Regel bei motometrischen Verfahren nicht möglich ist. Die Motographie gibt Auskunft über den Ablauf einer Bewegung oder Bewegungskette, die Motometrie hingegen liefert lediglich die Endleistung von häufig heterogenen Teilleistungsbewegungen.

Auf andere Verfahren zur Feststellung bestimmter motorischer Beeinträchtigungen bzw. zur Beurteilung der körperlichen Leistungsfähigkeit sei hier nur der Vollständigkeit halber hingewiesen (s. ORPET 1972; LUTTER & SCHRÖDER 1972; MECHLING & RIEDER 1977).

4.3.5. Förderung von Kindern mit Teilleistungsschwächen

Eine differentialdiagnostische Untersuchung ist die Grundlage für eine effektive Behandlung und Therapie von Teilleistungsschwächen. Ohne rechtzeitige Behandlung verfestigen sich in der Regel die jeweiligen Symptome und ziehen häufig sekundäre Störungen nach sich. Weil bei der Feststellung von Teilleistungsschwächen vielfach eine organische Ursache und eine cerebrale Funktionsstörung angenommen werden müssen, haben viele Eltern Hoffnung auf medikamentöse Therapie;

diese ist jedoch „grundsätzlich nicht möglich" (LEMPP 1976, S. 292). Die Behandlung ist vielmehr eine pädagogische, genaugenommen eine heilpädagogische, in deren Mittelpunkt die Bemühungen um Stützung und Förderung dieser Kinder steht. Maßnahmen zur Linderung oder zur Behebung von Teilleistungsschwächen dürfen nie isoliert vom ganzheitlichen Erziehungsbemühen gesehen werden und dem Kind ist immer das Bewußtsein zu vermitteln, daß es trotzdem ein vollwertiger Mensch ist (SCHWARZMANN 1977, S. 138).

Da es sich bei Teilleistungsschwächen um eine umschriebene Teilstörung der intellektuellen Leistungsfähigkeit handelt und nicht um einen vollständigen Ausfall wie bei einer allgemeinen Minderbegabung, kann durch gezielte Übungsaufgaben eine Besserung, in vielen Fällen sogar ein völliger Leistungsausgleich erwartet werden; die Prognose dafür ist umso günstiger, je früher die entsprechende Behandlung einsetzt. Daß die Übungen spielerisch erfolgen und in den Tagesablauf der Kinder integriert werden müssen, ohne Leistungsdruck oder den Charakter von Nachhilfe zu erwecken, bedarf eigentlich keiner eigenen Erwähnung.

Schulorganisatorische Maßnahmen zur Förderung von Kindern mit Schwächen in umschriebenen Teilbereichen sind ebenfalls notwendig. Etwa 12–15 % der Sonderschüler besuchen Schulen für Schwerhörige, Sprachgestörte, Körperbehinderte, Sehgestörte und Verhaltensauffällige – alles Kinder mit möglichen Teilleistungsschwächen. Diese Kinder brauchen Lehrer, die neben der Vermittlung des vorgeschriebenen Lehrstoffes die spezifischen Schwächen mit Hilfe therapeutisch funktioneller Übungen behandeln können, was eine Doppelbelastung und damit verbunden eine Doppelausbildung dieser Lehrer erfordert. Da Teilleistungsschwächen aber nicht nur bei Sonderschülern, sondern vor allem auch bei Grundschülern auftreten, müssen Volksschullehrer bereits im Rahmen ihrer Ausbildung für die Aufgabe sensibilisiert werden, Teilleistungsschwächen als solche zu erkennen und die Kinder einer entsprechenden Förderung und Therapie zuzuführen (BEER 1977, S. 126). Entsprechende Sensibilisierung für Teilleistungsschwächen gilt auch für Kindergärtnerinnen und Erzieherinnen. Konsequente Ausbildung, Fortbildungsmaßnahmen und Zusammenarbeit mit Fachärzten, Psychologen und Fachpädagogen können diese notwendige Sensibilisierung erreichen.

Für die eigentliche Förderung von Kindern mit Schwächen in umschriebenen Bereichen stehen bereits spezifische Übungsprogramme zur Verfügung; auf sie kann hier nur exemplarisch hingewiesen werden. Obwohl sich kein Übungsprogramm isoliert an nur eine Schwäche richtet – immer werden mehrere funktionelle Komponenten angesprochen – soll hier zwischen den drei besprochenen Teilleistungsbereichen unterschieden werden:

Linguistischer Bereich: Psycholinguistischer Sprachunterricht (BUSH & GILES 1976): Die Hilfen für die Elementar- und Primarstufen orientieren sich am PET; ein semantisches Sprachförderungsprogramm (SCHACHTNER 1972); Sprachtraining und Intelligenzförderung im Vorschulalter (SCHÜTTLER-JANIKULLA 1968): Sprachtrainingsmaterial und Arbeitsmappen für Kinder im Alter von 4 bis 7 Jahren; Intelligenz-, Sprach- und Schreibtraining (TSCHINKEL 1971): Arbeitsblätter für die Schulreife-Entwicklungshilfe; Satzbauspiele für die Förderung der Sprachentwicklung (SULSER o. J.).

Wahrnehmung: Auditive Wahrnehmungsförderung für den Elementar- und Primarbereich (FRITZE, PROBST, REINARTZ E. & A. 1976): Hören. Übungs- und Beobachtungshefte; Visuelle Wahrnehmungsförderung (REINARTZ A. & E. 1977); Achtung aufgepaßt! Ein audiovisuelles Lernprogramm zur Förderung der Hör-, Sprech- und Lesefertigkeit (ARNOLDY 1977): auf Tonband und Cassette.

Motorik: Psychomotorisches Training. Ein Projekt mit lese- und rechtschreibschwachen Schülern (EGGERT 1975); Leibesübung als Therapie. Bewegungs- und heilpädagogische Übungen (KIPHARD 1973); Bewegungserziehung. Neue Wege der Heilpädagogik (FROSTIG 1973); Bewegen – Wachsen – Lernen: Bewegungserziehung (FROSTIG 1974).

5. Beiträge der Sozialpsychologie und Sozialforschung

In den vorausgegangenen Abschnitten haben wir versucht, einzelne, sozusagen klassische Gruppen Behinderter vorzustellen und zu charakterisieren. Dabei stand vielfach zunächst der medizinische Behinderungsbegriff im Vordergrund, schon allein was die Abgrenzung des Personenkreises betraf. In der weiteren Charakterisierung ging es dann teilweise darum, Merkmale oder Dimensionen herauszustellen, auf denen sich eine Gruppe von Individuen von anderen Menschen unterschied – eine Aufgabe der Differentiellen Psychologie also (vgl. HERRMANN 1972, S. 38).

Nun wollen wir jedoch von den Besonderheiten einzelner Behindertengruppen eher abstrahieren und uns Problemen zuwenden, die den Behinderten in seinem Bezug zur Umwelt und zur Gesellschaft betreffen. Vorurteile und Stigmatisierung sind hier einschlägige Konzepte, von denen das erste mehr einen Beschreibungs-, das zweite eher einen Erklärungsversuch darstellt. Bei behinderten Kindern kommt die Situation ihrer Familie als einer Sonderfamilie hinzu.

5.1. Einstellungen und Vorurteile gegenüber Behinderten

Einen ersten, wenn auch noch weitgehend deskriptiven Zugang zur Sozialpsychologie der Behinderung öffnet uns die Einstellungsforschung. Das soziale Feld zwischen Behinderten und Nichtbehinderten wird erkundet und beschrieben, ohne daß zunächst eine übergreifende Theorie zur Erklärung gesucht wird. Trotzdem ist die Einstellungsforschung unabdingbar, „denn erst wenn diese Einstellungen und Meinungen bekannt sind, sind sie beeinflußbar" (G. W. JANSEN 1972, S. 12).

Nicht wenig Mühe ist im vergangenen Jahrzehnt hierauf verwandt worden. In von BRACKENs zusammenfassender Darstellung füllt allein das Literaturverzeichnis 17 engbedruckte Seiten mit etwa 450 Titeln. Während G. W. JANSEN (1972, S. 19) noch davon ausgegangen war, daß „speziell über Körperbehinderte relativ wenige – verfügbare – Untersuchungen existieren", konstatierte nur vier Jahre später von BRACKEN (1976, S. 211): „Am besten erforscht ist die Einstellung zu körperbehinderten Kindern."

Es ist nun hier in diesem Rahmen weder möglich noch sinnvoll, all diese Arbeiten oder auch nur einen Teil davon zu referieren; wer sich dafür interessiert, sei auf den Überblick bei von BRACKEN (1976) verwiesen, der einerseits in eigenen großangelegten Repräsentativerhebungen die Einstellungen gegenüber lern- und geistigbehinderten Kindern erforscht (Kap. 6–15), andererseits aber auch die vorhandene Literatur zu den Einstellungen gegenüber körper-, sinnes- und sprachbehinderten sowie verhaltensgestörten Kindern referiert hat (Kap. 16–20). Was die Einstellungen gegenüber Körperbehinderten betrifft, so sei ergänzend insbesondere an G. W. JANSENs (1972) Studie erinnert; in drei Schritten (Voruntersuchung an 160 Probanden, Repräsentativbefragung von 1481 Westdeutschen, Tiefeninterviews mit 60 Versuchspersonen) arbeitete er das faktische Wissen der Befragten, ihr Bild vom Körperbehinderten sowie ihre spezifischen Interaktionsempfindungen heraus.

Betrachtet man eine größere Anzahl solcher Einstellungsuntersuchungen und versucht man dabei, eine jede auf ihre kürzestmögliche Formel zu bringen, so wirken die Ergebnisse relativ gleichförmig und auf die Dauer ermüdend. Die Einstellungen der Bevölkerung gegenüber Behinderten sind ungünstig gefärbt, in der Interaktion wird Unsicherheit empfunden, Distanz grundsätzlich bevorzugt. Den Behinderten werden ungünstige Eigenschaften zugeschrieben, die mit der Behinderung als solcher nichts zu tun haben. Die Kenntnisse über Häufigkeit und Erscheinungsbilder von Behinderungen sind unzureichend, die Begriffe verschwommen.

Exemplarisch für diesen Globaleindruck seien einige Sätze von BRACKENs (1976, S. 300) zitiert:

„. . . ein Ergebnis läßt sich wohl nicht bezweifeln: In der Bevölkerung der Bundesrepublik bestehen zahlreiche und ausgesprochen schädliche Vorurteile gegen behinderte Kinder und Jugendliche, ihre Familien und Schulen. Sie stellen eine schwere Belastung für diesen Kreis dar, die nicht nötig wäre."

Allerdings fährt der Autor fort (1976, S. 301):

„Die Forschung darf es sich aber nicht zu leicht machen. Nicht nur die Behinderungen sind mannigfaltig, auch die Vorurteile. Gewiß werden alle Behindertenarten abgelehnt, gewiß findet sich allen Behindertenarten gegenüber eine soziale Distanz, gewiß ist die Bevölkerung nicht ausreichend über sie informiert. Aber das Ausmaß ist von Behindertenart zu Behindertenart verschieden."

So können auch wir nicht schlichtweg bei diesem Globaleindruck stehenbleiben. Zunächst wollen wir die relevanten Begriffe ‚Einstellung‘, ‚Vorurteil‘ und ‚Stereotyp‘ kurz erläutern, um einen Bezug zur allgemeinen Sozialpsychologie herzustellen. Sodann ist die Vielfalt möglicher Einstellungen gegenüber Behinderten herauszustellen; methodische Möglichkeiten zu ihrer Erfassung sind zu nennen. Stellvertretend sollen dann Untersuchungen zur Behindertenhierarchie berichtet werden, also zu der Frage, welche Behinderungen von der Bevölkerung als leichter oder schwerer eingeschätzt werden. Schließlich sind aus den Einstellungsforschungen praktische Konsequenzen zu ziehen im Hinblick auf die Chancen eines Einstellungswandels, einer Vorurteilsreduktion; diese Frage soll im Zusammenhang mit dem Stichwort ‚Entstigmatisierung‘ aufgegriffen werden.

5.1.1. Einstellung, Stereotyp und Vorurteil

Mit dem Begriff ‚Einstellung‘ werden überdauernde Reaktionsdispositionen eines Individuums gegenüber einer Klasse von Objekten in allgemeinster Form gekennzeichnet. Ohne daß dabei über den genauen Standort des Begriffs zwischen ‚Eigenschaft‘, ‚Motiv‘ und ‚Reaktion‘ volle Einigkeit bestünde, ist immerhin die Strukturierung des Einstellungsbegriffs in drei Komponenten Gemeingut geworden. Zu einer Attitüde gehören demnach:

– eine kognitive Komponente (Vorstellungen und Überzeugungen von ihrem Gegenstand);
– eine affektive Komponente (eine mehr oder minder intensive, positive oder negative gefühlsmäßige Bewertung);
– eine aktionale oder konative Komponente (eine Tendenz, sich dem Objekt gegenüber in bestimmter Weise handelnd zu verhalten).

Diese Strukturierung entspricht der uralten philosophischen Unterscheidung zwischen Denken, Fühlen und Handeln; daß die einzelnen Komponenten gewöhnlich hoch miteinander korrelieren (MUELLER & THOMAS 1974, S. 235), läßt ihren heuristischen Wert dennoch bestehen. Soziale Einstellungen werden zum allergrößten Teil nicht im Kontakt mit ihrem Objekt, sondern im Kontakt mit anderen Einstellungsträgern gelernt. So wie Einstellungen gegenüber bestimmten Urlaubsländern meist schon vorhanden sind, ehe man diese Länder je gesehen oder einen ihrer Bewohner selbst kennengelernt hat, so dürften auch Einstellungen gegenüber Behinderten größtenteils ohne direkten Kontakt mit Behinderten erworben worden sein.

Der Einstellungsbegriff ist relativ weit, extensional, aber eher unscharf, auf nahezu jede Beziehung zwischen Individuen und sozialen Objekten anwendbar. Er eignet sich gut, um neue Phänomenbereiche global zu charakterisieren, ohne voreilige inhaltliche Festlegungen vorzunehmen. Zudem hat die Attitüdenforschung methodische Instrumente geschaffen, die sich so leicht nicht missen lassen dürften. Will man jedoch spezifischere Aussagen machen, so empfehlen sich andere Termini, wie auch von BRACKEN (1976, S. 4), um das Ungünstige der Einstellungen zu Behinderten herauszustellen, von ‚Vorurteilen‘ statt von ‚Einstellungen‘ spricht.

Der Begriff des ‚Stereotyps‘ wird von HOFSTÄTTER (1957, S. 99) eingeführt als „die Annahme von Charakterbildern, die für das Gros der Angehörigen einer Gruppe als gültig betrachtet werden“. Bewährt hat er sich besonders bei der Untersuchung nationaler Stereotype; vielfach werden hier bestimmten Völkern bestimmte Merkmale zugeschrieben – unabhängig vom tatsächlichen, oft kaum überprüfbaren Maß ihrer Ausprägung. BERGIUS, WERBIK und WINTER (1970, S. 265) ermittelten in einer solchen Studie Bündel von Eigenschaften für jede

197

Nation, „die von mindestens 40% der Stichprobe der untersuchten Population mit dem höchsten Verallgemeinerungsgrad (80–100%) versehen worden sind", und bezeichneten diese als Stereotyp. Nach von BRACKEN (1976, S. 5) hat jedoch gerade diese vorgenommene Operationalisierung die Brauchbarkeit des Begriffs in breiterem Rahmen geschmälert. Auch liefert ein Stereotyp keine Information über andere, vielleicht aktionale Einstellungskomponenten, die sich nicht gerade in der Zuschreibung eines Adjektivs ausdrücken. Eingebürgert hat es sich hingegen, von ‚Heterostereotyp' und ‚Autostereotyp' zu sprechen, wenn zwischen Fremdbild und Selbstbild einer Gruppe unterschieden werden soll.

Der Begriff ‚Vorurteil' schließlich wird „hauptsächlich im Sinne einer feindlichen Haltung gegenüber einer oder mehreren sozialen Gruppen verwendet (z.B. gegenüber rassischen, nationalen, ethnischen oder religiösen Gruppen)" (TAJFEL 1972, S. 739); er leitet sich bekanntlich aus der Rechtsprechung her, aus der vorgefaßten Meinung, die ein Richter bisweilen unzulässigerweise vor Anhörung der Parteien gefaßt hat. ALLPORT (1971, S. 23) definierte das Vorurteil als

„eine Antipathie aufgrund einer falschen und unflexiblen Verallgemeinerung, die empfunden und auch ausgedrückt werden kann. Diese Antipathie kann sich gegen eine Gruppe als Ganzes richten oder gegen ein Individuum, weil es dieser Gruppe angehört".

Während also der Einstellungsbegriff eher unspezifisch und weit ist, sind für ein Vorurteil „die Bezogenheit auf eine Gruppe und die implizierte Wertung" (G. W. JANSEN 1972, S. 14) – gemeint ist die negative Wertung – kennzeichnend. Deshalb scheint JANSEN „dieser Begriff nicht sehr glücklich für die Kategorisierung dessen zu sein, was sich im Nichtbehinderten bei der Begegnung mit einem Körperbehinderten abspielt".

Von BRACKEN (1976, S. 44) argumentiert genau umgekehrt: gerade weil es darum gehe, „zum Abbau von Vorurteilen gegen behinderte Kinder und Jugendliche beizutragen", müßten Vorurteile als „eine ungünstige Einstellung, die besondere Merkmale besitzt, und sehr erhebliche Gefahren mit sich bringt" (S. 4), klar identifizierbar sein, von anderen, neutralen oder positiven Einstellungen abgehoben werden. Zu diesem Zweck nennt von BRACKEN (1976, S. 37 ff) drei Kriterien für Vorurteile gegenüber Behinderten:

1. Ungünstige Abweichung von der Realität: Behinderten werden Merkmale zugeschrieben, die sie nicht oder nicht in diesem Ausmaß aufweisen. Geistigbehinderte minderbegabt zu nennen, ist natürlich kein Vorurteil, wohl jedoch, wenn man ihnen Gewalttätigkeit unterstellt: „Ein Vorurteil liegt dann vor, wenn das Urteil ungünstiger ist als die Realität, mithin wenn es zu ungünstig ist" (S. 37).

2. Anti-Normalität des sozialen Bildes: Dieses Kriterium ist bereits etwas schwieriger zu verstehen. Gewiß weichen Behinderte von der statistischen Norm der Bevölkerung ab, das macht ja – unter anderem – ihre Behinderung aus; jedoch geht es darum hier nicht. Vielmehr meint von BRACKEN (S. 37 f) hier das Prinzip der ‚sozialen Normalisierung‘, das zuerst in Dänemark 1969 für die geistig Behinderten formuliert wurde: „letting the mentally retarded obtain an existence as close to the normal as possible" – den geistig Behinderten ein Dasein ermöglichen, das dem normalen so nahe wie möglich kommt. Global könnte man hier das Schlagwort ‚Integration‘ nennen, konkret geht dies aber an solche Details heran wie Kleidung, Haarschnitt, Wohnräume; „Fremden vorgestellt wird der Behinderte als ‚Herr Schmidt‘ (nicht als Josef Schmidt und noch weniger als ‚mongoloider Idiot‘)" (S. 39). Eine gesellschaftliche Praxis, die dem Normalisierungsprinzip – dem So-weit-als-möglich-normal – entgegengesetzt ist, bedeute ein Vorurteil.

3. Mangel an persönlichem Wohlwollen: Mit diesem Kriterium ist insbesondere die affektive Dimension der negativen Attitüde ‚Vorurteil‘ angesprochen.

„Es genügt nicht, für behinderte Kinder Gesetze zu beschließen, entsprechende Mittel aufzuwenden und die erforderlichen Einrichtungen zu schaffen. Eltern und Erzieher behinderter Kinder müssen von echtem persönlichem Wohlwollen erfüllt sein." (S. 44).

Wer hat Vorurteile und welche Wirkungen haben sie? Auch dies sind zwei klassische Fragen der Sozialpsychologie. Die erste – nach den hauptsächlichen Trägern von Vorurteilen – ist von ADORNO und seinen Mitarbeitern (1950) mit dem Konzept der ‚authoritarian personality‘ beantwortet worden; danach bilden Dogmatismus (starres Festhalten an den eigenen Überzeugungen), Ethnozentrismus (Aufwertung der eigenen Gruppe und Ablehnung alles Fremden), politisch-ökonomischer Konservativismus (Betonung von Besitz, Eigentum und sozialer Ungleichheit) sowie Antisemitismus (Ablehnung der jüdischen Bevölkerungsgruppe) ein kovariierendes, im allgemeinen gemeinsam auftretendes Einstellungssyndrom, das sich durch Rigidität, das heißt relative Unbeeinflußbarkeit, auszeichnet. Die ‚autoritäre Persönlichkeit‘ nun sei es, die besonders zu Vorurteilen neige, weil diese projektive Entlastungsmechanismen im Sinn der Tiefenpsychologie darstellten. ADORNOs Theorie ist in dieser Form mehrfach angegriffen worden – vor allem genügen die von ihm verwendeten Meßskalen in keiner Weise den Anforderungen an ein psychodiagnostisches Instrument –, jedoch spricht vieles für den behaupteten Zusammenhang zwischen den genannten Einstellungsmerkmalen und Vorurteilen.

Die Wirkungen von Vorurteilen auf ihre Opfer sind von ALLPORT beschrieben (hier zitiert nach v. BRACKEN 1976, S. 19 f); danach können sich bei den von einem Vorurteil Betroffenen einstellen:

1. Zwanghafte Besorgtheit
2. Leugnung der Zugehörigkeit
3. Rückzug und Passivität
4. Clownspielerei
5. Verstärkte Wir-Gruppen-Bindungen
6. Hereinlegen und Betrügen
7. Identifikation mit der herrschenden Gruppe, Selbsthaß
8. Aggression gegen die eigene Gruppe
9. Vorurteil gegen Fremdgruppen
10. Sympathie (mit Unterdrückten)
11. Zurückschlagen, Kampfbereitschaft
12. Verstärkte Strebsamkeit
13. Streben nach symbolischem Status
14. Neurotizismus
15. Selbsterfüllung von (Mehrheits-)Prophezeiungen

Dieser Katalog möglicher Reaktionen sagt nun leider nicht aus, in welcher Situation welche Reaktion auf Vorurteile gewählt werde; er enthält ja geradezu gegensätzliche Möglichkeiten wie Passivität einerseits, verstärkte Strebsamkeit andererseits. Ein solcher Katalog erfüllt damit nicht die an eine wissenschaftliche Theorie gestellte Forderung der Falsifizierbarkeit; er kann allenfalls als Hinweis auf die Mannigfaltigkeit des Möglichen verstanden werden.

Soweit der Exkurs in die Psychologie des Vorurteils. Zur Beschreibung des Verhältnisses zwischen Behinderten und Nichtbehinderten scheint uns jedoch der Einstellungsbegriff der günstigere zu sein; läßt er doch Raum auch für positive Ansätze oder zumindest für künftige positive Veränderungen, während ein am Vorurteilsbegriff orientierter Ansatz, wie es der von BRACKENs ist, immer auf das Aufspüren ungünstiger Einstellungssymptome ausgerichtet bleibt, damit vielleicht positive Ansätze durch Nichtbeachtung im Keime erstickt.

Zudem vermag der Einstellungsbegriff die Sozialpsychologie der Behinderten besser an die allgemeine Sozialpsychologie anzubinden, denn Einstellungen (oder ‚Attitüden‘) und ihre Veränderung stellen nun einmal - neben der Gruppendynamik – eines der beiden zentralen Themen der modernen Sozialpsychologie dar.

5.1.2. Zur Vielfalt möglicher Einstellungen gegenüber Behinderten

Wie vielfältig die Vorurteile und Einstellungen gegenüber Behinderten, die uns anfangs nur global ungünstig erschienen sind, in Wirklichkeit sein können, hat ebenfalls von BRACKEN (1976, S. 47) nachgewiesen. Neben seiner ersten Annahme, daß in der Bundesrepublik Vorurteile gegen Behinderte bestünden, bestätigten sich zwei weitere seiner Hypothesen:

„2. Diese Vorurteile differieren in Bezug auf die einzelnen Behinderungsarten. 3. Vorurteils-Unterschiede sind auch zwischen verschiedenen Bevölkerungsgruppen zu finden."

Auf Seiten der Einstellungsträger können wir unterscheiden:
– Einstellungen der allgemeinen Bevölkerung, der Lehrer, der Sonderpädagogen, der Familienangehörigen Behinderter, schließlich auch der Behinderten selbst.
– Legen wir soziographische Merkmale an, so können wir Einstellungsunterschiede finden zwischen Kindern, Jugendlichen und Erwachsenen, zwischen den beiden Geschlechtern, zwischen den verschiedenen Sozialschichten, den großen Konfessionen, zwischen ländlichen, klein- und großstädtischen Regionen.

Merkmale der Einstellungen selbst machen folgende Differenzierung notwendig:
– Die kognitive, affektive und aktionale Komponente der Einstellung können divergieren (vgl. S. 197).
– Hinsichtlich ihres Bewußtheitsgrads können bewußte, vorbewußte und eher unbewußte Attitüden unterschieden werden, wodurch unterschiedliche Ergebnisse zwischen einzelnen Untersuchungsverfahren (z.B. Fragebogen, projektiver Test, freie Assoziation) verständlich werden.

Auf Seiten des Einstellungsobjekts, der Behinderten, sind folgende Unterschiede zu nennen:
– Die Einstellungen gegenüber den einzelnen Behindertengruppen, von denen wir zehn unterschieden haben (vgl. S. 28), differieren.
– Auch innerhalb der Behinderten müssen nach soziographischen Gesichtspunkten beispielsweise Einstellungen gegenüber behinderten Kindern und erwachsenen Behinderten unterschieden werden.
– Außer den Attitüden gegenüber den Behinderten selbst lassen sich auch Einstellungen gegenüber ihren Familien und ihren Institutionen (Sonderschulen, Rehabilitationseinrichtungen) ermitteln.

Würden wir diese Überlegungen in einem statistischen Zahlenspiel ausdrücken (12 Dimensionen mit zwischen 2 und 10 Ausprägungsgraden), so ergäbe sich die kuriose Zahl von 583200 möglichen spezifischen Einstellungen in diesem Feld; es ist klar, daß diese immer nur angerissen, nie erschöpfend beschrieben werden können, die Forschung bruchstückhaft oder globalisierend bleiben muß.

5.1.3. Methoden der Einstellungsforschung

So bleibt uns nur die Möglichkeit, einzelne Bruchstücke aus der Komplexität der Einstellungsforschung herauszugreifen. Zunächst wollen wir die gängigsten Methoden vorstellen und einzelne Beispiele dazu nennen (vgl. v. BRACKEN 1976, S. 28 ff). Der hauptsächliche Unterschied wird dabei zwischen Befragungen einerseits und quasi-experimentellen Verfahren andererseits gemacht.

Befragungen können entweder in der Form schriftlicher Fragebögen bei Lehrern, Eltern oder der Bevölkerung im allgemeinen durchgeführt werden; der Ökonomie dieser Technik stehen die oftmals nur geringe Rücklaufquote und damit mangelnde Repräsentativität sowie die Unverbindlichkeit der Situation gegenüber, die der Tendenz zu sozial erwünschten Antworten freien Raum läßt.

Von BRACKEN (1976) bevorzugte demgegenüber mündliche Befragungen anhand standardisierter Fragebögen. In seiner Lernbehinderten-Studie wurden nach einer Voruntersuchung an 120 Probanden schließlich 100 Normalschullehrer, 100 Lernbehinderten-Lehrer, 100 Eltern Lernbehinderter sowie eine repräsentative Stichprobe von 1000 Einwohnern nach dieser Methode zu ihren Einstellungen gegenüber Lernbehinderten befragt; analog ist von BRACKENs Geistigbehindertenstudie aufgebaut.

Einen weiteren Schritt weg von einer standardisierten Situation, jedoch hin zu größerer inhaltlicher Ergiebigkeit stellen die sogenannten ‚Tiefeninterviews‘ dar, wie sie etwa G. W. JANSEN (1972) in seine Körperbehindertenstudie einbezogen hat, von der an anderer Stelle bereits die Rede war (vgl. S. 50). Informelle Fragen und Eingehen auf die Auslassungen des Interviewten geben diesem dabei Gelegenheit, seine Einstellungen, seine Begründungen für sie und ihre Einbettung in seine individuelle Persönlichkeit näher zu erschließen.

Unter den quasi-experimentellen Verfahren sind die soziometrischen Wahlen zu nennen, bei denen aus dem Beliebtheitsgrad einzelner Behinderter in größeren Kollektiven auf zugrundeliegende Einstellungen gegenüber Behinderten geschlossen wird; angewandt wurde diese Technik beispielsweise von HAUPT (1974) und v. PAWEL (1977) bei Dysmeliekindern.

Das Polaritätenprofil (oder Semantische Differential) gestattet es, die konnotativen Mitbedeutungen von Begriffen zu erfassen, indem diesen zwischen polaren Gegensatzpaaren (wie ‚klein-groß‘, ‚krank-gesund‘, ‚stark-schwach‘) ein Platz zugewiesen wird. KEESE (1971f) fand auf diese Weise, daß stotternde Schüler von Lehrerstudenten als eher gehemmt, verschwiegen und aggressiv betrachtet wurden, und zwar weit stärker als von den Mitschülern und als es dem Autostereotyp der Stotterer entsprochen hätte. STEINHAUSEN und WEFERS (1977) stellten fest, daß das Fremdbild vom körperbehinderten Kind seinem Selbstbild nahezu gegenläufig verlief. Eine methodisch ähnliche Untersuchung führte GROHNFELDT (1976) bei Sprachbehinderten durch.

Weitere quasi-experimentelle Verfahren verwandten Photos, bei denen der durch die Mimik Behinderter ausgelöste Eindruck zu beschreiben war, sowie Sprechproben von blinden und taubstummen Schülern (KLINGHAMMER 1961). Eigenschaftslisten wurden vorgelegt, aus denen die Versuchspersonen die für Behinderte passendsten herauszusuchen hatten; angefangene Geschichten sollten fortgesetzt, zu unstrukturierten Bildern Geschichten erfunden werden. Noch nicht angewandt, aber möglich ist auch die Registrierung der psychogalvanischen Hautreaktion auf die Darbietung behindertenbezogener Stimuli oder die Überprüfung der Merkfähigkeit für unterschiedliche Aussagen über Behinderte (vgl. v. BRACKEN 1976, S. 34).

Letztere Technik leitet über zu Methoden, die nicht nur quasi-experimentell, sondern darüber hinaus auch noch non-reaktiv (vgl. BUNGARD & LÜCK 1975) sind: der Proband ist sich nicht bewußt, daß er an einer Untersuchung von Behinderteneinstellungen teilnimmt; bewußte Täuschung scheidet damit aus. Dies ist etwa der Fall, wenn Straßenpassanten mit Behinderten konfrontiert und ihre Reaktionen unauffällig aufgezeichnet werden. Andererseits fließen in diese freiere, realitätsnahe Situation auch erheblich mehr Fehlerquellen anderer Art ein.

Eine non-reaktive Technik wird auch verwandt, wenn literarische Werke oder die Publikationen von Massenmedien inhaltsanalytisch auf ihre Aussagen über Behinderte hin ausgewertet werden (z.B. R. ZIMMERMANN 1977); die Verfasser waren sich ja in der Regel nicht bewußt, daß ihre Werke ausgerechnet zur Erforschung von Behinderteneinstellungen herangezogen werden würden. Damit ist dann auch eine retrospektive Attitüdenforschung möglich; selbst mittelalterliches oder antikes Quellenmaterial kann auf die darin aufscheinenden Einstellungen gegenüber Behinderten hin ausgewertet werden (vgl. KUHN 1977; v. BRACKEN 1976, S. 34).

5.1.4. Untersuchungen zur Behindertenhierarchie

Nicht allen Behinderungen wird in der Bevölkerung ein ähnlicher Schweregrad zugesprochen. Von BRACKEN (1976, S. 262 f) befragte die 1000 Respondenten seiner Lernbehinderten-Studie auch, welche sie für die schwerste, welche für die leichteste Behinderung hielten; die häufigsten Urteile lauteten:

```
- schwerste Behinderung für die Mitmenschen:
  53,3 % Geistige Behinderung
  15,5 % Blindheit

- schwerste Behinderung für das betroffene Kind:
  42,6 % Blindheit
  20,7 % Körperbehinderung
  18,4 % Geistige Behinderung

- leichteste Behinderung für die Mitmenschen:
  44,8 % Hilfsschulbedürftigkeit
  31,5 % Sprachbehinderung

- leichteste Behinderung für das betroffene Kind:
  43,0 % Hilfsschulbedürftigkeit
  25,7 % Sprachbehinderung
  10,8 % Erziehungsschwierigkeit
```

Auf die zum Teil abweichenden Einstufungen der Allgemein- und der Sonderpädagogen soll hier nicht eingegangen werden. Aber auch dort ist offensichtlich, daß Lern- und Sprachbehinderung nahezu durchgängig als die leichtesten Behinderungen angesehen werden, die mit ihnen verbundenen Probleme der Lebensbewältigung tendenziell also eher unterschätzt werden. Blindheit und Körperbehinderung dagegen gelten durchgängig als die schwerwiegendsten Behinderungen für den Betroffenen, während die doch wohl ähnlich massive Gehörlosigkeit nicht ausreichend gewürdigt wird. Als am schwersten für die Mitmenschen wird durchgängig die geistige Behinderung angesehen; die verbreitete Meinung, geistig Behinderte würden ihr Anderssein gar nicht so sehr empfinden, ist wohl für das Ergebnis verantwortlich, daß nur jeder Fünfte bis Sechste diese Behinderung als schwerste für den Betroffenen einstufte.

Mit der Frage, was für ein behindertes Kind die Respondenten vorübergehend betreuen würden, sollte das Ausmaß der sozialen Distanz erfaßt werden; die 1000 Respondenten antworteten darauf wie folgt (v. BRACKEN 1976, S. 265):

– ein körperbehindertes	30,4 %
– ein hilfsschulbedürftiges	25,2 %
– ein blindes	14,2 %
– ein sprachbehindertes	13,3 %
– ein erziehungsschwieriges	8,4 %
– ein taubstummes	3,4 %
– ein schwachsinniges	0,8 %

Für das Ergebnis mögen einerseits der unterschiedliche Vertrautheitsgrad mit einzelnen Behinderungen (bei Lernbehinderung hoch, bei Gehörlosigkeit niedrig), andererseits das Sympathiekriterium (bei Körperbehinderung hoch, bei geistiger Behinderung gering) ausschlaggebend gewesen sein.

Letzteres wird aus den Rangreihen sehr deutlich, die KNURA (1969, S. 44 ff) bei angehenden Volksschullehrern und Kindergärtnerinnen mithilfe des Semantischen Differentials ermittelte; da die Rangreihen der beiden Gruppen in hohem Maße ähnlich waren, seien hier nur jeweils die mittleren Rangplätze angegeben. Der ‚Valenz‘ nach – womit die anziehend-angenehme Wirkung, also so etwas wie Sympathie gemeint ist – waren dies:

– (normales) Schulkind	1
– gehörloses Kind	2,5
– blindes Kind	3
– körperbehindertes Kind	3,5
– schwerhöriges Kind	5
– stotterndes Kind	6
– Hilfsschulkind	7
– schwachsinniges Kind	8,5
– schwererziehbares Kind	8,5
– verwahrlostes Kind	10

Der ‚Erregung‘ nach – damit ist die von den Betreffenden ausgehende Erregung, Spannung und Unruhe gemeint – lautete die mittlere Rangreihe:

- schwererziehbares Kind	1
- verwahrlostes Kind	2
- (normales) Schulkind	3
- stotterndes Kind	4
- Hilfsschulkind	5,5
- schwerhöriges Kind	5,5
- schwachsinniges Kind	7
- gehörloses Kind	8
- körperbehindertes Kind	9
- blindes Kind	10

Recht ähnlich verlief die Rangreihe der ‚Potenz‘ nach, womit die kraftvoll-überlegene Wirkung der Beurteilten gemeint war:

- schwererziehbares Kind	1
- verwahrlostes Kind	2
- stotterndes Kind	3
- Hilfsschulkind	4
- (normales) Schulkind	5,5
- schwerhöriges Kind	5,5
- schwachsinniges Kind	7
- körperbehindertes Kind	8
- gehörloses Kind	9
- blindes Kind	10

Körperbehinderte, blinde und gehörlose Kinder erfahren hier eine sehr ähnliche Einschätzung: eine positive der Sympathie nach, Dynamik und soziale Potenz jedoch werden ihnen weitgehend abgesprochen.

Daß dabei auch die Gehörlosen als in hohem Maße anziehend empfunden werden, während wir oben gerade ihnen gegenüber eine große soziale Distanz festgestellt hatten, interpretiert von BRACKEN (1976, S. 271) mit einem „Unterschied zwischen Nahbeurteilung und Fernbeurteilung".

Umgekehrt ist die Einstufung der schwererziehbaren und verwahrlosten Kinder: ihnen werden, noch über das Maß des normalen Schulkindes hinausgehend, Dynamik und soziale Potenz zugesprochen, mit anziehend-sympathischer Wirkung können sie jedoch nicht rechnen. Schwachsinnige Kinder erfahren eine ebenso geringe Sympathie wie die schwererziehbaren, zugleich wird ihnen aber eine ähnlich geringe Dynamik und soziale Potenz zugesprochen wie den Körper- und Sinnesbehinderten. Schwerhörige, stotternde und Hilfsschulkinder finden sich in einer gemeinsamen Gruppe mit mittleren Rangplätzen.

Eine Hierarchie zwischen den einzelnen Behinderungen zeigt sich jedoch nicht nur in ihrer sozialen Einschätzung, sondern – mit schwerwiegenderen Konsequenzen – auch in der Sozialgesetzgebung. Hier ist es das im Zivilrecht geltende Verursachungsprinzip, das die Kriegsbeschädigten und die Opfer von Arbeitsunfällen (einschließlich Wegeunfällen) und Berufskrankheiten durch die ihnen zukommenden großzügigen Entschädigungs- und Rehabilitationsleistungen zu Privilegierten innerhalb der Behinderten werden läßt (vgl. KLEE 1974, S. 81 ff). Eine ähnliche Sonderrolle haben sich die Blinden erkämpft; das Blindengeld für besondere blindheitsbedingte Aufwendungen wird ihnen unabhängig von Erblindungsursache, Einkommen und Bedürftigkeit ausbezahlt, während bei anderen ähnlich schwerwiegenden Behinderungen eine vergleichbare staatliche Leistung fehlt.

Lernbehinderte sind sogar, wie THIMM (1975, S. 134) bemerkt, ausgeschlossen von der staatlichen Behindertenversorgung: „Lernbehinderten steht der Zugang zum System der bedürfnisorientierten Sozialleistungen, wie anderen Behinderten, nicht offen. Insofern ist die Bezeichnung Lern-‚Behinderte‘ irreführend." KLEE (1974, S. 84) berichtet, wie sogar einzelne Verbände ‚privilegierter‘ Behinderter sich gegen eine rechtliche Gleichstellung aller Behinderten zur Wehr setzten: „Die Behinderten haben ihre eigene Rangordnung. Oben stehen die Unfallversicherten, die Kriegsopfer und die Blinden ... Für jene, die infolge ihrer Behinderung nie arbeiten konnten, bleiben die Almosen der Sozialhilfe."

5.2. Der Stigmatisierungsansatz

5.2.1. Stigma und Stigma-Management

Als „Sonderfall eines sozialen Vorurteils gegenüber bestimmten Personen, durch das diesen negative Eigenschaften zugeschrieben werden", definiert HOHMEIER (1975, S. 7) den Begriff des Stigmas, der in der soziologischen Randgruppentheorie immer stärkere Beachtung und Verwendung findet. In der Behindertenpädagogik allerdings, so klagt THIMM (1975, S. 125), sei er noch nicht gebührend rezipiert worden. Was besagt dieser Ansatz?

Das griechische Wort ‚στίγμα‘, bisweilen mit „Brandmal" übersetzt, meinte ein Zeichen, das in den Körper geschnitten oder gebrannt wurde und so irreversibel und jedermann anzeigte, „daß der Träger ein Sklave, ein Verbrecher oder ein Verräter war – eine gebrandmarkte, rituell für unrein erklärte Person, die gemieden werden sollte". So umschreibt GOFFMAN (1967, S. 9) in seiner wegweisenden Analyse den ursprünglichen Wortsinn von ‚Stigma‘, der dann von der Soziologie wieder aufgegriffen wurde, allerdings eine wesentliche Erweiterung erfuhr, indem auch unsichtbare Stigmata mit sozial ähnlich brandmarkender Wirkung einbezogen wurden.

Nicht gemeint sind hier also die spätere religiöse Bedeutung von ‚Stigma‘ als einer wunderbaren Kopie der Wundmale Christi sowie die medizinische Bedeutung von ‚Stigma‘ als einem äußeren Merkmal einer bestimmten Krankheit.

Was versteht GOFFMAN unter einem Stigma? GOFFMAN geht von der Situation aus, in der wir einem Fremden erstmals begegnen: ohne uns dessen immer bewußt zu sein, antizipieren wir seine Eigenschaften, seine Kategorie; wir machen uns ein Bild von ihm, formen seine virtuale soziale Identität. Diese wird im Verlauf der Interaktion dann abgelöst durch die tatsächlich erfahrene, die aktuale soziale Identität des Gegenübers. Zwischen beiden mag eine Diskrepanz bestehen:

„Während der Fremde vor uns anwesend ist, kann es evident werden, daß er eine Eigenschaft besitzt, die ihn von anderen in der Personenkategorie, die für ihn zur Verfügung steht, unterscheidet; und diese Eigenschaft kann von weniger wünschenswerter Art sein . . .

In unserer Vorstellung wird sie (die Person) so von einer ganzen und gewöhnlichen Person zu einer befleckten, beeinträchtigten herabgemindert. Ein solches Attribut ist ein Stigma, besonders dann, wenn seine diskreditierende Wirkung sehr extensiv ist; manchmal wird es auch ein Fehler genannt, eine Unzulänglichkeit, ein Handikap." (GOFFMAN 1967, S. 10 f).

Für GOFFMAN bedeutet also die Eigenschaft, die diskreditiert, unglaubwürdig macht, den guten Ruf stört, noch selbst das Stigma, nicht erst „die negative Definition des Merkmals bzw. dessen Zuschreibung" wie später für HOHMEIER (1975, S. 7). Allerdings sieht auch GOFFMAN (1967, S. 11) klar, daß ‚Stigma‘ ein relationaler Begriff ist, der erst in einer Beziehung zwischen Menschen sinnvoll ausgesagt werden kann; und von daher sind Stigmata auch „in historischer und interkultureller Hinsicht außerordentlich variabel" (HOHMEIER 1975, S. 8). So kann, um ein Beispiel zu nennen, die Anschaffung eines Radiogeräts mit besonders ausgedehntem Empfangsbereich in Kriegszeiten zum Stigma des Feind-Sympathisanten führen, während sie in Friedenszeiten vielleicht sogar als Statussymbol hoch bewertet wird.

GOFFMAN (1967, S. 12 f) unterscheidet „drei kraß verschiedene Typen von Stigma":

1. „Abscheulichkeiten des Körpers – die verschiedenen physischen Deformationen";
2. „individuelle Charakterfehler, . . . welche alle hergeleitet werden aus einem bekannten Katalog, zum Beispiel von Geistesverwirrung, Gefängnishaft, Sucht, Alkoholismus, Homosexualität, Arbeitslosigkeit, Selbstmordversuchen und radikalem politischem Verhalten";
3. „die phylogenetischen Stigmata von Rasse, Nation und Religion".

Weiter unterscheidet GOFFMAN (1967, S. 12, 56) zwischen Stigmata, die schon bekannt oder unmittelbar ersichtlich sind, und solchen, die zunächst weder bekannt noch unmittelbar wahrnehmbar sind. Erstere bewirken die „Misere des Diskreditierten" (S. 12): sein Stigma drängt sich der Aufmerksamkeit auf, „wodurch der Anspruch, den seine anderen Eigenschaften an uns stellen, gebrochen wird" (S. 13); sie verblassen gegenüber dem Stigma. Ein Beispiel hierfür wäre das Gespräch mit einem Sprachbehinderten, bei dem die Aufmerksamkeit immer wieder vom Was auf das Wie des Sprechens abgeleitet.

Nach außen hin wird sich der Interaktionspartner allerdings meist bemühen, die sogenannte ‚Irrelevanzregel‘ einzuhalten: kein offenes Erkennen zu zeigen; „und während diese Arbeit der sorgsamen Nichtbeachtung geleistet wird, kann die Situation gespannt, unsicher und zweideutig für alle Teilnehmer und besonders für die Stigmatisierten werden" (GOFFMAN 1967, S. 56). Ähnlich spricht HOHMEIER (1975, S. 14) vom „sozialpsychologischen Neuland", in dem sich Stigmatisierte bei jedem Umweltkontakt befänden: „Der Stigmatisierte weiß nicht, wie sein Merkmal und das Stigma eingeordnet und beurteilt werden; der Nicht-Stigmatisierte fühlt sich, zumeist auf das Stigma seines Gegenübers fixiert, dem Kontakt nicht gewachsen." SEYWALD (1976; 1977) hat die offizielle Irrelevanzregel wie auch die auftretenden Interaktionsspannungen später einer eingehenden Analyse unterzogen.

Ist ein Stigma nicht unmittelbar ersichtlich, handelt es sich um die Situation der Diskreditierbaren, aber noch nicht Diskreditierten. Für sie ist „das entscheidende Problem . . . eher dies, die Information über ihren Fehler zu steuern" (GOFFMAN 1967, S. 56). Dieses „Management nicht offenbarter diskreditierender Information über sich selbst" (S. 57), auch als ‚Täuschen‘ bezeichnet, erfordert ständige Entscheidungen, wieviel wem wann über das verborgene Stigma preisgegeben werden kann. Komplikationen ergeben sich, wenn mit mehreren Partnern, die in unterschiedlichem Maße ‚wissen‘, gleichzeitig interagiert wird; der Vergleich mit der Situation eines Agenten oder eines Bigamisten bietet sich an.

Es bilden sich unterschiedliche ‚Bewußtheitskontexte‘ (vgl. GLASER & STRAUSS 1974) heraus, die durchaus denen bei unheilbar Kranken vergleichbar sind, wie ja auch das dem Tode-geweiht-Sein als Stigma aufgefaßt werden kann. So mag nur die Umgebung wissen, wie es um den Sterbenden steht, er selbst aber nicht (‚einseitige Bewußtheit‘); stellt der Sterbende jedoch schließlich von sich aus fest, daß er moribund ist, ohne – ebenfalls aus ‚Rücksichtnahme‘ – mit seiner Umgebung darüber zu sprechen, so liegt eine ‚wechselseitige Täuschung‘ vor, die schließlich durch ‚offene Bewußtheit‘ abgelöst werden kann, aber nicht muß.

GOFFMANs Hauptinteresse wendet sich diesem Stigma-Management zu, den vielfältigen Reaktionen der Stigmatisierten auf ihren Makel: „Wie antwortet die stigmatisierte Person auf ihre Situation?" (GOFFMAN 1967, S. 18). Sie mag versuchen, „das zu korrigieren, was sie als die objektive Basis ihres Fehlers sieht", und dabei Quacksalbern und Betrügern in die Hände fallen. Sie mag viel Zeit und Mühe auf kompensierende Fertigkeiten verwenden, „von denen man gewöhnlich annimmt, daß sie für jemanden mit seiner Unzulänglichkeit . . . verschlossen sind" (S. 19). Sie mag sekundären Gewinn aus dem Stigma ziehen, es „als Entschuldigung für Mißerfolg" (S. 20) benutzen. Sie kann eine Neubewertung ihres Schicksals vornehmen, im Unglück das Glück, im Normalen das Unglück betonen. Sie kann vor den als unangenehm erlebten gemischten sozialen Kontakten in ein „defensives Sichverkriechen" (S. 22, 27), aber auch unter „Seinesgleichen" (S. 31 ff) ausweichen, oder „mit feindseligem Bravado gemischte Kontakte herbeizuführen versuchen" (S. 28).

Alle diese Reaktionen eines Stigmatisierten können die Normalen („diejenigen, die von den jeweils in Frage stehenden Erwartungen nicht negativ abweichen", S. 13) nun aber wiederum „als einen direkten Ausdruck seines Defekts" (S. 15) auffassen. Defekt und Reaktion verbinden sich zu einer kaum noch trennbaren Einheit. Es ist dies das Problem der sekundären oder konsekutiven Verbildungen in der Behindertenpädagogik. Dadurch wird es für einen Stigmatisierten auch so

„außerordentlich schwierig, das einmal festgelegte Stigma aufzulösen, weil alle seine Reaktionen – wie Ärger, Angst, Aufregung, Aggression oder Resignation – als eine Bestätigung der zugeschriebenen Eigenschaften aufgefaßt werden" (HOHMEIER 1975, S. 14).

5.2.2. Stigmatisierung als prozessualer Ansatz

Verlassen wir nun GOFFMANs protagonistische, von zahlreichen Zitaten Betroffener veranschaulichte Darstellung und wenden wir uns der weiteren Entwicklung des Stigmatisierungsansatzes zu. Seine Rezeption, schreiben BRUSTEN und HOHMEIER (1975, S. 1), habe sich gegenüber den angelsächsischen Ländern „in der Bundesrepublik mit dem typischen zeitlichen Abstand von zehn Jahren" vollzogen; außerdem habe „der neue Ansatz eine unnötige Einengung auf Behandlung und Erklärung abweichenden, speziell kriminellen Verhaltens" erfahren.

Akzente wurden verschoben. Nicht mehr das diskreditierende Attribut und das individuelle Stigma-Management stehen im Vordergrund, sondern die gesellschaftlichen Kontrollinstanzen, die die unerwünschten Abweichungen ausfindig machen, definieren, identifizieren, mit einem Etikett versehen (,labeling'), das Stigma somit erst schaffen oder zumindest fixieren. Einrichtungen der Sozialarbeit und des Gesundheitswesens, die Polizei, die Strafjustiz und der Strafvollzug, Schule und Sonderschule stellen solche Kontrollinstanzen dar (vgl.

HOHMEIER 1975, S. 17). Als „gegenwärtig in der Bundesrepublik stigmatisierte Gruppen" werden genannt

„Zigeuner, Gastarbeiter, Obdachlose, Zeugen Jehovas, Kommunisten, Wehrdienstverweigerer, uneheliche Mütter, sexuell Deviante, Rauschgiftkonsumenten, Strafentlassene, Körperbehinderte, Blinde, Alte, Geisteskranke und Sonderschüler" (S. 9)

Mit den Begriffen ,Etikettierungsansatz' oder ,labeling approach', ,Definitionsansatz', ,social reaction approach' (vgl. BRUSTEN & HOHMEIER 1975, S. 1), ,prozessualer Ansatz' entstehen Synonyme, deren Inhalt von dem mit dem Stigmatisierungsansatz Gemeinten nur geringfügig abweicht. Bisweilen ist es eher der Kontext, der den Sprachgebrauch bestimmt: so scheinen sich die Termini ,Etikettierung' und ,labeling' durchzusetzen, wo es um psychische Störungen als abweichendes Verhalten geht (vgl. dazu KEUPP 1972).

Der Ansatz versteht sich nun insbesondere als Alternative zu den älteren Devianztheorien, die kriminelles oder psychisch krankes Verhalten meist mit Persönlichkeits- oder Milieufaktoren, bisweilen auch mit einer eigenständigen Subkultur erklärten; insgesamt acht Theorien abweichenden Verhaltens konnte von BALLUSECK (1978) einander gegenüberstellen. Das Hauptaugenmerk des neuen, des prozessualen Ansatzes, richtet sich nun auf den Prozeß der Ausgrenzung, die ,Karriere' des Stigmatisierten:

„Nicht die unterstellte Andersartigkeit bestimmter Personen oder Gruppen, sondern der Definitionsprozeß, der diese Andersartigkeit festlegt, sowie dessen Folgen, die häufig in der Ausgliederung der Definierten bestehen, besitzen demnach soziologische Relevanz" (HOHMEIER 1975, S. 6).

Als Beispiel sei die ,Karriere' des psychisch Kranken angeführt (vgl. hierzu KEUPP 1972, S. 176 ff). Jeder Mensch mag vorübergehend Verhaltensweisen zeigen, die seiner Umgebung unverständlich bleiben (,primäre Abweichungen', ,residuale Regelverletzungen'); meist bleiben sie unbeachtet und verschwinden wieder (erweisen sich als ,transitorisch'). Jedoch kann eine Laiendiagnose der Bezugspersonen (,verrückt') zur Beiziehung eines Psychiaters führen, dieser die Einweisung – bei Widerstand die Zwangseinweisung – in eine psychiatrische Klinik veranlassen. Dort wird der jetzt ,Patient' Genannte mit einer Diagnose aus dem nosologischen System der Psychiatrie versehen (z.B. ,Schizophrenie'). Dieses Etikett (,label') berechtigt zur weiteren Verwahrung im Anstaltsbereich, der Individualität beschneidet, wenn nicht erstickt, zur Anpassung an eine infantilisierende Patientenrolle und Klinikroutine zwingt (Abhängigkeit, Passivität), Auflehnung dagegen als Bestätigung der Diagnose deutet (Querulantentum, Paranoia), soziale Beziehungen austrocknet – sofern sie nicht bereits durch die stigmatisierende Wirkung der Diagnose zerstört sind. Alle diese Umstände seien dazu angetan, so wird gesagt, nun wirklich psychisch krank zu werden, später keine Anpassung an die Außenwelt mehr zu schaffen, vielmehr der angebotenen Rolle des Geisteskranken verhaftet zu bleiben: in der Drehtürpsychiatrie und im residualen Defektzustand vollendet sich die ‚Karriere'. Dieser Ablauf ist gewiß überzeichnet und läuft nicht in der Realität aller Kliniken so kraß ab – aber Tendenzen einer jeden Hospitalisierung zeigt er gewiß auf.

5.2.3. Exkurs über den Pygmalioneffekt

Etikettierung und Stigmatisierung nähern sich damit der sich selbst erfüllenden Prophezeiung, einem von MERTON (1967) erstmals in der Soziologie beschriebenen Phänomen (‚self-fulfilling prophecy'). Ein treffendes Beispiel eines solchen prozeßhaften Geschehens finden wir in der Literatur; gemeint ist Max FRISCHs ‚Andorra' (1957), zu dem die Idee bereits im Tagebuch von 1946 vermerkt ist (vgl. BONDERER 1976, S. 139):

„In Andorra lebte ein junger Mann, den man für einen Juden hielt. Zu erzählen wäre die vermeintliche Geschichte seiner Herkunft, sein täglicher Umgang mit den Andorranern, die in ihm den Juden sehen: das fertige Bildnis, das ihn überall erwartet. Beispielsweise ihr Mißtrauen gegenüber seinem Gemüt, das ein Jude, wie auch die Andorraner wissen, nicht haben kann. Er wird auf die Schärfe seines Intellekts verwiesen, der sich eben dadurch schärft, notgedrungen. Oder sein Verhältnis zum Geld, das in Andorra eine große Rolle spielt: er wußte, er spürte, was alle wortlos dachten: er prüfte sich, ob es wirklich so war, daß er stets an das Geld denke, er prüfte sich, bis er entdeckte, daß es stimmte, es war so, in der Tat, er dachte stets an das Geld . . .“

In der Psychologie fiel eine solche Wirkung vorgefaßter Erwartungshaltungen erstmals im Rahmen von Laborexperimenten auf: Studenten, denen angeblich ‚dumme' Ratten übergeben worden waren, erzielten schlechtere Trainingserfolge als ihre Kommilitonen, die mit vermeintlich ‚intelligenten' Ratten arbeiteten, obwohl alle Ratten in Wirklichkeit aus der gleichen Zucht stammten (vgl. NASH 1978, S. 51).

ROSENTHAL und JACOBSON (1974) suchten diesen ‚Versuchsleiter-Erwartungs-Effekt' auch im Kontext schulischer Lernsituationen nachzuweisen. Ein Psychologe wählte einfach einige Schülernamen aus mehreren Klassen aus und berichtete dem Lehrer, diese Kinder hätten sich in einem neuen Test besonders vielversprechend gezeigt. Am Ende des Schuljahrs erwies sich die völlig willkürliche Voraussage als erfüllt.

Der in Anlehnung an SHAWs Komödie nunmehr ‚Pygmalion-Effekt' genannte Erwartungseffekt löste eine intensive Diskussion aus (vgl. ELASHOFF & SNOW 1972; ROSENTHAL 1975; NASH 1978). ROSENTHALS grundlegendes Experiment wurde einer scharfen methodischen Kritik unterzogen, doch ließen spätere Befunde kaum einen Zweifel daran, daß es so etwas wie einen Pygmalion-Effekt – zumindest unter bestimmten motivationalen Bedingungen – tatsächlich gibt.

Beispielsweise wurde festgestellt, daß jüngere Geschwister schlechter Schüler bei solchen Lehrern, die bereits ihre älteren Geschwister unterrichtet hatten, schlechter abschnitten als bei anderen Lehrern (SEAVER, nach: ELASHOFF & SNOW 1972, S. 75).

Nun ist dabei wohl weniger Zauberei im Spiel als vielmehr der subtile Einfluß von Interaktionselementen, der dem Versuchsleiter beziehungsweise Lehrer meist gar nicht bewußt ist: vielversprechende Kinder erhalten mehr Freundlichkeit, Aufmerksamkeit, mehr Feedback über ihre Leistungen, möglicherweise auch mehr Unterrichtung.

Umgekehrt können negative Verhaltenserwartungen sich in – vielfach nonverbalen – Interaktionselementen ausdrücken, die den Effekt eines Eintreffens dieser ungünstigen Erwartungen zeitigen; delinquentes Verhalten eines Jugendlichen etwa kann dadurch verfestigt werden, daß seine Umgebung von ihm gar nichts anderes mehr erwartet.

Hier liegt nun auch der Bezug des Pygmalion-Effekts zu einer Sozialpsychologie der Behinderung. Beim Andauern schlechter Schulleistungen oder ausgeprägter Verhaltensstörungen ist immer in Rechnung zu stellen, ob nicht ungünstige Erwartungshaltungen hier zu einer Verfestigung beigetragen haben. Der Pygmalion-Effekt beschreibt sozusagen auf einer Mikroebene des Laborexperiments und der direkten Interaktion, was Stigmatisierungs- und Etikettierungsansatz auf der Makroebene abweichender sozialer Rollen postulieren.

5.2.4. Generalisierung, Funktion und Entstehung von Stigmata

Stigmatisierungs- und Etikettierungsprozesse knüpfen bei Merkmalen an, die von denen der Majorität abweichen (den primären Abweichungen), aber dabei bleibt es nicht: das Stigma wird zum ‚master status‘, auf dem Weg der Generalisierung werden dem Stigmatisierten „weitere ebenfalls negative Eigenschaften zugeschrieben . . ., die mit dem tatsächlich gegebenen Merkmal objektiv nichts zu tun haben" (HOHMEIER 1975, S. 7). Dies geht bis zur ‚Rekonstruktion der Biographie‘, die an das Stigma angepaßt wird (S. 14), sich zum Beispiel hinfort als eine Folge von Straftaten und immer schon vorhandener delinquenter Neigungen darstellt.

Auch der Rollenverlust, eine hauptsächliche Folge der Stigmatisierung,

„bezieht sich . . . nicht nur auf Rollen, die durch ein Merkmal unmittelbar betroffen sind – wie das Führen eines Fahrzeugs bei Blindheit –, sondern auf weitere und im Extremfall – so beim Geisteskranken – auf alle Rollen der Person . . . Die Folgen . . . reichen vom ungünstigen öffentlichen Ansehen über Kontaktverlust, den Verlust von Berufsrollen, den Verlust von Daseinschancen, der mehr oder weniger vollständigen Ausgliederung aus der Gesellschaft bis hin zur physischen Vernichtung" (HOHMEIER 1975, S. 13).

Dieser Generalisierung kommt das Phänomen der Ambivalenz psychischer Merkmale entgegen, das sich auch in der älteren Psychodiagnostik niedergeschlagen hat: so kann in der Graphologie gewohnheitsmäßige Schreibeile einerseits auf Strebsamkeit und Eifer, andererseits aber auch auf Unruhe und Mangel an Selbstzucht hindeuten (vgl. ARNOLD 1972, S. 232); dem ‚Gesamteindruck' ist damit die endgültige Entscheidung übertragen, letztlich aber auch einem generalisierenden halo-Effekt die Tür geöffnet.

Der ausgebaute Stigmatisierungsansatz, wie ihn HOHMEIER (1975) präsentiert, nimmt viele Elemente aus der sozialpsychologischen Attitüden- und Vorurteilsforschung auf. Die Frage nach den Funktionen von Stigmata wird ähnlich beantwortet wie diejenige nach der funktionalen Basis von Einstellungen durch KATZ (1960): beide vermitteln Orientierung in noch unklaren sozialen Interaktionen, bieten die Möglichkeit zur Projektion verdrängter Triebansprüche und zur Abreaktion von Aggressionen, offerieren eine Identitätsstrategie zur Bewahrung eines gefährdeten psychischen Gleichgewichts, nachdem „die Begegnung mit einem Stigmatisierten .. in vielen Fällen eine Bedrohung der eigenen Identität" dargestellt hat (HOHMEIER 1975, S. 11). Gesamtgesellschaftlich wird von Systemstabilisierung, Sündenbockfunktion zur Kanalisierung von Aggressionen sowie von Belohnung der Normtreue der Nicht-Stigmatisierten gesprochen: „Ohne Stigmatisierte wäre es kein Vorteil, ‚normal' zu sein" (HOHMEIER 1975, S. 12). Die Stichhaltigkeit dieser Funktionszuschreibungen kann hier nicht im einzelnen diskutiert werden.

Ebenso sollen HOHMEIERs (1975, S. 21 f) Hypothesen zur Entstehung von Stigmata nur wiedergegeben, nicht aber weiter diskutiert werden:

1. Die Interessen globaler gesellschaftlicher Institutionen, wie der Wirtschaft, der Kirche oder der Familie, werden für Stigmata verantwortlich gemacht: „So bringt etwa die Institution des Privateigentums den ‚Dieb', die christliche Kirche den ‚sexuell Devianten' hervor."

2. „Jede Norm schafft ... eine Gruppe der Möglichkeit nach stigmatisierbarer Personen"; so soll etwa die Norm, orthographisch korrekt zu schreiben, zur Identifizierung der Legastheniker führen; die Norm, nur Alkohol, nicht aber Marihuana als Suchtmittel zu gebrauchen, führt zur Stigmatisierung der Drogenabhängigen.

3. Die „zunehmende Zweck-Mittel-Orientierung in allen gesellschaftlichen Teilbereichen", die „fortschreitende Rationalisierung" stigmatisiere alle, die durch „Unvermögen zur konformen Leistung" aus den Arbeitsverhältnissen herausfallen, also insbesondere Behinderte.

213

4. Die „anthropologische Grundausstattung des Menschen" bewirke Stigmata über das „Bedürfnis nach Unterscheidung vom Anderen, nach Triebentladung von Aggressionen, nach Projektion belastender Ansprüche sowie nach Entlastung durch Orientierung an übernommenen Vorurteilen"; all dem könne eine „Angst vor dem vermeintlich Andersartigen" zugrundeliegen.

Fassen wir nun nochmals die wesentlichen Stationen eines Stigmatisierungsprozesses kurz zusammen:

1. Ein Individuum weist eine außerhalb des Normbereichs liegende Eigenschaft auf oder zeigt eine primäre Abweichung in seinem Verhalten.

2. Die Gesellschaft hat diese Eigenschaft als negativ und diskreditierend definiert.

3. Die Definition wird auf das Individuum bezogen: aus der Eigenschaft wird ein Stigma, aus der primären Abweichung ein Etikett.

4. Das Stigma wirkt generalisierend, weitere negative Eigenschaften werden zugeschrieben.

5. Der Stigmatisierte setzt sich mit dem Stigma auseinander, die sozialen Kontrollinstanzen suchen es durchzusetzen. In vielen Fällen wird der Stigmatisierte die ihm zugeschriebene (beschädigte) Identität als neue Rolle akzeptieren.

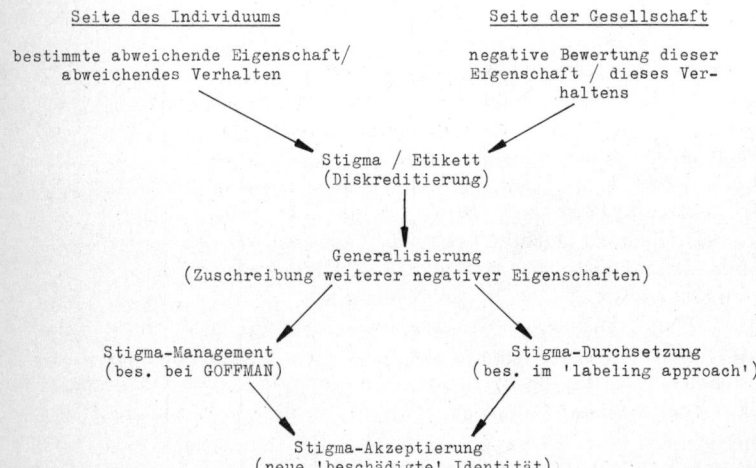

Prozeß der Stigmatisierung, schematisch

Seite des Individuums   Seite der Gesellschaft

bestimmte abweichende Eigenschaft/   negative Bewertung dieser
    abweichendes Verhalten   Eigenschaft / dieses Ver-
                                         haltens

                    Stigma / Etikett
                    (Diskreditierung)

                    Generalisierung
        (Zuschreibung weiterer negativer Eigenschaften)

Stigma-Management   Stigma-Durchsetzung
(bes. bei GOFFMAN)   (bes. im 'labeling approach')

                 Stigma-Akzeptierung
              (neue 'beschädigte' Identität)

5.2.5. Anwendung des Stigmatisierungsansatzes auf Behinderte

Weshalb stellen wir hier so eingehend einen soziologischen Ansatz vor, der, wie von seinen eigenen Vertretern zugegeben, vorwiegend zur Erklärung kriminellen oder psychisch kranken Verhaltens herangezogen wird? Verlieren wir dabei nicht unser Generalthema, die Behinderung, aus dem Auge? Drei Gründe berechtigen zu diesem Vorgehen.

1. Grundsätzlich sollte eine Behindertenpsychologie sich nicht isoliert entwickeln, sondern nach Erklärungsmodellen Ausschau halten, die – mögen sie auch für ganz andere Verhaltensbereiche entwickelt worden sein – für die Situation Behinderter fruchtbar gemacht werden können.

2. Behinderung, insbesondere physische Behinderung, stellte ursprünglich ein klassisches Beispiel für ein Stigma dar. Erst die Rezeption des Ansatzes auf dem europäischen Kontinent hat abweichendes Verhalten in den Vordergrund gerückt und dem physischen Makel die Aufmerksamkeit entzogen; möglicherweise schien die Situation bei diesem offen zutage liegenden Handikap so klar zu sein, daß sie keine neuerliche subtile Analyse seitens der Soziologie mehr anzuregen vermochte.

Noch GOFFMAN (1967) hatte jedoch einen Großteil seiner Quellentexte aus dem Bereich der Behinderungen, vor allem der Körper-, Sinnes- und Sprachbehinderungen gewählt. Insbesondere die Berichte von Blinden werden von ihm immer wieder herangezogen. Blindheit ist diejenige Behinderung, die von der Bevölkerung für die schwerste gehalten wird (von BRACKEN 1976, S. 262), obgleich gerade den Blinden zahlreiche Kompensationstechniken zur Verfügung stehen, die ihnen ein selbständiges, weitgehend ,normales' Leben ermöglichen. Die starke Diskrepanz zwischen dem Nicht-sehen-können als Schädigung und der Blindheit als zugeschriebener, von Stereotypen durchsetzter sozialer Rolle (vgl. SCOTT 1969, S. 14 ff) wirkt besonders im Sinne eines Stigmas. Am Beispiel der Blindheit ist am deutlichsten der Umlernprozeß beschrieben worden, dem Stigmatisierte unterliegen, bis sie sich die neue soziale Rolle angeeignet haben; in der Kindheit gelernte Überzeugungen, Alltags-Begegnungen mit Sehenden und Organisationen der Rehabilitation wirken beim Erlernen der Blindenrolle zusammen (vgl. S. 97).

Wir sehen also, wie sich der Stigmaansatz zur Analyse der sozialen Folgen physischer Behinderungen bewährt, wie er ferner die bei der Begegnung mit Behinderten aufkommenden Interaktionsspannungen verstehen hilft (vgl. hierzu SEYWALD 1976; 1977). Auch andere seiner Aussagen, wie die verschiedenen Modi des ,Täuschens' etwa, könnten hinsichtlich ihrer Übertragbarkeit auf den Behindertenbereich überprüft werden.

3. In seiner späteren, als Devianztheorie verstandenen, Definitionen durch soziale Kontrollinstanzen betonenden Form ist der Stigmatisierungsansatz für die äußerlich kaum erkennbaren, ,leichten' Behinderungen nutzbar zu machen. Wie etwa Verhaltensstörungen sich durch Rollenzuschreibung und Stigmatisierung fixieren können, behandeln Lerntheorien und Klinische Psychologie (vgl. z.B. RICHTER 1969, 89 ff).

Auf Lernbehinderte hat THIMM (1975) den neuen Ansatz explizit bezogen. Lernbehinderung wird – im Sinne eines Etiketts – durch die Schulbehörden als Instanzen sozialer Kontrolle definiert; obgleich sie offiziell durch Intelligenzschwäche oder wiederholtes Leistungsversagen definiert wird, korreliert sie in hohem Maße mit sozialen Kriterien: anrüchige Wohngebiete, hohe Kinderzahl, zerrüttete oder unvollständige Familien, beengte Wohnverhältnisse, kein Kindergartenbesuch, Zurückstellung wegen Schulunreife (vgl. THIMM 1975, S. 129); diese sozialen Indikatoren erlauben eine nahezu ebenso gute Voraussage künftiger Lernbehinderter wie Intelligenzmaße.

Das durch die Umschulung zugeschriebene Stigma entfaltet seine diskreditierend-diskriminierende Wirkung bereits in der Gleichaltrigengruppe: Hilfsschüler gelten als frech, faul, doof; Streit suchen, schlagen, spucken, laut schreien, schwindeln als ihre typischen Verhaltensweisen (von BRACKEN 1976, S. 191); das Stigma hat sich generalisiert. Umwege auf dem Weg zur Hilfsschule stellen ein ,Täuschen' im Sinne GOFFMANs dar. Rückschulungen in die Hauptschule kommen kaum vor; bisweilen scheint auch hier ein „Interesse an hohen Deviantenraten" (HOHMEIER 1975, S. 18) vorzuliegen, etwa um die Existenz einer kleineren Sonderschule zu erhalten; so berichten auch viele Volksschullehrer, noch nie sei während ihrer Dienstzeit eine Prüfung auf Sonderschulbedürftigkeit – die vom Sonderpädagogen vorzunehmen ist – im Sinne der Nicht-Bedürftigkeit entschieden worden.

Wie andere Stigmata haftet auch die Lernbehinderung länger, als die ursprüngliche Abweichung andauert: dem ehemaligen Sonderschüler sind nicht nur „die Zugangswege zu Berufen mit höherem Status" (THIMM 1975, S. 132) verbaut – dies dürfte andere Gründe haben –, auch in einfachen handwerklichen oder mechanischen Berufen wird er bei der Suche nach Ausbildungsplätzen abgewiesen, so daß die Wahrscheinlichkeit groß ist, zum Stigma der Unterschichtzugehörigkeit und dem der Lernbehinderung das der Arbeitslosigkeit hinzuzuerwerben; allenfalls ist die Einmündung in das niedrigste Berufsniveau des Jung- oder Hilfsarbeiters möglich.

THIMM (1975, S. 139) beschreibt die resultierenden Identitätsstörungen, die sich bei reduzierter sozialer Identität in Kontaktstörungen und Rückzug, bei reduzierter persönlicher Identität in Distanzierungsstörungen und Konformismus äußern. Dem ehemaligen Lernbehinderten wird es nicht möglich sein, sich aus seiner sozialen Randgruppenzugehörigkeit zu befreien; damit aber reproduziert sich für seine Kinder die Ausgangslage sozialer Deprivation, die zum Zyklus von Schulunreife, Zurückstellung, Sitzenbleiben, Leistungsversagen und Umschulung in die Sonderschule führen kann (THIMM 1975, S. 135).

THIMM hat hier das Paradigma des prozessualen Ansatzes an einer speziellen Behindertengruppe demonstriert. Es bleibt zu fragen, wieweit dies auch für andere Behinderungen möglich wäre. Auch bei der Betrachtung der Lernbehinderungen ist der Ansatz zu relativieren: so zieht ja THIMM (1975, S. 129) selbst in hohem Maße Milieufaktoren zur Erklärung des schulischen Versagens mit heran, die bereits lange vor der Etikettierung durch die Institution wirksam waren; er beschreibt also eine kombinierte Milieu- und Stigmatisierungstheorie, wobei er sich nur von der Defekttheorie (Lernbehinderung als individuelle Begabungsschwäche) deutlich abgrenzt (S. 128).

Daß nun aber die Seite des Individuums, die Subjektseite, vom ‚labeling‘-Ansatz vernachlässigt werde, wird dort zumindest diskutiert (vgl. KEUPP 1972, S. 190 ff) So ist es gut denkbar, daß sich letztlich die Auffassung einer multifaktoriellen Genese auch bei Behinderungen durchsetzen wird, bei der individuelle Dispositionen, Milieueinflüsse einschließlich subkultureller Prägungen und Stigmatisierungsvorgänge seitens der sozialen Umwelt und sozialer Kontrollinstanzen zusammenwirken.

5.3. Die Rollensituation physisch Abweichender

5.3.1. Symptome der Diskriminierung

Der Vorurteilsansatz hat im wesentlichen eine Bestandsaufnahme der herrschenden ungünstigen Einstellungen gegenüber Behinderten geliefert, der Stigmatisierungsansatz ein soziologisches Erklärungsmodell angeboten, das in erster Linie zwar meist zur Erklärung delinquenten oder psychisch kranken Verhaltens dient, jedoch auch zum Verständnis der Sekundärproblematik Behinderter, der Lern- und Verhaltensbehinderungen hilfreich ist.

Gezielt mit der Rollensituation physisch Abweichender hat sich hingegen SEYWALD (1976; 1977) in zwei aufeinander aufbauenden Untersuchungen befaßt, die sie „als Beitrag zu einer noch in den Anfängen ihrer Entwicklung befindlichen Soziologie der Benachteiligten" (1977, S. 9) versteht. Ihre Arbeiten seien hier daher etwas ausführlicher dargestellt; zentrales Thema ist

„die Suche nach den Ursachen offener Diskriminierung und kaschierter Isolationstendenzen, die Frage also, weshalb denn eigentlich körperlich Behinderte von vielen Menschen als minderwertig angesehen werden" (1977, S. 16).

Was ist mit ‚offener Diskriminierung‘ und ‚kaschierten Isolationstendenzen‘ dabei gemeint? SEYWALD (1977, S. 14 ff) nennt drei Faktoren:

1. die Interaktionsspannungen. Sie treten beim Behinderten auf, wenn widersprüchliche Verhaltenserwartungen der Laien (‚der Hilfsbedürftige‘) und der Kontrollinstanzen (der Rehabilitand, der Selbständigkeit und Leistung zu zeigen hat) in ihm aufeinandertreffen (SEYWALD 1976, S. 66 ff). Beim Nichtbehinderten stellen sie sich ein, wenn er sich zwischen Generalisierungstendenz und Irrelevanzregel – beides wird noch erläutert werden – hin- und hergerissen sieht.

2. die Generalisierungstendenz. Die physische Abweichung führt als Stigma zu einem halo-Effekt: man ist geneigt, von der nur äußerlichen auf eine generelle Andersartigkeit zu schließen. Dem steht jedoch die ‚Irrelevanzregel‘ gegenüber, die gesellschaftliche Norm, die Behinderung in der Interaktion geflissentlich zu übersehen, mit dem Behinderten umzugehen, als wäre sie gar nicht da (vgl. SEYWALD 1976, S. 90 ff).

3. spezifische diskriminierende Verhaltensweisen. Hierzu gehört,

„daß Behinderte und Entstellte von Unbekannten in einer Weise verstohlen oder auch unverhohlen angestaunt oder sogar angesprochen werden, die gewöhnlichen Passanten gegenüber als unhöflich gilt und von den Betroffenen als diskriminierend empfunden wird. Der schweigend Angestarrte wird zum Objekt degradiert, der durch neugierige Fragen Belästigte erfährt eine Einschätzung als Person zweiter Klasse, die man anreden darf, ohne eine Norm zu verletzen" (SEYWALD 1977, S. 15 f; vgl. 1976, S. 57).

Reaktionen wie Anstarren und Ansprechen sind nun allerdings nicht spezifisch für Behinderte. Jeder mitteleuropäische Tourist, der entlegene Provinzen eines Entwicklungslandes bereist, wird ähnliche Erfahrungen machen: die Ungewöhnlichkeit seines Aussehens löst Verhaltensweisen aus, die er als anonymer Passant in seinem Heimatland nicht erleben würde; das offen gezeigte Interesse kann dabei jedoch ebenso Ausdruck einer besonderen Hochachtung und Wertschätzung sein. Wenn es nun vom Behinderten hierzulande als diskriminierend empfunden wird, dann eben nur in Verbindung mit den vorherrschenden gesellschaftlichen Einstellungen negativer Tendenz. Davon, daß eine vorurteilsfreie Begegnung mit physisch Abweichenden ebenfalls eine explorative Phase umfaßt, wird noch die Rede sein (vgl. S. 223).

5.3.2. Primat der ästhetischen Barrieren

Was mögen nun die Ursachen der genannten diskriminierenden Verhaltensweisen sein? SEYWALD wendet sich dagegen, daß die Benachteiligung einfachhin „Ausfluß einer allgemeinen Tendenz zur Entstehung von Unterbeschäftigung und zur Brachlegung von Arbeitskraft in kapitalistischen Wirtschaftssystemen" (HAASER 1975, S. 215) sei,

Folge der geringeren wirtschaftlichen Einsatzfähigkeit und Verwertbarkeit Behinderter, wie dies von einem einlinig sozialökonomischen Ansatz manchmal behauptet wird.

Denn die modernen Rehabilitationsmöglichkeiten haben „ca. 80 % aller Behinderten rehabilitationsfähig gemacht", die geistig Behinderten dabei allerdings ausgenommen (SEYWALD 1976, S. 13). Die Arbeitsfähigkeit sollte also, der sozialökonomischen These zufolge, auch gesellschaftliche Integration ermöglichen. Und dennoch wird es den physisch Behinderten „aus allerlei Vorurteilen heraus" (1977, S. 9) verwehrt, sich der Konkurrenz im Beruf voll zu stellen – ihre Arbeitslosenquote liegt stets erheblich höher als die der Nichtbehinderten. SEYWALD (1977, S. 10) macht hierbei die „eher banale, in der Behindertensoziologie aber neuartige Feststellung, . . . daß Behinderte auch nach geglückter Rehabilitation sichtbar Benachteiligte bleiben".

Ein weiterer für ihren Argumentationsgang wichtiger Beleg ist die Situation der Entstellten, „die sich lediglich im äußeren Erscheinungsbild von den ‚Normalen' unterscheiden" (SEYWALD 1976, S. 10; vgl. zu dieser Gruppe auch DREPPER & EHRING 1975): obgleich voll leistungsfähig und einsatzfähig, sind sie ähnlichen, ja manchmal sogar stärkeren Vorurteilen und Diskriminierungen ausgesetzt wie die funktionell und kommunikativ beeinträchtigten Körper-, Sinnes- und Sprachbehinderten.

Daraus folgert SEYWALD (1977, S. 37) den Primat der ästhetischen Barrieren:

„Es soll nicht der Anschein erweckt werden, als ob die abweichende äußere Erscheinung der Behinderten für die einzige Ursache der negativen Reaktionen ihrer Umwelt gehalten würde. Daß es aber die wichtigste ist, darf anhand des vorliegenden Materials zumindest hypothetisch angenommen werden."

Das vorliegende Material ist zum Beispiel die Präferenzrangfolge, die RICHARDSON und seine Mitarbeiter (1967) mit Hilfe von Zeichnungen physisch abweichender Kinder bei 10- und 11jährigen ermittelten. Dem Kind ohne Körperfehler nächstgünstig wurden die ‚funktionellen Schädigungen' eingestuft:

– ein Kind mit Krücken und einem Verband am linken Bein;
– ein Kind, das mit einer Decke im Rollstuhl sitzt;
– ein Kind mit einer Prothese anstelle der linken Hand.

Ungünstiger wurden, dieser Untersuchung zufolge, die ‚sozialen Schädigungen' eingestuft:

– ein Kind mit einer Gesichtsentstellung am Mund;
– ein fettleibiges Kind.

Allerdings weist SEYWALD (1977, S. 17 f) selbst darauf hin, daß diese Rangfolge bei Nachuntersuchungen in Israel und Westdeutschland keine volle Bestätigung erfahren hat. Es scheine, als gelte sie dort nur für die Mittelschichten, während in den Unterschichten funktionelle Beeinträchtigungen doch schwerwiegender und ungünstiger beurteilt würden. Weitere Forschungen sind wohl notwendig, um interkulturelle Abweichungen in der Toleranz gegenüber körperlicher Andersartigkeit genauer zu ermitteln.

Bekannt geworden ist hierzu das Urteil SCHÖNBERGERs, der in Übereinstimmung mit solchen Beobachtungen schrieb:

„Nach einer in unserem Kulturkreis recht allgemein akzeptierten Hierarchie der Werte rangiert Intelligenz vor Sprachfähigkeit, Sprachfähigkeit vor Sinnestüchtigkeit, Sinnestüchtigkeit vor Handgeschicklichkeit und Handgeschicklichkeit vor Fortbewegungsfähigkeit. Je ‚tiefer‘ die Behinderung liegt, desto leichter wird der Behinderte als Mensch und Mitmensch toleriert" (zit. nach SEYWALD 1977, S. 17).

Statische Entstellung, zum Beispiel eine Gesichtsentstellung, scheint das Körperschema des Beobachters zu bedrohen, möglicherweise auch eigene Verstümmelungsangst zu aktivieren. Schließlich ruft sie Ekel und Grauen hervor, die kulturell grundgelegte, wenn auch individuell unterschiedlich ausgeprägte Reaktionsweisen darstellen.

Motorische Entstellung hingegen wie sie für die Bewegungsabläufe bei Zebralparetikern kennzeichnend ist, führt zu einer Fehlinterpretation von Ausdrucksverhalten und damit zum Zusammenbruch der zwischenmenschlichen Ausdrucks-Eindrucks-Dynamik, eines wesentlichen Teils der nonverbalen Kommunikation (vgl. SEYWALD 1977, S. 28 ff).

5.3.3. Stereotype Reaktionsmuster und ihre Rechtfertigung

Interaktionsspannungen sind dann unvermeidlich, selbst und gerade unter Einhaltung der Irrelevanzregel, der äußerlichen Nichtbeachtung der physischen Abweichung – die ja nur zu einer ‚Scheinnormalität‘, an der Verlegenheit der Interaktionspartner nicht vorbei führt. Bisweilen läßt sich die Irrelevanzregel nicht einmal einhalten: beim Gespräch mit Sprachbehinderten werden sich viele bereits dabei ertappt haben, wie sie mehr auf das Wie des Sprechens als auf das Was des Inhaltes geachtet haben.

Ein anderes weit verbreitetes Reaktionsmuster auf die Peinlichkeit solcher Interaktion ist die ‚diffuse Hilfsbereitschaft‘. Sie mag historisch als Relikt aus der Zeit angesehen werden, in der physisch Behinderte als Bettler auf die Mildtätigkeit von Passanten angewiesen waren – was man heute noch in Entwicklungsländern täglich beobachten kann. Gemäß dem Sozialstaatlichkeitsprinzip wird Hilfe jedoch nunmehr dem Behinderten von der öffentlichen Hand geschuldet, sie ist kein Almosen mehr, vielmehr sein gutes Recht; finanzielle Unterstützung ist allenfalls noch bei den Verbänden und Organisationen der Behindertenhilfe erwünscht.

Wenn dennoch immer wieder Geldstücke oder -scheine von Passanten Behinderten regelrecht aufgedrängt werden, so wirkt diese Hilfe entmündigend, zeigt demonstrativ das mit jedem Geber-Empfänger-Verhältnis verbundene Statusgefälle auf (SEYWALD 1976, S. 126 ff). SEYWALD unterscheidet denn auch sehr deutlich zwischen aufgedrängter Hilfe – an den Bedürfnissen der ‚Normalen' orientiert (1976, S. 121 ff) – und echter, an den Bedürfnissen der Behinderten orientierter Hilfe (1976, S. 116 ff).

Das Rehabilitationskonzept geht, zumal in einer materiellen Überflußgesellschaft, eher dahin, durch technische Vorrichtungen (individueller Art wie z.B. Spezialautos, oder kollektiver Art wie z.B. Fahrstühle) Hilfsbedürftigkeit durch Selbständigkeit zu ersetzen: „Rehabilitation bedeutet ja gerade die Befreiung von dem ständigen Auf-andere-angewiesen-Sein, in finanzieller wie physischer Hinsicht" (SEYWALD 1976, S. 119).

Die diffuse Hilfsbereitschaft, vor allem die sich in aufgedrängter Hilfe äußernde, berührt einen Komplex von Erwartungshaltungen, der sich durch die Begriffe ‚Mitleid' und ‚sozialer Zwang zur Trauer' charakterisieren läßt.

„Im Gegensatz zu dem um einen Angehörigen Trauernden, der den Verlust nach Ablauf eines Jahres offiziell überwunden hat und sich dann wieder seines Lebens freuen darf, erwarten viele ‚Normale' vom Schwerbehinderten die niemals endende Vorführung einer Lebenstragödie, und sie sind offenbar schockiert, wenn er Regungen weltlicher Sinneslust oder gar Vergnügungssucht offenbart." (SEYWALD 1976, S. 123).

Selbst vom behinderten Kind, das einzelne Körperteile oder ihre Funktion nie verloren, sondern immer schon entbehrt hat, wird vielfach eine solche Trauerhaltung erwartet.

Diesem Zwang zur Trauer, der Verpflichtung sozusagen zum Leiden entspricht das ‚Mitleid', analog zum Beileid im Trauerfall, nur eben wiederum lebenslang. Als dominantes Einstellungs-Stereotyp („Man sollte Mitleid ausdrücken") gegenüber Behinderten wird es von SEYWALD (1977, S. 45 ff) ausführlich diskutiert. Dabei hat sich das Mitleid hier von seinem ursprünglichen Wortsinn weitgehend gelöst: der Anblick behinderter Kinder löst Mitleid aus, auch ohne daß man die Kinder leiden sieht.

SEYWALD trennt zwischen Mitleid als Norm – in der Nachfolge der einst hochgeschätzten mitleidigen Nächstenliebe, die vor der Zeit des Anspruchs auf öffentliche Hilfe funktionale Bedeutung hatte – und Mitleid als Gefühl, das sie in enge Beziehung zum Hilfs- und Pflegetrieb der Verhaltensforschung bringt: es wird durch bestimmte Auslösereize (Kindlichkeit, Hilfsbedürftigkeit) quasi automatisch ausgelöst.

„Ich meine, im Mitleid wird ein gewisses Unlustgefühl erregt; das hieraus folgende Trachten nach ‚Abhilfe' nimmt entweder die Form konkreter Hilfe oder die des Sich-Abschirmens an, wobei die Entscheidung zwischen beiden Formen u. a. vom individuellen Verantwortungsgefühl abhängt und damit vom sozialen Rang des Angesprochenen, v. a. aber von der allgemeinen Sozialstruktur im Sinne der Verteilung der Verantwortlichkeit zwischen den einzelnen Angehörigen und den Repräsentanten des Kollektivs" (SEYWALD 1977, S. 58).

MUNK (1968, S. 195 f) hat beobachtet, daß Mitleidsbekundung gegenüber Behinderten häufig mit einer Isolierungstendenz vergesellschaftet ist; es „assoziiert sich dabei der Terminus ‚Mitgefühl' mit der Vorstellung von armen, bemitleidenswerten Geschöpfen, denen es erspart werden sollte, unter der Gegenwart Unbehinderter zu leiden."

Auch SEYWALD kommt – wegen dieser Verknüpfung mit Isolationstendenzen – zu einem Plädoyer gegen das Mitleid. Eines ihrer Argumente ist etwa, daß das Mitleids-Gefälle „den Aufbau gleichberechtigter freundschaftlicher Beziehungen" behindert (1977, S. 69). Mitleid erscheint letztlich als Leerformel, die die verschiedensten Emotionen kulturell legitimiert und abzudecken vermag.

Eine weitere Analyse widmet SEYWALD (1977, S. 69 ff) dem Ressentimentverdacht, der lange und selbst von Behindertenfunktionären geäußerten Überzeugung, Behinderte müßten aufgrund ihrer Defizienz Neid, Minderwertigkeitsgefühle und entsprechende Reaktionen entwickeln. Es ist die Rede vom ‚Gulliver-Komplex', den Gefühlen, die SWIFTs Held im Lande der Riesen habe entwickeln müssen. So zitierte BIESALSKI 1922 aus den Ausführungsbestimmungen zum Preußischen Krüppelfürsorge-Gesetz:

„Jede körperliche Abweichung vom Normalen wirft auf das Bewußtsein des Verunstalteten einen Schatten, trübt sein Selbstgefühl und bringt den Willen ins Stocken und Schwanken . . . Es entstehen dann leicht seelische Entgleisungen und Schwächen, die das typische Krüppeltum begründen: verstärkte Selbstfühligkeit, Benachteiligungs- und Beeinträchtigungsempfindungen . . ." (nach SEYWALD 1977, S. 90 f).

Die spezifische Behindertenpersönlichkeit ist ja mehrfach – von ADLER an – postuliert worden; sie wird hier an anderer Stelle diskutiert unter Heranziehung empirischer Ergebnisse (vgl. S. 44). SEYWALD (1977, S. 93) kommt dabei zum Ergebnis:

„. . . der Ressentimentverdacht ist nicht unbedingt eine Fiktion; es mußte aber klargestellt werden, daß er sich auf eine sekundäre, durch die Verhaltens- und Einstellungsmuster der Umwelt dem physisch Abweichenden gegenüber bedingte und daher keineswegs zwingende psychische Begleiterscheinung physischer Abweichung bezieht."

Als einen dritten Rechtfertigungsversuch stereotyper Verhaltensmuster – nach Mitleid und Ressentimentverdacht – beschreibt SEYWALD (1977, S. 93 ff) die Schuldgefühle. Obgleich Minderwertigkeits- und Schuldgefühle psychodynamisch eng benachbart sind (vgl. HENSLE 1976, S. 53), werden Minderwertigkeitsgefühle doch eher dem

Behinderten, Schuldgefühle dem Nichtbehinderten zugeschrieben: Schuldgefühle wegen der ungleichen und ungerechten Verteilung von Schicksalen, die die eigene physische Integrität als nahezu unverdient erscheinen, ,Dankesschuld für das Geschenk der Gesundheit' empfinden läßt. Ein universales Gerechtigkeitspostulat steht dabei im Hintergrund.

Hinzu kommt noch eine zweite Art von Schuldgefühl,

„weil die physisch Abweichenden an den sekundären Folgen ihrer Leiblichkeit, an Verachtung und Isolationstendenzen ihrer Umwelt keine Schuld tragen, weil man also aufgrund des eigenen Verhaltens ein schlechtes Gewissen ihnen gegenüber haben muß" (SEYWALD 1977, S. 109).

5.3.4. Exploratives Verhalten und Irrelevanzregel

Nachdem wir versucht haben, SEYWALDs Betrachtung der Diskriminierungen physisch Abweichender, ihrer Ursachen und gesellschaftlichen Rechtfertigungsmuster nachzuvollziehen, bleibt noch eine Frage, die sich mancher Leser bereits selbst gestellt haben mag: Wie soll man einem physisch Abweichenden nun eigentlich begegnen? Welche Form des Umgangs ist nicht-diskriminierend, ruft keine Interaktionsspannungen hervor, ist – mit SEYWALDs Worten – „sachlich" (1976, S. 100 ff; 1977, S. 42)?

SEYWALD (1976, S. 103) knüpft hier an die Beobachtung von SIEVERT (1968, S. 149) an, daß genau diejenigen Kinder später Freundschaft mit Dysmeliekindern schlossen, die zuvor – nach dem üblichen initialen Erschrecken und der Frage nach der Herkunft der Abweichung – ein sehr ausgeprägtes exploratives Verhalten gezeigt hatten:

„Sie beobachten den Körperbehinderten so lange intensiv, bis sie begriffen haben, wie er mit seiner Funktionsbeeinträchtigung zurechtkommt, z.B. wie er es schafft, mit den Füßen oder mit einer Prothese all das zu tun, wozu sie selbst ihre Hände brauchen . . .; sie werden gelegentlich versuchen, die Dinge so zu tun wie er, nicht weil sie ihn in kränkender Absicht nachäffen wollen, sondern um den funktionalen Aspekt der physischen Abweichung besser zu begreifen" (SEYWALD 1976, S. 103).

Auf diese Weise wird die Schädigung als Gegebenheit akzeptiert, bei gemeinsamen Spielen in Rechnung gestellt.

SEYWALD glaubt nun, „die eminente Bedeutsamkeit explorativen Verhaltens für eine realistische Akzeptierung physisch Abweichender dürfte ebenso für Erwachsene gelten". Dem steht allerdings die obengenannte Irrelevanzregel gegenüber, der zufolge man physische Andersartigkeit geflissentlich zu übersehen habe; allenfalls dem Behinderten selbst ist es erlaubt, etwa mit einer witzigen Bemerkung darauf anzuspielen und so das Eis zu brechen (1976, S. 104).

Die Irrelevanzregel, oberflächlich Ausdruck von Höflichkeit, tatsächlich aber (vgl. SEYWALD 1976, S. 106 ff) von affektiver Ablehnung des ‚übersehenen' Merkmals, wird durch die Erziehung gelernt:

„Das Kind äußert laut sein Erschrecken oder sein noch ungerichtetes Interesse am Absonderlichen. Die Eltern reagieren bestürzt, weil der physisch Abweichende die Frage gehört oder den auf sein offiziell irrelevantes Merkmal gerichteten Zeigefinger gesehen hat, und während sie das Kind eilig weiterzerren, zischen sie ihm zu, so etwas frage man nicht. Das Kind, das eine sachliche Antwort erwartete, hat nun gelernt, daß körperliche Anomalien etwas Peinliches sind." (1976, S. 112).

Daß das explorative Verhalten erst nach einem initialen Erschrecken einsetzt und längere intensive Beobachtung einschließt, rückt es – obwohl es dieser Theorie zufolge der günstigste Weg zu einer gelungenen Akzeptierung ist – in die Nähe der vom Behinderten als diskriminierend empfundenen Verhaltensweisen des Anstarrens:

„. . . in der Tat beklagen sich physisch Abweichende . . . über die ‚Grausamkeit' von Kindern, welche durch ihre Fragen die Fiktion der Normalität zunichtemachen – eine Variante des Märchens von des Kaisers neuen Kleidern" (SEYWALD 1977, S. 42); und

„Möglicherweise lehnt er (ein behinderter Gesprächspartner) selbst seine Behinderung emotional ab und reagiert auch auf sachlich gemeintes Interesse gekränkt oder tief verunsichert, weil er es als Zeichen der Abwertung mißdeutet" (SEYWALD 1977, S. 43).

Schwierig ist es also auch für den Nichtbehinderten, zwischen spannungsgeladener Einhaltung der Irrelevanzregel und als diskriminierend empfundenem explorativem Interesse hindurchzunavigieren; und fast resignierend kommt SEYWALD zum Ergebnis: „Ein scheinbares Nichtbeachten der physischen Abweichung aus Furcht, etwas falsch zu machen, ist offenbar die natürlichste Reaktion feinfühliger Menschen." Über ein frühzeitiges exploratives Verhalten – das den frühen Kontakt mit Behinderten bereits im Kindergarten voraussetzt – könnte allerdings ein Weg zum Aufbau sachlicher Interaktionsformen führen.

SEYWALD hat in ihren beiden Büchern die Situation Behinderter in der Gesellschaft nicht nur global-deskriptiv mit Begriffen wie ‚Vorurteile' oder ‚Stigma' umschrieben, sondern sich um eine detailliertere Analyse der unzweifelhaften Interaktionsspannungen beim Kontakt mit Behinderten bemüht, sie als Mitleid, Schuldgefühl, vermutete Hilfsbedürftigkeit, unterstellte Minderwertigkeitsgefühle näher zu charakterisieren versucht, wenn diese soziologischen Begriffsanalysen auch bisweilen in weitem Abstand um den Gegenstand der Untersuchung oszillieren.

Ihre beiden Bücher ergänzen sich: das erste beschreibt die Interaktions- und Rollensituation des Behinderten ausführlicher; das zweite rekapituliert diese anfangs nur kurz, um sich dann den genannten

gesellschaftlichen Rechtfertigungsmustern für stereotype Reaktionsweisen zuzuwenden.

Allerdings beziehen sich SEYWALDs Aussagen zunächst nur auf die
körperlich Andersartigen, deren physische Abweichung offensichtlich
ist: sie sind – in GOFFMANs Terminologie – ‚diskreditiert‘. Intelligenz-,
Sinnes- oder Sprachbehinderte hingegen sind ‚diskreditierbar‘: sie
vermögen leichter nach außen hin den Anschein der Normalität
aufrechterhalten (zu ‚kuvrieren‘), erst im Kommunikationsprozeß ent-
hüllt sich dann ihr Stigma, tritt die von SEYWALD beschriebene besondere Interaktionssituation ein (sofern nicht außerdem noch andere
Auffälligkeiten, etwa der Bewegungsabläufe, vorhanden sind).

5.4. Abbau von Vorurteilen und Entstigmatisierung

Nach Darstellung einiger Ansätze, die die gesellschaftliche Situation
Behinderter zu verstehen suchen, bleibt uns nun noch die Frage, wie
diese – ungünstige – Situation verbessert werden könnte; da es dabei
um konkret-praktische Maßnahmen geht, erscheint es uns gerecht-
fertigt, die verschiedenen theoretischen Ansätze hierbei gemeinsam zu
betrachten (Einstellungsänderung, Vorurteilsabbau und Entstigmatisierung).

Von BRACKEN (1976, S. 313) unterscheidet analog zu seinen drei
Vorurteils-Kriterien drei Aufgaben:

1. Behinderte müssen realistisch gesehen werden, die Gesellschaft besser
über sie informiert sein.

2. Es „muß das soziale Bild der Behinderten ... in den Bereich der
Normalität aufgenommen werden"; soziale Distanz und Diskriminierung sind
abzubauen.

3. An die Stelle der „negativen Gefühle, die bis zu Ablehnung, ja Abscheu
gehen", muß „aktives persönliches Wohlwollen" treten.

ESSER (1975, S. 124) formuliert die Aufgabe so:
„den Nichtbehinderten mit dem Behinderten und seiner Situation bekannt
machen, seine Voreingenommenheit durch Erfahrung ersetzen und dadurch die
Abwehrhaltung auflösen und die Zuwendungsbereitschaft ermöglichen, die man
üblicherweise gegenüber jedem anderen aufbringt."

Wie ist das zu bewerkstelligen? Wohl enthält nahezu jede Publikation, die sich mit Einstellungen und Vorurteilen gegenüber Behinderten
befaßt, auch einen Ausblick auf Möglichkeiten zur Veränderung dieser
Einstellungen (z. B. von BRACKEN 1976, S. 313–354; G. W. JANSEN
1972, S. 130–136; ESSER 1975, S. 124–130); jedoch liegen hierzu –
nach einer mit methodischer Akribie durchgeführten Erfassung bestehender Einstellungen – dann keine empirischen Ergebnisse mehr vor,
sondern weitgehend bloß Vermutungen, Empfehlungen, Postulate,
Schlußfolgerungen, Analogien (zur experimentellen Attitüdenfor-

schung). Diese Lücke ist zu bedauern, kann hier aber nicht ausgefüllt werden; wir müssen uns darauf beschränken, Vorliegendes – so unbefriedigend es sein mag – zu referieren.

Insgesamt erscheint der Abbau von Behindertenvorurteilen als ein schwieriger, langfristiger Prozeß, der wohl eine über die jetzt lebende Generation hinausreichende Perspektive erfordert. Wir können dabei unterscheiden:

1. Maßnahmen, die bereits vorhandene Vorurteile und ungünstige Einstellungen abbauen sollen; dies könnte geschehen

a) durch direkten Kontakt mit Behinderten (dem Einstellungsobjekt),

b) durch persönliche Kommunikation mit relativ vorurteilsfreien Einzelpersonen oder Gruppen,

c) durch den Einfluß der sogenannten Massenmedien (Fernsehen, Rundfunk, Zeitung, aber auch Illustrierte und Bücher).

2. Maßnahmen, die Vorurteile und ungünstige Einstellungen gar nicht erst aufkommen lassen sollen; sie setzen naturgemäß in der Kindheit an und umfassen ein ganzes Programm aus Begegnung und Information zum jeweils richtigen Zeitpunkt, mit dem man der Übernahme gesellschaftlich verbreiteter Vorurteile zuvorkommen könnte.

3. Maßnahmen, die sich an den Behinderten selbst richten: durch Vermeidung sekundärer Verhaltensstörungen und Vermittlung geeigneter Interaktionsmuster soll er selbst dazu beitragen, die bestehenden Interaktionsbarrieren abzutragen.

5.4.1. Änderung bestehender Einstellungen

5.4.1.1. Direkter Kontakt

Der Zusammenhang – die wechselseitige Beeinflussung – von Sympathie und Kontakt ist seit langem in der Sozialpsychologie bekannt (vgl. HOFSTÄTTER 1957, S. 147 ff; MUELLER & THOMAS 1974, S. 318): Sympathie führt zu vermehrtem Kontakt, und Kontakt verstärkt Wirgefühl und Sympathie – in SHERIFs bekannten Ferienlagerexperimenten sogar dann, wenn in den Gruppen einander ursprünglich unsympathische Jungen zusammengefaßt wurden (vgl. HOFSTÄTTER 1957, S. 96). Nun sind diese in einer spezifischen Situation und Altersphase gewonnenen Befunde sicherlich zu sehr verallgemeinert worden.

Die Forschung über nationale Vorurteile hat denn auch zutage gebracht, daß Kontakt mit Angehörigen fremder Nationen nicht in jedem Falle Vorurteile vermindert, sondern allenfalls dann, wenn „sich die Angehörigen verschiedener Rassen auf dem gleichen sozialen Status begegnen" (v. BRACKEN 1976, S. 326): der neapolitanische Kellner wird etwaige Vorurteile eines deutschen Touristen kaum mildern, vielleicht eher noch verstärken, und ähnliches gilt für den Kontakt zwischen einem Hilfsdienste verrichtenden Gastarbeiter und seinem Chef. Nach der HOMANS-Regel (MUELLER & THOMAS 1974, S. 318) gilt: „Wenn die Häufigkeit von Interaktionen zwischen zwei oder mehreren Personen zunimmt, wachsen auch die gefühlsbedingten Einstellungen zwischen ihnen"; das bedeutet aber auch, daß bei anfänglicher Antipathie „die gehäufte Interaktion eher die Antipathie vergrößern" wird.

Müssen wir also resignieren, was die Einsatzmöglichkeiten des direkten Kontakts im Abbau von Behindertenvorurteilen betrifft? Sicherlich dürfen wir den Einfluß des bloßen Kontakts, wie lange geschehen, nicht überschätzen. Jedoch dürfen wir ihn auch nicht unterschätzen. Kontakt, so oberflächlich er auch sein mag, dient immerhin der Präsenz der Behinderten, dem Bewußtsein von ihrer Existenz, der Zurkenntnisnahme ihrer Behinderungen; er hilft so den Informationsstand der Bevölkerung zu verbessern, der ja zu wünschen übrig läßt und damit zur Unsicherheit in der Begegnung wesentlich beiträgt; er läßt persönliches Betroffensein erfahren. Kontakt unter dem Vorzeichen von Antipathie wird allerdings Vorurteile eher verstärken, wenn keine weiteren Einflußfaktoren hinzutreten: die ‚originären Reaktionen' (JANSEN 1972, S. 127) werden nicht überstiegen, sondern führen zum Abbruch der Beziehung; dieser Abbruch reduziert Unlustgefühle und wirkt so – lerntheoretisch gesehen – für diese Distanz verstärkend.

Eine weitere Möglichkeit, Kontakt einzusetzen bei vorurteilsbehafteten Erwachsenen – von Kindern soll später die Rede sein –, besteht im Arrangieren streng statusgleicher, für beide Seiten belohnender Begegnungen. V. BRACKEN (1976, S. 331) nennt zum Beispiel gemischte Volksfeste, die auch von gemischten Komitees vorbereitet werden (und nicht von Nichtbehinderten für Behinderte); die gemeinsame Aufgabe und gemeinsame Freude wirken verbindend. Allerdings werden die am meisten Vorurteilsbehafteten solche Angebote von vorneherein nicht wahrnehmen. Die zufällige statusgleiche Begegnung mit einem Behinderten (gemeinsame Mitgliedschaft in einem Gremium oder gemeinsamer Arbeitsplatz) könnte ebenfalls Vorurteile abbauen, jedoch auch den Ausnahme-Regel-Mechanismus auslösen: mit unserem Behinderten kann man sich ja ganz prima unterhalten, aber mit Behinderten im allgemeinen möchte ich doch nichts zu tun haben.

5.4.1.2. Persönliche Kommunikation

Gemeint ist hier nicht die Kommunikation mit dem Behinderten, sondern die ‚Botschaft', die von einem Kommunikator persönlich dem Vorurteilsträger übermittelt wird. Dieser Weg ist von der allgemeinen

Sozialpsychologie am gründlichsten untersucht worden (z.B. MUELLER & THOMAS 1974, S. 255–273), läßt er sich doch am besten im psychologischen Labor simulieren. Auf Behinderteneinstellungen ist er jedoch noch am wenigsten angewandt worden; wieder nämlich sind gerade die Personen mit ungünstiger Einstellung am wenigsten dem Einfluß relativ vorurteilsloser Kommunikatoren ausgesetzt und können dazu auch nicht gezwungen werden.

Außer dem persönlichen Einfluß von Verwandten und Bekannten wäre hier etwa an Volkshochschulen oder kirchliche Predigten zu denken. Allerdings lassen sich viele der für persönliche Übermittlung von Einstellungen gültigen Regeln auch auf die Massenkommunikation anwenden.

5.4.1.3. Rolle der Massenmedien

Daß trotz vordergründigen Wohlwollens auch in den Massenmedien noch Vorurteile sich subtilen Ausdruck verschaffen, hat R. ZIMMERMANN (1977) am Beispiel der Presse aufgezeigt. So setzt die übermäßige Herausstellung der Leistung eines Behinderten die Auffassung voraus, Behinderte im allgemeinen seien eben nicht so leistungsfähig, und verstärkt sie gleichzeitig wieder; die ausführliche Berichterstattung über öffentliche Hilfsaktionen und Spendenaktionen läßt die Behinderten in erster Linie als hilfsbedürftig erscheinen; Hilfe aber richtet, wie wir gesehen haben, ein soziales Gefälle auf (vgl. S. 221). So erwartet auch G. W. JANSEN, daß „die Gesamtdarstellung der Problematik der Behinderten etwas von der caritativen Grundhaltung wegrückt" (1972, S. 131), und er bemängelt weiter, daß vielfach – wie auch bei der ‚Aktion Sorgenkind‘ des ZDF – „alle Behinderten in einen Topf geworfen werden".

Soll man also noch mehr Einsatz vonseiten des Fernsehens und Rundfunks verlangen? Das dürfte kaum möglich sein, will man nicht die Massenmedien als Propagandainstrumente in der Hand einiger Journalisten verkennen. Die Rückkopplungsmechanismen, mit denen die Meinung der ‚Empfänger‘ Einfluß auf den ‚Sender‘ nimmt, werden nämlich vielfach übersehen; sie bestehen aus den Rundfunkräten, Einschaltquoten, Leser- und Hörerzuschriften, Werbungsaufträgen und vielerlei anderen Kanälen. Die ‚öffentliche Meinung‘ ist also nicht einfach Ergebnis der ‚veröffentlichten Meinung‘; vielmehr bestimmt sie jene in bedeutendem Ausmaß, nicht zuletzt auch, weil die Journalisten selbst Mitglieder der Öffentlichkeit mit ihren Einstellungen und Vorurteilen sind. Der Einsatz der Massenmedien zur Einstellungsänderung darf also das Publikum nicht vor den Kopf stoßen, nicht in einer massiven Kampagne bestehen, sondern muß dosiert erfolgen; andererseits ist es auch nicht unbedingt nötig, dem Publikum nach dem Maul zu reden.

Dabei stellen sich nun zwei Aufgaben. „Auf der einen Seite ist es wichtig, das Bild des Körperbehinderten in der Öffentlichkeit schärfer zu konturieren" (JANSEN 1972, S. 131). Es fehlt ganz einfach an Informationen über die einzelnen Behinderungen, die mit ihnen verbundenen Einschränkungen und Möglichkeiten.

Warum solche Aufklärungsarbeit „auf keinen Fall direkte Vergleiche zwischen den verschiedenen Behinderungsarten beinhalten sollte", wie JANSEN (1972, S. 131) meint, ist dabei nicht ganz einsichtig; eher besteht zur Zeit die Gefahr, daß mit dem handlichen Terminus ‚Behinderte' eine detailliertere Befassung vermieden wird.

Informationen sollten allerdings den vorhandenen Kenntnisstand der Bevölkerung berücksichtigen. Weichen sie allzusehr von landläufigen Meinungen ab, geraten sie nach der Assimilations-Kontrast-Theorie (vgl. MUELLER & THOMAS 1974, S. 272 f) in Gefahr, nicht mehr akzeptiert zu werden und damit wirkungslos zu bleiben. Die Assimilation muß noch möglich bleiben. So werden – um ein Beispiel zu nennen – bei der Frage nach den Ursachen von Behinderungen sehr häufig (vgl. JANSEN 1972, S. 91; v. BRACKEN 1976, S. 362, 383) Vererbung, Inzucht, Trunksucht und Geschlechtskrankheiten (der Eltern) genannt, die nach heutiger wissenschaftlicher Auffassung im Vordergrund stehenden Geburtsschäden jedoch nur sehr selten. Aufklärung müßte hier also die gängigen Volksmeinungen miteinbeziehen und entkräften, im Sinne einer zweiseitigen Kommunikation (MUELLER & THOMAS 1974, S. 267) und einer Immunisierung gegen Gegenargumente (S. 295).

Nun ist es aber mit der theoretischen Information über Behinderte nicht getan; eine wesentliche Erschwerung einer vorurteilsfreien Begegnung bewirken ja die ‚originären Reaktionen', von denen JANSEN (1972, S. 127) spricht, und die Interaktionsspannungen, die SEYWALD ausführlich analysiert. Wie bei einer Phobie halten diese Abläufe ja auch hier ein Vermeidungsverhalten aufrecht, verhindern so die Korrektur an eigener Erfahrung. Aufklärung in den Medien müßte insbesondere auch die Schwierigkeit dieser Erstbegegnung thematisieren. Weiß man, daß diese initiale Unsicherheit ‚normal' ist, läßt sie sich leichter überstehen und bewältigen.

Die Massenmedien wollen entweder aktuelle Berichterstattung leisten oder unterhalten. Im ersten Fall brauchen sie einen ‚Aufhänger', im zweiten eine ‚Verpackung'; Informationen und Ratschläge um ihrer selbst willen sind nicht gefragt (vgl. v. BRACKEN 1976, S. 335). Wichtig ist, daß das Bild der Behinderten auch im unterhaltenden Teil der Programme normalisiert wird. JANSEN (1972, S. 131) empfiehlt „positive Falldarstellungen", die die Möglichkeiten Behinderter zur Daseinsbewältigung demonstrieren. Fernsehfilme zeigen neuerdings bisweilen Behinderte in Hauptrollen ('Der Chef', 'Die Vorstadtkrokodile'), was sicherlich zum Abbau negativer Klischees beiträgt (während noch in der Kriminalserie 'Babek' der oberste Chef eines Gängstersyndikats als Rollstuhlfahrer dargestellt wurde). Auf lange Sicht dient dies jedoch der polarisierenden Verzerrung, die Behinderte entweder ablehnt oder ihnen unrealistisch überragende positive Eigenschaften zuschreibt. Zu fordern wäre also ebenso, daß Behinderte in weniger bedeutenden Nebenrollen – und sei es als Statisten – gezeigt werden, ohne übermäßige Beachtung zu finden, aber mit sachlichen vorurteilsfreien Interaktionsformen.

Ähnliches wie für die elektronischen Medien gilt für Illustrierte, unterhaltende Beilagen von Zeitungen, sowie für populäre Literatur. Während der größte Teil der Kinder mehrere Stunden pro Tag vor dem Fernsehgerät verbringt, gibt es durchaus auch noch einige Kinder und Jugendliche, die Bücher lesen; unter Erwachsenen haben Heftchen- und Trivialliteratur weite Anhängerkreise. Einige Bücher, die explizit positiv die Situation Behinderter darstellen, hat v. BRACKEN (1976, S. 339 f) zusammengestellt.

5.4.1.4. Staatliche Gesetze

Die Möglichkeiten, staatliche Gesetze zur Entstigmatisierung einzusetzen, hat LAUTMANN (1975) diskutiert. Dabei scheint es allerdings, als habe der Satz des Soziologen SUMNER „Stateways cannot change folkways" nach wie vor weitgehende Gültigkeit. Allenfalls mag ein Gesetz die schwerwiegendsten Manifestationen von Vorurteilen – zum Beispiel die Verweisung Diskriminierter aus einer öffentlichen Gaststätte – einzudämmen; und auch dies nur bei entsprechender administrativer Durchsetzung.

Die negative Einstellung selbst dürfte jedoch durch ein Gesetz kaum geändert werden. Gedanken gelten als 'zollfrei', und

„Stigmata werden nicht aufgehoben, indem man einige ihrer Manifestationen bremst; vielmehr müssen sie auf der gedanklichen und gefühlsmäßigen Ebene der vorurteilsvollen Persönlichkeit behandelt werden" (LAUTMANN 1975, S. 175).

Rechtliche Sanktionen auch auf den Bereich der Gesinnung auszudehnen, löst erhebliche Widerstände aus (S. 189) – man denke an entsprechende Klagen TUCHOLSKYs – und Freiheit des Denkens gilt als ein Hauptmerkmal von Demokratien. Dies ist zu respektieren, wenn auch LAUTMANN (S. 189) es eher zu bedauern scheint.

Exemplarisch stellt LAUTMANN einige erste Ergebnisse einer Untersuchung zum neuen Unehelichen- und Blindenrecht vor; wie sich dabei zeigte, ist es „um die Wahrnehmung der neuen Gesetze . . . nicht gut bestellt" (S. 184), zudem haben die am meisten Vorurteilsverhafteten die geringsten Kenntnisse von den neuen Rechtsverhältnissen, was für eine selektive Informationsaufnahme spricht. „Fehlinterpretationen verhindern die volle Wahrnehmung des entstigmatisierenden Gesetzes": das Gesetz bringe nur geringfügige Änderungen, es sei noch gar nicht in Kraft, oder es betreffe nur seltene Fälle, etwa die Hinterlassung besonders großer Vermögen.

LAUTMANNs (S. 176) Folgerung: „Wir wundern uns daher besser nicht, wenn das Recht nur selten Einstellungen ändert; eher könnten wir überrascht sein, wenn es dann doch geschieht." Wann aber geschieht es? Eine mögliche Konstellation ergibt sich aus der Theorie der kognitiven Dissonanz oder Inkonsistenz (vgl. FESTINGER 1978): wird ein Gesetz mit geringem Druck realisiert – so, daß es gerade eingehalten wird, die Einhaltung aber nicht allein durch massiven äußeren Zwang erklärt werden kann –, dann soll ein Einstellungswandel am ehesten zu erwarten sein; die Diskrepanz zwischen (alter) Einstellung und (neuem) Verhalten verlangt dann nach einer Lösung, die beispielsweise in einer Einstellungsänderung besteht (vgl. LAUTMANN 1975, S. 180).

Weniger diffizil, aber vielleicht realistischer ist die Chance, durch neue Gesetze eine Fernwirkung auszulösen; erhalten vormals Diskriminierte doch dadurch die Chance, sich mehr in die Öffentlichkeit zu wagen, bzw. nicht mehr ‚täuschen' zu müssen, ihre Leistungsfähigkeit und ihre Qualitäten deutlicher unter Beweis zu stellen, beidseits befriedigende soziale Interaktionen zu initiieren – die zuvor kaum möglich gewesen wären – und so Vorurteile zum Abbröckeln zu bringen. Oder, in LAUTMANNs (S. 179) Beispiel:

„Mit besseren Sozialisationsbedingungen für uneheliche und gehandikapte Kinder, mit Umschulung und Arbeitsförderung für Behinderte könnte es gelingen, einen Teufelskreis der Unterprivilegierung zu durchbrechen – ausgehend von Maßnahmen des Gesetzgebers."

5.4.1.5. Aussichten der Änderung bestehender Einstellungen

Wie sind insgesamt die Aussichten, Behindertenvorurteile Erwachsener durch direkten Kontakt, gezielte persönliche Kommunikation, durch die Massenmedien oder staatliche Gesetze zu ändern? Nach der Darlegung der damit verbundenen Schwierigkeiten tendieren wir eher zu einer pessimistischen Einschätzung. Wir müssen bedenken, daß bei vielen Menschen Vorurteile psychodynamisch verankert sein dürften als Projektion uneingestandener Triebregungen oder als unabdingbares Feindbild (vgl. KATZ 1960; HOHMEIER 1975). Von derlei Vorurteilen dürfte gelten, daß selbst Götter vergebens gegen sie kämpfen.

V. Bracken (1976, S. 315, 319) setzt großes Vertrauen in die Psychoanalyse, gesteht aber zu, daß eine psychotherapeutische Behandlung nur für eine kleinen Teil der Bevölkerung in Frage kommt; zudem ist für Vorurteile ja gerade wesentlich, daß sie nicht als krankhaft empfunden werden: nicht ihr Träger, sondern ihr Gegenstand leidet darunter. Vorurteilsabbau ist wohl nur möglich, wenn die betreffenden Einstellungen an einer langen Kette – im Ankerkettenmodell – liegen, nicht unmittelbar mit dem Personkern verzahnt sind.

Ferner ist zu bedenken, welche einzelnen Schritte bei einer Einstellungsänderung ablaufen müssen. Nach McGuire (vgl. Mueller & Thomas 1974, S. 256) muß 1. die Aufmerksamkeit erregt, 2. die Kommunikation aufgenommen und verstanden, 3. ihre Aussage als akzeptabel bewertet werden, 4. muß die veränderte Einstellung behalten und 5. in Verhalten umgesetzt werden. An jedem dieser Punkte kann es sozusagen hapern; bei Vorurteilsbehafteten wird es zum Beispiel schwierig sein, ihre Aufmerksamkeit zu finden; ein Fernsehstück mit einem Rollstuhlfahrer als Hauptperson können sie mit einem Programmwechsel oder Ausschalten beantworten.

Dennoch sollte man die Flinte auch nicht voreilig ins Korn werfen; dringlich ist zum Beispiel eine bessere Information der Öffentlichkeit über einzelne Behinderungen, wobei das starke Interesse an Krankheiten und medizinischen Informationen ausgenutzt werden könnte. Ebenfalls zunächst informativ könnte die Verhaltensunsicherheit gegenüber Behinderten angegangen werden. Ein weiterer Schritt wären Gruppengespräche und identifikationsfördernde Rollenspiele unter Nichtbehinderten sowie gemeinsame Veranstaltungen mit Behinderten, allerdings auf möglichst angenähertem sozialem Niveau und unter partnerschaftlicher Beteiligung.

5.4.2. Vermittlung günstiger Einstellungen in der Kindheit

Einen „nur mitgestaltenden oder vorbereitenden Charakter" spricht Esser (1975, S. 125) der Information der Öffentlichkeit zu. Die eigentliche Verhaltensänderung könne „nur in der tatsächlichen Begegnung sich vollziehen".

„Günstiger noch als der Abbau der bereits verfestigten Distanz ist aber sicherlich die Vermeidung der Distanz von vorne herein, was durch integrative Vorschul- und Schulgruppen behinderter und nicht behinderter Kinder möglich erscheint" (S. 129).

Der Vorschlag leitet sich nicht nur aus der bekannten größeren Lernbereitschaft und Beeinflußbarkeit von Kindern ab; er kann sich auch auf spezifische Altersunterschiede in der Einstellung gegenüber Behinderten stützen, wie Esser (1975, S. 125) sie gefunden hat:

„Jüngere Kinder nehmen die Behinderung weniger differenziert wahr, erst mit einem bestimmten Reifegrad wird die körperliche Andersartigkeit bedeutsam, erst dann differenzieren sich deutlich die Einstellungsbereitschaften ,Mitleid' und ,Ablehnung', erst dann wird die Benachteiligung durch das körperliche Handicap verallgemeinert und auf andere Persönlichkeits- und Leistungsbereiche übertragen."

Der Zeitpunkt, zu dem für ein Kind außerfamiliäre Umweltkontakte erstmals bedeutsam werden, Voreingenommenheit und Distanzgefühle aber noch nicht übernommen sind (die Zeit um das dritte Lebensjahr also), erscheint als optimal für ein Lernen integrativer Verhaltensweisen zwischen Behinderten und Nichtbehinderten; „in diesem Alter ist die höchstmögliche Unvoreingenommenheit in der Begegnung von behinderten und nichtbehinderten Kindern zu erwarten" (S. 126).

Einige Voraussetzungen und Bedingungen gilt es jedoch für solche Gruppen zu beachten. Um sowohl für die behinderten wie auch für die nichtbehinderten Kinder Außenseiterrollen zu vermeiden, empfiehlt ESSER (1975, S. 127) eine paritätische Besetzung integrativer Gruppen im Verhältnis 1:1. Nun ist, denkt man an die übliche Größe einer Kindergartengruppe, wohl sicherlich auch ein Verhältnis von 1:2 oder sogar 1:3 möglich, ohne die Behinderten zu Außenseitern zu machen. In jedem Fall aber können integrative Gruppen nur einen sehr geringen Teil der nichtbehinderten Kinder einbeziehen; die übrigen werden allenfalls über eine Diffusion und Weitervermittlung günstiger Einstellungen erreicht.

Zudem erfordert eine solche Gruppe eine geschickte, den Bedürfnissen Behinderter und Nichtbehinderter gleichermaßen gerecht werdende Lenkung, soll nicht das Gegenteil des gewünschten Erfolgs eintreten. Über- wie Unterforderung sind zu vermeiden:

„Die nichtbehinderten Kinder können etwa überfordert sein durch die höhere Zuwendung, die die Behinderten allein durch die erforderliche Pflege und Therapie erfahren. Die Gefahr der Unterforderung besteht für die nichtbehinderten Kinder etwa im Leistungsbereich . . " (ESSER 1975, S. 127).

Über Erfahrungen mit integrativen Vorschulgruppen – von Integrierter Erziehung im Schulalter wird an anderer Stelle die Rede sein (vgl. S. 303) – berichten HELLBRÜGGE (1977 a) und SIEVERT (1968). Letzterer hat den Verlauf der Eingliederung dysmeler Kinder in einen öffentlichen Kindergarten von der Kindergärtnerin in detaillierten Protokollen festhalten lassen. Es zeigte sich, daß „die früheste bewußte Reaktion auf die Gliedmaßenfehlbildung eines anderen Kindes mit etwa 3 Jahren" auftauchte (S. 147). SIEVERT (1968, S. 147) unterschied in ihr drei Stadien:

1. die Wahrnehmung der Abweichung (schreckähnliches Erstaunen, langes Beobachten oder eine verbale Feststellung);

2. die Interpretation mit der Frage nach der Herkunft der Abweichung (dabei wird nicht unbedingt eine exakte Kausalerklärung gesucht, die zu kurzen Arme können z. B. auch ‚verzaubert' sein);
3. die Exploration und Assimilation (das Kind beobachtet, wie die Fehlbildung das Verhalten verändert, wie das dysmele Kind viele Bewegungen nur anders, aber mit dem gleichen Erfolg ausführt).

Im explorativen Stadium erfaßt das Kind die funktionale Seite der Körperbehinderung; es versucht zum Beispiel, die abweichenden kompensatorischen Techniken des Dysmeliekindes nachzuahmen. Hinfort wird es sie beim gemeinsamen Spiel wie eine selbstverständliche Gegebenheit in Rechnung stellen und dem behinderten Kind nur in Ausnahmefällen, wo unbedingt erforderlich, Hilfestellung leisten; „die Fehlbildung wird als eine auf bestimmte Tätigkeiten begrenzte Behinderung angesehen" (S. 150).

SIEVERT (1968, S. 149) fiel auf, daß besonders
„die späteren Freunde der behinderten Kinder dieser Reaktionsfolge sehr deutlich entsprachen. Für alle Kinder scheint aber zu gelten, daß das dritte Stadium die wichtigste Voraussetzung einer guten Anpassung ist."

5.4.3. Einflußmöglichkeiten vonseiten der Behinderten

Wir haben davon gesprochen, daß zwischen Behinderten und Nichtbehinderten Interaktionsspannungen bestehen, Begegnungen Unsicherheit und ‚originäre Reaktionen' auslösen, die als unangenehm empfunden werden und die Wahrscheinlichkeit künftiger Kontakte eher verringern (vgl. S. 227).

Begegnungen mit Behinderten sind nun für den Nichtbehinderten ein eher seltenes Ereignis; ihm fehlt das Verhaltensrepertoire, das ihm Sicherheit in dieser Situation vermitteln würde. Für den Behinderten ist die Begegnung mit Nichtbehinderten jedoch der Regelfall. Lernt er es, mit dieser Situation sicher umzugehen, kann er von seiner Seite aus dazu beitragen, dem Nichtbehinderten seine Befangenheit zu nehmen, die initialen oder ‚originären' Reaktionen aufzufangen; gemischte soziale Kontakte würden damit als lohnend, nicht mehr als unangenehm erlebt; ihre Wahrscheinlichkeit würde sich für die Zukunft erhöhen.

Dies ist etwa der Grundgedanke in dem Konzept, durch das Verhalten der Behinderten selbst Vorurteile und Distanz abzubauen. Der Behinderte soll dabei „in der Begegnung mit dem Nichtbehinderten die Funktion der Verhaltenssteuerung übernehmen" (G.W. JANSEN 1972, S. 136). ESSER (1975, S. 129) drückt den Sachverhalt folgendermaßen aus:
„Wenn der Behinderte in der Lage ist, aus eigener Initiative und ohne Scheu vor der erwarteten Ablehnung den ersten Schritt zum Kontakt zu gestalten, dann

hat er bereits die wesentlichste Distanzschwelle überschritten und weitere Kommunikationsmöglichkeiten vorbereitet."

Nun werden dabei an den Behinderten hohe Anforderungen gestellt; seine Sozialfähigkeit, sein Repertoire an sozialen Verhaltensweisen und auch seine Frustrationstoleranz müssen weitaus besser entwickelt sein als die des Durchschnittsbürgers. Dabei steht der Behinderte aufgrund seines Handikaps eher in Gefahr, „Störungen im Persönlichkeitsbereich" zu entwickeln und damit „auf erhebliche Schwierigkeiten bei der Integration" zu stoßen (JANSEN 1972, S. 133).

So muß also bei der Förderung behinderter Kinder ein besonderes Augenmerk auf der Herausbildung einer angemessenen sozialen Reife und sozialen Kompetenz liegen. JANSEN (S. 133) meint, daß dies „in vielen Fällen sicher nur mit Hilfe einer psychotherapeutischen Behandlung" möglich wäre; zumindest sollte „im Frühbehandlungsteam der therapeutisch ausgebildete Psychologe eine zentrale Funktion haben", ein Rehabilitationsteam „ohne Psychologen oder Therapeuten nicht denkbar sein" (S. 134).

Besonders kritische Entwicklungsphasen stellen dabei die Vorpubertät und die Pubertät dar; in ihnen ist „die subjektive Verarbeitung der Behinderung von zentraler Bedeutung" (S. 135). Es stellt sich die Alternative zwischen einem gestärkten Selbstwertgefühl, das auch Vorurteile und Ablehnung im gemischten sozialen Kontakt ertragen läßt, und einem reduzierten Selbstwerterleben, das „häufig zur Verbitterung, zur selbstgewählten Isolation und zur Resignation" führt (S. 135):

„Nur der Behinderte, der seine Behinderung weitgehend akzeptieren kann, der gelernt hat mit der Behinderung zu leben, der trotz der Behinderung ein annähernd normales Selbstwertgefühl entwickelt hat, kann dem Nichtbehinderten als Mitmensch entgegentreten" (G. W. JANSEN 1972, S. 135).

Ein Rollentraining in vier Phasen, das Hör- und Sprachbehinderten sowie ihren Familienangehörigen die Aufarbeitung bestehender Problematik und eine Stärkung des Selbstwertgefühls vermitteln soll, hat beispielsweise GROHNFELDT (1977) vorgestellt.

5.5. Die Situation der Familien Behinderter

5.5.1. Die Sonderfamilie zwischen Konformität und Abweichung

Bis jetzt haben wir die Situation des einzelnen Behinderten in der Gesellschaft betrachtet, die mit Begriffen wie ‚Vorurteile‘, ‚Stigmatisierung‘ oder ‚Interaktionsspannungen‘ umschrieben wurde. Nun lebt der Behinderte – und ganz besonders das behinderte Kind – im allgemeinen aber in der sozialen Primärgruppe seiner Familie. Er gibt dieser damit den Status einer ‚behinderten Familie‘ (THIMM 1974) oder einer ‚Sonderfamilie' (BALZER & ROLLI 1975). Der zweite dieser Begriffe ist wohl in Anlehnung an ROSS (1977) geprägt worden, der die Stellung des ‚Sonderkindes' in seiner Familie mit Hilfe psychoanalytischer Deutungsansätze aufgezeigt hatte (übrigens unter Einbeziehung hochbegabter Kinder, die der amerikanische Terminus ‚exceptional child' neben den behinderten miteinschließt).

Entscheidend für die Sonderfamilie ist ihre Position zwischen Behindertem und Gesellschaft. G. W. JANSEN (1972, S. 134) erinnert daran,

„daß die Eltern eines körperbehinderten Kindes der Körperbehinderung zunächst einmal die gleichen Einstellungen entgegenbringen wie die Nichtbehinderten überhaupt. Andererseits nehmen sie aber durch die Verbundenheit mit ihrem Kind eine Sonderstellung ein. Es kommt zwangsläufig zu einem Ambivalenz-Konflikt zwischen den Einstellungen zur Körperbehinderung und den Gefühlen und gefühlshaften Erwartungen der Eltern-Kind-Beziehung."

Nach BALZER und ROLLI (1975, S. 71) schwankt die Sonderfamilie

„zwischen dem Anerkennen der eigenen Besonderheit und der Unterwerfung unter die Regeln der Umwelt, sie bewegt sich verunsichert zwischen den Wertsystemen . . .".

Dabei kann es entweder zu einer ‚Dominanz der Konformität' oder zu einer ‚Dominanz der Abweichung' kommen. Im ersten Fall übernehmen die Eltern ganz die Werthaltungen der Gesellschaft. Sie empfinden die Behinderung ihres Kindes als Makel, den sie folgerichtig möglichst zu verbergen suchen. So kommt es vor, daß behinderte Kleinkinder regelrecht vor der Umwelt versteckt werden (vgl. KLEE 1974, S. 138), oder daß ihr Lebensalter falsch angegeben wird, um ihren Entwicklungsrückstand zu vertuschen. Auch die Überforderung behinderter Kinder durch normale Leistungserwartungen und der Drill zur „Vorführung einer fiktiven Normalität" (BALZER & ROLLI) sind Anzeichen dafür, daß die Konformität mit den gesellschaftlichen Wertvorstellungen überwiegt.

Häufig jedoch kommt es in Sonderfamilien zu einer ‚Dominanz der Abweichung'. Die Eltern entscheiden sich bedingungslos für das vermeintliche Wohl des behinderten Kindes und gegen gesellschaftliche Werthaltungen. Sie gehen in die selbstgewählte Isolation, lassen ihre außerfamiliären Sozialbeziehungen austrocknen. Hilfs- und Kontaktangebote werden zurückgewiesen, weil sie vielleicht doch nur die Befriedigung nachbarlicher Neugier zum Ziel haben. Vorurteile und Mißgunst werden der Umgebung unterstellt. Für die Sonderfamilie als ganze gilt dann, was GOFFMAN (1967, S. 22 f) vom einzelnen Behinderten gesagt hatte, sofern er sich für den Rückzug entscheidet:

„Da es das heilsame feed-back des täglichen sozialen Umgangs mit anderen entbehrt, kann das isolierte Ich argwöhnisch, depressiv, feindselig, ängstlich und verworren werden."

Damit sind zwei Extremvarianten der Sonderfamilie charakterisiert; ihre tatsächliche Position dürfte wohl in der Regel zwischen diesen beiden Polen liegen. Empirische Daten zur Situation der Eltern Behinderter haben beispielsweise CARR (1975), von BRACKEN (1976) sowie in neuester Zeit BODENBENDER (1979) vorgelegt, an dessen Darstellung wir uns in diesem Abschnitt teilweise anlehnen.

Die Erziehungssituation der Eltern wird von BALZER und ROLLI (1975, S. 46 ff) mit den Begriffen ‚traditionslose' und ‚permanente' Elternschaft gekennzeichnet. Die Aufgabe, ein behindertes Kind zu erziehen, ist in der Familie neu; die Eltern können nicht auf familiäre Vorbilder, beispielsweise die Erziehungstechniken ihrer eigenen Eltern zurückgreifen. Dies macht Beratung und Anleitung für sie weitaus dringlicher als für die Eltern nichtbehinderter Kinder.

Permanent ist die Elternschaft deswegen, weil behinderte Kinder oft lebenslang umsorgt werden müssen. Sie lockern nicht, wie andere Kinder, im Jugendalter ihre Elternbindung und verlassen schließlich die Familie unter Freistellung der Eltern für neue Aufgaben. Geistig Behinderte bleiben oft als lang schon Erwachsene noch das ‚behinderte Kind', die intellektuelle Defizienz erschwert die Ablösung ganz besonders (vgl. S. 121).

Hat das behinderte Kind noch jüngere Geschwister, wird es – besonders das geistig behinderte – von diesen sozusagen überholt; die Geschwister werden selbständig, es selbst aber bleibt in der Rolle des auf besondere Betreuung und Zuwendung angewiesenen ‚Kindes'. BALZER und ROLLI (1975, S. 51) beschreiben diese Konstellation als „Gleichzeitigkeit von ‚Normalfamilie' (gesunde Geschwister) und ‚Sonderfamilie'".

Die Probleme der Geschwister Behinderter hat GRAZ (1976) untersucht. Vielfach fühlen sie sich zurückgesetzt und vernachlässigt durch die übergroße Aufmerksamkeit, die ihr behindertes Geschwister erhält, oder sind in der ihnen vorzeitig zugedachten Beschützerrolle überfordert; „anstelle von solidarischem Geschwisterverhalten, auf das der Behinderte besonders angewiesen wäre, tritt meist Mißgunst und Eifersucht" (BALZER & ROLLI 1975, S. 52) – ein Beleg mehr dafür, daß die Familie mit einem behinderten Kind als ganze zur Sonderfamilie wird.

Bei sehr enger Bindung der Mutter an das behinderte Kind kann sich selbst der Vater zurückgesetzt fühlen. Latente eheliche Probleme können durch ein behindertes Kind offen zutage treten – beispielsweise fällt ja der Stabilisierungsfaktor ‚gesundes Kind' aus –, die Einschränkungen der Lebensführung – etwa kaum die Möglichkeit zu gemeinsamen Abendausgang – die Ehe zusätzlich belasten.

5.5.2. Phasen der Reaktion auf das Behindertsein eines Kindes

Dennoch bildet sich auch in der Sonderfamilie so etwas wie ein psychisches Gleichgewicht, eine Anpassungsform heraus, die über längere Zeit die familiäre Interaktion bestimmt. Bis es dazu kommt, findet allerdings der schmerzliche Prozeß der Auseinandersetzung mit der kindlichen Behinderung statt. Phasenmodelle wie etwa das von KUEBLER-ROSS (1969) zur Auseinandersetzung Sterbender mit der Gewißheit ihres Todes werden gerne zur Beschreibung solcher prozeßhafter Abläufe benutzt, wenn sie auch von unkritischen Lesern oft im Sinne einer starren Abfolge mißverstanden werden, während sie in Wirklichkeit idealtypisch sind, die Möglichkeit des Überspringens oder der Gleichzeitigkeit einzelner Phasen durchaus einräumen.

So liegen auch bereits mehrere Phasenmodelle vor, die die Reaktionen von Eltern auf die Behinderung eines Kindes zu beschreiben versuchen. BALZER und ROLLI (1975, S. 27–43) unterscheiden drei Phasen:

Phase 1: Prozeß des Erkennens der Behinderung,
Phase 2: Annahme der Behinderung,
Phase 3: Verarbeitung der Behinderung im Rollenspiel der Familie

SPORKEN (1975) hat die Abläufe bis zum endgültigen Eingeständnis der kindlichen Behinderung stärker differenziert; er benennt neun Stufen des ‚Bejahungsprozesses‘, auf die hier auch nicht weiter eingegangen werden soll:

1. Unwissenheit
2. Unsicherheit
3. Implizite Leugnung
4. Entdecken der Wahrheit bzw. Mitteilung der Wahrheit durch einen Fachmann
5. Explizite Leugnung
6. Auflehnung
7. Mit dem Schicksal verhandeln (z. B. das ‚medical shopping‘, wiederholte Konsultationen verschiedenster Ärzte in der Hoffnung auf eine günstigere Diagnose)
8. Gram, Vereinsamung der Eltern gegeneinander und gegenüber dem Kind
9. Bejahung, sich der unumgänglichen Realität fügen.

Wenn eine Behinderung nicht erst aus einem massiven Entwicklungsrückstand diagnostiziert werden muß, sondern bei der Geburt bereits offensichtlich ist, entfallen natürlich die ersten drei Stufen in SPORKENs Modell. Eine solche Situation lag bei den Dysmeliekindern vor. STRASSER (1968) hat die Reaktionen ihrer Mütter auf die Geburt in ausführlichen Tiefeninterviews erhoben und in einer Verbindung aus empirischen Daten und tiefenpsychologischen Interpretationsansätzen dargestellt; seinen Befunden wollen wir uns nun etwas näher zuwenden.

Bis auf eine waren alle Mütter von der Geburt ihres fehlgebildeten Kindes unvorbereitet getroffen worden (STRASSER 1968, S. 12). Bei fast allen trat auch ein ähnliches Reaktionsmuster auf,

„nämlich ein relativ gleichförmig verlaufender erster Schockzustand (die dissoziative Reaktionsphase) und die differenzierten Anpassungsreaktionen der reintegrativen Phase" (S. 11).

5.5.2.1. Die Schockphase

Die erste Nachricht von der Fehlbildung wird als Einbruch erlebt – „als ginge die Welt unter" (S. 12). Auf eine kurzdauernde Erstarrung folgt eine desorganisierte Erschütterung, die sich in tagelangem Weinen Ausdruck verschaffen kann. „Der schwere Schock ist die Regel. Er tritt bei 81 % der Mütter auf" (S. 13). Auch in BLÄSIG und SCHOMBURGs (1966, S. 6) Stichprobe erlitten 80 % der Mütter

„eine tiefgreifende seelische Verwundung, als sie von der Behinderung ihres Kindes erfuhren oder ihr Kind zum erstenmal sahen . . . Sie nannten Gliederstarre, Schüttelfrost, Fieberanfall, Eß- und Kreislaufstörungen, Kopfschmerzen oder den Ausdruck ‚wie vom Schlag getroffen'".

Nach Tagen oder Wochen folgen bestimmtere Gefühle und Reaktionen: Auflehnung, Trauer und Bewußtseinseinschränkung (STRASSER 1968, S. 13). Die Auflehnung richtet sich gewöhnlich gegen das Kind: „Gott soll das Kind wieder zu sich nehmen", „es wäre das Beste, wenn es sterben könnte". Auch die Auffassung, das Kind werde wohl doch sterben, sieht STRASSER (S. 14) als Ausdruck eines Todeswunsches, den er bei 59 Prozent der Mütter im Schockzustand deutlich festgestellt hat.

„Zur Auflehnung gesellt sich die Trauer"; betrauert wird das vergeblich erwartete gesunde Kind ähnlich wie der Verlust einer geliebten Person. Die Einschränkung des Bewußtseins bleibt teilweise erhalten: „Sie sagt, sie sei damals wie tot gewesen . . . Sie hatte das Gefühl, als seien Körper und Seele getrennt" (S. 14)

Das Gefühl der narzißtischen Kränkung – bei 57 Prozent der Mütter sicher nachweisbar – stellt sich ein: Zweifel an den mütterlichen Qualitäten, an der Fähigkeit, gesunde Kinder zu gebären, bis hin zu einer möglichst raschen zweiten Schwangerschaft, um das Gegenteil zu beweisen (S. 15). Schuldgefühle – bei 59 Prozent sicher nachweisbar – beziehen sich meist auf die Einnahme des verursachenden Medikaments, aber bisweilen auch auf die Vernachlässigung der gesunden Kinder im Beginn der Schockphase (S. 16). Bei der größten Gruppe der Frauen – 42 Prozent – wird die Dauer des Initialschocks mit sechs bis zwölf Monaten angegeben (S. 17).

Über eine bloße Beschreibung der Schockphänomene hinaus sucht STRASSER (S. 31 ff) sodann nach einschlägigen Konzepten zu ihrem Verständnis. Er findet sie in den Abwehrmechanismen der Psychoanalyse (für die späteren Anpassungsformen) und im Dissonanzsatz (für die anfängliche Schockreaktion). Der Theorie der kognitiven Dissonanz (FESTINGER 1978) zufolge lösen zwei sich widersprechende Informationseinheiten Dissonanz aus, die als unlustvoll erlebt wird und nach ihrer baldigen Auflösung drängt. Bekanntes Lehrbuchbeispiel hierfür ist der Raucher, der einerseits um das Ausmaß seines Zigarettenkonsums, andererseits aber um die gesundheitlichen Risiken des Rauchens weiß. Ähnlich sei der Schock nach der Geburt eines dysmelen Kindes

„als eine unvermeidliche Begleiterscheinung der schweren Ich-Krise anzusehen, die von der zentralen Dissonanz zwischen dem Wunsch, ein gesundes Kind zur Welt zu bringen, und der widersprechenden Wirklichkeit ausgelöst wird" (STRASSER 1968, S. 36).

Die wunscherfüllende Funktion des Kindes und die starke Identifikation der Mutter mit ihm machen die Erwartung eines gesundes und damit auch den Schock nach einem fehlgebildeten Kind besonders stark:

„Offenbar besitzt die Makellosigkeit des kindlichen Körpers eine noch größere Bedeutung als die eigene körperliche Integrität" (S. 32).

Ohne Einfluß auf die Reaktionen der Mütter blieb dabei die persönliche Bekanntschaft mit anderen Körperbehinderten:

„Einige haben einen Behinderten näher kennengelernt, als Mitschüler, als Arbeitskollegen und sogar als engen Verwandten. Sie haben sich dabei an die körperliche Abweichung gewöhnt ... Eigenartigerweise blieben solche Erfahrungen ohne Einfluß auf die Anpassung dem eigenen fehlgebildeten Kind gegenüber ... Das eigene Kind, machen sie geltend, sei etwas anderes, als z.B. eine Schwester ... So bleibt als Ergebnis früherer Erfahrungen mit Behinderten allenfalls eine vermehrte allgemeine Toleranz gegen körperliche Abweichung." (S. 62).

5.5.2.2. Anpassungsformen der reintegrativen Phase

Alle weiteren Reaktionen wertet STRASSER dann als Versuche, diese unerträgliche Dissonanz zu reduzieren. „Gegenüber der weitgehenden Gleichförmigkeit der Schockphase heben sich die reintegrativen Reaktionen durch ihre große Vielgestaltigkeit ab" (S. 18), wie die nachfolgende Tabelle zeigt.

Bindung an das Kind	19 %	} 26 %
atypische Bindung	7 %	
bewußte Auseinandersetzung	14 %	} 22 %
teilbewußte Auseinandersetzung	8 %	
Verdrängung, Leugnung und Konversion	12,5 %	- 12,5 %
Lockerung der Beziehungen	7 %	} 11,5 %
manifeste Rejektion	4,5 %	
projektive Techniken	11 %	- 11 %
persistierender Schock	6 %	- 6 %
andere und Mischformen	11 %	- 11 %
(z.B. Regression, Rationalisierungen)		

Gesamtverteilung der Anpassungsformen (N = 88, nach STRASSER 1968, S. 30)

STRASSER unterscheidet die Anpassungsformen nach der vorherrschenden Abwehrstrategie. Inwieweit eine solche, auf psychoanalytische Theoreme und subjektive Beurteilungen des Interviewers sich stützende Deutung legitim ist, kann hier nicht diskutiert werden; sicherlich gibt es hier Reliabilitätsprobleme, vergegenwärtigt man sich etwa die subtile Unterscheidung zwischen ‚bewußter Auseinandersetzung' und ‚Rationalisierung' (S. 28). Sinnvoll dürfte es jedoch sein, die häufigsten der beschriebenen, die weitere Mutter-Kind-Beziehung gewissermaßen prägenden Anpassungsformen vorzustellen.

Für die Bindung in ihrer typischen Form war „der unvermittelte Übergang von der Ablehnung zur Bindung kennzeichnend" (S. 18). Den Müttern sei eines Tages

„der Gedanke gekommen, das Kind brauche sie ja, es sei doch so hilflos, sie hätten sich ihm dann zugewandt und hätten es alsbald besonders liebgewonnen" (S. 18).

Es entwickelt sich so etwas wie eine symbiotische Mutter-Kind-Beziehung: die Mutter möchte das Kind „nicht mehr aus den Augen lassen", in Ritualen wird die gegenseitige Zuneigung bekundet.

Entscheidend ist, daß das Kind hier nicht wegen seiner Entwicklungsfortschritte, sondern gerade wegen seiner Hilflosigkeit die Zuwendung der Mutter auslöst, als ein „armes, behindertes, von ihrer Obsorge abhängiges Wesen" (S. 19). Von der Behinderung selbst wird die Aufmerksamkeit soweit als möglich abgelenkt: „sie ist ihr im Grunde unerträglich geblieben". Wenn das Kind schon behindert sei, solle es wenigstens „eine schöne Kindheit" haben (S. 21).

Anders bei der bewußten Auseinandersetzung, der „einzigen Verarbeitungstechnik, die eine weitergehende Assimilierung der Behinderung zuwege bringt" (S. 19):

„Hier söhnen sich die Mütter in wachsendem Maße mit der Fehlbildung aus. Sie freuen sich an den funktionellen Fortschritten des Kindes und nehmen es schließlich so an, wie es ist, mitsamt seinem körperlichen Schaden" (S. 21).

Die Akzeptierung findet hier nicht sprungartig statt, der Anpassungsverlauf ist zyklisch:

„Entwicklungsfortschritte verbessern die Anpassung, ein vorübergehender Entwicklungsstillstand oder neu auftauchende Schwierigkeiten in der Behandlung führen Rückschläge herbei" (S. 20).

Insgesamt besteht jedoch eine Neigung zur Verbesserung.

Gefühle wie Trauer und Angst werden ausgestanden, Abwehrmechanismen kaum eingesetzt (bei der Bindung liegt nach STRASSER der Abwehrmechanismus der Verkehrung ins Gegenteil vor). Die bewußte Auseinandersetzung führt zum günstigsten Ergebnis, was den subjektiven Leidensdruck der Mutter, ihre intrapsychische und ihre externe Anpassung betrifft (S. 46 ff). Der Körperschaden dominiert nicht mehr in der Wahrnehmung des Kindes, die Zukunftsaussichten sind positiv, die Reaktionen von Passanten lösen keine Erregung mehr aus, Hoffnung überwiegt, die Mutter bemüht sich um die soziale Integration des Kindes. In der Erziehungshaltung zeigt sich eine klare Beziehung zwischen bewußter Auseinandersetzung und verstehender, Beobachtungen verwertender Erziehung, wohingegen die Bindung mit einer ausgeprägten Schutz- und Hilfshaltung assoziiert ist (S. 54).

Die Leugnung als Abwehrform kann – gegen den offensichtlichen Realitätsdruck – nur während der ersten Lebensjahre des Kindes aufrechterhalten werden; hierher rechnet STRASSER (1968, S. 24) auch den Glauben an Wunderheilungen des dysmelen Kindes oder an ebenso wunderbare plastische Operationen.

Projektive Abwehr schreibt die eigene Ablehnungstendenz der Umwelt zu: die Nachbarn insbesondere werden dann samt und sonders als böswillig und mißgünstig geschildert, positive Wahrnehmungen sind nicht mehr möglich. STRASSER zufolge ist hier eher eine Projektion der mütterlichen Ablehnung des Kindes als eine tatsächlich extrem vorurteilsbehaftete Umwelt anzunehmen.

Die Ablehnung des Kindes hat sich nur bei einem geringen Teil der Mütter offen aus der Schockphase erhalten: sie haben ihr Kind in ein Heim gegeben. Tötungsabsichten werden bisweilen zugegeben; in zwei Fällen (außerhalb von STRASSERs Stichprobe) ist es, unter Zuraten von Ärzten, tatsächlich zur Tötung eines dysmelen Kindes gekommen (S. 39). So nimmt es nicht wunder, daß die Rejektion auch durchweg mit den ungünstigsten Anpassungsergebnissen verknüpft ist (S. 50); insofern steht sie am anderen Ende der Skala, deren positiven Endpunkt die bewußte Auseinandersetzung einnimmt.

Der manifesten Rejektion, die, in offenem Widerspruch zur Mutterrolle stehend, nur bei vier der von STRASSER befragten Frauen angetroffen wurde, steht das ‚detachement‘, die Ablösung und Lockerung der Beziehungen, noch am nächsten: ohne aggressive Beimischung wird der emotionale Kontakt zum Kind verdünnt, die Mutter sucht und findet andere Angaben und Gesprächsinhalte (S. 26).

Auf die längerfristigen Auswirkungen der mütterlichen Bewältigung ihrer Situation auf die kindliche Entwicklung wurde bereits eingegangen (vlg. S. 58).

242

6. Aufgabenfelder in der Praxis

6.1. Ätiologie und Prävention

Akzeptierung Behinderter als sozialpsychologisches Postulat bedeutet nicht, daß Behinderungen leichthin in Kauf zu nehmen wären; die Prävention bleibt eine vordringliche Aufgabe, und oft wird gerade der Praktiker des Behindertenbereichs auch von Noch-nicht-Betroffenen, von jungen Ehepaaren etwa, darauf hin angesprochen werden, wie denn die Behinderungen, mit denen er zu tun hat, am besten zu verhüten seien.

Der Begriff der Prävention ist allerdings nicht ganz eindeutig. BOLT und SCHÖLMERICH führen, in Anlehnung an die Terminologie der Welt-Gesundheits-Organisation, drei verschiedene Bedeutungen auf:

„Die primäre Prävention bedeutet Erfassung und Ausschaltung von Faktoren, die nach epidemiologischen Erfahrungen bestimmte Krankheiten auslösen können. Unter einer sekundären Prävention ist in der Definition der WHO die Früherfassung von Krankheiten verstanden, während die tertiäre Prävention das Ziel hat, Komplikationen im weiteren Verlauf zu vermeiden, die Quote von Rezidiven zu reduzieren und eine weitgehende oder vollständige Einordnung in den sozialen Bereich zu ermöglichen" (BOLT & SCHÖLMERICH 1977, S. 1186).

Das mit tertiärer Prävention Gemeinte wird hierzulande eher als Rehabilitation bezeichnet; die sekundäre Prävention entspricht, bezogen auf Behinderte, weitgehend der Frühförderung. Am frühesten setzt die primäre Prävention an: sie will bereits das Zustandekommen von Behinderungen verhindern.

6.1.1. Mögliche Ursachen von Behinderung

Hierzu ist notwendig, ihre Ursachen zu kennen. Von ihnen war bei den einzelnen Behindertengruppen bereits jeweils die Rede. Darüber hinaus läßt sich jedoch, insbesondere für kindliche Behinderungen, ein allgemeiner Ursachenkatalog aufstellen, wie es etwa MANEKE (1972, S. 77) und PECHSTEIN (1975, S. 18 f) getan haben. Gewöhnlich wird in diesem Zusammenhang nicht von Ursachen, sondern von Risikofaktoren gesprochen; man trägt damit der Tatsache Rechnung, daß die meisten Schädigungsmöglichkeiten nicht deterministisch eine Behinderung bewirken, sondern lediglich deren Wahrscheinlichkeit – zum Teil jedoch erheblich – erhöhen, weshalb sie auch wie Ursachen behandelt werden: „Risiko und Vorbeugung liegen gedanklich unmittelbar nebeneinander, denn die Kenntnis über ein mögliches Risiko schließt die Verpflichtung zur Vorbeugung ein" (MANEKE 1972, S. 76).

Grob lassen sich drei Gruppen von Behinderungsursachen unterscheiden:

1. genetische: die Behinderung ist bereits durch die genetische Ausstattung determiniert;
2. organisch-exogene: die Behinderung ist durch die organische
   Schädigung eines Organs oder Organsystems zustandegekommen,
   wobei eine besondere Gefährdung vor, während und kurz nach der
   Geburt besteht (prä-, peri- und postnatale Schädigung);
3. psycho-soziale: die Behinderung ist durch Erziehungs- oder Milieueinflüsse in der Kindheit, zum Beispiel durch soziokulturelle Benachteiligung, zustandegekommen.

Exakte Zahlenangaben über das relative Gewicht dieser drei Faktoren liegen bislang nicht vor. Während in der Vergangenheit die
genetischen Ursachen als vorherrschend gedacht wurden, stehen heute
die organisch-exogenen Faktoren im Vordergrund des Interesses; nach
PECHSTEIN (1975, S. 15) waren sie für 66 Prozent der zentralnervösen
Schädigungen einer Stichprobe von 602 Kindern verantwortlich zu
machen. Die Bedeutung psycho-sozialer Faktoren ist vor allem für
Lern- und Sprachbehinderungen sowie Verhaltensstörungen unbestritten.

Im folgenden wird versucht werden, einige der wichtigsten Schädigungsmöglichkeiten in der angeführten Systematik zu erläutern. Erst
daran können sich dann Überlegungen zur Prävention von Behinderungen anschließen.

1. Genetische Ursachen

1.1. Definierte Krankheitssyndrome, deren Erbgang auf einem oder
wenigen Genen beruht und eindeutig geklärt ist *(unilocale Störungen).*
Sie sind der hauptsächliche Gegenstandsbereich der Humangenetik (vgl.
RITTER 1977, FREYE 1978, PASSARGE 1979). Hierher gehören einige
Taubheits- und Blindheitsformen, neurologische Krankheiten wie die
progressive Muskeldystrophie, die Bluterkrankheit sowie die erblichen
Stoffwechseldefekte, die durch Aufstau einer Ausgangs- oder Fehlen
einer Endsubstanz beispielsweise zu geistiger Retardierung führen
können (Phenylketonurie, Galaktosämie).

1.2. Multifaktorielles, noch nicht vollends aufgeklärtes Zusammenwirken von Genen, das zu einer mehr diffusen Erblichkeit von
Merkmalen führt *(multilocale Störungen).* Hierher gehört auch die –
allerdings teilweise heftig umstrittene – Erblichkeit der Intelligenz:
ohne daß ein spezifischer Genschaden nachweisbar wäre, weisen die
Kinder minderbegabter Eltern im Durchschnitt ebenfalls eine gemin-
derte Intelligenz auf, und dies auch dann, wenn sie bei Adoptiveltern
aufgewachsen sind (vgl. z. B. ERLENMEYER-KIMLING & JARVIK 1976).

1.3. Genetische Faktoren, die nicht von den Vorfahren vererbt sind,
sondern erst im Verlauf der Reifeteilung (Meiose) der Keimzellen

zustandekommen. Hier handelt es sich einerseits um spontane *Genmutationen*, andererseits um *Chromosomenaberrationen*, von denen besonders die Trisomie 21 als Ursache des DOWN-Syndroms wichtig ist; in der Häufigkeit, die hier gewöhnlich vom Alter der Mutter abhängt, folgen auf die Trisomie 21 (1 : 650) die Anomalien der Geschlechtschromosomen (KLINEFELTER-Syndrom XXY 1 : 1600, XYY-Syndrom 1 : 1600, XXX-Syndrom 1 : 2000, TURNER-Syndrom XO 1 : 10000, vgl. PASSARGE 1979, S. 63, 286, ZELLWEGER & SIMPSON 1977, S. 15).

2. Organisch-exogene Ursachen
2.1. Pränatale Ursachen
2.1.1. Embryopathien der Frühschwangerschaft

Schädigungen, die zwischen dem 18. Tag und dem dritten Monat der Schwangerschaft auf den Embryo einwirken, können zu irreversiblen Mißbildungen führen, da in diesem Zeitraum sich die einzelnen Organanlagen erst differenzieren. Soweit die Ursachen überhaupt aufgeklärt sind, werden Sauerstoffmangel, Virusinfektionen, Strahlenschäden und Pharmaka als Ursachen genannt (vgl. GIESEKING & GRUNDMANN 1976, S. 33).

Unter den Virusinfektionen hat das Rötelnvirus die größte Bedeutung. Während die Röteln selbst eine harmlose Erkrankung sind, die keiner Therapie bedürfen und eine Immunität hinterlassen, kann eine Ersterkrankung in den drei ersten Schwangerschaftsmonaten auch auf den Embryo übergreifen und dort Mißbildungen oder eine Fehlgeburt hervorrufen. Die vier häufigsten Mißbildungen sind: Mikrozephalie (mit zu kleinem Gehirn) mit Intelligenzdefekten, Innenohrtaubheit, Blindheit durch beiderseitige Katarakte und Herzfehler. Am größten ist das Mißbildungsrisiko vom Ende des ersten bis zum Beginn des dritten Schwangerschaftsmonats. – Ebenfalls von der Mutter auf den Embryo übergehen kann das Zytomegalievirus, doch ist hier die Mißbildungsrate geringer, die Schädigung – meist am Zentralnervensystem – diffuser (vgl. PASSARGE 1979, S. 296).

Unter den zu Schädigungen führenden Medikamenten ist das Thalidomid (‚Contergan‘) am bekanntesten geworden. Während einerseits Listen von Medikamenten zusammengestellt werden, deren keimschädigende Wirkung bekannt ist und die deshalb während der Schwangerschaft kontraindiziert sind (vgl. MARTIUS 1977, S. 112; PASSARGE 1979, S. 292), wird andererseits vom selben Autor (MARTIUS) global festgestellt: „Unsere unzureichenden Kenntnisse müssen vielmehr Veranlassung sein, jede in der Schwangerschaft verabreichte Tablette als ein teratologisches Experiment anzusehen." Dieses sehr vorsichtige Urteil eines Geburtshelfers mag auf die ersten drei Monate der Schwangerschaft zutreffen; hernach, wenn die für

Mißbildungen kritische Phase vorüber ist, dürften bewährte Mittel, beispielsweise Penicillin, ohne nennenswertes Risiko anwendbar sein. Die größere Gefahr besteht am Beginn einer Schwangerschaft, wenn deren Vorliegen oft noch nicht eindeutig geklärt ist und vielfach noch Dauermedikamente eingenommen werden.

2.1.2. Fetopathien der Spätschwangerschaft

Mit dem Ende des dritten Monats ist die Anlage der einzelnen Organe abgeschlossen; Schädigungen, die von jetzt an den Fetus treffen, führen nicht mehr zu Mißbildungen, sondern zu einem Krankheitsablauf ähnlich wie im extrauterinen Leben auch.

Die gefährlichste Infektionskrankheit dieser Periode ist die Toxoplasmose, wenn der Erreger, ein einzelliger Organismus (Toxoplasma gondii), von der erstmals erkrankten Mutter auf den Feten übergreift. Während bei der Mutter meist keinerlei Krankheitsanzeichen auftreten, kann das Gehirn des Kindes schwer geschädigt werden; es entstehen flüssigkeitsgefüllte Hohlräume (Porenzephali) und Verkalkungen (vgl. PASSARGE 1979, S. 296). – Seltener geworden ist hingegen die Übertragung einer syphilitischen Erkrankung von der Mutter auf das Kind (Lues connata).

Bekannt sind die Schädigungen durch Unverträglichkeiten im Blutgruppensystem von Mutter und Kind, insbesondere die sogenannte Rhesus-Unverträglichkeit. Sie liegt dann vor, wenn das Blut der Mutter rhesus-negativ ist, das des Vaters – und damit auch das des Kindes – aber rhesus-positiv, und zwar gewöhnlich erst vom zweiten Kind an. Erst am Ende der Schwangerschaft nämlich tritt kindliches Blut in den mütterlichen Kreislauf über, woraufhin die Mutter Antikörper gegen das abweichende rhesus-positive Blut des Kindes bildet; der gleiche Effekt kann auch durch eine falsche Bluttransfusion eintreten. Bei einer zweiten Schwangerschaft, wenn die Antikörper der Mutter voll ausgebildet sind, zerstören sie die roten Blutkörperchen des Kindes (Morbus haemolyticus neonatorum); die daraus unter anderem resultierende schwere Gelbsucht kann im Extremfall zu einer Ablagerung von Gallefarbstoff im Gehirn (Kernikterus) und damit zu einer zerebralen Lähmung oder geistiger Retardierung führen. – Eine leichtere, sich erst nach der Geburt auswirkende Form der Blutgruppenunverträglichkeit kann zustandekommen, wenn die Mutter die Blutgruppe 0, das Kind aber – vom Vater her bedingt – die Blutgruppe A oder B aufweist (vgl. FISCHER 1977, S. 39 f).

Alkohol und Nikotin schädigen das werdende Kind. „Das Geburtsgewicht von Kindern starker Raucherinnen liegt wesentlich niedriger als bei Nichtraucherinnen. Die perinatale Sterblichkeit ist erhöht. Die körperliche und geistige Entwicklung ist in der ersten Lebensdekade verzögert" (KUSCHINSKY & LÜLLMANN 1976, S. 350). Die Merkmale der Kinder starker Trinkerinnen werden als ‚embryo-fetales Alkohol-syndrom' zusammengefaßt: das intrauterine Wachstum ist verzögert; Mißbildungen sind möglich, „es können bleibende intellektuelle Entwicklungsstörungen auftreten" (S. 355; vgl. auch DER SPIEGEL 24.7.1978).

Auffällige Besonderheiten zeigen die Kinder zuckerkranker Mütter. Obgleich ihre Kinder äußerlich ein weit überdurchschnittliches Geburtsgewicht aufweisen (‚Riesenbabies'), sind sie doch unreif und stark gefährdet. Mißbildungen des Skeletts sind bei ihnen häufiger. Die Umstellung vom erhöhten Blutzuckerspiegel der Mutter auf die normalen Verhältnisse bringt in den ersten Lebenstagen Krisen mit einer früher sehr hohen Neugeborenensterblichkeit mit sich (Hypoglykämie). – Auch andere Krankheiten der Mutter, wie Schilddrüsen-, Nieren-, Herz- oder Lungenerkrankungen können das werdende Kind gefährden.

Die statistisch gesehen größte Gefährdung geht jedoch von einer unzureichenden Entwicklung der mütterlichen Plazenta (Plazentainsuffizienz) und damit einer Mangelversorgung des Feten mit den notwendigen Nährstoffen aus. Trotz normaler Schwangerschaftsdauer kommen solche Kinder zu klein zur Welt, sie wiegen weniger als 2500 Gramm (‚small-for-dates-infants'). Häufig jedoch führt die Plazentainsuffizienz auch zu einem vorzeitigen Ende der Schwangerschaft und einer Frühgeburt (mehr als vier Wochen vor dem errechneten Termin). Frühgeborene – immerhin zwischen fünf und zehn Prozent aller Geburten – weisen die stärkste Gefährdung auf, sowohl im Hinblick auf die Säuglingssterblichkeit wie auch bezüglich bleibender Behinderungen.

2.2. Perinatale Ursachen

Die Gefahren, die dem Kind unter der Geburt und in den ersten Lebenstagen drohen, sind Gegenstand der Geburtshilfe und der Neonatalmedizin; hier können nicht mehr als ein paar Hinweise gegeben werden.

Die mit einer zu frühen Geburt einhergehende Unreife wurde bereits genannt. Sie begünstigt eine ungenügende Regulation der Atemtätigkeit sowie eine schwere Gelbsucht mit eventueller Ablagerung von Gallepigment in den Zellkernen des Gehirns. Einen Risikofaktor stellen auch Zwillings- und andere Mehrlingsgeburten dar. Unter den Lageanomalien ist die Steißlage als häufigste der Beckenendlagen zu nennen. Unter den Entbindungsmodi beinhalten die instrumentellen und operativen Methoden – Zange, Saugglocke, Wendung, Kaiserschnitt – ein Risiko. Besonders gefürchtet sind der Nabelschnurvorfall, die vorzeitige Lösung der Plazenta sowie die häufig mit Blutungen einhergehende Placenta praevia.

Auf Seiten des Kindes stellt eine Asphyxie, ein Ausbleiben des rechtzeitigen Atmungseinsatzes, einen der stärksten Risikofaktoren dar. PECHSTEIN (1975, S. 19) gibt „mehr als zwei Minuten Dauer bis zum ersten Atemzug mit künstlicher Beatmung oder mehr als zehn Minuten Dauer bis zur normalen Atemtätigkeit" als Kriterien einer Asphyxie an. Daß die resultierende Unterversorgung mit Sauerstoff das Gehirn schädigen kann, ist offensichtlich. Der Zustand eines Kindes unmittelbar (1 Minute) nach der Geburt wird nach einem Schema von APGAR beurteilt: für Herzschlagfrequenz, Atmung, Muskeltonus, Reflexauslösbarkeit und Hautfarbe sind dabei jeweils null bis zwei Punkte zu vergeben; eine Apgar-Note unter sieben gilt als kritischer Risikowert.

Zu den perinatalen Risikofaktoren zählen schließlich die schweren Erkrankungen der Neugeborenenperiode, wie die schwere Gelbsucht (Icterus gravis), der zu geringe Blutzuckerspiegel (Hypoglykämie), ein zu saurer pH-Wert des Blutes (Acidose) oder Infektionen des Gehirns und der Hirnhäute (Meningoencephalitis), auf deren Ursachen hier nicht im einzelnen eingegangen werden kann; teilweise sind sie in den weiter oben genannten Fetopathien zu suchen.

2.3. Postnatale Ursachen

Hier sind wohl an erster Stelle die Gehirn- und Hirnhautentzündungen zu nennen (Enzephalitis, Meningitis), die durch verschiedene Viren und Bakterien hervorgerufen werden und teilweise epidemieartig auftreten. Das Risiko bleibender Entwicklungsbeeinträchtigung ist bei einer solchen Erkrankung sehr groß.

Enzephalitiden können auch als Folge anderer Kinderkrankheiten, zum Beispiel nach Masern oder Windpocken, oder als sehr seltene Impfkomplikation nach einer späten Pockenimpfung (die ja angenähert eine künstliche Kuhpockenerkrankung darstellt) auftreten.

Den nächstwichtigen Faktor postnatal-organischer Gefährdung dürften Unfälle darstellen, die das Kind, vor allem sein noch reifendes Gehirn betreffen. Dabei ist nicht nur an Verkehrsunfälle zu denken, sondern auch an die zahlenmäßig häufigeren Haushalts- und Spielunfälle: Stürze, akzidentelle Vergiftungen, Badeunfälle beispielsweise.

In Entwicklungsländern kommt schließlich noch die Mangelernährung hinzu, die hierzulande allenfalls bei Resorptionsstörungen im Magen-Darm-Trakt auftritt.

3. Psycho-soziale Ursachen

Hierher zählen bereits Einflüsse, die auf dem Umweg über die Mutter die Wahrscheinlichkeit perinatal-organischer Schädigung erhöhen; so liegt etwa, wovon weiter unten noch die Rede sein wird, die Frühgeburtenhäufigkeit und Säuglingssterblichkeit unverheirateter

Frauen weit höher als diejenige verheirateter. Das Kind selbst wird nach der Geburt durch eine unzureichende Mutter-Kind-Beziehung in den ersten drei Lebensjahren erheblich beeinträchtigt bis hin zum Extremzustand des psychischen Hospitalismus in Heimen aufgezogener Säuglinge (vgl. S. 65).

Ist es in den allerersten Lebensjahren vornehmlich die Stetigkeit der Mutterbeziehung, die das Kind braucht, so werden später zunehmend auch das Ausmaß an Anregungen, Stimulation, Förderung und Möglichkeiten zur Umwelterfahrung wichtig. Hier, und in ungünstigen materiellen Bedingungen, dürfte das spätere Leistungsversagen zahlreicher Kinder der unteren Unterschicht begründet sein, das zu ihrer Einstufung als ‚lernbehindert' führt.

Die Erziehungsmethode als solche tritt gegenüber den Faktoren der Zuwendung und der Anregung eher in den Hintergrund. Jedoch kann im Extremfall auch eine falsche, zum Beispiel überprotektiv-verwöhnende oder überstreng-starre Erziehungshaltung der Eltern das Kind in seiner Entwicklung beeinträchtigen (vgl. hierzu STAPF et al. 1972).

Einen weiteren Extremzustand, der gewöhnlich mit emotionaler Ablehnung und Vernachlässigung gekoppelt ist, stellt auch die physische Kindesmißhandlung dar, die sich weitgehend unter Ausschluß der Öffentlichkeit abspielt (‚battered child syndrome').

6.1.2. Exkurs zur Säuglingssterblichkeit

Ursachenkataloge für Behinderungen, wie auch der eben skizzierte, weisen den Nachteil auf, daß sie häufige und seltene, schwerwiegende und geringfügige Schädigungsmöglichkeiten nebeneinanderstellen, ohne ihre relative Bedeutung deutlich zu machen; so wird vielfach bei Darstellungen der geistigen Behinderung die Stoffwechselstörung der Phenylketonurie, die unter 10 000 Geburten einmal vorkommt, in ähnlicher Ausführlichkeit behandelt wie die perinatalen Schädigungen des Gehirns.

Nun ist diesem Mangel nicht unmittelbar abzuhelfen, denn infolge der unzureichenden Erfassung von Behinderungen liegen auch keine zuverlässigen Zahlenangaben über die Ursachenverteilung vor.

Allerdings kann man sich hier eine Hilfsüberlegung zunutze machen: die Schädigungen, die bei einem überlebenden Kind zu einer Behinderung führen können, sind weitgehend die gleichen, die auch für die Sterblichkeit von Säuglingen verantwortlich sind, nur sind sie hier schwächer, dort stärker ausgeprägt. Nach PASSARGE (1979, S. 63) zeigt „rund die Hälfte aller Spontanaborte in der Frühschwangerschaft bis ca. 12.–14. Woche . . eine fetale Chromosomenanomalie." Fehlgeburt, Totgeburt, Säuglingssterblichkeit, bleibende Behinderung und vorübergehende Störung lassen sich entlang eines Kontinuums anordnen, wobei das Ausmaß der stattgehabten Schädigung geringer wird, zunehmend länger mit dem Leben vereinbar ist.

Die Säuglingssterblichkeit nun ist in den vergangenen Jahren zunehmend mehr Gegenstand der Diskussion und Forschung geworden, nachdem sie – definiert als der Anteil im ersten Lebensjahr Verstorbener an allen Lebendgeborenen – in der Bundesrepublik zwar deutlich zurückging, aber immer noch höher liegt als in vergleichbaren europäischen Staaten (vgl. Tabelle).

1950	5,53 %	Schweden	(1979)	0,73 %
1955	4,19 %	Japan	(1980)	0,80 %
1960	3,38 %	Schweiz	(1979)	0,85 %
1965	2,38 %	DDR	(1979)	1,29 %
1970	2,34 %	USA	(1979)	1,30 %
1975	1,97 %	Österreich	(1980)	1,41 %
1977	1,54 %	Sowjetunion	(1979)	2,77 %
1978	1,47 %	Portugal	(1975)	3,89 %
1979	1,36 %	Ägypten	(1977)	8,45 %
1980	1,26 %	Nicaragua	(1979)	12,10 %

Entwicklung der Säuglingssterblichkeit in der Bundesrepublik und außerdeutsche Vergleichsdaten (aus: STAT. BUNDESAMT 1981 a, S. 68, 637).

Eine eingehende Analyse des Bedingungsgefüges der Säuglingssterblichkeit unter Heranziehung der Daten für Westberlin haben KORPORAL und ZINK (1978) vorgelegt. Auch im Großraum München wurde versucht, „über die Hintergründe einer überhöht empfundenen Perinatal- und Säuglingssterblichkeit mehr zu erfahren" (SELBMANN et al. 1977, S. 11), indem unter Mitarbeit von 26 geburtshilflichen Kliniken die Daten von etwa 18000 im Jahr 1975 geborenen Kindern analysiert wurden (von denen ein Viertel übrigens ausländische Eltern hatte); 93 Prozent aller Münchner Kinder dieses Jahres wurden damit erfaßt. Abgefragt wurden 26 verschiedene Schwangerschafts- und 16 Geburtsrisiken. Während bei etwa jedem zweiten Kind ein einzelnes Schwangerschaftsrisiko sowie ein einzelnes Geburtsrisiko vorlagen, bewirkten nur eine Häufung solcher Risiken sowie ganz bestimmte Einzelrisiken eine erhebliche Gefährdung des Kindes.

Ein Nabelschnurvorfall – der freilich nur bei einer von 360 Geburten vorkam – führte in 18 Prozent der Fälle zum Tod des Kindes. An zweiter Stelle der Gefährlichkeit nach stand bereits die Frühgeburt, hier durch ein Geburtsgewicht von unter 2500 Gramm definiert, also die Fälle intrauteriner Mangelernährung miteinschließend; sie kam bei 8,2 Prozent der Geburten vor. In 12 Prozent davon überlebte der Säugling das erste Lebensjahr nicht. Beim Fieber unter der Geburt sowie bei Blutungen unter der Geburt betrug die Sterblichkeit des Kindes jeweils 10 Prozent. Erst dann folgten – in der Gefährlichkeit – die Schwangerschaftsrisiken, wobei an erster Stelle hier die vorzeitigen Wehen mit 9 Prozent Sterblichkeit standen.

Die Autoren ziehen aus den erhobenen Daten das Resümee:

„Faktoren wie Alter, Parität (d.h. Anzahl voraufgegangener Geburten, U.H.) und Nationalität beeinflußten die perinatale Mortalität in unserem Material (1,57 %) nur unwesentlich. Auch soziale Faktoren wie die Berufstätigkeit der Schwangeren schienen keine Rolle zu spielen. Direkt negativ beeinflußte sie dagegen der Faktor Frühgeburtlichkeit mit einer zehnfach höheren Sterblichkeit sowie das Nichtteilnehmen von Schwangeren an der Mutterschaftsvorsorge (4,46 %)."

Vergleicht man die Frühgeborenensterblichkeit nicht mit der Gesamtsterblichkeit, sondern mit der Sterblichkeit der Reifgeborenen, so beträgt das Verhältnis sogar 1 : 20 (12,1 % der Früh-, 0,6 % der Reifgeborenen); obgleich die Frühgeborenen nur ein Zwölftel der Untersuchungsgruppe stellten, waren sie doch für knapp zwei Drittel der perinatalen Sterblichkeit verantwortlich. – Bei den vom STAT. BUNDESAMT (1977, S. 360) für das gesamte Bundesgebiet und 1974 veröffentlichten Zahlen ist das Verhältnis noch krasser: die Sterblichkeit Frühgeborener (19,1 %) und diejenige Reifgeborener (0,8 %) stehen im Verhältnis 1 : 25 zueinander.

Die Autoren der Münchner Perinatal-Studie gelangen so zu der Konsequenz:

„Bessere perinatale Mortalitätsziffern können daher in Zukunft hauptsächlich durch die Verminderung der Frühgeborenenrate erwartet werden, falls dies durch eine Verbesserung der sozialen Situation, bessere Schwangerschaftsvorsorge, tokolytische oder rechtzeitige operative Maßnahmen wie Cerclagen gelingt" (SELBMANN et al. 1977, S. 19).

Mit Tokolyse ist dabei die Unterdrückung vorzeitiger Wehen durch Medikamente, mit Cerclage die mechanische Umschnürung eines vorzeitig erschlaffenden Fruchthalters (Cervix uteri) gemeint.

Zu Recht wurde an erster Stelle abhelfender Maßnahmen die Verbesserung der sozialen Situation genannt; die Münchner Studie ergab auffällig hohe Frühgeborenenquoten nicht nur bei den viert- und mehrgebärenden Müttern mit 10 und bei den über vierzigjährigen mit 15 Prozent, bei denen sie auf die Belastung durch die vorangegangenen Geburten zurückgeführt werden könnten, sondern auch bei den Müttern der beiden untersten Sozialschichten mit 10, bei ledigen Müttern mit 12 und bei geschiedenen Müttern mit gar 19 Prozent. Auch von HARNACK (1977, S. 44) nennt „körperliche Überbelastung oder seelische Erschütterungen" als eine der Ursachen der Frühgeburt.

6.1.3. Prävention genetisch bedingter Behinderungen

6.1.3.1. Genetische Beratung

Nachdem wir nun versucht haben, zumindest überblickshaft eine Antwort auf die Frage nach den Ursachen kindlicher Behinderungen zu geben, können wir die Frage nach einer sinnvollen und effektiven Prävention anschließen.

Dabei müssen spezifische Maßnahmen, die ganz bestimmte Ursachen ganz bestimmter Schädigungsmöglichkeiten ausschalten (z. B. Röteln-impfung), eingefügt werden in ein umfassendes Programm, an dem Genetiker, Geburtshelfer und Pädiater beteiligt sind und das nicht zuletzt auch eine Verbesserung der sozialen und psychischen Situation gefährdeter Schwangerer und Kinder miteinschließt.

Die Abklärung der Erblichkeit angeborener Behinderungen und die Abschätzung ihrer Auftretenswahrscheinlichkeit bei eventuellen weiteren Nachkommen gehören zu den Aufgaben der Humangenetiker, die einstweilen an zahlreichen medizinischen Fakultäten mit eigenen Instituten vertreten sind (vgl. RITTER 1977, FREYE 1978, PASSARGE 1979).

Dabei wird die Erblichkeit einer Fehlbildung eher zu häufig vermutet; PASSARGE (1979, S. 9) zufolge

„ließen sich beispielsweise in einer Serie von 1308 genetischen Konsultationen nur ein gutes Drittel der beobachteten Erkrankungen auf eine eindeutig genetische Grundlage zurückführen, und zwar 16,6 % Gendefekte und 19,7 % Chromosomenaberrationen. Alle anderen Störungen waren entweder gar nicht oder teilweise genetisch bedingt oder hatten eine gänzlich unklare Ätiologie."

Allerdings sind inzwischen auch die exogenen pränatalen Störungen sozusagen aus Tradition zum Gegenstand der Humangenetik geworden (PASSARGE 1979, S. 290).

Eine genetische Beratung darf dabei nicht nur in der Mitteilung einer statistischen Risikoziffer bestehen; sie muß das in Frage stehende Problem dem Konsultanten verständlich machen, ihm Hilfestellung bei Entscheidungen geben und ihn auf Förderungs- und Hilfsmöglichkeiten hinweisen (vgl. PASSARGE 1979, S. 9).

Hierfür ein Beispiel: Die Chorea HUNTINGTON („Veitstanz") stellt eine der schwersten Erbkrankheiten dar, sie wird autosomal-dominant auf die Hälfte aller Nachkommen vererbt (man spricht von „voller Penetranz") und führt innerhalb weniger Jahre zum Tode, beginnt jedoch erst mit durchschnittlich 42 Jahren. Da die Krankheit jeweils nur auf die Hälfte der Nachkommen vererbt wird, weiß ein 25jähriger Mann noch gar nicht, ob bei Erkrankung eines Elternteils gerade er die Anlage geerbt hat; sein eigenes Risiko beträgt 50 %, das seiner Kinder 25 %. Liegt ein sehr starker Kinderwunsch vor, so könnte der Genetiker zumindest darauf dringen, mit der Kinderzeugung noch zu warten, bis das Risiko geringer ist; im Alter von 50 Jahren hat sich bei 72 Prozent der Betroffenen die Krankheit bereits manifestiert; bei unsicherer Anlage beträgt das eigene Risiko dann nur noch 14, das der Kinder 7 Prozent (vgl. PASSARGE, S. 272). So exakt solche Angaben in wissenschaftlicher Hinsicht auch sein mögen, so wird im Einzelfall doch die Entscheidung von den Eltern individuell getroffen werden müssen, wobei oft der subjektive Wunsch nach Kindern und das allgemeine Interesse an einer Verringerung von Erbkrankheiten in Widerstreit geraten.

Da unter den angeborenen Behinderungen insbesondere Seh- und Hörschädigungen zu einem größeren Anteil auf genetischen Ursachen beruhen, sollte in den Abschlußklassen der betreffenden Schulen eine individuelle genetische Beratung erfolgen, was teilweise auch bereits praktiziert wird.

Über die Erfahrungen einer in Marburg neuaufgebauten genetischen Beratungsstelle berichtet THEILE (1977). Besonders motivierend für die Inanspruchnahme genetischer Beratung wirkte demnach die Konstellation ‚gesunde Eltern – krankes Kind‘, wobei geistige Behinderung stärker wirksam war als körperliche, äußerlich sichtbare stärker als äußerlich nicht erkennbare. Informationen über die Möglichkeit genetischer Beratung erreichten die Ratsuchenden eher über Zeitungen und Zeitschriften als über Radio und Fernsehen; für die Angehörigen der sozialen Grundschicht hatte dabei auch der Hausarzt eine größere Bedeutung. THEILE (1977, S. 130 f) kommt zum Ergebnis,

„daß die Inanspruchnahme der angebotenen genetischen Beratung zum Teil durch ein nicht genügend ausgeprägtes ‚Präventivbewußtsein‘ behindert wird. Dieses ist offenbar in der Grundschicht am wenigsten entwickelt. Es bestehen enge Zusammenhänge zwischen dem Grad der Informiertheit und dem Gesundheitsverhalten."

THEILE empfiehlt, die bestehenden sozialen Barrieren „nicht so sehr durch ein Mehr an Information als durch andersartige Information" anzugehen.

6.1.3.2. Pränatale Diagnostik

Über eine weit über die Risikoermittlung und genetische Beratung hinausgehende Methode verfügt die Humangenetik neuerdings in der Amniozentese (vgl. MURKEN & STENGEL-RUTKOWSKI 1978). Dabei werden in der zwölften bis sechzehnten Schwangerschaftswoche etwa 20 Milliliter Amnionflüssigkeit aus dem Uterus durch die Bauchdecken hindurch abpunktiert; die darin enthaltenen embryonalen Zellen werden in einer Zellkultur gezüchtet, was etwa 8 bis 16 Tage in Anspruch nimmt, und lassen dann Rückschlüsse auf den Chromosomensatz des Embryos zu; weitere Ergebnisse erbringt die Untersuchung des Fruchtwassers selbst. Prinzipiell jedoch gilt, „daß mit einer pränatalen Diagnose nur diejenigen Defekte erfaßt werden können, die an kultivierten Fruchtwasserzellen oder direkt aus dem Fruchtwasser erkennbar sind" (PASSARGE 1979, S. 24).

Ergeben sich eindeutige Hinweise auf eine Schädigung des Kindes, so kann die Schwangerschaft innerhalb der ersten 22 Wochen abgebrochen werden; § 218 a Abs. 2 Nr. 1 des Strafgesetzbuches (Indikation zum Schwangerschaftsabbruch) gibt dazu die rechtliche Grundlage:

„(2) Die Voraussetzungen ... gelten auch als erfüllt, wenn nach ärztlicher Erkenntnis 1. dringende Gründe für die Annahme sprechen, daß das Kind infolge seiner Erbanlage oder schädlicher Einflüsse vor der Geburt an einer nicht behebbaren Schädigung seines Gesundheitszustands leiden würde, die so schwer wiegt, daß von der Schwangeren die Fortsetzung der Schwangerschaft nicht verlangt werden kann".

Ist die Mutter – aus ethisch-religiösen Gründen etwa – zu einem Schwangerschaftsabbruch nicht bereit, ist eine Amniozentese wenig sinnvoll.

Die Amniozentese schließt derzeit vier Untersuchungen ein (vgl. PASSARGE 1979, S. 21):

1. Chromosomenanalyse: Chromosomenanomalien wie die Trisomie 21 oder Geschlechtschromosomenaberrationen sind aus der Amnionzellkultur sicher erkennbar.

2. Biochemische Tests für etwa 60 verschiedene hereditäre Stoffwechselkrankheiten und einige Hämoglobinopathien (z.B. Galaktosämie, nicht aber Phenylketonurie).

3. Bestimmung des Gehalts an Alpha-Fetoprotein; damit können Verschlußstörungen des Neuralrohrs erkannt werden, die sich in einem Fehlen des Gehirns (Anenzephalie) oder in einer Myelomeningocele (Spina bifida) auswirken.

4. Geschlechtsdiagnose: bei schweren X-chromosomal rezessiven Erbleiden (Hämophilie, Muskeldystrophie) ist dies ein Notbehelf; handelt es sich um eine Jungen-Schwangerschaft, besteht ein 50 %-Risiko, während ein Mädchen in jedem Fall gesund (wenn auch zu 50 % Überträgerin der Krankheit) sein wird.

Da eine Amniozentese eine aufwendige Untersuchung darstellt (sie kostet etwa 600 Mark) und zudem selbst ein geringes Risiko von 0,5 bis 1 % beinhaltet (d.h. zu einem ungewollten Schwangerschaftsabbruch führen kann), da zudem die Kapazität der vorhandenen humangenetischen Untersuchungsstellen begrenzt ist, ist ihre Durchführung an strenge Kriterien gebunden. Die derzeit maßgeblichen Indikationen sind, analog zu den oben genannten Möglichkeiten der Methode:

1. erhöhtes Risiko für eine Chromosomenanomalie; dieses liegt vor bei:

– Müttern über 35 Jahren: während das Risiko einer Trisomie 21 insgesamt 0,15 % beträgt, erhöht es sich bei 36jährigen auf 0,3 %, bei 37jährigen auf 0,5 %, bei 38jährigen auf 0,7 %, bei 39jährigen auf 1,0 % und bei über 40jährigen auf 2 % (vgl. PASSARGE 1979, S. 153). Durch 24 000 Amniozentesen pro Jahr bei allen Schwangeren von 38 Jahren an aufwärts – das heißt bei 4 % aller Schwangeren – könnten 300 Geburten mongoloider Kinder – das sind 30 % von deren Gesamtzahl – verhindert werden.

– einem Elternteil mit einer balancierten Chromosomentranslokation: während hier der in Frage stehende Elternteil selbst keine Symptome zeigt – sein Chromosomensatz stimmt ja, nur ist die Aneinanderheftung zweier Chromosomen abnorm – ist bei den Nachkommen das Risiko einer Trisomie erhöht; STENGEL-RUTKOWSKI und MURKEN (1978, S. 185) zufolge zeigte sich hier bei 14 Prozent der Feten eine unbalancierte Chromosomenanomalie.

– Eltern mit bereits einem mongoloiden Kind: Das Wiederholungsrisiko einer Trisomie 21 soll geringfügig, kaum bezifferbar, über dem normalen Risiko dieser Störung (PASSARGE 1979, S. 22) liegen; jedoch werden hier – und nur hier – auch psychologische Gründe für die Pränataldiagnostik angeführt: die Mutter mit einem entwicklungsbehinderten Kind soll zumindest beim zweiten Kind die Gewißheit haben, daß es über eine normale Chromosomenausstattung verfügt.

2. Verdacht auf eine erbliche Stoffwechselkrankheit: da es sich meist um rezessive Erbgänge handelt, ist der erste Hinweis auf eine Gefährdung leider meist erst die Geburt eines Kindes, das die Störung manifest aufweist; das Risiko beträgt dann 25 Prozent für alle weiteren Kinder.

3. Verdacht auf Anencephalie oder Myelomeningocele: während diese Störung insgesamt mit 0,2 Prozent doch recht häufig ist, besteht hier wiederum nur die Möglichkeit, nach der Geburt eines behinderten Kindes das erhöhte Wiederholungsrisiko von 4–5 Prozent durch Amniozentese auszuschalten. Da das hierbei erhöhte Alpha-Fetoprotein in einer minimalen Konzentration auch ins mütterliche Blut übergeht, wird in der Zukunft vielleicht ein Suchtest aus mütterlichem Blut möglich werden, der dann in breiterem Umfang angewendet werden könnte.

4. Verdacht auf ein X-gekoppeltes schweres Erbleiden: aus der Familienanamnese muß als wahrscheinlich hervorgehen, daß die Mutter sogenannte Konduktorin der Krankheit ist. Bestimmt werden kann allerdings hier nicht das Vorliegen der Krankheit selbst, sondern nur das Geschlecht des Kindes. „Wenn der Fetus männlich ist, kann man nur zwischen einem Risiko von 50 % oder einem blinden Abbruch

der Schwangerschaft wählen. Mit 50 % Wahrscheinlichkeit wäre der Fetus nicht erkrankt" (PASSARGE 1979, S. 23). Ein Mädchen wird in jedem Fall gesund sein, dabei aber mit 50 % Wahrscheinlichkeit selbst wieder Konduktorin der Erkrankung.

Es ist ersichtlich, daß die Möglichkeiten der pränatalen Diagnostik beschränkt sind auf eine ganz eng umschriebene Gruppe von Schädigungen; Phenylketonurie, Lippen-Kiefer-Gaumenspalten, Immundefekte, angeborene Herzfehler, Strahlen- und Chemikalienschäden können beispielsweise nicht erkannt werden (S. 24).

Trotzdem hat die Methode ihren festen Platz gewonnen vor allem in der Prävention von Chromosomenanomalien. STENGEL-RUTKOWSKI und MURKEN (1978) berichten, daß von 1970 bis 1977 insgesamt 3583 Amniozentesen in der Bundesrepublik durchgeführt wurden; dabei ergab sich in 3,8 % ein pathologischer Befund, in 3,0 % wurde die Schwangerschaft abgebrochen. Bei den Indikationen zur Amniozentese stand der Ausschluß einer Chromosomenstörung mit 90,6 % eindeutig im Vordergrund (dabei 63,3 % wegen erhöhten Alters der Mutter, 13,8 % wegen eines vorangegangenen Kindes mit Chromosomenstörung, 1,5 % wegen einer balancierten Aberration bei den Eltern); weitaus seltener waren der Ausschluß eines Neuralrohrdefekts (5,2 %), eines Stoffwechseldefekts (1,4 %), X-rezessive Leiden (1,1 %) oder Mehrfachindikationen (1,5 %) der Anlaß.

PASSARGE (1979, S. 153 ff) gibt eine volkswirtschaftliche Kosten-Nutzen-Rechnung wieder, die den hohen finanziellen Aufwand für die systematische pränatale Diagnostik bei allen über 35jährigen Frauen rechtfertigt (vgl. auch FLATZ 1978).

11000 Amniozentesen jährlich bei allen 40jährigen und älteren Frauen kosten wohl 6,2 Millionen Mark; die Geburt von 220 Morbus-DOWN-Kindern durch diese Mütter würde jedoch durch teilweise Heimunterbringung und erforderliche Klinikbehandlung 8000 Mark jährlich, bei einer durchschnittlichen Lebenserwartung von 25 Jahren also 200000 Mark pro Behinderten, insgesamt also 44,8 Millionen Mark kosten; die Kosten-Nutzen-Relation beträgt 0,14.

Bei Einbeziehung auch aller 36- bis 39jährigen Schwangeren beliefe sich der Kostenaufwand für die notwendigen 45000 Untersuchungen auf 25,6 Millionen Mark; dem stünde jedoch eine Ersparnis an Betreuungskosten in Höhe von 77,1 Millionen Mark gegenüber, was eine Kosten-Nutzen-Relation von immer noch 0,33 bedeutet.

Dabei können „die körperlichen und seelischen Auswirkungen durch die Geburt eines erkrankten Kindes für die betroffenen Familien ... naturgemäß nicht in Zahlen ausgedrückt werden". PASSARGE (1979, S. 156) weist weiter auf das Phänomen hin,

„daß häufig nach der Geburt eines erkrankten Kindes keine weitere Schwangerschaft eintritt. Kann man jedoch die Geburt eines erkrankten Kindes durch Pränataldiagnostik verhindern, so kommt es vielfach zu einer weiteren Schwangerschaft mit einer guten Chance für ein normales Kind (sog. Replacement)".

Damit kommt eine pränatale Diagnostik, obgleich sie vordergründig zu einer Schwangerschaftsunterbrechung führt, letztlich doch der Geburtenzahl und damit dem volkswirtschaftlichen Bruttosozialprodukt zugute.

Schließlich bleibt noch der psychologische Gesichtspunkt anzufügen, daß die Pränataldiagnostik erstmals auch älteren Frauen die Möglichkeit bietet, ein empfangenes Kind in der Gewißheit seiner normalen chromosomalen Ausstattung auszutragen, ohne durch das Risiko einer Chromosomenanomalie belastet zu sein.

6.1.4. *Prävention exogen-perinatal begründeter Behinderungen*

Die exogen-organischen Behinderungsursachen der zweiten Gruppe zu reduzieren, ist Aufgabe der Schwangerenvorsorge (bezüglich pränataler Ursachen), der Geburtshilfe (bezüglich perinataler Ursachen) sowie der Kinderheilkunde mit den ihr zur Verfügung stehenden Vorsorgeuntersuchungen (bezüglich postnataler Ursachen).

Für eine gründliche Schwangerenvorsorge werden insgesamt 16 Untersuchungen empfohlen, und zwar: in den ersten vier Monaten alle vier Wochen, in den folgenden drei Monaten alle drei Wochen, hierauf zwei Monate lang alle zwei Wochen und schließlich im letzten Monat jede Woche (MARTIUS 1977, S. 84). Jedoch wurde bei der Münchner Perinatalstudie festgestellt, daß zwar 98,5 Prozent der Frauen überhaupt an der Mutterschaftsvorsorge teilgenommen hatten, jedoch nur 61 Prozent bei acht und mehr Untersuchungen.

„Die Ausländerinnen erschienen im Durchschnitt 2,9 Wochen später zur Erstuntersuchung und hatten damit eine Untersuchung weniger als die deutschen Mütter. Dementsprechend seltener wurden auch diagnostische Vorsorgemaßnahmen bei ihnen durchgeführt." (SELBMANN et al. 1977, S. 13).

Die mit Alters- und verschiedenen anamnestischen Risiken stärker behafteten über 40jährigen Mütter nahmen die Vorsorge nicht etwa mehr, sondern sogar weniger in Anspruch als der Durchschnitt der Frauen; nur 52,5 Prozent von ihnen erschienen achtmal und öfter zur Untersuchung.

Zusätzlich zur generell angezeigten optimalen Betreuung kann einzelnen Schädigungsmöglichkeiten spezifisch vorgebeugt werden. Röntgenbestrahlungen sollten – trotz der bei einzelnen Aufnahmen nur geringen Strahlendosis (vgl. PASSARGE 1979, S. 290) – weitestmöglich vermieden, der Gebrauch von Nikotin, Alkohol und Medikamenten gänzlich eingestellt werden. Ist bei chronischen Krankheiten – wie

Diabetes, Epilepsie – eine Dauermedikation unerläßlich, müssen die gewohnten Mittel teilweise durch andere ungefährliche ersetzt werden. Bei einer Zuckerkrankheit beispielsweise erfolgt die Umstellung von Tabletten auf Insulinspritzen, wobei der Blutzuckerspiegel mittels Diät und Insulin ganz besonders exakt eingestellt werden muß, um das oben erwähnte Riesenbaby-Syndrom diabetischer Mütter zu verhindern.

Gegen die Röteln-Embryopathie ist „die beste Vorbeugung die Schutzimpfung aller Mädchen im 13./14. Lebensjahr – unabhängig davon, ob sie Röteln durchgemacht hatten oder nicht; denn die Klärung der Empfänglichkeit ist wegen der Unsicherheit der klinischen Rötelndiagnose und der hohen Laborkosten nicht generell möglich" (SEELEMANN & STICKL 1977b, S. 143). Daß eine solche Prophylaxe bisher nur auf eigene (beziehungsweise elterliche) Initiative möglich ist, und noch dazu von den Krankenkassen nicht bezahlt wird (sie kostet etwa 25 Mark), spricht deutlich für die fehlende präventive Ausrichtung des deutschen Gesundheitssystems.

Eine Rötelnimpfung nach der Pubertät ist mit dem Umstand verbunden, daß für ihren Zeitpunkt und weitere zwölf Wochen danach eine Schwangerschaft verhütet werden muß. Vielfach wird zuvor ein Röteln-HAH-Test durchgeführt, um bei einem Titer von mehr als 1 : 16 auf eine bereits durchgemachte Rötelnerkrankung schliessen zu können; doch ist dies eigentlich nicht notwendig, da eine versehentliche Impfung bei bereits bestehender Immunität lediglich „am Injektionsort zu einer leichten Schwellung des Subcutangewebes" führt (SEELEMANN & STICKL 1977a, S. 134). Auch eine Auffrischimpfung nach Ablauf von acht bis zehn Jahren wäre nicht unbedingt erforderlich, da bei einer neuerlichen Rötelnerkrankung (trotz Schutzimpfung in der Pubertät) die Viren nicht in die Blutbahn gelangen und also den Embryo praktisch nicht schädigen können.

Keine Alternative zur frühen Röteln-Schutzimpfung stellt die Behandlung mit Röteln-Gammaglobulin nach erfolgtem Rötelnkontakt während der Schwangerschaft dar; ihre Wirkung ist fraglich, wenn auch ihre erheblichen Kosten – da ja krankheitsbedingt – nunmehr von den Krankenkassen getragen werden.

Während es gegen das Zytomegalievirus keinen Schutz gibt, kann eine Neuinfektion mit Toxoplasmose durch Verzicht auf rohes Fleisch und Meiden des Kontakts mit jungen Katzen und lebendem Geflügel – die die Überträger darstellen – während der Schwangerschaft vermieden werden.

Dem Morbus haemolyticus neonatorum aufgrund einer Rhesus-Unverträglichkeit kann vorgebeugt werden, indem eine rhesus-negative Mutter nach der Geburt des ersten Kindes innerhalb von vier Tagen eine Anti-D-Gammaglobulin-Spritze erhält, die die in ihren Kreislauf eingeschwemmten kindlichen Blutkörperchen vorzeitig abbaut und so ihre Sensibilisierung gegen das rhesus-positive Blut eventueller weiterer Kinder verhindert. Eine solche Prophyaxe sollte auch analog nach Fehlgeburten und Schwangerschaftsabbrüchen durchgeführt werden (MARTIUS 1977, S. 205).

Wurde eine solche Prophylaxe versäumt und ist ein Morbus haemolyticus durch Rhesus-Unverträglichkeit bereits eingetreten, so können Schädigungen am ehesten noch verhindert werden, wenn die Geburt vorzeitig eingeleitet wird und das Kind sofort eine Austauschtransfusion mit frischem Blut erhält. Allerdings tauscht man dabei das Risiko der Rhesus-Krankheit gegen das Risiko der Frühgeburt und kindlichen Unreife ein.

Da Frühgeburten auf heterogene Ursachenfaktoren zurückgehen (vgl. MARTIUS 1977, S. 221), muß hier auch präventiv mehrgleisig vorgegangen werden. Vielfach ist eine durch seelische Belastung geförderte neurovegetative Übererregbarkeit der Mutter beteiligt. Liegt die Ursache in einer Zervixinsuffizienz, einer Bindegewebsschwäche der den Uterus abschließenden Cervix uteri, so kann die drohende Frühgeburt durch eine Cerclage, eine mechanische Zervixumschlingung, hintangehalten werden. Vorzeitige Wehen können durch Tokolytika und andere Pharmaka medikamentös gehemmt werden. Ist eine Frühgeburt allerdings unvermeidlich, so wird gewöhnlich bereits zuvor die Entwicklung der Lungenalveolen des Kindes medikamentös angeregt, da deren Unreife vor allem für das häufige Atemnotsyndrom der Frühgeborenen verantwortlich ist (vgl. MARTIUS 1977, S. 224).

Auf nähere Einzelheiten, die noch weiter das medizinische Gebiet der Geburtshilfe berühren würden, soll hier nicht eingegangen werden, auch nicht auf Einzelheiten zur geburtshilflichen Technik, obgleich deren Optimierung für eine Verhütung perinataler Schädigung natürlich essentiell ist. Gefahr droht allerdings weniger von operativen Eingriffen als von einer Sauerstoffmangelversorgung unter der Geburt, die solche erst notwendig machen; nach MARTIUS (1977, S. 453) hat sich die „Erkenntnis immer mehr durchgesetzt, daß die hypoxische Gefährdung des Kindes weitaus größer ist als die geburtstraumatische".

6.1.5. Prävention postnataler und psycho-sozialer Behinderungsursachen

Daß die Behandlung einer Meningoenzephalitis Sache des Pädiaters ist, Unfälle durch Sorgfalt reduziert werden könnten, versteht sich von selbst. Die Vorsorgeuntersuchungen des Kindesalters, auf die an anderer Stelle eingegangen wird (vgl. S. 277), haben mehr die möglichst frühe Erkennung bereits bestehender, angeborener Schädigungen zum Ziel. An die Stelle einer primären (eigentlichen) Prävention tritt dabei die sekundäre, die Früherkennung zur Verhinderung des Fortschreitens einer Behinderung, die hier unter dem Stichwort der Frühförderung abgehandelt wird.

Eine primäre Prävention ist nun allenfalls noch für diejenigen Behinderungen möglich, die vorwiegend psycho-sozialen und soziokulturellen Belastungsfaktoren entspringen. Hierzu wird ein Großteil vor allem der Lernbehinderungen, aber auch der Verhaltensstörungen und Sprachbehinderungen gezählt.

Eine bessere Anleitung zum Erziehen, als Fach ‚Erziehungskunde' in den oberen Klassen der Hauptschulen bereits teilweise realisiert, sowie kompensatorische Förderungsmaßnahmen für soziokulturell benachteiligte Kinder können hier präventiv wirken. Ein Hauptproblem besteht darin, die eigentlichen Zielgruppen zu erreichen, da auf freiwillige Förderungsangebote erfahrungsgemäß Eltern der sozialen Mittelschichten weitaus mehr ansprechen als diejenigen der unteren Schichten, für die sie konzipiert sind (vgl. S. 285).

BRONFENBRENNER (1974) hält daher ein ökologisches Eingreifen in die Umwelt eines gefährdeten Kindes für die erfolgversprechendste Maßnahme, wobei er neben einer intensiven Erziehungs- und Förderungsanleitung der Eltern – die mittelbar und langfristig an das Kind weitervermittelt wird – auch eine Besserung der sozialen und materiellen Lebensverhältnisse der in Frage stehenden Eltern meint, die erst den nötigen Freiraum schafft für eine stärkere Befassung mit den Bedürfnissen des Kindes.

Dies aber ist eine sozialpolitische Aufgabe, deren Verwirklichung Sozialpädiatrie und Psychologie wohl fordern, nicht aber von sich aus durchsetzen können. Gegenwärtig besteht das ökologische Eingreifen, wenn es – etwa bei Kindesmißhandlung oder eklatanter Vernachlässigung – für notwendig erachtet wird, einzig in einer Herausnahme des Kindes aus seiner Familie und sogenannter öffentlicher Erziehung. Dabei sollte jedoch sichergestellt sein, daß die Möglichkeiten einer Ersatz- (Pflege-)Familie voll ausgeschöpft werden, bevor die Einweisung in ein Heim – mit vielfach wiederum deprivierenden emotionalen Bedingungen – erfolgt.

6.2. Frühförderung

6.2.1. Einführung

Lange Zeit erfolgte erst im Schulalter die allmähliche Erfassung und Förderung behinderter Kinder – wobei vielfach Entscheidendes schon versäumt oder reaktive Fehlentwicklungen bereits eingetreten waren. Man denke etwa an die verkannten seh- oder hörschwachen Kinder, denen ihre Behinderung selbst gar nicht bewußt war.

Demgegenüber hat sich im vergangenen Jahrzehnt die Früherfassung und Frühförderung Behinderter zu einem erfolgversprechenden Arbeitszweig entwickelt, mit dem einigen der schwerwiegendsten Zustandsbilder vorgebeugt werden kann: so resultiert bei rechtzeitiger Früherfassung gehörloser oder hörgeschädigter Kinder aus Taubheit längst keine Stummheit mehr, wie es der alte Begriff ‚taubstumm' implizierte; durch intensives krankengymnastisches Training zerebral geschädigter Kinder lassen sich die resultierenden Bewegungsstörungen mildern, wenn nicht gänzlich hintanhalten; auch bei geistig behinderten Kindern wird durch intensive Förderung ein höheres, soziale Eingliederung erleichterndes Entwicklungsniveau erreicht.

In seinen Empfehlungen „Zur pädagogischen Förderung behinderter und von Behinderung bedrohter Kinder und Jugendlicher" hat der DEUTSCHE BILDUNGSRAT (1973, S. 44–65, 141–151) der Frühförderung einen breiten Raum gewidmet und sie in einen längerfristig zu verwirklichenden Stufenplan aufgenommen; es gelte dabei „drohenden Behinderungen vorzubeugen beziehungsweise entstehenden Behinderungen rechtzeitig entgegenzuwirken, so daß sie in ihrem Ausmaß reduziert werden können".

Der Grundgedanke der Frühförderung ist also der der Prävention; im Bereich der Behinderungen zeigt sich somit eine ähnliche Tendenz wie innerhalb der Medizin, wo ja auch präventive Konzepte gegenüber rein curativen (heilenden) an Einfluß gewinnen. Erinnern wir uns nun an die von der WHO vorgenommene Differenzierung (vgl. S. 243) und beziehen sie auf den Behindertenbereich, dann ist primäre Prävention, also echte Verhütung, bei den eher organisch bedingten Behinderungen mehr ein medizinisches Problem; von genetischer Beratung, pränataler Diagnostik, Schwangerenbetreuung, Geburtshilfe und Schutzimpfungen war im voraufgegangenen Kapitel die Rede. Bei den eher soziokulturell bedingten Behinderungen, den Lernbehinderungen zum Beispiel, ist jedoch eine primäre Prävention durch frühpädagogische Förderung in Form kompensatorischer Vorschulerziehung möglich (vgl. S. 284).

Bei der Frühförderung solcher Säuglinge und Kleinkinder, deren Behinderung organische Ursachen hat, handelt es sich hingegen um eine sekundäre Prävention: durch Früherfassung und entsprechende Maßnahmen soll den fortschreitenden Folgen einer irreversiblen Schädigung entgegengewirkt werden.

Dies muß so früh als möglich geschehen. Frühförderung bezieht sich auf die noch vor dem sogenannten Elementarbereich liegende Altersstufe, also nur auf die ersten drei, insbesondere aber die ersten zwei Lebensjahre. Den Terminus ‚Frühförderung', weil vielleicht ein wenig in Mode gekommen, nunmehr für allgemeine Vorschulerziehung oder gar Kinderpsychotherapie zu verwenden, ist also unkorrekt und mißverständlich.

Vor allem von Seiten der Sozialpädiatrie, aber auch der Sonderpädagogik erlebt die Frühförderung gegenwärtig einen großen Aufschwung. Dennoch sollte man wohl ihren Stellenwert im Insgesamt einer Behindertenpsychologie im Auge behalten. Geht sie doch wie kaum ein anderes Arbeitsfeld weitgehend von einem medizinischen Behinderungsbegriff aus und steht damit in einem gewissen Spannungsverhältnis zu sozialpsychologischen Ansätzen, die auf die Gefahren frühzeitiger Etikettierung hinweisen, zu der sich auch medizinische Diagnosen entwickeln könnten.

Frühförderung darf jedoch nicht zur Startlinie für eine Karriere durch Behinderteninstitutionen werden; sie sollte solche Karrieren verhindern, den Grundgedanken der Prävention im Auge behalten. Letztliches Ziel aller Bemühungen muß die weitestmögliche soziale Normalisierung der Behinderten sein. In diesem Sinne ist es nur zu begrüßen, wenn einige Frühförderungszentren mit Modellen der Integrierten Erziehung verknüpft sind.

Im folgenden seien nun dargestellt:
- die wissenschaftlichen Grundlagen, die zur Intensivierung der Frühförderung behinderter Kleinkinder berechtigen;
- die Aufgabenfelder, aus denen sich jede Frühförderung zusammensetzt;
- die entwicklungsdiagnostischen Verfahren, mit denen eine Diagnose von Entwicklungsrückständen bereits bei Säuglingen möglich ist;
- die Organisationsmodelle der Frühförderung, wobei ein eher medizinisches und ein eher sonderpädagogisches Modell bislang konkurrieren;
- die Kompensatorische Vorschulerziehung als Sonderfall der primären Prävention von Lernbehinderungen.

6.2.2. Grundlagen

Wenn die Frühförderung behinderter Kleinkinder ein noch relativ junges Arbeitsgebiet ist, so liegt das nicht nur an der früher geringeren Aufgeschlossenheit für die Probleme Behinderter, sondern auch oder sogar vor allem am damaligen Erkenntnisstand: Behinderungen galten als großteils erblich bedingt und zum Zeitpunkt der Geburt irreversibel determiniert, andererseits schienen die fördernden Lernprozesse der Sondererziehung erst vom Schulalter an möglich. Die über die Funktionsreifung des Zentralnervensystems im ersten Lebensjahr bekannten Tatsachen wurden genau gegenteilig interpretiert wie heute: nämlich „daß zur Ausbildung gewisser Fertigkeiten ein bestimmtes Reifestadium erreicht sein" müsse (SCHAMBERGER 1978, S. 29).

Diesen Auffassungen stehen jedoch neuere Befunde gegenüber, die zu mehr Optimismus in der Frühförderung berechtigen. Im Anschluß an SCHAMBERGER (1978, S. 29–53) könnte man sie in solche der Lerntheorien, der Ethologie, der Hospitalismusforschung sowie der Neurophysiologie gliedern.

6.2.2.1. Lerntheoretische Grundlagen

Lerneffekte, wie sie von den Lerntheorien beschrieben werden, sind bereits in den ersten Lebensmonaten zu beobachten. Nach den Befunden von PAPOUSEK (1977), die SCHAMBERGER (1978, S. 38) unter den Arbeiten zur neonatalen Konditionierung besonders hervorhebt, treten beim Säugling bereits folgende Lernprozesse auf:
– Orientierungsreaktion und Habituation: die Orientierungsreaktion tritt bei Umweltveränderungen auf, läßt aber bald nach;
– klassische Konditionierung: bereits bei der Vorbereitung zum Füttern reagiert der Säugling mit Saugbewegungen;
– Lernen am Erfolg: Zusammenhänge zwischen Umweltveränderungen und eigener Tätigkeit werden erfahren, z.B. probiert der Säugling solange Bewegungen aus, bis er ein Mobile über seinem Bett in Bewegung gesetzt hat;
– Problem-Lösungen: in einfachen Problemsituationen, die dicht an die Leistungsgrenze seines Nervensystems heranreichen, zeigt der Säugling bereits, je nach Erfolg oder Mißerfolg, freudige Äußerungen bis hin zu verdrießlichem Verhalten.

Die lerntheoretischen Befunde allein würden wohl eine gezielte Frühförderung noch nicht rechtfertigen; sie zeigen wohl, daß die später wirksamen Lernprinzipien auch in der Säuglingszeit schon Gültigkeit besitzen, jedoch zeigen sie keine besondere Ansprechbarkeit in den ersten Lebensjahren auf, die später nicht mehr vorhanden wäre.

Allerdings werden dabei Einflußmöglichkeiten aufgezeigt, die für eine Förderung retardierter Funktionen genutzt werden können. Passende Stimuli, wie optisch-bewegte oder akustische Reize über dem Bett des Kindes, lösen bereits Lern- und Suchreaktionen aus. Es liegt nahe, eine solche beim unbeeinträchtigten Säugling eher beiläufig erfolgende Stimulation bei einem geschädigten besonders gezielt anzuwenden.

6.2.2.2. Ethologische Grundlagen

Noch in die Pionierzeit der Verhaltensforschung (Ethologie) gehört die Kumpan-Arbeit von Konrad LORENZ („Der Kumpan in der Umwelt des Vogels", 1935); dabei wurden Prägungsvorgänge und sensible Phasen beschrieben, die irreversible Wirkungen in der Entwicklung der

beobachteten Tierarten (Graugänse und Enten zum Beispiel) hinter-
ließen.

Von HESS (1975, S. 83 f) werden heute unterschieden:

1. kritische Perioden,
2. empfindliche oder sensitive Perioden oder sensible Phasen,
3. optimale Perioden.

Der Grad der Verbindlichkeit und Irreversibilität nimmt dabei von
den kritischen über die sensitiven zu den optimalen Perioden hin ab.
Während der kritischen Periode muß eine bestimmte Erfahrung gemacht werden, sonst ist lebenslanges anormales Verhalten die Folge; in
den sensiblen Phasen und optimalen Perioden gibt es nur noch eine
erhöhte Ansprechbarkeit auf bestimmte Umweltreize.

Wie meist in der Verhaltensforschung, so wurde auch hier die Frage
nach der Übertragbarkeit dieser Befunde auf die menschliche Entwicklung aufgeworfen. Dabei zeigt sich, daß beim Menschen im allgemeinen an die Stelle starrer Auslöseschemata und irreversibler Prägungen eher kontinuierliche Lernvorgänge getreten sind. Jedoch meint
SCHAMBERGER (1978, S. 47):

„Wenn auch ‚kritische Phasen' im strengen Sinne nach der angeführten
Definition von HESS als beim Menschen sehr fraglich bezeichnet werden müssen,
so kann seiner Überzeugung wohl kaum widersprochen werden, daß eine
Vielzahl von stark empfänglichen und viele optimale Phasen in der menschlichen
Entwicklung bestehen". (SCHAMBERGER 1978, S. 47).

Die Libido-Fixierungen an die orale, anale oder phallische Phase
werden in der Psychoanalyse vielfach als Prägung interpretiert: spätere
Belastungen und Versagungen führen zu einem Zurückweichen der
Libido auf diese in der frühen Kindheit zurückgelassenen Besetzungen.
Als optimale Phase kann etwa auch die Erfahrung gewertet werden,
daß das Erlernen von Fremdsprachen in der Kindheit besser gelingt als
in späteren Lebensaltern.

Für die Entwicklung der Sinnesfunktionen scheint es optimale Phasen zu geben: von den wenigen durch Operation sehend gewordenen
Geburtsblinden wird bisweilen berichtet, daß sie keine vollkommene
Beherrschung ihres Sehorgans mehr erwerben (vgl. FARRELL 1956, S.
13; v. SENDEN 1932), und auch die Sprache der Gehörlosen weist dann
keine Besonderheiten auf, wenn sie vor der ‚Verstummung', die vom
18. Monat an eintritt, aufgenommen und gefördert wird (vgl. LÖWE
1976, S. 52). Das Hören Hörgeschädigter muß im ersten Lebensjahr
beginnen; wird es erst später – durch Anpassung von Hörgeräten –
möglich, so hat sich schon ein Verhalten herausgebildet, „bei dem die
Lautwahrnehmung keine Rolle spielt" („Vertaubung", vgl. LÖWE
1976, S. 58).

Besonders in sozialer Hinsicht aber stellt die früheste Kindheit eine empfindliche Periode dar: beim Fehlen eindeutiger Bezugspersonen bei langem Klinikaufenthalt im ersten Lebensjahr, bei Heimkindern oder bei sozialer Deprivation hat sich das klar gezeigt.

6.2.2.3. Hospitalismus und Deprivationssyndrom

Um die vergangene Jahrhundertwende fanden die psychologischen Probleme der Heimunterbringung und Massenpflege von Säuglingen erste Aufmerksamkeit, nachdem zuvor die hohe Säuglingssterblichkeit in den Findelanstalten nur auf die hohe Infektionsrate zurückgeführt und mit forcierter Hygiene beantwortet worden war.

SPITZ beschrieb im Jahr 1945 die ‚anaklitische Depression' von Säuglingen, die zwischen dem sechsten und achten Lebensmonat (also in der für die Personbeziehungen wichtigen Phase des Fremdelns) von ihren Müttern getrennt wurden. Ihre Kontaktverweigerung, Ausdrucksstarre und Entwicklungsstagnation ging schließlich in das ‚Hospitalismus'-Syndrom mit schwerem Verfall (Marasmus) über.

BOWLBY führte um 1950 im Auftrag der Weltgesundheitsorganisation eine kulturvergleichende Untersuchung zur ‚maternal deprivation' durch mit dem übereinstimmenden Ergebnis, „daß bei einem Mangel an mütterlicher Zuwendung das Kind in seiner Entwicklung fast immer zurückbleibt – in physischer, intellektueller und sozialer Hinsicht" (BOWLBY 1973, S. 22): Feindseligkeit, übertrieben fordernde Haltung, Frustrationsintoleranz, unterschiedslos-oberflächliche ‚Bindung' oder apathischer Rückzug sind die emotionalen Folgen (vgl. SCHAMBERGER 1978, S. 49 f). Am schwersten beeinträchtigt ist durchwegs die Sprach- und Sozialentwicklung, am wenigsten die neuromuskuläre Entwicklung der Grob- und Feinmotorik (vgl. auch S. 274 in diesem Buch).

Fragen wir nach der Relevanz dieser Befunde für die Frühförderung, dann müssen wir sie für behinderte Kinder, die, von ihren Eltern akzeptiert, in einer normalen Familie aufwachsen, wohl verneinen. Anders ist es bei Kindern, die infolge ihrer Behinderung von den Eltern abgelehnt und in einem Säuglingsheim untergebracht werden, oder bei denen trotz elterlicher Akzeptierung langwierige Krankenhausbehandlungen in den ersten Lebensjahren durchgeführt werden: zu den Auswirkungen der Behinderung tritt hier der Deprivationseffekt hinzu. Aufgabe der Frühförderung muß es dann sein, solchen zusätzlichen Beeinträchtigungen, wenn der Klinik- oder Heimaufenthalt tatsächlich unumgänglich sein sollte, entgegenzuwirken, das ganze Kind und nicht nur seine behandlungsbedürftige Motorik oder Sensorik im Auge zu behalten.

Ausreichende emotionale Zuwendung ist dabei auch der kognitiven Entwicklung förderlicher als ein bloß kognitives Training. Dies zeigt das inzwischen berühmt gewordene Experiment von SKEELS und DYE (1939), bei dem eine Versuchsgruppe von 13 Kindern, alle etwa zwei Jahre alt und mit einem IQ unter 70, aus einem Kinderheim in eine Anstalt für geistig retardierte Frauen überbracht wurde, wo sich jeweils eine Gruppe von Frauen eines Kindes annahm, jedoch – aufgrund ihrer eigenen Minderbegabung – kein irgendwie gezieltes Training durchführen konnte. Eine Nachuntersuchung 1966 ergab: während die im Kinderheim verbliebene Kontrollgruppe geistig behindert und in Anstalten geblieben, zum Teil sogar verstorben war, hatten die Kinder der Versuchsgruppe in den eineinhalb Jahren in der Frauenanstalt einen IQ-Gewinn von 28 Punkten erzielt, waren fast alle adoptiert worden, hatten fast alle die High school, einige sogar ein College besucht. Dieser Versuch ist gleichzeitig ein Schlüsselexperiment für die Kompensatorische Erziehung sozial schwer benachteiligter, mit ihrer Familie unter Deprivationsbedingungen aufwachsender und möglicherweise später lernbehinderter Kinder: im frühesten Alter ist ungeteilte emotionale Bindung ungleich wichtiger als isolierte Programme oder Entwicklungsanstöße (vgl. BRONFENBRENNER 1974, S. 125 ff; SPECK 1977a, S. 63 f; SCHAMBERGER 1978, S. 53; SPREEN 1978, S. 125).

6.2.2.4. Neurophysiologische Grundlagen

Möglicherweise hat der kritische Leser den Eindruck gewonnen, daß die drei bisher genannten Disziplinen nur begrenzt das Fundament für die Frühförderung abgeben können: die Lerntheorien zeigen, daß frühes Lernen möglich ist, sie zeigen aber nicht, daß es effektiver sein muß als spätes Lernen. Die Ethologie spricht von sensiblen Phasen, die nicht ungenutzt verstreichen dürfen, ihr Vorkommen auch beim Menschen ist jedoch bislang mehr hypothetisches Postulat als erwiesenes Faktum. Die Deprivationsforschung zeigt, daß zur Behinderung nicht auch noch eine Mutter-Kind-Trennung hinzutreten darf, sie beweist aber nicht die Notwendigkeit der zusätzlichen frühen Förderung eines behinderten Familienkindes.

So liefern diese drei Bereiche eher auxiliäre Argumente, das zentrale Argument für die Frühförderung kommt jedoch aus der Neurophysiologie: es ist die Plastizität und Kompensationsmöglichkeit des menschlichen Gehirns in den ersten Lebensjahren, die später unwiderbringlich verlorengeht. Auch hier kann wieder darauf verwiesen werden, daß das erste Lebensjahr des Menschen eigentlich – von seiner Entwicklungsintensität her gesehen – noch in den Uterus gehört: „Das typische Fötalleben eines Säugers von menschlichen Gehirnproportionen und Körpermaß müßte etwa bis zum Ende des jetzigen ersten Lebensjahres dauern" (PORTMANN 1967, S. 290); so wird denn auch vielfach von einem extrauterinen Frühjahr als besonderem Lebensabschnitt gesprochen.

Zunächst ist da die rein quantitative Zunahme an Gehirnsubstanz. Nie mehr im Leben wird sie, wie PECHSTEIN (1975, S. 22) hervorhebt, so rasant verlaufen wie im ersten Lebensjahr: „Das Gehirn erreicht in der Substanzzunahme bis zum Ende des ersten Lebensjahrs einen Wert von etwa 50 %, bis zum Ende des dritten Lebensjahrs einen Wert von etwa 80 % des Zuwachses während des gesamten postnatalen Lebens"; von 350 Gramm bei der Geburt steigt das Gehirngewicht über 800 Gramm mit einem und 1000 Gramm mit drei Jahren auf 1300 Gramm. Zum Vergleich sei das gesamte Körpergewicht angeführt: im ersten Lebensjahr erfährt es nur 11, in den ersten drei Lebensjahren 19 Prozent seiner postnatalen Zunahme (von 3,4 über 10 und 14 auf ca. 62 Kilogramm).

Der Zuwachs an Hirnsubstanz läßt eine deutliche sensible und beeinflußbare Phase des Zentralnervensystems in dieser Zeit erwarten. Auch die Ausbildung der Furchen und Windungen in der Oberfläche des Gehirns verläuft zwischen zweitem und siebtem Monat beschleunigt, worauf SCHAMBERGER (1978, S. 30) hinweist. Diese Vorgänge sollen mit einer Zunahme der Eiweiß- und Fettsubstanzen im Gehirn zusammenhängen; ihren Ausdruck finden sie in einer Angleichung der hirnelektrischen Aktivität an das Muster des Erwachsenen-EEG, deren entscheidender Schritt zwischen viertem und sechstem Lebensmonat angesetzt wird (vgl. SCHAMBERGER 1978, S. 31).

Nun ist jedoch dieser quantitative Zuwachs allein nicht ausschlaggebend. HEESE (1978, S. 13) hat aufgezeigt, wie sich im ersten Lebensjahr drei von vier für die Strukturbildung im Zentralnervensystem besonders wichtigen Prozessen überlagern:

– Die Bildung der Gliazellen, der Stütz- und Ernährungszellen der Neuronen, hat in der 28. Schwangerschaftswoche begonnen und dauert bis zum Ende des ersten Lebensjahrs an.

– Die Differenzierung der Neuronen hat ebenfalls in der 28. Schwangerschaftswoche begonnen; sie dauert bis zum Beginn des vierten Lebensjahrs an. Dazu gehören das Auswachsen der Neuriten zu ihren Endorganen, die Synapsenbildung – das Substrat der psychomotorisch-geistigen Leistungen – sowie die Ausbildung der in ihrer Gesamtheit Neuropil genannten Dendriten (vgl. SCHAMBERGER 1978, S. 30 f).

– Die Myelinisation, die Umscheidung der Neuriten mit Markscheiden, beginnt mit der Geburt und dauert bis ins sechste Lebensjahr an. Sie führt im wesentlichen zu einer Sicherung der Leitungsbahnen gegenüber ‚Kurzschlüssen‘ und zu einer erheblichen Beschleunigung der Impulsleitung.

Im ersten Lebensjahr besteht also die Möglichkeit, auf das noch wachsende, noch nicht endgültig strukturierte Gehirn Einfluß auszuüben. Das Gehirn besitzt in dieser Zeit eine gewisse Kompensationsfähigkeit. Während man dabei früher die Vorstellung hatte, die Leistungen zerstörter Neuronen und Leitungsbahnen würden durch andere bislang ‚stumme' Neuronen und neu sich bildende Synapsen und Bahnen übernommen, gibt den heutigen Erkenntnisstand SEITELBERGER (1976, S. 381) folgendermaßen wieder:

„Das strukturelle Substrat solcher neuer Schaltpläne ist nicht etwa die Bildung neuer Zellgruppen und neuer Nervenbahnen, sondern sind subtile Veränderungen in den neuronalen Kontaktapparaten, in der Verzweigung der Dendriten, in der Zahl und Verteilung der Synapsen, und sind die noch unbekannten molekularen Änderungen, die in dem Synapsenraster das bestimmte Muster aktivieren und als Funktionseinheit verfügbar machen."

Deutlich gezeigt haben sich solche Kompensationsmöglichkeiten bei den Asphyxie-Experimenten an Primaten (die sicherlich in einem höheren Maß übertragbar sind als Studien an Vögeln oder Fischen). Ein bei einem Neugeborenen erzwungener Sauerstoffmangel führte zu einer Gehirnschädigung, die von der Dauer des Sauerstoffentzugs abhängig war. HEESE (1978, S. 16) referiert:

„Die Amerikaner WINDLE und MYERS haben zeigen können, daß die von ihnen bei neugeborenen Rhesusäffchen gesetzten Asphyxien zwar schwere zentrale Funktionsstörungen bewirkten, daß diese aber nach drei bis vier Jahren größtenteils verschwunden waren."

Bei einer in späterem Alter vorgenommenen Hirnläsion wäre eine Kompensation gleichen Ausmaßes nicht eingetreten. Nun kann Kompensation spontan durch Reifungsprozesse zustandekommen, aber auch durch gezieltes Funktionstraining induziert werden. Durch einen kontrollierten Vergleich von Förderungs- und Kontrollgruppe hätte man dieser Frage in der Anfangszeit der Frühförderung, als nur ein Teil der von Behinderung bedrohten Kinder gefördert werden konnte, nachgehen können; einstweilen wäre es ethisch nicht mehr verantwortbar, einem Teil betroffener Kinder Frühförderung vorzuenthalten, nur um ihre Spontanentwicklung dem Förderungseffekt gegenüberstellen zu können. Höchstwahrscheinlich überlagern sich Spontankompensation und Interventionseffekt: auch bei den Primaten „erwies sich die Ausgleichbarkeit von Funktionsschäden als um so erfolgversprechender, je früher mit einem Funktionstraining begonnen wurde" (HEESE 1978, S. 16).

Systematisch genutzt werden diese Befunde bei einer Methode, die unter der Bezeichnung Fazilitation (assisted functioning) Eingang in die Frühförderung gefunden hat. Es handelt sich dabei

„um das Ermöglichen, Erleichtern, Anbahnen von komplexen Bewegungsmustern, Patterns ... (Körpermotorik, Sprachmotorik), die aufgrund von Behinderungen, Störungen oder Entwicklungsbeeinträchtigungen unter normalen Bedingungen ohne diese therapeutische Intervention nicht oder nicht normgerecht entwickelt würden" (WILKEN 1976, S. 93).

Bei Kindern mit sich bereits abzeichnender Zerebralparese sollen etwa die primitiven Bewegungsmuster (z.B. Strampeln) – die bei Zerebralgeschädigten sonst erhalten bleiben – allmählich unterbunden und gehemmt werden und stattdessen die ‚posturalen Reflexmechanismen' – die Statik, Gleichgewicht und damit Sitzen und Gehen vorbereiten – gebahnt oder fazilitiert werden. Ähnlich können Saug- und Schluckbewegungen durch aktive Hilfen erleichtert werden, was sowohl der Nahrungsaufnahme wie auch später der Artikulation und Phonation zugute kommt.

Der beachtenswerte Erfolg solcher Intervention zeigt die Wirksamkeit eines neuen, von der Neurophysiologie bislang kaum wahrgenommenen Prinzips an: Nicht nur das Gehirn bestimmt, welche Funktionen ausgeführt werden können und welche nicht, auch die Ausführung von Funktionen wirkt auf die weitere Entwicklung des Gehirns zurück.

Ähnliches scheint für die Sensorik zu gelten: nicht nur das Zentralnervensystem bestimmt, welche Sinnesreize wahrgenommen werden und welche nicht, sondern auch das Ausmaß sensorischer Stimulation hat Rückwirkungen auf die Weiterentwicklung des Gehirns. PECHSTEIN (1975, S. 22) betont,

„daß ein Mehr oder Weniger an Sinnesreizzufuhr in diesem Zeitraum höchster Entwicklungsgeschwindigkeit nicht nur funktionelle, sondern auch morphologisch-strukturelle Veränderungen vor allem im interneuralen Dendritenapparat der Hirnrinde bewirken kann und damit das Ausmaß der späteren Funktionskapazität des Gehirns maßgeblich bestimmt".

LÖWE (1976, S. 64) referiert eine Untersuchung von GRIFFITHS, bei der 42 nachweislich hörgeschädigten Säuglingen bereits im Alter zwischen einem und acht Monaten Hörgeräte angepaßt wurden;

„alle diese Kinder zeigten nach gezieltem Einsatz von zwei Hörgeräten über viele Monate hinweg bessere Hörreaktionen. Bei einem Teil konnte nach mehrmonatiger Hörerziehung sogar eine völlig normale Hörfähigkeit festgestellt werden."

LÖWE setzt sich mit dieser Untersuchung recht kritisch auseinander; zum Beispiel hätte es sich bei der Erstdiagnose – Säuglingsaudiometrie ist bekanntlich methodisch nicht einfach – um eine Fehldiagnose handeln können. Dagegen sprach allerdings, daß die Säuglinge die massiv verstärkenden Hörgeräte toleriert haben; ein normal hörendes Kind hätte sich eine solche Beschallung nicht gefallen lassen. Zudem trat der Effekt eben nur bis zum achten Lebensmonat ein, obgleich ältere hörgeschädigte Kinder das gleiche verstärkte Schallangebot erhielten. Von einer Zagreber Anatomin stammt der Erklärungsversuch,

„daß bei einigen Kindern auf Grund eines Reiferückstandes die volle Mylenization der Hörbahnen nicht möglich sei, falls ihnen nicht bald nach der Geburt verstärkter Schall angeboten würde. Nach ihrer Theorie bleibt der Zustand der Mylenization nach dem achten Monat statisch." (LÖWE 1976, S. 64).

Wie die vorherigen zeigt auch dieser Befund, daß im ersten Lebensjahr eine Rückwirkung von Funktion und Wahrnehmung auf die Entwicklung des Zentralnervensystems selbst stattzufinden scheint. In welchem Ausmaß, mag vorläufig dahingestellt bleiben; „daß es aber im Prinzip möglich und faktisch ausnutzbar ist, unterliegt keinem Zweifel mehr" (HEESE 1978, S. 17).

6.2.3. Aufgaben der Frühförderung

Nachem LÖWE (1976) bereits zwischen „Früherfassung, Früherkennung, Frühbetreuung" unterschieden hatte, nannte HEESE (1978, S. 4 ff) vier Teilbereiche der Frühförderung: Früherkennung, Früherfassung, Früherziehung (mit Frühtherapie) sowie Frühberatung. Wir wollen hier diese Einteilung übernehmen, die Reihenfolge jedoch dem zeitlichen Ablauf entsprechend modifizieren.

6.2.3.1. Früherfassung

Voraussetzung jeder Frühförderung ist die Erfassung der zu fördernden Kinder. So simpel dies klingen mag, in der Praxis erweist es sich als relativ schwierig. Denn der erste Zeitpunkt, zu dem jedes Kind in den Blickpunkt öffentlichen Interesses rückt, dürfte die Einschulung sein; Vorsorgeuntersuchungen – von denen noch die Rede sein wird – sind nicht verpflichtend und unterliegen zudem der ärztlichen Schweigepflicht.

Als Allheilmittel fast wird in dieser Situation vielfach die Einführung einer staatlichen Meldepflicht für Behinderungen gefordert, ähnlich wie bereits bestimmte Infektionskrankheiten meldepflichtig sind. Doch könnte die Meldung an staatliche Stellen als diskriminierend empfunden werden, die amtliche Dokumentation der Behinderung für das Kind lebenslange institutionelle Maßnahmen vorzeichnen; aus solchen Gründen wäre die Neigung, die Meldung möglichst hinauszuzögern, bei Eltern und Ärzten wohl groß, dem Ziel der Frühförderung damit also wohl kaum gedient (vgl. S. 24).

Frühförderung wendet sich ja auch und gerade an diejenigen Eltern, die erste Zeichen einer Entwicklungsverzögerung ihres Kindes noch nicht klar zu deuten wissen, mit dem Angebot einer umfassenden Entwicklungsdiagnostik. Schließlich erfordert sie unbedingt die aktive

Mitwirkung der Eltern; sie kann von daher wohl kaum aufgrund einer behördlichen Verwaltungsmaßnahme verordnet werden.

Gegenwärtig werden vier Wege zur Früherfassung teils beschritten, teils gefordert (vgl. LÖWE 1976, S. 7):

1. Einige Behinderungen sind sogleich bei der Geburt augenfällig wie etwa eine Myelomeningozele oder ein DOWN-Syndrom, oder durch einfache Tests bei der Neugeborenen-Basisuntersuchung feststellbar, wie etwa eine Phenylketonurie. Zur frühen Aufdeckung angeborener Hörschäden können prophylaktische Hörmessungen bei allen Neugeborenen vorgenommen werden, wobei allerdings wegen der teilweise schwer zu interpretierenden Hörreaktionen des Kindes ein geübtes Untersuchungsteam notwendig ist (LÖWE 1976, S. 22). Von der Geburtsklinik oder Neugeborenenstation braucht nun nur noch eine Überweisung zur Frühförderung zu erfolgen; bei schlechter Kooperation zwischen den beiden Institutionen scheitert freilich bereits dieser einfachste Weg einer Erfassung.

2. Andere Behinderungen sind jedoch nicht unmittelbar bei der Geburt ersichtlich, sie zeichnen sich, wie etwa Zerebralparesen oder ein zunehmender Hörverlust, erst im Verlauf des ersten Lebensjahres ab. Dennoch weisen die allermeisten dieser Kinder bereits bei der Geburt einen oder mehrere Risikofaktoren auf. In die Erstellung einer Risikokinderkartei und die regelmäßige besonders gründliche Untersuchung der in ihr enthaltenen Säuglinge werden deshalb besonders große Hoffnungen gesetzt; LÖWE (1976, S. 7) gibt an, „daß 70 % bis 90 % aller Kinder, die im Laufe der frühen Kindheit als hörgeschädigt diagnostiziert werden, in einer Risikokartei von Neugeborenen zu finden gewesen wären".

3. Auch die systematische Schulung der Haus- und Kinderärzte, auf Anzeichen von Entwicklungsverzögerung und Beeinträchtigungen der Sinnesfunktionen stärker zu achten, würde die Früherfassung verbessern; nimmt doch ein Großteil der Kinder irgendwann einmal ärztliche Behandlung oder die vorgesehenen Vorsorgeuntersuchungen (vgl. S. 277) in Anspruch. Häufig jedoch erhalten Eltern aus der Gruppe der Allgemeinärzte den (falschen) Rat, ‚erst einmal abzuwarten‘.

4. Nicht zuletzt sind es auch häufig die Eltern oder Verwandte des Kindes, denen Entwicklungsverzögerungen oder fehlende Reaktionen auf Sinnesreize auffallen, woraufhin sie von sich aus eine Einrichtung der Frühförderung aufsuchen.

6.2.3.2. Früherkennung

Ist der Verdacht auf eine sich anbahnende Behinderung einmal ausgesprochen, ein Spezialist der Frühförderung angegangen, so stellt sich die Aufgabe, Entwicklungsstand und Sinnesfunktionen objektiv zu erheben.

Das Hörvermögen wird beispielsweise mit Hilfe der Audiometrie in ihren verschiedenen Varianten erfaßt: der Säuglingsaudiometrie im ersten Lebenshalbjahr (vgl. LÖWE 1976, S. 22 ff), der Verhaltensbeobachtungs-Audiometrie von 0;7 bis etwa 2;6 Jahren, der Spielaudiometrie von drei Jahren an aufwärts (vgl. LÖWE 1976, S. 14 ff).

Der Ermittlung des allgemeinen Entwicklungsstandes dient die Entwicklungsdiagnostik; diese ist unter methodischer Verfeinerung an die Stelle älterer Kleinkindertests wie denen von BÜHLER und HETZER (1977), BAYLEY, GESELL sowie GRIFFITHS getreten. Mehrere Funktionsbereiche der kindlichen Entwicklung werden dabei getrennt untersucht.

Die Kleinkindertests von BÜHLER und HETZER (1977) enthalten 230 Aufgaben für die ersten sechs Lebensjahre, 120 davon für das erste Lebensjahr, jeweils 40 für das zweite und dritte, jeweils 10 für das vierte bis sechste Jahr. Der Schwerpunkt des Verfahrens liegt also im Säuglingsalter. Sechs Bereiche werden geprüft, die allerdings in die einzelnen Altersreihen unterschiedlich stark eingehen:
– Sinnliche Rezeption
– Körperbewegungen
– Soziales Verhalten
– Lernen
– Betätigung an Material
– Geistige Produktion

Den neueren entwicklungsdiagnostischen Verfahren geht es nun nicht mehr darum, einen globalen Entwicklungsquotienten zu ermitteln, oder darum, Leistungen im Normalbereich zu differenzieren, das einzelne Kind mit dem Mittelwert seiner Altersgruppe zu vergleichen. Vielmehr sind nunmehr bloß noch diejenigen Ergebnisse relevant, die extrem hinter dem normalen Entwicklungsverlauf zurückbleiben. Deshalb wird gewöhnlich ein 90-Prozent-Kriterium verwendet: eine Aufgabe wird dann einer bestimmten Altersstufe zugeordnet, wenn 90 Prozent der Kinder sie in diesem Alter zu lösen vermögen (Mindestentwicklungsstand). Ein genau durchschnittlich entwickeltes Kind wird sie dann zwar bereits seit längerem beherrschen; bei einem Kind aber, das sie immer noch nicht bewältigt, kann man von einem Entwicklungsrückstand sprechen.

Ein Beispiel aus den DENVER-Skalen mag das verdeutlichen. Die Aufgabe ‚läuft allein‘ wird bewältigt:
– mit 12 Monaten von 25 Prozent der Kinder;
– mit 13 1/2 Monaten von 50 Prozent der Kinder;
– mit 15 Monaten von 75 Prozent der Kinder;
– mit 16 Monaten von 90 Prozent der Kinder.

Im Rahmen der Entwicklungsdiagnostik ist diese Aufgabe erst ab 16 Monaten relevant: nur wenn die geprüfte Fähigkeit dann noch nicht erworben ist, ist dies als bedenklich zu werten.

Selbstverständlich geht eine entwicklungsdiagnostische Untersuchung in spielerischer Form vor sich; das Kind braucht dabei, wie die Demonstrationsfilme zur ‚Münchner Funktionellen Entwicklungsdiagnostik‘ zeigen, gar nicht zu bemerken, daß an ihm eine Prüfung vorgenommen wird.

Wir wollen nun die wichtigsten entwicklungsdiagnostischen Verfahren kurz vorstellen; die eingehende, für die praktische Anwendung notwendige Einarbeitung kann dadurch natürlich nicht ersetzt werden.

1. Die ‚DENVER-Entwicklungsskalen‘ (FLEHMIG 1970) verstehen sich als „Suchverfahren, das grobe Entwicklungsstörungen aufzeigt", die nur 105 Aufgaben lassen sich übersichtlich auf einer Wandtafel für die Beratungsstelle oder kinderärztliche Praxis anordnen. Die Aufgaben decken die ersten sechs Lebensjahre ab – dabei besonders differenziert die ersten 18 Monate – unter Berücksichtigung folgender, teilweise jedoch weit gefaßter Bereiche:

– Sozialer Kontakt (23 Aufgaben, z. B.: ‚lächelt spontan‘, ‚ißt Kekse allein‘, ‚knöpft zu‘);
– Feinmotorik und Adaptation (30 Aufgaben, z. B.: ‚betrachtet Rosinen‘, ‚Pinzettengriff‘, ‚malt Quadrat nach‘);
– Sprache (21 Aufgaben, z. B.: ‚lacht‘, ‚imitiert Sprachlaute‘, ‚benennt ein Bild‘, ‚definiert Wörter‘);
– Grobe Motorik (31 Aufgaben, z. B.: ‚dreht sich um‘, ‚steht kurze Zeit‘, ‚fährt Dreirad‘).

2. Das ‚Sensomotorische Entwicklungsgitter‘ von KIPHARD (1976) enthält 240 Aufgaben für die ersten vier Lebensjahre des Kindes. In den fünf Bereichen ist jeweils jeder Lebensmonat durch eine einzelne Aufgabe repräsentiert, die von 90 Prozent der Kinder dieses Alters erfüllt wird. Die fünf Bereiche sind:

– Sehen und optisch wahrnehmen
– Greifen sowie Hand- und Fingergeschick
– Fortbewegung und Gesamtkörperkontrolle
– Mundgeschick und aktiver Sprachschatz
– Hören und akustisch wahrnehmen (Sprachverständnis).

Zusätzlich kann das ‚Psychosoziale Entwicklungsgitter‘ herangezogen werden, das, analog aufgebaut, ebenfalls 48 Items zum Sozialkontakt für die ersten vier Lebensjahre enthält. Auch hier sind die geprüften Bereiche teilweise weit gefaßt: wie in den DENVER-Skalen unter ‚sozialen Kontakt‘ auch die erreichte praktische Selbständigkeit miteingeht, so werden hier unter ‚Sprache‘ auch die vorbereitenden Akte des Schluckens, Saugens und Kauens geprüft.

Nicht jedes Kind erwirbt die geprüften Fähigkeiten in der Reihenfolge, in der sie den einzelnen Monaten zugeordnet sind; auch sind – genauen Bewertungsrichtlinien entsprechend – halbe Lösungen möglich. In diesem Fall ergibt sich aus der Punktsumme der gelösten Aufgaben „das ungefähre Spätestentwicklungsalter des Kindes" (KIPHARD 1976, S. 13); liegt dieses unter dem tatsächlichen Lebensalter, so wird damit eine „auf krankhafte Störung verdächtige Entwicklungsverlangsamung" signalisiert.

3. Die ‚Münchner Funktionelle Entwicklungsdiagnostik' (HELLBRÜGGE et al 1971; 1978; vgl. auch SCHAMBERGER 1978, S. 75 ff) differenziert noch stärker zwischen den einzelnen, insbesondere den motorischen Funktionsbereichen der kindlichen Entwicklung. Acht verschiedene Entwicklungsalter werden ermittelt:

– Krabbelalter
– Sitzalter
– Laufalter
– Greifalter
– Perzeptionsalter
– Sprechalter
– Sprachverständnisalter
– Sozialalter

Das Entwicklungsprofil – mit dem chronologischen Alter als Vergleichswert – läßt deutlich die individuellen Rückstände eines Kindes erkennen. Eine geistige Behinderung führt gewöhnlich zu einem allgemeinen Entwicklungsrückstand, eine schwere zerebrale Bewegungsstörung zu einem Rückstand vor allem der vier motorischen Funktionsbereiche; bei einer starken emotionalen Deprivation (Hospitalismussyndrom) bleiben besonders Sprech-, Sprachverständnis- und Sozialalter hinter der normalen Entwicklung zurück.

6.2.3.3. Frühberatung

An die Diagnose eines kindlichen Entwicklungsrückstands (und seiner Ursachen) schließt sich die Beratung der Eltern an. Zunächst wird es darum gehen, „mit den Eltern mehrmals Gespräche über die Lebensperspektiven ihres behinderten Kleinkindes zu führen" (HEESE 1978, S. 7). Der Berater kann seine Hilfe bei der Überwindung des Schocks über die nunmehr zur Gewißheit gewordene Behinderung (vgl. S. 239) anbieten, die Akzeptierung des Kindes fördern, überbehütende Bindung zu vermeiden suchen.

Er wird die Eltern über die Chancen ihres Kindes informieren, auf ihren notwendigen Beitrag zur Frühförderung hinweisen, mit Fallbeispielen – wie HEESE (1978, S. 8) empfiehlt – aufzeigen, was aus ihrem Kind werden kann. Er wird zu Erziehungsproblemen Stellung nehmen, die behinderte Kinder wie nichtbehinderte auch verursachen. Langfristig wird die Frühberatung übergehen in die Elternarbeit, die an anderer Stelle, wenn auch nur kurz, zur Sprache kommt (vgl. S. 288).

6.2.3.4. Früherziehung und Frühtherapie

„Die Früherziehung ist das Kernstück der Frühförderung; sie ist eine besondere Erziehung, die früh einsetzt, planmäßig (nach einem Förderungssystem) erfolgt und die vorliegende oder die drohende Schädigung berücksichtigt" (HEESE 1978, S. 5). Die Prinzipien der Prävention, Korrektion und Kompensation finden dabei Anwendung. In diesem Zusammenhang macht es keinen großen Unterschied, ob von ‚Früherziehung' die Rede ist oder von ‚Frühtherapie', die im nachhinein dann als ‚Lerntherapie' gekennzeichnet wird: in jedem Fall stehen anstelle der klassischen medizinischen Therapieformen (Medikamente, Operationen) hier die eher pädagogischen, sich auf Lernprozesse stützenden Methoden – „über das Wort und durch die Bewegung" (HEESE 1978, S. 6) – im Vordergrund.

Die Spezialisten der Frühförderung können dabei ohnehin nicht mehr als Anleitungen geben; da auch ein entwicklungsverzögertes Kind gewöhnlich innerhalb der Familie aufwächst, müssen die frühtherapeutischen Prinzipien in erster Linie von den Eltern realisiert werden, um wirksam zu werden. Die Frühförderung bedient sich also eines mediativen Konzepts: die Eltern werden als vermittelnde Ko-Therapeuten zwischen die anleitenden Experten und das zu fördernde Kind eingeschoben.

Im einzelnen sind die Inhalte der Frühförderung je nach drohender oder bereits manifester Behinderung verschieden. Für geistig behinderte Kinder gilt das Lernen durch Konditionierung als erfolgreichste Lernmethode und findet in verhaltenstherapeutischen Programmen zum Verhaltensaufbau Anwendung. Das Prinzip der Wiederholung ist für sie noch bedeutsamer als für andere Kinder, „sie erleben das Bekanntheitserlebnis als lustbetont und freuen sich an den bei Wiederholungen sich leichter einstellenden Erfolgen" (JOSEF & JOSEF 1975, S. 21). THEILE (1974, S. 135) geht von einer Wechselbeziehung zwischen Intelligenz und Motorik aus; „das bedeutet, daß geistig behinderte Kinder einerseits aufgrund ihrer geringen Intelligenz eine gestörte Motorik haben, andererseits die Entwicklung ihrer Intelligenz durch die Mängel der Motorik behindert wird". Sie schlägt folglich eine psychomotorische Übungsbehandlung (vgl. S. 124) vor, die sich bemüht, „latent vorhandene, noch nicht entwickelte Funktionen zu wecken und aufzubauen" (S. 134). Ein Konzept, mit dem vor allem die Sprachentwicklungsverzögerung und Sprachstörungen geistig Behinderter angegangen werden, hat WILKEN (1975; 1978) vorgestellt. Weitere Programme zur Früherziehung geistig behinderter Kleinkinder liegen von BACH (1975) und SCHAMBERGER (1978) vor.

Einer spezifischen Methodik bedient sich die Haus-Spracherziehung eines hörgeschädigten Kleinkindes, wenn, wie bislang nur bei 12,7 Prozent dieser Kinder (LÖWE 1976, S. 3), eine echte Früherfassung im ersten oder zweiten Lebensjahr gelungen ist. LÖWE (1976) referiert die im Ausland angewandten methodischen Vorgehensweisen und erläutert sodann seine eigene; die Vermittlung von Hörerfahrungen mit Hilfe frühestmöglicher Anpassung von Hörgeräten und Hinführung zur Sprechbereitschaft sind dabei die wichtigsten Aufgaben der ersten, von den Eltern getragenen Phase der Hörerziehung.

Bei der Gefahr zerebraler Bewegungsstörungen steht zunächst die krankengymnastische Behandlung nach den Methoden von BOBATH oder VOJTA im Vordergrund; „die Bewegungsbehandlung kann beginnen, bevor die Symptome der gestörten Motorik manifest werden" (KUNERT 1972, S. 61). Dabei geht es darum, die abnorme Reflexaktivität des zerebral geschädigten Kindes zu hemmen, seinen abnormen Muskeltonus zu bessern und möglichst gute Haltungs- und Bewegungsformen zu bahnen (S. 62). CRICKMAY (1978, S. 20 ff) beschreibt die reflexhemmenden Stellungen, in denen die reflektorischen Massenbewegungen sich verhindern lassen (z. B. Kniestand, Fersensitz).

Die Behandlung beginnt mit der passiven Anbahnung; das Kind wird passiv in die angestrebte Haltung gebracht, die gewünschte Bewegungsabfolge wird fazilitiert (vgl. S. 268) oder auch geführt. In einem zweiten Schritt, der reflektorischen Auslösung, wird die angestrebte Bewegungsabfolge auf einem automatischen Niveau abgerufen, „während die willkürliche, aktive Bewegung desselben Ablaufes erst zu einem späteren Zeitpunkt durch entsprechende Motivation in Gang gesetzt wird" (KUNERT 1972, S. 65). Ein besonderes Training erfordert die Muskulatur des Mundraums für die Nahrungsaufnahme, den Mundschluß und das Sprechen (CRICKMAY 1978, S. 79 ff).

Trotz der Vordringlichkeit einer motorischen Frühförderung bei zerebralen Bewegungsstörungen sollte doch, wie KUNERT (1972, S. 62) bemerkt, „das ganze Kind" gesehen werden, stellt doch die krankengymnastische Übungsbehandlung auch eine starke Belastung für das Kind dar: „In fast allen Frühbehandlungszentren ... weinen oder schreien Kinder bereits auf dem Arm der Mutter, sobald sie den Behandlungsraum betreten, sie weinen die ganze Behandlung hindurch, bis sie erschöpft wieder hinaus getragen werden" (KUNERT 1972, S. 64). Die Autorin schlägt deshalb vor, im Rahmen eines breiteren Vorgehens auch die Intelligenz- und die Persönlichkeitsentwicklung bei der Frühförderung mitzuberücksichtigen.

6.2.4. Organisationsformen der Frühförderung

Vorschläge zur Organisation der Frühförderung liegen sowohl von kinderärztlich-sozialpädiatrischer Seite (PECHSTEIN 1975) wie auch von sonderpädagogischer Seite (SPECK 1973; 1977a) vor, wobei beide als ‚Gutachten und Studien der Bildungskommission' einen quasi-offiziellen Charakter erhalten haben. Es deutet sich hierin ein gewisser Konflikt innerhalb der Bildungskommission an, der offenbar keiner Lösung zugeführt werden konnte und in den genannten Gutachten nicht immer nur zwischen den Zeilen anklingt. So hebt MUTH (1975a, S. 7) in seiner Einführung zum Gutachten PECHSTEINs das „Zentrum für pädagogische Frühförderung" hervor, das in seiner Konzeption und mit seiner Bezugsgröße von 200 000 Einwohnern von dem im Gutachten selbst vorgestellten Sozialpädiatrischen Zentrum jedoch deutlich abweicht. Beide Konzeptionen seien vorgestellt, wobei es nicht ohne gewisse Akzentuierungen abgeht.

6.2.4.1. Das medizinische Modell: Sozialpädiatrische Zentren

Johannes PECHSTEIN, der für den Deutschen Bildungsrat das Gutachten über Sozialpädiatrische Zentren erstellt (PECHSTEIN 1975) und selbst seit 1970 eines der ersten dieser Zentren in Mainz aufgebaut hat, geht davon aus, daß der größere Teil behinderter Kinder sich aus ‚Risikokindern' rekrutiert, deren Belastung schon nach der Geburt erfaßbar ist, sowie aus ‚Überwachungskindern', die in den ersten beiden Lebensjahren entwicklungsneurologisch auffällig sind. Als überschlägige Regel gibt PECHSTEIN (S. 25) an:

– Risikokinder: 20 % eines Jahrgangs
– Überwachungskinder: 10 % eines Jahrgangs
– behinderte Kinder: 5 % eines Jahrgangs

Mit Vorsorgeuntersuchungen im Kleinkindalter, wie sie seit 1971 im Rahmen der gesetzlichen Krankenversicherung und seit 1974 über das BSHG und Rehabilitationsgesetz auch für nicht versicherte Familien kostenfrei möglich sind, steht ein screening-Verfahren zur Früherkennung von Behinderungen zur Verfügung; die ärztliche und kinderärztliche Praxis wird damit zur wichtigsten ersten Anlaufstelle. Sieben solcher Untersuchungen sind vorgesehen (S. 27):

– Neugeborenen-Erstuntersuchung („erste Lebensminute")
– Neugeborenen-Basisuntersuchung
– Untersuchung in der 4. bis spätestens 6. Lebenswoche
– Untersuchung im 4. bis 6. Lebensmonat
– Untersuchung im 9. bis 12. Lebensmonat
– Untersuchung im 21. bis 24. Lebensmonat
– Untersuchung im 4. Lebensjahr

Der Wert dieses screening-Programms steht und fällt – außer mit dem diagnostischen Spürsinn des untersuchenden Arztes – vor allem mit der Inanspruchnahme des zwar kostenfreien, jedoch nicht verpflichtenden Untersuchungsprogramms; PECHSTEIN (S. 27) weist auf „die zwischen mehr als 50 % bei U 1 und etwa 25 % bei U 7 schwankende Teilnahme der in den einzelnen Altersstufen lebenden Kinder" hin. Dabei kann angenommen werden, daß es eher die mit geburtsanamnestischen und soziokulturellen Risiken ohnehin stärker belasteten Unterschichtkinder sind, die von einem solchen Programm mangels mütterlichen Interesses nicht ausreichend profitieren.

Auffälligkeiten bei den screening-Untersuchungen sollten nach PECHSTEIN zu einer gründlichen Entwicklungsdiagnostik in einem Sozialpädiatrischen Zentrum führen, von denen eines für einen Bereich von einer Million Einwohnern zur Verfügung stehen sollte; dieses Zentrum könnte auch die spezialisierte Abteilung einer Kinderklinik sein.

„Zur Optimierung der Wege" empfiehlt PECHSTEIN (S. 42) außerdem die Einrichtung kleinerer Zentren, in denen dann eine verordnete Behandlung durchzuführen wäre:

„Diese ‚Coronarzentren' sollten insbesondere in dünn besiedelten Gebieten eingerichtet werden, um für die laufende Beratung Entfernungen von maximal 50 km oder Transportzeiten von 1 Stunde nicht zu überschreiten. Hier sind unterschiedliche Organisationsformen wie Anschluß an kleinere Kinderkliniken, Praxisverbund, Angliederung an Tagesstätten oder Schwerpunktgesundheitsämter bzw. an Erziehungsberatungsstellen denkbar."

Im weiteren Teil seines Gutachtens umschreibt PECHSTEIN sodann den Aufgabenkatalog, den Funktionsablauf und die personelle Zusammensetzung eines Sozialpädiatrischen Zentrums, ehe er das Kinderneurologische Zentrum Mainz sozusagen als Prototyp einer solchen Einrichtung vorstellt, auch was Raum- und Finanzplanung betrifft, und erste Zahlen aus der zweijährigen Bestehenszeit angibt.

Der Aufgabenkatalog eines Sozialpädiatrischen Zentrums umfaßt nach PECHSTEIN (S. 49 f) vor allem vier Bereiche:

1. die kinderneurologisch-kinderpsychologische Differentialdiagnostik mit speziellen, zeitraubenden Fragestellungen;
2. die Einleitung von Behandlungsmaßnahmen; dabei stehen die von PECHSTEIN (S. 28) als „frühe Lerntherapie" zusammengefaßten Verfahren (Krankengymnastik, Sprachanbahnung, Beschäftigungstherapie) gegenüber operativen, diätetischen oder medikamentösen Behandlungen deutlich im Vordergrund. „Die aufgrund der Untersuchungsergebnisse aufzustellenden Therapieprogramme werden entweder – bei Behandlungsmöglichkeiten in der Nähe des Wohnortes – den Hausärzten übermittelt, an entsprechende ‚Coronarzentren' weitergeleitet oder im Rahmen der Wiederkehrbetreuung ambulant bzw. stationär – über eine gemeinsame Aufnahme von Mutter und Kind – durchgeführt" (S. 49).

3. sozialhygienische Aufgaben: „Durch den Ausbau eines nachgehenden sozialen Dienstes, durch verbesserte Rückkopplung zu Institutionen und Ämtern und durch den evtl. Einsatz mobiler Behandlungsteams insbesondere in sozialen Brennpunkten und in ländlichen Gebieten kann der Aktionsradius der Hilfe für behinderte Kinder beträchtlich erweitert werden" (S. 50)
4. Aufgaben der Fort- und Weiterbildung: der rasche Erfahrungszuwachs bei hoher Besucherquote kann – auch über biostatistisch-epidemiologische Forschungsarbeit – der Kinderheilkunde und den Sozialberufen nutzbar gemacht werden.

Den Funktionsablauf in einem Sozialpädiatrischen Zentrum hat PECHSTEIN (S. 52 f) detailliert dargestellt. Nach Anmeldung durch Hausarzt, Beratungsstellen oder die Eltern selbst wird durch Zusendung eines Fragebogens eine ausführliche Vorinformation über Kind und Familie erhoben. Bei einem ambulanten, zunächst eintägigen Besuch des Kindes mit seinen Eltern findet eine umfassende Diagnostik durch Arzt und Psychologen statt; bei Schulschwierigkeiten wird auch der Sonderpädagoge, zur Frage möglicher sozialer Hilfen der Sozialarbeiter beteiligt.

Aus der Diagnostik resultiert in jedem Fall ein Therapiekonzept, das entweder im Zentrum selbst durchgeführt oder an Institutionen oder Therapeuten im engeren Wohnbereich delegiert wird. Verhaltenstherapie, Sprachtherapie durch einen Logopäden, heilpädagogische Lerntherapie und neurophysiologische Krankengymnastik stehen dabei, jeweils mit Elternanleitung, im Vordergrund; bei Anfallskindern wird auch eine medikamentöse Therapie eingesetzt. In Form einer Wiederkehrbetreuung sollen dann regelmäßige Nachuntersuchungen im Zentrum erfolgen.

Außer dieser ambulanten Betreuungsform bringt „die Einbeziehung stationär-klinischer Funktionsabläufe ... für derartige Zentren eine erhebliche Erweiterung ihrer Arbeitsmöglichkeiten" (S. 54). Hierzu gehören einmal eine Mutter-Kind-Station, wo unter Vermeidung einer Trennung von Mutter und Kind „für zumeist fünf Tage, manchmal auch zwei Wochen" eine ausführliche Diagnostik betrieben wird und die Eltern (die Mütter) in Therapie- und Förderungsmaßnahmen eingewiesen werden. Die Klinische Station „ähnelt in ihren Prinzipien der Arbeit am chronisch kranken Patienten in kinderneurologisch-kinderpsychiatrischen Abteilungen" (S. 55); sie leistet die Abklärung und medikamentöse Einstellung etwa bei Anfallsleiden oder die „Unterbrechung eines pathologischen Erziehungskreislaufs" bei verhaltensgestörten Kindern.

Zum Personalbestand eines Sozialpädiatrischen Zentrums legt PECHSTEIN eine Berechnung vor, nach der jeweils drei Therapeuten auf die – vorwiegend diagnostisch tätige – Arzt-Psychologen-Dyade entfallen.

„Für die Zusammensetzung eines diagnostisch-therapeutischen Grundteams ist somit eine Relation von 1 neuropsychiatrisch erfahrenen Kinderarzt, 1 Kinderpsychologen, 1 Krankengymnastin, 1 heilpädagogischen Therapeutin und 1 Logopädin zu empfehlen, denen je nach Aufgabenschwerpunkt ein gewisser Zeitanteil des Sozialarbeiters und des Sonderpädagogen zur Verfügung stehen muß. Dieses Konzept hat sich als praktikable Organisationsgrundlage auch für kleinere Einheiten . . . erwiesen." (S. 59)

Für PECHSTEINs Mainzer Zentrum mit etwa 800 ambulanten Neuaufnahmen pro Jahr erwies sich jedoch eine Verfünffachung dieses Grundteams als notwendig. Außerdem waren die angeschlossenen drei Krankenstationen (davon eine Mutter-Kind-Station) mit etwa 30 Kinderkrankenschwestern und der Heilpädagogische Kindergarten mit 6 Erzieherinnen personell ausgestattet. PECHSTEIN gibt den Personalbestand seines Zentrums (112 Mitarbeiter) detailliert wieder (S. 74 f). Nun ist allerdings zu berücksichtigen, daß das Mainzer Zentrum – ähnlich dem von HELLBRÜGGE in München – eine Modelleinrichtung dieser Art darstellt, deren Einzugsbereich zunächst weit größer war als es eigentlich der Konzeption – 1 Zentrum auf 1 Million Einwohner – entspricht. Jedoch selbst wenn andere Zentren bescheidener ausfallen sollten, wird die Konzeption eine ähnliche sein, wie es ja auch PECHSTEINs Rede von einem „diagnostisch-therapeutischen Grundteam" andeutet.

Abschließend noch ein paar Worte zur Zusammensetzung der im Mainzer Zentrum vorgestellten Patienten: die in zwei Jahren etwa 1600 Kinder waren im Mittel 4 Jahre alt: 28 % kamen bereits in den ersten beiden Lebensjahren, 30 % erst jenseits des sechsten Lebensjahres. Bei 70 % der Kinder lag eine Mehrfachbehinderung vor. Die häufigsten Diagnosen waren (S. 78):

– bei 30,6 %: Intelligenzrückstände mit IQ zwischen 50 und 90
– bei 30,4 %: Zerebralparesen
– bei 25,4 %: schwere geistige Behinderungen mit IQ unter 50
– bei 24,8 %: schwere Verhaltensstörungen
– bei 18,0 %: Epilepsien.

Die Inanspruchnahme des Zentrums aus einem weiten Einzugsbereich, der Schweregrad und die Häufung der festgestellten Beeinträchtigungen lassen erkennen, daß ein großer Nachholbedarf auf sozialpädiatrischem Gebiet bestand. Mit der Entlastung durch weitere benachbarte Zentren sollte eine Intensivierung der Arbeit am einzelnen Kind und eine Betreuung auch leichter behinderter Kinder möglich sein.

Versuchen wir, Vor- und Nachteile des von PECHSTEIN skizzierten medizinischen Modells der Frühförderung zusammenzufassen.

Vorteil Nr. 1: Die verschiedenen für das behinderte Kleinkind wichtigen Dienste befinden sich unter einem Dach und arbeiten ohne organisatorische Kommunikationsprobleme zusammen.

Vorteil Nr. 2: Die Größe des Zentrums erlaubt eine umfassende Diagnostik mit medizinisch-technischen Apparaturen, sei es im Zentrum selbst oder in einer benachbarten Kinderklinik.

Vorteil Nr. 3: Der Charakter des Zentrums als medizinischer Institution macht die Finanzierung der vorgenommenen und eingeleiteten Maßnahmen, auch der psychologischen, über die Krankenkasse des Kindes problemlos.

Vorteil Nr. 4: In Großstädten – und etwa ein Drittel der Bevölkerung Westdeutschlands lebt in Großstädten – stellt der regelmäßige Besuch des Zentrums kein Problem dar.

Nachteil Nr. 1: Für die Eltern aus ländlichen, weitab von einem Zentrum gelegenen Gebieten ergeben sich bei einer Wiederkehrbehandlung erhebliche Aufwendungen an Zeit- und Wegekosten; eine nur selten vorgenommene Behandlung verliert dagegen an Effektivität.

Nachteil Nr. 2: Die von PECHSTEIN vorgesehenen ‚Coronarzentren‘, in denen häufiger notwendige therapeutische Maßnahmen durchzuführen sind, werden, obwohl in der Regel ebenfalls mit Fachleuten besetzt, zu Handlangern des an höherer Stelle erstellten Therapieplans degradiert; obwohl hierbei das Zentrum die Kinder relativ selten sieht, behält es sich doch Erfolgskontrolle und Behandlungsänderungen vor.

Nachteil Nr. 3: Mit dem Schuleintritt etwa geht die Hauptverantwortung für das behinderte Kind vom Sozialpädiater auf den Sonderpädagogen über; dieser aber ist an der Frühbetreuung nur marginal beteiligt gewesen; wichtige Vorinformationen fehlen ihm so.

Nachteil Nr. 4: Die im Regelfall eintägige Diagnostik im Zentrum ist zwar ökonomisch, dürfte jedoch viele, zumal behinderte Kinder überfordern (z.B. Intelligenzdiagnostik) und zeigt außerdem Kind und Eltern in einer künstlichen, lebensfernen Situation; das häusliche Verhaltensrepertoire von Kind und Eltern wie auch der Eindruck vom häuslichen Milieu bleiben dem Untersucher verborgen.

6.2.4.2. Das sonderpädagogische Modell: Frühpädagogische Stationen

Wenden wir uns nun dem sonderpädagogischen Modell der Frühförderung zu, das – unter Berufung auf die traditionsreiche Haussprachererziehung bei hörgeschädigten Kleinkindern (LÖWE 1976) – insbesondere von SPECK entwickelt wurde: in einem Gutachten der Bildungskommission erstmals vorgestellt (SPECK 1973), ging das Konzept auch in die Empfehlungen der Bildungskommission ‚Zur pädagogischen Förderung behinderter und von Behinderung bedrohter Kinder und Jugendlicher‘ ein (DEUTSCHER BILDUNGSRAT 1973, S. 44–65); über erste Erfahrungen und Modelleinrichtungen berichtete schließlich SPECK (1977a) gemeinsam mit KORTE (1977) und anderen Mitarbeitern.

„Der frühen Erkennung und Förderung von behinderten Kindern" hat der DEUTSCHE BILDUNGSRAT (1973, S. 25) einen Schwerpunkt seiner Empfehlung zur Förderung Behinderter gewidmet. Vorhandene Ansätze zur Früherfassung seien zu unsystematisch oder zu einseitig somatisch orientiert, „während eine pädagogische Förderung der Kinder erheblich zu kurz kommt" (S. 46). Daraus wird die Notwendigkeit abgeleitet, „ein System der Früherkennung und Frühförderung aufzubauen, das medizinische, pädagogische und soziale Aktivitäten einschließt" (S. 47).

Dazu zählen die schon besprochenen Maßnahmen der Prävention einschließlich Vorsorgeuntersuchungen, aber auch eine gründlichere Information der Öffentlichkeit und der einschlägigen Berufsgruppen: „Alle Ärzte, Pädagogen und Psychologen müssen während ihrer Ausbildung ausreichende Informationen über Frühdiagnostik, Frühpädagogik und Frühtherapie behinderter Kinder erhalten" (S. 49). In ‚sozialen Brennpunkten' sowie in Säuglings- und Kleinkinderheimen wird eine besonders intensive Prävention späterer Lern- und Verhaltensstörungen für notwendig erachtet (S. 50 ff).

Der Aufgabenbereich der Frühförderung wird auch hier untergliedert in 1. Früherkennung und Diagnose, 2. Beratung und Anleitung der Eltern, sowie 3. eigentliche Fördermaßnahmen, die in Form von Hausfrüherziehung, Spiel- und Wechselgruppen ablaufen sollen, ehe das behinderte Kind in einen allgemeinen Kindergarten oder einen speziellen Behinderten-Kindergarten aufgenommen wird.

Die Hausfrüherziehung ist dabei ein, wenn nicht das Spezifikum des sonderpädagogischen Modells. Wöchentlich oder monatlich erfolgend, ist sie „immer exemplarische Förderung unter Einbeziehung und Anleitung wenigstens eines Elternteils, weil die Hausfrüherziehung im wesentlichen von den Eltern durchgeführt wird" (S. 54). Sie vermittelt dem Frühpädagogen einen Einblick in die häuslichen Entwicklungsbedingungen des Kleinkindes und erlaubt ihm eine kontinuierliche Kontrolle seiner Entwicklung, wobei die Förderungstechnik in der gewöhnlichen familiären Umgebung den Eltern demonstriert wird, ihre Anwendung nötigenfalls korrigiert werden kann.

Mit den Vor- und Nachteilen der Hausbesuche setzt sich KORTE (1977, S. 125 ff) ausführlich auseinander. Als wesentlicher Nachteil wird vielfach der Zeitaufwand für An- und Rückfahrt genannt, der bei der Hausfrüherziehung 8 Stunden, also ein Fünftel der wöchentlichen Arbeitszeit beträgt (S. 127). Das Angebot von Spiel- und Übungsmaterial bleibt beschränkt, das häusliche Milieu mag unruhig und störend sein, eine wenig einsichtsvolle Mutter mag den Früherzieher (der ins Haus kommt und noch dazu nichts kostet) als einen Babysitter-Ersatz betrachten, statt sich von ihm in die Förderung des Kindes einweisen zu lassen. Als Konsequenz empfiehlt KORTE (S. 127), „sich auf ein flexibles und offenes System einzustellen, so daß in jedem Falle individuell entschieden werden kann, ob der mobilen oder ambulanten Form bzw. beiden alternativ der Vorzug gegeben wird."

In Wechselgruppen werden vier bis sechs behinderte Kinder von einem Jahr an aufwärts zusammengefaßt. Ursprünglich war dabei an eine stationäre Aufnahme von Mutter und Kind – eine Woche lang etwa einmal im Vierteljahr – mit einem besonders intensiven Training gedacht, mit systematischer Beobachtung und neuerlicher eingehender Untersuchung des Kindes verbunden. Sofern dies nicht möglich ist, können auch ambulante Wechselgruppen als regelmäßiger Gesprächskreis einer Mutter-Kind-Gruppe eingerichtet werden, der sich etwa wöchentlich trifft.

Die Spielgruppen – vom Alter von zwei Jahren an – dienen der sozialen Integration. Die Mutter des behinderten Kindes lädt dabei gleichaltrige Nachbarskinder mit ihren Müttern zur Spielstunde ein; dank der Früherziehung kann sie, sozusagen als Gegenleistung, besonders reichhaltiges Spielmaterial anbieten.

Auch im sonderpädagogischen Konzept der Frühförderung ist die enge Zusammenarbeit mit dem sozialpädiatrisch spezialisierten Kinderarzt vorgesehen; er übernimmt die medizinische Diagnose und Beratung. Außer dem Sonderpädagogen gehören dem Team, wie KORTE (1977, S. 114) am Beispiel der Münchener Carolinenhilfe aufzeigt, noch zwei Heilpädagogen, ein Psychologe, zwei Krankengymnasten, ein Logopäde sowie eine Sekretärin an. Es handelt sich – im Vergleich zum Sozialpädiatrischen Zentrum – also deutlich um ein kleines Team, das dafür aber auch näher am Wohnort des behinderten Kindes angesiedelt ist. SPECKS Konzeption sieht eine Frühpädagogische Station auf 200000 Einwohner vor, die in vielen Fällen anderen sonderpädagogischen Institutionen, etwa der ‚Lebenshilfe‘, angeschlossen werden könnte. An die Stelle eines Sozialpädiatrischen Zentrums würden also hier fünf kleinere Frühpädagogische Stationen treten; die Leitung läge jeweils beim Sonderpädagogen anstelle des auch im Sozialpädiatrischen Zentrum geltenden Chefarztsystems.

Es bleibt abzuwarten, welche der beiden konkurrierenden Konzeptionen sich letztlich durchsetzen wird. Möglicherweise kommt es auch zu einer Koexistenz beider Modelle: das Sozialpädiatrische Zentrum ist wohl in großstädtischen Ballungsgebieten wegen seiner größeren personellen und apparativen Möglichkeiten sowie wegen seines leichteren Abrechnungsmodus (über die Krankenkassen) überlegen, während in ländlichen, dünn besiedelten Gebieten die Frühpädagogische Station der Sonderpädagogik eine familiennähere, kontinuierliche Förderung gewährleisten kann, wodurch der Nachteil des komplizierten

Finanzierungssystems (teilweise über Gelder aus dem Kultusetat) deutlich aufgewogen wird.

6.2.5. Kompensatorische Vorschulerziehung als Frühförderung potentiell Lernbehinderter

Anders als bei den früh erkennbaren Sinnes-, Körper- und geistigen Behinderungen stellt sich die Situation der Frühförderung bei Lernbehinderten dar.

„Lernbehinderung im Vorschulalter diagnostizieren zu wollen ist nahezu unmöglich. Zwar gibt es auch schon im Kleinkindalter Verhaltensweisen, die spätere Lernbehinderung wahrscheinlich erscheinen lassen, doch wäre es sehr problematisch, wollte man ein Kind als lernbehindert bezeichnen, das u. U. noch gar keine Gelegenheit hatte, die für den Schulerfolg erforderlichen Fertigkeiten zu lernen" (KLEIN 1973, S. 159).

„Lernbehinderung in diesem frühen Alter zu diagnostizieren ist nicht nur nicht möglich, sondern auch nicht wünschenswert, da durch eine solche Feststellung die Erwartungshaltung der Erzieher vorschnell festgelegt und die Chancen des Kindes eingeengt würden" (KLEIN 1973, S. 166)

Wie aber läßt sich – trotz erschwerter bis unmöglicher Individualprognose – bei Lernbehinderten, die statistisch immerhin die Hälfte der Behinderten im Schulalter stellen, trotzdem Frühförderung realisieren und damit spätere manifeste Behinderung verhindern oder mildern? Hier muß man daran erinnern, daß Lernbehinderung nicht gleichverteilt in der gesamten Bevölkerung vorkommt, sondern in den den unteren Sozialschichten massiv gehäuft auftritt; es sind die ‚sozialen Brennpunkte', aus denen sich die Lernbehinderten der Städte rekrutieren, wenige Straßenzüge oftmals, teilweise identisch mit den sogenannten Obdachlosen- oder Verfügungswohnungen.

Dort gilt der von v. HENTIG (1974, S. 14) zitierte Satz HERZOGS: „Je weniger sie haben, umso weniger werden sie lernen"; dort ist das Milieu, in dem sich eventuelle genetische Benachteiligung der Kinder, große Kinderzahlen, unzureichende räumliche Verhältnisse, zerrüttete Ehen oder Vaterlosigkeit, Arbeitslosigkeit, Hoffnungslosigkeit, fehlendes Bildungsinteresse, autoritäre Erziehungspraktiken akkumulieren und in ihren Wirkungen auf das einzelne Kind summieren (vgl. S. 133 und S. 216).

Ökologische und soziale Benachteiligung steht hier am Beginn einer Verursachungskette, die über ungünstige Erziehungsbedingungen zu ersten Retardierungssymptomen (Entwicklungsverzögerungen) und weiter zu fehlender Schulreife – 46 Prozent der Sonderschüler waren zurückgestellt, jedoch nur 10 Prozent der Hauptschüler – und manifester Lernbehinderung führt (vgl. KLEIN 1973, S. 166).

Während die manifeste Lernbehinderung erst zu spät, die ersten Retardierungssymptome nur mit großem Aufwand diagnostizierbar sind, bieten die defizienten ökologischen und sozialen Bedingungen einen Ansatzpunkt, von dem aus Frühförderung in Angriff genommen werden kann – hier im Sinne einer echten, primären Prävention, mit der Behinderung nicht nur früh behandelt, sondern überhaupt verhindert werden soll.

Ein solches Konzept ist unter dem Stichwort ,Kompensatorische Vorschulerziehung' bereits im Brennpunkt der Bildungspolitik gestanden: um 1970, als verschiedenste Ansätze und Erkenntnisse zu einer stärkeren Gewichtung des Lernens in früher Kindheit führten; dazu gehörten der Sputnikschock in den USA, die Renaissance der Psychoanalyse, die Umwelttheorie im Streit um die Intelligenz, BLOOMs These, daß nach dem vierten Lebensjahr bereits die Hälfte der Erwachsenenintelligenz entwickelt sei, BERNSTEINs These vom restringierten Sprachcode der Unterschicht sowie schließlich die systemkritische Bewegung am Ende der Sechziger Jahre mit ihrer Betonung von Randgruppen-Engagement und gesellschaftlichen Bedingungen marginaler Existenz.

Während die globale Vorschulbewegung – dazu gehörte etwa die Frühlesebewegung – hier nicht weiter interessieren soll, wollte die Kompensatorische Vorschulerziehung ausdrücklich nur solche Kinder fördern, die aufgrund ihrer Schichtzugehörigkeit in ihrer geistigen Entwicklung benachteiligt waren. Inzwischen sind die kompensatorischen Programme in den USA von IBEN (1971) und BRONFENBRENNER (1974) einer eingehenden Analyse unterzogen worden; für den westdeutschen Raum berichtete KLEIN (1973) über den Stand der kompensatorischen Erziehung.

Er ermittelte 45 vorschulische Einrichtungen für Lernbehinderte (37 Vorklassen und 8 Sonderschulkindergärten). Dazu ist jedoch zu bemerken, daß dort hauptsächlich schulunreife Kinder gefördert wurden, die das Schulalter bereits erreicht hatten; von einer Frühförderung konnte also kaum die Rede sein.

KLEIN (1973, S. 172 f, vgl. S. 161) weist ferner nach, daß bei den bestehenden deutschen Programmen der tatsächliche soziale Hintergrund der Kinder oft in krassem Widerspruch zum Anspruch des Programms stand, sozial benachteiligte Kinder zu fördern. Im Vorschulprogramm Hannover kamen nur 16 Prozent der Kinder aus den Familien von ungelernten Arbeitern, Rentnern oder aus unvollständigen Familien – gegenüber 35 Prozent bei den Haupt- und sogar 64 Prozent bei den Sonderschülern.

Ähnliches galt für den Freiburger Modellkindergarten, die Stuttgarter Versuche mit Vorklassen und die Vorschulversuche in Rheinland-

Pfalz. Als einzigen echten Ansatzpunkt zur Förderung sozial benachteiligter Kinder sieht KLEIN (1973, S. 176) die ‚Spielstuben‘ innerhalb von Obdachlosensiedlungen; ansonsten stellt er fest, „daß die bisherigen Bemühungen um vorschulische Erziehung im allgemeinen nur zur Vergrößerung des Abstandes zwischen den Kindern der Mittelschicht und den vernachlässigten Kindern beigetragen haben" (S. 165).

In merkwürdigem Widerspruch zu ihrem geringen Realisierungsgrad stehen die ausgiebigen theoretischen Diskussionen über Kompensatorische Erziehung. Häufig wird von soziologischer Seite auf ihre Gefahren hingewiesen; als solche werden der drohende Milieubruch, die Gefahr von Identitätskrisen, eine vordergründige Anpassung an Mittelschichtnormen, der Zwang zur Anpassung durch Leistung genannt (vgl. KLEIN 1973, S. 170 f; BERNSTEIN 1971). Oft ist dahinter das Bemühen erkennbar, die Verhaltensweisen, die sich unter sozialer Benachteiligung und Deprivation herausbilden (die ‚Unterschichtkultur‘), als Wert an sich zu erhalten – ein Bemühen, das bei Betrachtung der ökologischen und ökonomischen Situation dieser Familien eigenartig anmutet.

Allerdings mag hier bisweilen die unterschiedliche Definition des Begriffs ‚Unterschicht‘ zu Mißverständnissen führen: während damit gewöhnlich die gesamte soziale Schicht der Arbeiter (also 45 Prozent der Bevölkerung) gemeint ist, wendet sich Kompensatorische Erziehung an die untere Unterschicht und die sozial Verachteten (zusammen 15 Prozent der Bevölkerung), bei denen nur von deprivierenden Sozialisationsbedingungen die Rede sein kann; an einen Angriff auf die Kultur der Unterschicht war dabei nicht gedacht.

Inzwischen ist es in der Bundesrepublik stiller um die Kompensatorische Vorschulerziehung geworden. Weiterhin werden Lernbehinderte, trotz aller bekannten Risikofaktoren, erst im Schulalter oder bei der Einschulung erkannt und gefördert – wenn ihre Behinderung manifest ist.

In den USA hat währenddessen BRONFENBRENNER (1974) ein kritisches Resümée der Aus- und Nachwirkungen kompensatorischer Vorschulprogramme vorgelegt – erarbeitet anhand von sieben Projekten, bei denen sowohl parallelisierte Kontrollgruppen als auch Nachuntersuchungen über mindestens zwei Jahre vorlagen, ergänzt durch Daten von 20 weiteren Forschungsvorhaben, die diese strengen Kriterien nicht erfüllten. BRONFENBRENNER unterscheidet dabei vier Programmtypen:

– Förderungsprogramme, die mit Kindern in Gruppenarbeit durchgeführt wurden;
– Häusliche Förderungsprogramme;
– Förderungsstrategien mit aufeinander aufbauenden Schritten; einer ur-

sprünglichen Förderung in der Familiensituation schließen sich zunehmende Vorschulkomponenten bis hin zum Schuleintritt an;
– Förderung durch ökologisches Eingreifen: das Kind wird aus der häuslichen Umgebung herausgeholt und von neuen Bezugspersonen betreut.

Die Förderung in Gruppen brachte zwar in jedem Fall eine deutliche Zunahme der IQ-Werte. Diese hatte jedoch im allgemeinen nur während der Dauer des Programms Bestand; ein Jahr nach seiner Beendigung etwa begannen sie wieder zu sinken. Alleinige Gruppenförderungsprogramme scheinen folglich nicht sehr effektiv zu sein.

Häusliche Förderungsprogramme brachten dauerhaftere Erfolge, besonders wenn sie in den ersten drei Lebensjahren einsetzten. Hinzu kam, daß nicht nur das zu fördernde Kind, sondern auch seine Geschwister, eventuell sogar die Eltern, von den Fördermaßnahmen profitierten. Diese wurden dabei nicht nur räumlich im Elternhaus, sondern mediativ über die Eltern an das Kind vermittelt; „es scheint, als hätte das Kind allein keine Möglichkeit, die Prozesse zu vollziehen, die sein Wachstum fördern, während das Eltern-Kind-System diese Fähigkeit besitzt".

BRONFENBRENNER (1974, S. 143) glaubt, „daß in den frühen Lebensjahren der eigentliche Schlüsselvorgang das ständige gemeinsame Gespräch von Eltern und Kind über kognitiv herausfordernde Aufgaben ist". Allerdings kamen die an diesen Programmen beteiligten Familien „häufiger aus den oberen Schichten der benachteiligten Gruppen"; es scheint,

„daß in den Gruppen, die am stärksten verelendet sind, die Familien von schieren Überlebensproblemen so sehr beansprucht werden, daß sie weder die Energie noch die psychologischen Reserven besitzen, die nötig sind, um an einem Förderungsprogramm teilzunehmen, das regelmäßige Besuche durch einen Fremden im Haus vorsieht" (BRONFENBRENNER 1974, S. 143).

Eines der wenigen Projekte mit ökologischem Eingreifen, das Experiment von SKEELS und DYE (1939), haben wir bereits kennengelernt (vgl. S. 266). Ein zweites, das Milwaukee-Projekt, haben HEBER und seine Mitarbeiter (1972) vorgestellt (vgl. BRONFENBRENNER 1974, S. 121 ff). Vierzig schwarze Mütter mit einem IQ von 75 und weniger aus einem verelendeten Wohngebiet wurden nach Zufall der Versuchs- oder der Kontrollgruppe zugewiesen. Jedem Kind der Versuchsgruppe wurde mit drei Monaten eine trainierte halbprofessionelle Lehrerin zugewiesen, die es von nun an tagsüber betreute. Im Alter von einem Jahr wurden zwei Babies und zwei Lehrerinnen zusammengefaßt, später noch größere Gruppen gebildet. Parallel dazu erhielten die Mütter der Kinder eine Berufsausbildung als Hilfskinderpflegerin in einem Kinderheim sowie eine Ausbildung in Haushaltsführung und Kindererziehung. Während am Ende des ersten Lebensjahrs Versuchs-

und Kontrollgruppe noch einen gleichen Entwicklungsstand gezeigt hatten, betrug mit fünfeinhalb Jahren „der Durchschnitts-IQ-Wert für die Versuchsgruppe 124, für die Kontrollgruppe 94"; Ergebnisse zur weiteren Entwicklung standen noch aus.

BRONFENBRENNER (1974, S. 144) macht keinen Hehl daraus, daß er solche Formen ökologischen Eingreifens, „die radikale Veränderungen in der unmittelbaren Umgebung der Familie und des Kindes bewirken", für die effektivsten hält; eine Realisierbarkeit in nennenswertem Umfang ist bei ihnen jedoch nicht gegeben.

So schlägt er eine Förderungsstrategie in aufeinander aufbauenden Phasen vor (S. 146 ff), wobei er fünf Abschnitte unterscheidet:

1. die Vorbereitung bereits der Jugendlichen auf ihre spätere Elternsituation im Rahmen der Schule;
2. die Sicherstellung von Gesundheitsfürsorge und die Ermöglichung von Erfahrungen mit Kindern für junge Ehepaare, noch bevor deren eigene Kinder geboren sind;
3. in den ersten drei Lebensjahren des Kindes ist es „das Hauptziel, überdauernde Gefühlsbindungen zwischen den Eltern und dem Kind entstehen zu lassen", dabei kann ein Muster der Bindung und gemeinsamer Aktivitäten durch ein Programm der ‚Förderung durch die Eltern' erleichtert werden;
4. im vierten bis sechsten Lebensjahr sollten ein kognitiv orientiertes Vorschulprogramm und ein Programm der ‚Förderung durch die Eltern' kombiniert werden;
5. im sechsten bis zwölften Lebensjahr schließlich gilt es, das Lernen des Kindes in der Schule durch häusliche Unterstützung abzusichern.

6.3. Elternarbeit

Elternberatung und mediative Förderung des behinderten Kindes über seine Eltern sind bereits für den Bereich der Frühförderung als vordringliche Aufgaben genannt worden. Mit dem Auslaufen der Frühförderung nach den ersten Lebensjahren des Kindes sind sie nicht abgeschlossen; vielmehr muß durch die gesamte Kindheit hindurch das behinderte Kind im Rahmen seiner Familie als einer ‚Sonderfamilie' (vgl. S. 236) gesehen, dieser die notwendige Beratung und Hilfestellung gewährt werden.

BALZER und ROLLI (1975) haben hierfür den Ausdruck ‚Sozialtherapie' gewählt, womit sie vier Formen der Elternarbeit zusammenfassen (S. 164 f):

– Einzelhilfe vornehmlich zur Krisenintervention,
– Intragruppenarbeit innerhalb von Elterngruppen,
– Interfamily Action als Ansatz zur Bildung von Initiativgruppen,

– Intergruppenarbeit als solidarische Interessenvertretung nach außen in Form der Gemeinwesenarbeit.

Selbsterfahrung, Interaktionstraining und Rollenspiele werden dabei in einem Konzept eingesetzt, das sich als präventiv im weitesten Sinne versteht und langfristig auch auf gesellschaftlicher Ebene bewußtseinändernd und initiativ wirken will, beispielsweise durch die Anbahnung von Patenschaften oder die Einrichtung von Clubs für gemischte Kontakte.

Am Anfang steht jedoch die Intragruppenarbeit mit Eltern Behinderter. BALZER und ROLLI (1975, S. 172) strukturieren sie inhaltlich in drei Handlungsdimensionen mit jeweils drei Bereichen:

Die drei Handlungsdimensionen:
– Organisationshilfe
– kathartische Prozesse
– Einstellungs- und Verhaltensänderung.

Die drei Bereiche:
– intra- und interfamiliäre Stabilisierungshilfen
– familien- und institutionszentrierte Erziehungshilfen
– soziale Integrationshilfen.

Zur Organisationshilfe gehören Themen wie die Entlastung der Mutter des behinderten Kindes, die Information über Spiel- und Lernmittel, die Einrichtung von Spielgruppen, die Information über die rechtliche Stellung des Behinderten, über behindertenfreundliche Ferien- und Freizeitangebote.

Kathartische Prozesse sollen die besondere Problemsituation der ‚behinderten Familie‘ artikulieren und aufarbeiten helfen; Themen wie das durch das behinderte Kind verletzte Selbstwertgefühl, Tendenzen zur Verdrängung oder Verleugnung, irrationale Hoffnungen, die Überforderung oder Zurücksetzung der nichtbehinderten Geschwister, die Zukunftsperspektive einer permanenten Elternschaft gehören hierher.

Einstellungs- und Verhaltensänderung als Ziel der Elterngruppen bezieht sich einerseits auf die eigenen Einstellungen, aufzulösende Schuldvorstellungen etwa, andererseits auf die Einstellungen der Umwelt; im Rollenspiel kann Geschicklichkeit in alltäglichen Umweltkonflikten eingeübt werden. Schließlich sind auch die Einstellungen gegenüber den Fachkräften der Behindertenhilfe zu thematisieren, denen gegenüber vielfach Ängste oder Vorurteile bestehen.

Während BALZER und ROLLI ein engagiert-aktives Vorgehen in der Elternarbeit empfehlen, schlagen andere Autoren wie etwa MERKENS (1977) eher eine nondirektive, an den Prinzipien der Gesprächstherapie und klientenzentrierten Gesprächsführung orientierte Vorgehensweise vor. In Gruppen von nicht mehr als zwölf bis sechzehn Personen, zum

Beispiel während eines gemeinsamen Ferienaufenthalts, soll die „belastete häusliche Athmosphäre" (MERKENS 1977, S. 20) in den Familien körperbehinderter Kinder aufgearbeitet werden.

Eine von den bisher genannten Modellen abweichende Zielsetzung verfolgt INNERHOFER (1977) mit dem ,Münchner Trainingsmodell'. Bei ihm ist Elternarbeit in erster Linie ein Mittel, mit dem die Förderung des Kindes effektiver gestaltet werden kann: „Die Kindertherapeuten entdecken die Eltern". Bisweilen werden die Eltern in einem solchen mediativen Konzept geradezu als ,Ko-Therapeuten' bezeichnet. Sie sollen in die Lage gesetzt werden, einfache verhaltenstherapeutische Prinzipien in die Erziehung ihres Kindes einzubringen – was ihnen weitaus besser gelingt als einem familienfremden Therapeuten, da sie ja die Umwelt des Kindes rund um die Uhr bestimmen, sein Verhalten beobachten und mit Konsequenzen beantworten können.

Das ,Münchner Trainingsmodell' ist nicht speziell für die Arbeit mit Eltern behinderter Kinder entwickelt worden, läßt sich aber mühelos auch in solchen Elterngruppen einsetzen. Der Lernstoff, der größtenteils im Rollenspiel und über die Analyse von Videoaufzeichnungen dargeboten wird, kann in vier Tagen, in einem Kurzprogramm sogar in vier Halbtagen vermittelt werden. Jeder Tag bringt dabei ein neues Lernziel:

1. Tag: lernen, das Kind in Auseinandersetzung mit seiner Umwelt zu sehen;
2. Tag: lernen, das Verhalten des Kindes in Abhängigkeit von seiner Umwelt zu verstehen;
3. Tag: lernen, das Kind über seine Umwelt und durch Setzen von Konsequenzen zu lenken;
4. Tag: lernen, das Kind durch gezielte Hilfe zu fördern und zu lenken.

Die Formulierung der Lernziele macht die verhaltenstherapeutische Ausrichtung deutlich. Am Anfang steht die exakte Beobachtung von kindlichem Verhalten und Eltern-Kind-Interaktion – für zahlreiche Eltern eine neue, überraschende Erfahrung. Mit Hilfe verhaltenstheoretischer Prinzipien kann sodann eine Verbindung zwischen Umwelt und kindlichem Verhalten hergestellt, ein ,funktionales Modell' erstellt werden. Damit bietet sich dann die Möglichkeit, das Verhalten des Kindes über eine Variation der Umwelt und eine konsequente Handhabung von Verstärkung zu beeinflussen. Schließlich wird diese neuerworbene Fähigkeit für das übergeordnete Ziel der Förderung nutzbar gemacht.

Mit der – bei den Vorläufern des Trainingsmodells oftmals geringen – Bereitschaft von Müttern, sich an therapeutischen Programmen für ihre Kinder zu beteiligen, haben sich INNERHOFER und WARNKE (1978) in einer eigenen Publikation auseinandergesetzt; kontrolliert man dabei den Schichtfaktor durch ein jeweils schichtspezifisches Vorgehen, so läßt sich die Bereitschaft zur Teilnahme an einem Training deutlich erhöhen.

Ein Trainingsprogramm aus zwölf Einheiten für Eltern stotternder Kinder hat SCHAAR (1978) erarbeitet und erprobt. Die Eltern erfahren dabei, wie sie das Stottern ihres Kindes bereits ängstlich erwarten und sein Nichtstottern ungenügend beachten, wie das Stottern in Abhängigkeit von Umweltbedingungen auftritt. Sie lernen, das erwünschte Nichtstottern zu beachten und durch Zuwendung zu verstärken sowie durch Vermeidung ungeeigneter Bedingungen die Auslösereize für Stottern zu reduzieren.

Die unterschiedlichen Formen der Elternarbeit – Förderung des Kindes über die Eltern als Mediatoren, klientenzentrierte Aufarbeitung von Problemen, aktive Bewältigung von Familien- und Umweltsituation – schließen sich nicht aus; sie alle sehen das behinderte Kind nicht mehr isoliert, sondern im Kontext seiner ‚Sonderfamilie' und bauen ihr jeweiliges Konzept darauf auf; in einer integrativen Elternarbeit kann damit jeder von ihnen ihr Platz zugewiesen werden.

6.4. Therapie

Genau genommen müßte man von Therapie bei, nicht von Therapie der Behinderten sprechen, denn aus unserer Charakterisierung einer Behinderung als Endzustand einer irreversiblen Schädigung ergibt sich, daß eine kausale Therapie, die die Schädigung beseitigen würde, nicht mehr möglich ist.

Noch mehr gilt dies von den psychologischen Therapieformen, von denen hier die Rede sein soll. Es geht nicht darum, eine ‚Heilung' herbeizuführen, wie es der Begriff ‚Therapie' eigentlich impliziert, sondern darum, das Verhaltensrepertoire und die Emotionalität der Behinderten bestmöglich zu fördern.

Für eine solche unterstützende Therapie kommen theoretisch alle in der Klinischen Psychologie entwickelten Verfahren mehr oder weniger in Frage.

Mit Hilfe der Gesprächspsychotherapie, des klientenzentrierten Gesprächs können beispielsweise Selbstbild – und Selbstwertprobleme, wie sie bei Körper- oder Sinnesbehinderten auftreten, angegangen, bearbeitet und gelöst werden. Ihren in den USA von ROGERS (1951), in Deutschland von TAUSCH (1970) entwickelten Grundgedanken zufolge (vgl. PONGRATZ 1973, S. 339–371) werden durch eine emotional warme, akzeptierende, ehrliche, Gefühle beim Namen nennende, auf den Klienten zentrierte Haltung des Therapeuten im Klienten Kräfte mobilisiert, die ihn zur Weiterentwicklung seines Selbst und damit zur eigenständigen Lösung seiner Schwierigkeiten anregen.

Wichtig ist dabei insbesondere der Faktor der ‚Verbalisierung emotionaler Erlebnisinhalte': der Therapeut gibt das vom Klienten oftmals diffus oder nur konkret-oberflächlich geäußerte Erleben in einer auf den Begriff gebrachten Form an den Klienten zurück; er erleichtert ihm damit die ‚Selbstexploration', die mit dem Therapieerfolg in engem Zusammenhang steht. – Ausführlicher soll hier die Gesprächspsychotherapie nicht dargestellt werden, da sie in ihrer gewöhnlichen Methodik auch bei Behinderten angewandt werden kann. Vielmehr wollen wir noch auf die Verhaltenstherapie und die Musiktherapie in ihrer Anwendung bei Behinderten näher eingehen.

6.4.1. Verhaltenstherapie

Spezifischer muß die Verhaltenstherapie an die Problemstellung im Behindertenbereich adaptiert werden. Von ihren beiden Hauptaufgabenbereichen – Abbau unerwünschten Verhaltens, etwa von Angstreaktionen, und Aufbau erwünschten Verhaltens – ist für Behinderte vornehmlich das zweite wichtig geworden, und hier insbesondere für Geistigbehinderte, deren eingeschränkte Lernfähigkeit auch den Erwerb einfachster Alltagsverrichtungen zum Gegenstand umfangreicher Trainingsbemühungen macht. Es gilt dabei: „Der Behinderte kann lernen"; ein pädagogischer Nihilismus ist in der Verhaltensmodifikation, wie sie in diesem Zusammenhang auch genannt wird, gänzlich fehl am Platz; die „Verhaltensmodifikation konzentriert sich auf die spezifischen Verhaltensdefizite und versucht sie zu korrigieren" (BIGELOW 1976, S. 22).

Wie eine gesamte Anstalt für Geistigbehinderte, das Faribault State Hospital, durch die Anwendung verhaltensmodifikatorischer Techniken umstrukturiert wurde, beschreiben THOMPSON und GRABOWSKI (1976) nach einigen historischen Streiflichtern auf die Geschichte des Umgangs mit Geistigbehinderten und ihrer Unterbringung in Anstalten; so könne bereits ITARD als Vorläufer operanter Konditionierungsverfahren angesehen werden: er versuchte 1801 den bei Aveyron aufgefundenen wild aufgewachsenen Jungen mit Milch als Belohnung zu einer korrekten Wortidentifizierung zu bringen (S. 16). Sie wenden sich gegen typische, der therapeutischen Arbeit zuwiderlaufende Fehlannahmen über geistige Behinderung: alle Geistigbehinderten seien gleich, in einer Anstalt seien sie am besten aufgehoben, und der Versuch ihrer Erziehung lohne sich nicht.

6.4.1.1. Grundprinzipien und Techniken

Kern eines verhaltensmodifikatorischen Programms ist die „Definition eines präzisen therapeutischen Ziels": „Wenn nicht genau gesagt ist, was erreicht werden soll, so kann man annehmen, daß nichts erreicht wird." Die Entscheidung über Verhaltensziele orientiert sich an ihrer praktischen Durchführbarkeit – so müsse ein Kind stillsitzen können, ehe es mit dem Lesenlernen beginnen könne – und an ihrer Relevanz. Als relevant gelten Verhaltensweisen, „die dem Patienten in seiner normalen Umgebung nützlich sein werden", die ihm Selbsthilfe (etwa in seiner Toilette), Arbeit an beschützenden Arbeitsplätzen und Freizeitaktivitäten ermöglichen, nicht also ein von der Normalschule inspirierter ‚Bildungsabglanz'.

Nach den Verhaltenszielen ist das Ausgangsverhalten zu beschreiben. Dabei wird angenommen, daß jedes Verhalten eine Ursache habe; die Hauptursache des gegenwärtigen Verhaltens liege in seinen früheren Konsequenzen. Neue, andersartige Konsequenzen eines Verhaltens werden die Wahrscheinlichkeit seines Auftretens erhöhen oder verringern. Da das Insgesamt von Belohnungs- und Bestrafungsverhältnissen als ‚Kontingenz' bezeichnet wird, wird das ‚Kontigenzmanagement' zum entscheidenden Instrument der Verhaltensmodifikation. Zwei Prinzipien stehen dabei im Vordergrund. Das eine ist das der Verstärkung: die unmittelbare und häufige (später nur noch unregelmäßige) Belohnung eines Verhaltens wirkt verstärkend auf seine Auftretenswahrscheinlichkeit. Schwierig ist es bisweilen, die geeigneten, als Belohnung wirksamen Verstärker ausfindig zu machen; sie können bei jedem Probanden andere sein. Eßbares, Aufmerksamkeit, Puppen, Schmuck, Aktivitäten und Wertmarken kommen beispielsweise in Frage. Bekanntgeworden ist aus der Verhaltensmodifikation besonders das ‚token system', bei dem als Belohnung eine Münze – ohne Unterbrechung des sonstigen Handlungsablaufs – gegeben wird, die dann später gegen begehrte Gegenstände oder Aktivitäten eingetauscht werden kann.

Andererseits bot dieses Verstärkungssystem auch Anlaß zur Kritik; Dinge, die in einer humanen Anstalt selbstverständlich sein sollten, wie Genehmigung zum Ausgang oder Fernsehkonsum, würden hier als besonderes Privileg vom Wohlverhalten des Patienten abhängig gemacht. Dieser Einwand trifft, wenn ein ‚token system' zur Dauereinrichtung wird; gegen eine kurzfristige Verwendung im Dienst des Aufbaus von Selbständigkeit und Sozialverhalten dürfte jedoch weniger einzuwenden sein.

Das zweite wichtige Prinzip der Verhaltensmodifikation ist das der kleinen Schritte. Verhaltensweisen, die zunächst als zu komplex und schwierig für einen Geistigbehinderten erscheinen mögen, können dennoch zustandegebracht werden, wenn die Annäherung schrittweise erfolgt, wenn eine Sequenz von Reaktionen aufgestellt wird, die der gewünschten immer näher kommen. Man bezeichnet dieses Verfahren

als Verhaltensformung oder ‚shaping‘; es funktioniert nur in Verbindung mit dem Verstärkungsprinzip, denn das zunächst sehr breite,
später immer spezifischere angestrebte Verhalten muß natürlich verstärkt werden, damit es dauerhaft auftritt.

Als Beispiel sei die Verhaltensformung des Sprechens genannt, die
bei Geistigbehinderten angewandt werden kann, deren Sprechen nicht
ein organisches Hindernis, sondern lediglich mangelndes Lernen bislang verhindert hat. Die Sequenz besteht aus sechs Reaktionen, die
sukzessiv sich mehr dem Sprechvorgang annähern; ist eine bestimmte
Stufe erreicht, wird nur noch das dort vorgesehene, nicht mehr das
Verhalten früherer Stufen verstärkt. Die sechs Stufen sind dabei
folgende:
1. den Betreuer anschauen;
2. Mundbewegungen nachahmen;
3. Laute hervorbringen;
4. Laute nachahmen;
5. einsilbige Wörter wiederholen;
6. zweisilbige Wörter wiederholen.

Ist es eine ganze Verhaltenssequenz, die aufgebaut werden soll,
beginnt man zweckmäßigerweise von hinten her und knüpft die Verstärkung allmählich daran, daß immer mehr voraufgehende Schritte
absolviert worden sind; man bezeichnet dieses Vorgehen als ‚Reak-
tionsverkettung‘. Beispielsweise würde man beim Erlernen des Hän-
dewaschens in folgender Reihenfolge vorgehen:
1. wirft Papiertuch weg;
2. trocknet sich ab;
3. nimmt Papiertuch;
4. dreht Wasser ab;
5. spült Hände ab;
6. legt Seife zurück;
7. wäscht Hände;
8. nimmt Seife;
9. dreht Wasser an;
10. kommt zum Waschbecken.

Wenn eine Verhaltensweise, die unter bestimmten Bedingungen
bereits auftritt, nun auch unter anderen Situationsbedingungen auftreten soll, spricht man von einer ‚Einblendung‘: zum Beispiel kann das
selbständige Essen, das allein erlernt wurde, auf die Situation des
Speisesaals übertragen werden. Umgekehrt können Bedingungen, die
während der Lernphase als Hilfe gesetzt worden waren, im nachhinein
ausgeblendet werden, so etwa wenn der Betreuer allmählich auf das
laute Benennen von Gegenständen verzichtet.

Während die bislang genannten Techniken alle dem Aufbau neuer
Verhaltensweisen dienten, kann es auch notwendig sein, erlerntes

Fehlverhalten zu verlernen, zu eliminieren. Da der Klient hier unmittelbar zunächst einen Nachteil erfährt, der Vorteil des Vorgehens erst in der Zukunft sich erweisen wird, sind Techniken der Verhaltenseliminierung – zumal bei Geistigbehinderten – schwieriger als solche des Verhaltensaufbaus. BIGELOW (1976, S. 39 ff) nennt vier Möglichkeiten:

1. die Löschung durch Nichtbeachtung. Das unerwünschte Verhalten wird nicht zur Kenntnis genommen, „als ob der Patient nicht da wäre". Da die Belohnung für Wutausbrüche vielfach in der Beachtung besteht, die der Patient dadurch erhält, kann so ein Großteil des Fehlverhaltens bereits gelöscht werden.

2. die gleichzeitige Verstärkung inkompatiblen Verhaltens. So sind auf Versagungen immer verschiedene Reaktionsweisen möglich (zum Beispiel Aggression oder Rückzug), die sozial unterschiedlich erwünscht sind; wird die sozial eher erwünschte – zum Beispiel stiller Rückzug – belohnt, nimmt die Wahrscheinlichkeit der damit unvereinbaren unerwünschten – zum Beispiel der Aggression – ab.

3. Auszeit (‚Time out'): Darunter ist ein kurzdauernder Entzug jeglicher Verstärkung zu verstehen, der unmittelbar auf das unerwünschte Verhalten folgt. Um auch soziale Verstärker auszuschalten, wird dabei teilweise ein Isolationsraum benutzt. Danach muß seitens der Betreuer wieder eine normale Reaktion mit Verstärkungen einsetzen, damit die kurze Auszeit eindeutig als Konsequenz eines unerwünschten Verhaltens, nicht als Ablehnung des Behinderten erscheint.

4. Bestrafung: Darunter ist in der Verhaltensmodifikation die „Verordnung einer unangenehmen Verhaltenskonsequenz" zu verstehen, wovon nach BIGELOW (S. 45) „aus ethischen, humanen und praktischen Gründen abzuraten" sei. Die Verwendung von Bestrafungen bringe zum Beispiel eine erhöhte Feindseligkeit als unbeabsichtigte Nebenwirkung mit sich. In Betracht zu ziehen sei sie allenfalls in Sonderfällen, so bei autoaggressiven Verhaltensweisen autistischer Kinder, die auf Verstärkung nur wenig ansprechen.

6.4.1.2. Strategieprobleme in traditionellen Anstalten

Ein mindestens ebenso großes Problem wie die Verhaltensmodifikation Geistigbehinderter selbst ist es für GRABOWSKI und THOMPSON (1976b), wie ein solches Konzept in einem Heim oder in einer Anstalt realisiert werden kann, die seit Jahrzehnten nach einem ziemlich entgegengesetzten Prinzip gearbeitet hatte: die Behinderten möglichst vollständig zu versorgen, weil ihnen Selbständigkeit und Selbstversorgung doch nicht möglich seien. THOMPSON (1976, S. 14) nennt Untersuchungsergebnisse, denen zufolge die Pfleger nur in 2 Prozent ihrer Arbeitszeit selbständiges Verhalten trainierten, in 37 Prozent jedoch unselbständiges Verhalten förderten, indem sie den Behinderten Arbeit abnahmen. Oftmals stößt die Auffassung, Geistigbehinderte seien in den Dingen des täglichen Lebens durchaus zur Selbständigkeit zu erziehen, auf schlichten Unglauben.

FIELDING (1976) empfiehlt deshalb für einen Berater, der verhaltensmodifikatorisches Vorgehen in eine traditionelle Anstalt einführen will oder soll, für den Anfang ‚Demonstrationsprogramme‘: sie sollen kein intensives Training der ja doch ziemlich skeptisch eingestellten Betreuer erfordern und ihnen wenig Zeitverlust bringen, andererseits aber alle Patienten so schnell wie möglich erfassen und einen äußerlich klar ersichtlichen, nicht nur einen statistisch nachweisbaren Wandel herbeiführen. Als Beispiel nennt er das Lernziel: ‚eine Reihe bilden und dem Betreuer folgen‘. Solche Demonstrationsprogramme sollen also weniger echte Verbesserungen für die Patienten bringen als vielmehr das Personal von der Wirksamkeit verhaltensmodifikatorischer Techniken überzeugen.

Das weitere Vorgehen nämlich erfordert die unbedingte Mitarbeit des Personals. Von auswärtigen Verhaltenstherapeuten durchgeführte Trainingssitzungen wären nutzlos, wenn das Anstaltspersonal im gesamten Rest des Tages seine überkommenen Verhaltensmuster beibehielte und damit den Trainingserfolg zunichte machte. Der für den Verhaltensaufbau notwendige Verstärkungsplan muß von allen mit einem Behinderten befaßten Betreuern und Erziehern mitgetragen und eingehalten werden. In regelmäßigen Betreuerversammlungen müssen die Programmziele festgelegt, die Programmdurchführung besprochen und auftauchende Schwierigkeiten geklärt werden. Das Vorgehen ist damit ‚mediativ‘; nicht mehr einzelnen Patienten wird eine zeitlich isolierte Therapie verabfolgt, vielmehr werden alle mit dem Patienten interagierenden Betreuer angeleitet, den Umgang mit ihm therapeutisch, das heißt im Sinne des Verhaltensmodifikationsprogramms zu gestalten.

FIELDING (1976), GRABOWSKI und THOMPSON (1976a) sowie BIGELOW und GRIFFITHS (1976) schildern die Durchführung solcher Programme bei geistigbehinderten Kindern, Männern und Frauen in Anstalten. In einer als ‚Schlimmstes Haus‘ bezeichneten Männerabteilung beispielsweise hatten nach einem Jahr 81 Prozent der Patienten die selbständige Toilettenbenutzung, weitere 18 Prozent die Benutzung nach Aufforderung erlernt.

Wenn, wie im Falle des Faribault State Hospital, die Verhaltensmodifikations-Experten von außen in die Institution kommen, ergeben sich weitere Probleme, da ihre Position gegenüber der formellen Anstaltsleitung zunächst ungeklärt ist. GRABOWSKI und THOMPSON (1976b, S. 223) empfehlen etwa, bei Einführung eines Programms einen schriftlichen Kontrakt anzufertigen, der „über die vorgeschriebenen Aufgaben der beteiligten Personen Aufschluß gibt"; bei einem Versagen einzelner Programmpunkte könne dann leichter festgestellt werden, wer seine Aufgaben ungenügend erfüllt habe. Immer auch müsse der Berater beachten, daß „es das Programm der Anstalt ist, nicht etwa das des Beraters", das durchgeführt werden soll. Wenn der Berater Erfolge sich selbst, Mißerfolge jedoch der Institution zuschreibt, ist sicherlich ein Einvernehmen mit der Anstaltsleitung kaum lange möglich.

Verhaltenstherapie und Verhaltensmodifikation haben innerhalb der Psychologie nicht nur Anhänger gefunden. Während in den sich der Humanistischen Psychologie zurechnenden Therapierichtungen dem Patienten Möglichkeiten zur Selbstrealisierung und Aktualisierung gegeben werden sollen, die ihm bis dahin verschlossen waren, wird in der Verhaltensmodifikation das anzustrebende Ziel ganz offen von außen gesetzt und die Umgebung des Patienten so umgestaltet, daß er, den Gesetzen menschlichen Lernens folgend, das erwünschte Verhalten zeigt – die Fremdbestimmtheit ist dabei offensichtlich.

Dagegen steht jedoch der finale Gesichtspunkt: das Gelingen eines verhaltensmodifikatorischen Programms macht die Behinderten unabhängiger von ständiger Aufsicht und Pflege, es fördert ihre Selbständigkeit. Wie THOMPSON (1976, S. 15) berichtet, erscheinen die Kinder in selbständigkeitsfördernden Anstalten am glücklichsten, sofern man das an der Häufigkeit ihres Lachens oder Lächelns ablesen kann, während die in traditionellen Anstalten vorherrschenden Verhaltensmuster – zu 33 bis 50 Prozent Nichtstun, zu 15 bis 20 Prozent autistisches Verhalten – eine solche Zufriedenheit vermissen lassen.

Dieser Erfolg, die erreichte Selbständigkeit, mag Grund genug sein, Techniken der Verhaltensmodifikation bei Geistigbehinderten einzusetzen; teilweise geht er so weit, daß die Ablösung einer Behindertengruppe aus der Anstalt und ihr Zusammenleben in einer Wohngemeinschaft unter zeitweiliger Hilfe eines Betreuers möglich werden (vgl. S. 121).

Voraussetzung ist allerdings, daß die Selbständigkeit der Behinderten auch tatsächlich im Vordergrund des Programms steht und nicht etwa ihre leichtere Handhabbarkeit durch das Pflegepersonal.

Außer bei Geistigbehinderten werden verhaltensmodifikatorische Techniken in zunehmendem Maß auch bei verhaltensgestörten und erziehungsschwierigen Kindern eingesetzt, um ihre Sozialfähigkeit zu verbessern (vgl. S. 149).

6.4.2. Musiktherapie mit Behinderten

Von Sabine BUCHTA

6.4.2.1. Musik als Kommunikationsmittel

Der therapeutische Angriffspunkt der Musiktherapie ist die gestörte Kommunikationsfähigkeit des Behinderten. Eine verbesserte Kommunikation und das dadurch wachsende Selbstwertgefühl sollen dem Behinderten helfen, sich aus seiner Isolation zu befreien.

Der gesunde Mensch kann auf drei Ebenen kommunizieren: auf der kognitiven Ebene kommuniziert er verbal, auf der emotionalen und auf der aktionalen Ebene jedoch nonverbal (vgl. HAMPEL 1971).

Die Musik stellt eine Möglichkeit der nonverbalen Kommunikation dar und wird als solche therapeutisch (im weitesten Sinne) schon seit Jahrtausenden genutzt. Als Beispiele seien hier angeführt die Heilgesänge der Medizinmänner bei Naturvölkern und das wohl älteste, schriftliche Zeugnis einer Musiktherapie in der Bibel 1. Samuel 16 über die Heilung Sauls durch die Harfenklänge Davids.

Nach WATZLAWICK, BEAVIN und JACKSON (1974) gehört die Musik im Hinblick auf ihre Informationsfunktion in den Bereich der analogen Kommunikation. Die Autoren bezeichnen Musik als einen Informationsträger, der an Normen und Werte der gesellschaftlichen Realität gebunden, also sozial determiniert ist.

Da Musik eine Form der nonverbalen Kommunikation ist (vgl. STROBEL & HUPPMANN 1978, S. 31 ff), liegt es nahe, sie dort als Therapeutikum zu verwenden, wo bei Patienten die Kommunikation gestört und der Bezug zur Emotionalität verlorengegangen ist, z. B. bei autistischen, bei geistig behinderten Kindern und bei Hebephrenen. Während in der sozialen Kommunikation die verbale eine weitaus größere Bedeutung hat als die nonverbale Kommunikation, tritt in der Musiktherapie die nonverbale Kommunikation mit ihrem emotionalen Aspekt in den Vordergrund (KOHLER 1971) und schafft damit auch für solche Behinderte eine Kommunikationsbasis, die auf Grund ihrer Behinderung zu einer normalen verbalen Kommunikation gar nicht befähigt sind, wie z. B. geistig Behinderte. Für einen Behinderten, der in seiner Umwelt sehr schnell an die Grenzen seiner Kommunikationsfähigkeit stößt, kann es deshalb ein ungeheures Erfolgserlebnis bedeuten, über das Medium Musik uneingeschränkt mit anderen kommunizieren zu können und vielleicht sogar beim gemeinsamen Musizieren in einer Gruppe die Führung in dieser Art von Kommunikation zu übernehmen. So spricht JOSEF (1974, S. 43) davon, Musik als Kommunikationsmittel einzusetzen, um die „soziale Insuffizienz" zu bessern.

6.4.2.2. Definition und Formen der Musiktherapie

Zur Definition der Musiktherapie seien hier einige Zitate bekannter Musiktherapeuten aufgeführt.

„Unter Musiktherapie ist eine diagnosespezifische Behandlungsmethode der Psychotherapie zu verstehen, welche nach psychopathologischen Erfordernissen ausgerichtet, das spezifische Kommunikationsmedium Musik rezeptiv und aktiv anwendet, um therapeutische Effekte in der Behandlung von Neurosen, psychosomatischen Störungen, Psychosen und neuropsychiatrischen Erkrankungen zu erzielen" (REVERS, HARRER, SIMON 1974, S. 10). ALVIN (1973) bezeichnet Musiktherapie als die gesteuerte Anwendung der Musik bei der Behandlung und Wiedereingliederung von Kranken, die an geistigen, körperlichen und Gemütskrankheiten leiden.

SCHWABE (1972, S. 9) weist auch auf die Wirkungen der Musiktherapie hin, wenn er schreibt: „Unter Musiktherapie sind psychotherapeutische Behandlungsmethoden zu verstehen, die bezwecken, mit verschiedenen Elementen der Musik und Musikgattungen sowie unterschiedlichen Formen des Musikrezipierens und der Musikbetätigung einen therapeutischen Einfluß im Sinne einer Aktivierung, spannungsregulierenden Wirkung, kontaktfördernden Beeinflussung oder Steigerung der Erlebnisfähigkeit auszuüben."

Eine Darstellung der verschiedenen Ansätze und Theorien der einzelnen Musiktherapeuten würde hier zu weit führen. Als übersichtliche Darstellung der einzelnen Musiktherapieformen sei jedoch das Schema von SCHWABE (1972, S. 108) aufgeführt.

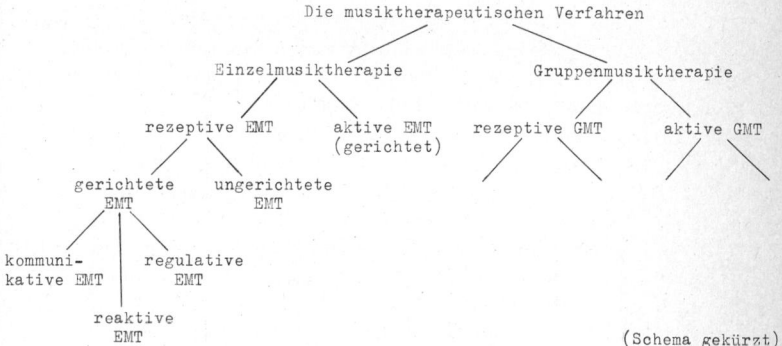

(Schema gekürzt)

SCHWABE unterscheidet innerhalb der Einzel- und Gruppenmusiktherapie die aktive und die rezeptive Musiktherapie. Letztere bedeutet, daß das Anhören von Musik beim Patienten eine therapeutisch angestrebte, emotionalgedankliche bzw. körperliche Reaktion auslösen soll. Unter aktiver Musiktherapie versteht man die therapeutisch beabsichtigte und gezielte aktive Musikbetätigung mit der menschlichen Stimme und ausgewählten Musikinstrumenten. SCHWABE unterteilt ferner die gerichtete, d.h. die zielgerichtete, zeitlich begrenzte und auf einer genauen Indikationsstellung beruhende Einzelmusiktherapie in eine kommunikative, eine reaktive und eine regulative Einzelmusiktherapie. In der kommunikativen Einzelmusiktherapie soll sich eine therapeutische Beziehung entwickeln, die reaktive Einzelmusiktherapie arbeitet auf die Auslösung einer affekt-dynamischen Reaktion hin und das Ziel der regulativen Einzelmusiktherapie ist die Harmonisierung der psychophysischen Gesamtpersönlichkeit.

6.4.2.3. Musiktherapie in der Behindertenarbeit

Im Hinblick auf die Arbeit mit Behinderten wird häufig von musikalischer Heilpädagogik gesprochen, deren Standort DECKER-VOIGT (1975) zwischen der Musiktherapie und der Musikpädagogik festlegt. Da sich die gesamte Behindertenarbeit in dem Bereich zwischen Therapie und Pädagogik ansiedelt, ist diese Bezeichnung sehr sinnvoll. Die Bedeutung der Musikpädagogik im Bereich der musikalischen Heilpädagodik erklärt sich aus dem besonderen Erziehungsanspruch der Behinderten, zum anderen ist aber auch therapeutische Arbeit vonnöten, mit dem Ziel der Verhinderung von Sekundärschäden, des Ausgleichs von Mängeln durch die Behinderung, der Schulung der Motorik und der Durchführung von Konzentrations- und Reaktionsübungen, Sinnesübungen und sozialen Übungen (WILLMS 1975, S. 88). Es existieren viele Veröffentlichungen zur Musiktherapie in der Heil- und Sonderpädagogik, doch handelt es sich dabei häufig um persönliche Erfahrungsberichte, die oft wissenschaftlicher Exaktheit entbehren und sich auch selten um eine Systematik in der musikalischen Heilpädagogik bemühen. Als Beispiel sei das bekannte und sicher sehr lesenswerte Buch von NORDOFF & ROBBINS: „Musik als Therapie für behinderte Kinder" genannt, in dem beeindruckende Fallbeispiele beschrieben werden, die dem Leser eine gute Vorstellung über die Praxis der Musiktherapie vermitteln. Doch über den theoretischen Hintergrund der Musiktherapie und eine empirisch-wissenschaftliche Absicherung der von den Verfassern dargestellten Methode wird der Leser im Unklaren gelassen.

6.4.2.4. Die Eignung der Musiktherapie für die Behindertenarbeit

Die Eignung der Musiktherapie als Behandlungsmethode für Behinderte ist wohl unbestritten und wird durch entsprechende Erfahrungsberichte und vielerlei Experimente bestätigt. So hat sich bei hirngeschädigten Kindern eine ausgeprägte Musikalität gezeigt, die bei mongoloiden sogar noch signifikant höher ist als bei anderen gestörten Kindern (RETT & WESETZKY 1975). NORDOFF & ROBBINS (1975) sehen sogar eine direkte Verbindung zwischen der Pathologie des behinderten Kindes, seiner Persönlichkeit und dem dargestellten musikalischen Selbstportrait, eine bisher empirisch allerdings nicht fundierte Hypothese. Wie ALVIN (1959) berichtet, konnte eine regelmäßige Teilnahme an Musiktherapie-Sitzungen die Aufmerksamkeit, die Gedächtnisleistung und die Verbalisation der behinderten Kinder schrittweise verbessern. Auch die Erfahrungsberichte von ORFF (1977) bestätigen, daß die Musikrezeption zur Entspannung des behinderten Kindes beitragen kann, während die aktive Musiktherapie hilft, Verhaltensstörungen abzubauen und Kreativität zu entfalten und zu entwickeln.

Bei der Lektüre dieser Erfahrungsberichte kann man feststellen, daß die einzelnen Musiktherapeuten in der Praxis oft recht unterschiedliche Wege gehen. STROBEL & HUPPMANN (1978, S. 133 ff) haben sich um die Darstellung einer verfahrensorientierten Systematik in der musikalischen Heilpädagogik bemüht, an die sich das Folgende anlehnt.

6.4.2.5. Musiktherapeutische Verfahren in der Behindertenarbeit

Im Hinblick auf die angewandten Verfahren lassen sich demnach im europäischen Raum drei wesentliche Strömungen der musikalischen Heilpädagogik erkennen, die allerdings in der Praxis häufig nicht klar voneinander zu trennen sind.

1. Das Orff-Schulwerk und die Anwendung des Orff-Instrumentariums:

Die Eignung des Orff-Schulwerks liegt, wie WOLFGART (1971) ausführt, im Aufgreifen elementar-menschlicher Gegebenheiten, in der Berücksichtigung von Sprache, Bewegung, Spiel, Musik, Rhythmus und Dialog, sowie im Erfahren von Ordnung. Er hält diese den Menschen konstituierenden Faktoren bei behinderten Kindern für ständig gefährdet. Nach THOMAS (1962) liegen die Vorzüge des Orff-Schulwerks darin, durch das gemeinsame Musizieren Kontakte unter den Behinderten zu fördern und ihnen eine Harmonie in der Musik und in ihrem persönlichen Raum erfahrbar zu machen.

Das Orff-Schulwerk wird eingesetzt bei körperlich- und geistig behinderten, autistischen, verhaltensgestörten, seh-, hör- oder sprachbehinderten Kindern (vgl. ORFF 1974), bei psychosomatisch gestörten (vgl. MADENA 1971) und bei psychisch geschädigten Kindern (vgl. SCHÄRLI-GRAF 1971).

2. Die rhythmisch-musikalische Erziehung verbindet die Musik und die Bewegung mit dem Ziel größtmöglicher Kommunikationsfähigkeit (ZUCKRIGL et al. 1976) und wird bei fast allen Behinderten eingesetzt.

3. Die anthroposophisch ausgerichtete Musiktherapie stützt sich auf die Ansichten von STEINER (1955/1961), daß das Dur-Erlebnis eng mit dem Ausatmungsprozeß, das Moll-Erlebnis aber mit dem Einatmungsprozeß verbunden sei. Die ganze Person und nicht das Gehörorgan sei das Instrument für die Tonempfindung. Gemeint ist jedoch nicht die Vibrationsempfindung, sondern, wie KÖNIG (1969, S. 262) schreibt, ... „die allgemeine Musikempfänglichkeit der menschlichen Organisation, die sich in den Gliedmaßen dem Takt und Rhythmus einordnet, die Harmonie im Gebiet des Atmens miterlebt und im Ohr das Element der Musik bewußt erfaßt." Daraus folgert KÖNIG (1969, S. 262) „daß zur wahren Musiktherapie nur der musizierende Mensch, und nicht eine Schallplatte Verwendung finden kann." Eine sicher sehr absolute und etwas fragwürdige Ablehnung der rezeptiven Musiktherapie, die doch, den Erfahrungsberichten anderer Musiktherapeuten folgend (vgl. BENENZON 1976), durchaus Erfolge aufzuweisen hat. Allerdings unterscheiden sich die Ziele der rezeptiven und der aktiven Musiktherapie. Erstere will primär das Aktivitätsniveau des Patienten beeinflussen, sei es, daß eine Antriebsförderung oder eine Entspannung angestrebt wird, während die aktive Musiktherapie die Verhaltensmodifikation und eine Verbesserung der Kommunikations- und Kontaktfähigkeit durch Selbst- und Fremderfahrung zum Ziel hat.

6.4.2.6. Beispiel einer Musiktherapie

NORDOFF & ROBBINS (1975) haben eine Form der Musiktherapie erarbeitet, die in vielen Steiner-Schulen durchführt wird. In der Gruppenmusiktherapie arbeiten die Autoren mit einer Kombination aus Musizieren, Singen und spielerischem Darstellen, in der Einzelmusiktherapie improvisiert der Therapeut frei am Klavier, während der Behinderte meistens ein Rhythmusinstrument spielt. Aus deren Erfahrungsberichten nun ein Beispiel einer Musiktherapie bei einem behinderten jungen Mann (NORDOFF & ROBBINS 1975, S. 38 f).

„Im Anschluß an den Vortrag ... kam eine Lehrerin zu uns und fragte, ob wir mit ihrem Sohn arbeiten wollten ... Der Junge war 18, geistig behindert und autistisch. Oftmals in der Vergangenheit hatte er eine gespannte, spastische Reaktion auf Musik gezeigt. Seine Mutter spürte: unsere Art, Musik anzuwenden, könnte für ihn wichtig werden.

Am nächsten Morgen kam der Junge in eine Untersuchungs-Sitzung. Sein Response war positiv; er zeigte musikalische Sensitivität, obgleich er etwas gehemmt war durch die Anwesenheit beider Eltern. Ich bat, ihn am Nachmittag allein zu mir zu schicken, und entdeckte diesmal, daß er auf eine bestimmte Art dissonanter Musik stark reagierte. Als er „erweckt" war, legte er beträchtliche Anstrengung in das Schlagen des Grund-Schlages und als die Musik dissonanter und kraftvoller wurde, belebte ihn dies mehr und mehr. Es war klar, daß wir Kräfte in ihm erreichten, die üblicherweise schliefen, ihm selbst noch unbewußt. Er war aufgewühlt und erregt, durch die Musik selbst, aber auch durch das Einssein mit ihr, das aus der Kraft seiner eigenen Response erwuchs. Dann erreichten wir einen Augenblick, in dem er die Kontrolle zu verlieren begann; als seine eigene Vitalität ihn zu überwältigen drohte, schlug seine Erregung um in Verwirrung. Sein Schlagen fing an, rasend zu werden. Sowie ich dies sah, änderte ich die Musik und führte eine ruhige Melodie ein, deren kurze Phrasen auf einem Triolen-Rhythmus basieren und meistens ein dissonantes und zwei perfekte Intervalle benutzen. Dies entspannte ihn so schnell, daß er bald den Melodie-Rhythmus schlug – mit beachtlicher Bewußtheit und offensichtlichem Vergnügen.

Der Junge erlebte die ruhigere Musik deshalb als bedeutungsvoll, weil ihr die extreme Spannung der Dissonanzen und Synkopierungen vorausgegangen war, die seine innewohnende Vitalität geweckt hatte. Eingeengt durch seine Pathologie, hatte er niemals gelernt, diese angeborene Vitalität zu üben; wenn sie nun durch stimulierende Musik geweckt wurde, drohte sie, ihn zu überwältigen. Für diesen Jungen würde Therapie darin bestehen, ihn dazu zu führen, sich diese Kräfte zu eigen zu machen; ihm müßte Gelegenheit gegeben werden, seine organischen und emotionalen Reaktionen selbst zu ordnen. Ich merkte intuitiv: aktive Teilnahme an spezifischen musikalischen Elementen könnte dies bewirken. Das allerdings würde Arbeit mit einer Musik erfordern, die ebenso vital und mobil ist wie die zugrundeliegenden menschlichen Kräfte, unter Ausnutzung eines Prinzips von Spannung und Entspannung – immer sorgfältig angepaßt an die Reaktion des Jungen."

6.5. Integrierte Erziehung

6.5.1. Zielsetzung

In seiner am 12./13. Oktober 1973 verabschiedeten Empfehlung „Zur pädagogischen Förderung behinderter und von Behinderung bedrohter Kinder und Jugendlicher" hat der Deutsche Bildungsrat eine neue, auf Integration gerichtete Konzeption vertreten. Der Wichtigkeit dieser offiziellen Stellungnahme wegen sei der entscheidende Abschnitt hier zitiert:

„Die Bildungskommission . . . legt in der vorliegenden Empfehlung eine neue Konzeption . . . vor, die eine weitmögliche gemeinsame Unterrichtung von Behinderten und Nichtbehinderten vorsieht und selbst für behinderte Kinder, für die eine gemeinsame Unterrichtung mit Nichtbehinderten nicht sinnvoll erscheint, soziale Kontakte mit Nichtbehinderten ermöglicht. Damit stellt sie der bisher vorherrschenden schulischen Isolation Behinderter ihre schulische Integration entgegen.

Die Begründung der neuen Konzeption ist für die Bildungskommission vor allem darin gegeben, daß die Integration Behinderter in die Gesellschaft eine der vordringlichen Aufgaben jedes demokratischen Staates ist. Diese Aufgabe, die sich für Behinderte und Nichtbehinderte in gleicher Weise stellt, kann nach der Auffassung der Bildungskommission einer Lösung besonders dann nahegebracht werden, wenn die Selektions- und Isolationstendenz im Schulwesen überwunden und die Gemeinsamkeit im Lehren und Lernen für Behinderte und Nichtbehinderte in den Vordergrund gebracht werden; denn eine schulische Aussonderung der Behinderten bringt die Gefahr ihrer Desintegration im Erwachsenenleben mit sich." (DEUTSCHER BILDUNGSRAT 1973, S. 15 f).

Mit Integrierter Erziehung ist dabei nicht eine ersatzlose Streichung der Sonderpädagogik, eine Rückführung behinderter Schüler in allgemeine Klassen ohne Hilfestellung, ein Nicht-zur-Kenntnisnehmen ihrer Behinderung gemeint. Eine solche Situation, wie sie vor dem Ausbau des Sonderschulwesens teilweise bestand, könnte man allenfalls als ,unreflektierte Integration' bezeichnen: Sehbehinderte und Schwerhörige saßen unerkannt in normalen Volksschulklassen, Lernbehinderte und Sprachbehinderte wurden ohne Beachtung ihres Handikaps vorgerückt – oder auch nicht.

LÖWE (1973, S. 120) hat hierfür den Ausdruck „schulische Isolation" gewählt. Sie führte vielfach dazu, daß Leistungsmängel aufgrund von Behinderungen als Minderbegabung verkannt blieben, daß behinderte Kinder sich stetiger Fehleinschätzung und Überforderung seitens ihrer Lehrer und Mitschüler ausgesetzt sahen.

Gegenüber einer solchen unreflektierten Integration bedeutete die separierende Sondererziehung einen bedeutenden Fortschritt. Im Schonraum gleichartig Behinderter war nicht mehr der Leistungsmaßstab der Nichtbehinderten stets präsent; die Lehrer konnten ihre Unterrichtsmethode ganz auf die jeweilige Behinderung der Schüler abstimmen, im Idealfall waren sie sogar speziell für die Unterrichtung dieser Behindertengruppe ausgebildet; ablehnend-vorurteilsbehaftete Verhaltensweisen von Mitschülern oder Allgemeinpädagogen trafen die Behinderten nicht mehr.

Das Sonderschulwesen expandierte entsprechend. Die Anzahl der Sonderschüler in der Bundesrepublik Deutschland stieg von 322 000 im Jahr 1970 auf knapp 400 000 im Jahre 1976/77, die in 2726 Sonderschulen von rund 35 400 Lehrern unterrichtet wurden (vgl. STATISTISCHES BUNDESAMT 1978, S. 338 f). Die Sonderschüler machten also genau vier Prozent der 10 Millionen Schüler in der allgemeinen Ausbildung und 4,5 Prozent der 6- bis 15jährigen Bevölkerung aus.

Da nun aber SANDER (1973, S. 98) festgestellt hatte, daß „mit insgesamt knapp 6 % sonderschulbedürftigen Kindern und Jugendlichen zu rechnen" sei (wobei er die Quote der Lernbehinderten noch um zwei Prozent niedriger als üblich angesetzt hatte), schienen in erheblichem Umfang Sonderschulplätze zu fehlen. Nach Schätzungen der Kultusministerkonferenz bestand 1970 für Verhaltensgestörte, Schwerhörige, geistig, Körper-, Seh- und Sprachbehinderte ein Fehlbedarf an Schulplätzen zwischen 61 und 81 Prozent; „insgesamt konnten nach diesen Schätzungen 1970 rund 230000 behinderte Kinder nicht in Sonderschulen gefördert werden" (MUTH 1975b, S. 16). In dieser Situation bedeutete der Vorschlag des Bildungsrats, anstelle einer weiteren Expansion des Sonderschulwesens nunmehr einer integrativen Konzeption den Vorzug zu geben, tatsächlich eine wegweisende Neuorientierung.

Neben der quantitativen Expansion hatte es auch eine Tendenz zu weiterer Differenzierung des Angebots an Behindertenschulen gegeben. Das Phänomen der Mehrfachbehinderung trat stärker ins Blickfeld, so daß jetzt zum Beispiel nicht nur Blinden- und Sehbehindertenschulen mehr Unabhängigkeit voneinander gewannen, sondern auch innerhalb dieser Schulen unterschiedliche Schwerpunkte gebildet wurden für Kinder, die bei bestehender Sehbehinderung entweder normalintelligent oder etwa zusätzlich lern- oder geistig behindert waren.

Teilweise ging diese Differenzierung noch weiter. HELLBRÜGGE berichtet mehrfach (z.B. 1975b, S. 72) von einer Erfahrung, die er bei der Besichtigung der Kindergärten der Schweizer Spende im Schloßpark von Schönbrunn in Wien machte und die für ihn als eine Art Schlüsselerlebnis seinen Bemühungen um Integrierte Erziehungsmodelle für Behinderte vorangegangen zu sein scheint:

„Dieser Kindergarten bietet ... neben einem Kindergarten für hörbehinderte einen Kindergarten für sehbehinderte, einen Kindergarten für geistig behinderte, einen Kindergarten für körperbehinderte Kinder etc., selbstverständlich auch einen Kindergarten für gesunde Kinder. Die Spezialisierung war so weit gediehen, daß z.B. der Kindergarten für sehbehinderte Kinder ausschließlich von schielenden Kindern besucht wurde mit dem Ziel, sie während der Kindergartenzeit einer orthoptischen Behandlung zuzuführen.

Während die Differenzierung in Sonderkindergärten je nach spezifischer Behinderung der Kinder von den im Ausschuß anwesenden Pädagogen für ein erstrebenswertes Ziel der Kleinkindererziehung in vorschulischen Einrichtungen der Sonderpädagogik gehalten wurde, schien die damit verbundene soziale Isolation der Kinder allerdings vom Standpunkt der Sozialpädiatrie als mit erheblichen Nachteilen behaftet, wobei ärztlicherseits insbesondere kein Vorteil darin gesehen wird, etwa Sonderkindergärten für schielende Kinder einzurichten."

Von einem Nicht-Pädagogen wurde die Sonderpädagogik hier darauf hingewiesen, daß sie in ihren Bemühungen um immer differenziertere und perfektere Sondererziehung diejenigen Ziele ein wenig aus den Augen verloren hatte, die jenseits der Schulzeit lagen und im Zusammenhang mit der sozialen Integration Behinderter und dem Abbau von Vorurteilen ihnen gegenüber stehen.

Allerdings muß hinzugefügt werden, daß zum Zeitpunkt von HELLBRÜGGEs massiver Kritik längst in der Sonderpädagogik selbst die Gegenbewegung zu mehr Integration hin eingesetzt hatte.

Denn die Sonderschule, als Schonraum konzipiert, wurde zwar den behinderten Kindern momentan besser gerecht, konnte aber nicht verhindern, daß sie anschließend umso massiver mit der Außenwelt konfrontiert wurden, die nun ganz und gar nicht als Schonraum für Behinderte konzipiert war. Die Behinderten hatten nicht gelernt, mit Distanz, Ablehnung und Vorurteilen zurechtzukommen, sich trotz dieser Barrieren in einer nichtbehinderten Umwelt zu behaupten.

Bedingt durch den weiten Einzugsbereich vieler Sonderschultypen, hatten sie großenteils in Ganztags- oder Heimschulen gelernt und gelebt; in vielem fehlte ihnen schlicht der Erfahrungshintergrund, der nichtbehinderten Jugendlichen des Schulentlaßalters selbstverständlich war. Erste Kontakte mit Nichtbehinderten waren dann nichts Natürliches, sondern eher so etwas wie eine mühsame, von Mißverständnissen und Ablehnung begleitete Expedition in fremden Lebensraum.

So kommt HAIBÖCK (1975, S. 106) für körperbehinderte Kinder zu dem Schluß:

„Die ,Schutzhülle' einer Sondereinrichtung ist nicht dazu geeignet, die sozialen Probleme anzugehen, sondern läßt sie eher zu einem späteren Zeitpunkt, wenn das Kind tatsächlich in die Gemeinschaft Gesunder kommt, um so deutlicher aktuell werden".

Gleiches gilt wohl auch für die anderen Behindertengruppen.

Der Schonraum der Sonderschule, ihrer Internate und Tagesstätten hatte gelegentlich auch eine konsumierende Haltung bei den jungen Behinderten gefördert: sie wurden versorgt, mußten sich um weniges aktiv bemühen, die Behindertenzentren boten ihnen – ohne nennenswerten Eigenbeitrag ihrer Familien – neuesten technischen Komfort und Lebensstandard. Die Kehrseite dieser totalen Versorgung zeigte sich in einem Rehabilitationszentrum, wo, wie berichtet wurde, Stellenvermittlungen nach Schul- und Berufsausbildung bereits daran gescheitert seien, daß der behinderte Jugendliche von seinem künftigen Arbeitgeber wie selbstverständlich erwartet habe, dieser werde ihm auch Unterkunft und Verpflegung bereitstellen.

6.5.2. Einwände

Nun gibt es gegenläufige Argumentationsgänge dahingehend, in der Separierung könne der Behinderte besser und gründlicher auf seine spätere Integration vorbereitet werden. Sie wirken allerdings nicht sehr überzeugend; im allgemeinen erweist sich ein mit seinem Ziel artgleicher Weg als effektiver.

Die wesentlichen Argumente für eine Integrierte Erziehung kommen also aus der Sozialpsychologie und Soziologie der Behinderten: Vorurteile und Fehlverhalten gegenüber Behinderten abzubauen erscheint nur möglich, wenn zumindest die Unvertrautheit mit den Behinderten reduziert wird, wenn gegenseitige Erfahrungen von früh auf möglich sind. Wenn in einer Klasse mit 25 Schülern ein Behinderter unterrichtet wird, kommen auf den einen Behinderten 24 mal so viele Nichtbehinderte, die im Umgang mit Behinderten Erfahrungen sammeln können.

Andererseits mag dieser hauptsächliche Anstoß von sozialpsychologischen und soziologischen Gesichtspunkten her erklären, weshalb die Sonderpädagogik selbst nur zögernd die neue Konzeption aufgegriffen hat; auch ihre Propagierung in den Empfehlungen des Bildungsrats bedeutet noch nicht, daß sie sich allgemein durchgesetzt hätte.

STADLER (1976b) fragte Sonderschullehrer unterschiedlichen Dienstalters, Gesamtschullehrer und andere Personen aus dem Bereich der Sonderpädagogik nach ihrer Einschätzung der Integrationsfähigkeit beziehungsweise Separierungsbedürftigkeit der einzelnen Behindertengruppen.

Dabei ergaben sich drei Gruppen. Die Körper-, Sprach- und Lernbehinderten wurden am ehesten für integrationsfähig gehalten; rund 70 Prozent der Sonderpädagogen und zwischen 67 und 40 Prozent der Gesamtschullehrer bejahten die diesbezügliche Frage. In der Mitte standen die Sehbehinderten, Schwerhörigen und Verhaltensgestörten; rund 50 Prozent der Sonderpädagogen und zwischen 32 und 43 Prozent der Gesamtschullehrer hielten sie für integrationsfähig. Am pessimistischsten wurde die Integration der Blinden, Gehörlosen und Geistigbehinderten beurteilt; die Geistigbehinderten etwa wurden von nur 5 Prozent der Sonderschullehrer und von nur 6 Prozent der Gesamtschullehrer für integrationsfähig erklärt.

Darüberhinaus ergaben sich interessante Unterschiede innerhalb der Sonderpädagogen. Diejenigen mit einer Zusatzausbildung sprachen sich vorwiegend (zu 47 Prozent) für Integration, diejenigen ohne Zusatzausbildung vorwiegend für Konzentration (der Sonderschulen auf schwerer und mehrfach Behinderte) aus; beide Gruppen votierten zu etwa 15 Prozent für Segregation. Mit der Anzahl der Dienstjahre nahm die Befürwortung der Integration ab, die der Konzentration und Segregation zu.

Einwände gegen eine Integrierte Erziehung ergeben sich insbesondere aus der sachlichen Notwendigkeit, behinderte Kinder intensiver und individueller im Unterricht zu fördern als dies in der Regelklasse möglich ist. Es erscheint schwer vorstellbar, innerhalb einer regulären Grundschulklasse einen blinden Schüler die Punktschrift zu lehren oder einem Gehörlosen Artikulations- und Ablesefertigkeiten zu vermitteln.

Solche behinderungsspezifischen Techniken werden also – entweder vor der Schulzeit oder sie begleitend – in Besonderung vermittelt werden müssen. Dabei ist auch die Perspektive der nichtbehinderten Schüler zu beachten: sie dürfen nicht darunter leiden, daß behinderte Kinder in ihre Klassen integriert sind; man kann zum Beispiel nicht eine ganze Grundschulklasse auf Lernbehindertenniveau unterrichten, um einigen Lernbehinderten die Umschulung in eine Sonderschule zu ersparen. In zahlreichen Integrationsmodellen wird deshalb für einen behinderten Schüler ein Bonus derart gewährt, daß die Klassenstärke seinetwegen um vier oder sechs oder acht Nichtbehinderte reduziert wird, so daß mehr innere Differenzierung und Individualisierung im Unterricht möglich werden.

Kein legitimes Argument gegen eine Integrierte Erziehung dürfte hingegen dann vorliegen, wenn den Nichtbehinderten lediglich der Anblick behinderter Mitschüler erspart bleiben soll, so etwa wenn – was tatsächlich vorkommt – ein nur äußerlich entstelltes, funktionell nicht beeinträchtigtes Kind aus diesem Grund in einer Körperbehindertenschule unterrichtet wird.

6.5.3. Subsidiärsystem statt Sonderschule

Integrierte Erziehung Behinderter, soll sie für die Behinderten effektiv und für die Nichtbehinderten ohne Nachteil sein, muß mit einem ergänzenden System von Förder- und Beratungsangeboten – einem Subsidiärsystem – kombiniert sein: Vermittlung unabdingbarer Behindertentechniken noch vor dem oder zusätzlich zum regulären Unterricht vor allem bei Sinnesbehinderten, spezielle Förderangebote für die behinderten Schüler in regelmäßigen Abständen, Vorbereitung, Schulung und Beratung derjenigen Lehrer, die Behinderte in ihren Regelklassen unterrichten.

Der Sonderpädagoge würde in einer solchen Konzeption also nicht, wie vielfach geargwöhnt, überflüssig werden, er würde – vielleicht in einer etwas geringeren Anzahl als bislang – zum Behindertenexperten werden, von der Vermittlung gewöhnlicher Unterrichtsinhalte weitgehend freigestellt, hingegen für die Supervision und Zusatzbetreuung der behinderten Schüler und ihrer Lehrer verantwortlich. Da die behinderten Schüler dann nicht mehr (allenfalls noch in Ballungsgebieten) in zentralen Schulen massiert wären, müßte er seine Tätigkeit teilweise als sogenannter Ambulanzlehrer, in einem größeren Schulbezirk umherreisend, ausüben.

Andererseits wäre für das Gelingen einer Integrierten Erziehung zu fordern, daß sonderpädagogische Inhalte – Kenntnisse der wichtigsten Behinderungen – allen Lehrern, insbesondere den Grund- und Hauptschullehrern, im Rahmen ihrer Ausbildung vermittelt würden, in einem Umfang, der ihnen bei entsprechender Beratung durch den sonderpädagogischen Experten die Unterrichtung eines oder einiger weniger behinderter Schüler in der Regelklasse erlaubt.

Wiederholt ist in den vergangenen Jahren die Diskussion über die Integrierte Erziehung Behinderter mit der Diskussion um die Gesamtschule verknüpft worden, so als bestehe ein Junktim zwischen der Einführung der Gesamtschule als Regelschule und der Integration Behinderter in die Regelschule. Sehr deutlich, fast apodiktisch, wird diese Position etwa von POHL (1977, S. 49) formuliert:

„Die schulische Integration Behinderter in die dreigliedrige Regelschule ist abzulehnen. Bauliche Gegebenheiten, historische Ableitung, Konzeption und Organisation der Regelschule machen die Aufnahme Behinderter unmöglich. Außerdem kann davon ausgegangen werden, daß sich aus der Gesamtschule die Regelschule der Zukunft entwickeln wird."

Hier werden sehr hohe Erwartungen an die Einführung eines Gesamtschulsystems geknüpft. Übersehen wird dabei, daß ein wesentliches Merkmal einer Gesamtschule ja auch gerade die Differenzierung der Schüler in Leistungskursen ist, so daß die Problematik der Integration leistungsschwächerer oder sonstwie behinderter Schüler nicht automatisch durch Übergang auf ein Gesamtschulsystem gelöst ist. Zudem sind, wie weiter unten gezeigt werden wird, auch in weiterführenden Schulen herkömmlicher Art Versuche zur Integrierten Erziehung Behinderter erfolgreich verlaufen.

POHLs Position erweckt gleichsam den Eindruck, als solle die Integrierte Erziehung Behinderter – ein bislang noch unerledigtes schulpolitisches Problem – als Vehikel benutzt werden, um die Umgestaltung des Schulsystems insgesamt voranzutreiben; sie würde damit, folgte man dieser Strategie, in schulpolitische Auseinandersetzungen hineingezogen, die zu ihrer ursprünglichen Zielsetzung nur mehr einen losen Zusammenhang aufweisen. Zum gegenwärtigen Zeitpunkt erscheint es sinnvoller, die Integration Behinderter, die ja hauptsächlich sozialpsychologischen und nicht etwa schulpolitischen Gründen entspringt, im Rahmen des vorhandenen Schulsystems zu fördern und nicht auf Änderungen zu warten, deren Realisierung noch äußerst umstritten ist. So spricht auch MERSI (1975, S. 201) von einer „Gleichsetzung, . . . die häufig ohne zwingenden Grund vorgenommen" werde; tatsächlich aber sei

„die Segregation Behinderter nicht typisch für oder identisch mit der sogenannten vertikalen Gliederung des Schulwesens, und umgekehrt ist die horizontale Gliederung – so wünschbar sie immer erscheinen mag – nicht Voraussetzung für ihre Integration."

Die Bedeutung, die der Integrierten Erziehung in der gegenwärtigen Sonderpädagogik beigemessen wird, läßt sich daran ablesen, daß nahezu jedes der Gutachten der Deutschen Bildungskommission über die verschiedenen Behindertengruppen auch auf die Möglichkeiten einer Integrierten Erziehung eingegangen ist (z.B. LÖWE 1973, S. 141 ff; JUSSEN 1973, S. 252 ff; BACH 1974, S. 100 ff; HUDELMAYER 1975, S. 108 ff; MERSI 1975, S. 199 ff). Darüber hinaus haben sich größere Publikationen wie die von SCHINDELE (1974; 1977), HELLBRÜGGE (1975a) sowie WEIGT (1977) ausschließlich dieser Thematik gewidmet. In unserem begrenzten Rahmen ist es nur möglich, einen kleinen Teil der zahlreichen in- und ausländischen Modellversuche zu nennen.

Zur Integrierten Erziehung lern- und verhaltensgestörter Kinder haben beispielsweise SPECK und seine Mitarbeiter (1978) einen Modellversuch im Münchner Problemstadtteil Hasenbergl vorgestellt, der hier keine eingehendere Darstellung erfahren kann.

6.5.4. Integrierte Erziehung Hörgeschädigter

LÖWE (1975, S. 119) weist darauf hin, daß es in Deutschland bereits um 1820 Sonderklassen für hörgeschädigte Kinder in Regelschulen gegeben habe; „alle diese Klassen hatten jedoch nur eine kurze Lebensdauer". Erst heute gebe es in einigen europäischen Ländern – nicht aber in der Bundesrepublik und der DDR – wieder die Möglichkeit der Integration Hörgeschädigter in Regelschulen.

LÖWE (1975, S. 122) nennt dabei folgende Vorteile der Integration, die teils für Hörgeschädigte spezifisch sind, teils aber auch für alle anderen Behinderten gelten:
– größeres lautsprachliches Angebot
– höheres Sprachniveau
– verständliches Sprechen
– Gebärdensprache tritt zurück
– Angleichung an normale Verhaltensmuster vollsinniger Kinder
– Intensivierung der sozialen Beziehungen mit Vollsinnigen
– Erziehung zur Selbständigkeit
– Auseinandersetzung mit den Einflüssen der Umwelt
– realistischere Einschätzung der Leistungen durch den Lehrer
– ständige Konfrontation der vollsinnigen Kinder und ihrer Eltern mit den Problemen der Hörgeschädigten.

Als Nachteile der Integration nennt LÖWE die eventuelle Inhomogenität der Klassen, den größeren Streß für Lehrer und Schüler, die dann vielfach überhöhten Erwartungen der Eltern sowie die Notwendigkeit einer stärkeren Mitarbeit der Eltern an der Erziehung.

Mit Integration ist nun freilich nicht unbedingt die volle Integration jedes einzelnen gehörlosen Schülers in eine Regelklasse gemeint; LÖWE (1973, S. 157) gesteht zu, „daß es nur ganz selten einmal möglich sein wird, gehörlosen Kindern zu einer vollen Integration zu verhelfen. Ihre Zahl dürfte 1 % der Gesamtzahl gehörloser Kinder kaum erreichen." Eine Früherkennung mit anschließender früher Hausspracherziehung, eine überdurchschnittliche Intelligenz, ein interessiertes förderndes Elternhaus, gute Absehfähigkeit und verständliches Sprechen, ein zur Mitarbeit bereiter Lehrer der Regelklasse, ein zur zusätzlichen Betreuung zur Verfügung stehender Gehörlosenlehrer sind nur einige der zahlreichen Voraussetzungen, die LÖWE (1973, S. 154 ff) für die Vollintegration in eine reguläre Klasse nennt.

Häufiger schon wird es möglich sein, gehörlose Kinder in der Außenklasse einer Gehörlosenschule im räumlichen Rahmen einer regulären Schule zu unterrichten. Doch auch hier sollen die einbezogenen Kinder lautsprachlich gut gefördert, frei von Zusatzbehinderungen und wenigstens normal-intelligent sein.

Insgesamt hat LÖWE (1973, S. 145; vgl. LÖWE 1975, S. 121) neun Stufen auf dem Kontinuum von der Vollintegration bis hin zur Vollsegregation unterschieden und in einem hier wiedergegebenen Schema für die Gehörlosen dargestellt; das Schema kann jedoch mühelos auf Hörgeschädigte allgemein hin ausgedehnt werden.

Schließlich gibt LÖWE (1973, S. 146 ff) noch einen Überblick über acht ausländische Modelle der Integration, die exemplarisch einige Stufen dieses Integrations-Segregations-Kontinuums kennzeichnen.

– In Aalborg (Jütland) erfolgt zwar die Beschulung segregiert, jedoch leben die gehörlosen Internatsschüler nicht massiert in einem einzigen Heim beieinander, was die für ein solches Gehörlosenghetto typische Gebärdensprache unvermeidlich machen würde, sondern jeweils zu acht bis zehnt in einem kleinen Schülerheim inmitten eines normalen Wohngebiets, wo sehr viele Kontakte zu den Kindern der Nachbarschaft entstehen.

– In Portland (Oregon/USA) sind die gehörlosen Kinder aus größeren Entfernungen statt in einem Internat einzeln in Pflegefamilien untergebracht, wodurch die lautsprachliche Verständigung noch mehr gefördert wird. Nach achtjährigem Sonderschulbesuch – wobei keine Klasse mehr als sechs Schüler umfaßt – werden sie mit zwölf bis dreizehn Jahren in ein Normalschulprogramm integriert.

– Die Gehörlosenschule von Sint Michielsgestel (Niederlande) rechnet LÖWE (1973, S. 147) „zu den bedeutendsten Bildungsstätten für gehörlose Kinder . . ., die es gegenwärtig gibt." Schüler mit einem ausgezeichneten Realschulabschluß setzen ihre Ausbildung nicht auf einem speziellen Gehörlosen-Gymnasium, sondern in Normalgym-

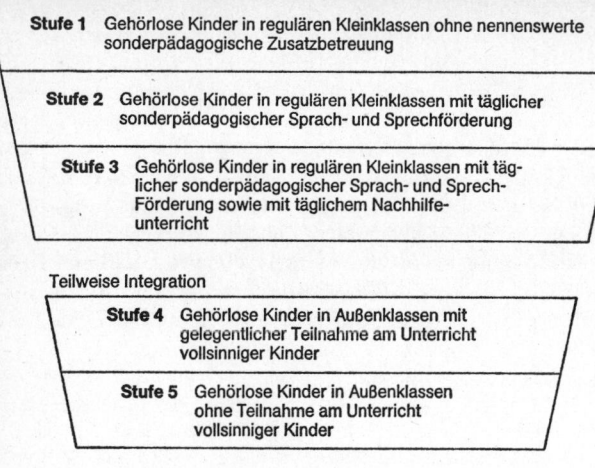

Volle Integration

Stufe 1 Gehörlose Kinder in regulären Kleinklassen ohne nennenswerte sonderpädagogische Zusatzbetreuung

Stufe 2 Gehörlose Kinder in regulären Kleinklassen mit täglicher sonderpädagogischer Sprach- und Sprechförderung

Stufe 3 Gehörlose Kinder in regulären Kleinklassen mit täglicher sonderpädagogischer Sprach- und Sprech-Förderung sowie mit täglichem Nachhilfeunterricht

Teilweise Integration

Stufe 4 Gehörlose Kinder in Außenklassen mit gelegentlicher Teilnahme am Unterricht vollsinniger Kinder

Stufe 5 Gehörlose Kinder in Außenklassen ohne Teilnahme am Unterricht vollsinniger Kinder

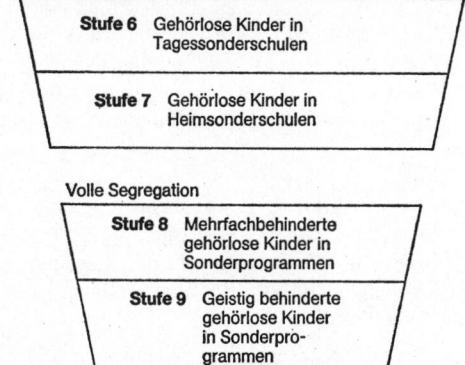

Teilweise Segregation

Stufe 6 Gehörlose Kinder in Tagessonderschulen

Stufe 7 Gehörlose Kinder in Heimsonderschulen

Volle Segregation

Stufe 8 Mehrfachbehinderte gehörlose Kinder in Sonderprogrammen

Stufe 9 Geistig behinderte gehörlose Kinder in Sonderprogrammen

Neunstufiges Integrations-Segregations-Kontinuum bei Hörgeschädigten (aus: LÖWE 1973, S. 145)

nasien fort, wo sie keinerlei Privilegien genießen, zum Beispiel beim Abitur, das sie mit etwa 24 Jahren erreichen, drei Fremdsprachen beherrschen müssen.
– Programme der teilweisen Integration – meist die Eingliederung ganzer Gehörlosenklassen in eine Normalschule – wurden in Zürich, Wien, Tel Aviv und Redwood bei San Franzisco realisiert. In Zürich

wurde – als Ergänzung zur achtjährigen Primarschulzeit – eine zweijährige Oberstufenschule für begabte Gehörlose geschaffen, deren Klassen in einer normalen Oberschule untergebracht sind. In Wien wurde eine Kleinklasse mit sechs gehörlosen Schülern in einer normalen Volksschule in gebärdenfreier Umgebung eingeschult. Auch in Tel Aviv sind ganze Klassen hörgeschädigter Kinder in Normalschulen eingegliedert, nachdem die Kinder zuvor – wie alle hörgeschädigten Kinder in Israel – einen integrierten Kindergarten besucht haben. In Redwood werden integrationsfähige gehörlose Kinder so früh als möglich ausgewählt und in einer vier bis fünf Jahre dauernden Sonderförderung so weit gebracht, „daß sie bereits bei Erreichen des schulpflichtigen Alters weitgehend in ein normales Schulprogramm integriert werden können" (LÖWE 1973, S. 151)

6.5.5. Integrierte Erziehung Sehgeschädigter

KENMORE (1975, S. 111), die die praktischen Fragen der Integration blinder Kinder diskutiert, stellt einleitend den Unterrichtsablauf einer Blindenschule dem in einer Normalschule gegenüber. Während Blindenlehrer gewöhnlich behaupteten, „daß ihre Unterrichtsweise niemals an einer normalen Schule praktiziert werden könne", kommt sie zu dem Ergebnis: „Wäre man korrekt, müßte man zugeben, daß 95 % des Unterrichts in Blindenschulen Normalunterricht ist." Hingegen würden

„die tatsächlichen Bedürfnisse Blinder . . . häufig in Blindenschulen ignoriert: Mobilitätstraining, spezielle Gymnastik, reaktionsschnelles Handeln und Methoden zum flüssigen Lesen von Blindenschrift".

Die Blindenschule als solche, als segregative Schule, scheint also noch nicht zu garantieren, daß der Unterricht auch vollständig auf die Bedürfnisse der blinden Schüler zugeschnitten ist. Könnte man also nicht Nachteile ähnlichen Umfangs in Kauf nehmen, wenn sich dafür die Chance sozialer Integration böte?

HUDELMAYER (1975, S. 109 f) nennt auf dem Integrations-Segregations-Kontinuum folgende Möglichkeiten für blinde Kinder:
1. die Internatsschule für Blinde;
2. die kooperative Internatsschule für Blinde: hier nehmen einzelne Schüler am Unterricht einer nahegelegenen Regelschule teil unter Unterstützung durch die Blindenschule;
3. die Blindenklasse an der Regelschule: in einzelnen Unterrichtsfächern können hierbei einzelne Schüler in die Regelklassen entsandt werden;
4. die Förderabteilung für Blinde an der Regelschule (‚resource-room-program'): die Blinden besuchen grundsätzlich den Unterricht der Regelklassen in einer bestimmten Schule ihrer Region, erhalten

jedoch bei Bedarf ergänzenden Unterricht und Beratung durch einen Blindenlehrer in der angeschlossenen Förderabteilung;

5. der Ambulanzlehrer-Dienst (‚itinerant-teacher-program‘): der blinde Schüler besucht am Heimatort die Regelschule und wird zusätzlich von einem ambulanten Blindenlehrer mehrmals wöchentlich betreut.

In der Bundesrepublik gibt es, so HUDELMEYER (1975, S. 110), bislang lediglich die Internatsschule und ansatz- und versuchsweise auch die kooperierende Internatschule für Blinde. Eltern, die ihre blinden Kinder auf ein Normalgymnasium schicken wollen statt auf die Blindenstudienanstalt in Marburg, müssen den erforderlichen Schulplatz selbst beschaffen, wobei auch „die ganze finanzielle und zeitliche Last der Lehrmittelbeschaffung, Lehrerberatung und des ergänzenden Unterrichts" ihnen zufällt (HUDELMAYER 1975, S. 110).

Im Ausland hingegen existieren bereits integrierte Organisationsformen zur Beschulung blinder Kinder (vgl. HUDELMAYER 1975, S. 111 ff):

– Tel Aviv: In Tel Aviv war 1972 einer Schule mit 800 Schülern eine Förderabteilung für 17 sehgeschädigte Kinder angeschlossen, von denen sechs ganz auf die BRAILLE-Schrift angewiesen waren; sie gingen täglich, später bei Bedarf, in die Förderabteilung, wo von zwei Sehgeschädigtenlehrerinnen hauptsächlich die Punktschrift vermittelt und der Mathematikunterricht unterstützt wurde.

– Dänemark: Nahezu die Hälfte der blinden, auf Punktschrift angewiesenen Schüler Dänemarks wird heute in Regelschulen unterrichtet. Die zentrale Blindeninternatsschule von Kalundborg ist „zu einem Diagnose-, Betreuungs- und Lehrmittelbeschaffungszentrum auch für die integriert beschulten Kinder geworden und hat außerdem die Früh- und Vorschulerziehung stark ausgebaut" (HUDELMAYER 1975, S. 112). Bei Aufnahme eines blinden Schülers wird eine Klasse um sieben Sehende verkleinert; der unterstützende Sehgeschädigtenlehrer, der durchschnittlich 17 Sehbehinderte und drei Blinde zu betreuen hat, erteilt zusätzliches Punktschrift- und Mobilitätstraining und berät die Regellehrer.

– In den USA, wo der weiten Blindheitsdefinition wegen Blinde und Sehbehinderte gewöhnlich gemeinsam betrachtet werden, wurden einer Übersicht von SCHINDELE (1974, S. 94) zufolge im Jahre 1971 insgesamt 21 223 sehgeschädigte Schüler beschult, davon etwa zwei Drittel, nämlich 13 787, in integrierten Programmen. Als eines der am besten ausgebauten Systeme Integrierter Erziehung (HUDELMAYER 1975, S. 110) galt besonders das kalifornische, wo von 2029 Sehgeschädigten 1903 integriert beschult wurden, davon rund 200 in Sonderklassen an Regelschulen und etwa 1700 in Förderabteilungen und Ambulanzlehrer-Programmen. Für sechs sehgeschädigte Schüler in integrierten Programmen stand ein Sehgeschädigtenlehrer zur Verfügung.

SCHINDELE (1974, S. 51 f) kommt bei einer theoretischen Evaluation der verschiedenen integrierten Modelle zu dem Schluß, daß jene Programme zu bevorzugen seien, die nicht ausschließlich optimale Spezialisierung des Unterrichts unter Beschneidung sozialer Interaktion (wie die Heim- und Tagessonderschulen) bieten, jedoch auch nicht ausschließlich uneingeschränkte soziale Interaktion bei fehlender unterrichtlicher Spezialisierung (wie die bloßen Beratungsprogramme) bieten, sondern die beide Forderungen in einem mittleren bis guten Ausmaß realisieren. Erfüllt werde diese Bedingung am ehesten von den Ambulanzlehrer- und Förderzentrums-Programmen.

Erste empirische Evaluationen der integrierten Erziehungsmodelle für Sehgeschädigte liegen aus den USA vor, worüber SCHINDELE berichtet (vgl. MERSI 1975, S. 206–210). Er kommt dabei zum Ergebnis, daß

„das Erreichen adäquater Schulleistungen speziell betreuten sehbehinderten Schülern in Regelschulen besser möglich ist als in traditionellen Residentialschulen", und daß „die soziale Integration sehbehinderter Schüler zumindest so gut ist, daß sie die Schulleistung und die sozialpsychologische Situation dieser Kinder nicht negativ beeinflußt" (vgl. MERSI 1975, S. 209).

Allerdings war bei den Sehgeschädigten ein deutlich geringerer soziometrischer Status festgestellt worden, der freilich nicht von einem schlechten schulischen Abschneiden begleitet war. Nun liegt hierzu ja kein Vergleichswert aus einem segregativen Programm vor, da bei einem solchen kein Klassenverband existiert, in dem der soziometrische Status eines Behinderten unter Nichtbehinderten zu ermitteln wäre. Das Ziel Integrierter Erziehung, die Erleichterung der späteren gesellschaftlichen Integration, kann wohl unabhängig davon erreicht werden, daß die integrierten behinderten Kinder gegenüber ihren nichtbehinderten Altersgenossen einen geringeren Gruppenstatus aufweisen.

6.5.6. Integrierte Erziehung Körperbehinderter

Die Frage, ob separierende oder integrierte Beschulung für körperbehinderte Kinder vorzuziehen sei, stellte sich ganz akut, als in den Jahren 1966 bis 1968 die dysmelen Contergankinder das Einschulungsalter erreichten.

BLÄSIG und SCHOMBURG (1966, S. 54 ff) hatten im voraus einen detaillierten Beschulungsplan für den Raum Niedersachsen aufgestellt und darin für 41 Prozent der erfaßten Kinder öffentliche Schulen, für 49 Prozent Tagesschulen und für 10 Prozent Internate empfohlen

(BLÄSIG & SCHOMBURG 1966, S. 82); dies stand in einem gewissen Kontrast zu den Wünschen der Eltern, die zu 69 Prozent ihr Kind in öffentliche Schulen und nur zu 25 Prozent in Tagesschulen sowie zu 5 Prozent in Internate schicken wollten (S. 81). Die heilpädagogischen Experten schätzten also die Integrationsmöglichkeiten deutlich schlechter ein als die Eltern selbst.

HAUPTs (1974) Untersuchung (vgl. S. 59) wurde zu einem Zeitpunkt durchgeführt (im Frühjahr 1969), zu dem – vom Alter her gesehen – eigentlich alle dysmelen Kinder die Grundschule hätten besuchen sollen. Tatsächlich jedoch waren zehn Prozent noch nicht eingeschult; 45 Prozent besuchten eine Normalschule, 7 Prozent Sonderklassen an Grundschulen, 38 Prozent Ganztags- oder Internatsschulen für Behinderte (S. 23 f). Die tatsächlichen Verhältnisse entsprachen also eher den Experten-Prognosen als den Eltern-Erwartungen – wobei die Experten allerdings auch am Zustandekommen ihrer Prognosen selbst mitgewirkt haben könnten.

HAUPT stellte nun nicht, analog zu der oben erwähnten Sehgeschädigtenstudie in den USA, körperbehinderte Kinder in integrierter Beschulung solchen in segregierter Beschulung gegenüber. Vielmehr verglich sie diejenigen 45 Prozent der Dysmeliekinder, die eine Normalschule besuchten, mit einer parallelisierten Kontrollgruppe nichtbehinderter Kinder. Selbst wenn sich dabei ungünstige Befunde für die Dysmeliekinder ergaben, so hätten sie bei segregierter Beschulung eventuell noch ungünstiger ausfallen können.

Im Soziogramm erhielten die Gliedmaßengeschädigten „bei Wahlen nach dem Sympathiekriterium fast ebensoviele Stimmen wie ihre nichtbehinderten Mitschüler" (S. 66). Allerdings sprachen sie häufiger mehr Wahlen aus als der Durchschnitt der Klasse, was wohl mit einem überaus starken Kontaktbedürfnis in Verbindung steht und auch zu den von den Lehrern vermerkten Verhaltensweisen zu passen scheint, daß die Dysmeliekinder „sich häufig in den Vordergrund drängen, gerne eine Führerrolle auf dem Hof spielen" und verstärkt „nach Kontakt zum Lehrer" suchen; bei 54 Prozent berichteten die Eltern von „Störungen in der Interaktion zwischen behinderten und nichtbehinderten Kindern" (S. 66).

Solche Befunde – die Aufdeckung von Schwierigkeiten in der Interaktion mit Nichtbehinderten – freilich kann man nur dann als Argument gegen eine Integrierte Erziehung benutzen, wenn, wie das vonseiten eines extremen Schonraum-Konzepts geschieht, die eigentlichen sozialen Lernprozesse auf die Zeit nach der Schule verlegt werden sollen. Demgegenüber erscheint es eher sinnvoller, wenn in der in vielem spielerischen und weniger verbindlichen kindlichen Interaktion die Behinderten erfahren, welche Reaktionen sie vonseiten Nichtbehinderter zu gewärtigen haben und wie sie am günstigsten einen Platz im sozialen Gefüge erreichen können.

HAUPT (1974, S. 96) betrachtet es in diesem Zusammenhang „als erschwerend in bezug auf die notwendige Verarbeitung von behinderungsbedingten Konflikten, wenn behinderte Kinder als einzelne einer Klasse nichtbehinderter Kinder angehören", und empfiehlt stattdessen die gleichzeitige Integration zweier oder mehrerer Behinderter in eine Klasse Nichtbehinderter.

Von positiven Erfahrungen mit der Integrierten Erziehung gliedmaßengeschädigter Kinder wird auch aus München berichtet (HAIBÖCK 1975, S. 99 ff). Von den 86 in der Betreuung des dortigen Dysmeliezentrums stehenden Kindern besuchten im Sommer 1973 53 % eine normale Grundschule, 4 % eine Realschule, 22 % ein Gymnasium; nur 14 % wurden in einer Heim-Sonderschule für Körperbehinderte und weitere 7 % in Sonderschulen für Gehörgeschädigte und Lernbehinderte beschult. Lediglich zwei der ursprünglich in eine normale Grundschule eingeschulten Kinder wechselten später – bei guter Intelligenz, jedoch mangelnder Motivation – in eine Körperbehindertenschule über (HAIBÖCK 1975, S. 105).

Resümierend nennt HAIBÖCK (S. 106) „die Schwere der Behinderung, die psychische Störbarkeit, und nicht zuletzt die Anpassungsmöglichkeiten und die Anpassungsbereitschaft der öffentlichen Schulen" als diejenigen drei Faktoren, die die Integrationsmöglichkeiten determinieren;

„das Kind muß in der Lage sein, Kontaktangebote von seiten der Umwelt aufzunehmen, es muß selbst Kontaktaktivität entwickeln und genügend Frustrationstoleranz haben, um Mißerfolge und Enttäuschungen zu verarbeiten."

6.5.7. *Integrierte Erziehung mehrfachgeschädigter Kinder im MONTESSORI-Schulversuch*

Am Rande, und teilweise auch gegen Widerstände des offiziellen Schulsystems hat der Münchner Sozialpädiater HELLBRÜGGE in einem Vorschul- und Grundschulversuch nach MONTESSORI die Integrierte Erziehung unterschiedlich und teilweise auch mehrfach behinderter Kinder gemeinsam mit gesunden Kindern realisiert (vgl. HELLBRÜGGE 1975b; 1977a; 1977b; HELLBRÜGGE & MONTESSORI 1978).

In der Kindergartengruppe von 20 bis 24 Kindern kommen dabei auf 15 bis 18 nichtbehinderte 5 bis 6 behinderte Kinder.

„In der Grundschule sollte nicht mehr als ein schwer körperbehindertes Kind sein, das einer zusätzlichen Betreuung in der Klasse bedarf. Vier weitere Kinder sollten möglichst nicht gleichartig, sondern verschiedenartig behindert sein, weil sie sich dann leichter integrieren lassen. Nicht mehr als ein oder zwei weitere Kinder sollten ‚von Behinderung bedroht' sein . . . Es handelt sich meist um jene

Kinder, die mit einer leichten zerebralen Schädigung an der Grenze der Lernbehinderung liegen und damit auch an der Grenze der Sonderschulbedürftigkeit" (HELLBRÜGGE 1975b, S. 87).

Die Zusammenstellung einer solchen Klasse stellt also einige Anforderungen an das Geschick des Schulleiters, zumal auch an die nichtbehinderten Kinder noch Bedingungen gestellt werden: sie „sollten keine wesentlichen Verhaltensabweichungen, weder im sozialen Bereich noch in ihrem Arbeitsverhalten", andererseits aber eher eine „Verschiedenartigkeit der Intelligenz" aufweisen, weil dadurch Vielseitigkeit und gegenseitige Anregungen entstehen (S. 87).

Methodisch wird das Konzept der Integrierten Erziehung mit den Prinzipien der MONTESSORI-Pädagogik verknüpft. Diese von der ersten Medizinerin Italiens aufgrund von Erfahrungen mit geistig behinderten Kindern entwickelte, später aber nur mehr bei nichtbehinderten Kindern angewandte Form der Pädagogik ist besonders durch ihre Betonung der Sinnesschulung und die Verwendung eines speziellen ‚Sinnesmaterials' bekannt geworden, geht aber weit darüber hinaus. Sie hat in jüngster Zeit eine allgemeine Renaissance erlebt (vgl. HOLTSTIEGE 1977, SCHEID & WEIDLICH 1977, GUNNIGMANN 1979).

HELLBRÜGGE (1975b, S. 72) bezeichnet den ersten von ihm besuchten MONTESSORI-Kindergarten als „eine faszinierende Einrichtung der Kleinkindererziehung" und schreibt weiter (S. 73):

„Für den Versuch einer integrierten Erziehung schien nicht nur der sinnesphysiologische Ansatz von Vorteil, sondern auch der Grundsatz der Montessori-Pädagogik hervorragend geeignet, nach dem die Kinder von sich aus Kräfte der Selbsterziehung entfalten. Dies erlaubt dem Kinde, in der vorbereiteten Umgebung sich freier, d. h. nicht vom Erwachsenen ständig geführt, zu bewegen und einer ausdauernden Tätigkeit zuzuwenden. Das übergeordnete Prinzip der Montessori-Pädagogik ‚Hilf mir, es selbst zu tun' schien auch der entscheidende Ansatz für die Sozialisierungsprozesse im Kindergarten, denn diese Pädagogik gestattet die individuelle Förderung eines einzelnen Kindes auch in der Gemeinschaft."

Folgerichtig besteht auch die zum Modell gehörige MONTESSORI-Grundschule nicht auch Jahrgangsklassen, sondern „aus acht klassenähnlichen Gemeinschaften" (S. 74), in denen jedes Kind nach einem individuellen ‚Pensen-Buch' arbeitet, in dem der Lehrstoff in kleine Schritte gegliedert ist und worin die jeweils beherrschten Lernschritte eingetragen werden (S. 88). Kernstück des Unterrichts ist ein dreistündiges intensives Lernen pro Tag. HELLBRÜGGE (1975 b, S. 86) berichtet, „wie starke soziale Impulse vom behinderten Kind auf das gesunde Kind übergehen und wie selbstverständlich gesunde Kinder dem behinderten helfen".

6.6. Rehabilitation und berufliche Integration

6.6.1. Begriff, Daten und Institutionen

Rehabilitation bedeutet ,Wiederbefähigung'; man versteht darunter die Wiedereingliederung von durch Krankheit oder Unfall Behinderten in das gesellschaftliche Leben. HADLEY (1958, S. 675) definiert Rehabilitation als „den Prozeß, durch den einem Individuum geholfen wird, seinen Platz in der Gesellschaft wiederzugewinnen und als eine leistungsfähige Person tätig zu sein."

In diesem weitesten Sinn sind mit Rehabilitation sowohl pädagogische als auch medizinische als auch berufliche Maßnahmen gemeint; so wird der Begriff etwa noch in der Buchreihe ,Die Rehabilitation der Entwicklungsgehemmten' verwendet, zu der HEESE (1961; 1962), GARBE (1965), BLÄSIG (1967), SPECK (1974), KOBI (1975) und MARTIKKE (1978) Beiträge geliefert haben.

Nun hat sich allerdings für schulisch-pädagogische Maßnahmen zur Eingliederung Behinderter in die Gesellschaft der Begriff ,Sonderpädagogik' eingebürgert. Rehabilitation im engeren Sinn wird nurmehr für medizinische und berufliche Rehabilitation verwendet. In untenstehendem Schema ist der Versuch gemacht, die unterschiedlichen Bedeutungen von ,Rehabilitation' mit den jeweils wichtigsten Synonymen darzustellen.

REHABILITATION	bei (immer schon behinderten) Kindern und Jugendlichen	bei (zuvor nicht behinderten) Erwachsenen
SCHULISCH-PÄDAGOGISCHE	= Sonderpädagogik (Pädagogik der Körper-, Geistigbehinderten usw.)	--- (allenfalls: Vermittlung von Blindentechniken u.ä.)
MEDIZINISCHE	Sozialpädiatrie in Verbindung mit Orthopädie, HNO, Kinderpsychiatrie usw.	Rehabilitations- und Sozialmedizin in Verbindung mit Orthopädie, Innerer Medizin, Psychiatrie, HNO, usw.
BERUFLICHE	'Berufsbildungswerk' (Erstausbildung/Berufsfindung)	'Berufsförderungswerk' (Umschulung/Berufsfindung)

In 77 Prozent der 972000 Rehabilitationsfälle des Jahres 1976 in der Bundesrepublik Deutschland (die somit 1,6 Prozent der Bevölkerung betrafen) wurde nur medizinisch rehabilitiert, in 23 Prozent zusätzlich oder nur beruflich (STATISTISCHES BUNDESAMT 1978, S. 398). Drei Jahre zuvor, 1973, war nur in 16 Prozent der Fälle auch beruflich rehabilitiert worden (BUNDESARBEITSGEMEINSCHAFT FÜR REHABILITATION 1974, S. 13).

Von den Rehabilitanden des Jahres 1976 waren 65,5 Prozent Männer, 34,5 Prozent Frauen; 34 Prozent waren Facharbeiter, 26 Prozent Angestellte, 20 Prozent ungelernte Arbeiter, 12 Prozent nicht erwerbstätig; bei 83 Prozent hatten Krankheiten, bei 7 Prozent Arbeitsunfälle einschließlich Wegeunfällen die Rehabilitation notwendig gemacht; bei 77 Prozent fungierte die Rentenversicherung, bei 16 Prozent die Bundesanstalt für Arbeit, bei 7 Prozent die Unfallversicherung als Kostenträger (STATISTISCHES BUNDESAMT 1978, S. 398).

Medizinische Rehabilitation geschieht vorwiegend in Form von Langzeitbehandlungen und Kuren oder in modernen Rehabilitationskliniken, wie etwa dem Rehabilitationszentrum der Kölner Universitätskliniken. Letztere müssen über orthopädische Werkstätten, eine große physikalische Abteilung (Krankengymnastik, Bäder), Beschäftigungs- und Arbeitstherapie, psychologischen und sozialen Dienst verfügen (DUMRESE & STAHR 1975).

JOCHHEIM und SCHOLZ (1975) haben einen umfangreichen Überblick über die juristisch-sozialmedizinischen Grundlagen der medizinischen Rehabilitation sowie über die dabei verwendeten, erkrankungsspezifischen Behandlungsmethoden herausgegeben; die Zielsetzung umschreibt JOCHHEIM (1975, S. 135) folgendermaßen:

„Medizinische Rehabilitationsmaßnahmen im engeren Sinne umfassen gezielte und häufig kombiniert angewandte Methoden aus dem Bereich der Krankenpflege, der Physiotherapie, der Beschäftigungs- und Arbeitstherapie, der Sprachtherapie, der Psychotherapie und der Pharmakotherapie mit dem Ziel der möglichst weitgehenden funktionellen Wiederherstellung, der körperlichen und seelischen Anpassung an den entstandenen Defekt und der Vorbereitung auf die schulische, berufliche und soziale Wiedereingliederung unter Verwendung der erlernten Techniken und erforderlichen Hilfsmittel."

Die Rolle des Rehabilitanden in der medizinischen Rehabilitation ist von der in der beruflichen Rehabilitation ziemlich verschieden: Dort wird er eher als schonungsbedürftiger Patient vorwiegend unter dem Aspekt seiner jeweiligen Behinderung gesehen; in der beruflichen Rehabilitation dagegen wird ihm, dessen ursprüngliche Berufsausbildung teilweise um Jahrzehnte zurückliegt, eine nicht unbeträchtliche Leistung abverlangt, wobei das Berufsziel im Vordergrund steht, die Behinderung sekundär ist.

Manchen Rehabilitanden fällt dabei der Übergang schwer:

„Viele Behinderte haben die Annehmlichkeiten, die eben auch der Status des Kranken, Pflegebedürftigen und Behinderten mit sich bringt, durchaus schätzen gelernt und sind geneigt, sich diese Privilegien zu erhalten." (SCHULZ-LINKHOLT 1975, S. 76).

Da Rehabilitation eigentlich Wieder-Eingliederung Behinderter bedeutet, müßte konsequenterweise für die berufliche Erstausbildung behinderter Jugendlicher der Begriff ‚Habilitation' verwendet werden. Dieser hat sich allerdings nicht durchsetzen können – und das wohl nicht nur, weil er im akademischen Bereich für die Aufnahme eines Wissenschaftlers in den Kreis der Hochschullehrer steht. Vielmehr haben berufliche Wiedereingliederung und berufliche Erstausbildung Behinderter so viele strukturelle Gemeinsamkeiten, daß der Begriff ‚Rehabilitation' heute vorzugsweise für beide benutzt wird.

Der Unterschied kommt allerdings noch in der Bezeichnung der jeweils hauptverantwortlichen Institutionen zum Ausdruck: ‚Berufs-bildungswerke' dienen der beruflichen Erstausbildung behinderter Jugendlicher, ‚Berufsförderungswerke' der Umschulung und Wieder-eingliederung behinderter Erwachsener.

Die größte Modelleinrichtung zur Berufsausbildung behinderter Jugendlicher befindet sich in Neckargemünd bei Heidelberg (‚Süd-westdeutsches Rehabilitationszentrum für Kinder und Jugendliche'). Für behinderte Erwachsene standen 1975 insgesamt 8000 Plätze in Berufsförderungswerken zur Verfügung, deren Aufstockung auf 10500 geplant war. Die größten Berufsförderungswerke waren dabei in Heidelberg mit 1800 und in Hamburg mit 1050 Plätzen. Spezielle Rehabilitationszentren existierten zu diesem Zeitpunkt für Blinde (180 Plätze, Erweiterung auf 470 vorgesehen) und für Schwerbehinderte des Stütz- und Bewegungsapparats (210 Plätze) (vgl. ROUAULT 1978, S. 75).

Wie aus einem Bericht der Bundesanstalt für Arbeit in Nürnberg hervorgeht, haben die Arbeitsämter im Jahr 1974 insgesamt etwa 135000 berufliche Rehabilitationsvorgänge für Behinderte bearbeitet. Die häufigsten Formen der Erledigung beziehungsweise vorläufigen Erledigung waren dabei folgende (vgl. ROUAULT 1978, S. 78):

21,6 %: Teilnahme an der Berufsfortbildung (ein Jahr und mehr)
16,0 %: Beratungshilfe
13,2 %: fehlende Mitwirkung des Behinderten an den Wiederanpassungsmaß-nahmen
11,2 %: Veränderung der persönlichen Umstände und sonstige nicht ander-wertig aufgeführte Gründe
9,5 %: Arbeitsvermittlung
7,7 %: Einweisung in einen aus eigener Initiative gesuchten Arbeitsplatz.

6.6.2. Juristische und ökonomische Aspekte

Ehe der Aufbau eines Berufsförderungswerks und der Ablauf der beruflichen Rehabilitation näher dargestellt werden, sei zuvor noch auf die juristischen und ökonomischen Aspekte der Rehabilitation kurz eingegangen. Eine Zusammenstellung einschlägiger Gesetze haben JUNG und PREUSS (1974 ff) herausgegeben.

Seit dem 1.10.1974 gilt in der Bundesrepublik das Gesetz über die Angleichung der Leistungen zur Rehabilitation (RehaAnglG), das neben den Kriegsopfern und den Opfern von Arbeitsunfällen auch den durch Krankheiten und sonstige Unfälle Behinderten einen Rechtsanspruch auf berufliche Rehabilitation zuspricht. Da die hierfür notwendigen finanziellen Leistungen von einer Vielzahl von Trägern – der gesetzlichen Krankenversicherung, der gesetzlichen Unfallversicherung, der gesetzlichen Rentenversicherung, der Altershilfe für Landwirte, der Kriegsopferversorgung sowie der Arbeitsförderung – gemeinsam erbracht werden, sind, um den Betroffenen die mühevolle Orientierung in dieser komplexen rechtlichen Struktur zu ersparen, die Träger zur Zusammenarbeit verpflichtet: sie sind gehalten, an falscher Stelle eingebrachte Anträge von sich aus an die eigentlich zuständige Stelle weiterzuleiten.

Prinzipiell gilt der Grundsatz, daß Rehabilitation immer den Vorrang vor Rente hat. Die Gründe hierfür sind einerseits psychologische: Selbstverwirklichung, Integration, Anerkennung und Zufriedenheit sind in unserer Gesellschaft weitaus eher durch berufliche Tätigkeit als in einem Frührentnerstatus zu erreichen.

Hinzu kommen jedoch auch ökonomische Gründe, die sich in einer Kosten-Nutzen-Relation darstellen lassen – mit allen Vorbehalten, die immer anzubringen sind, wenn menschliches Schicksal in Geldbeträgen ausgedrückt wird. Eine solche Kosten-Nutzen-Analyse hat die Heidelberger ‚Stiftung Rehabiliation‘ vorgenommen (DIE ZEIT 6.1.1978, S. 23); sie sei hier wiedergegeben:

„Der Aufwand: Die berufliche (nicht die medizinische) Rehabilitation eines behinderten Menschen kostet an ‚Übergangsgeldern‘ und (vom Kostenträger zu übernehmenden) Sozialversicherungsbeiträgen 11 330 Mark, wenn die Maßnahmen extern, also quasi ambulant durchgeführt werden können.

Ist dies nicht möglich, muß also ein Berufsförderungswerk die Wiedereingliederung besorgen, so ergeben sich folgende Kosten für die durchschnittlich achtzehn Rehabilitationsmonate: Tagessätze 38 564 Mark, Übergangsgelder 25 709 Mark, Sozialversicherungsbeiträge 3024 Mark, Reisekosten 675 Mark. Der Gesamtaufwand je ‚Fall‘: 67 972 Mark.

Der Nutzen für die Rentenversicherung: Hier wird grundsätzlich unterstellt, daß der Behinderte ohne Rehabilitation über kurz oder lang erwerbsunfähig würde. So war zu ermitteln, was die Rentenversicherungsträger im Erfolgsfall sparen.

Als durchschnittliche Rente wurde (gewichtet nach Arbeitern/Angestellten und Männern/Frauen) ein Monatswert von 396,45 Mark errechnet. Daraus ergibt sich für eine Durchschnittszahl von 29,5 weiteren Erwerbsjahren eine Renteneinsparung von 140 343 Mark, dazu kommen nicht zu übernehmende Krankenversicherungsbeiträge von 40 710 Mark sowie nicht zu zahlende Kinderzuschüsse von im Mittel 16 524 Mark. Das sind Einsparungen von 197 577 Mark.

Es gibt aber auch Einnahmen nach erfolgreicher beruflicher Rehabilitation: Rentenversicherungsbeiträge (einschließlich Arbeitgeberanteil) von 123 211 Mark. Macht zusammen mit den Einsparungen 320 798 Mark. Davon wird für vorzeitiges Ausscheiden aus dem Erwerbsleben oder Unterbrechungen ein Risikobeitrag von fünfzehn Prozent oder 48 120 Mark abgezogen. Bleiben also Einsparungen und Einnahmen der Rentenversicherungsträger von 272 678 Mark.

Das Ergebnis: Bei externer Rehabilitation stehen Kosten und Nutzen im Verhältnis 1:24; bei der teureren Wiedereingliederung durch ein Berufsförderungswerk ist der Nutzen immer noch viermal so groß wie der Aufwand.

Der volkswirtschaftliche Nutzen: Der wieder erwerbsfähige Behinderte schafft nach den Berechnungen der Heidelberger einen Beitrag zum Volkseinkommen, der bei externer Rehabilitation den Aufwand in zwei bis drei Jahren deckt. War die Mithilfe eines Berufsförderungswerks nötig, so dauert es zehn Jahre."

Wichtigste Voraussetzung für die Richtigkeit einer solchen Rechnung ist allerdings, daß der Behinderte nach abgeschlossener beruflicher Rehabilitation auch tatsächlich einen Arbeitsplatz findet; die Situation eines Arbeitslosen dürfte von der eines Frührentners – sowohl psychologisch-subjektiv wie auch ökonomisch betrachtet – wohl kaum sehr verschieden sein.

Hier sollte das seit 1.5.1974 geltende Gesetz über die Schwerbehinderten (SchwbG) Hilfestellung geben, wobei unter Schwerbehinderten alle Personen zu verstehen sind, deren Erwerbsfähigkeit infolge körperlicher, geistiger oder seelischer Behinderung dauernd um mindestens 50 Prozent vermindert ist. Paragraph vier dieses Gesetzes verpflichtet alle privaten und öffentlichen Arbeitgeber mit mindestens 16 Beschäftigten, wenigstens sechs Prozent Schwerbehinderte zu beschäftigen. Dieser Prozentsatz kann von der Bundesregierung je nach Arbeitsmarktlage innerhalb eines Bereichs von vier bis zehn Prozent variiert werden.

Ist der Arbeitgeber jedoch nicht bereit oder nicht in der Lage, diese Verpflichtung zu erfüllen, so muß er eine Ausgleichsabgabe von 100 Mark monatlich je nichtbesetzten Schwerbehinderten-Arbeitsplatz entrichten, die zur Förderung der beruflichen Rehabilitation verwendet wird, wobei Aufträge an Behindertenwerkstätten teilweise mit der Ausgleichsabgabe verrechnet werden können.

Die Möglichkeit dieser Ausgleichsabgabe hat sich nun aber als Hintertürchen erwiesen, das es einem Arbeitgeber gestattet, Behinderte trotz des neuen Gesetzes von seinem Betrieb eher fernzuhalten als in ihn aufzunehmen. Denn die im Schwerbehindertengesetz geschaffenen zusätzlichen Vergünstigungen für Behinderte – sechs Tage mehr Urlaub im Jahr und ein besserer Kündigungsschutz als für andere Arbeitnehmer, der einer Unkündbarkeit ziemlich nahe kommt – lassen es manchem Arbeitgeber geraten erscheinen, Behinderte gar nicht erst einzustellen, wie auch die durchweg erhöhten Arbeitslosenquoten körperlich Beeinträchtigter und die Nichtbesetzung von Behinderten-Pflichtplätzen selbst in Ministerien und öffentlichen Institutionen deutlich zeigen.

Der Münchener Behindertenpädagoge RADTKE drückt diesen Sachverhalt so aus:

„Das Gesetz mit seinem starren Kündigungsschutz sichere zwar den wenigen Behinderten in Arbeit ihren Job, halte aber die Mehrzahl der Betriebe davon ab, es einmal mit einem Behinderten zu versuchen" (MAINPOST 14.6.1978).

Mit der Ausgleichsabgabe wird die berufliche Rehabilitation Behinderter subventioniert, während deren eigentlichem Ziel, der Eingliederung Behinderter ins Arbeitsleben, durch sie aber geradezu entgegengearbeitet wird.

Nach diesen eher grundsätzlichen Ausführungen zur beruflichen Situation Behinderter sollen nun exemplarisch drei Typen von Institutionen nähere Darstellung erfahren, die von ihrer Zielsetzung her der beruflichen Integration dienen: das Berufsförderungswerk für Körperbehinderte, das Berufsbildungswerk (hier für Lernbehinderte) sowie die Werkstatt für (vornehmlich geistig) Behinderte.

6.6.3. Beispiel: Berufsförderungswerk für körperbehinderte Erwachsene

Ein Berufsförderungswerk, wie es von SCHULZ-LINKHOLT (1975, S. 78) modellhaft beschrieben worden ist, gliedert sich in drei Hauptbereiche mit insgesamt sechs Fachbereichen, wie nachstehendes Schema zeigt.

Auf die Aufgaben der Administration, der Berufspädagogik einschließlich der Ausbildungsplanung sowie des Ärztlichen Dienstes soll hier nicht weiter eingegangen werden; sie verstehen sich weitgehend von selbst.

Die sozialen und gesellschaftlichen Eingliederungshilfen umfassen außer der Arbeitsberatung auch den Internatsdienst, die Freizeitgestaltung und den Behindertensport. Notwendig werden sie dadurch, daß die erwachsenen Behinderten für ihre berufliche Rehabilitation in der Regel wegen der räumlichen Entfernung ihre Familien verlassen und in einem Internat leben müssen. Das sogenannte ‚Übergangsgeld',

Gliederungsbeispiel eines Berufsförderungswerkes

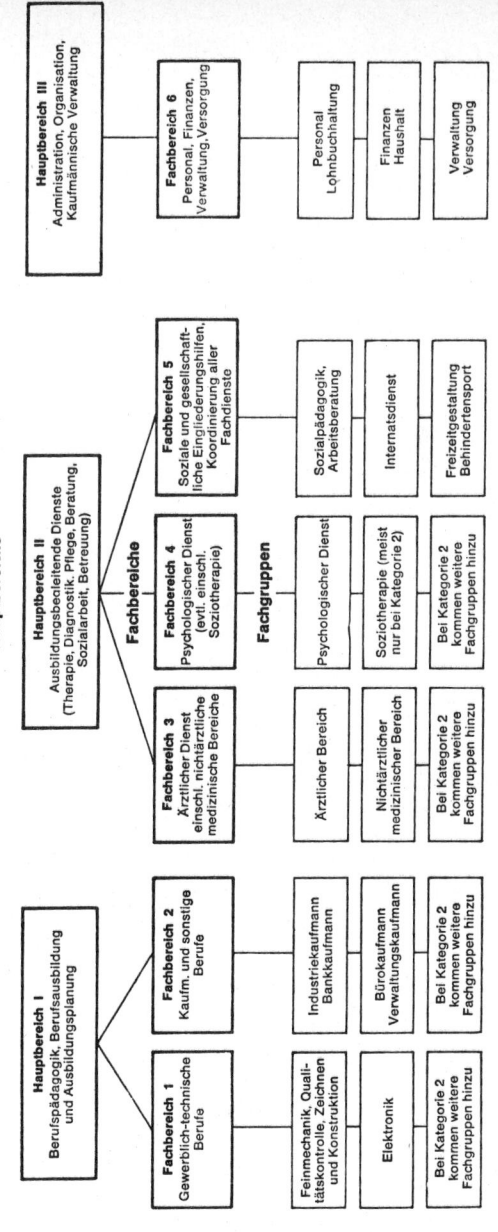

Struktur eines Berufsförderungswerks (aus: SCHULZ-LINKHOLT 1975, S. 78); die Leitungsgremien sind hier aus Platzgründen fortgelassen.

das sie in Höhe von achtzig Prozent ihres früheren Nettoverdienstes erhalten, dient ja weitgehend dem Unterhalt ihrer Familien.

Die Ausbildungsdauer von meist einem bis zwei Jahren, bisweilen jedoch von mehr als zwei Jahren, hat, in Verbindung mit der Trennung von der Familie und dem Internatsleben, Rückwirkungen auf den Erfolg der Umschulung: „Schon bei einer Verweildauer von mehr als zwei Jahren sinkt nachweislich die Effektivität der Ausbildung ganz beträchtlich" (SCHULZ-LINKHOLT 1975, S. 71); wird eine gewisse zeitliche Toleranzgrenze überschritten, scheint der Effekt der Ausbildung ins Gegenteil umzuschlagen.

Hier liegt auch der eine Teil der Aufgaben des psychologischen Fachdienstes. Der Knick in der Lebenslinie, den die Behinderung mit sich bringt, der eingetretene oder befürchtete soziale Abstieg, die eingeschränkte Mobilität und Leistungsfähigkeit als solche, die Veränderungen im Selbstwertgefühl und im Selbstbild, die Trennung von Familie und Heimatgebiet, das Zusammenleben mit Menschen ganz anderer beruflicher und geographischer Herkunft auf engem Raum, das Erleben ihrer teilweise noch schwerwiegenderen Behinderungen: all das sind Faktoren, die „extreme Anforderungen an die individuelle Anpassungsfähigkeit der Behinderten" stellen; „viele Rehabilitanden brauchen daher eine ausbildungsbegleitende psychotherapeutische Hilfestellung" (SCHULZ-LINKHOLT 1975, S. 79). Bisweilen genügen dabei „einige ich-stützende therapeutische Gespräche", während in anderen Fällen eine „intensive therapeutische Betreuung einsetzen (muß), um den Ausbildungserfolg und die spätere Re-integration in die berufliche und gesellschaftliche Praxis zu gewährleisten".

Einen zweiten psychologischen Aufgabenbereich im Rahmen der Rehabilitation stellen die Eignungsuntersuchungen dar, die vor Beginn einer Umschulung stehen: bei einer für den Kostenträger doch recht aufwendigen Maßnahme wie dieser soll der Erfolg nicht schon von vorneherein in Frage gestellt sein.

„Die Eignung für einen bestimmten Beruf liegt dann vor, wenn die spezifischen Leistungsanforderungen des vorgesehenen Berufes weitgehend der Begabungsstruktur des Auszubildenden" entsprechen (SCHULZ-LINKHOLT 1975, S. 40); deshalb werden mit den üblichen diagnostischen Verfahren Formerfassung, räumliches Vorstellungsvermögen, anschauungsgebundenes Denkvermögen, sprachlich-logische Denkfähigkeit, numerische Denkfähigkeit sowie manuelle Geschicklichkeit geprüft. Schwieriger ist die Erfassung von Charakter- und Persönlichkeitsmerkmalen wie Leistungswille, Zielstrebigkeit, Verläßlichkeit, die für das Durchstehen der Ausbildung vielleicht von noch größerer Bedeutung sind; eine gewisse anhaltsmäßige Abschätzung solcher Merkmale wird mit Hilfe von Exploration, Lebenslaufanalyse, Verhaltensbeobachtung, projektiven Testverfahren und Fragebogen versucht.

Insgesamt bildet „neben dem Arztbefund, der Interessenlage des Behinderten und den Arbeitsmarktvorraussetzungen . . . das psychologische Eignungsgutachten eine wesentliche Vorraussetzung für die richtige Berufsberatung und Berufswahl" (SCHULZ-LINKHOLT 1975, S. 41).

Zu diesen vier Einflußgrößen ist als fünfte wohl noch das Ausbildungsangebot des Rehabilitationszentrums hinzuzurechnen, so daß drei individuellen Faktoren (ärztlicher Befund, eigene Interessenlage und psychologisches Eignungsurteil) zwei eher überindividuelle (Arbeitsmarktsituation, Ausbildungsangebot) gegenüberstehen. Nötigenfalls kann zur Berufsfindung auch eine kurzzeitige Arbeitserprobung von einigen Wochen Dauer an einem bestimmten Arbeitsplatz „unter Beobachtung des Arztes, des Psychologen und Berufspädagogen" der Umschulung vorgeschaltet werden (SCHULZ-LINKHOLT 1975, S. 41 ff).

Im Anschluß an den Eignungstest und das Eignungsurteil werden mit einem Kenntnistest, der auf die Genehmigung der Ausbildung keinen Einfluß mehr hat, Wissenslücken ermittelt – die nach einer weit zurückliegenden Schulzeit fast unvermeidlich sind – und mit Hilfe einer ‚Vorförderung' in einer Art Fernstudium – es werden Lehrprogramme zugesandt – geschlossen, ehe die eigentliche Umschulungsmaßnahme im Rehabilitationszentrum einsetzt.

Die Liste der von der Heidelberger ‚Stiftung Rehabilitation' angebotenen Umschulungsberufe (SCHULZ-LINKHOLT 1975, S. 22 f) enthält kaufmännische, Datenverarbeitungs-,Elektronik-, maschinenbautechnische, bautechnische, nichtärztlich-medizinische sowie einige weitere Berufe. Neben Lehrberufen, für die die Industrie- und Handelskammern die Abschlußprüfungen abnehmen, stehen in den meisten der genannten Kategorien auch Berufe auf Fachschul- oder Fachhochschulebene, teilweise sogar auf Hochschulebene zur Auswahl; auf Fachhochschulebene etwa werden folgende Ausbildungsgänge angeboten: zum graduierten Betriebswirt, Verwaltungswirt, Rechtspfleger, Informatiker, Ingenieur für Elektronik, Maschinenbau und Architektur sowie zum Sozialarbeiter (Studienrichtung Rehabilitationsberater).

In ähnlicher Weise ist die Berufserstausbildung körperbehinderter Jugendlicher in den Berufsbildungswerken organisiert. Aufgenommen werden dort im allgemeinen nur Jugendliche mit einer im oder über dem Normalbereich liegenden Intelligenz, keine lern- und geistigbehinderten. Während der Ausbildung wohnen auch hier die meisten Rehabilitanden in den angeschlossenen Jugendwohnheimen. Teilweise wird der Versuch unternommen, durch Elterntreffen und Elternarbeit ihre Familien in das Rehabilitationskonzept miteinzubeziehen.

Als Mindestgröße eines Berufsbildungswerks werden heute 200 bis 250 Plätze, für ein Berufsförderungswerk je nach Leistungsbreite entweder 400 bis 500 Plätze oder – wenn ein Institut zur Berufsfindung und Arbeitserprobung mitangeschlossen ist – 1000 Plätze genannt (SCHULZ-LINKHOLT 1975, S. 89).

Wenn eine solche Größe auch aus organisatorischen und Rentabilitätserwägungen notwendig erscheinen mag, so ist doch die Gefahr der Entstehung von Behindertenghettos zu beachten, in denen die Auszubildenden und Umschüler sich ja ein bis mehrere Jahre aufhalten müssen. Durch flankierende Maßnahmen wie Stadtausflüge im Rahmen eines Freizeitprogramms oder Öffnung der zentrumseigenen Sportstätten auch für lokale Jugend- und Sportgruppen dürfte es nur teilweise möglich sein, den Effekt einer solchen Ghettoisierung aufzuwiegen.

So spricht sicherlich nicht ganz zu Unrecht SCOTT (1969) den Rehabilitationseinrichtungen für amerikanische Blinde, die er als ‚blindness system‘ bezeichnet, eine Hauptrolle bei der Sozialisation in die Behindertenrolle hinein zu. In ähnlicher Weise könnte man den Aufenthalt im Rehabilitationszentrum als Initiation in eine neue soziale Rolle – die des Behinderten – ansehen; mit der relativen Isolierung für eine begrenzte zeitliche Dauer und dem dadurch hervorgerufenen starken Wirgefühl weist sie zwei der Hauptmerkmale auf, die auch die der Aufnahme in die Erwachsenengruppe dienenden Initiationsriten außereuropäischer Kulturen kennzeichnen.

6.6.4. Beispiel: Berufsbildungswerk für lernbehinderte Jugendliche

Die Einbeziehung der früheren ‚Hilfsschüler‘ unter den Oberbegriff der ‚Behinderten‘ hat die Aufmerksamkeit und Initiative der Praktiker auch auf die bislang geringen bis fehlenden Möglichkeiten einer speziellen Berufsförderung für diese Gruppe gelenkt. Wie THIMM (1975) aufzeigte, mündet ja häufig der Lernbehindertenstatus in den Hilfsarbeiter- oder gar Arbeitslosenstatus ein, der dann über deprivierende Erziehungsbedingungen dazu tendiert, in der nächsten Generation den Ausgangsstatus der Lernbehinderung wieder zu reproduzieren.

Eine Bestandsaufnahme der gegenwärtigen Situation der Berufsausbildung Lernbehinderter hat DIETERICH (1978) vorgelegt. Er referiert Daten aus dem Oberschulamtsbezirk Stuttgart, denen zufolge im Jahre 1973 nur 4,9 Prozent der nichtbehinderten, jedoch 49,3 Prozent der lernbehinderten Schulabgänger keine reguläre Berufsausbildung begannen (S. 58). Differenziert nach Geschlechtern ergab sich bei den Lernbehinderten folgendes Bild (S. 54):

	Jungen	Mädchen
Ausbildungsberufe	55,4 %	28,8 %
Hauswirtschaftliche Berufsfachschule	–	14,0 %
Jungarbeiter/Anlernberufe	8,7 %	22,9 %
Berufsvorbereitung und Berufsfindung	21,9 %	13,9 %
Sonstiges (Heime, Schule, WfB)	1,6 %	1,8 %
Ungeklärte Berufsverhältnisse	12,4 %	18,6 %

Zu den Maßnahmen der Berufsvorbereitung und Berufsfindung zählen dabei das allgemeine Berufsgrundbildungsjahr, das ‚Anlernjahr' für noch nicht berufsreife Sonderschüler (Sonderberufsfachschule) sowie spezielle Förderungslehrgänge der Arbeitsverwaltung. – Freilich besagen obige Zahlen auch, daß mehr als die Hälfte der lernbehinderten Jungen eine Lehre angetreten hatte. Ungünstiger war die Situation bei den Mädchen, die häufiger als die Jungen eine ungelernte Tätigkeit aufnahmen.

Für eine besondere Gruppe lernbehinderter Jugendlicher wurde in den vergangenen Jahren ein Netz von Berufsbildungswerken aufgebaut; es sind dies diejenigen, bei denen Begabungsmängel und eventuelle zusätzliche, zum Beispiel körperliche Beeinträchtigungen eine „herkömmliche Berufsausbildung im dualen System nicht angebracht" erscheinen lassen; „der andauernde Wechsel der Lernorte Schule und Betrieb stört für diesen Personenkreis die Kontinuität der Berufsausbildung" (DIETERICH 1978, S. 69). Andererseits würde die Behindertenwerkstatt (WfB) für ihn eine Unterforderung bedeuten.

Die Berufsbildungswerke für Lernbehinderte haben sich hier die Vermittlung einer Ausbildung unter erleichterten Außenbedingungen zur Aufgabe gemacht. Exemplarisch soll die Struktur dieses Institutionstyps an zwei Beispielen veranschaulicht werden, dem Berufsbildungswerk St. Nikolaus in Dürrlauingen bei Günzburg sowie dem Berufsbildungswerk der Johannes-Anstalten in Mosbach.

Das Berufsbildungswerk in Dürrlauingen bietet Plätze für 370 lernbehinderte Jugendliche, deren Intelligenzquotient im Mittel bei etwa 75 bis 80 liegt. Der Berufsfindung dient ein Förderlehrgang von fünf bis acht Monaten Dauer, in dem die Arbeitsfelder Papier, Pappe, Leder, Textil, Farbe, Holz und Metall durchlaufen werden; er kann auf die spätere Berufsausbildung angerechnet werden.

Diese selbst findet nach dem dualen System in einer Berufssonderschule und der Ausbildungswerkstatt statt, wobei allerdings die ausbildenden Meister auch zugleich den Fachunterricht an der Berufssonderschule erteilen. Die Abschlußprüfung wird vor der Industrie- und Handelskammer abgelegt. Es können die Berufe des Schreiners, Raumausstatters, Bohrers, Fräsers, Hoblers, Schlossers, Lackierers,

Kraftfahrzeug-Mechanikers, Landmaschinen-Mechanikers, Schneiders, Gebäudereinigers, Landschaftspflegers, Gärtners und Bäckers erlernt werden.

Das Berufsbildungswerk in Mosbach nimmt vornehmlich lernbehinderte, aber auch geistigbehinderte und mehrfachgeschädigte Jugendliche auf, sofern sie die Kulturtechniken des Lesens, Schreibens und Rechnens in den einfachsten Grundzügen beherrschen und ihre Ausbildung Erfolg verspricht.

Zunächst bietet es die Möglichkeit zu einer bis zu drei Monaten dauernden Arbeitserprobung und Berufsfeldfindung. Ebenfalls noch berufsvorbereitend sind die einjährigen Förderungslehrgänge in den Materialbereichen Textil, Farbe, Holz, Metall und Hauswirtschaft.

Die eigentliche Berufsausbildung erstreckt sich über ein bis drei Jahre und ist für folgende Berufe möglich: Metallwerker, Holzwerker, Maler- und Lackiererwerker, Bekleidungsnäherin, Handelsfachpacker, Hauswirtschaftstechnische Helferin, Gerätezusammensetzer; der Zusatz ‚-werker‘ in einigen der Berufsbezeichnungen deutet dabei an, daß die Anforderungen gegenüber den entsprechenden Normalberufen reduziert sind (vgl. DIETERICH 1978, S. 67).

Schwierigkeiten entstehen den eben skizzierten Einrichtungen zur Berufsausbildung Lernbehinderter durch eine neuere juristische Auslegung des Bundessozialhilfegesetzes (BSHG), derzufolge eine Lernbehinderung allein noch keine Ausbildungsfinanzierung nach dem BSHG rechtfertigt.

Einerseits wurde somit den ehemaligen ‚Hilfsschülern‘ durch die Umbenennung in ‚Lernbehinderte‘ der Behindertenstatus verliehen, wobei die Lernbehinderten sogar die zahlenmäßig größte Behindertengruppe darstellen und für die in der Öffentlichkeit genannten Behindertenzahlen hauptverantwortlich sind; andererseits jedoch gelten sie in der Rechtsprechung und Sozialhilfe nicht als Behinderte im vollen Sinn des Wortes.

Einen Ausweg sehen manche Institutionen darin, mit ihrem vormals an Lernbehinderte gerichteten Angebot nun eher die Mehrfachgeschädigten anzusprechen, für die das BSHG finanziell ja zuständig ist. So wurden in weitem Ausmaß nun auch hirnorganische Störungen bei den Auszubildenden festgestellt, deren Zunahme möglicherweise aber mit dem Versuch in Verbindung gebracht werden kann, ‚möglichst viele Jugendliche unter die Finanzierung durch das BSHG zu bringen‘. Daß sich mancher Auszubildende durch diese etikettierende Diagnose vielleicht spätere Schwierigkeiten einhandelt, ist der Nachteil des Verfahrens.

6.6.5. Die Werkstatt für Behinderte (WfB)

Während das eigentliche Ziel beruflicher Rehabilitation von Behinderten ihre volle Eingliederung in die Arbeits- und Berufswelt sein sollte, gibt es eine Gruppe Behinderter, für die gegenwärtig die Komplexität und die Leistungsanforderungen der freien Wirtschaft eine Überforderung bedeuten würden. Sie wird in der Hauptsache – zu etwa 80 Prozent – von den geistig Behinderten gebildet. Für sie gibt es heute, sozusagen als letztes Glied in der Kette der Rehabilitationseinrichtungen, die Werkstatt für Behinderte.

Nach einer ersten interdisziplinären Darstellung durch das INSTITUT FÜR SOZIALRECHT der Ruhr-Universität Bochum (1972) hat BERNHART (1977) eine neuere Monographie über die Behindertenwerkstatt vorgelegt; auf sie werden sich die folgenden Ausführungen vor allem stützen.

BERNHART gelang es, in seiner empirischen Untersuchung mit Hilfe einer brieflichen und einer telefonischen Nachfaßaktion 198 von 240 ermittelten Werkstätten in der Bundesrepublik zu befragen, was eine für sozialwissenschaftliche Untersuchungen ungewöhnlich hohe Rücklaufquote von 82,5 Prozent bedeutet. Damit waren 19 460 Behinderte in Werkstätten erfaßt worden – bei einer Gesamtzahl von 23 000 in 220 Werkstätten, die seinerzeit (1975) vom Werkstattbeauftragten der ‚Lebenshilfe‘ genannt wurde. Nicht mitgerechnet sind dabei die Arbeitsmöglichkeiten Geistigbehinderter in Heimen.

Wie ROUAULT (1978, S. 77) für die Bundesrepublik feststellte, stehen für 0,072 Prozent der 15- bis 65jährigen Bevölkerung Plätze in einer Behindertenwerkstatt zur Verfügung, während die Quote geistig Behinderter – zumindest für das Schulalter, in grober Näherung aber wohl auch für das Erwachsenenalter – mit 0,6 Prozent angegeben wird; nur auf jeden achten geistig Behinderten käme demnach ein Werkstattplatz. Die übrigen scheinen entweder, in einem Heim oder in ihrer Familie lebend, überhaupt nicht beschäftigt zu sein, oder sie hätten es – in seltenen Fällen – geschafft, auf dem freien Arbeitsmarkt eine Anstellung zu finden.

Die Werkstatt für Behinderte hat ihren Standort dazwischen: zwischen freiem Arbeitsmarkt und den mehr oder weniger geschlossenen Heimen erlaubt sie es den Behinderten, auch nach der Schulzeit in ihren Familien wohnen zu bleiben und ihre sozialen Bezüge aufrechtzuerhalten.

Die ersten ‚Beschützenden Werkstätten‘, wie sie zunächst hießen, entstanden in den Zwanziger Jahren unseres Jahrhunderts in Dordrecht in Holland, in Düsseldorf, in Frankfurt-Praunheim, in Bremen (der ‚Martinshof‘) und in Berlin. Nach der nationalsozialistischen Regierungszeit brachte erst die 1958 gegründete Elternvereinigung ‚Lebenshilfe für das geistigbehinderte Kind' mit ihrem Vereinsvorsitzenden Tom MUTTERS einen Neuanfang zustande. Die zehn Jahre von 1958 bis 1968 werden von BERNHART (1977, S. 49) als ‚Pionierzeit' bezeichnet, gekennzeichnet von einer „Vielfalt von Ausprägungen" und einem Fehlen bürokratischer Reglementierung.

Weitere Entwicklungsanstöße brachten dann neue gesetzliche Grundlagen: das BSHG stellte die Werkstätten Heimen und Anstalten gleich und ermöglichte so finanziell ihre Expansion: 1968 gab es in 140 Werkstätten bereits 5300 Behinderte, unter denen außer den geistig Behinderten auch psychisch, Körper- und Lernbehinderte waren.

Dann stellte das Arbeitsförderungsgesetz (AFG) erhebliche Gelder für bauliche und technische Neuinvestitionen in Aussicht – sofern bestimmte Auflagen erfüllt würden: zum Beispiel sollten außer Dauerplätzen auch Ausbildungsplätze für eingliederungsfähige Behinderte geschaffen werden. Der Gesetzgeber plädierte zudem für höhere Rentabilität.

Die Träger der Werkstätten akzeptierten diese Auflagen; in diesem Zusammenhang ist auch die Umbenennung von ‚Beschützender Werkstatt' in ‚Werkstatt für Behinderte' zu sehen. Zugleich jedoch suchten sie das Erreichte zu bewahren: sie sprachen sich dafür aus, „daß die Werkstätten für Behinderte in ihrer Aufgabenstellung den normalen Produktionsstätten so weit wie möglich anzunähern" seien und „zugleich auf die pädagogische und fürsorgliche Hilfe für die behinderten Beschäftigten nicht verzichtet werden" könne (BERNHART 1977, S. 50).

Der mögliche Konflikt zwischen der zweifachen Zielsetzung der Werkstatt, der ökonomischen und der sozialpädagogischen, ist hier vorgezeichnet. Er zeigt sich auch in ihrer heutigen doppelten Finanzierung: während die leistungsstärkeren Behinderten die AFG-Auflagen erfüllen und somit ihrer Werkstatt die AFG-Förderung einbringen, werden für die leistungsschwächeren Behinderten weiterhin BSHG-Mittel bezogen.

Eine räumliche und organisatorische Trennung der beiden Gruppen ist jedoch glücklicherweise die Ausnahme geblieben; viele Werkstätten haben es sogar „verstanden, die Mittel der Bundesanstalt für Arbeit (nach dem AFG) so anzulegen, daß auch die schwerer Behinderten Vorteile davon haben" (BERNHART 1977, S. 51).

Auch die von der Bundesanstalt für Arbeit einzeln auszusprechende Anerkennung der Werkstätten lieferte Konfliktstoff, ist diese Anerkennung doch existenzentscheidend: ohne sie erhält die Werkstatt keine institutionelle Förderung durch die Bundesanstalt, können ihre Auftraggeber ihre Aufträge nicht zu 30 Prozent auf die Ausgleichsabgabe (vgl. S. 323) anrechnen lassen, gibt es keine Aufträge der öffentlichen Hand, keine Sozialversicherung für die Behinderten (vgl. BERNHART 1977, S. 98).

Trotz dieser Auseinandersetzungen brachte das Arbeitsförderungsgesetz aber im ganzen eine finanzielle Stabilisierung und eine quantitative Expansion der Werkstätten. 1976 wurde die ‚Arbeitsgemeinschaft der Werkstätten für Behinderte in der Bundesrepublik Deutschland e. V.‘ gegründet; mit Sitz in Osnabrück umfaßte sie damals 242 Werkstätten mit insgesamt 29 040 Behinderten.

Ein weiterer Streitpunkt, der möglicherweise noch zu heftigen Diskussionen führen könnte, ist die Aufnahme von Schwerstbehinderten; verstanden werden darunter „Menschen, die (zusätzlich zur geistigen Behinderung) auch noch pflegebedürftig sind, deren Intelligenzquotient unter 25 liegt und die keine nennenswerten Arbeitsleistungen erbringen" (BERNHART 1977, S. 54). Ökonomische und sozialpädagogische Zielsetzung müssen hier unweigerlich in Konflikt geraten.

Bereits gegenwärtig, so BERNHART, beschäftige ein Drittel der Werkstätten keine Schwerstbehinderten; insgesamt bildeten sie sieben Prozent der in Werkstätten erfaßten Behinderten; in vier Prozent der Werkstätten gab es Sondereinrichtungen für Schwerstbehinderte. Auf die Frage, wie mit ihnen umgegangen werde, wurden vier Methoden genannt: Anregen durch Beschäftigung, durch Arbeit, durch Absondern, durch Einbeziehen (womit die Suche eines einfachsten Arbeitsvorgangs innerhalb einer Kette gemeint ist).

Die Arbeitsverwaltung verfolgt nach BERNHART (1977, S. 56) das Ziel, die Schwerstbehinderten aus den Werkstätten auszugliedern und für sie besondere Einrichtungen an den Landeskrankenhäusern für Psychiatrie zu schaffen. Dem sei jedoch entgegenzuhalten, daß eine Finanzierung dort genauso aus Steuermitteln erfolgen müsse und zudem eine weitere Desintegration die Folge wäre. Obwohl also der Verbleib der Schwerstbehinderten in den Werkstätten sinnvoller wäre – eventuell unter Bereitstellung besonderer Dienste für sie –, dürften sie doch im Zusammenhang mit der Arbeitsmarktsituation und dem Hereindrängen leistungsstärkerer Lernbehinderter in die Werkstätten in der nächsten Zukunft keinen leichten Stand haben.

Ein weiteres Problem ist die Frage, ob die Behindertenwerkstätten – ihrer Bezeichnung gemäß – auch für andere Behindertengruppen neben den geistig Behinderten zu öffnen seien. Bereits jetzt sind etwa 20 Prozent der dort Tätigen nicht geistig Behinderte, sondern psychisch Kranke oder Körper-, Sinnes- und Lernbehinderte. Auch für sie böte sich die Behindertenwerkstatt in größerem Umfang als Ausweichplatz an, wenn ihnen das Unterkommen auf dem freien Arbeitsmarkt erschwert bleibt.

BERNHART (1977, S. 107) wendet sich freilich gegen diese Möglichkeit. Er befürchtet, daß die ziemlich kostpieligen Dienste für die Geistigbehinderten dann eingeschränkt würden (zum Beispiel der lebenspraktische und arbeitsbegleitende Unterricht, die Öffentlichkeitsarbeit, die Bereitschaft von Laien zur Mitarbeit); „eine Schwerpunktverlagerung wird also die Belange der Geistigbehinderten gefährden."

Allerdings bleibt hier zu fragen, ob BERNHART nicht aus einem Engagement für die Geistigbehinderten heraus deren und anderer Behinderter Integrationsfähigkeit und Integrationswillen unterschätzt. Unabhängig davon, ob eine Behindertenwerkstatt den optimalen Arbeitsplatz für einen Sinnesbehinderten oder einen psychisch Kranken darstellt – er sollte ja eigentlich nicht unter die Behinderten, sondern in die Gesellschaft eingegliedert werden –, sollte die Möglichkeit einer teilweisen Aufnahme andersartig Behinderter vielleicht doch nicht von vornherein von der Hand gewiesen werden. Vielmehr haben etwa Erfahrungen im Freizeitbereich gezeigt, daß geistig und körperlich Behinderte durchaus ergänzend zusammenarbeiten können.

Im Zusammenhang des Übergangs von einer spontan gewachsenen in eine rechtlich-gesetzgeberisch geprägte Werkstattstruktur hat BERNHART (1977, S. 91–94) eine Typologie der Behindertenwerkstätten aufgestellt, die recht illustrativ zeigt, wie unterschiedlich unter dem gleichen Etikett ‚Werkstatt für Behinderte' gearbeitet werden kann; sie sei daher hier in Kürze wiedergegeben.

Den ersten Typ stellt die ‚Wohnstuben-Werkstatt' dar. In einem alten Schulhaus auf dem Land untergebracht, von einem Erzieher geleitet, werden hier etwa 30–40 Behinderten einfachste Teilfertigungsarbeiten angeboten. Die Behinderten werden liebevoll-herzlich, jedoch teilweise eher wie Kinder behandelt. Die Löhne sind niedrig; Nachmittagsarbeit ist lediglich ein Angebot neben Alternativen wie Spaziergängen, Ballspielen oder Schwimmbadbesuchen. Öffentlichkeitsarbeit ist selten.

Der zweite Typ, die ‚Pionier-Werkstatt', beschäftigt bis zu 80 Behinderte und ist von einem jungen Industriemeister unter erheblichem persönlichem Einsatz aufgebaut worden. Seine zahlreichen Firmenkontakte bringen den Behinderten ein Angebot verschiedenster Arbeiten ein, wozu noch die regelmäßige Eigenfertigung kunstgewerblicher Artikel hinzutritt. Alle Möglichkeiten zur Öffentlichkeitsarbeit werden genutzt.

Die ‚Werkstatt der harten Produktion', der dritte Typ, befindet sich in einer Industriehalle, vielfach inmitten eines größeren Gewerbegebiets. Ihr Leiter ist ein Techniker, Ingenieur, Kaufmann oder Industriemeister. Die Arbeit steht im Vordergrund, die begleitenden Dienste dürfen den Produktionsablauf nicht stören („Bei uns können Sie keinen Volkstanz während der Arbeitszeit sehen"). Man betreibt Eigenfertigung in industriellem Stil, bildet die Behinderten konsequent aus, das Lohnniveau ist in der Hochkonjunktur hoch bis sehr hoch. Schwerstbehinderte werden nicht aufgenommen oder allenfalls außerhalb des eigentlichen Produktionsbereichs betreut. Die Werkstatt versucht ständig zu expandieren, „das Einvernehmen mit dem Arbeitsamt ist bestens".

Der vierte Typ, die ‚sozialpädagogisch ausgerichtete Produktionswerkstatt', betont ebenfalls die Produktion, jedoch in erster Linie als „Mittel, dem Behinderten bei seiner menschlichen Verwirklichung zu helfen". Der Erziehungsstil ist dabei partnerschaftlich und oft freiheitlich; Liebesverhältnisse unter Behinderten werden toleriert. Der Werkstattleiter ist pädagogisch oder sozialpädagogisch ausgebildet. Die Öffentlichkeitsarbeit ist intensiv; man lädt zu Veranstaltungen in die Werkstatt ein; dazu werden auch hier kunstgewerbliche Arbeiten produziert. Bevorzugt werden jedoch Eigenfertigung und Konfektionierung (das abschließende Montieren, Zusammenstellen oder Verkaufsfertigmachen von Produkten). Öffentliche Gelder werden nicht nur angenommen, sondern bisweilen geradezu erkämpft. Das Lohnniveau ist hoch bis sehr hoch. Von der Bundesanstalt für Arbeit anerkannt, hat man trotzdem seine Schwierigkeiten mit dem Arbeitsamt, da man sich seine Originalität und Eigenregie nicht nehmen lassen möchte.

Von diesen vier – natürlich idealtypisch – skizzierten Werkstatttypen haben nur die beiden letzten für die Zukunft eine Chance; nur sie erfüllen die Mindestgröße von 120 Plätzen und das Mindestmaß an Rentabilität, was die Bundesanstalt für Arbeit in Ausführung des Arbeitsförderungsgesetzes zur Voraussetzung der Anerkennung einer Behindertenwerkstatt gemacht hat. Die beiden ersten Typen, Relikte aus der ‚Pionierzeit' sozusagen, werden sich entweder auf die neuere Konzeption umstellen oder – bei fehlender Anerkennung – mangels finanzieller Unterstützung ihre Arbeit einstellen müssen.

7. Beiträge der Ökopsychologie zur Bau- und Betriebsplanung eines Wohnheimes für körperbehinderte Schüler

von Peter DAY

7.1. Zur Zielsetzung

Ziel des Kapitels ist es, ausschnitthaft einen Einblick zu geben, wie psychologisches Wissen bei der Bauplanung eines Wohnheimes für körperbehinderte Schüler eingesetzt werden kann.

Es wird zu einzelnen Fragen, die sich beim Bau eines Wohnheimes für körperbehinderte Schüler ergeben, Stellung genommen. Als Beispielfeld dient ein konkretes Bauvorhaben, an dem der Autor beteiligt war.

Grundlagentheoretische Fragen der Ökopsychologie werden nur gestreift.

Es werden primär Entscheidungen besprochen, die Konsequenzen für das Gebäude und insofern auch für den Betrieb haben, also Begründungen für ein Raumprogramm (vgl. Anhang; GEISLER 1978) geliefert. Damit zusammenhängend werden einige Nutzungsvorgaben (GEISLER 1978; WELTER 1978; BAUMANN u. ZINN 1973; MORRIS u. WINTER 1978) dargestellt, die der Architekt bei der Umsetzung des Raumprogramms in ein Gebäude beachten soll (z.B. Aussagen über die räumliche Zuordnung von Schlafräumen zu Hygieneeinheiten). Solche Begründungsüberlegungen erscheinen uns wichtig, da sie in etlichen „Richtlinien" zu kurz kommen (vgl. Postskript zum Literaturverzeichnis). Es ist schwer, die in diesen Richtlinien genannten Größensetzungen zu bewerten, da häufig die Zielvorstellungen nicht ausreichend expliziert sind und der Zusammenhang zwischen Zielsetzung und Zielerreichungsmöglichkeiten offen bleibt. In den Verwaltungsrichtlinien (Vorläufige Richtlinien ... 1973, § 2,5; vgl. auch weiter unten) steht z.B. der Satz: „Unter anderem sollen in den Gruppen Erwachsene die Mahlzeiten mit den Minderjährigen einnehmen". Dieses (gemeinsame) zeitgleiche Essen ist in seiner Funktion für Zielerreichung sicherlich verschieden, je nach dem, ob z.B. in einem Speisesaal aufsichtsführende Betreuer an einem hervorgehobenen Tisch essen oder ob in einem kleinen Eßzimmer wenige Minderjährige an einem Tisch mit dem Betreuer essen.

Fragen der Programmplanung, z.B. welche Freizeitaktivitäten und welches pädagogisch therapeutische Angebot gemacht werden soll, werden kaum angesprochen. (Vgl. Gesundheitsförderung usw., 1971; WENZEL 1970; SCHRÖCKENFUCHS 1973; WETJEN 1973)

Ebenso werden finanzielle, rechtliche, bautechnische und architektonische Einzelfragen nicht besprochen, obwohl sie erhebliche Konsequenzen für die Planung und den Betrieb eines Heimes haben.

Fragen der Evaluierung können ebenfalls wegen der Kürze des Kapitels nur gestreift werden. (Vgl. GEISLER 1978; FRIEDMANN et al. 1978; WELTER 1978; ANDREWS et al. 1978; SAARINEN 1976; FRENKIEL et al. 1978)

Evaluierung müßte in zwei Hinsichten besprochen werden, einmal im Hinblick auf die Bewertung eines Planes und zum anderen im Hinblick auf die Bewertung des fertigen Baues.

Bewertung als Feststellung, wieweit der Plan oder Bau den gestellten Zielen gerecht wird, kann im Falle der Evaluierung eines Planes nur über Theorien, Modellvorstellungen über Geschehen, das im Heim ablaufen soll, geleistet werden. Dies ist deswegen der Fall, weil das Geschehen noch nicht realisiert ist.

Im Falle der Evaluierung des betriebenen Wohnheims können Ergebnisse einer Bewertung, z. B. daß eine bestimmte Lösung schlecht ist, häufig nicht unmittelbar zu Alternativlösungen, Verbesserungen führen, denn viele bauliche Gegebenheiten sind mindestens kurzfristig unabänderlich, und zwar aus bautechnischen und/oder finanziellen Gründen.

Ein mehrfaches Durchlaufen einer Optimierungsschleife:

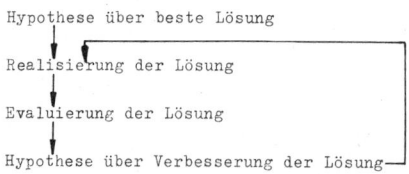

solange, bis eine unter verschiedenen Kriterien optimale Lösung erreicht ist, stellt sich angesichts der Kosten als unrealistisch dar. (Vgl. zu solcher Optimierung bei Spielzeug: CHASE 1974)

Da dies nicht möglich ist, erscheint uns eine Erfahrungsakkumulation über verschiedene Wohnheimrealisierungen hinweg sehr wichtig. Diese (Feld-)Forschung bedarf aber einer hohen theoretischen Strukturierung, damit eine Übertragung von Wissen aus einem Realisierungsbereich in einen anderen rational möglich ist.

7.2. Zur ökologischen Perspektive

KAMINSKI (1978) gibt vier Akzentsetzungen an, die ökopsychologische Betrachtungsweise von anderen psychologischen Betrachtungsweisen abhebt.

Als ersten Akzent bespricht KAMINSKI den „naturalistischen". Damit soll hervorgehoben werden, daß die Methodologie in der Öko-Psychologie auf natürliche Einheiten zugeschnitten werden muß, womit eine gewisse Polarisierung zur psychologisch-experimentellen Laborforschung gegeben ist.

Als zweiten Akzent setzt KAMINSKI den „systemaren". Es wird dabei darauf abgehoben, daß ökologische Gegebenheiten immer im Systemverbund mit anderen Gegebenheiten (politische, ökonomische, usw.) gesehen werden müssen. Die Beachtung dieses Gesichtspunktes hat Konsequenzen für die Theoriebildung und den „Wissenschaftsbetrieb", der interdisziplinär angelegt werden muß, soll er ökologischen Fragestellungen gerecht werden.

Drittens gibt KAMINSKI den „thematischen" Akzent an. Dieser hebt darauf ab, daß in der ökologischen Psychologie Fragestellungen behandelt werden, die bis vor kurzem einen relativ geringen Stellenwert in der Psychologie hatten (z.B. Umweltpsychologie, Stadt-, Landschaftsplanung, Architekturpsychologie). Zu diesem Akzent zählt auch das Herausstellen von physischer Umwelt als wesentlicher Determinante für Verhalten (BARKER 1968; PROSHANSKY et al. 1976).

Als letzten Akzent nennt KAMINSKI den „fundamentaltheoretischen". Diese Akzentsetzung soll verdeutlichen, daß den Fragestellungen die grundlagentheoretischen Konzeptionen der Psychologie angepaßt werden müssen. KAMINSKI schlägt in diesem Zusammenhang den Übergang zu einem handlungstheoretischen Paradigma vor.

Wir möchten diesen vier Akzentuierungen noch zwei weitere anfügen. Einmal gehört letztlich zur grundlagentheoretischen Perspektive auch eine Wertanalyse (vgl. MOOS et al. 1977; NEIDHARDT 1975; KMIECIAK 1976), zum anderen würden wir einen pragmatischen Akzent setzen wollen. Letzterer soll hervorheben, daß zur Durchsetzung von als richtig erkannten Zielsetzungen noch „politische" Überzeugungs-, Überredungsfähigkeit gegeben sein muß, denn damit Wert- und Zielerreichungswissen angewendet wird, bedarf es irgendwelcher Agenten, die es handhaben und gegen andere Interessen durchsetzen (vgl. auch KAMINSKI 1978a, GEISLER 1978).

In diesem Kapitel können die einzelnen Akzentuierungen in ihren Konsequenzen für bestimmte Entscheidungen und Entscheidungsprozeduren nicht systematisch behandelt werden. Es werden relativ pragmatisch einzelne wenige Entscheidungen, die bei einem Wohnheimbau anstehen, besprochen.

7.3. Vom Wohnheimbau betroffene Systeme

Von dem Schülerwohnheimbau sind mehr oder minder folgende Systeme betroffen:

der jeweilige Schüler, der aufgenommen werden soll
die Familie des Schülers
das Wohnheim mit seinen Bewohnern und Betreuern
die Schule
die Nachbarschaft
die Gesellschaft insgesamt.

Es wird in diesem Artikel ein nicht streng formalisierter Systembegriff (vgl. STAPF 1978) verwendet. Wir verstehen unter System ein Gefüge von Variablen, die untereinander in Wirkungsbeziehungen stehen und abgrenzbar sind von anderen Variablenverbänden (vgl. auch LÜDTKE (1972) zur Anwendung eines sytemanalytischen Ansatzes auf Freizeitjugendhäuser).

Die angesprochenen Systeme können binnendifferenziert werden und zu weiteren Systemen in Bezug gesetzt werden.

So kann eine jeweilige Familienkonstellation betrachtet werden und die Auswirkungen, die die Herausnahme eines Kindes aus ihr haben kann. Z. B. kann es sein, daß die Mutter Schuldgefühle entwickelt, weil sie meint, nicht ausreichend für ihr Kind zu sorgen, wenn sie es in einem Heim wohnen läßt.

Die Betreuer können als Systemelemente des Heims betrachtet werden, aber sie müssen auch in Bezug gesetzt werden zu den weiteren Systemen, denen sie angehören, z. B. ihrem eigenen Familien- oder Freundeskreis. Bezüge zu diesen weiteren Systemen können z. B. auf Grund von ungünstiger Arbeitszeit (Nachtdienst) so belastet werden, daß ein Betreuer kündigt, was erhebliche Auswirkungen auf die Schüler im Heim haben kann (dauernder Wechsel der Bezugsperson).

Die Schule muß mitbedacht werden, da sie den Personenkreis umfaßt, der in das Heim aufgenommen wird, und da der Tagesablauf im Heim vom Ganztagsschulbetrieb mindestens zeitlich geprägt wird. Die Schüler sind von ca. 8 Uhr bis ca. 15 Uhr in der Schule und nehmen dort im Klassenverband ihr Mittagessen ein. Es handelt sich um eine Fünftageschule, die drei Bildungsgänge anbietet, nämlich:

für körperbehinderte Grund- und Hauptschüler
für körperbehinderte und lernbehinderte Schüler
für körperbehinderte und geistigbehinderte Schüler.

Daneben werden von der Körperbehindertenschule Gastschüler mitversorgt (Fahrdienst, Krankengymnastik, Essen, teilweise hygienische Versorgung), die in dem der Körperbehindertenschule benachbarten Bildungszentrum die Realschule oder das Gymnasium besuchen.

Die Nachbarschaft des Heimes ist mitbetroffen, da der Schüler über sie nichtbehinderte Umwelt erfahren soll. Die Nachbarschaft wird sich in irgendeiner Form auf die Bewohner des Heimes einstellen müssen, z. B. in Form von (Vor-)Urteilsbildung.

Ein Wohnheim ist in einer Einfamilienhaussiedlung ein abgehobenes System, das nicht unbedingt in die üblichen Nachbarschaftsbezüge integriert werden kann. Damit das Wohnheim nicht die Nachbarschaft dominant prägt, darf seine Größe (Bauvolumen und Platzanzahl) nur so gewählt werden, daß eine „nichtbehinderte" Umwelt bestehen bleibt. (BEDNAR 1977) Wir sprechen damit eine Zielsetzung an, die WOLFENSBERGER (1977) unter dem Begriff der Normalisierung anspricht (vgl. auch KLEE 1974 und 1976). Ähnlichen Zielsetzungen dienen auch z.B. die schwedischen Servicehäuser (vgl. BEDNAR 1977; DITTRICH 1972). Es soll also eine Großanstalt vermieden werden, deren „Nachbarschaft" aus institutionseigenem Gelände und Zuliefereinrichtungen bzw. Personalwohnungen besteht.

Die „Gesellschaft" schließlich ist betroffen, da sie über ihre Gesetze und Normen das Leben Behinderter prägt. Ferner stellt sie die ökonomischen Mittel zum Unterhalt Behinderter bereit (vgl. BSHG.). Umgekehrt prägen Entscheidungen für die Unterbringung Behinderter die Gesellschaft, denn wenn Behinderte primär in ihnen zugewiesenen Arealen (Gettobildung, vgl. GOFFMAN 1972) leben, wird die Möglichkeit des Kontaktes von Gesellschaftsmitgliedern zu Behinderten systematisch eingeschränkt. In unserem Falle werden also Schüler aus ihrer Heimatnachbarschaft entfernt. Dort entfällt die Möglichkeit, der Zwang, sich mit ihnen auseinanderzusetzen. Wenn diese Auseinandersetzung nicht von Jugend an geschieht, erscheint uns eine Rückkehr des Behinderten in seinen Heimatort erschwert, da er alle Kontakte neu aufbauen muß und die Personen am Heimatort sich mit einem „Fremdkörper" konfrontiert sehen. (BARKER 1953; marginal man)

Bei Entscheidungen über einen Wohnheimbau sollten also die sozialen und personalen sowie organisatorischen und ökonomischen Konsequenzen, die sich auf Grund zeitlicher Entwicklungen ergeben, immer mitbedacht werden.

7.4. Vorüberlegungen zum Anlaß und zur Art des Bauvorhabens

Dem Anlaß, einen Heimbau zu planen, geht eine zeitliche (historische) Entwicklung voraus. Mit der Entscheidung, eine Sonderschule zu bauen, die speziell auf die Schulgesetzgebung der 60er Jahr gegründet ist, sind Konsequenzen und Folgeentscheidungen vorgezeichnet.

Eine Konsequenz besteht in der Zusammenfassung vieler Körperbehinderter an einem Ort. Alternative Schulungssysteme (vergl. COATES 1974) sind damit zumindest auf längere Sicht ausgeschaltet.

Da die Schule eine ganze Region zu versorgen hat, ergeben sich lange Fahrzeiten, z. Teil über 45 min für eine einfache Strecke. Dies führt zusammen mit dem fünftägigen Ganztagsschulkonzept dazu, daß die behinderten Schüler wochentags fast ganztags von zuhause weg sind. Wenn sie nachmittags nach Hause kommen, sind sie müde. Sie fügen sich schon aus rein zeitlichen Gründen kaum noch in den Tagesrhythmus von nichtbehinderten gleichaltrigen Freunden (peers) ein.

Um die Belastung der Fahrt, die z. Teil medizinisch nicht vertretbar erscheint, zu vermeiden, bietet sich eine Wohnunterbringung der Schüler in der Nähe der Schule an. Bei einer Schülerzahl von ca. 230 Schülern ist es wahrscheinlich, daß Fälle auftreten, bei denen aus familiären und/oder sozialtherapeutischen sowie baulichen Gründen eine zumindest vorübergehende Trennung von zuhause wünschenswert erscheint.

Beispiele für solche Trennungsgründe sind neben anderen: Ehe der Eltern zerbricht wegen behindertem Kind. Mutter ist psychisch erschöpft. Schüler hat zuhause keinen Sozialkontakt über die Kernfamilie hinaus. Die Wohnung ist für einen Rollstuhlfahrer ungeeignet.

Ferner erscheint es für etliche ältere Schüler (der Besuch der Werkstufe in der Schule ist bis zum 21sten Lebensjahr möglich) angezeigt, ihnen eine Loslösung vom Elternhaus zu ermöglichen. Diese Schüler sollten auf ein selbständiges nachschulisches Leben vorbereitet werden, soweit dies möglich ist.

Für viele Schüler wird dieses nachschulische Leben nur in Heimen irgendwelcher Art oder in kleinen Wohngruppen möglich sein. Diese Wohngemeinschaften werden vermutlich hauptsächlich von Behinderten gebildet werden. (Vgl. z.B. SCHWÄMMLEIN 1975; Therapeutische Wohntrainingsgruppen, o.J.). Die Annahme, daß in absehbarer Zeit schwer koordinationsgestörte normalbegabte Erwachsene in ausreichender Anzahl partnerschaftliche Verhältnisse oder Ehegemeinschaften mit nichtbehinderten Partnern eingehen und im „ungeschützten" Raum selbständig leben können, scheint zur Zeit sehr unrealistisch. Als Alternative bieten sich Wohnformen an, in denen die notwendige Hilfestellung fallweise geleistet werden kann. Vorbereitung zu solchen Wohnformen kann in einem Schülerwohnheim geleistet werden.

Um eine Vorbereitung für späteres, relativ selbständiges Wohnen zu leisten, sollten viele Alltagsverrichtungen im Heim eingeübt werden (selbständiges Entscheidungsverhalten; Wissen darüber, wozu man Hilfe benötigt; anderen vermitteln können, welche Hilfe man benötigt; einüben in soziale Umgangsformen usw.) Dies kann nur in einem Heim mit kleinen, relativ entscheidungsfreien Gruppen geschehen.

Um den Kontakt zur Familie so gut wie möglich zu erhalten, wurde die Fünftage-Heimform gewählt. Die Jugendlichen kehren über das Wochenende nach Hause zurück. Die Besprechung der Probleme, die mit der Trennung von zuhause entstehen können, entfällt hier. (Vgl.

z. B. MOORE 1969). Der Betrieb eines solchen Fünftageheims ist relativ teuer, denn die Investitionen werden hauptsächlich während der Schulzeit genutzt (ca. 185 Tage im Jahr).

Auch der Fahrbetrieb kann nicht soweit reduziert werden, daß er nur für die täglichen Fahrschüler ausreicht, denn am Wochenende muß seine Kapazität auch für die Heimschüler ausreichen.

Für normalbegabte körperbehinderte Schüler, die in der Lage sind, Außenkontakte zur sozialen Umwelt relativ selbständig aufzunehmen, erschiene eine Unterbringung in kleinen Wohngruppen, eingefügt in die nichtbehinderte Wohnumwelt optimal. Diese Möglichkeit wird aber nur von wenigen Schülern der Schule wahrgenommen werden können und dieser Integrationsversuch sollte, wenn irgend möglich, am Heimatort realisiert werden.

Ferner würde sich bei dieser Lösung fast zwanghaft ergeben, daß Schwerbehinderte von leichter Behinderten separiert würden. Um Schwerbehinderten auch anregenden Sozialkontakt zu ermöglichen, ist die Entscheidung gefällt worden, außenkontaktfähige und schwerbehinderte Schüler in einem Wohnheim zusammenzufassen.

Nachbarschaftliche Außenkontakte aufzunehmen und zu unterhalten, ist auch in kleinen Außenwohngruppen schwierig, denn die Schüler (eine Ausnahme bilden die Gastschüler) haben keine nichtbehinderten Schulkameraden. Die Verflechtung zur Nachbarschaft über Familienbeziehungen entfällt. Die Betreuer wohnen nicht vor Ort, bilden also auch kaum Nachbarschaftskontakte aus. Koordinationsgestörte Schüler können häufig nicht an Freizeitaktivitäten altersgleicher Jugendlicher teilnehmen (vergl. zu Tätigkeiten dieser Gruppen z. B. BRUNKENHORST 1978)

Das Wohnheim soll so klein wie möglich und nötig geplant werden. Es muß nämlich damit gerechnet werden, daß die Barrieren für Eltern, ihr Kind in ein Wohnheim zu geben, über ein günstiges Angebot gesenkt werden, bzw. daß der Träger versucht, seine Heimplätze zu besetzen und er Eltern entsprechend berät.

Die Kapazität des Heimes sollte nur so groß sein, daß es als Basiseinheit zur optimalen Versorgung dringender Fälle ausreicht, andererseits sich eventuell noch Außenwohngruppen ergeben können. Letztere Möglichkeit wird kaum realisiert werden, wenn deshalb im Heim freie Plätze entstehen.

Aus diesen Überlegungen ergibt sich, daß keineswegs die Mehrheit der Schüler (ca. $2/3$) in einem Wohnheim untergebracht werden sollen. Dies hat als rechtliche Konsequenz zur Folge, daß kein Schulwohnheim gebaut wird (verwaltungsrechtliche Zuständigkeit: Kultusministerium) sondern ein Wohnheim an der Schule (verwaltungsrechtliche Zuständigkeit: Arbeits- und Sozialministerium). Diese rechtlichen Fragen sollen hier nicht weiter verfolgt werden, obwohl sich daraus für Finanzierung und Organisation des Wohnheims Konsequenzen ergeben. Beim Schulwohnheim ist z.B. der Schulleiter gleichzeitig Wohnheimleiter, ferner dürfen im Schulwohnheim nur Schüler wohnen.

7.5. Zu Zielsetzungen des Wohnheims

Zielsetzungen hängen von Wertentscheidungen ab, die dem sozialen Konsens unterliegen (vgl. ALBERT 1978; LANDWEHR 1975). Die Wertsysteme in unserer Gesellschaft werden in diesem Artikel nicht hinterfragt (vgl. z.B. KMIECIAK 1976). Anzumerken ist aber, daß in unserer Gesellschaft auch für solche Behinderte, die kaum geschäftsfähig (SCHÖNBERGER 1979) werden können mit den Pflichten und Rechten, die „Geschäftsfähigkeit" impliziert, leistungsbezogene Zielsetzungen vorgegeben werden. Altruistische Zielsetzungen treten dagegen in den Hintergrund.

Ein Teil der Zielsetzungen, die mit dem Wohnheimbau verfolgt werden sollen, können wir als Sozialisationsziele auffassen. KMIECIAK (1976) umschreibt das Verhältnis von Sozialisationszielen zu Werten folgendermaßen: „Nach GOSLIN (1969) stellt Sozialisation den Prozeß dar, ‚durch den Individuen das Wissen, die Fertigkeit und Dispositionen erwerben, um als mehr oder weniger effektive Mitglieder Gruppen oder einer Gesellschaft angehören können'. Daraus folgt, daß Sozialisation ein reziproker Prozeß ist, d.h., Gruppenmitglieder sind immer gleichzeitig ‚Sozialisierende als auch sozialisiert Werdende' (‚socializer as well as socializee') und, daß Sozialisation ein ‚aufbauender', permanenter (‚socialization for socialization') Prozeß ist, der ein Leben lang andauert und der vor allem durch den Erwerb und die Modifikation von Normen und Werten zu charakterisieren ist (vgl. FEND 1971; 1974; s.a. die Zusammenstellung von Sozialisationsdefinitionen in FREY 1974, S. 144–147)."

Eine Zielsetzung (z.B. Schüler soll selbständig werden), muß konkretisiert werden (z.B. er soll sich waschen können, er soll allein auf die Toilette gehen können, er soll selbständig einkaufen können). Es ergeben sich bei solchen Konkretisierungen Unterziele. Diese können vom Schüler und Betreuer nur über je konkrete Handlungen erreicht werden. Solche Handlungen implizieren einen Vorgang, der von einem Ist-Zustand zu einem (Soll-)Zielzustand führt. Dieser Vorgang muß also auf den jeweiligen Ist-Zustand (Fertigkeiten der Schüler und Betreuer, bauliche Möglichkeiten) bezogen sein.

Die Spezifität des Wohnheimes für körperbehinderte Schüler ergibt sich letztlich aus seinem Zuschnitt auf die Spezifität des Ablaufes der Handlungen Körperbehinderter und ihrer Bezugspersonen.

Aus Platzgründen unterbleibt hier die Analyse konkreter individueller Handlungen und damit eine Darstellung der wesentlichen Arbeitsleistungen und Aufgabenstellungen, die in einem Heim ablaufen. Dies ist problematisch, da die Heimplanung und der spätere Betrieb primär im Hinblick auf die Bewältigung solcher Aufgabenstellungen bewertet werden muß.

Es wird abstrahiert von und aggregiert über verschiedene Handlungen argumentiert. Es werden also beispielsweise nicht die Waschhandlungen einzelner Schüler analysiert (vgl. z.B. KIRA 1966) und dann die Gestaltungsvorschläge des Waschraumes entsprechend dargelegt, sondern es werden auf Grund von Erfahrungen Hinweise für die Planung eines Settings (PROSHANSKY et al. 1976) gegeben. Dieses Setting soll möglichst allen vorkommenden Bedürfnissen gerecht werden, bzw. diesen aktuell angepaßt werden können (z.B. höhenverstellbarer Waschtisch). Es wird ein Möglichkeitsraum geschaffen, der allen wichtigen Zielsetzungen ausreichende Realisationschancen einräumt.

Hinweise zur Art und Stellung von Zielsetzungen im Rehabilitationsprozeß gibt DILLER (1971).

Zu Fragen, die sich bei einer Zielfestlegung ergeben, vgl. KAMINSKI (1978b).

Als ein Beispiel für Zielsetzungen übernehmen wir den Katalog, der den Verwaltungsrichtlinien (Vorläufige Richtlinien usw. 1973) vorangestellt ist.

II. Allgemeine Grundsätze

2. Pädagogische Anforderungen

2.1. Aufgabe der Heimerziehung ist es, die Minderjährigen entsprechend ihren Anlagen zu fördern, Entwicklungsnachteile auszugleichen und Fehlhaltungen zu behandeln. Ihr Ziel ist es, die soziale, geistige und emotionale Entfaltung zu fördern und durch Vermittlung der zur Bewährung in der Gesellschaft erforderlichen Fähigkeiten den Erziehungsanspruch der Minderjährigen in Heimen zu erfüllen.

Deshalb sollen kleine Gruppen gebildet werden, soweit pädagogisch geboten nach Geschlecht und Alter gemischt. Jede Gruppe soll in einer eigenen Wohneinheit leben. Minderjährige sollen nur nach umfassender Diagnose in ein für sie geeignetes Heim aufgenommen werden.

2.2. Die Beziehungen der Minderjährigen zu ihren Angehörigen sind zu fördern, soweit dies dem Wohl der Minderjährigen nicht entgegensteht.

2.3. Minderjährige im Heim werden zur entwicklungsspezifischen Eigenständigkeit und Selbstverantwortung erzogen. Persönliches Eigentum an Kleidung, Wäsche, Spielzeug und Taschengeld ist unerläßlich. Spielzeug, Bücher, Bildungs- und Beschäftigungsmaterial sollen entwicklungsfördernd, altersgemäß, ansprechend und ausreichend vorhanden und den Minderjährigen bei Bedarf zugänglich sein.

Jeder Minderjährige soll über unverplante Freizeit verfügen können.

2.4. Den Erziehern soll im Rahmen der Konzeption des Heimes entsprechend ihrer Persönlichkeit und Fähigkeit Raum zur Entfaltung ihrer pädagogischen Arbeit gewährt werden. Sie sollen von der Heimleitung oder/und von besonderen Fachkräften beraten und unterstützt werden.

2.5. Zur Förderung der sozialen Entfaltung der Minderjährigen soll das Heim vielfältige Beziehungen mit der Außenwelt pflegen, um der Gefahr der Isolierung zu begegnen. Den Kindern und Jugendlichen soll Gelegenheit gegeben werden, am Leben der Erwachsenen und am Gesamtgeschehen des Heimes teilzunehmen. Unter anderem sollen in den Gruppen Erwachsene die Mahlzeiten mit den Minderjährigen einnehmen.

2.6. Strafen dürfen die Selbstachtung und Würde der Minderjährigen nicht verletzen. Den Ursachen des Fehlverhaltens soll nachgegangen und mit therapeutischen Maßnahmen begegnet werden.

Körperliche Züchtigungen sind untersagt.

Mit diesen Zielsetzungen sind, wenn sie entsprechend ausgelegt werden, was in der Verwaltungspraxis nicht immer der Fall zu sein scheint, auch ein Teil der Zielsetzungen gegeben, die unter das Normalisierungskonzept fallen (vgl. WOLFENSBERGER 1977). WOLFENSBERGER (1977) gibt u.a. eine Reihe zum Teil sehr subtiler negativer Bestimmungen an, wie unter das Normalisierungskonzept fallende Zielsetzungen nicht eingelöst werden können (z.B. Bau ist primär Architektendenkmal oder Statussymbol des Trägers; spezielle Namensgebung des Hauses: z.B. Haus des Friedens; Ausrichtung der Funktionsräume ausschließlich unter dem Gesichtspunkt der Arbeitserleichterung für Betreuer; Betreuer-, Klientenstatus deutlich differenziert über Kleidung oder Aufenthaltsräume).

Häufig trifft man zur Zeit in der Diskussion um Zielsetzungen für Wohnheime das Schlagwort „familienähnlich" an, mit dem Wohnheimatmosphäre und Funktion umschrieben werden soll.

Dabei bleibt unexpliziert, welche Familienart (vgl. NEIDHARDT 1975; WURZBACHER 1977; MORRIS et al. 1978; LERNER et al. 1978) oder Art des Zusammenlebens (vgl. CYPRIAN 1978; KORCZAK 1978; GIZYCKI 1978) als Bezugssystem gewählt wird.

Betrachtet man einige Merkmale, die die Familie konstituieren, so sind diese kaum in einem Heim gegeben.

Weder sind die Bewohner unter Eltern-Betreuung (leiblich oder Adoptiveltern), noch sind sie im Regelfall untereinander verwandt. Es können sich allerdings durch ein längeres Zusammenleben teilweise vergleichbare Beziehungen ergeben, wie sie in Verwandtschaftsverbänden üblich sind. Besitzrecht (Erbschaft) ist in Familien anders geregelt als im Heim, ebenso wie die Erziehungsgewalt (Elternrecht).

Die Zusammensetzung der Kindergruppen ergibt sich nicht durch Geburtsfolge sondern durch Zuweisungsentscheidungen des Heimträgers.

Die Rollen der Betreuer sind anders definiert als die von Vater und Mutter.

Wir halten es für günstiger auf Grund der jeweiligen Zielsetzungen und Heimkonstellation zu überlegen, wie die Zielsetzungen am besten erreicht werden können, statt einen emotional getönten Begriff zu wählen, von dem bei näherer Betrachtung nicht einmal die Gruppengröße, bzw. die Relation Betreueranzahl zu Betreuten hergeleitet werden kann.

Obwohl die Psychologie möglicherweise einen Teilbeitrag zur Wert- und Zielbestimmung unserer Gesellschaft leisten kann, wird in diesem Artikel Wissen der Psychologie instrumentell gehandhabt. Es wird versucht, Wege anzugeben, wie bestimmte Ziele erreicht werden können. Es ist klar, daß auch diese Wege einer Beurteilung unter Wertgesichtspunkten bedürfen, es sei denn, man verträte den Standpunkt, der Zweck heiligt die Mittel (vgl. auch NEIDHARDT 1975).

Empirisch fundiertes psychologisches Wissen kann nur helfen, Möglichkeiten aufzuzeigen, wie ein Ziel erreicht werden kann. Dieses Wissen kann allerdings auch kritisch an utopische Zielsetzungen herangetragen werden (vgl. MOOS et al. 1977).

Ein Psychologe wird vor dem Anstreben von Zielen warnen, wenn er sieht, daß die Personen, die das Ziel angehen (sollen), dieses auf Grund ihrer Fähigkeiten nicht erreichen können.

Damit wird keineswegs die Wichtigkeit von Idealen als anstrebenswerten normativen Vorbildern bestritten.

7.6. Aufzunehmender Personenkreis

Im folgenden wird eine grobe Charakterisierung des Personenkreises gegeben, der im Heim aufgenommen werden soll. Die Schüler der Körperbehindertenschule sind mehr oder minder in drei Hinsichten behindert.

Alle weisen eine motorische Behinderung auf, wobei viele von Geburt an koordinationsgestört sind (Spastiker, Athetotiker, Kleinhirngeschädigte). Daneben gibt es Gliedmaßenversehrte, querschnittsgelähmte Schüler, Spina-bifida-Schüler, Skoliotiker, zwergwüchsige Schüler und Bluter. Viele dieser Schädigungen sind mit sensorischen Einschränkungen verbunden.

In der Schule befinden sich Schüler mit allen Graden geistiger Begabung. Etliche Schüler leiden aber an Teilausfällen im kognitiven Bereich.

Als Folge der motorisch-sensorischen Störungen weisen viele Schüler soziale Störungen auf (vgl. WELLHÖFER 1974; SCHÖNBERGER 1977)

Die behinderten Schüler sind in ihrem Bedarf an Hilfestellung sehr heterogen. Manche bedürfen primär der Hilfe bei hygienischen Verrichtungen (morgens, abends), andere stärker beim Essen, wieder andere sind hauptsächlich auf Förderung in der „Freizeit" angewiesen.

Im Hinblick auf die Belastung der Betreuer und das Zusammenleben in der Gruppe müssen solche Gesichtspunkte neben Alter und Geschlecht bei der Gruppenzusammensetzung beachtet werden.

7.7. Zur Entscheidung über Platzanzahl, Gruppenanzahl und Gruppengröße

Wir gehen davon aus, daß das Heim in der Betriebsphase eine fixe Platzanzahl anbietet. Die Personenanzahl kann auf Grund von Unter-, Überbelegung leicht variieren. Die Platzanzahl soll hier nicht nach Bedarf bzw. Nachfragegesichtspunkten und/oder Kapitalbildungsgesichtspunkten des Heimträgers kalkuliert werden, sondern auf Grund sozialpsychologisch empirisch abgesicherter Aussagen über das soziale Gefüge, das sich einstellen kann bzw. das als optimal angestrebt werden soll.

Die schwierige Frage der Übertragbarkeit von Aussagen wird hier ausgeklammert.

Die Gesamtpersonenzahl N läßt sich in verschieden große Gruppen aufteilen mit der Anzahl N bzw. ganzzahligen Teilmengen, deren Summe N ergibt. (Beispiel: 30 Personen lassen sich in eine Gruppe von 30 oder zwei Gruppen zu 29 zu 1, 28 zu 2 ... 15 zu 15 oder in drei Gruppen analog usw. aufteilen.)

Die Frage ist, welche Aufteilung von N Personen die optimale ist im Hinblick auf eine oder mehrere Zielsetzungen.

Wir führen eine konkrete Randbedingung ein, um die Fülle der Alternativen zu reduzieren. Die Randbedingung besteht darin, daß die Gruppengrößen, in die die Gesamtpersonenzahl N aufgeteilt wird, gleich groß sein sollen. Dies hat unter anderem bauökonomische und personalökonomische Gründe: gleiche Gruppenwohneinheiten lassen sich architektonisch rationeller planen, Mitarbeiter haben gleich viele Personen zu betreuen.

Es ergibt sich folgende Matrix möglicher Aufteilungen (vgl. Abb. 1).

Gruppen-anzahl	Gruppengröße									
	3	4	5	6	7	8	9	10	11	12
3						24	27	30	33	
4					28	32				
5				30	35					
6			30	36						
7		28	35							
8		32								
9		36								
10	30									
11	33									

Abb. 1 Erläuterung im Text

Gruppengröße und Gruppenanzahl sind bei gegebenem N aufeinander bezogen. Im Vorgriff auf die weitere Argumentation ist in der

347

Matrix eine „cut off" Linie eingetragen, die ungefähr einem N von 30 entspricht. Es wird nur der Bereich „oberhalb" dieser Linie besprochen.

7.7.1. Argumentation zur Bestimmung der Gruppengröße

Die Heimwohngruppen sollen face-to-face Gruppen sein. Solche Gruppen lassen sich nach HARE (1962, S. 226) dadurch charakterisieren, daß unmittelbarer Kontakt und kontrollierende Übersicht zwischen allen Beteiligten möglich ist. Um dies sicher zu stellen, darf die Gruppe sicherlich nicht viel mehr als zehn Personen umfassen. Dies zeigt sich auch an der Zusammenstellung von Gruppengrößen, die in „natürlichen" Gruppen zu finden sind, wie folgende Tabelle (Abb. 2) zeigt. (THRASHER 1927)

No. of Members	No. of Gangs	Percentage of Total
From 3 to 5 (inclusive)	37	4,1
From 6 to 10	198	22,1
From 11 to 15	191	21,5
From 16 to 20	149	16,7
From 21 to 25	79	8,8
From 26 to 30	46	5,1
From 31 to 40	55	6,1
From 41 to 50	51	5,7
From 51 to 75	26	2,9
From 76 to 100	25	2,8
From 101 to 200	25	2,8
From 201 to 500	11	1,2
From 501 to 2.000	2	,2
Total gangs	895	100,0

Abb. 2: Anzahl der Mitglieder in Gruppen Heranwachsender (gangs)

Diese Tabelle überschätzt eher die optimale Gruppengröße, denn sie gibt an, wie groß die Gruppen sind, wenn alle Mitglieder anwesend sind. Werden Gruppen deutlich größer als 10 Personen, dann bilden sich formale Strukturen heraus und es bilden sich Untergruppen.

Die Größe von ca. 10 Personen pro Gruppe ergibt sich auch aus Überlegungen zu der Reichweite von natürlich lautem Sprechen, dessen Verstehbarkeitsgrenze bei ca. 5 m Distanz liegt. Billigt man jeder Person den notwendigen personalen Distanzraum zu (ca. 80 cm zum nächsten Partner), so ergibt sich bei kreisflächiger Anordnung der Personen ein Kreis mit einem Durchmesser von ca. 5 m. (Zur personalen Distanz vgl. SOMMER 1969; HALL 1966).

Die Personenanzahl 10 ist sicherlich zu hoch, wenn das Interaktionsgefälle in Gruppen nicht zu groß sein soll, d.h. Randpersonen sich noch aktiv in Gruppeninteraktionen beteiligen sollen (vgl. Abb. 3). Zur dynamischen Beziehung zwischen physischem Setting und Gruppengröße vgl. auch WOLFE et al. (1974).

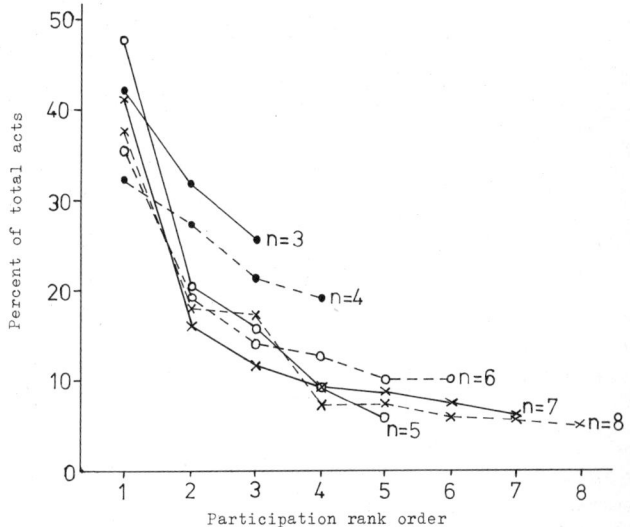

Abb. 3: Abhängigkeit der Teilnahme an Gruppeninteraktionen von der Gruppengröße, nach BALES et al. 1951.

Der Zusammenhang zwischen Personenanteil an Aktivität (Rangreihe auf der Abszisse) und Anteil an der Gesamtaktivität (Ordinate) zeigt deutlich, daß bei fünf Personen eine schon „abgeschlagen" ist, nur noch weniger als 10 % Anteil an der Interaktion hat. Will man nicht mehrere Personen in diese Position bringen, so dürfte die Gruppe nicht mehr als 5 Personen umfassen.

Es ist zu berücksichtigen, daß wir es mit Kindergruppen ab 6 Jahren zu tun haben, die teilweise nicht altersentsprechend entwickelt sind.

Je jünger aber die Kinder sind, umso weniger Interaktionspartner werden im Regelfall von ihnen berücksichtigt. (SHAW 1971, S. 163)

Die Betreuer (ein ständiger Betreuer auf drei Schüler) müssen ebenfalls in die Gruppenanzahl miteinbezogen werden. Bei 6 Kindern pro Gruppe ergäben sich 8 Personen.

SLATER (1958) nennt als optimale Gruppengröße für unterschiedliche Zielsetzungen 5 Personen.

Das Herausbilden von Führungspositionen scheint ab 5 Personen optimal zu gelingen, d. h. kleiner sollte die Gruppe für diesen Zweck nicht sein (vgl. HARE 1962, S. 228).

Die Interaktion von Mehrfachbehinderten untereinander ist fast nur in der Dyade möglich, als Obergrenze scheint hier ein Betreuer auf zwei Schüler angemessen zu sein. Die Schwierigkeiten in der Wohngruppe eines Konsens (z. B. Speiseplan, Ausflugsziel etc.) herzustellen, dürfte mit der Personenanzahl wachsen. Der Zeitbedarf für solch eine Abstimmung wächst aber überproportional zu der Personenanzahl.

Ein Tisch mit acht Personen (sechs Schüler, zwei Betreuer) ist eine große Tafel, die sicherlich in zwei Gesprächsrunden zerfällt, die jeweils um die Betreuer zentriert sind.

Eine Geschlechtsmischung der Gruppe ist bei 5–7 Personen gut möglich, ebenso eine Altersabstufung, so daß wenigstens zwei Entwicklungsstufen in der Gruppe vertreten sind. Ferner ist bei dieser Gruppengröße eine Mischung nach motorischem Behinderungsgrad möglich.

Eine ungerade Mitgliederanzahl halten wir für günstig, da sie feste Koalitionen (vgl. DOISE 1976) eher verhindert als eine gerade Anzahl. Dies ist insbesondere wichtig, da die Zusammensetzung der Gruppe nach Geschlecht, Behinderungsgrad und Alter gemischt sein sollte. Diese Variablen legen aber Koalitionsbildungen nahe.

Das Gruppenklima hängt von der Gruppengröße ab. Die „Intimität" sinkt zunehmend ab, wenn die Gruppe größer als 7 Personen wird (WALBERG 1969).

7.7.2. Argumente für die Gruppenanzahl

In der sozialpsychologischen Literatur gibt es wenig Arbeiten, die sich mit Interaktionen von Gruppen auseinandersetzen (vgl. DOISE 1976). Dennoch können einige Aussagen gemacht werden.

Es erscheint wünschenswert, möglichst viele Gruppen in einem Heim anzubieten, um möglichst viele Positionen bereitstellen zu können. Positionen fassen wir auf als Stellen in einer Gruppenstruktur, der feste Funktionen (Rollen in rollentheoretischer Fassung) zugeordnet sind, z. B. Führungspositionen unterschiedlicher Art. Möglichst viele solche Positionen anzubieten erscheint günstig, damit Behinderten der Kompetenzerwerb für solche Rollen ermöglicht wird.

Ferner bieten andere Gruppen das Referenzsystem, in dem die Stellung in der eigenen Gruppe und die Stellung der eigenen Gruppe thematisiert wird (vgl. DOISE 1976).

Problemsituationen (z. B. Wechsel eines Betreuers, Aufnahme eines kritischen Falles), die in einer Gruppe auftauchen, breiten sich auf weniger Personen aus, wenn die Mitgliederzahl der Gruppen kleiner ist.

Je mehr Gruppen vorhanden sind, um so leichter fällt es, diese nach Bedarf bzw. vom Sozialisationsziel abhängig zu bilden. Die Aufnahmediagnostik und Zuweisung einer Person zu einer Gruppe kann differenzierter erfolgen. Mehrfachbehinderte können auf mehrere Gruppen verteilt werden, so daß in einer Gruppe möglichst nur ein Mehrfachbehinderter wohnt. Andrerseits sollte sicher gestellt werden, daß jeder weniger Behinderte einen ähnlich befähigten Partner in der Gruppe vorfindet. Um ein über die eigene Gruppe hinausgehendes Kontaktangebot nahe zu legen, werden die Gruppen jeweils paarweise räumlich und personalmäßig eng aufeinander bezogen (vgl. weiter unten). Damit im Heim eine Heim-Gruppeneinstellung (Wir-Gefühl aller Bewohner) entstehen kann, ist es wichtig, daß nicht zuviele Gruppen vorhanden sind. Mehr als ca. 7 dürften es nicht sein, wenn man Diskriminationstheorien heranzieht (vgl. DOISE 1976). Der einzelne Schüler steht ja schon in Beziehung zu mehreren Gruppen (vgl. NEWCOMB 1943: Reference-, Mitgliedsgruppen), wie Familie, Schulklasse, eigene Wohngruppe und andere Wohngruppen des Heims. Prinzipien einer unter Sozialisationszielgesichtspunkten optimalen Aufteilung der Schüler auf die Gruppe werden hier aus Platzgründen nicht entwickelt. Insbesondere müßten dabei „Nutzen und Kosten" (psychischer Art) abgewogen werden, die dem einzelnen Schüler in einer heterogen zusammengesetzten Gruppe entstehen.

7.7.3. Entscheidung über Gruppengröße und -anzahl

Wenn die vorstehenden Argumente zusammengeschaut werden, wir verzichten hier auf eine explizite Gewichtung und ein explizites Entscheidungsmodell, so stellt sich die Frage, ob 5 Gruppen à 6 Schüler oder 6 Gruppen à 5 Schüler die optimale Lösung darstellen

Die Gesamtanzahl von 30 Schülern sollte nicht überschritten werden, da sich dann mehr als 13 Betreuer (10 aus dem Verhältnis 1:3 und drei weitere für Nachtdienst und ähnliche Aufgaben) ergeben.

Diese Anzahl liegt im oberen Bereich des Spielraumes, in dem sich noch eine Betreuergruppe bilden kann.

Es ist sehr wünschenswert, daß dies geschieht, damit ein relativ einheitliches Erziehungsklima im Gesamtheim entsteht. Ferner scheint diese Betreuergruppenbildung eine Voraussetzung für Arbeitszufriedenheit zu sein, wodurch hohe Personalfluktuation und häufige Fehlzeiten gemindert werden können.

Die Wohngruppengröße (6 x 5 oder 5 x 6 Schüler) liegt unterhalb der (Soll-) Verwaltungsrichtlinien für Kinder und Schüler (vgl. die Verwaltungsrichtlinien (1973) § 10,3), die eine Gruppengröße von 10 Kindern pro Gruppe vorgeben. Allerdings sind Abweichungen für Sonderheime vorgesehen (vgl. § 13,2: „Die Gruppen müssen entsprechend den Besonderheiten kleiner, das Personal muß gegebenenfalls auch pflegerisch erfahren sein".) Mit der Obergrenze von 30 Plätzen entsprechen wir den Richtlinien mindestens für Jugendwohnheime, denn § 12,4 sagt: „Heime mit mehr als 30 Plätzen sind in Wohnbereiche zu gliedern". Dies interpretieren wir so, daß sich je 30er Gruppe eine eigene, auch räumlich abgegrenzte Einheit bilden soll.

Wir entscheiden uns für die Gliederung in 6 Gruppen à 5 Personen aus folgenden Gründen. Bei einer Aufteilung in 6er Gruppen mit zwei Stammbetreuern ist eine Unterteilung der Schülergruppe in 2 x 3 Schüler vorgezeichnet, was wir für ungünstig halten im Hinblick auf die Erfahrung verschiedener Erziehungsstile durch die Schüler. Ferner erscheint uns die Relation zumindest für Freizeitaktivitäten, die Schüler selbständig planen sollen, im Sinne der undermanning theory (WICKER 1976) zu hoch.

Die Aufteilung in 5er Gruppen gibt für die Betreuer einen organisatorischen Zwang vor, auch über die Wohngruppen hinweg zu kooperieren, was auch die Steuerung von Schülerinteraktionen über die Gruppen hinweg erleichtern kann. Dies wird an folgender Aufteilung deutlich, die die Zuordnung von Betreuer und Gruppe darstellt. (Abb. 4)

Gruppe	Tagdienst		Nachtd.	Gruppe	Tagdienst		Nachtd.
5	1	1	1	6	1	1	
5	1			6	1	1	1
5	1	1	1	6	1	1	
5	1			6	1	1	1
5	1	1	1	6	1	1	
5	1						
30	6	3+1	3	30	5	5+1	2

Abb. 4: Aufteilung der Betreuer auf Wohngruppen zu 5 und 6 Schülern.

Wir betrachten zunächst nur die erste Hälfte der Tabelle. Jeder 5er Gruppe ist ein Stammbetreuer zugeordnet, je zwei Gruppen ist ein Springer beigegeben, der beide Gruppen übersieht und Untergruppenaufgaben spezifisch übernehmen kann. Als Vorsorge für Krankheitsausfall oder sonstige Abwesenheit von Betreuern ist eine weitere Ausgleichsstelle vorgesehen. Diese dient auch dem Einzelfalleinsatz, z.B. bei Kurzzeitunterbringung eines Schülers, wobei sehr intensiver Betreuer – Schüler Kontakt notwendig ist.

Diese Gruppenaufteilung sichert auch einen möglichst lang dauernden Kontakt zu wenig Bezugspersonen.

Die Stammbetreuer (vgl. Abb. 4.: 1. Spalte, Tagdienst) einer Gruppe bleiben der Gruppe über die Zeit erhalten. Tag- und Nachtdienst wechselt zwischen den restlichen Betreuern im Wochenrhythmus.

Der zweite Teil der Abb. 4. zeigt, daß sich der Betreuereinsatz bei einer 6er Gruppenlösung nicht so systematisch gestalten läßt, wie bei einer 5er Gruppenlösung.

Natürlich sind auch andere Dienstpläne möglich. Bei oben aufgezeigtem Dienstplan kann der Wechsel zwischen Tag- und Nachtdienst z. B. in vierteljährlichem Rhythmus erfolgen.

Die Dienstplangestaltung ist sehr schwierig so anzulegen, daß alle Mitarbeiter sich gerecht behandelt fühlen und dennoch in der Gruppe eine möglichst geringer Bezugspersonenwechsel stattfindet.

Dies ist insbesondere schwierig, weil die Arbeitszeiten der Mitarbeiter ungünstig liegen. Die Schüler sind tagsüber von 8–15 Uhr in der Ganztagsschule, d. h. die Betreuerdienstzeiten fallen morgens sehr früh an und nachmittags bis in den späten Abend, sowie Nachts beim Nachtdienst. Ungünstig ist diese Arbeitszeit auch deswegen, weil Betreuer (Erzieher und Pflegekräfte) in der Regel auch Arbeitsplätze erhalten können, die zeitlich günstig liegen. Im speziellen Fall des hier vorliegenden Heims kommt hinzu, daß der Träger in unmittelbarer Nachbarschaft Einrichtungen betreibt (Schule, Kindergarten), die eben diese günstigere Arbeitszeit aufweisen, was den sozialen Vergleich geradezu provoziert. (Vgl. BRICKMANN et al., 1971)

Hinzu kommt noch, daß Mitarbeiter vergleichbarer Qualifikation in den Einrichtungen mit günstigerer Arbeitszeit z. Teil besser bezahlt werden können (z. B. als Fachlehrer in der Schule).

Mit dieser Problematik stoßen wir auf juristisch-ökonomisch-organisatorische Randbedingungen, die kaum ausgeräumt werden können. Betreuer müssen in gewisser Weise altruistisch eingestellt sein, sich bewußt in den Dienst am Mitmenschen begeben. Dies ist bei der sozial-technologischen Verfestigung der sozialen Berufsbilder nicht durchgängig von Fachkräften zu erwarten.

Insbesondere ein wertpluralistischer Träger muß damit rechnen, daß Mitarbeiter auf Gleichbehandlung bestehen.

Eine Anmerkung zu den Dienstplänen sei noch gemacht. Die Arbeitszeiten sollten so ausgelegt sein, daß der Nachtdienst morgens noch mindestens so lange zur Verfügung steht, bis die Schüler ihre Morgenhygiene vollzogen haben.

Auf Detailprobleme der Arbeitszeitregelung möchten wir hier nicht weiter eingehen, obwohl sie sehr erheblich in das Leben eines Heimes eingreifen, womit auch ein wesentlicher Unterschied zu familienähnlichem Wohnen gegeben ist.

Mit der Entscheidung Gruppengröße à 5 Personen liegen wir sicherlich auch im Trend der publizierten Empfehlungen für Gruppengrößen, denn diese weisen sinkende Tendenz auf, wenn man die letzten Jahre überschaut (vgl.: Wohnstätten für geistig Behinderte 1977; Leitfaden zur Errichtung von Wohnstätten für erwachsene geistig Behinderte 1976). Es muß aber betont werden, daß die Gruppengröße für Mehrfachbehinderte kleiner anzusetzen ist, als es den Empfehlungen entspricht, denn der Pflegeaufwand ist zumindest bei einigen Schülern dem von Kleinkindern vergleichbar, für die selbst die Richtlinien des Landes (Vorläufige Richtlinien . . . 1973) drei bis vier Kinder als Gruppengröße ansetzen. Etliche Schüler können z. B. nur unter Mithilfe von drei Betreuern gebadet werden, was einen Eindruck von dem Pflegeaufwand vermittelt.

7.7.4. Konsequenzen für die bauliche Gliederung

Für die bauliche Gliederung (Raumprogramm) folgt aus den zur Gesamtzahl, Gruppengröße und Gruppenzahl vorgetragenen Argumenten, das für eine Platzanzahl von 30 Personen in relativ verdichteter Bauweise geplant werden kann. Diese Baumasse muß aber eine hohe Binnenstrukturierung (6 Gruppen) aufweisen, wobei räumliche Nähe zwischen mindestens je 2 Gruppen gegeben sein muß, damit Schüler- und Betreueraustausch (Springer) geschehen kann. Die räumliche Nähe von je zwei Gruppen ist auch notwendig, damit der Nachtdienst von drei Personen, je eine für 10 Schüler, funktionieren kann.

Aus den Planentwürfen, die dem Anhang beiliegen, ist zu sehen, daß je nach baulicher Vorgabe (Schlafräume von 2 Gruppen an einem Gang; Wohnräume von 2 Gruppen benachbart) der Austausch von Personal bei verschiedenen Tätigkeiten unterschiedlich naheliegt. Je zwei Gruppen haben einen gemeinsamen Eingang (die Untergeschoßgruppe ist in den Plänen des Anhangs nicht enthalten). Eine Organisationsgruppe von 2 x 5 Schülern hat zwei Eingänge. In diesem Bereich sollen unter anderem die Gastschüler und die Schüler wohnen, denen Außenkontaktaufnahme gelingen kann. (Plan 5)

7.8. Begründung für die Schlafzimmeranzahl

Nachdem die Wohngruppengröße festgelegt worden ist und entsprechende Folgerungen für den Bau gezogen worden sind, stellt sich die Frage, wie der zur Verfügung stehende Gesamtraum aufzuteilen ist.

Wir besprechen einige Aspekte, die dabei zu beachten sind, im Zusammenhang mit der Entscheidung für die Belegung der Schlafräume.

Die 5 Schüler einer Untergruppe können in einem Raum oder in verschiedenen Räumen untergebracht werden. Es ergibt sich folgende mögliche Aufteilung (vergl. Abb. 5.).

Betten / Zimmer					Raum-anzahl
1	2	3	4	5	
				1	1
1			1		2
	1	1			2
2		1			3
1	2				3
3	1				4
5					5

Abb. 5. Mögliche Aufteilung von Betten auf Schlafzimmer

Um zwischen verschiedenen Lösungsmöglichkeiten entscheiden zu können, müssen einige Funktionen der Bettzimmer angeführt werden. Wir vermeiden den Ausdruck Schlafraum, weil mehr Funktionen in diesen Räumen statthaben, der Ausdruck Wohnraum ist für den großen Gemeinschaftswohnraum reserviert.

Unter dem Gesichtpunkt der Geschlechtsmischung in den Gruppen entfällt die Lösung 5 Betten in einem Raum. Um diesem Gesichtspunkt Rechnung zu tragen, ist mindestens eine Zweiraum-Lösung nötig, indem z. B. die Aufteilung Dreibett- und Zweibettzimmer gewählt wird.

Ebenso scheiden wir die Vierbett- und Einbettlösung aus, denn diese ist zu asymmetrisch in der Geschlechtszusammensetzung. Die Dreibett- und Zweibettlösung schalten wir aus, da sie zwanghaft eine duale Beziehung in dem Zweibettzimmer vorgibt. Die Vorgabe solch engen räumlichen Kontaktes auf längere Zeit ist nur vertretbar, wenn beide Bewohner zueinander passen. Wenn dies nicht der Fall ist, führt eine solche Lösung zu spannungsreicheren, konfliktträchtigeren Beziehungen als eine Vierbettlösung (vgl. WOLFE 1977). Überdies konnte mehrfach empirisch gezeigt werden, daß eine Zweibettzimmerlösung tagsüber im Regelfall nur zeitversetzt von den Bewohnern benutzt wird (WOLFE 1977).

Die Dreibett- und zweimal Einbettlösung schalten wir aus, da sie im Zusammenhang mit der Geschlechtsunterteilung in der Gruppe dazu führt, daß eine Geschlechtsgruppe immer in einer qualitativ anderen Lösung lebt. In dem Einbettzimmer dürften primär Mädchen wohnen, da zu erwarten ist, daß mehr Jungen als Mädchen das Wohnheim besuchen. (Dies gilt, wenn die Schülerzusammensetzung der Einzugsschule beachtet wird, sowie auch, wenn z. B. die Zahlen zur Geschlechtsaufteilung Behinderter von TORÖK (1973) und HUSCHENBETH (1976) berücksichtigt werden. Es bleiben als Lösung übrig die zweimal Zweibettzimmer plus Einbettzimmerlösung oder die einmal Zwei- und dreimal Einbettzimmerlösung oder die fünfmal Einbettzimmerlösung.

Die fünfmal Einbettlösung wird nicht gewählt, da es für jüngere Kinder, „einsame" (vgl. WELTER 1978) und solche , die eventuell nachts einer unmittelbaren Fremdüberwachung bedürfen, günstig erscheint, wenn eine Zweibettzimmerlösung angeboten werden kann.

Es bleiben zwei Lösungen übrig. Es wurde die einmal Zweibett- und dreimal Einbettlösung gewählt, da sie die günstigste Flexibilität hinsichtlich der Aufteilung von Personen ermöglicht. Diese Flexibilität wurde noch gesteigert dadurch, daß zwei der Einbettzimmer durch eine Zwischentür in der gemeinsamen Wand verbunden sind, sie also bei Bedarf zusammengeschlossen werden können.

Zweimal Zweibett- und Einbettlösung vereint die Nachteile der Zweibettlösung, da sie als Regel angeboten werden muß, mit einer Prestigelösung. Das Einbettzimmer dürfte einen sehr hohen Statuswert erhalten, da es nur einmal pro Gruppe angeboten wird.

Neben diesen Flexibilitätsüberlegungen sind weitere Gesichtspunkte für die Bett-Zimmeraufteilung zu beachten. Wir gehen davon aus, daß zur normalen Entwicklung und Lebensführung in unserer Kultur Privatheit gehört. (WOLFE 1978). Unter privat verstehen wir einen Zustand, den ein Individuum herstellen kann, indem es Kontrolle über soziale Stimulation (z. B. Gesehenwerden von anderen) und Kontrolle über (nichtsoziale) sensorische Stimulation hat (z. B. Lärm, Geruch etc.).

In Zuständen der Privatheit ist man den Rollenanforderungen enthoben. Die Ausformung von Privatheit ist kulturhistorisch, alters- und geschlechtsabhängig (WOLFE 1977). Ein generelles Optimum zu erzeugen, ist kaum möglich.

Diese Zustände sind in unserer Kultur im Regelfall an bestimmte Territorien gebunden. Solch ein Territorium stellt das „eigene" Zimmer dar. Deswegen verstehen wir das Angebot von Einzelzimmern als eine Bereitstellung der Möglichkeit von Privatheit.

Der Zustand der Privatheit muß über Handeln jeweils realisiert werden. Territorien, in denen Privatheit hergestellt werden kann, grenzen an halböffentliche Räume an. Diese Grenzen sollten so gestaltet werden, daß sie kontrollierbar sind von den raumbenützenden Personen (vergl. z. B. WELTER 1978).

Ein privates Zimmer kann in ein gruppenöffentliches verwandelt werden, indem die Tür geöffnet wird. Die „Anklopf"-Anstandsregel signalisiert, daß jemand in den Privatraum eindringen möchte.

Wir halten das Angebot von potentiell privaten Räumen insbesondere für Körperbehinderte „als Ausgleich" für wichtig, da sie sehr häufig auch bei intimen (hygienischen) Verrichtungen auf andere Personen angewiesen sind.

Private Rückzugszonen erleichtern es auch, Gruppenaktivitäten als freiwilliges Angebot zu nützen. Man kann sich zurückziehen, wenn einem nicht nach Gruppenaktivitäten zumute ist. Diese Möglichkeit entlastet Betreuer von der Rolle des ständigen Entertainers.

Um einen weiteren Aspekt von Privatheit zu verdeutlichen, zitieren wir GORDON (1975, S. 54): „Jedes unmittelbare Sexualverhalten, das die Genitalien mit einbezieht, sollte nur im Privatbereich stattfinden. Da die Anstalten für Behinderte jedoch nicht danach geplant und geführt werden, daß ein Privatleben gesichert ist, muß das, was man unter Privatbereich in einer Anstalt versteht, sehr liberal definiert werden, so daß z.B. das Badezimmer, das eigene Bett, das Gebüsch und das Tiefgeschoß als private Bereiche anzusehen sind".

Die Einzelzimmer bieten Möglichkeit, sie nach eigenem Geschmack zu gestalten. Über die unterschiedlichen Gestaltungsformen (abhängig von Alter und Geschlecht) bekommen Kinder und Jugendliche Anregungen, sich weiter zu entwickeln und Kontrastvorbilder, um eigene Lebensformen zu klären.

7.8.1. Größe und Einrichtung der Zimmer

Aus Platzgründen kann nicht ausführlich auf Größe und Einrichtung der Zimmer eingegangen werde (vergl. BAUMANN et al. 1973; MORRIS et al. 1978).

Der Schnitt der Zimmer ist neben der reinen Grundfläche wesentlich, da er die Möbilierbarkeit und freie Spielfläche stark mitbestimmt (GEISLER 1974).

Neben Bett, Schrank, Schreibtisch und mindestens zwei Stühlen sollte genügend Raum zur Verfügung stehen, so daß zwei Kinder auf dem Boden liegend gemeinsam spielen können. Die in den vorläufigen Richtlinien (1973) vorgesehenen mindestens acht Quadratmeter/Einzelzimmer sind zu klein bemessen, wenn man berücksichtigt, daß u.a. Schüler mit Rollstuhl das Zimmer bewohnen.

7.8.2. Schlußfolgerungen für den Bau

Für die bauliche Gestaltung ergeben sich aus vorstehendem einige Schlußfolgerungen. Es sollte eine möglichst hohe Flexibilität in der Zimmernutzung, -Belegung erreicht werden, was durch Einzelzimmer erreicht werden kann.

Zusammenschluß von Einzelzimmern sollte nach Bedarf möglich sein. Die Einzelzimmer sollten Privatheit ermöglichen. Dies bedeutet unter anderem, daß die Schüler diese Zimmer frei und leicht aufsuchen können (Kontrolle über Stimulation). Daraus folgt, daß die Schlafzimmer nicht durch psychologische und architektonische Barrieren (BEDNAR 1977b) von den übrigen Lebensräumen getrennt werden dürfen (Hausordnung verbietet z.B. tagsüber Zugang zu Zimmern;

Schlafzimmer sind in anderem Stock als Wohnzimmer; Zimmer können leicht eingesehen werden, weil Fenster in der Türe; Zimmer sind so ungemütlich, daß sie abschrecken).

Neben dem Schlafzimmer sind, soweit es geht, halbprivate bzw. gruppenöffentliche Areale baulich anzubieten. Durchgangswege erfüllen diese Funktion auf keinen Fall (vergl. WELTER 1978). Solche halbprivaten Räume können z.B. Balkonnischen am Ende der Gänge sein oder sichtgeschützte Außenareale mit Verweilangebot (Schatten, oder Bänke).

7.9. Anmerkungen zu den Hygieneräumen

In unserer Kultur hat eine weitgehende räumliche Trennung verschiedener Lebensbereiche stattgefunden. Wohnen, arbeiten, erholen geschieht z. Teil in speziellen Umweltbereichen. In diesen Umweltbereichen ist eine räumliche Trennung verschiedener Lebensfunktionen (wohnen: kochen, schlafen, hygienische Verrichtungen) gegeben, was sich durch die Bereitstellung jeweils eigener Funktionsräume für diese Lebensfunktionen ausweist.

Hygienische Verrichtungen werden im Regelfall, zumindest ab dem Jugendalter, in abgeschirmten, „privaten" Räumen vollzogen.

In Familien werden diese Räume gemeinsam benutzt, was die Größe der Intimität in diesen Gruppen anzeigt.

Toilettenräume werden in der Regel nur zeitversetzt von mehreren Personen genutzt, bei Badezimmern und Waschräumen gibt es auch zeitgleiche, bzw. zeitüberlappende Benutzung durch mehrere Personen.

Kann diese übliche Nutzungsart auf ein Schülerwohnheim übertragen werden?

Die Möglichkeit für geschlechtsgetrennte zeitgleiche Körperreinigung muß gegeben sein. Dies bedeutet, daß mindestens zwei Waschräume vorhanden sein müssen.

Das Anbieten einer Waschgelegenheit im Schlafzimmer halten wir bei kleiner Wohngruppengröße zum Zweck des Schutzes der Privatsphäre nicht für erforderlich.

Zudem ist für die Körperhygiene, die Körperbehinderte zum Teil unter Hilfe von Betreuern vornehmen, häufig eine unmittelbare räumliche Zuordnung von Toilette und Wasch-, Dusch- oder Badegelegenheit nötig.

Für eine Wohngruppe von 5 Schülern und ihren Betreuern schlagen wir folgende Lösung vor:

ein Waschraum mit zwei Waschbecken, einer Badewanne und einer Toilette

ein Waschraum mit zwei Waschbecken, einer Rollstuhldusche und einer Toilette eine Toilette mit einem Waschtisch

Beim morgendlichen Waschen, das zeitgleich oder zeitüberlappend geschehen wird, damit einzelne Schüler nicht viel früher aufstehen müssen als andere, werden die Waschräume nur jeweils von Schülern oder Schülerinnen benutzt werden.

Die dritte Toilette mit Waschgelegenheit stellt einmal die notwendige Ausweichtoilette dar, zum anderen sichert die Waschstelle in diesem Raum, daß 5 Personen sich ungefähr zeitgleich waschen können. Eine ausreichende Anzahl zeitgleich nutzbarer Waschgelegenheiten erscheint wichtig, damit sich keine Hast (crowding Situation) während der Hygienesituation einstellt. Solche Hast ist schädlich für das „emotionale Klima" während des Pflegedienstes. In diesen Situationen haben Mehrfachbehinderte häufig den einzigen Körperkontakt zu anderen Personen, und sie spüren über die Art des Angefaßtwerdens deutlich die Zu-Wendung und Zu-Neigung des Anderen.

Der Zeitbedarf für Körperpflege ist bei körperlich Behinderten ungleich höher als bei Nichtbehinderten.

Zeitüberlappendes Waschen weniger Personen in einem Raum halten wir für günstig, da sich dabei in einer „natürlichen" Situation Zugang zum Körper anderer Pesonen entwickeln kann.

Die dritte Toilette ist näher an die Wohnräume gelegt (vergl. Plan 5 im Anhang), damit sie als Tagestoilette oder Gasttoilette genützt werden kann.

Jeder Schüler sollte seine eigene ausreichend große Ablagemöglichkeit für Waschutensilien in Waschtischnähe haben. Der Abstand zwischen den Waschbecken sowie zwischen Waschbecken und seitlicher Wand muß so groß sein, daß ein Betreuer dem jeweiligen Schüler von drei Seiten aus helfen kann.

Die räumliche Zone zwischen Waschraum und Schlafzimmer sollte zumindest zu den Hauptwaschzeiten nur gruppenöffentlich sein. Die Wegstrecke zwischen beiden Räumen sollte möglichst kurz sein. Dies ermöglicht ein Huschen über den Gang auch in dürftiger Bekleidung. Ferner ist dieser kurze Weg notwendig wegen der anfallenden nächtlichen hygienischen Pflege an „schlaftrunkenen" Kindern und Jugendlichen.

Naßzellen werden häufig im Kern des Gebäudes angeordnet, um den Wohnräumen Tageslicht zukommen zu lassen. Diese innen liegenden Räume sind technisch sehr gut belichtbar und belüft- bzw. klimatisierbar. Dennoch kostet es nach meinen Erfahrungen Betreuer manchmal psychische Anstrengung, in solchen abgeschlossenen Räumen längere Zeit zu verweilen, während ein Behinderter überwacht wird. Durch die Integration der Toilette in den Waschraum ergibt sich, daß dieser „Toilettenvorraum" vom Betreuer als Warteraum benutzt werden kann. In diesem Vorraum kann er eventuell die eine oder andere Zwischentätigkeit ausführen (Handtücher wechseln etc.), was die Wartezeit „verkürzt" und damit die psychische Belastung verringern kann.

BEDNAR (1977) schlägt den Einbau von Ruf- bzw. Signalanlagen in Toiletten vor, damit der Benutzer Hilfe anfordern kann, wenn es nötig ist.

7.10. Gruppenwohnraum und Küche

Der Wohnraum soll Gesamtgruppenaktivitäten ermöglichen, wie Essen, gemeinsames Fällen von Entscheidungen (Diskussionsrunde), und er soll gleichzeitig Treff- und Ausgangspunkt für Untergruppenaktivitäten sein.

Von der Darstellung der baulichen Voraussetzung der Küche (behindertengerecht, wenigstens Platz für drei Personen) sehen wir aus Platzgründen ab (vergl. DIN-NORMEN, FOCUS Küche in DITTRICH 1972). Es muß aber deutlich gesehen werden, daß in diesem Bereich noch sehr viel Entwicklungsarbeit zu leisten ist.

Unter der Zielsetzung Normalisierung halten wir „familienähnliches" Essen für nötig, es darf keine Speisesaalsituation entstehen. Dies bedeutet auch, daß die Vorbereitung der Speisen gruppenintern geschieht. Die Küche bringt ein wesentliches Funktionsangebot in das Zusammenleben ein. Die zugehörigen Tätigkeiten (einkaufen, lagern, Zubereitung von Speisen, tischdecken, servieren, spülen usw.) müssen als Vorbereitung auf ein selbständiges Leben gelehrt und gelernt werden.

Nahrungsaufnahme und Hygiene sind natürliche Lebensfunktionsbereiche, die nicht ohne Not beschnitten werden sollten. Um diese Funktionen zentrierte Interaktionen lassen sich häufig leichter gestalten als Freizeitprogramme. Arbeitsbezogene Aktivitäten entfallen bei Schülern, da sie ganztags in der Schule sind. Während Betreuer mit ein bis zwei Schülern in der Küche beschäftigt sind, ergibt sich für die restlichen Schüler einer Wohngruppe eine selbst zu gestaltende freie Zeit. Essen in kleinen Gruppen erscheint unumgänglich, da es die wesentliche „gruppenbildende" Tätigkeit ist. Ein zu hoher Lärmpegel und zu große Hast läuft der Therapiefunktion, die Essen unter Hilfe zum Teil hat, zuwider. Erhöhte Lärmpegel, wie sie z.B. beim Gespräch von 10 Personen in einem Raum zustandekommen, erhöhen das Erregungsniveau Behinderter, was zu Spasmen führen kann.

Es muß ein Gespräch an einem Tisch möglich sein. Dies ist schon bei einer Tischrunde von 6 Personen schwierig, da der Betreuer vermutlich auf einen Mehrfachbehinderten ausgerichtet ist (füttern).

Das Sitzarrangement sollte kommunikationsfreundlich sein (vergl. WELTER 1978).

Zeitbudgetprobleme (der Betreuer, der füttert, kann nicht gleichzeitig essen) übergehen wir hier.

Der Eßtisch sollte in kleinere Tische aufteilbar sein, damit der Wohnraum auch von einzelnen Schülern der Wohngruppe in getrennten Territorien nutzbar ist.

Es muß zeitgleich für 5 Personen eine Reihe von Tätigkeiten (z.B. basteln, fernsehen, Musik machen, lesen) möglich sein, ohne daß diese sich gegenseitig stark stören. Dieses Angebot muß in der Gruppenwohnung gegeben sein, damit es klima- und witterungsunabhängig wahrgenommen werden kann.

Das Angebot von drei Raumbereichen (Bastelraum, Wohnraum, Schlafzimmer) erscheint uns hinreichend, wenn es auch rücksichtsnehmende Kompromisse erfordert. Solche Kompromißerfordernisse gehören zum Erfahrungsraum, in dem sich Sozialisation abspielt.

Der Wohn- und Aufenthaltsraum sollte so zu den Schlafzimmern liegen, daß man in ihm auf „Durchgangsverkehr" warten kann. Diese Möglichkeit halten wir insbesondere bei Mehrfachbehinderten für wichtig, die z. Teil auf passives Kontaktiertwerden angewiesen sind. Für die Bewegungsfähigeren sollte sich dieser Kontakt mit anderen Gruppenmitgliedern notwendig ergeben, räumliche Nähe ist eine Voraussetzung für Gruppenbildung.

Damit diese Durchgangszone nicht völlig öffentlich wird, ist sie Gruppenmitgliedern vorzubehalten. Der „Durchgangsverkehr" darf nicht so zahlreich werden, daß er Aktivitäten im Wohnraum stört (dafür ist eine kleine Wohngruppe Bedingung).

Mit dieser Beschreibung von Funktionen, die der Wohnraum erfüllen soll, weichen wir in seiner Funktionsgebung sicherlich von in unserer Kultur üblichen Nutzungsformen ab (vergl. BAUMANN et. al. 1973).

7.11. Wohnraum und Außenareal

Ein kurzer Weg aus den Wohngruppen nach außen ist wünschenswert. „Kurzer Weg" (ebenerdiges Bauen, wenig Türen) ist eine Bedingung für Barrierefreiheit (vgl. BEDNAR 1977).

Das Außenareal muß Aktivitätsangebote enthalten, damit es aufgesucht wird. Gesichtspunkte zur Gestaltung des Außenareals klammern wir hier aus.

In dem Plan Nr. 5 (vgl. Anhang) wurde versucht, möglichst vielen Gruppen einen eigenen Eingang zu geben. Dadurch wird ein Zentraleingang vermieden, der einerseits Züge der Anonymität aufweisen kann und andererseits unter Pförtnerkontrolle stehen kann.

Ferner wird durch die verschiedenen Eingänge das Bauwerk nach außen für Nachbarn und Besucher gegliedert.

Es soll der Stereotypisierung, „alle, die da wohnen, sind gleich", entgegenwirken (vgl. WOLFENSBERGER 1977: Symbolgehalt von Gebäuden). Diesem Zweck dienen auch Namensschilder an den Haustürklingeln.

Ältere Schüler aus dem Wohnbereich mit zwei Eingängen können abends ein- und ausgehen, ohne die Gesamtbewohnerschaft zu stören.

7.12. Mitarbeiter - und Nachtdienstzimmer

Je zwei Wohngruppen ist ein Mitarbeiter- bzw. Nachtdienstzimmer zugeordnet. Dieses ist klein gehalten, denn die Mitarbeiter sollen sich tagsüber in den Wohngruppen aufhalten. Auf separate Mitarbeiterduschen/Toiletten wurde aus Gründen des Zusammenlebens von Betreuer und Schülern verzichtet.

Die Schlafzimmer der Schüler sind unterschiedlich weit von den Nachtdienstzimmern entfernt, denn eine Gruppenwohnung hat jeweils kein Nachtdienstzimmer. Dadurch ergibt sich ein „Kontrollgefälle", dessen positive und/oder negative Auswirkungen sich erst in der Evaluationsphase feststellen lassen.

Eine Kommunikationsverbindung über offene Türen, wie sie bei familialem Wohnen möglich ist, erscheint im Heim unpraktikabel. Deswegen muß ein (abschaltbarer) Rufdienst die Zimmer mit dem Nachtdienst verbinden. Dadurch werden „Routine-Kontrollgänge" überflüssig, bzw. sie können sich auf Schüler beschränken, die regelmäßiger Fürsorge bedürfen (z.B., die nachts „gewendet" werden müssen, um Wundliegen zu verhindern).

7.13. Anhang

7.13.1. Auszug aus dem Raumprogramm, das dem Schulwohnheim zugrunde liegt

Raumplan für eine Organisationsgruppe (10 Schüler = 2 Wohngruppen)
1. Wohn-, Gemeinschaftsraum
   2 x 25 qm   = 50 qm
2. Bastelraum
   2 x 12 qm   = 24 qm
3. Küche
   2 x 12 qm   = 24 qm
4. Vorratsraum
   2 x 6 qm   = 12 qm

5. Hauswerkraum
   2 x 8 qm   = 16 qm
6. Schlafräume
   2 x 3 Einbettzimmer zu je 14 qm   = 84 qm
   2 x 1 Zweibettzimmer zu je 22 qm   = 44 qm
7. Naßräume
   2 x 2 Räume mit Badewanne, 2 Waschtischen
   und Toilette zu je 14 qm   = 28 qm
   2 x 2 Räume mit Rollstuhldusche, 2 Waschtischen
   und Toilette zu je 14 qm   = 28 qm
   2 Rollstuhl-WC zu je 9 qm   = 18 qm
8. Abstellraum
   2 x 8 qm   = 16 qm
9. Mitarbeiter-, Nachtdienstraum
   2 x 20 qm   = 40 qm

7.13.2. Anmerkung zum Plan

Der folgende Plan beruht auf einem Entwurf des Architekten E. RIEHLE (Reutlingen, 1978). (Die Darstellung von 4 Alternativplänen entfällt aus drucktechnischen Gründen).

Das Gelände, auf dem das Heim entstehen soll, ist ein flacher Nordhang.

Es ist nur eine Ebene dargestellt. Die Lösung ist zweigeschossig, talseitig befindet sich ein Untergeschoß. Aus fünf ursprünglich vorliegenden soll der folgende Plan ausgeführt werden. Alle Entwürfe lagen im gleichen Kostenrahmen und waren Umsetzungen des vorstehenden Raumprogramms. Als Beurteilungskriterien dienten, neben den im Beitrag angesprochenen Vorgaben, u. a.:

– Überbaute Fläche – Rest-, Spielfläche
– Kurze Wege im Gebäude und zu den Außenflächen
– Ausrichtung der Wohnräume zur Sonne
– Außengliederung des Baukörpers
– Möglichkeit einer evtl. Nutzungsumwidmung

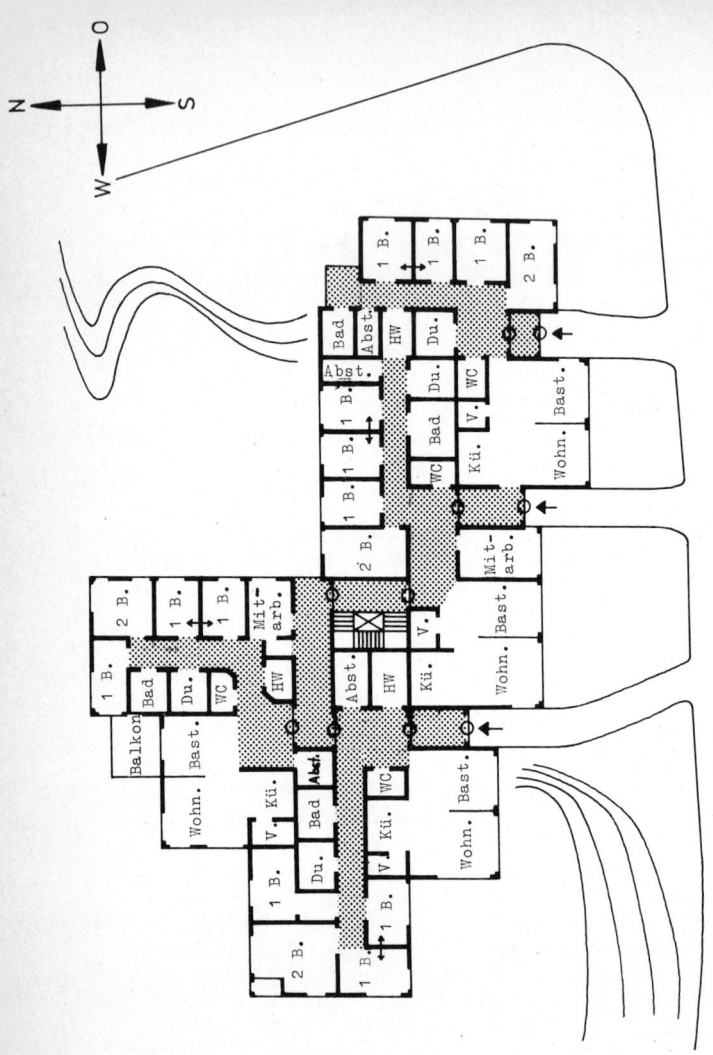

Legende zum Plan:

Wohn.	: Gruppenwohnraum	HW.	: Hauswerkraum
Bast.	: Basteln	Bad	: Bad
1 B.	: 1 Bettzimmer	Du.	: Dusche
Mitarb.	: Mitarbeiter-, Nachtdienstzimmer	WC	: Rollstuhltoilette
Kü.	: Küche	Abst.	: Abstellraum
V.	: Vorratsraum		

8. Literaturverzeichnis

ADAMEIT H. & HEIDRICH W. & MÖLLER Ch. & SOMMER H., Grundkurs Verhaltensmodifikation. Ein handlungsorientiertes einführendes Arbeitsbuch für Lehrer und Erzieher, Weinheim 1978

ADLER A., Über den nervösen Charakter. Grundzüge einer vergleichenden Individualpsychologie und Psychotherapie, Frankfurt 1972

ADLER A., Studie über Minderwertigkeit von Organen, Frankfurt 1977

ADORNO Th. & FRENKEL-BRUNSWIK E. & LEVINSON D. J. & SANFORD R. N., The authoritarian personality, New York 1950 (deutsche Teilausgabe: Adorno Th., Studien zum autoritären Charakter, Frankfurt 1973)

AEBI U., Das normalbegabte zerebral bewegungsgestörte Kind, Bern 1974

AFFOLTER F., Die Fehlentwicklung von Wahrnehmungsprozessen insbesondere im auditiven Bereich. In: Berger E. (Hrsg.): Teilleistungsschwächen bei Kindern, Bern 1977, S. 63–74

AICHHORN A., Verwahrloste Jugend. Die Psychoanalyse in der Fürsorgeerziehung, Bern [8]1974

ALAHUHTA E., On the defects of perception, reasoning and spatial orientation ability in linguistically handicapped children. Diss., Univ. Helsinki 1976

ALBERT H., Traktat über rationale Praxis Tübingen 1978

ALLPORT G. W., Die Natur des Vorurteils, Köln 1971

ALVIN J., The response of several retarded children to music, Journal of Mental Deficiency 63, 1959, 988–993

ALVIN J., Die Grundlagen der Musiktherapie, in: Pahlen K. (Hrsg.), Musiktherapie, München 1973

AMMER C. & BUGGLE F. & WETZEL H. & WILHELM M., Veränderung von Schülerverhalten, München 1976

ANASTASI A., Vererbung, Umwelt und die Frage ‚Wie?‘, in: Skowronek H. (Hrsg.), Umwelt und Begabung, Stuttgart 1973, S. 9–26

ANDREWS R. J. & BERRY P. B., Die Evaluation der Dienste für Behinderte: Förderung des Lebens in der Gemeinde, Int. J. Rehab. Research 1, 4, 1978, 451–461

ANGERMAIER M., Psycholinguistischer Entwicklungstest PET. Manual, Weinheim 1974

ARM B. & FAY E., Die leichte frühkindliche Hirnschädigung. Früherkennung und Behandlung in Schule, Kindergarten und Elternhaus, Bern 1977

ARNOLD W., Begabung und Bildungswilligkeit, München 1968 (a)

ARNOLD W., Bildungswilligkeit der Eltern im Hinblick auf ihre Kinder. In: Roth H. (Hrsg.) Begabung und Lernen, Stuttgart 1968(b) 357–375

ARNOLD W., Ausdrucksdiagnostische Verfahrensweisen, in: Arnold W. (Hrsg.), Psychologisches Praktikum. Leitfaden für psychologische Übungen. Bd. 2, Stuttgart 1972, S. 202–233

ARNOLDY P., Achtung aufgepaßt! Ein audio-visuelles Lernprogramm zur Förderung der Hör-, Sprech- und Lesefertigkeit, München-Ismaning 1977

ASPERGER H., Klinik der infantilen Zerebralparese, in: Lindemann K. (Hrsg.), Die infantilen Zerebralparesen, Stuttgart 1963, S. 33–44 ge Behinderung und Lernbehinderung, Lebenshilfe 7, 1968,

gbehinderte unter pädagogischem Aspekt, in: Deutscher Bil-
g.), Gutachten und Studien der Bildungskommission. Bd. 34,
, S. 17–116

g.), Früherziehungsprogramme für geistig behinderte und entwicklungsverzögerte Säuglinge und Kleinkinder, Berlin 1975

BACH H., Sonderpädagogik im Grundriß. Unter Mitarbeit von Heese G. u. a.,
Berlin ⁴1977 (a)

BACH H., Geistigbehindertenpädagogik, in: Bach H., Sonderpädagogik im
Grundriß, Berlin ⁴1977 (b), S. 91–96

BÄRSCH W., Der Behinderte in der Gesellschaft, in: Bärsch W. & Heese G. &
Kniel A. & Solarova S. & Muth J., Behinderte – inmitten oder am Rande der
Gesellschaft, Berlin 1973, S. 7–23

BÄRSCH W. & HEESE G. & KNIEL A. & SOLAROVA S. & MUTH J., Behinderte –
inmitten oder am Rande der Gesellschaft, Berlin 1973

BÄUMLER G. & SEITZ W. & KNOP G., Die faktorielle Struktur der nicht-verbalen
Intelligenztestreihe von Snijders und Snijders-Oomen bei Taubstummen,
Diagnostica 14, 1968, 87–93

BALES R. F. & STRODTBECK Fl. & MILLS T. M. & ROSEBOROUGH M. E., Channels
of communication in small groups. American Sociological Review, 16, 1951,
461–468

von BALLUSECK H., Abweichendes Verhalten und abweichendes Handeln. Ein
Lehr- und Arbeitsbuch, Frankfurt 1978

BALZER B. & ROLLI S., Sozialtherapie mit Eltern Behinderter, Weinheim 1975

BARKER R. G., Adjustment to physical handicap and illness: A survey of the
social psychology of physique and disability. New York 1953

BARKER R. G., Ecological psychology. Stanford 1968

BAUER H., Klinik der Sprachstörungen. In: Biesalski F. u. a. (Hrsg.), Phoniatrie
und Pädaudiologie – ein Überblick, Stuttgart 1973, 104–164

X BAUMANN R. & ZINN H., Kindergerechte Wohnungen für Familien. Hrsg.:
Eidgenössisches Büro für Wohnungsbau (usw.) Bern. Bern 1973

BAUMGARTNER S., Empirische Untersuchungen zum Sozialverhalten sprachauf-
fälliger Vorschulkinder. Sprachheilarbeit 23, 1978(a), 41–52

BAUMGARTNER S., Verhaltensauffälligkeiten bei Kindern an Schulen für
Sprachbehinderte. Diss., Univ. München 1978(b)

BECKER K. P. & SOVAK M., Lehrbuch der Logopädie, Köln ²1975

BECKER R., Die Lese-Rechtschreib-Schwäche aus logopädischer Sicht, Berlin
1967

BECKER R., Die Entwicklung der Schriftsprache bei frühbehandelten Sprachgestörten. Sonderschule 12, 1969, 32–34

BEDNAR M. J. (Ed.), Barrier-free environments. Stroudsburg 1977

BEDNAR M. J., Planning and design for normalization in Denmark and Sweden.
In: Bednar M. J. (Ed.): Barrier-free environments. Stroudsburg 1977

BEER F., Therapeutische Betreuung von Kindern mit Teilleistungsschwächen.
Konsequenzen für Lehrerausbildung und Schulsystem. In: Berger E. (Hrsg.),
Teilleistungsschwächen bei Kindern, Bern 1977, S. 126–132

BEGEMANN E., Die Bildungsfähigkeit der Hilfsschüler. Soziokulturelle Benachteiligung und unterrichtliche Förderung, Berlin 1968

BEGEMANN E., Die Erziehung der soziokulturell benachteiligten Schüler, Hannover 1970

BENENZON R. O., Erfahrungsbericht auf dem 2. Weltkongreß für Musiktherapie in Buenos Aires, in: Musik und Medizin Sept. 1976

BERGER E., Das Problem der Teilleistungsschwächen in seiner Bedeutung für die Schule. In: E. Berger (Hrsg.): Teilleistungsschwächen bei Kindern, Bern 1977 (a), S. 12–22

BERGER E. (Hrsg.), Teilleistungsschwächen bei Kindern, Bern 1977

BERGER E., Minimale cerebrale Dysfunktion bei Kindern – ein kritischer Literaturüberblick, Bern, 1977(b)

BERGIUS R. & WERBIK H. & WINTER G., Urteile deutscher Arbeitnehmer über Völker in Relation zur Zahl ihrer ausländischen Bekannten. I: Theorie, Methoden der Erhebung und kollektive Stereotypen, Psychologische Beiträge 12, 1970, 241–310

BERK T. J., An analysis of personality traits in a group of mildly mentally retarded children with a multivariate personality test, Journal of mental Subnormality 14, 26, 35–42 (1968) (zit. nach Spreen 1978)

BERNHART P., Pädagogische Förderung in der Werkstatt für Behinderte. Ein Beitrag zur Praxis der Arbeit mit geistigbehinderten Erwachsenen, München 1977

BERNSTEIN B., Der Unfug mit der „kompensatorischen" Erziehung, in: b:e-Redaktion (Hrsg.), Familienerziehung, Sozialschicht und Schulerfolg, Weinheim 1971, S. 21–36

BERNSTEIN B., Studien zur sprachlichen Sozialisation, Düsseldorf 1972

BERNSTEIN J. & KÜNZEL R., Vergleich der Intelligenz jugendlicher Cerebralparetiker und jugendlicher Körperbehinderter ohne Hirnschädigung, Sonderpädagogik 6, 1976, 119–130

BICKEL H., Störungen des Aminosäurenstoffwechsels und Veränderungen der Serumeiweißkörper, in: v. Harnack G.-A. (Hrsg.), Kinderheilkunde, Berlin 1977, S. 88–96

BIESALSKI P., BÖHME G., FRANK F. & LUCHSINGER R. (Hrsg.), Phoniatrie und Pädaudiologie – ein Überblick, Stuttgart 1973

BIGELOW G., Der verhaltenstherapeutische Ansatz bei Geistigbehinderten, in: Thompson T. & Grabowski J. (Hrsg.), Verhaltensmodifikation bei Geistigbehinderten, München 1976, S. 22–46

BIGELOW G. & GRIFFITHS R., Eine Intensivunterrichts-Einheit für schwer- und schwerstbehinderte Frauen, in: Thompson T. & Grabowski J. (Hrsg.), Verhaltensmodifikation bei Geistigbehinderten, München 1976, S. 85–114

BLÄSIG W., Die Rehabilitation der Körperbehinderten, München 1967

BLÄSIG W. & JANSEN G. W. & SCHMIDT M. H. (Hrsg.), Die Körperbehindertenschule. Eine Darlegung der gegenwärtigen didaktischen und methodischen Konzeption, Berlin 1972

BLÄSIG W. & SCHOMBURG E., Das Dysmelie-Kind. Auswertung von Interviews mit Eltern geschädigter Kinder, Stuttgart 1966

BLAU A., Taubstumme in der Dichtung, Neue Blätter für Taubstummenbildung 21, 1967, 125–140

BLEIDICK U., Über Lernbehinderung. Begriffliche und psychodiagnostische Überlegungen, Zeitschrift für Heilpädagogik 19, 1968, 449–464

BLEIDICK U., Pädagogische Theorien der Behinderung und ihre Verknüpfung, Zeitschrift für Heilpädagogik 28, 1977, 207–229

BLEIDICK U. & HAGEMEISTER U., Einführung in die Behindertenpädagogik. Bd. I. Allgemeine Theorie und Bibliographie, Stuttgart 1977

BLOCH E. & GOODSTEIN L. D., Functional speech disorders and personality: a decade of research. J. Speech and Hearing Disorders 3, 1971, 295–314

BLOODSTEIN O., A handbook of stuttering. Zit. nach Knura 1974

BODENBENDER E., Zur psychosozialen Situation der Eltern geistig behinderter Kinder. Darstellung bisheriger Ergebnisse und eigene Untersuchung, Dipl.-Arbeit Würzburg 1979 (unveröff.)

BÖHME G., Stimm-, Sprech- und Sprachstörungen. Ätiologie, Diagnostik und Therapie, Stuttgart 1974

BOLSINGER A., Erblindungsursachen im Wandel der Zeit, Diss. Bonn 1973

BOLT W. & SCHÖLMERICH P., Präventivmedizinische Gesichtspunkte bei inneren Krankheiten, in: Gross R. & Schölmerich P. (Hrsg.), Lehrbuch der Inneren Medizin, Stuttgart 1977, S. 1185–1194

BONDERER E., Labeling approach, Sonderpädagogik 6, 1976, 139–141

BONDY C. & COHEN R. & EGGERT D. & LÜER G., Testbatterie für geistig Behinderte, Weinheim ²1971

BOSSHARD P., Der Taubstumme, Neuburgweier 1972

BOWLBY J., Maternal care and mental health, Genève 1951 (deutsch: Mütterliche Zuwendung und geistige Gesundheit, München 1973)

BOWLBY J., Bindung. Eine Analyse der Mutter-Kind-Beziehung, München 1975

von BRACKEN H., Mehrfachbehinderungen als heilpädagogische Aufgabe, in: Solarova S. (Hrsg.), Mehrfachbehinderte Kinder und Jugendliche, Berlin-Charlottenburg 1972, S. 10–40

von BRACKEN H., Vorurteile gegen behinderte Kinder, ihre Familien und Schulen, Berlin 1976

von BRACKEN H. (Hrsg.), Erziehung und Unterricht behinderter Kinder, Wiesbaden ²1978

BRAUN O., HOMBURG G. & TEUMER J., Merkmale pädagogischen Handelns bei Sprachbehinderten. Mitteilungsblatt der Landesgrp. Bayern der Dt. Ges. für Sprachheilpädagogik, 3, 1979, 10–19

BRENGELMANN J. C., Die Untersuchung der Persönlichkeit des Retardierten, in: Merz F. (Hrsg.), Bericht über den 25. Kongreß der Deutschen Gesellschaft für Psychologie, Göttingen 1967, S. 474–478

BRICKENKAMP R. (Hrsg.), Handbuch psychologischer und pädagogischer Tests, Göttingen 1975

BRICKMAN Ph. & CAMPBELL D. T., Hedonic relativism and planning the good society, In: Appley M. H. (Ed.), Adaptation-level theory. London 1971, 287–304

BRIEFS P. J., Grundfragen einer differentiellen Psychologie der Körperbehinderten, Köln 1954

BRONFENBRENNER U., Wie wirksam ist kompensatorische Erziehung?, Stuttgart 1974

BRONISCH F. W. (Hrsg.), Multiple Sklerose, Stuttgart ²1975

BRUNKHORST H., Auszubildende in der Freizeit. Projekt: Sozialisation in der Lehrlingsausbildung. Uni. Konstanz, Arbeitsbericht 17, Konstanz 1978

BRUSCHEK B., Kognitive Leistungsschwächen bei Legasthenikern. Versuch einer Analyse des Syndroms der Lese-Rechtschreibschwäche auf der Basis der Modelle der kognitiven Psychologie. Z. Kinder- Jugendpsychiat. 5, 1977, 61–65

BRUSTEN M. & HOHMEIER J., Vorwort, in: Brusten M. & Hohmeier J. (Hrsg.), Stigmatisierung, Bd. 1, Neuwied 1975, S. 1–4

BUCHMANN H., Abschied vom Ghetto. Neue Wege der Leprabekämpfung in Togo, Würzburg o. J. (= 1977)

BÜHLER Ch. & HETZER H., Kleinkindertests. Entwicklungstests vom 1. bis 6. Lebensjahr, Berlin ⁴1977

BUNDESARBEITSGEMEINSCHAFT für REHABILITATION (Hrsg.), Gesamtstatistik der Rehabilitation der Bundesanstalt für Arbeit, der Kriegsopferfürsorge, der Rentenversicherung einschl. der Altershilfe für Landwirte und der Unfallversicherung für das Jahr 1973, Frankfurt 1974

BUNGARD W. & LÜCK H. E., Psychologische Spurensicherung. Wann nicht-reaktive Meßverfahren Fragebogen und Laborexperiment ersetzen können. Psychologie heute Aug. 1975, 44–46

BUSEMANN A., Angeborene Leseschwäche (Legasthenie). Schule u. Psychol., 1, 1954, 15–22

BUSH W. J. & GILES M. T., Psycholinguistischer Sprachunterricht. Hilfen für Elementar- und Primarstufen, München 1976

CARR J., Young children with Down's Syndrome. Their development, upbringing, and effect on their families, London 1975 (deutsch: Down-Syndrom in früher Kindheit. Entwicklung, Erziehung und Familiensituation, München 1978)

CATTELL R. B., Theorie der fluiden und kristallisierten Intelligenz: Ein kritisches Experiment, in: Skowronek H. (Hrsg.), Umwelt und Begabung, Stuttgart 1973, S. 27–62

CATTELL R. B., Die Interaktion von Erb- und Umwelteinflüssen, in: Süllwold F. (Hrsg.), Begabung und Leistung, Hamburg 1976, S. 78–101

CATTELL R. B. & WEISS R. & OSTERLAND J., Grundintelligenztest (CFT). Skala 1, Braunschweig 1976

CHASE R. A. & WILLIAMS D. M. & WELCKER D. W. & FISHER J. I. III & GFELLER S. E., Design of learning environments for infants, in: Carson, D. H. (Ed.), Man-environment interactions: Evaluations and applications. Part II, Stroudsburg, 1974, 127–152

COATES G. (Ed.), Alternative learning environments. Stroudsburg 1974

CRICKMAY M. C., Sprachtherapie bei Kindern mit zerebralen Bewegungsstörungen auf der Grundlage der Behandlung nach Bobath, Berlin ³1978

de la CRUZ F. F. & la VECK G. D. (Eds.), Human sexuality and the mentally retarded, Baltimore 1974 (deutsch: Geistig Retardierte und ihre Sexualität. Sozio-kulturelle und medizinische Aspekte, München 1975)

CYPRIAN G., Sozialisation in Wohngemeinschaften. Stuttgart 1978

CZERWENKA K., Probleme im Unterricht. Hilfen aus der Verhaltenspsychologie für die Praxis des Lebens, München 1979

DECKER-VOIGT H.-H. (Hrsg.), Therapie und Erziehung durch Musik. 1. Texte zur Musiktherapie, Bremen 1975

DEUSE A., Über die ‚soziale Einstellung' Sprachbehinderter. Sprachheilarbeit, 20, 1975, 37–50

von DEUSTER C., Die Diagnostik der partiellen akustischen Lautagnosie. Sprachheilarbeit 23, 1978, 171–178

DEUTSCHE FORSCHUNGSGEMEINSCHAFT (Hrsg.), Zur Lage der Legasthenieforschung. Thesen, Beiträge und Ergebnisse eines Rundgesprächs, Boppard 1976

DEUTSCHE FORSCHUNGSGEMEINSCHAFT, Die Sprache als Forschungsobjekt. Mitteilungen der DFG, 1, 1978, 29

DEUTSCHE GESELLSCHAFT für SPRACHHEILPÄDAGOGIK (Hrsg.), Sprachstörungen und Mehrfachbehinderungen, Hamburg 1971

DEUTSCHE GESELLSCHAFT für SPRACHHEILPÄDAGOGIK (Hrsg.), Störungen der Sprachentwicklung, Hamburg 1977

DEUTSCHER BILDUNGSRAT, Empfehlungen der Bildungskommission. Zur pädagogischen Förderung behinderter und von Behinderung bedrohter Kinder und Jugendlicher, Stuttgart 1973

DEUTSCHER BILDUNGSRAT (Hrsg.), Gutachten und Studien der Bildungskommission, Bd. 35, Sonderpädagogik 4: Verhaltensgestörte, Sprachbehinderte, Körperbehinderte, Stuttgart 1974

DIETERICH M., Die Berufsausbildung lernbehinderter Jugendlicher. Bestandsaufnahme, Analysen und Tendenzen einer sozialen Randgruppe, Rheinstetten 1978

DIETERICH R., Psychodiagnostik – Grundlagen und Probleme, München 1973 (²1977)

DILLER L., Cognitive and motor aspects of handicapping conditions in the neurologically impaired. In: Neff W. S. (Ed.), Rehabilitation psychology. Washington 1971, 1–32

DINGMAN H. F. & TARJAN G., Mental retardation and the normal distribution curve, American Journal of mental Deficiency 64, 1960, 991–994 (zit. nach Spreen 1978)

DIRNBERGER W., Die Bedeutung sensomotorischer Fähigkeiten für die Sprachentwicklung des Kindes. In: Dt. Ges. f. Sprachheilpäd. (Hrsg.), Störungen der Sprachentwicklung. Hamburg 1977, 106–108

DITTRICH G. G., Wohnen Körperbehinderter. Stuttgart 1972

DÖRR A., Die Bundesarbeitsgemeinschaft ‚Hilfe für Behinderte' und ihre Mitgliedsverbände. Struktur und Aufgabenanalyse, Neuburgweier 1973

DOISE W., Groups and individuals: explanations in social psychology. Cambridge usw. 1976

DOLLARD J. & DOOB L. W. & MILLER N. E. & MOWRER O. H. & SEARS R. R., Frustration und Aggression, Weinheim ²1971

DOOSE H., Erkrankungen des Nervensystems, in: v. Harnack G.-A. (Hrsg.), Kinderheilkunde, Berlin 1977, S. 330–354

DORFMÜLLER M., Angewandte Psychologie für das kranke Kind. Mit einem

Beitrag von R. Baier, München 1977

DREPPER H. & EHRING F., Rehabilitation von Patienten mit Entstellungen, in: Jochheim K.-A. & Scholz J. F. (Hrsg.), Rehabilitation. Bd. II, Stuttgart 1975, S. 303–320

DUMRESE C. & STAHR B., Einrichtungen der medizinischen Rehabilitation, in: Jochheim K.-A. & Scholz J. F. (Hrsg.), Rehabilitation. Bd. I: Gesetzliche Grundlagen, Methoden und Maßnahmen, Stuttgart 1975, S. 291–302

EGGERT D. (Hrsg.), LOS KF 18 – Lincoln-Oseretzky-Scale – Kurzform zur Messung des motorischen Entwicklungsstandes von normalen und behinderten Kindern, Weinheim 1971

EGGERT D., Entwicklung einer Testbatterie für geistig behinderte Kinder, in: Eggert D. (Hrsg.), Zur Diagnose der Minderbegabung. Ein Handbuch und Textbuch zur TBGB, Weinheim 1972 (a), S. 39–71

EGGERT D., Ein Beitrag zur Sozial- und Familienstatistik von geistig behinderten Kindern, in: Eggert D. (Hrsg.), Zur Diagnose der Minderbegabung. Ein Handbuch und Textbuch zur TBGB, Weinheim 1972 (b), S. 73–90

EGGERT D., Zur testpsychologischen Differentialdiagnose von Intelligenzdefekten, in: Eggert D. (Hrsg.), Zur Diagnose der Minderbegabung. Ein Handbuch und Textbuch zur TBGB, Weinheim 1972 (c), S. 131–145

EGGERT D. (Hrsg.), Psychomotorisches Training. Ein Projekt mit lese-rechtschreibeschwachen Grundschülern, Weinheim 1975

EGGERT D. & SCHUCK K.-D. & RAATZ U., Columbia Mental Maturity Scale (CMM-LB). Sprachfreier Gruppenintelligenztest für die Sonderschule für Lernbehinderte, Weinheim 1973

EISERT H. G. & BARKEY P., Verhaltensmodifikation im Unterricht, in: Süllwold L. (Hrsg.), Verhaltenstherapie in Klinik, Beratung und Pädagogik, Darmstadt 1977, S. 390–416

EISERT H. G. & BARKEY P., Verhaltensmodifikation im Unterricht. Interventionsstrategien in der Schule, Bern 1979

ELASHOFF J. D. & SNOW R. E., Pygmalion auf dem Prüfstand, München 1972

ELSTNER W., Anamnese, Diagnose, Elterngespräch/Elternberatung. In: Dt. Ges. f. Sprachheilpäd. (Hrsg.), Störungen der Sprachentwicklung. Hamburg 1977, 179–190

ENKE H. & ENKE-FERCHLAND E. & MALZAHN B. & POHLMEIER H. & SPEIERER G.-W. & von TROSCHKE J., Lehrbuch der Medizinischen Psychologie. Unterrichtsbuch für Studierende und Lehrende, München [4]1977

ERLENMEYER-KIMLING L. & JARVIK L. F., Genetik und Intelligenz: Ein kritischer Überblick, in: Süllwold F. (Hrsg.), Begabung und Leistung, Hamburg 1976, S. 73–77

ESSER F. O., Soziale Einstellungen von Schulkindern zu körperbehinderten Mitschülern. Eine empirische Situationsanalyse und Folgerungen für die Strukturierung ‚integrativer Gruppen‘, Neuburgweier 1975

ESSINGER H., Soziale Rand- und Problemgruppen, München 1977

EYSENCK H.-J., Vererbung, Intelligenz und Erziehung. Zur Kritik der pädagogischen Milieutheorie, Stuttgart 1975

371

FARRELL G., The Story of Blindness, Cambridge/Mass. 1956
FEND H., Konformität und Selbstbestimmung. Weinheim 1971
FESTINGER L., Theorie der kognitiven Dissonanz, Bern 1978
FIELDING L., Erste Verhaltensmodifikations-Programme für geistigbehinderte Kinder in Institutionen, in: Thompson T. & Grabowski J. (Hrsg.), Verhaltensmodifikation bei Geistigbehinderten, München 1976, S. 47–66
FISCHER J., Multidimensionale Untersuchungen zum Problem der Lese-Rechtschreibschwäche im Grundschulalter. Diss., Univ. Würzburg 1977
FISCHER K., Neugeborenenikterus und Blutgruppeninkompatibilität, in: v. Harnack G.-A. (Hrsg.), Kinderheilkunde, Berlin [4]1977, S. 35–41
FLATZ D., Vergleich von Kosten und Nutzen der Prävention des Down-Syndroms durch pränatale Diagnostik, in: Murken J.-D. & Stengel-Rutkowski S. (Hrsg.), Pränatale Diagnostik, Stuttgart 1978, S. 208–212
FLEHMIG J., Früherkennung zerebraler Bewegungsstörungen, Wiss. Beiblatt zur Materia Medica Nordmark. Nr. 67, Uetersen 1974
FRANK M., Bewegungserziehung nach Frostig bei sprachentwicklungsverzögerten Vorschulkindern. In: Dt. Ges. f. Sprachheilpäd. (Hrsg.), Störungen der Sprachentwicklung. Hamburg 1977, 109–114
FRENKIEL F. N. & GOODALL D. W., Simulation modelling of environmental problems. SCOPE 9. Chichester usw. 1978
FREUD S., Die infantilen Cerebrallähmungen, Wien 1897
FREY H.-P., Theorie der Sozialisation. Stuttgart 1974
FREYE H.-A., Humangenetik, Stuttgart [2]1978
FRIEDMANN A. & ZIMRING C. & ZUBE E., Environmental design evaluation. New York usw. 1978
FRIES A. (Hrsg.), Empirische Untersuchungen zum Lern- und Leistungsverhalten und zur Persönlichkeitsstruktur sprachbehinderter Kinder – Konsequenzen für eine Rehabilitation Sprachbehinderter in der Teilstationären Einrichtung ‚Tagesstätte'. Eine Dokumentation. Eigendruck Maria-Stern-Schule, Würzburg 1979(a)
FRIES A., Neurotizismus und Schulunlust bei sprachbehinderten und nichtsprachbehinderten Kindern. In: Fries A. (Hrsg.), Empirische Untersuchungen ... Würzburg 1979(b), 67–82
FRIES A. & HANNA E., Untersuchungen zum Rechtschreibverhalten sprachbehinderter Kinder. In: Fries A. (Hrsg.), Empirische Untersuchungen ... Würzburg 1979, 49–66
FRIES A. & LEBSCHI, R., Untersuchungen zur visuellen Wahrnehmung sprachbehinderter Kinder in der Tagesstätte und anderen Einrichtungen der Maria-Stern-Schule (Würzburg). In: Fries A. (Hrsg.), Empirische Untersuchungen ... Würzburg 1979, 4–26
FRITZE C., PROBST W., REINARTZ E. & A., Hören. Auditive Wahrnehmungsförderung. Übungs- und Beobachtungsfolge für den Elementar- und Primarbereich, Dortmund 1976
FROSTIG M., Visual perception in the brain-injured child. American J. Orthopsychiatry, 33, 1963, 665–671
FROSTIG M., Bewegungserziehung. Neue Wege der Heilpädagogik, München 1973

FROSTIG M., Bewegen, wachsen, lernen. Bewegungserziehung, Dortmund 1974

FÜHRING M., LETTMAYER O., ELSTNER W. & LANG H., Die Sprachfehler des Kindes und ihre Beseitigung, Wien 1976

GARBE H., Die Rehabilitation der Blinden und hochgradig Sehbehinderten (= Die Rehabilitation der Entwicklungsgehemmten. Bd. 5), München 1965

GARTEN H.-K., Untersuchungen zur Psychologie der Gehörlosen, Neuburgweier 1973

GEBHARD P. H., Sexual behavior of the mentally retarded, in: de la Cruz F. F. & la Veck G. D. (Eds)., Human sexuality and the mentally retarded, Baltimore 1974, S. 29–49 (zit. nach Spreen 1978)

GEISLER E., Architekturpsychologische Planungskriterien für die bauliche Erweiterung der sozialen Heimstätte Dornahof. Hrsg.: Verein für soziale Heimstätten in Baden-Württemberg e. V. Stuttgart 1974

GEISLER E., Psychologie für Architekten. Stuttgart 1978

GESUNDHEITSFÖRDERUNG und Rehabilitationshilfen für Behinderte durch Freizeitprogramme. Hrsg.: Bundesministerium für Jugend, Familie und Gesundheit. Bonn-Bad Godesberg 1971

GIESEKING R. & GRUNDMANN E., Störungen der Differenzierung und des Wachstums, in: Grundmann E. (Hrsg.), Einführung in die Allgemeine Pathologie, Stuttgart 1976, S. 29–78

GILL J. K., Partner – nicht Ausgestoßene. Die soziale Arbeit mit Leprakranken, Neuburgweier 1973

GIZYCKI v. H., Thesen zur Sozialpsychologie fraternitärer Lebensformen. In: Harloff, H. J. (Hrsg.), Konferenzdokumentation: Bedingungen des Lebens in der Zukunft und die Folgen für die Erziehung. TUB Dokumentation 6/1978. Berlin 1978

GLASER B. G. & STRAUSS A. L., Interaktion mit Sterbenden. Beobachtungen für Ärzte, Schwestern, Seelsorger und Angehörige, Göttingen 1974

GÖTTE R., Landauer Sprachentwicklungstest für Vorschulkinder LSV, Weinheim 1976

GOFFMAN E., Stigma. Über Techniken der Bewältigung beschädigter Identität, Frankfurt 1967

GOFFMAN E., Asyle. Frankfurt 1972

GORDON S., Eine Ergänzung zu Warren Johnson. In: De la Cruz F. F. & La Veck G. D. (Hrsg.), Geistig Retardierte und ihre Sexualität. München usw. 1975

GOSLIN D. A. (Ed.), Handbook of socialization. Chicago 1969

GRABOWSKI J. & THOMPSON T., Ein Verhaltensmodifikations-Programm für geistigbehinderte hospitalisierte Männer, in: Thompson T. & Grabowski J. (Hrsg.), Verhaltensmodifikation bei Geistigbehinderten, München 1976 (a), S. 67–84

GRABOWSKI J. & THOMPSON T., Durchführung von Verhaltensmodifikationsprogrammen, in: Thompson T. & Grabowski J. (Hrsg.), Verhaltensmodifikation bei Geistigbehinderten, München 1976 (b), S. 217–226

GRÄFF P. & FUCKS W. & PELZ G., Praxis der Verhaltensmodifikation in Sonder-, Grund- und Hauptschulen, Berlin 1976

GRAICHEN J., Teilleistungsschwächen, dargestellt an Beispielen aus dem Bereich

373

der Sprachbenutzung. Z. Kinder- u. Jugendpsychiat., 1, 1973, 113–143

GRAICHEN J., Teilleistungsschwächen in der hierarchisch-sequentiellen Regulation von Sprachproduktion und Motorik. In: Nissen G. & Specht F. (Hrsg.), Psychische Gesundheit und Schule, Neuwied 1976, 125–132

GRAICHEN J., Sprachentwicklungsstörungen und ihre Diagnostik unter psycholinguistischem und neuropsychologischem Aspekt. In: Dt. Ges. f. Sprachheilpäd. (Hrsg.), Störungen der Sprachentwicklung, Hamburg 1977, 27–40

GRAICHEN J., Teilleistungsschwächen in den hierarchisch-sequentiellen auditiven, kinästhetischen und rhythmischen Regulationssystemen der Sprachproduktion. In: Lotzmann G. (Hrsg.), Aspekte auditiver, rhythmischer und sensomotorischer Diagnostik, Erziehung und Therapie, München 1978, 9–31

GRAZ R., Zur Problematik der Geschwister geistigbehinderter Kinder, Diss. Münster 1976

GRIMM H., Sprache. In: Klauer K. J. (Hrsg.), Handbuch der pädagogischen Diagnostik, Bd. 2, Düsseldorf 1978, 355–366

GRIMM H. & SCHÖLER H., Heidelberger Sprachentwicklungstest H-S-E-T Braunschweig 1978

GROHNFELDT M., Die soziale Situation Sprachbehinderter und ihre Auswirkung auf die Persönlichkeitsentwicklung. Sprachheilarbeit 20, 1975, 69–76

GROHNFELDT M., Zur Sozialpsychologie sprachbehinderter Schüler, Rheinstetten 1976

GROHNFELDT M., Überlegungen zum Abbau von sozialer Isolation bei Hör- und Sprachbehinderten, Sprachheilarbeit 22, 1977, 22–29

GROHNFELDTM., Untersuchungen zur Struktur sprachlicher Behinderung. Z. f. Heilpäd. 29, 1978, 593–602

GROHNFELDT M., Zur Situation der Einschulungsdiagnostik in der Sprachbehindertenschule. Sprachheilarbeit 23, 1978, 53–61

GÜNNIGMANN M., Montessori-Pädagogik in Deutschland. Bericht über die Entwicklung nach 1945, Freiburg 1979

GURLAND H. J., Die psychologischen Probleme bei der Dauerdialyse und Nierentransplantation, Münchner Medizinische Wochenschrift 110, 1968, 337–338

GWERDER F., Das Syndrom der leichten frühkindlichen Hirnschädigung, Bern 1976

HAASER A., Behindertenproblematik und Randgruppentheorie. Sozialwissenschaftliche Ansätze zur Erklärung der gesellschaftlichen Benachteiligung von Behinderten, Rehabilitation 14, 1975, 215–221 (zit. nach Seywald 1977)

HADLEY J. M., Clinical and Counseling Psychology, New York 1958

HAHN A., Einstellungen zum Tod und ihre soziale Bedingtheit, Stuttgart 1968

HAIBÖCK H., Zur Integration des körperbehinderten Kindes in der Schule, in: Hellbrügge Th. (Hrsg.), Integrierte Erziehung, München 1975, S. 93–107

HALL E. T., The hidden dimension. New York 1966

HAMPEL R., Entwicklung einer Skala zur Selbsteinschätzung der aktuellen Stimmung (Skas), Diss. Freiburg 1971

HANSELMANN H., Einführung in die Heilpädagogik, Zürich 1930 [3]1966

HANSEN F., Viruskrankheiten mit bevorzugter Beteiligung des Zentralnervensystems, in: v. Harnack G.-A. (Hrsg.), Kinderheilkunde, Berlin 1977, S. 155–157

HARBAUER H., Oligophrenien und Demenzzustände, in: Harbauer H. & Lempp R. & Nissen G. & Strunk P., Lehrbuch der speziellen Kinder- und Jugendpsychiatrie, Berlin ³1976, S. 226–272

HARBAUER H., LEMPP R., NISSEN G. & STRUNK, Lehrbuch der speziellen Kinder- und Jugendpsychiatrie, Berlin ³1976

HARDESTY F. P. & PRIESTER J. J., Handbuch für den Hamburg-Wechsler-Intelligenztest für Kinder (HAWIK), Bern 1956

HARE A. P., Handbook of small group research. New York usw. 1962

von HARNACK G.-A., Frühgeburt (untergewichtige Neugeborene), in: v. Harnack G.-A. (Hrsg.), Kinderheilkunde, Berlin ⁴1977, S. 43–48

HARRER G. (Hrsg.), Grundlagen der Musiktherapie und Musikpsychologie, Stuttgart 1975

HARTMANN N., Theoretische Konzepte zur Mehrfachbehinderung, in: Hartmann N. (Hrsg.), Beiträge zur Pädagogik der Mehrfachbehinderten. Bd. 1, Neuburgweier 1972, S. 24–28

HAUPT U., Dysmeliekinder am Ende der Grundschulzeit. Eine exemplarische Untersuchung an körperbehinderten Kindern in Normalschulen, Neuburgweier 1974

HAVERS N., Erziehungsschwierigkeiten in der Schule. Klassifikation, Häufigkeit, Ursachen und pädagogisch-therapeutische Maßnahmen, Weinheim 1978

HEBER R. & GARBER H. & HURRINGTON S. & HOFFMAN C., Rehabilitation of Families at Risk for Mental Retardation, Madison/Wisconsin 1972 (zit. nach Bronfenbrenner 1974)

HEESE G., Die Rehabilitation der Gehörlosen (= Die Rehabilitation der Entwicklungsgehemmten. Bd. 1), München 1961

HEESE G., Die Rehabilitation der Schwerhörigen (= Die Rehabilitation der Entwicklungsgehemmten. Bd. 2), München 1962

HEESE G., Frühförderung behinderter Kinder als pädagogische Aufgabe, in: Heese G. (Hrsg.), Frühförderung behinderter und von Behinderung bedrohter Kinder, Berlin 1978, S. 3–25

HELLBRÜGGE Th., Prävention und Rehabilitation in der frühen Kindheit. Med. Klinik, München 66, 1971, 981–986 (Zit. nach Schilling 1977)

HELLBRÜGGE Th. (Hrsg.), Integrierte Erziehung. 2. Neustifter Gespräche für Sozialpädiatrie. Sept. 1973, München 1975 (a)

HELLBRÜGGE Th., Sozialpädiatrische Grundlagen für eine integrierte Erziehung behinderter Kinder, in: Hellbrügge Th. (Hrsg.), Integrierte Erziehung, München 1975 (b), S. 71–91

HELLBRÜGGE Th., Unser Montessori-Modell. Erfahrungen mit einem neuen Kindergarten und einer neuen Schule, München 1977 (a)

HELLBRÜGGE Th., Pädagogik ohne Angst. Erfahrungen aus der Montessori-Modellschule in München als Schulversuch der integrierten Erziehung gesunder mit mehrfach und verschiedenartig behinderten Kindern, Heilpädagogische Forschung 7, 1977 (b), 1–26

HELLBRÜGGE Th. & LAJOSI F. & MENARA D. & SCHAMBERGER R. & RAUTENSTRAUCH Th., Münchener Funktionelle Entwicklungsdiagnostik – 1. Lebensjahr, München 1978

HELLBRÜGGE Th. & MENARA D. & SCHAMBERGER R. & STÜNKEL S., Funktionelle Entwicklungsdiagnostik im 2. Lebensjahr, Fortschritte der Medizin 89, 1971, 558–562

HELLBRÜGGE Th. & MONTESSORI M. (Hrsg.), Die Montessori-Pädagogik und das behinderte Kind, München 1978

HELLBRÜGGE Th. & SCHIRM H. & MIKSCHICZEK D. & PUCHER F., Wie gesund sind unsere Vorschulkinder?, in: Katzenberger L. F. (Hrsg.), Hygiene in der Schule. Medizinische, psychologische, pädagogische Aspekte, Ansbach 1976, S. 93–105

HENSLE U., Schuld in der Psychologie und Psychoanalyse, in: Dorn A. M., Schuld – was ist das? Versuch eines Überblicks, Donauwörth 1976, S. 46–71

von HENTIG H., Erbliche Umwelt – oder Begabung zwischen Wissenschaft und Politik, in: Skowronek H. (Hrsg.), Umwelt und Begabung, Stuttgart 1973, S. 156–178

von HENTIG H., Vorwort, in: Bronfenbrenner U., Wie wirksam ist kompensatorische Erziehung?, Stuttgart 1974, S. 7–16

HERRMANN Th., Lehrbuch der empirischen Persönlichkeitsforschung, Göttingen ²1972

HESLINGA K., Über die lebenspraktische Erziehung blinder Kinder, Berlin 1972

HESS E. H., Prägung, München 1975

HEWETT F. M., Conceptual models for viewing MBD: developmental psychology and behavior modification. Annals New York, Acad. Sc. 205, 1973, 38–45

HÖTSCH B., Die Bedeutung des Landauer Sprachentwicklungstests bei der Diagnose sprachbehinderter Vorschulkinder. Die Sprachheilarbeit 24, 1979, 19–26

HOFSTÄTTER P. R., Gruppendynamik. Die Kritik der Massenpsychologie, Hamburg 1957

HOHMEIER J., Stigmatisierung als sozialer Definitionsprozeß, in: Brusten M. & Hohmeier J. (Hrsg.), Stigmatisierung. Bd. 1, Neuwied 1975, S. 5–24

HOLLWICH F., Augenheilkunde. Ein kurzgefaßtes Lehrbuch, Stuttgart ⁸1976

HOLTSTIEGE H., Modell Montessori. Grundsätze und aktuelle Geltung, Freiburg 1977

HOMBURG G., Die Pädagogik der Sprachbehinderten. Grundlegende Überlegungen, Rheinstetten 1978

HORN H. & SCHWARZ E. & VIEWEGER G., Bildertest 1–2 (BT 1–2). Intelligenztest für 1. und 2. Klassen, Weinheim 1967

HORN W., Begabungs-Test-System (BTS), Göttingen 1956/²1972

HORN W., Leistungs-Prüf-System (LPS), Göttingen 1962

HORN W., Prüfsystem für Schul- und Bildungsberatung (PSB), Göttingen 1969

HUDELMEYER D., Die Erziehung Blinder, in: Deutscher Bildungsrat (Hrsg.), Gutachten und Studien der Bildungskommission. Bd. 52, Stuttgart 1975, S. 17–137

HUNT N., Die Welt des Nigel Hunt. Tagebuch eines mongoloiden Jungen, München 1974

HUSCHENBETH W. Ch. j., Behinderte Kinder in der Bundesrepublik Deutschland 1974. Rehabilitation, 15, 1976, 12–20

376

IBEN G., Kompensatorische Erziehung. Anlayse amerikanischer Programme, München 1971

IHSSEN W., Der Psycholinguistische Entwicklungstest (PET) aus linguistischer Sicht. In: Peuser G. (Hrsg.), Brennpunkte der Patholinguistik, München 1978, 95–114

INGENKAMP K., Bildertest 2–3 (BT 2–3). Intelligenztest für 2. und 3. Klassen, Weinheim 1966

INNERHOFER P., Das Münchner Trainingsmodell. Verhaltensänderung – Beobachtung – Interaktionsanalyse, Berlin 1976

INNERHOFER P., Elternmitarbeit bei der Förderung behinderter Kinder, in: Heese G. (Hrsg.), Frühförderung behinderter und von Behinderung bedrohter Kinder, Berlin 1978, S. 26–37

INNERHOFER P. & WARNKE A., Eltern als Kotherapeuten. Analyse der Bereitschaft von Müttern zur Mitarbeit bei der Durchführung therapeutischer Programme ihrer Kinder, Berlin 1977

INSTITUT für SOZIALRECHT der RUHR-UNIVERSITÄT BOCHUM (Hrsg.), Die Werkstatt für Behinderte. Ein interdisziplinärer Beitrag, Bochum 1972

JANSEN D. A., Die Persönlichkeitsstruktur von Körperbehinderten. Psychodiagnostische Untersuchungen zur Persönlichkeitsstruktur von Körperbehinderten in der beruflichen Rehabilitation und Nichtbehinderten, Weinheim 1975

JANSEN G. W., Die Einstellung der Gesellschaft zu Körperbehinderten. Eine psychologische Analyse zwischenmenschlicher Beziehungen aufgrund empirischer Untersuchungen, Neuburgweier 1972

JANTZEN G., Kieler Vierjährigenuntersuchung, Schleswig-Holsteinisches Ärzteblatt 132, 1964 (zit. nach Hellbrügge et al. 1976)

JANTZEN W., Theorien zur Heilpädagogik, in: Das Argument. Sonderband Nr. 80, 1973, 152–169 (zit. nach Bleidick 1977)

JANTZEN W., Sozialisation und Behinderung. Studien zu sozialwissenschaftlichen Grundfragen der Behindertenpädagogik, Gießen 1974

JANTZEN W., KAMMEL C. & ZEISER M., Zur sozialen Herkunft sprachgeschädigter Kinder. Heilpädagogische Forschung 6, 1976, 289–298

JENSEN A., Wie sehr können wir Intelligenzquotient und schulische Leistung steigern?, in: Skowronek H. (Hrsg.), Umwelt und Begabung, Stuttgart 1973, S. 63–155

JOCHHEIM K.-A., Medizinische Maßnahmen, in: Jochheim K.-A. & Scholz J. F. (Hrsg.), Rehabilitation. Bd. 1, Stuttgart 1975, S. 135–139

JOCHHEIM K.-A. & SCHOLZ J. F. (Hrsg.), Rehabilitation. 3 Bde, Stuttgart 1975

JÖNS-HETSCHOLD I., THIESS J. & NOLL H. W., Verhaltenstherapeutische Möglichkeiten in der Therapie mit stotternden Schülern. In: Dt. Ges. f. Sprachheilpädagogik (Hrsg.): Störungen der Sprachentwicklung. Hamburg 1977, 213–224

JOHNSON D. J. & MYKLEBUST H. R., Lernschwächen. Ihre Formen und ihre Behandlung, Stuttgart 1971. (Orig. amerik.: Learning disabilities, New York 1967)

JORDAN S., The disadvantaged group. A concept applicable to the handicapped, Journal of Psychology 55, 1963, 313–322

JOSEF K., Musikalische Hilfe in der Erziehung geistig Behinderter, Berlin 1974
JOSEF K. & JOSEF K., Früherziehung bei geistig behinderten entwicklungsverzögerten Kindern, Berlin 1975
JUNG K. & PREUSS B. (Hrsg.), Rechtsgrundlagen der Rehabilitation. Sammlung des gesamten Rehabilitationsrechts, Percha-Kampfenhausen 1974 ff
JURGELEIT M. & STÜRMER R., Was Schüler von geistig behinderten Kindern denken, Psychologie heute Aug. 1975, 13–17
JUSSEN H., Schwerhörige und ihre Rehabilitation, in: Deutscher Bildungsrat (Hrsg.), Gutachten und Studien der Bildungskommission. Bd. 30, Stuttgart 1973, S. 185–316

KADEN R., Sehbehindert – blind. Medizinische, soziale und pädagogische Informationen für Betreuer und Betroffene, Stuttgart 1978
KAISER G., Jugendkriminalität. Rechtsbrüche, Rechtsbrecher und Opfersituationen im Jugendalter, Weinheim 1977
KAMINSKI G., Ökopsychologie und Klinische Psychologie. In: Baumann U., Berbalk H., Seidensticker G. (Hrsg.), Klinische Psychologie. Trends in Forschung und Praxis. Bern usw. 1978
KAMINSKI G., Interessenartikulation und politischer Planungsprozess. In: Molt W., Rosenstiel v. L. (Hrsg.), Bedarfsdeckung oder Bedürfnissteuerung. Berlin 1978a, 117–132
KAMINSKI G., Entscheidungsprozesse in ökologisch-psychologischer Praxis. In: Brandstätter H. & Gahlen B. (Hrsg.), Entscheidungsforschung, Tübingen 1978b, 161–181
KAMINSKI H. & KAST W. & SPELLENBERG A. D., Das Leben Geistigbehinderter im Heim, Stuttgart 1978
KANTER G., Lernbehinderungen, Lernbehinderte, deren Erziehung und Rehabilitation, in: Deutscher Bildungsrat (Hrsg.), Gutachten und Studien der Bildungskommssion. Bd. 34, Stuttgart 1974, S. 117–234
KATZ D., The functional approach to the study of attitudes, Public Opinion Quarterly 24, 1960, 163–204
KAUTTER H. & MUNZ W., Verfahren der Aufnahme und Überweisung in die Sonderschule – schwerpunktmäßig dargestellt an der Schule für Lernbehinderte, in: Deutscher Bildungsrat (Hrsg.), Gutachten und Studien der Bildungskommission. Bd. 34, Stuttgart 1974, S. 235–385
KAUTTER H. & STORZ L., Schulleistungstestbatterie für Lernbehinderte und für schulleistungsschwache Grundschüler (SBL I und SBL II), Weinheim 1972
KEESE A., Selbst- und Fremdbild des stotternden Kindes, Sonderpädagogik 1, 1971, 165–169; 2, 1972, 14–21
KEHRER H. (Hrsg.), Kindlicher Autismus, Basel 1978
KEMMLER L., Erfolg und Versagen in der Grundschule, Göttingen 1967
KENMORE J. R., Integrierte Erziehung blinder Kinder, in: Hellbrügge Th. (Hrsg.), Integrierte Erziehung, München 1975, S. 109–117
KEPHART N. G., The slow learner in the classroom, Columbus/Ohio 1960
KERKHOFF W., Entwurf eines differenzierten Ausbildungsgangs zum staatlich geprüften Sonderpädagogen (Behindertenerzieher), Sonderpädagogik 6, 1976, 72–80

KERSCHER I., Sozialwissenschaftliche Kriminalitätstheorien. Eine Einführung, Weinheim 1977

KEUPP H., Psychische Störungen als abweichendes Verhalten, München 1972

KIPHARD E. J. (Hrsg.), Leibesübung als Therapie. Bewegungspädagogische und heilpädagogische Grundlagen, Gütersloh 1973

KIPHARD E. J., Wie weit ist ein Kind entwickelt? Eine Anleitung zur Entwicklungsüberprüfung, Dortmund 1975/²1976

KIPHARD E. J., Testanalysen zum Trampolin-Körperkoordinations-Test (TKT). Psychomotorik, 2, 1977

KIRA A., The bath-room: criteria for design. Research report Nr. 7, Center for housing and environmental studies. Ithaca usw. 1966

KIRK S. M. & KIRK W. D., Psycholinguistische Lernstörungen. Diagnose und Behandlung, Weinheim 1976 (Orig. amerik.: Psycholinguistic learning disabilities – diagnosis and remediation, 1971)

KIRK S. M. & McCARTHY, J. J., The Illinois test of psycholinguistic abilities – an approach to differential diagnosis. Americ. J. Ment. Deficiency 66, 1971, 399–412

KLASEN E., Das Syndrom der Legasthenie. Unter besonderer Berücksichtigung physiologischer, psychopathologischer und sozialer Korrelate, Bern 1970

KLAUER K. J., Lernbehindertenpädagogik, Berlin 1966

KLAUER K. J. (Hrsg.), Handbuch der pädagogischen Diagnostik. Band 2, Düsseldorf 1978

KLEE E., Behinderten-Report, Frankfurt 1974

KLEE E., Behinderten-Report II. ‚Wir lassen uns nicht abschieben‘. Bewußtwerdung und Befreiung der Behinderten, Frankfurt 1976

KLEIN G., Die Frühförderung potentiell lernbehinderter Kinder, in: Deutscher Bildungsrat (Hrsg.), Gutachten und Studien der Bildungskommission. Bd. 25, Stuttgart 1973, S. 151–186

KLINGHAMMER H.-D., Ausdrucksgehalt, Beschaffenheit und Struktur in den Sprechweisen von blinden und taubstummen Schülern, Diss. Münster 1961

KLUGE K.-J. (Hrsg.), Entwicklungsphänomene, Pubertätsprobleme und sexualpädagogische Aufklärung behinderter Kinder und Jugendlicher, Gutachterliche Äußerungen, Neuburgweier 1971

KMIECIAK P., Wertstrukturen und Wertwandel in der Bundesrepublik Deutschland. Göttingen 1976

KNUPFER H. & RATHKE F. W., Spastisch gelähmte Kinder im Alltag. Leitfaden für Eltern, Pädagogen und Ergotherapeuten, Stuttgart ²1979

KNURA G., Das Vorurteil gegenüber stotternden Kindern bei angehenden Kindergärtnerinnen und Volksschullehrern, Diss. Köln 1969

KNURA G., Einige Besonderheiten des schulischen Verhaltens sprachbehinderter Kinder. Sprachheilarbeit 16, 1971, 111–123

KNURA G., Zur Motivierung des sozialen Verhaltens sprachbehinderter Schüler. In: Orthmann W. (Hrsg.), Schulische Betreuung sprachbehinderter Kinder, Berlin 1972, 9–34

KNURA G., Sprachstörung als Lernstörung – Hemmnisse in der Schullaufbahn sprachbehinderter Kinder. Sprachheilarbeit 18, 1973, 129–138

KNURA G., Sprachbehinderte und ihre sonderpädagogische Rehabilitation. In: Deutscher Bildungsrat (Hrsg.), Gutachten und Studien der Bildungskommission, Bd. 35. Stuttgart 1974, 103–198

KNURA G., Sprachbehindertenpädagogik. In: Bach H. (Hrsg.), Sonderpädagogik im Grundriß, Berlin [4]1977, 129–138

KOBI E., Die Rehabilitation der Lernbehinderten, München 1975

KÖNIG K., Zur Musiktherapie in der Heilpädagogik, in: Pietzner C. (Hrsg.), Aspekte der Heilpädagogik, Stuttgart 1969, 258–271

KOHLER C. (Hrsg.), Musiktherapie. Theorie und Methodik, Jena 1971

KOOYMAN W. J. J., Das Gehen mit dem Langstock, Neuburgweier 1972

KORCZAK D., Neue Formen des Zusammenlebens. Frankfurt a. M. 1979

KORNMANN R. (Hrsg.), Diagnostik bei Lernbehinderten. Heidelberger Symposium 1974, Rheinstetten 1975

KORNMANN R., Diagnose von Lernbehinderungen. Strategie und Methoden im Überweisungsverfahren zur Sonderschule für Lernbehinderte, Weinheim 1977

KORPORAL J. & ZINK A., Epidemiologie der Säuglingssterblichkeit, Stuttgart 1978

KORTE K., Aufbau der pädagogischen Frühförderung in Bayern, in: Speck O., Frühförderung entwicklungsgefährdeter Kinder, München 1977, S. 105–131

KOSENOW W., Erkrankungen der Luftwege, der Lungen und der Ohren, in: v. Harnack G.-A. (Hrsg.), Kinderheilkunde, Berlin [4]1977, S. 234–260

KOZIELSKI P. M., KIESE C. & CHILLA R., Über die Beziehung von Artikulationsstörungen und sozialen Milieubedingungen im Vorschulalter. Prax. Kinderpsychol. Kinderpsychiat. 25, 1976, 190–196

KRAMER J., Intelligenztest. Mit einer Einführung in Theorie und Praxis der Intelligenzprüfung, Solothurn [4]1972

KRÖHNERT O., Zur sozialstrukturellen Bedingtheit von Sprachbehinderungen. In: Dt. Ges. f. Sprachheilpäd. (Hrsg.), Sprachstörungen und Mehrfachbehinderungen, Hamburg 1971, 219–222

KUEBLER-ROSS E., Interviews mit Sterbenden, Stuttgart 1969

KUEBLER-ROSS E., Was können wir noch tun? Antworten auf Fragen nach Sterben und Tod, Stuttgart 1974

KUEBLER-ROSS E., Menschlich sterben, in: Paus A. (Hrsg.), Grenzerfahrung Tod, Graz 1976, S. 339–347

KUHN W., Die Einstellung der Gesellschaft zu Behinderten im Laufe der Geschichte, in: Jansen G. W. (Hrsg.), Sozialwissenschaftliche Aspekte der Rehabilitation. Ein Überblick über empirische Untersuchungen und theoretische Ansätze, Rheinstetten 1977, S. 73–87

KUNERT S., Frühbehandlung und Früherziehung von Kindern mit angeborenen Körperbehinderungen, insbesondere mit cerebralen Bewegungsstörungen, in: Bläsig W. & Jansen G. W. & Schmidt M. H. (Hrsg.), Die Körperbehindertenschule, Berlin 1972, S. 61–74

KUNTZE W. & ECKART W., Ätiologische Auswertung der Vorgeschichte bei 700 behinderten Kindern, Monatsschrift für Kinderheilkunde 121, 1973, 296 (zit. nach Pechstein 1975)

KUSCHINSKY G. & LÜLLMANN H., Kurzes Lehrbuch der Pharmakologie und Toxikologie, Stuttgart [7]1976

LANDBECK G., Pathologie der Leukozyten, in: v. Harnack G.-A. (Hrsg.), Kinderheilkunde, Berlin ⁴1977, S. 200–205

LANDWEHR R., Zieloperationalisierung als semantisches Problem. AIAS Angewandte Sozialforschung, 1, 1975, 47–56

LANGMEIER J. & MATEICEK Z., Psychische Deprivation im Kindesalter, München 1977

LAUTMANN R., Staatliche Gesetze als Mittel der Entstigmatisierung, in: Brusten M. & Hohmeier J. (Hrsg.), Stigmatisierung. Bd. 2, Neuwied 1975, S. 173–190

LEICHNER R., Psychologische Diagnostik. Grundlagen, Kontroversen, Praxisprobleme, Weinheim 1979

LEMPP R., Organische Psychosyndrome. In: Harbauer H., Lempp R., Nissen G. & Strunk P., Lehrbuch der speziellen Kinder- und Jugendpsychiatrie, Berlin ³1976, 273–332

LEMPP R., Frühkindliche Hirnschädigung und Neurose, Bern ³1978

LEMPP R. (Hrsg.), Teilleistungsstörungen im Kindesalter, Bern 1979

LERNER R. M. & SPANIER G. B., Child influences on marital and family interaction. New York 1978

LESIGANG C., Der Beitrag der Motoskopie zur Diagnostik von Teilleistungsschwächen. In: Berger E. (Hrsg.), Teilleistungsschwächen bei Kindern, Bern 1977, 111–125

LESIGANG C., Minimale cerebrale Bewegungsstörungen. I. Motoskopische Untersuchung. Pädiat. prax. 12, 1973, 461

LEYDHECKER W., Grundriß der Augenheilkunde, Berlin 1976

LEYDHECKER W., Alles über grünen Star. Fragen und Antworten für Kranke mit Glaukom, Stuttgart 1978

LEYENDECKER Ch. H., Lernverhalten behinderter Kinder. Eine vergleichende experimentelle Untersuchung zum Lernverhalten bei Kindern mit zerebraler Bewegungsstörung, Rheinstetten 1977

LEZINE I., Dévelopment psycho-moteur de l'enfant. Bull. Psychol., Paris 16, 1963, 221 (Zit. nach Schilling 1977)

LIENERT G., Testaufbau und Testanalyse, Weinheim ³1969

LOCKOWANDT O., Frostigs Entwicklungstest der visuellen Wahrnehmung. Manual, Weinheim ²1976 (1974)

LÖWE A., Gehörlose, ihre Bildung und Rehabilitation, in: Deutscher Bildungsrat (Hrsg.), Gutachten und Studien der Bildungskommission. Bd. 30, Stuttgart 1973, S. 15–183

LÖWE A., Für und wider die schulische Integration gehörloser und schwerhöriger Kinder und Jugendlicher, in: Hellbrügge Th. (Hrsg.), Integrierte Erziehung, München 1975, S. 119–131

LÖWE A., Früherfassung, Früherkennung, Frühbetreuung hörgeschädigter Kinder, Berlin ²1976

LORF M., Die Entwicklung analytisch-synthetischer Operationen im Wahrnehmen und Denken des Kleinkindes. Probl. Ergebn. Psychol. 11, 1964, 43–50

LOTZ R., Störung von Wahrnehmungsprozessen als mögliche Erklärung für fehlende oder verzögerte Sprachentwicklung, In: Dt. Ges. f. Sprachheilpädagogik (Hrsg.), Störungen der Sprachentwicklung. Hamburg 1977, 42–48

LOTZMANN G. (Hrsg.), Sprach- und Sprechnormen. Heidelberg 1974

LOTZMANN G. (Hrsg.), Aspekte auditiver, rhythmischer und sensomotorischer Diagnostik, Erziehung und Therapie, München 1978

LUCHSINGER R. & ARNOLD G. E., Handbuch der Stimm- und Sprachheilkunde. Bd. 2: Die Sprache und ihre Störungen (Arnold G. E.), Wien ³1970 (1949)

LÜCKERT H.-R., Stanford-Binet-Intelligenz-Test (SIT), Göttingen 1965

LÜDTKE H., Jugendliche in organisierter Freizeit. Weinheim usw. 1972

LUKAS H. & SCHMITZ I., Heimunterbringung von Kleinkindern, Berlin 1977

LURIA A. R., Die höheren kortikalen Funktionen des Menschen und ihre Störungen bei örtlichen Hirnschädigungen, Berlin 1970

LUTTER H. & SCHRÖDER H., Ein Testverfahren zur Beurteilung der körperlichen Leistungsfähigkeit. Die Leibeserziehung 21, 1972, 42–52

MADENA L., Orff-Schulwerk in der Erziehungsarbeit bei behinderten Kindern, in: Wolfgart H. (Hrsg.), Das Orff-Schulwerk im Dienste der Erziehung und Therapie behinderter Kinder, Berlin 1971

MANEKE M., Ärztliche Aufgaben im Vorschulalter, in: Bläsig W. & Jansen G. W. & Schmidt M. H. (Hrsg.), Die Körperbehindertenschule, Berlin 1972, S. 75–82

MARTIKKE H.-J., Die Rehabilitation der Verhaltensgestörten, München 1978

MARTIUS G., Lehrbuch der Geburtshilfe, Stuttgart 1977

MATTHES A., Ärztlicher Rat für Anfallkranke, Stuttgart 1976

MATZKER J., Ärztlicher Rat für Kehlkopflose, Stuttgart 1975

MECHLING H. & RIEDER H., Ein Testverfahren zur Erfassung der großmotorischen Bewegungsgeschicklichkeit im Sport bei 9- bis 13jährigen Kindern. Psychomotorik 2, 1977

MEIERHOFER M. & KELLER W., Frustration im frühen Kindesalter. Ergebnisse von Entwicklungsstudien in Kleinkinderheimen, Bern 1966

MEILI R. & STEINGRÜBER H. J., Lehrbuch der psychologischen Diagnostik, Bern ⁶1978

MERKENS L., Nicht-direktive Problemlösungsverfahren nach Rogers und Tausch in ihren Anwendungsmöglichkeiten in der Körperbehinderten-Schule und bei der Beratung der Eltern körperbehinderter Kinder, Sonderpädagogik 7, 1977, 13–24

MERSI F., Die Erziehung Sehbehinderter, in: Deutscher Bildungsrat (Hrsg.), Gutachten und Studien der Bildungskommission. Bd. 52, Stuttgart 1975, S. 139–223

MERTON R. K., The self-fulfilling prophecy, in: Merton R. K., Social theory and social structure, New York ²1967, S. 421–436

MEYER H., Experimentelle Untersuchungen von kognitiven und Aufmerksamkeitsfunktionen bei geistig behinderten Kindern, Diss. Dortmund 1974

MEYER H., Zur Interpretation von TBGB-Ergebnissen, Zeitschrift für Heilpädagogik 27, 1976, 226–230

MEYER H., Zur Psychologie der Geistigbehinderten. Ein kritischer Beitrag zur Theoriebildung, Berlin 1977

MIERKE K., Die Überforderung von Letztgrenzen der seelisch-geistigen Leistungs- und Belastungsfähigkeit, in: v. Bracken H. (Hrsg.), Erziehung und Unterricht behinderter Kinder, Frankfurt 1968/Wiesbaden ²1978, S. 84–91

MÖCKEL A., Von der Hilfsschule zur Sonderschule für Lernbehinderte. Zum Strukturwandel in der Hilfsschule, in: Möckel A. (Hrsg.), Sonderschule im Wandel. Pädagogik – Psychologie – Didaktik. Festschrift für Wilhelm Hofmann, Neuburgweier 1971, S. 203–216

MÖCKEL A., Die besondere Grund- und Hauptschule. Von der Hilfsschule zum kooperativen Schulzentrum, Rheinstetten 1976

MÖCKEL A., Die Hinführung zum Lesenlernen. Sonderschule in Niedersachsen, Mitteilg. des Landesverbandes Niedersachsen 21, 1978, 33–44

MOORE T., Stress in normal childhood. Human Relations 22, 1969, 235–250

MOOS R. & BROWNSTEIN R., Environment and Utopia. New York 1977

MORRIS E. W. & WINTER M., Housing, family and society. New York usw. 1978

MUELLER E. F. & THOMAS A., Einführung in die Sozialpsychologie, Göttingen 1974

MUELLER-KÜPPERS M., Das leicht hirngeschädigte Kind, Stuttgart 1976

MUNK K., Ergänzende Erhebungen, in: Strasser H. & Sievert G. & Munk K., Das körperbehinderte Kind. Entwicklung – Erziehung – Umwelt. Bericht über eine Untersuchung an Kindern mit Fehlbildungen der Gliedmaßen, Berlin 1968, S. 169–218

MURKEN J.-D. & STENGEL-RUTKOWSKI S. (Hrsg.), Pränatale Diagnostik, Stuttgart 1978

MUSSEN P. A. (Ed.), Carmichael's manual of child psychology. New York 1970

MUTH J., Einführung, in: Pechstein J., Sozialpädiatrische Zentren, Stuttgart 1975 (a), S. 6–8

MUTH J., Vorschläge zur integrierten Erziehung des Deutschen Bildungsrats, in: Hellbrügge Th. (Hrsg.), Integrierte Erziehung, München 1975 (b), S. 15–23

NASH R., Lehrererwartung und Schülerleistung, Ravensburg 1978

NEIDHARDT F., Systemtheoretische Analysen zur Sozialisationsfähigkeit der Familie. In: Neidhardt F. (Hrsg.), Frühkindliche Sozialisation. Stuttgart 1975, 162–187

NEWCOMB Th. M., Personality and social change. New York 1943

NICKEL H., Untersuchungen über den Einfluß eines besonderen Trainings auf die visuelle Differenzierungsfähigkeit 4–5jähriger Kinder, Göttingen 1969

NICKEL H., Der normale Entwicklungsverlauf von Wahrnehmungsprozessen im Kindesalter. In: Berger E. (Hrsg.), Teilleistungsschwächen bei Kindern, Bern 1977, 23–42

NISSEN G., Mengenlehre – und eine neue Lernschwäche? Prax. Kinderpsychol. Kinderpsychiat. 24, 1975, 113–119

NISSEN G., Autistische Syndrome, in: Harbauer H. & Lempp R. & Nissen G. & Strunk P., Lehrbuch der speziellen Kinder- und Jugendpsychiatrie, Berlin ³1976, S. 380–392

NISSEN G. & SPECHT F. (Hrsg.), Psychische Gesundheit und Schule, Neuwied 1976

NITSCH K., Pädiatrie für Pädagogen und verwandte Berufe. Mit einer kurzen Krankheitslehre des Kindes, Berlin 1976

NORDEN I., Das Binetarium. Intelligenzprüfung nach Binet-Bobertag, Göttingen 1953

NORDOFF P. & ROBBINS C., Musik als Therapie für behinderte Kinder, Stuttgart 1975

Oevermann U., Schichtenspezifische Formen des Sprachverhaltens und ihr Einfluß auf die kognitiven Prozesse. In: Roth H. (Hrsg.), Begabung und Lernen, Stuttgart 1968, 297–355

Oevermann U., Sprache und soziale Herkunft. Ein Beitrag zur Analyse schichtenspezifischer Sozialisationsprozesse und ihre Bedeutung für den Schulerfolg, Frankfurt 1972

von Oldershausen H.-F., Diabetes mellitus, in: Gross R. & Schölmerich P. (Hrsg.), Lehrbuch der Inneren Medizin, Stuttgart 1977, S. 773–807

Orff G., Orff-Schulwerks spezifische Heilkomponenten – Formulierungen aus der Arbeit mit dem behinderten Kind, in: Wolfgart H. (Hrsg.), Das Orff-Schulwerk im Dienste der Erziehung und Therapie behinderter Kinder, Berlin 1971

Orff G., Die Orff-Musiktherapie. Aktive Förderung der Entwicklung des Kindes, München 1974

Orff G., Erfahrungsbericht, in: K. M.-Chr., Kongreßbericht von der 27. Lindauer Psychotherapiewoche, in: Der praktische Arzt Mai 1977

Orpet R. E., Frostig movement skills test battery. Experimental Education, Palo Alto 1972

Orthmann W., Sprachheilpädagogik – Sprachbehindertenpädagogik – Sprachsonderpädagogik. Rehabilitation 1, 1971, 33–39

Orthmann W. (Hrsg.), Schulische Betreuung sprachbehinderter Kinder, Berlin 1972

Oseretzky N. J., Psychomotorik. Methoden zur Untersuchung der Motorik. Z. Angew. Psychol, Beiheft 57, 1931

Pahlen K. (Hrsg.), Musiktherapie, München 1973

Pampus I., Ärztlicher Rat für Querschnittsgelähmte, Stuttgart 1978

Papousek H., Entwicklung der Lernfähigkeit im Säuglingsalter, in: Nissen G. (Hrsg.), Intelligenz, Lernen und Lernstörungen. Theorie, Praxis und Therapie, Berlin 1977, S. 89–107

Passarge G., Elemente der klinischen Genetik. Grundlagen und Anwendung der Humangenetik in Studium und Praxis, Stuttgart 1979

Paul H. A., Mehrfach behinderte Kinder und Jugendliche als Aufgabe der medizinischen Rehabilitation, Praxis der Kinderpsychologie und Kinderpsychiatrie 19, 1970, 199–206

Paulsen S., Lernstörungen bei Kindern. Sozial- und lebensgeschichtliche Ursachen, Frankfurt 1977

von Pawel B., Körperbehinderte in Regelschulen. Untersuchungen zur sozialen Integration dysmeler Schulkinder, Rheinstetten 1977

Pechstein J., Sozialpädiatrische Zentren für behinderte und entwicklungsgefährdete Kinder (= Deutscher Bildungsrat (Hrsg.), Gutachten und Studien der Bildungskommission. Bd. 53), Stuttgart 1975

Penrose L. S., Vorwort, in: Hunt N., Die Welt des Nigel Hunt. Tagebuch eines mongoloiden Jungen, München 1974, S. 9–11

Peuser G. (Hrsg.), Brennpunkte der Patholinguistik. Patholinguistica 2, München 1978

Pietzner C. (Hrsg.), Aspekte der Heilpädagogik, Stuttgart 1969

PLANK E., Hilfen für Kinder im Krankenhaus, München 1973

POECK K., Neurologie. Ein Lehrbuch für Studierende und Ärzte, Berlin [4]1977

POHL M., Zum Problem einer schulischen Integration von Körperbehinderten. Eine Literaturanalyse, Rheinstetten 1977

PONGRATZ L. J., Lehrbuch der Klinischen Psychologie. Psychologische Grundlagen der Psychotherapie, Göttingen 1973

PONGRATZ L. (Hrsg.), Handbuch der Psychologie, Bd. 8, 2. Halbband, Klinische Psychologie, Göttingen 1978

PORTMANN A., Zoologie aus vier Jahrzehnten. Gesammelte Abhandlungen, München 1967

PROBST H. H., Die scheinbare und wirkliche Funktion des Intelligenztests im Sonderschulüberweisungsverfahren, in: Abé I. u. a., Kritik der Sonderpädagogik, Gießen 1973, S. 107–183

PROSHANSKY H. M. & ITTELSON W. H. & RIVLIN L. G. (Eds.), Environmental psychology: man and his physical setting. New York 1976

PUPPE P., Sprachauffälligkeit im Vorschulalter – der neue Schwerpunkt einer zeitgemäßen Sprachbehindertenpädagogik. Sprachheilarbeit 21, 1976, 141–152 und 169–184

RACHMAN S. J. & PHILIPS C., Arzt und Psychologe. Ein Programm zur Partnerschaft, München 1976

RAVEN J. C., Coloured Progressive Matrices, London [11]1973

REDL F., Erziehung schwieriger Kinder. Beiträge zu einer psychotherapeutisch orientierten Pädagogik, München 1974

REHDER H., Embryopathologie bei Chromosomenaberration, in: Murken J.-D. & Stengel-Ruthowski S. (Hrsg.), Pränatale Diagnostik, Stuttgart 1978, S. 31–49

REINARTZ A., Schulleistungstest lernbehinderter Schüler (SLS), Berlin [3]1971

REINARTZ A. & E., Visuelle Wahrnehmungsförderung nach Frostig. Anweisungsheft, Dortmund [2]1977

REINER A., Ich sehe keinen Ausweg mehr, München 1974

RETT A., Mongolismus. Biologische, erzieherische und soziale Aspekte, Bern 1977

RETT A. & WESETZKY A., Musiktherapie bei hirngeschädigten – entwicklungsgestörten Kindern, in: Harrer G. (Hrsg.), Grundlagen der Musiktherapie und Musikpsychologie, Stuttgart 1975

REUTER E., Das anfallskranke Kind in der Schule, Berlin 1978

REVERS W. J. & HARRER G. & SIMON W. C. M. (Hrsg.), Neue Wege der Musiktherapie, Düsseldorf 1974

RICHARDSON S. A. & GOODMAN N. & HASTORF H. H. & DORNBUSCH S. M., Kulturelle Übereinstimmung in der Reaktion auf Körperbehinderte, in: Mitscherlich A. (Hrsg.), Der Kranke in der modernen Gesellschaft, Köln 1967, S. 234–242

RICHTER H.-E., Eltern, Kind und Neurose. Psychoanalyse der kindlichen Rolle, Reinbek 1969

RIMLAND B., Autismus, in: Arnold W. & Eysenck H. J. & Meili R. (Hrsg.), Lexikon der Psychologie. Bd. I, Freiburg 1971, Sp. 207–210

385

RITTER H., Humangenetik, Freiburg 1977

RITZ E., Die Kunst, das menschliche Leben sinnvoll zu verlängern, Medizinische Monatsschrift 25, 1971, 59–60

ROBERTSON J., Kinder im Krankenhaus, München 1974

ROBINS L. N., Deviant children grown up. A sociological and psychiatric study of psychopathic personality, Baltimore 1966 (zit. nach Havers 1978)

RÖSLER H.-D. & GÜNTHER G. & THAUT Ch., Zur psychischen Entwicklung hirngeschädigter Kinder – Nachuntersuchungen an Erwachsenen. Vortrag auf dem XIX. Intern. Kongreß für Angewandte Psychologie München 1978 (unveröff.)

ROGERS C. R., Client-centered therapy, Boston 1951

ROHWER, W. D., Implications of cognitive development for education. In: P. A. Mussen (Ed.), Carmichael's manual of child psychology, New York 1970, 1379–1454

ROSENTHAL R., Der Pygmalion-Effekt lebt, Psychologie heute Juni 1975, 18–21, 76–79

ROSENTHAL R. & JACOBSON L., Pygmalion im Unterricht, Weinheim ²1974

ROSS A., Das Sonderkind. Problemkinder in ihrer Umgebung, Stuttgart ²1977

ROST D. H. & GRUNOW P. & OECHSLE D. (Hrsg.), Pädagogische Verhaltensmodifikation, Weinheim 1975

ROTH H. (Hrsg.), Begabung und Lernen. Ergebnisse und Folgerungen neuer Forschungen, Stuttgart 1968

ROUAULT G. Y., Die Behinderten und ihre Beschäftigung. Eine statistische Untersuchung der Lage in den Mitgliedsstaaten der Europäischen Gemeinschaften, Luxembourg-Kirchberg 1978

SAARINEN Th. F., Environmental planning. Boston usw. 1976

SANDER A., Die statistische Erfassung von Behinderten in der Bundesrepublik Deutschland, in: Deutscher Bildungsrat (Hrsg.), Gutachten und Studien der Bildungskommission. Bd. 25, Stuttgart 1973, S. 13–109

SCHAAR E., Lernziele zum Training mit Eltern stotternder Kinder, Würzburg 1978 (unveröffentlicht)

SCHAAR E., Vom Stotterer zum Redner. Darstellung des Elternprogramms für stotternde Kinder in der Fernsehsendung des BR (III) ‚Die Sprechstunde – Ratschläge für die Gesundheit' am 6.6.79.

SCHAAR E. & WAPPES O., Rehabilitation Sprachbehinderter in der teilstationären Einrichtung der ‚Tagesstätte'. In: Fries A. (Hrsg.): Empirische Untersuchungen . . . Würzburg 1979, 84–88

SCHACHTNER H. U., Ein semantisches Sprachförderungsprogramm. Schule Psychol. 1972, 11–31

SCHÄFER H., Bildwortserie zur Lautagnosieprüfung und zur Schulung des phonematischen Gehörs. Die Sprachheilarbeit 18, 1973, 83–89

SCHÄRLI-GRAF, Zur Anwendung des Orff-Schulwerks in der Therapie psychisch geschädigter Kinder, in: Wolfgart H. (Hrsg.), Das Orff-Schulwerk im Dienste der Erziehung und Therapie behinderter Kinder, Berlin 1971

SCHAMBERGER R., Frühtherapie bei geistig behinderten Säuglingen und Kleinkindern. Untersuchungen bei Kindern mit Down-Syndrom, Weinheim 1978

SCHEID P. & WEIDLICH H. (Hrsg.), Beiträge zur Montessori-Pädagogik 1977, Stuttgart 1977

SCHILLING F., Motodiagnostik des Kindesalters. Berlin 1973

SCHILLING F., Checklist motorischer Verhaltensweisen (CMV), Braunschweig 1975

SCHILLING F., Entwicklung und Fehlentwicklung motorischer Funktionen. In: Berger E. (Hrsg.), Teilleistungsschwächen bei Kindern, Bern 1977, 99–110

SCHILLING F., Psychomotorische Determinanten. In: Klauer K. J. (Hrsg.), Handbuch der pädagogischen Diagnostik, Band 2, Düsseldorf 1978, 515–523

SCHILLING F. & KIPHARD E. J., Körperkoordinationstest für Kinder KTK, Weinheim 1974

SCHINDELE R., Behinderte Kinder in verschiedenen Unterrichts- und Erziehungsprogrammen, Neuburgweier 1974

SCHINDELE R. (Hrsg.), Unterricht und Erziehung Behinderter in Regelschulen, Rheinstetten 1977

SCHMEICHEL M., Schüler mit begrenzter Lebenserwartung und das Bildungsziel der Körperbehindertenschule, in: Fachbereich Sonderpädagogik der Pädagogischen Hochschule Reutlingen (Hrsg.), Handlungsorientierte Sonderpädagogik. 25 Jahre Studium der Sonderpädagogik in Baden-Württemberg, Rheinstetten 1978, S. 82–97

SCHMEICHEL M. & SCHMEICHEL B., Hilfe für körperbehinderte Kinder, Stuttgart 1978

SCHMIDT M. H., Kinder mit zerebralen Bewegungsstörungen in ihrem intelligenten Verhalten, Berlin ²1976

SCHÖNBERGER F., Die sogenannten Contergankinder. Erster Bericht über eine Längsschnittuntersuchung der ‚Stiftung für das behinderte Kind‘ an dysmelen Kindern, München 1971

SCHÖNBERGER F., Mehrfachbehinderungen bei Körperbehinderungen, in: Solarova S. (Hrsg.), Mehrfachbehinderte Kinder und Jugendliche, Berlin 1972, S. 136–137

SCHÖNBERGER F., Sozialpsychologie im Kontext einer handlungsorientierten Pädagogik der Körperbehinderten – Ein Grundriß. Inter. J. Rehab. Research 1,0, 1977, 35–50

SCHÖNBERGER F., Befreiung durch Handeln. In: Jetter K.-H. & Schönberger F. (Hrsg.), Verhaltensstörung als Handlungsveränderung. Bern usw. 1979, 67–151

SCHOLTYSSEK H., Späterblindete, Stuttgart 1948

SCHOLZ H. J., Normbegriffe und Begriffsnormierung in der Sprachbehindertenpädagogik. In: Lotzmann G. (Hrsg.): Sprach- und Sprechnormen, Heidelberg 1974, 43–53

SCHRÖCKENFUCHS H., Sport in der Heimerziehung. Beiträge zu aktuellen Erziehungsproblemen 3, 1973. Hrsg.: Österreichischer Verein SOS-Kinderdorf, Innsbruck usw. 1973

SCHÜTTLER-JANIKULLA K., Sprachtraining und Intelligenzförderung im Vorschulalter. Arbeitsmappe und Begleitheft, Oberursel/Taunus 1968

SCHULTE W. & TÖLLE R., Psychiatrie, Berlin ²1973

SCHULZ-LINKHOLT F. (Hrsg.), Berufsausbildung behinderter Erwachsener (=Deutscher Bildungsrat (Hrsg.), Gutachten und Studien der Bildungskommission. Bd. 37), Stuttgart 1975

SCHULZE A. & TEUMER J., Untersuchungen über Vorkommen und Häufigkeit von Sprachschädigungen im Vorschul- und Schulalter. Sprachheilarbeit, 18, 1973, 161–174

von SCHUMANN H.-J., Träume der Blinden (=Psychologische Praxis, Heft 25), Basel 1959

SCHWABE C., Musiktherapie bei Neurosen und funktionellen Störungen, Stuttgart 1972

SCHWÄMMLEIN D., Alternativen zur Heimerziehung von Körperbehinderten, Hrsg.: Verein zur Förderung spastisch gelähmter Kinder und anderer Körperbehinderter e. V. Nürnberg 1975

SCHWARZER Ch., Einführung in die Pädagogische Diagnostik, München 1979

SCHWARZMANN F. K., Therapeutische Betreuung von Kindern mit Teilleistungsschwächen. In: E. Berger (Hrsg.), Teilleistungsschwächen bei Kindern, Bern 1977, 133–153

SCHWORM E., Behinderung, Störung, Beeinträchtigung als sonderpädagogische Begriffe, Heilpädagogische Forschung 6, 1975, 66–105

SCOTT R. A., The making of blind men. A study of adult socialization, New York 1969

SEELEMANN K. & STICKL H., Prophylaxe, Schutzimpfungen, in: v. Harnack G.-A. (Hrsg.), Kinderheilkunde, Berlin 1977 (a), S. 128–135

SEELEMANN K. & STICKL H., Virus-Krankheiten, in: v. Harnack G.-A. (Hrsg.), Kinderheilkunde, Berlin 1977 (b), S. 137–155

SEEMANN M., Sprachstörungen bei Kindern, Berlin 1969

SEIDEL C., KIEFNER B., LESSEL D. u.a., Zur Untersuchung der Intelligenz, der visuellen Perzeption und des Auftretens von Lernschwächen und Verhaltensauffälligkeiten bei Erstklässlern der Sonderschulen für Sprachbehinderte in Heidelberg und Mannheim (Schuljahr 1974/75). In: Lotzmann G. (Hrsg.), Aspekte . . ., München 1978, 40–53

SEISS R., Beratung und Therapie im Raum der Schule. Praxis der Einzelfallhilfe im Bereich der Lern- und Verhaltensstörungen, Bad Heilbrunn 1976

SEITELBERGER F., Neuropathologie der kindlichen cerebralen Bewegungsstörungen, Kinderarzt 7, 1976, 377–389 (zit. nach Schamberger 1978)

SELBMANN H. K. & BRACH M. & HÖFLING H. J. & JONAS R. & SCHREIBER M. A. & ÜBERLA K., Münchner Perinatal-Studie 1975, Köln-Lövenich 1977

von SENDEN M., Raum- und Gestaltauffassung bei operierten Blindgeborenen vor und nach der Operation, Leipzig 1932

SEYWALD A., Physische Abweichung und soziale Stigmatisierung. Zur sozialen Isolation und gestörten Rollenbeziehung physisch Behinderter und Entstellter, Rheinstetten 1976

SEYWALD A., Körperliche Behinderung. Grundfragen einer Soziologie der Benachteiligten, Frankfurt 1977

SHAW M. E., Group dynamics. New York usw. 1971

SIEVERT G., Die Entwicklung der Kinder, in: Strasser H. & Sievert G. & Munk K., Das körperbehinderte Kind. Entwicklung – Erziehung – Umwelt. Bericht über eine Untersuchung an Kindern mit Fehlbildungen der Gliedmaßen, Berlin 1968, S. 89–167

SKEELS H. M. & DYE H. B., A study of the effects of different stimulation on mentally retarded children, Proceedings of the American Association on Mental Deficiency 44, 1939, 114–136 (zit. nach Bronfenbrenner 1974)

SLATER P. E., Contrasting correlates of group size. Sociometry, 21, 1958, 129–139

SLOAN W. & BIRCH J. W., A rationale for degrees of retardation, American Journal of mental Deficiency 60, 1955, 258–264 (zit. nach Spreen 1978)

SNIJDERS J. Th. & SNIJDERS-OOMEN N., Nichtverbale Intelligenzuntersuchung für Hörende und Taube, Groningen ²1954, ⁴1970

SÖHL K., Sprachbehinderung und Motorik. In: Fries A. (Hrsg.), Empirische Untersuchungen . . . Würzburg 1979, 27–45

SOLAROVA S., Mehrfachbehinderte – Ursachen, Erscheinungsformen und Auswirkungen, in: Deutscher Bildungsrat (Hrsg.), Gutachten und Studien der Bildungskommission. Bd. 52, Stuttgart 1975, S. 225–272

SOMMER R., Personal space: The behavioral basis of design. Englewood Cliffs 1969

SPECK O., Früherkennung und Frühförderung behinderter Kinder, in: Deutscher Bildungsrat (Hrsg.), Gutachten und Studien der Bildungskommission. Bd. 25, Stuttgart 1973, S. 111–150

SPECK O., Die Rehabilitation der Geistigbehinderten. Ein Beitrag zur sozialen Integration. Unter Mitarbeit von Thalhammer M., München 1974

SPECK O., Frühförderung entwicklungsgefährdeter Kinder. Der pädagogische Beitrag, München 1977 (a)

SPECK O., Daten zur Geschichte der Sonderpädagogik, in: Bach H., Sonderpädagogik im Grundriß, Berlin 1977 (b), S. 149–157

SPECK O. & GOTTWALD P. & HAVERS N. & INNERHOFER P. (Hrsg.), Schulische Integration lern- und verhaltensgestörter Kinder. Bericht über ein Forschungsprogramm, München 1978

SPITZ R., Hospitalism, The Psychoanalytical Study of the Child 1, 1945, 53 ff (deutsch in: Bittner G. & Schmid-Cords E. (Hrsg.), Erziehung in früher Kindheit, München 1968)

SPORKEN P. (Hrsg.), Geistig Behinderte, Erotik und Sexualität, Düsseldorf 1974

SPORKEN P., Eltern und ihr geistig behindertes Kind. Das Bejahungsproblem, Düsseldorf 1975

SPREEN O., Der Benton-Test, Bern ⁴1972

SPREEN O., Geistige Behinderung, Berlin 1978

STADLER H. (Hrsg.), Sonderschullehrer. Informationen zum Studium der Sonderpädagogik und zum Sonderschullehrerberuf, Rheinstetten 1976 (a)

STADLER H., Zum pädagogischen Selbstverständnis von Sonderschullehrern. Ergebnisse aus einer Einstellungsuntersuchung, Sonderpädagogik 6, 1976 (b), 108–118

STAPF K. H., Ökopsychologie und Systemwissenschaft. In: Graumann C. F. (Hrsg.): Ökologische Perspektiven in der Psychologie. Bern usw. 1978, 251–273

STAPF K. H. & HERRMANN Th. & STAPF A. & STÄCKER K. H., Psychologie des elterlichen Erziehungsstils, Bern 1972
STATISTISCHES BUNDESAMT (Hrsg.), Statistisches Jahrbuch 1977 für die Bundesrepublik Deutschland, Stuttgart 1977
STATISTISCHES BUNDESAMT (Hrsg.), Statistisches Jahrbuch 1981 für die Bundesrepublik Deutschland, Stuttgart 1981 a
STEFFEN H., LESSEL D., KIEFNER B. u. a., Die perzeptive und kognitive Entwicklung sprachlich retardierter und sprechgestörter Kinder. In: Lotzmann G. (Hrsg.), Aspekte . . ., München 1978, 32–39
STEGMÜLLER W., Hauptströmungen der Gegenwartphilosophie. Eine kritische Einführung. Bd. I, Stuttgart [5]1975
STEINER R., Eurhythmie als sichtbarer Gesang, Dornach 1955
STEINER R., Meditativ erarbeitete Menschenkunde, Basel 1961
STEINHAUSEN H.-Chr., Zur Psychologie der chronischen Krankheit: Untersuchungen an Hämophilen, Diss. Hamburg 1975
STEINHAUSEN H.-Chr. & WEFERS D., Körperbehinderte Kinder und Jugendliche. Empirische Untersuchung zur Psychologie der Körperbehinderung, Weinheim 1977
STENGEL-RUTKOWSKI S. & MURKEN J.-D., Aktueller Stand der pränatalen Diagnose in der BRD, in: Murken J.-D. & Stengel-Rutkowski S. (Hrsg.), Pränatale Diagnostik, Stuttgart 1978, S. 173–191
STÖTZNER H. E., Schulen für schwachbefähigte Kinder. Erster Entwurf zur Begründung derselben, 1864. Nachdruck Berlin 1963 (zit. nach Bleidick 1977)
STRASSER H., Die Familie, in: Strasser H. & Sievert G. & Munk K., Das körperbehinderte Kind, Berlin 1968, S. 9–87
STRASSER H. & SIEVERT G. & MUNK K., Das körperbehinderte Kind. Entwicklung – Erziehung – Umwelt. Bericht über eine Untersuchung an Kindern mit Fehlbildungen der Gliedmaßen, Berlin 1968
STROBEL W. & HUPPMANN G., Musiktherapie. Grundlagen, Formen, Möglichkeiten, Göttingen 1978
STÜRMER R. & JURGELEIT M. & JÖRGENSEN I. & SCHLOTE B., Einstellungen von Schülern gegenüber geistig behinderten Kindern, Heilpädagogische Forschung 7, 1977, 27–55
SULSER H., Die Förderung der Sprachentwicklung – Satzbauspiele 1, 2, 3 (Begleitheft), Rielasingen (o. J.)

TAJFEL H., Vorurteil, in: Arnold W. & Eysenck H. J. & Meili R. (Hrsg.), Lexikon der Psychologie. Bd. III, Freiburg 1972, Sp. 738–742
TAUSCH R., Gesprächspsychotherapie, Göttingen 1970
THEILE R., Frühförderung geistigbehinderter Kinder. Psychomotorische Übungsbehandlung und rhythmische Erziehung, Berlin 1974
THEILE U., Genetische Beratung. Motivationsanalyse, München 1977
THIMM W., Blinde in der Gesellschaft von heute, Berlin 1971
THIMM W., Die amtliche Behindertenstatistik in der Bundesrepublik Deutschland, in: Thimm W. (Hrsg.), Soziologie der Behinderten. Materialien, Neuburgweier 1972 (a), S. 42–60

Thimm W., Sehschädigungen als Ursache für die divergente Strukturierung sozialer Situationen, in: Thimm W. (Hrsg.), Soziologie der Behinderten. Materialien, Neuburgweier 1972 (b), S. 246–260

Thimm W., Zur sozialen Situation der Familien mit behinderten Kindern. Vierteljahresschrift für Heilpädagogik 43, 1974, 11–18

Thimm W., Lernbehinderung als Stigma, in: Brusten M. & Hohmeier J. (Hrsg.), Stigmatisierung. Bd. 1, Neuwied 1975, S. 125–144

Thompson T., Geschichte der Behandlung Geistigbehinderter und der Fehlannahmen über die Ursachen der Behinderung, in: Thompson T. & Grabowski J. (Hrsg.), Verhaltensmodifikation bei Geistigbehinderten, München 1976, S. 11–21

Thompson T. & Grabowski J. (Hrsg.), Verhaltensmodifikation bei Geistigbehinderten, München 1976, S. 11–21

Thrasher F., The gang. Chicago 1927. Zit. nach: Hare A. P., Handbook of small group research. New York usw. 1962, 226

Tönnis W. & Krenkel W., Neurologie und Neurochirurgie, in: Lindemann K., Die infantilen Zerebralparesen, Stuttgart 1963, S. 70–103

Török M., Cerebralparetische Kinder in Hessen – Ergebnisse einer Elternbefragung. In: Voraussetzungen zur Rehabilitation von CP-Kindern. Hrsg.: Bundesminister für Jugend, Familie und Gesundheit, Bonn-Bad Godesberg 1973, 107–176

Török M., Methoden zur Feststellung der Zahl körperbehinderter Kinder und Jugendlicher, Stuttgart 1977

Topsch W., Grundschulversagen und Lernbehinderung, Essen 1975

von Troschke J., Das Kind als Patient im Krankenhaus, München 1974

Tschinkel I., Intelligenz-, Sprach-, Schreibtraining. Arbeitsblätter und Begleitheft, Wien 1971

Ulbricht W., Neurologie des Kindesalters für Sonder-, Heil- und Sozialpädagogen, Berlin 1977

Vorläufige Richtlinien des Ministerium für Arbeit, Gesundheit und Sozialordnung für die Heimaufsicht. Gemeinsames Amtsblatt usw. des Landes Baden-Württemberg. Hrsg.: Innenministerium, Stuttgart 21, 9, 1973, 265–272

Walberg H. J., Class size and the social environment of learning. Human relations 22, 5, 1969, 465–475

Watzlawick P. & Beavin J. H. & Jackson D. D., Menschliche Kommunikation, Bern 1974

Waugh R. P., The ITPA: ballast or bonanza for the school psychologist. J. School Psychol. 13, 1975, 201–208

Wechsler D., Die Messung der Intelligenz Erwachsener. Textband zum HAWIE, Bern [3]1964

Wegener H., Die Rehabilitation der Schwachbegabten, München 1963

Wegener H., Die Minderbegabten und ihre sonderpädagogische Förderung – Sondergutachten, in: Roth H. (Hrsg.), Begabung und Lernen (= Deutscher Bildungsrat (Hrsg.), Gutachten und Studien der Bildungskommission. Bd. 4), Stuttgart 1969, S. 505–549

WEIGT M. (Hrsg.), Schulische Integration von Behinderten. Beiträge zum Verhältnis von Sonderschulen zum Regelschulsystem, Weinheim 1977

WEINERT H., Die Bekämpfung von Sprechfehlern, Berlin [8]1978 (1938, 1955)

WEINLÄDER H. G., Leistungen Behinderter im Urteil Nichtbehinderter. Empirische Untersuchung zur Kausalinterpretation von Handlungsergebnissen Blinder, Rheinstetten 1976

WELLHÖFER P. R.: Der behinderte Mensch: Psychologische Erklärungsmodelle als Grundlage rehabilitativer Maßnahmen. Rehabilitation 13, 1974, 163–171

WELTER R., Adaptives Bauen für Langzeitpatienten. Diss. ETH Nr. 6309, Zürich 1978

WENDELER J., Psychologische Analysen geistiger Behinderung, Weinheim 1976

WENDLANDT W., Resozialisierung erwachsener Stotternder. Ein lernpsychologischer und verhaltenstherapeutischer Beitrag zur Behandlung des Stotterns, Berlin 1975

WENDLANDT W., Verhaltenstherapie des Stotterns – unter besonderer Berücksichtigung ihrer Anwendungsmöglichkeiten in der Schule für Sprachbehinderte. Diss., TU Berlin 1977

WENDLER J. & SEIDNER W., Lehrbuch der Phoniatrie, Leipzig 1977

WENZEL H., Fürsorgeheime in pädagogischer Kritik. Stuttgart 1970

WESTRICH E., Der Stammler – Der Erlebnisaspekt in der Sprachheilarbeit, Bonn 1974

WESTRICH E., Sprach- und Sprechstörungen (Sprachbehinderungen) In: Pongratz L. J. (Hrsg.), Handbuch der Psychologie. Bd. 8, Göttingen 1978, 2372–2418

WETJEN R., Die Bedeutung des Spiels in Kinderdörfern und Heimen. Beiträge zu aktuellen Erziehungsproblemen 2, 1973. Hrsg.: Österreichischer Verein SOS-Kinderdorf Innsbruck usw. 1973

WEWETZER K. H., Das hirngeschädigte Kind, Stuttgart 1959

WICKER A. W., Undermanning theory and research: Implications for the study of psychological and behavioral effects of excess human populations. In: Proshansky H. M. et al. (Ed.), Environmental psychology. New York usw. [2]1976, 83–99

WIECHMANN J. (Bearbeiter), Einrichtungen des Sprachheilwesens in der Bundesrepublik Deutschland und West-Berlin. Stand: 1.1.78, Hamburg [5]1978

WIESMANN E., Medizinische Mikrobiologie. Ein kurzgefaßtes Lehrbuch, Stuttgart [3]1974

WIGGLESWORTH R., Minimal cerebral palsy. Cerebral Palsy Bull. 3, 1961, 293

WILKEN E., Sprachförderung bei Kindern mit Down-Syndrom, Berlin 1975

WILKEN E., Fazilitation, Sonderpädagogik 6, 1976, 93–94

WILKEN E., Mehrdimensionale Sprachförderung geistig behinderter Kleinkinder, in: Heese G. (Hrsg.), Frühförderung behinderter und von Behinderung bedrohter Kinder, Berlin 1978, S. 49–63

WILLMS H., Musiktherapie bei psychotischen Erkrankungen, Musiktherapie 1, Stuttgart 1975

WISHIK S. M., Handicapped children in Georgia: a study of prevalence, disability, needs, and resources, American Journal of Public Health 46, 1956, 195 ff (zit. nach Hellbrügge et al. 1976)

WITTE W., Zur Psychologie der Taubstummen, in: v. Bracken H. (Hrsg.), Erziehung und Unterricht behinderter Kinder, Frankfurt 1968/Wiesbaden ²1978, S. 416–422

WOLFE M., Environmental stimulation and design. In: Bednar M. J. (Ed.): Barrier-free environments. Stroudsburg 1977, 170–181

WOLFE M., Childhood and privacy. In: Altman I., Wohlwill J. F. (Ed.), Children and the environment. New York usw. 1978, 175–222

WOLFE M. & PROSHANSKY H., The physical setting as a factor in group function and process. In: Lang J., Burnette Ch., Moleski W., Vachon D. (Ed.), Designing for human behavior: Architecture and the behavioral sciences. Stroudsburg 1974, 194–201

WOLFENSBERGER W., The normalization principle and some implications to architektural environment design. In: Bednar M. J. (Ed.), Barrier-free environment. Stroudsburg 1977, 135–169

WOLFGART H. (Hrsg), Das Orff-Schulwerk im Dienste der Erziehung und Therapie behinderter Kinder, Berlin 1971

WOLFGART H. (Hrsg.), Körperbehinderte und Sexualität. Geschlechtserziehung als Gegenstand einer Pädagogik der Körperbehinderten, Berlin 1977

WOLFGART H. & LUIG Th., Soziale Dienste für Körperbehinderte in Schule und Beruf, Bonn 1976

WÜRTZ H., Das Leben des Krüppels, Leipzig 1921

WULFF J. (Hrsg.), Gebißanomalien und Sprechfehler. Zusammenhänge und logopädische Maßnahmen, München 1964

WUNDERLICH Ch., Das mongoloide Kind. Möglichkeiten der Erkennung und Betreuung, Stuttgart 1970

WURST F., Sprachentwicklungsstörungen und ihre Behandlung, Wien 1973

WURZBACHER G. (Hrsg.): Die Familie als Sozialisationsfaktor. Stuttgart 1977

ZELLWEGER H. & SIMPSON J., Chromosomes of man, London 1977

ZIMMERMANN K., Psychodiagnostische Verfahren zur Untersuchung von Lernbehinderten, Berlin ²1974

ZIMMERMANN R., Immer wieder strahlende Kinderaugen. Das Bild des Behinderten in der Presse, Psychologie heute Jan. 1977, 26–31

ZÖLLNER F., Hals-Nasen-Ohren-Heilkunde. Ein kurzgefaßtes Lehrbuch, Stuttgart 1974

ZUCKRIGL A., Sprachschwächen. Der Dysgrammatismus als heilpädagogisches Problem, Villingen 1964

ZUCKRIGL H. & ZUCKRIGL A. & HELBLING H., Rhythmik hilft behinderten Kindern. Ziele und Realisationsbeispiele der rhythmischen Erziehung, München 1976

ZÜLCH K. J., Morphologische und klinische Typen, in: Lindemann K. (Hrsg.), Die infantilen Zerebralparesen, Stuttgart 1963, S. 1–28

ZULLIGER H., Schwierige Kinder, Bern ⁵1963

9. Literaturnachtrag zur zweiten Auflage

Allgemeine Literatur

BAUMELER B., Medien zum Thema Behinderung. Filme, Tonbänder, Tonbildschauen, Luzern 1981

BECKER A. & NIGGEMEYER E., Chancen für behinderte Kinder und Jugendliche, Stuttgart 1978

BECKER K.-P. & AUTORENKOLLEKTIV, Rehabilitationspädagogik, Berlin 1979

BUNDESMINISTERIUM FÜR ARBEIT UND SOZIALORDNUNG (Hrsg.), Leitfaden für Behinderte, Bonn 1978

CHRISTOPH F., Unterdrückung Behinderter durch Nichtbehinderte – Begründung eines Antrags auf Asyl, Behindertenpädagogik 18, 1979, 344–365

FACHBEREICH SONDERPÄDAGOGIK DER PÄDAGOGISCHEN HOCHSCHULE REUTLINGEN (Hrsg.), Handlungsorientierte Sonderpädagogik. 25 Jahre Studium der Sonderpädagogik in Baden-Württemberg, Rheinstetten 1978

GOTTLIEB J. und Mitarbeiter, Behinderte Menschen. Hilfen im Kindes-, Jugend- und Erwachsenenalter, Freiburg ⁴1980

HAHN M., Behinderung als soziale Abhängigkeit. Zur Situation schwerbehinderter Menschen, München 1981

HARTMANN N. (Hrsg.), Sexualpädagogik bei Behinderten, Rheinstetten 1978

HELWIG G., Am Rande der Gesellschaft. Alte und Behinderte in beiden deutschen Staaten, Köln 1980

HILLER G. G. & SCHÖNBERGER F., Erziehung zur Geschäftsfähigkeit. Entwurf einer handlungsorientierten Sonderpädagogik, Essen 1977

HOLTZ, K.-L. (Hrsg.), Sonderpädagogik und Therapie. Bericht über die 16. Arbeitstagung für Dozenten im Okt. 1979, Rheinstetten 1980

HOLTZAPFEL W., Seelenpflegebedürftige Kinder. Zur Heilpädagogik Rudolf Steiners. 2 Bde., Dornach 1976–78

JANTZEN W., Konstitutionsprobleme materialistischer Behindertenpädagogik. Gesammelte Aufsätze, Lollar 1977

JANTZEN W., Behindertenpädagogik, Persönlichkeitstheorie, Therapie. Vorbereitende Arbeiten zu einer materialistischen Behindertenpädagogik, Köln 1978

JANTZEN W., Menschliche Entwicklung, allgemeine Therapie und allgemeine Pädagogik. Studien zur Entwicklung einer allgemeinen materialistischen Pädagogik, Oberbiel 1980

JANTZEN W. & MÜLLER U. (Hrsg.), Theorie und Praxis in der Ausbildung. Vorträge und Diskussionen der 14. Arbeitstagung der Dozenten im Okt. 1977, Oberbiel 1978

KASZTANTOWICZ U. (Hrsg.), Beiträge zur sonderpädagogischen Theorie und Praxis. H. v. Bracken zum 80. Geburtstag, Berlin 1980

KLEE E., Behindert. Über die Enteignung von Körper und Bewußtsein. Ein kritisches Handbuch, Frankfurt 1980

KOBI E. E., Heilpädagogik als Herausforderung, Luzern 1979

KRATZMEIER H. (Hrsg.), Behinderte aus eigener und fremder Sicht, Rheinstetten 1980

LEBER A. (Hrsg.), Heilpädagogik, Darmstadt 1980

MOELLER M.L., Anders helfen. Selbsthilfegruppen und Fachleute arbeiten zusammen, Stuttgart 1981

MÜLLER F. und Mitarbeiter, Heilpädagogische Studienabschlußarbeiten 1970–1979, Luzern 1980

PROBST H.H. (Hrsg.), Kritische Behindertenpädagogik in Theorie und Praxis. Beiträge zum Studentenkongreß Marburg 1978, Oberbiel 1979

REISER H.R. (Hrsg.), Sonderschulen – Schulen für Ausländerkinder?, Berlin 1981

SCHUCHARDT E., Soziale Integration Behinderter. 2 Bde., Braunschweig 1980

STOCKSMEIER U. (Hrsg.), Psychologie in der Rehabilitation, Rheinstetten 1980

THEINER CH. & KÜHNE E. & BECKER K.-P., Zur Theorie und Praxis der Erziehung und Bildung Geschädigter in sozialistischen Ländern, Berlin 1977

THIMM W., Mit Behinderten leben. Hilfe durch Kommunikation und Partnerschaft, Freiburg 1977

THIMM W., Zur Handlungsrelevanz von Behinderungsbegriffen, Sonderpädagogik 9, 1979, 169–175

WEIHS TH.J., Das entwicklungsgestörte Kind. Heilpädagogische Erfahrungen in Camphill-Gemeinschaften, Stuttgart [2]1980

Behindertenrecht

KÜHL H., Geistig Behinderte im Zivilrecht, Berlin [2]1975

THUST W., Recht der Behinderten. Eine systematische Darstellung für Studium und Praxis, Weinheim 1980

Behindertenstatistik

KERKHOFF W., Behinderte in Sonderschulen. Ein statistischer Überblick, Sonderpädagogik 10, 1980, 20–33

STATISTISCHES BUNDESAMT (Hrsg.), Zur Situation der Behinderten in der Bundesrepublik Deutschland, Stuttgart 1981 b

Geschichte der Behinderten

FOUQUET CH., Euthanasie und Vernichtung ‚lebensunwerten‘ Lebens unter Berücksichtigung des behinderten Menschen, Oberbiel 1978

MERKENS L., Fürsorge und Erziehung bei Körperbehinderten. Eine historische Grundlegung zur Körperbehindertenpädagogik bis 1920, Berlin 1981

Körperbehinderte

DECHESNE B. & PONS C. & SCHELLEN T. (Hrsg.), . . . aber nicht aus Stein. Medizinische und psychologische Aspekte von körperlicher Behinderung und Sexualität, Weinheim 1981

GUTTMANN L., Sport für Körperbehinderte, München 1979

HÄMER A., Rehabilitation von unten. Der Platz der Körperbehinderten im Aufgabenfeld der Kirche, München & Mainz 1978

HALE G., Handbuch für Körperbehinderte. Ein Ratgeber zur Alltagsbewältigung: Hilfsmittel, Anregungen, Adressen, Ravensburg 1981

HELLBRÜGGE TH., Untersuchungen über die Entwicklung gliedmaßenfehlgebildeter Kinder, speziell Dysmelie-Kinder, Stuttgart 1979

HOFMANN R., Selbstkonzept und Selbsteinschätzung Körperbehinderter. Ein Beitrag zur Relevanz selbstbezogener Kognitionen, Weinheim 1981

JERUSALEM F., Muskelerkrankungen. Klinik, Therapie, Pathologie, Stuttgart 1979

JOCHMUS J. & SCHMITT G. M. & LOHMAR L. & LOHMAR W., Die Adoleszenz dysmeler Jugendlicher, Rheinstetten 1979

NEUMANN K., Intelligenzleistungen behinderter Kinder, Weinheim 1977

NEUMANN K., Intelligenztest für Körperbehinderte (ITK), Weinheim 1981

SCHÖLER L. & LINDENMEYER J. & SCHÖLER H., Das alles soll ich nicht mehr können? Sozialtraining für Rollstuhlabhängige, Weinheim 1981

SEEBAUM K., Rehabilitation und Kosmetik. Heilpädagogische Reflexion und empirische Untersuchung zum Selbstbild Körperbehinderter, Berlin 1979

STURM E., Rehabilitation von Querschnittgelähmten. Eine medizinpsychologische Studie, Bern 1979

WÖLFERT E., Spiele körperbehinderter Kinder. Untersuchungen des Spielverhaltens im Schulanfangsalter, Berlin 1981

Langfristig Kranke

BIERMANN G. (Hrsg.), Mutter und Kind im Krankenhaus. Ein Sozialbericht aus der BRD, München 1978

BÜRGIN D., Das Kind, die lebensbedrohende Kindheit und der Tod, Bern 1978

CORNELSEN E. & HIRSCHER E., Betreuung von Kindern im Krankenhaus. Darstellung und Vergleich von Betreuungsmodellen verschiedener Länder, Rheinstetten 1980

GÖTZE P., Psychopathologie der Herzoperierten, Stuttgart 1980

HERTL M. & HERTL R., Kranke und behinderte Kinder in Schule und Kindergarten, Stuttgart 1979

HERTL M. & HERTL R., Das kranke Kind. Ratgeber für die Pflege zu Hause und bei Krankenhausaufnahme, Stuttgart 1981

KJELL A., Das allergische Kind, Stuttgart [2]1981

KOBI E. E. & NÜESCH M. & SCHREYVOGEL (Hrsg.), Kinder zwischen Medizin und Pädagogik. Ärztlich-pädagogische Zusammenarbeit im Interesse des kranken und behinderten Kindes, Luzern 1979

REINHOLD E., Schule im Krankenhaus. Konzeption und Legitimation einer besonderen pädagogischen Betreuung erkrankter Schulkinder in stationärer Behandlung, Berlin 1981

WIENHUES J., Die Schule für Kranke, ihre Aufgabe in der pädagogischen und psychosozialen Betreuung kranker Kinder, Rheinstetten 1979

Gehörlose und Schwerhörige

Jaffe B. F. (Ed.), Hearing loss in children, Baltimore 1977

Löwe A., Hörhilfen für hörgeschädigte Kinder, Berlin 1979

Löwe A., Hörenlernen im Spiel. Praktische Anleitungen für Hörübungen mit hörgeschädigten und wahrnehmungsgestörten Kindern im Vorschulalter, Berlin [4]1981

Pelkofer K., Lehren und Lernen bei Kindern mit Hörproblemen. Integration von Hörerziehung, Sprachausbau und Medieneinsatz im Schwerhörigenunterricht, München 1980

Plath P., Das Hörorgan und seine Funktion. Einführung in die Audiometrie, Berlin 1981

Venn E., Audiometrische Reihenuntersuchungen als Voraussetzung für die Erfassung sonderschulbedürftiger hörgeschädigter Kinder, Berlin 1979

Wisotzki K. H., Aspekte des Spracherwerbs. Untersuchungen zum Wortschatz Behinderter, Berlin 1980

Blinde und Sehbehinderte

Chapman E. K., Visually handicapped children and young people, London 1978

Ghodstinat M., Blinde Studenten, ihre Probleme und ihre gesellschaftliche Stellung. Ein Beitrag zur Blindenintegration, Berlin 1979

Krähenbühl P., Der Blinde in gemischten sozialen Situationen, Rheinstetten 1977

Lucas Ch., Silke, ein blindes Kind. Anregungen für Elternhaus und Kindergarten, München 1979

Geistigbehinderte

Adam H., Curriculumkonstruktion für Geistigbehinderte. Eine Untersuchung zu Theorie und Praxis in den USA unter besonderer Berücksichtigung des Normalisierungsprinzips, Oberbiel 1978

Adolph H., Sport mit geistig Behinderten. Ein didaktisch-methodisches Gesamtkonzept mit praktischen Lehr- und Übungsbeispielen, Bad Homburg 1981

Bach H. (Hrsg.), Pädagogik der Geistigbehinderten (= Handbuch der Sonderpädagogik. Bd. 5), Berlin 1979

Baun M., Förderung sprachlicher Kommunikation bei Geistigbehinderten, Berlin 1981

Büchel F., Gedächtnis und Lernen beim geistig behinderten Kind, Weinheim 1978

Cleland Ch. C., Mental retardation. A developmental approach, Englewood Cliffs 1978

Feuser G. (Hrsg.), Warum nicht so? Geistigbehinderte in Dänemark, Oberbiel 1980

Feuser G. (Hrsg.), Autistische Kinder, Oberbiel 1980

FEUSER G., Beiträge zur Geistigbehindertenpädagogik, Oberbiel 1981

FINKEL, K., Förderung der Kreativität bei Geistigbehinderten, Weinheim 1978

HAGMANN TH. (Hrsg.), Beiträge zur Pädagogik Geistigbehinderter, Luzern 1980

HOFMANN TH. (Hrsg.), Beiträge zur Geistigbehindertenpädagogik, Rheinstetten [2]1981

HUBER N. & STRIEBEL M. (Hrsg.), Aggressivität und Hyperaktivität bei geistig Behinderten, Freiburg 1978

JANTZEN W., Geistig behinderte Menschen und gesellschaftliche Integration, Bern 1980

JOSEF K. & BÖCKMANN G., Spracherziehungshilfen bei geistig behinderten und sprachentwicklungsgestörten Kindern, Berlin [4]1978

KLÄGER M., Jane C. Symbolisches Denken in Bildern und Sprache. Das Werk eines Mädchens mit Down-Syndrom in Le Fil d'Ariane, München 1978

LIEPMANN M. C., Geistig behinderte Kinder und Jugendliche. Eine epidemiologische, klinische und sozialpsychologische Studie in Mannheim, Bern 1979

PETERS G., Lebensfreude im Schulalltag geistigbehinderter Kinder. Ein Bildband, München 1981

RIEDER H. & BUTTENDORF TH. & HÖSS H. (Hrsg.), Förderung der Motorik geistig Behinderter, Berlin 1981

ROOB I., Motorische Adaptionsleistungen bei geistig behinderten Kindern, Weinheim 1980

SCHMAUCH U., Ist Autismus heilbar? Zur Psychoanalyse des frühkindlichen Autismus, Frankfurt [3]1981

SELLIN D. F., Mental retardation, Boston 1979

SPECK, O., Geistige Behinderung und Erziehung, München [4]1980

SPECK O. (Hrsg.), Erwachsenenbildung bei geistiger Behinderung, München 1981

SPORKEN P. & JACOBI V. & V. D. AREND A., Die Sexualität im Leben geistig Behinderter, Düsseldorf 1980

TUCKERMANN A., Down-Kind Andreas. Der Weg eines Heimkindes, München 1981

WALTER J., Zur Sexualität Geistigbehinderter. Die Einstellung der Mitarbeiter als Bedingungsrahmen zur Unterdrückung oder Normalisierung in Behinderteneinrichtungen, Rheinstetten 1980

WING L., Das autistische Kind. Merkmale einer Behinderung und Hilfen für deren Überwindung, Ravensburg [2]1980.

ZIELNICK W., Anstöße zum Selbst. Die Gestaltung von Funktionstrainingsprogrammen für geistig Behinderte im Freizeitbereich, Freiburg [2]1978

ZIELNICK W. J. & SCHMIDT-THIMME D. (Hrsg.), Gestaltete Freizeit mit geistig Behinderten, Rheinstetten 1977

Lernbehinderte

ALTSTAEDT I., Lernbehinderte. Kritische Entwicklungsgeschichte eines Notstands: Sonderpädagogik in Deutschland und Schweden, Reinbek 1977

BAIER H., Empirische Lernbehindertenpädagogik. Anleitungen zur erfolgreichen Anwendung ausgewählter Forschungstechniken, Berlin 1978

BAIER H., Einführung in die Lernbehindertenpädagogik, Stuttgart 1980

BAIER H. & KLEIN G. (Hrsg.), Die Schule für Lernbehinderte. Organisatorische Fragen pädagogisch gesehen, Berlin 1980

BUNDSCHUH K., Der intelligente Schulversager, Rheinstetten 1975

DÖNHOFF-KRACHT D., Aspekte des Selbstkonzepts jugendlicher lernbehinderter Sonderschüler, Frankfurt 1980

FROSTIG M., Lernprobleme in der Schule, Stuttgart 1978

FUNKE E.H. & HILKER N. & LINK V., Lernbehinderung und Kriminalität, Rheinstetten 1979

GREINKE K., Gesundheitserziehung in der Schule für Lernbehinderte, Oberbiel 1979

HALLAHAN D. & CRUICKSHANK W., Lernstörungen beziehungsweise Lernbehinderung. Pädagogisch-psychologische Grundlagen, München 1979

HANDWERK M., Der Rechtschreibunterricht in der Schule für Lernbehinderte, Oberbiel 1978

JEGGE J., Dummheit ist lernbar. Erfahrungen mit ‚Schulversagern', München 1980

KANTER G.O. & SPECK O. (Hrsg.), Pädagogik der Lernbehinderten (= Handbuch der Sonderpädagogik, Bd. 4), Berlin 1977

KERKHOFF W. (Hrsg.), Eltern und Lernbehindertenschule, Berlin 1979

KLEBER E.W., Grundkonzeption einer Lernbehindertenpädagogik, München 1980

KLOSTERKÖTTER B.-S., Spielendes Lernen und Rollenspiel zwischen Sinnlichkeit und Vernunft. Ein Beitrag zur Entwicklung einer Interaktionspädagogik der ‚Lernbehinderten', Rheinstetten 1980

KNIEL A., Die Schule für Lernbehinderte und ihre Alternativen. Eine Analyse empirischer Untersuchungen, Rheinstetten 1979

MAGNUS-FINGER U., Rhythmisiertes Lernen in der Schule – unter Berücksichtigung des lernbehinderten Schülers, Oberbiel 1979

MERTENS K., Zur Neuorientierung des Sportunterrichts an Schulen für Lernbehinderte, Oberbiel 1979

MINSEL W.-R. & VON ONDARZA G. & HÜMME E., Schulversagen, in: Pongratz L.J. (Hrsg.), Handbuch der Psychologie. Bd. 8/II. Klinische Psychologie, Göttingen 1979, S. 2537–2590

PILZ D. & SCHUBENZ S. (Hrsg.), Schulversagen und Kindergruppentherapie, Köln 1979

PROBST H., Lernbehinderte und Normalschüler. Persönlichkeitseigenschaften und sozio-ökonomischer Hintergrund, Bern 1976

SCHULTZ R., Das Problem der Rücküberweisung von Lernbehinderten in die Hauptschule, Oberbiel 1979

TRABANDT, H., Wem hilft die Sonderschule? Untersuchung über die Herstellung und Verwaltung von Dummheit, Königstein 1979

WIELAND H., Lernbehinderung durch Fehlernährung? Biosoziale Aspekte der Verursachung von Intelligenzdefiziten und Schulversagen, Weinheim 1978

WILMS W.R. (Hrsg.), Lernen mit ‚Behinderten'. Anregungen zur Kooperation von Lernbehinderten- und Sozialpädagogik, Ravensburg 1979

ZILLMANN CH., Begabte Schulversager, München 1981

Sonderpädagogische Diagnostik

BUNDSCHUH K., Einführung in die sonderpädagogische Diagnostik, München 1980
KLEBER E. W., Lehrbuch der sonderpädagogischen Diagnostik, Berlin ³1978
KLEBER E. W., Tests in der Schule, München 1979

Verhaltensgestörte

ACKERMANN-BEHRINGER U., Kinder mit einem infantilen psychoorganischen Syndrom (POS), Bern 1979
ASMUSSEN M. und Mitarbeiter, Heilpädagogische Heimerziehung. Erfahrungen und Reflexionen aus der Praxis, Berlin 1981
ERTLE CH. & SCHMID V. (Hrsg.), Der andere Unterricht. Lernen mit schwierigen Kindern, München 1978
FELLSCHES J., Disziplin, Konflikt und Gewalt in der Schule, Heidelberg 1978
GROEBEN U., Determinanten der Schulangst, Weinheim 1978
GROSSMANN G. & FITZNER D. & GERTH A., Das verhaltensgestörte Kind in Familie, Schule und Beratungsstelle, Berlin 1980
HERTZOG G. & BARNEA-BRAUNSTEIN R., ‚Beroschim', eine Schule für seelisch gestörte Kinder, München 1980
HOLTMANN-VERSCHUUREN H. & KLUGE K.-J., Außergewöhnliche Erziehung für Problemschüler. Eine niederländische Unterrichtslehre für Verhaltensauffällige, Rheinstetten 1979
JACOBS B. & STRITTMATTER P., Der schulängstliche Schüler, München 1979
JETTER K. & SCHÖNBERGER F. (Hrsg.), Verhaltensstörung als Handlungsveränderung. Beitrag zu einem Förderkonzept Behinderter, Bern 1979
KUPFFER H. (Hrsg.), Erziehung verhaltensgestörter Kinder, Heidelberg 1978
NEUKÄTER H. & GOETZE H., Hyperaktives Verhalten im Unterricht, München 1978
REDL F. & WINEMAN D., Steuerung des aggressiven Verhaltens beim Kind, München ²1978
SCHMIDT M. H., Verhaltensstörungen bei Kindern mit sehr hoher Intelligenz, Bern 1977
SPECK O., Verhaltensstörungen, Psychopathologie und Erziehung. Grundlagen einer Verhaltensgestörtenpädagogik, Berlin 1979
SPECK O. (Hrsg.), Pädagogische Modelle für Kinder mit Verhaltensstörungen. Berichte aus dem Ausland, München 1979
TORNOW H., Verhaltensauffällige Schüler aus der Sicht des Lehrers. Empirische Untersuchung zum Labeling-Ansatz, Weinheim 1978

Sprachbehinderte

BÖHME G., Therapie der Sprach-, Sprech- und Stimmstörungen, Stuttgart 1980
CHRYSTAL D., Introduction to language pathology, London 1980

DAHMS A.-G. & JAEGER U., Motorik und Sprache. Motorisches und sprachliches Training mit sprachretardierten Kindern, Limburg 1978

DEUTSCHE GESELLSCHAFT FÜR SPRACHHEILPÄDAGOGIK (Hrsg.), Psychosoziale Aspekte bei Sprachbehinderten, Hamburg 1979

VON ESSEN O., Grundbegriffe der Phonetik. Ein Repetitorium für Sprachheilpädagogen, Berlin ⁵1981

GROHNFELDT M., Diagnose von Sprachbehinderungen. Theorie und Praxis der Felddiagnostik bei Sprachbehinderten, Berlin 1979

GÜNTHER K.-B., Probleme der sprachlichen Entwicklung bei 5- bis 7jährigen Kindern, Weinheim 1980

HAMPEL E., Die Hemmungsbereitschaft in der Sprache des Stotterers. Erfahrungen mit Stotterern, Berlin 1978

HEESE G. & REINARTZ A. (Hrsg.), Aktuelle Beiträge zur Sprachheilpädagogik, Berlin 1981

HEIDTMANN H., Lernschwächen sprachentwicklungsgestörter Kinder, Rheinstetten 1979

JAWOREK F. & ZABORSKY E., Die Behandlung von Stammelfehlern. Sprachheilpädagogisches Übungsbuch, Berlin 1981

KNURA G. & NEUMANN B. (Hrsg.), Pädagogik der Sprachbehinderten (= Handbuch der Sonderpädagogik Bd. 7), Berlin 1980

KÜNTZEL-HANSEN M., Musik und Sprache als Therapie. 27 Stunden mit sprachgestörten Kindern, Wolfenbüttel 1978

LEISCHNER A., Aphasien und Sprachentwicklungsstörungen. Klinik und Behandlung, Stuttgart 1979

LOTZMANN G. (Hrsg.), Psychologie in der Stimm-, Sprech- und Sprachrehabilitation, Stuttgart 1979

MÖLLER U. & ZIMMERMANN R. & PFALZGRAFF R., Sprachförderung die Spaß macht. Grundlagen und spielerische Anleitungen für Kinder von 5–7, München 1979

MOTSCH H.-J., Problemkreis Stottern. Theoretische und therapeutische Neuorientierung, Berlin 1979

MUELLER U., Hören und Verstehen gestörter Sprache. Determinanten des Verstehens und Beurteilens der Sprache Sprachgestörter durch Sprachgesunde, Berlin 1981

PEUSER G., Studien zur Sprachtherapie, München 1979

PFEIFER G. & PIRSIG W. & WULFF J. & WULFF H., Lippen-Kiefer-Gaumenspalten. Chirurgische, otologische und sprachliche Behandlung, München 1981

RICHTER E., Wenn ein Kind anfängt zu stottern. Ratgeber für Eltern und Erzieher, München 1981

SCHOLZ H.J. & ECKERT R., Sachwörterbuch Stottern und Poltern, München 1978

TAYLOR M.L., Mit Aphasikern leben. Informationen und Hilfen, München 1981

WAHMHOFF S., Inneres Sprechen. Psycholinguistische Untersuchung an aphasischen Patienten, Weinheim 1980

WENDLANDT W., Verhaltenstherapeutisches Sprechtrainingsprogramm für stotternde Kinder und Jugendliche. Diagnostik, individuelle therapeutische Maßnahmen, Veränderungsprogramm für die Gruppe, Berlin 1979

WENDLANDT W., Verhaltenstherapie des Stotterns. Denkansätze, Zielsetzungen, Behandlungsmethoden, Weinheim 1980

WERTENBROCH W., Die ambulante Behandlung stotternder Kinder und Jugendlicher auf der Grundlage der positiven Verstärkung. Anleitung zur Therapieplanung und -durchführung, Hamburg 1980

WESTRICH E., Sprach- und Sprechstörungen (Sprachbehinderungen), in: Pongratz L.J. (Hrsg.), Handbuch der Psychologie. Bd. 8/II. Klinische Psychologie, Göttingen 1979, S. 2372–2418

WULFF H., Diagnose von Sprach- und Stimmstörungen, München 1981

Mehrfach- und Schwerstbehinderte

BUNDESVERBAND FÜR SPASTISCH GELÄHMTE UND ANDERE KÖRPERBEHINDERTE & FRÖHLICH A. (Hrsg.), Dokumentation zur Situation Schwerstbehinderter, Staufen 1978

CARDINAUX H., Zur Diagnose der Mehrfachbehinderung. Anamnesebogen zur Ermittlung des Entwicklungsalters und zur Erstellung einer ganzheitlichen Diagnose, Villingen-Schwenningen 1975

DITTMANN W. (Hrsg.), Zum Problem der pädagogischen Förderung schwerstbehinderter Kinder und Jugendlicher, Rheinstetten 1979

FRÖHLICH A.D. (Hrsg.), Die Förderung Schwerstbehinderter. Erfahrungen aus sieben Ländern, Luzern 1981

FRÖHLICH A.D. & TUCKERMANN U. & BUNDESVERBAND FÜR SPASTISCH GELÄHMTE UND ANDERE KÖRPERBEHINDERTE (Hrsg.), Schwerstbehinderte, Rheinstetten 1978

HALES A., The children of Skylark Ward. Teaching severely handicapped children, Cambridge 1978

RICHTER J., Schwer mehrfach Behinderte lernen Selbständigkeit, Bern 1980

SPRENG H., Schwerstbehinderte Kinder, eine Herausforderung für die Schule, München 1979

Zerebralparese

AUCOUTURIER B. & LAPIERRE A., Bruno. Bericht über eine psychomotorische Therapie bei einem zerebralgeschädigten Kind, München 1981

BOBATH B. & BOBATH K., Die motorische Entwicklung bei Zerebralparesen, Stuttgart 1977

FINNIE N.R., Hilfe für das cerebral gelähmte Kind. Eine Anleitung zur Förderung des Kindes zu Hause nach der Methode Bobath, Ravensburg [3]1978

GARDINER M.D., Grundlagen der Übungstherapie in Krankengymnastik und Rehabilitation, Stuttgart 1979

KALBE U., Die Cerebral-Parese im Kindesalter, Stuttgart 1981

KNUPFER H. & RATHKE F.W., Praxis der Diagnostik und Therapie bei spastischen Lähmungen. Teamarbeit zwischen Arzt und Krankengymnast, Stuttgart 1981

VOJTA V., Die zerebralen Bewegungsstörungen im Säuglingsalter. Frühdiagnose und Frühtherapie, Stuttgart 1981

SCHWARZBACH B. & WALTER U., Das Kind mit zerebralen Bewegungsstörungen in der Familie, Berlin 1977

Teilleistungsschwächen

ADAMS W. C. (Ed.), A handbook for specific learning disabilities, New York 1979
BAUER H. und Mitarbeiter, Hilfen für behinderte Kinder. Neuere diagnostische und therapeutische Möglichkeiten bei sprachentwicklungsgestörten Kindern unter besonderer Berücksichtigung von visuellen und auditiven Wahrnehmungsfähigkeiten, Stuttgart 1980
BENTON A. L. (Ed.), Dyslexia, New York 1978
CRUICKSHANK W., Schwierige Kinder und Jugendliche in Schule und Elternhaus. Förderung lern- u. wahrnehmungsgestörter Kinder u. Jugendlicher, Berlin ²1981
EISENHUT H.-D., Leistungsvermögen und Leistungsdefizite lese-rechtschreibschwacher Schüler, Weinheim 1981
FRÖHLICH A. D. (Hrsg.), Wahrnehmungsstörungen und Wahrnehmungstraining bei Körperbehinderten, Rheinstetten 1977
GÖLLNITZ G. & RÖSLER H.-D. (Hrsg.), Psychologische Untersuchungen zur Entwicklung hirngeschädigter Kinder, Berlin 1978
REINARTZ A. & REINARTZ E. & REISER H., Wahrnehmungsförderung behinderter und schulschwacher Kinder, Berlin 1979
SCHENK-DANZINGER L., Legasthenie, in: PONGRATZ L.J. (Hrsg.), Handbuch der Psychologie. Bd. 8/II. Klinische Psychologie, Göttingen 1979, S. 2591–2625
SCHMITZ G., Wahrnehmungstraining mit dem Pertra-Spielsatz nach Marianne Frostig, Marburg 1978
SCHNEIDER R., Hirnfunktionsstörungen im Kindesalter, Stuttgart 1978
TARNOPOL L. (Hrsg.), Neurogene Lernstörungen. Medizinische, psychologische und soziale Aspekte der Behandlung, München 1981
VOGT CH., MCD als Ursache von Leistungs- und Verhaltensstörungen bei Kindern und Jugendlichen, Oberbiel 1978
ZUCKRIGL A., Linkshändige Kinder in Familie und Schule, München ²1981

Beiträge der Sozialforschung

AMMANN W. & PETERS H., Stigma Dummheit. Bewältigungsargumentation von Sonderschülern, Rheinstetten 1981
BOTERAM N., Pygmalions Medium. Lehrererwartungen, Ursachenerklärungen, Interaktionen im Unterricht, Rheinstetten 1976
CLOERKES G., Einstellung und Verhalten gegenüber Körperbehinderten. Eine Bestandsaufnahme der Ergebnisse internationaler Forschung, Berlin 1979
GRZESKOWIAK U., Die Einstellung der Gesellschaft zu geistig Behinderten. Untersuchung z. sozialen Distanz in Werkstätten f. Behinderte in der BRD, Berlin 1980
HENSLE U., Einstellungen und Vorurteile gegenüber Behinderten, in: TROLLDE-

NIER H.-P. & MEISSNER B. (Hrsg.), Texte zur Schulpsychologie und Bildungsberatung. Bd. 4, Braunschweig 1983, S. 248–253

JANTZEN W. (Hrsg.), Soziologie der Sonderschule. Analyse einer Institution, Weinheim 1981

LAMNEK S., Theorien abweichenden Verhaltens, München 1979

MATZA D., Abweichendes Verhalten. Untersuchungen zur Genese abweichender Identität, Heidelberg 1973

SEYWALD A., Anstoßnahme an sichtbar Behinderten. Soziologische und psychologische Ansätze zur Erklärung der Stigmatisierung physisch Abweichender, Rheinstetten 1980

THIMM W. & SEYWALD A. & WIELAND H. (Hrsg.), Soziologie der Behinderten, Rheinstetten 1980

THOMAS D., Sozialpsychologie des behinderten Kindes, München 1980

WISWEDE G., Soziologie abweichenden Verhaltens, Stuttgart 1973

WITTIG M., Problemschüler als Schulprobleme. Fallstudie zu Etikettierungsprozessen in einer amerikanischen Schule, Weinheim 1978

Situation der Familien Behinderter

BACH H. (Hrsg.), Familien mit geistigbehinderten Kindern. Untersuchungen zur psychischen, sozialen und ökonomischen Lage, Berlin 1979

BODENBENDER E., Zur psychosozialen Situation der Eltern geistigbehinderter Kinder, Geistige Behinderung 20, 1981, 5–16

EGGERT D. (Hrsg.), Familie, Umwelt und Persönlichkeit geistig Behinderter, Bern 1980

GATH A., Down's syndrome and family, London 1978

MASUR R. & SPRINGMANN J. & TIESLER J. A., Eingliederung behinderter Kinder in Pflegefamilien. Soziale, psychologische und sozialpädagogische Grundlagen, München 1981

PREKOP I. (Hrsg.), Wir haben ein behindertes Kind. Eltern geistig behinderter Kinder berichten, Stuttgart 1979

SCHWARZBACH B. & WALTER U., Das Kind mit zerebralen Bewegungsstörungen in der Familie, Berlin 1977

Frühförderung

ALLEN K. E. (Ed.), Early intervention – a team approach, Baltimore 1978

BONDZIO M. & VATER W., Frühförderung und Entwicklungshilfen für behinderte Kinder. Entwicklungsorientierter Übungsaufbau für behinderte Kinder im Entwicklungsalter von 0–3 Jahren, Bonn 1980

CONNOR F. P., Program guide for infants and toddlers with neuromotor and other developmental disabilities, New York 1978

DUHM E. & HUSS K., Förderung sprachlicher Kommunikation 4- bis 6jähriger Kinder, Braunschweig 1977

FLEHMIG I., Normale Entwicklung des Säuglings und ihre Abweichungen. Früherkennung und Frühbehandlung, Stuttgart 1979

Götte R., Sprache und Spiel im Kindergarten. Handbuch zur Sprach- und Spielförderung, Weinheim 1980

Grond J. (Hrsg.), Früherziehung behinderter Kinder. Standpunkte der Heilpädagogik und der Sozialversicherung, Luzern 1978

Harff J. & Grossmann A. & Häusermann U., Übungsbehandlung für Säuglinge und Kleinkinder, Stuttgart ²1977

Hellbrügge Th. (Hrsg.), Klinische Sozialpädiatrie. Ein Lehrbuch der Entwicklungs-Rehabilitation im Kindesalter, Berlin 1981

Klein F., Die häusliche Früherziehung des entwicklungsbehinderten Kindes. Ein Beitrag zur pädagogischen Praxis, Bad Heilbrunn 1979

Maneke M. (Hrsg.), Sozialpädiatrie, München 1979

Ohlmeier G., Frühförderungsprogramme für behinderte Kinder. 0–6 Jahre. 980 Übungsanweisungen mit Materialangaben, Dortmund 1979

Pausewang E., 100 Spiele zur Förderung der Kreativität im Vorschulalter, München ⁴1979

Rutter M., Hilfen für milieugeschädigte Kinder, München 1981

Siek K., Zur Entwicklungsförderung junger Kinder in der Familie. Eine Anleitung für Spielbeschäftigungen, Berlin 1979

Sinnhuber H., Spielmaterial zur Entwicklungsförderung. Von der Geburt bis zur Schulreife, Dortmund 1978

Strassmeier W., Frühförderung konkret. 260 lebenspraktische Übungen für entwicklungsverzögerte und behinderte Kinder, München 1981

Tietze-Fritz P., Zur Frühförderung des cerebral bewegungsgestörten Säuglings und Kleinkindes mit Darstellung einer praktizierten Entwicklungsbehandlung, Frankfurt 1980

Elternarbeit

Ewe R. & Falk I. & Kase G., Verhalten ändern in der Familie. Ein Programm für Eltern zur Selbsthilfe bei Erziehungsproblemen, Frankfurt ²1980

Meyer H., Elternarbeit in Geistigbehinderteneinrichtungen. Ein Erziehungskursus, Berlin 1978

Rheinweiler R. & Schönberger F. (Hrsg.), Die Rolle der Eltern in der Rehabilitation körperbehinderter Kinder und Jugendlicher, Rheinstetten 1979

Therapie

Heipertz W. (Hrsg.), Therapeutisches Reiten. Medizin, Pädagogik, Sport, Stuttgart 1977

Kiphard E. J., Psychomotorische Entwicklungsförderung. Bd. 1 Motopädagogik, Dortmund 1979

Klein-Jäger W., Fröbel-Material zur Förderung des entwicklungsgestörten und des behinderten Kindes, Ravensburg 1978

Konietzko Ch., Sing-, Kreis- und Bewegungsspiele zur Förderung des entwicklungsgestörten und behinderten Kindes, Ravensburg 1978

Krimm-von Fischer C., Rhythmik und Sprachanbahnung zur Förderung des entwicklungsgestörten und des behinderten Kindes, Ravensburg 1979

VON OY C. M. & SAGI A., Lehrbuch der heilpädagogischen Übungsbehandlung. Hilfe für das geistig behinderte Kind, Ravensburg ²1977

PETERMANN F. & PETERMANN U., Training mit aggressiven Kindern, München 1978

SPANDL O. P., Konzentrationstraining mit Schulkindern. Diagnose und Therapie von Aufmerksamkeitsstörungen, Freiburg 1980

Musiktherapie

CURIC L., Musiktheater bei Behinderten, Salzburg 1980

FINKEL K. (Hrsg.), Handbuch Musik und Sozialpädagogik, Regensburg 1979

JENSEN H. S., Musiktherapie als akademische Disziplin. Entwicklungen in Skandinavien. Musiktherapeutische Umschau 2 (1), 1981

LINKE N., Versuche der Abgrenzung zwischen Musiktherapie und Musikerziehung. Musiktherapeutische Umschau 1 (4) 1980, 281–286

SCHWABE, CH., Regulative Musiktherapie. Stuttgart 1979

SCHWARTING J., Musik und Musikinstrumente zur Förderung des entwicklungsgestörten und des behinderten Kindes, Ravensburg 1979

SCHWEER U., Musiktherapie unter Berücksichtigung des praktisch bildbaren Kindes und Jugendlichen, Oberbiel 1978

Verhaltenstherapie

BAUMHAUER J., Verhaltenstherapie bei geistig behinderten Kindern, in: PONGRATZ L. J. (Hrsg.), Handbuch der Psychologie. Bd. 8/II. Klinische Psychologie, Göttingen 1979, S. 2483–2536

BELSCHNER W. und Mitarbeiter, Verhaltenstherapie in Erziehung und Unterricht, 2 Bde., Stuttgart 1980

FASSNACHT G., Systematische Verhaltensbeobachtung. Eine Einführung in die Methodologie und Praxis, München 1979

GOTTWALD P. & REDLIN W., Verhaltenstherapie bei geistig behinderten Kindern, Göttingen 1972

MEES U. & SELG H. (Hrsg.), Verhaltensbeobachtung und Verhaltensmodifikation. Anwendungsmöglichkeiten im pädagogischen Bereich, Stuttgart 1977

MÜLLER R. und Mitarbeiter, Verhaltensmodifikation in der Praxis. Ein Kursprogramm zur Aus- und Weiterbildung, München 1980

SCHWITZGABEL R. K. & KOLB D. A., Systematische Verhaltensänderung. Theorie, Prinzipien und Methoden, Stuttgart 1978

Integrierte Erziehung

DAHLKE M. & LINDENBERG G., Das Braunschweiger Integrationsmodell, Rheinstetten 1978

KLAUER K. J. & REINARTZ A. (Hrsg.), Sonderpädagogik in allgemeinen Schulen (= Handbuch der Sonderpädagogik Bd. 9), Berlin 1978

KNIEL A., Die Schule für Lernbehinderte und ihre Alternativen, Rheinstetten 1979

PREUSS-LAUSITZ U., Fördern ohne Sonderschule. Konzepte und Erfahrungen zur integrativen Förderung in der Regelschule, Weinheim 1981

Rehabilitation und berufliche Integration

BAUMBERGER W., Informiertheit und Berufswahlentscheidung Lernbehinderter, Berlin 1979

BLÄSIG W., Berufsfindung und berufliche Eingliederung körperbehinderter Jugendlicher, Berlin [2]1980

BUNDESANSTALT FÜR ARBEIT (Hrsg.), Behinderte Jugendliche vor der Berufswahl. Handbuch für Lehrer und Berufsberater, Wiesbaden 1979

BUNDESANSTALT FÜR ARBEIT (Hrsg.), Mehr Wissen über die Berufswahl. Informationen für Eltern behinderter Jugendlicher, Wiesbaden 1979

DIEPENBROCK H., Die Berufswahlvorbereitung bei sprachbehinderten Jugendlichen, Berlin 1979

GEMSJÄGER W. & DILL M., Arbeits- und Berufsförderung von Behinderten, Stuttgart 1977

HENSLE U., Zur Auswirkung institutioneller und außerinstitutioneller Faktoren auf die Rehabilitation, in: MINSEL W.-R. & SCHELLER R. (Hrsg.), Brennpunkte der klinischen Psychologie. Bd. 4. Rehabilitazion, München 1982, S. 54–74

JACOBS K., Berufsvorbereitung in der Sonderschule. Ein didaktischer Beitrag zur Existenzsicherung Lernbehinderter, Berlin 1979

SCHILDMANN U., Zur politischen und ökonomischen Funktion der beruflichen Rehabilitation Behinderter in der BRD und West-Berlin, Rheinstetten 1977

SIEPMANN E. & JANCKE E. (Hrsg.), Sonderschüler zwischen Bildungs- und Beschäftigungssystem. Starthilfen für Schulabbrecher und Lernschwache, München 1979

Freizeit

FROHNHÖFER H. & SCHMIDT I., Club 86, Sonderschüler, Eltern und Freunde. 10 Jahre Erfahrungen mit außerschulischer Bildungs- und Freizeitarbeit, Rheinstetten 1981

TEWS H.-P., Freizeit und Behinderung, Stuttgart 1976

Beiträge der Ökopsychologie

CANTER D. & CANTER S. (Eds.), Designing for therapeutic environments, Chichester 1979

DAY P., Ökopsychologische Aspekte des Lebens mit Behinderten, Blätter der Wohlfahrtspflege 12, 1981

FEUERSTEIN G. und Mitarbeiter, Behinderungskategorien und Wohngestaltung in der Praxis, Wien 1976/78, veröffentlicht in: Transparent, Wien, 10, 3/4 1979, 5–84 und 10, 7/8 1979, 85–151

Gross H., Bauen für Behinderte in Nordrhein-Westfalen. Hrsg. v. Innenministerium des Landes Nordrhein-Westfalen, Dortmund 1976

Kuldschun H. & Rossmann E., Planen und Bauen für Behinderte, Stuttgart 1974

Stemshorn H. (Hrsg.), Bauen für Behinderte und Betagte, Stuttgart ²1979

Weitere Quellen zur Ökopsychologie

- Die Tagesstätte für cerebral bewegungsgestörte Kinder. Empfehlungen für den Bau. Hrsg.: Bundesverband für spastisch gelähmte und andere Körperbehinderte e.V. Düsseldorf 1972
- DIN-Norm ‚Wohnungen für Schwerbehinderte – Planungsgrundlagen – Wohnungen für Rollstuhlbenutzer‘. Vgl.: Dittrich G. G., Wohnen Körperbehinderter. Stuttgart 1972, Anhang
- Grundsätze zur Planung von behindertengerechten Studentenwohnheimen und Erschließung von Hochschulanlagen für Rollstuhlfahrer. Hrsg.: Stiftung Rehabilitation Heidelberg, Heidelberg 1975
- Leitfaden zur Errichtung von Wohnstätten für erwachsene geistig Behinderte. Kurzfassung eines Forschungsberichtes des Instituts für Sozialrecht der Ruhr-Universität Bochum. Hrsg.: Hilda-Heinemann-Stitung 1976
- Leitfaden zur Errichtung von Wohnstätten geistig Behinderter. Hrsg.: Bundesvereinigung Lebenshilfe usw. e.V. Marburg 1978
- Materialien zu Wohnstättenfragen Nr. 1,1972; 2,1972; 3,1972; 4,1973; 5,1975. Hrsg.: Bundesvereinigung Lebenshilfe usw. e.V. Marburg
- Wohnstätten für geistig Behinderte mit Wohnstättenverzeichnis. Hrsg.: Bundesvereinigung Lebenshilfe usw. e.V. Marburg ²1977
- Bundesminister für Raumordnung, Bauwesen und Städtebau (Hrsg.): Die Wohnsituation der Körperbehinderten in der BRD. Schriftenreihe 04.017, Bonn-Bad Godesberg 1976
- Bundesminister für Raumordnung, Bauwesen und Städtebau (Hrsg.): Beispieldokumentation behindertenfreundliche Umwelt. Schriftenreihe 04.070, Bonn-Bad Godesberg 1981
- Bundesverband für spastisch Gelähmte und andere Körperbehinderte e.V. (Hrsg.) Wohngruppen/Wohngemeinschaften für Behinderte und Nichtbehinderte. Düsseldorf 1979
- Focus Deutschland: Focus-Küche. Die Flexible Küche. In: Focus Deutschland. Hoisbüttel o.J.
- Schweizer Invalidenverband (Hrsg.): Leitfaden zur Vermeidung der architektonischen Barrieren und Hindernisse. Olten 1976

10. Adressen

Allergiker- und Asthmatikerbund e.V.
  Hindenburgstraße 146, 4050 Mönchengladbach-1
Arbeitsgemeinschaft ›Allergiekrankes Kind‹ e.V.
  Hoffmannstraße 21, 6348 Herborn
Arbeitsgemeinschaft Spina bifida und Hydrocephalus e.V.
  Kaiserstraße 6, 5750 Menden-1
Bund Deutscher Hirnbeschädigter
  Humboldtstraße 32, 5300 Bonn
Bund zur Förderung Sehbehinderter e.V. (BFS)
  Kurbrunnenstraße 35, 5100 Aachen
Bund der Kriegsblinden Deutschlands
  Schumannstraße 35, 5300 Bonn
Bundesanstalt für Arbeit
  Regensburger Straße 104, 8500 Nürnberg
Bundesarbeitsgemeinschaft der Clubs Behinderter und ihrer Freunde (CeBeeF)
  Postfach 1521, 6500 Mainz
Bundesarbeitsgemeinschaft ›Hilfe für Behinderte‹ e.V.
  Kirchfeldstraße 149, 4000 Düsseldorf
Bundesarbeitsgemeinschaft für Rehabilitation (BAR)
  Eysseneckstraße 55, 6000 Frankfurt
Bundeselternvereinigung für anthroposophische Heilpädagogik und Sozialtherapie
  Obersondern 1, 5600 Wuppertal-23
Bundesministerium für Arbeit und Sozialordnung
  Postfach, 5300 Bonn
Bundesverband der Eltern körpergeschädigter Kinder e.V. – Contergan Hilfswerk
  Bergisch Gladbacher Straße 981, 5000 Köln-80
Bundesverband zur Förderung Lernbehinderter e.V.
  von-Gils-Straße 10, Postfach 1562, 5010 Bergheim
Bundesverband der Herz- und Kreislaufbehinderten e.V. – anti-infarkt-club –
  Postfach 4426, 4000 Düsseldorf-1
Bundesverband ›Hilfe für das autistische Kind‹ e.V.
  Bebelallee 141, 2000 Hamburg-60
Bundesverband für die Kehlkopflosen der BRD e.V.
  Luisenstraße 20, 6440 Bebra-1
Bundesverband Legasthenie e.V.
  Gneisenaustraße 2, 3000 Hannover-1
Bundesverband für die Rehabilitation der Aphasiker e.V.
  Beethovenstraße 35, 5303 Bornheim-3 (Merten)
Bundesverband Selbsthilfe Körperbehinderter e.V.
  7109 Krautheim/Jagst
Bundesverband für spastisch Gelähmte und andere Körperbehinderte e.V.
  Kölner Landstraße 375, 4000 Düsseldorf-13
Bundesvereinigung ›Lebenshilfe für geistig Behinderte‹ e.V.
  Raiffeisenstraße 18, Postfach 80, 3550 Marburg-7 (Cappel)

Bundesvereinigung Stotterer-Selbsthilfe e.V.
  Immermannstraße 52, 5000 Köln
Dachverband Deutsche Leukämie-Forschungs-Hilfe
  Rodenkirchener Straße 289, 4050 Mönchengladbach-Rheydt-2
Dachverband Psychosozialer Hilfsvereinigungen e.V.
  Graurheindorfer Straße 15, 5300 Bonn-1
Deutscher Behinderten-Sportverband
  Benderstraße 106, 4000 Düsseldorf-12
Deutscher Blindenverband e.V.
  Bismarckallee 30, 5300 Bonn-2
Deutscher Diabetiker-Bund e.V. und Bund diabetischer Kinder e.V.
  Hahnbrunner Straße 46, 6750 Kaiserslautern-Erzhütten
Deutscher Gehörlosen-Bund
  Rothschildallee 16a, 6000 Frankfurt-60
Deutsche Gesellschaft zur Bekämpfung der Mucoviscidose e.V.
  Dr.-Wacker-Straße 31, 8501 Schwanstetten
Deutsche Gesellschaft ›Bekämpfung der Muskelkrankheiten‹ e.V.
  Hohenzollernstraße 11, 7800 Freiburg
Deutsche Gesellschaft zur Förderung der Hör-Sprach-Geschädigten e.V.
  Rothschildallee 16a, 6000 Frankfurt-60
Deutsche Hämophiliegesellschaft zur Bekämpfung von Blutungskrankheiten e.V.
  Rathausgasse 7, 8000 München-60
Deutsche Ileostomie-Kolostomie-Urostomie-Vereinigung e.V.
  Kammergasse 9, 8050 Freising
Deutsche Multiple-Sklerose-Gesellschaft e.V.
  Auf der Körnerwiese 5/III, 6000 Frankfurt
Deutsche Pfadfinderschaft Sankt Georg – Behindertenreferat
  Postfach 320120, 4000 Düsseldorf-30
Deutscher Psoriasisbund e.V.
  Chilehaus A, Fischertwiete 2, 2000 Hamburg-1
Deutsche Rheuma-Liga e.V.
  An den Meisterwiesen 11, 8031 Seefeld bei München
Deutscher Schwerhörigenbund
  Barenkrug 25, 2000 Hamburg-72
Deutsche Sektion der Internationalen Liga gegen Epipelsie e.V.
  Landstraße 1, Postfach 6, 7642 Kehl-Kork
Deutsche Zöliakie-Gesellschaft e.V.
  Ganzenstraße 13, 7000 Stuttgart-80
Frauenselbsthilfe nach Krebs e.V.
  Abendakademie, L 419, 6800 Mannheim-1
Freundeskreis Camphill e.V.
  Wisplerstraße 28, 2000 Hamburg-52
Hilfsbund für Skoliosekranke e.V.
  Zum Treisberg 21, 3584 Zwesten-1
Interessengemeinschaft Phenylketonurie und verwandte angeborene Stoffwechsel-
störungen e.V.
  Bergstraße 139, 6900 Heidelberg-1

Interessenverband der Dialysepatienten (Künstliche Niere) Deutschland e.V.
  Stettiner Weg 1, 7035 Waldenbuch
Reichsbund der Kriegsopfer, Behinderten, Sozialrentner und Hinterbliebenen
  Beethovenallee 56–58, 5300 Bonn-2
Schutzverband der Impfgeschädigten e.V.
  In der Herrenwiese 7, Postfach 1330, 5912 Hilchenbach/Siegerland
Verband der Kriegs- und Wehrdienstopfer, Behinderten und Sozialrentner Deutschlands (VdK)
  Wurzer Straße 2–4, 5300 Bonn-Bad Godesberg
Verein der blinden Geistesarbeiter Deutschlands e.V.
  Schwanallee 17, 3550 Marburg
Zentrale Beratungsstelle für Behinderte c/o Stiftung Rehabilitation
  Postfach 101409, 6900 Heidelberg

(nach: E. KLEE & G. STEINER (Hrsg.), Behinderten-Kalender 1982, Frankfurt 1981, S. 289ff., ergänzt durch Angaben aus der Broschüre ›Mit uns leben‹ der BAG ›Hilfe für Behinderte‹ e.V.)

11. Register